KB057165

제2판

과학교육학의 세계
World of Science Education

김영민 · 박윤배 · 박현주 · 신동희 · 정진수 · 송성수 공저

북스힐

과학교육학의 세계 2판

저 자 l 김영민 · 박윤배 · 박현주
　　　　 신동희 · 정진수 · 송성수
발행인 l 조승식
발행처 l (주)도서출판 북스힐
등록번호 l 제22-457
주소 l 142-877 서울시 강북구 한천로 153길 17
홈페이지 l www.bookshill.com
전자우편 l bookshill@bookshill.com
전화 l 02-994-0071(代)
팩스 l 02-994-0073

2014년 9월 20일　1판 1쇄 발행
2016년 9월 20일　2판 1쇄 인쇄
2016년 9월 25일　2판 1쇄 발행

값 26,000원
ISBN 979-11-5971-034-6

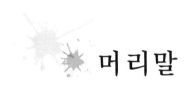

머리말

과학교육학의 세계를 책 한 권에 담는다는 것은 어찌 보면 무리일 수 있다. 그러나 물리학, 화학, 생명과학, 지구와 우주의 세계를 각각 한 권에 담은 일반물리학, 일반화학, 일반생물학, 일반지구과학이 있듯이 과학교육학의 세계를 그 본질적인 측면만을 부각시켜 다룬다면 한 권에 다룰 수도 있다고 생각하여 우리는 본 책자의 저술을 시작하였다.

본 저술에서는 과학과 과학교육의 관계로부터 시작하여, 과학의 본성 및 과학사·과학철학, 과학과 교육과정, 과학의 탐구 교육, 과학 교수 학습 이론, 과학 수업 모형과 방법, 과학교육에서의 평가로 이어지도록 서술하였으며, 마지막으로 과학교육 환경과 지원체제로 마무리하였다. 이들 영역이 과학교육학 세계의 핵심 영역이라고 본 것이다. 물론 과학교육 행정, 과학교육 재정, 과학교육 장학, 과학 학급 경영 등의 영역도 있지만 아직 이와 관련하여 연구된 내용이 많지 않고, 일반 교육학에서 다루는 것에서 좀 더 과학교육으로 구체화된 내용을 정리해 넣기가 어려워 본 저술에서는 제외하였다.

저술을 하면서 부닥친 문제는 역시 그 많은 과학교육학 내용을 한 권의 책에 담을 때 어떤 내용을 엄선하여 제공할 것인가를 결정해야 하는 문제와 과학의 여러 영역 중에서 어떤 과학 내용을 가지고 과학교육에 관련된 개념이나 이론을 서술할 것인가를 결정하는 문제였다. 본 저술에서는 가급적이면 일반적이고 쉬운 과학 내용을 가지고 과학교육학 개념이나 이론을 서술하도록 노력하였으며, 또 한 편으로는 과학의 어느 한 영역에 치우치지 않도록 예시를 설정할 때 골고루 안배하도록 노력하였다.

본 저술에서는 과학교육학의 일반론적인 것을 다루었으므로, 이 내용을 학습한 후에 물리교육론, 화학교육론, 생명과학교육론, 지구과학교육론 및 각 전공 영역 지도법 등과 같이 과학의 각 전공 영역의 내용을 중심으로 다룬 이론서를 학습하는 데 도움이 될 것으로 기대한다. 끝으로 본 저술이 한국의 과학교육학 발전에 기여하고 과학교육학을 학습하고 지도하는 데 일익을 담당하기를 기대하며, 아울러 이 책의 저술 과정에서 편집을 도와준 울산대학교 이지애박사에게 고마움을 표한다.

2016년 9월
저 자 일 동

차 례

1장 과학 및 과학교육 / 1

  1. 과학과 과학교육의 개념 ·· 3
  2. 과학과 과학교육의 발달 ·· 7
  3. 과학교육의 이슈 ·· 27

2장 과학의 본성과 과학철학 / 33

  1. 과학의 본성에 관한 물음 ·· 35
  2. 과학지식과 과학적 방법 ·· 43
  3. 과학철학의 이해 ·· 63
  4. 과학의 사회적·윤리적 성격 ·· 87

3장 과학과 교육과정 / 105

  1. 교육과정의 개념 ·· 107
  2. 과학과 교육과정의 이론적 기초 ·· 113
  3. 세계의 과학과 교육과정의 변천 ·· 123
  4. 우리나라 과학과 교육과정의 변천 ·· 153
  5. 과학과 교육과정의 재구성 ·· 221

4장 과학 탐구와 창의성 / 225

  1. 과학 탐구 ·· 227
  2. 과학적 창의성 ·· 253

5장 과학 교수 학습 이론 / 265

1. 교수와 학습의 정의 ·· 267
2. 행동주의 학습 이론 ·· 273
3. 피아제 (J. Piaget)의 인지발달 이론 ······························ 279
4. 브루너 (J. Bruner)의 발견학습 이론 ····························· 291
5. 오수벨 (D. Ausubel)의 유의미학습 이론 ······················ 299
6. 구성주의 학습 이론 ·· 311
7. 개념변화 학습 이론 ·· 317
8. 비고츠키 (L. Vygotsky)의 사회적 구성주의 학습 이론 ···· 329
9. 상황학습 이론 ·· 341

6장 과학 수업 모형과 방법 / 347

1. 과학 수업 모형 ··· 349
2. 과학 수업 방법 ··· 423
3. 과학 수업 전략 ··· 445

7장 과학교육에서의 평가 / 483

1. 과학 학습 평가 ··· 485
2. 과학 학습 평가 문항 개발 ··· 499
3. 과학 학습 평가에서의 사회 문화적 접근 ························· 521
4. 과학교육의 과정 및 프로그램 평가 ································· 525
5. 과학교육에서의 대규모 표준화된 평가 연구 ···················· 535

8장 과학교육 환경과 지원 / 551

1. 학교 과학교육 시설과 환경 ·· 553
2. 비형식 과학교육과 환경 ·· 561
3. 과학교육 교재와 매체 ··· 569
4. 과학교사 교육 ·· 577
5. 과학교육 연구 ·· 587

□ 참고문헌 ·· 603
□ 찾아보기 ·· 627

1장

과학 및 과학교육

인류는 오래전부터 자연현상을 탐구하고 설명하기 위해 노력해 왔다. 과학은 전통사회에서 철학의 일부분으로 존재했다가 16~17세기에 들어와 독립적인 분과학문으로 자리잡기 시작하였다. 과학이란 용어는 18세기 이후에 널리 사용되기 시작했으며, 그 이전에는 주로 '자연철학 (natural philosophy)'이란 이름으로 불렸다.

이 장에서는 과학과 과학교육의 개념을 간단히 살펴본 후, 과학과 과학교육의 발달과정을 검토하고 오늘날 과학교육학의 몇몇 쟁점에 대해 개관하고자 한다.

과학과 과학교육의 개념

과학을 단정적으로 정의하기는 매우 어렵다. 과학의 구성 요소나 측면에 대한 논의와 견해는 학자에 따라 다양하다. 과학에는 다양한 측면이 존재하지만, 과학 지식과 과학적 방법은 과학을 구성하는 주된 요소로 간주되고 있다. 과학 지식은 산물 (product)로서의 과학에, 과학적 방법은 과정 (process)으로서의 과학에 해당한다고 볼 수 있다.

과학의 한 측면은 자연 현상을 설명하는 지식의 체계라는 것이다. 과학 지식에는 여러 형태가 있다. 부분적인 현상을 설명하는 지식이 있는 반면, 여러 현상을 포괄적으로 설명하는 지식도 있다. 산소의 용해도는 압력에 비례하고 온도에 반비례한다는 지식은 전자의 예가 되고, 기체의 용해도는 압력에 비례하고 온도에 반비례한다는 법칙은 후자의 예가 된다.

또한 과학 지식은 시험된 정도에 따라 가설에 머물기도 하고 이론으로 발전하기도 한다. 예를 들어, 플랑크 (M. Planck)가 1900년에 에너지의 불연속성을 주장했을 때에는 양자가설에 불과했지만, 이후에 여러 현상에 적용되고 다양한 시험을 거치면서 양자이론 혹은 양자역학으로 발전하였다. 물론 세상에 완벽한 이론은 존재하지 않기 때문에 모든 이론이 가설의 지위를 가진다는 주장도 있다.

과학의 두 번째 측면은 방법으로서의 과학 (science as method)이다. 과학이 자연 세계에 대한 단순한 설명이 아니라 체계적인 설명으로 간주되는 까닭은 과학만이 갖는 독특한 방법 때문이다. 과학적 방법으로 자주 거론되는 것은 실험이다. 실험을 통해 지지할 수 있는 충분한 증거로 이론을 만들고 그것을 다시 다른 실험에 의해 확인하는 것은 과학적 방법의 요체로 간주되고 있다.

　최근에 들어와 과학의 측면으로 종종 거론되는 것으로는 실천으로서의 과학 (science as practice)을 들 수 있다. 과학에 대한 기존의 많은 논의가 과학을 주로 이론으로 간주했던 반면, 최근의 논의는 과학자들이 실제로 행하는 실천으로서의 과학에 주목하고 있다. 여기서는 과학자들이 자연에 존재하는 미지의 현상을 발견하거나 새로운 현상을 만들어 내기 위해 실제로 어떤 일을 하고 있는가에 주요 관심을 갖는다. 과학 활동이 이루어지는 과정에서는 특정 사회의 제도적·문화적 배경도 중요하게 작용한다. 실천으로서의 과학에 주목함으로써 과학을 보다 직접적으로 사회와 연결시켜 논의할 수 있게 되었다.

　16~17세기 과학자인 갈릴레오 갈릴레이 (Galileo Galilei)[1]의 경우를 살펴보자. 갈릴레오는 과학적 지식을 발견하는 과정에서 자연 현상을 수학적으로 서술하는 방법을 중시했으며, 사고 실험이나 확인 실험과 같은 실험적 방법을 사용하였다. 동시에 갈릴레오는 망원경을 직접 만들어 태양 중심설 (지동설)에 대한 증거를 수집하고, 당시의 기술자들과 자주 교류하면서 그들에게 과학을 가르쳐 주는 활동도 전개하였다. 이와 같이, 갈릴레오의 과학에는 지식, 방법, 실천이 모두 녹아 있었다.

　이러한 과학의 세 가지 측면과 함께 과학교육학에서는 태도로서의 과학 (science as attitude)에도 주목하고 있다 (Gogolin & Swartz, 1992). 이것은 과학에 대한 태도 (attitudes towards science)와 과학적 태도 (scientific attitudes)의 두 가지로 구분하기도 한다. 전자는 과학에 대하여 학생들이 갖는 태도이며, 후자는 과학적으로 사고하고 행동하는 경향을 의미한다.

　첫째, 학생의 과학에 대한 태도에는 과학을 좋아하거나 싫어하는 태도, 과학을 가치 있게 여기거나 무가치한 것으로 여기는 태도, 과학을 지지하고 지원하거나 반대하고 무시하는 태도 등이 포함된다. 이외에도 과학에 대한 태도는 과학자에 대한 태도, 과학과 관련된 직업에 대한 태도, 과학의 사회적 책임에 대한 태도 등으로 확장될 수 있다.

　둘째, 과학적 태도는 기본적으로 탐구를 수행하는 과학자의 태도에 해당한다. 여기에는 호기심, 개방성, 비판성, 협동성, 능동성, 인내성, 창의성 등이 포함되는데, 이러한 습성은 스스로 문제를 해결해 가는 과정에서 체득하는 성격을 띠고 있다. 그 밖에 과학적 태도는

---

1. 지역에 따라 차이가 있기는 하지만, 17세기 이전에는 성(姓)보다는 이름이 중시되었으므로, 갈릴레오 갈릴레이를 줄여서 부를 때에는 '갈릴레오'라고 하는 것이 적합하다.

일상생활이나 사회 문제에 과학적으로 접근하는 것, '과학하기 (doing science)'에 대해 능동적 자세를 보이는 것 등으로 확장될 수 있다.

과학에 대한 태도와 과학적 태도는 각각 정의적 영역에 강조점을 두고 있긴 하지만 명백히 분리하기는 어렵다. 과학에 대한 태도는 학생들에게 과학 학습에 임하는 동기를 부여함으로써 과학적 태도에 영향을 미칠 수 있다.

과학교육에서는 과학을 가르치게 되는데 과학의 특징으로는 자연 현상을 다룬다는 점, 탐구의 방법을 중요시한다는 점, 시험가능성 (testability)에 열려 있다는 점, 지식 체계의 내적 일관성이 높다는 점 등이 거론되고 있다. 자연 현상을 다룬다는 점은 과학이 다른 분야와 차별화되는 가장 큰 특징이다. 좀 더 구체적으로 설명하면, 자연 현상은 인간의 행위에 의해 상대적으로 많은 영향을 받지 않기 때문에 객관성이 높다. 자연 현상은 사회 현상과 달리 동일한 조건에서 비교적 동일한 결과를 나타낸다는 것이다. 만일 동일한 조건에서 상이한 반응을 보인다면 객관성에 의문이 제기되어 과학으로 인정을 받기 어렵다. 과학의 특징은 탐구하는 방법에서도 찾을 수 있다. 인문학이나 예술은 독창적인 재능을 중시하기 때문에 일정한 방법을 찾기가 쉽지 않다. 이에 반해 과학은 탐구하는 방법이 잘 정립되어 있기 때문에 방법상의 오류가 있을 경우에는 올바로 인정을 받지 못한다. 물론 사회과학의 경우에도 방법론이 발달되어 있지만, 사회 현상을 다루는 경우에는 변인을 확인하고 통제하는 것이 상대적으로 어려운 편이다. 과학이 시험가능성에 열려 있다는 점도 그 특징이라 할 수 있다. 인문학이나 사회과학의 주장과 이론은 옳고 그름을 분명하게 판단하기 어려운 경우가 많다. 그것은 사용하는 용어들이 조작적으로 정의되지 않는 것이 많기 때문이다. 정의, 행복, 사랑 등이 그러한 예가 될 수 있다. 그러나 과학에서 사용되는 용어는 조작적인 정의가 가능하기 때문에 경험적 증거에 의해 시험되어 지지되거나 반증되기도 한다. 과학은 다른 분야에 비해 지식 체계의 내적 일관성이 높다는 특징을 가지고 있다. 과학의 대부분의 개념이나 법칙은 서로 인과적으로 연결되어 있다. 물론 과학에도 검증되지 않은 가설이나 가정이 있기도 하지만, 다른 분야에 비해서는 학문의 내적 논리가 체계적으로 구성되어 있다.

과학교육은 철학적 사조나 제도적 배경 등에 따라 다양하게 정의할 수 있다. 넓은 의미의 과학교육은 학생들에게 현상을 과학적으로 관찰하여 처리할 능력을 함양하도록 하는 교육을 뜻하며, 좁은 의미의 과학교육은 과학적 지식과 방법에 대한 이해를 목적으로 하는 교육을 의미한다 (조희형, 박승재, 2001). 또한 과학교육은 과학자가 될 소수의 사람을 위한 '과학에서의 교육 (education in science)'과 모든 사람의 과학적 소양을 함양하는 것에 주목하는 '과학에 관한 교육(education about science)'으로 구분되기도 한다(Barrentine, 1986). 이와 유사하게 과학자가 되기 위한 기본적인 과학적 지식에 초점을 두는 '교육을 통한 과학(science through education)'과 사회적인 쟁점을 다루기 위해 중요한 과학적 지식에 주목하는 '과학을 통한 교육(education through science)'으로 구분되기도 한다 (Holbrook & Rannikmae, 2007). 또한 교육학과의 관계에 따라 과학교육을 '과학의 교육 (education of science)'과 '과학에 의한 교육(education by science)'으로 구분하는 견해도 있다. 전자는 과학교육을 물질과 생물에 대한 지식, 그것을 추구하는 과정과 방법을 중시하는 교육학의 독특한 분야로 설정하고 있는 반면, 후자는 교육학 이론에 따라 과학적 지식이나 방법을 활용하는 응용 교육학을 의미한다(조희형, 박승재, 2001).

　이처럼 과학교육에도 다양한 정의가 있지만, 권재술 외(1998)는 교과교육으로서의 과학교육을 학생, 과학교사, 과학 사이에 일어나는 상호작용으로 보면서, 과학교육 지원체계 속에서 일어나는 과학교육 활동을 다음의 6가지 요소로 나누었다. 첫째, 과학교사의 과학 내용에 대한 이해이다. 여기에는 과학이라는 학문에 대한 이해, 과학의 역사적 배경과 발달 과정에 대한 지식, 과학이 추구하는 목표에 대한 인식, 과학교과의 교육과정에 대한 이해 등이 포함된다. 둘째, 교과 내용의 선정과 조직으로 과학교사가 학생의 수준과 지역의 여건 등을 고려하여 교육과정에 있는 내용을 재조직하는 능력이 중요하다. 셋째, 학생과 교사와의 상호작용으로 무엇보다 학생에 대한 이해가 강조되고 있다. 여기에는 학습 내용에 대한 기존 개념, 논리적 사고력의 수준, 학생들의 인지 양식 등이 포함된다. 넷째, 과학교사가 학생들을 대상으로 학습을 지도하는 것으로 개념 이해, 탐구 활동, 기능 습득 등에 따라 다른 지도 방법을 택해야 한다. 다섯째, 학생들의 학습 활동으로서 교사가 가르치는 자체에 만족할 것이 아니라 진정한 학습이 일어나고 있는지 항상 점검해야 한다는 점이 강조되고 있다. 여섯째, 학생이 직접 학습 내용을 선정하고 조직하는 것으로 현재의 과학교육에서 소외되기 쉬운 요소이다.

▍고대와 중세의 과학과 과학교육

기원전 6~5세기에 소크라테스 이전의 학자들 (pre-Socratic philosophers)은 자연 세계를 구성하는 근본 물질과 그것의 변화에 대해 논의하였다. 탈레스 (Thales)는 만물의 근원이 물이라는 의견을 제시하면서 지진이 일어나는 것은 물 위에 떠 있는 땅덩이가 흔들리기 때문이라고 설명했다. 아낙시만드로스 (Anaximandros)는 물에서 불이 나올 수 없다고 반박하면서 모든 물질을 포함하고 있는 무한자 (無限者, apeiron)가 만물의 근원이라고 주장했다. 아낙시메네스 (Anaximenes)는 무한자와 같은 추상적 물질은 존재하지 않는다고 반박하면서 공기가 근본 물질이며 공기가 농축되면 물이 되고 공기가 희박해지면 불이 된다고 설명했다. 헤라클레이토스 (Heracleitos)는 불을 근본 물질로 보면서 만물은 끊임없이 변화한다고 주장했던 반면, 파르메니데스 (Parmenides)는 어떤 것이 다른 것으로 변한다는 생각은 틀린 것이라고 반박했다. 엠페도클레스 (Empedocles)는 흙, 물, 불, 공기의 네 가지 물질이 근본 물질이며 그들이 적당히 섞여서 다양한 물체가 된다는 4원소설을 타협안으로 제시했다. 레우키포스 (Leuicippus)와 데모크리토스 (Democritos)는 네 가지 근본 물질로는 모든 물체를 만들 수 없기 때문에 눈에 보이지는 않지만 무수히 많은 원자(原子)들이 모여서 갖가지 물체들이 만들어진다는 원자설을 주장했다.

오늘날의 관점에서 보면 유치한 성격을 띠고 있지만 이러한 논의는 이전과는 다른 성격을 띠고 있었다. 이전에는 자연 현상의 기원을 초자연적인 존재의 탓으로 돌렸지만 기원전 6세기부터는 자연 안에서 그 원인을 찾기 시작했다. 예를 들어, 이전에는 지진을 신적인 존재가 일으킨 현상으로 간주하였지만 탈레스는 지구가 물 위에 떠 있으면서 흔들릴 때 발생한다고 보았다. 이보다 더욱 중요한 것은 합리적 토론과 비판의 전통이 생겨났다는 점이다. 즉, 탈레스에서 데모크리토스에 이르는 고대의 학자들은 서로의 주장을 비판하고 더 나은 주장을 제시하려고 노력하면서 그들의 논의를 합리적이고 체계적으로 만들었던 것이다. 과학이 기원전 6세기에 시작되었다고 보는 까닭도 여기에 있다 (Lloyd, 1970).

당시에는 근본 물질에 대한 관심과 더불어 특정한 분야를 중심으로 학파가 생겨나기도 했다. 피타고라스 (Pythagoras) 학파와 히포크라테스 (Hippocrates) 학파는 그 대표적인 예이다. 피타고라스는 직각 삼각형에 대한 정리로 유명한 사람이다. 물론 그러한 관계는 이전부터 알려져 있었지만 그것을 논리적으로 증명한 사람은 피타고라스였다. 피타고라스 학파의 활동은 종교적 색채를 강하게 띠고 있었지만 자연 현상을 수학적으로 이해할 수 있다는 신념을 남겼다는 의의를 가지고 있다. 히포크라테스는 의사들의 윤리가 집약된 히포크라테스의 선서로 유명한 사람이다. 기존의 의사들이 질병의 즉각적인 치료를 중시했던 반면 히포크라테스는 자연과의 조화로운 삶을 강조하면서 질병의 진행을 정확히 기록하고 예측하는 일을 중시했다. 히포크라테스 학파의 선배가 남긴 기록은 후배에게 좋은 참고 자료가 되었고 그것은 『히포크라테스 전집』으로 집대성되었다.

기원전 5세기 초부터는 그리스 본토에 있는 아테네가 학문의 중심지가 되었다. 아테네에서는 학문에 대한 저변이 확대되는 가운데 자연 현상에 대한 학문적 논의도 더욱 발전되었다. 당시를 대표하는 학자로는 플라톤 (Platon)과 아리스토텔레스 (Aristoteles)를 들 수 있다. 그들은 각각 아카데미아 (Academia)와 리케이온 (Lyceion)이라는 학교를 세워 많은 제자들을 양성하기도 했다. 당시의 교육은 한 명의 스승이 여러 명의 제자를 가르치는 방식으로 진행되었으며, 특별히 과학을 별도로 가르치지는 않았다.

플라톤은 『티마이오스』라는 책을 통해 자연 세계에 대한 자신의 견해를 밝혔다. 플라톤은 4원소설을 받아들인 후 이를 간단한 입체 모형으로 설명하는 기하학적 원소론을 제시했다. 흙은 정육면체, 불은 정사면체, 공기는 정팔면체, 물은 정이십면체이며, 흙을 제외한 나머지 원소들은 그것들이 이루고 있는 기하학적 성분의 결합과 분리를 통해 서로 변환될 수 있다. 이 외의 정다면체인 정십이면체는 제5원소로서 하늘을 구성하는 원소이다.

플라톤이 추상적인 기하학적 모형을 통해 물질의 근원을 표현하려고 했듯이, 그는 감각적인 경험보다는 이성적인 추론을 강조했다. 그는 감각보다는 이성이 우월하고 이성 중에서도 수학적 이성이 가장 완벽하다고 믿었다. 그것은 플라톤의 핵심 사상인 이데아 이론에 반영되어 있다. 이데아의 세계는 이성이 지배하는 세계로서 변하지 않는 반면, 현실 세계는 감각이 지배하는 세계로서 항상 변화를 경험한다. 우리가 칠판 위에 무수한 원을 그릴 수 있지만 그것들은 완전하지 않으며, 완전한 원은 이성적인 추론에 의해서만 알 수 있다는 것이다.

아리스토텔레스도 플라톤처럼 자연 세계가 이성적 계획의 산물이라고 믿었지만 플라톤과 달리 이상적 세계가 현실 세계를 반영한 것이라고 생각했다. 예를 들어 플라톤에게는 책상의 이데아가 현실 세계에 존재하는 책상들과 따로 존재하는 것이지만, 아리스토텔레스가 말하는 책상의 형상은 현실 세계에 존재하는 책상들의 공통적인 성질을 추상해서 얻은 것이라는 것이다. 이처럼 아리스토텔레스는 경험적 자연관을 강조했으며 그것은 생물학 분야의 많은 업적으로 이어졌다. 그는 특히 동물을 해부하여 각 기관의 목적과 기능을 연구하였고, 자신의 저서에서 500종이 넘는 동물에 대해 서술했다.

아리스토텔레스는 우주론, 물질 이론, 운동 이론을 체계적으로 연결시킨 고대 최고의 과학자였다. 아리스토텔레스의 우주론은 지구중심설(천동설)로서 지구가 우주의 중심에 있고, 달, 수성, 금성, 태양, 화성, 목성, 토성의 순서로 지구를 돌고 있다. 그는 달을 기준으로 영구불변의 세계인 천상계와 불완전한 세계인 지상계를 구분했다. 천상계에는 완전한 원소인 에테르가 있고, 지상계에는 흙, 물, 공기, 불의 4원소가 지구의 중심에서 무거운 순서대로 자리 잡고 있다. 4원소 중에서 흙은 차고 따뜻하며, 물은 차고 습하며, 공기는 따뜻하고 건조하며, 불은 따뜻하고 습하다. 이러한 성질들이 서로 바뀌면서 4원소들은 서로 변환될 수 있다. 운동 이론과 관련하여 아리스토텔레스는 물체가 가진 본래의 속성인 자연스러운 운동(natural motion)과 그렇지 않은 강제적 운동(violent motion)으로 구분했다. 천상계의 원운동이 자연스러운 운동의 대표적인 예이며, 지상계에서는 가벼운 것이 올라가고 무거운 것이 아래로 내려가는 수직 운동이 자연스러운 운동이다. 반면 강제적 운동은 돌을 던진다거나 수레를 미는 것과 같이 외부의 운동원인(mover)이 있어야 하며 지상계에서만 발생한다. 아리스토텔레스의 과학이 이후에 많은 비판을 받았음에도 불구하고 약 2천 년 동안 계속 유지될 수 있었던 것은 바로 이러한 체계성 덕분이었다.

그리스가 멸망한 이후에 고대 과학은 알렉산드리아를 중심으로 발전하였다. 에우클레이데스(Eucleides)는 『원론』을 통해 기하학의 공리를 정식화하였고, 프톨레마이오스(Ptolemaios)는 『알마게스트』를 통해 천문학을 집대성했으며, 갈레노스(Galenos)는 과거의 자료와 동물 해부를 바탕으로 인체에 관한 종합적인 이론을 제시하였다. 특히 당시의 프톨레마이오스 왕조는 도서관과 박물관을 겸비한 무세이온(Museion)을 설립하는 등 학문

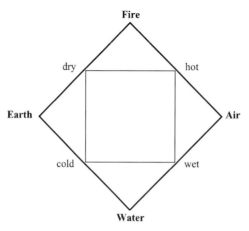

그림 1.1 아리스토텔레스의 4원소론

활동을 지원하는 데 열성적인 모습을 보였다.

그러나 지중해 지역을 정복하고 있었던 로마에서는 과학을 탐구하는 활동이 점차 약화되었다. 로마 시대의 과학적 저술들은 독창적인 이론을 전개하기보다는 이전부터 알려진 각종 지식을 간략히 정리하여 전달하는 형태를 띠고 있었다.

중세 전반기에 과학은 암흑기를 맞이했다. 기독교가 지배하면서 세속적인 학문이 배척을 당했으며 유능한 인재들이 신학에 종사했다. 몇몇 학자들이 기존의 학문을 백과사전으로 정리하여 겨우 명맥을 유지하는 수준이었다.

한편 이슬람 지역에서는 7~11세기에 그리스 과학의 전통을 계승·발전시키는 일이 전개되었다. 수많은 서적들이 아랍어로 번역·보급되었으며 이를 바탕으로 그리스 과학이 탐구되면서 정교하고 자세한 주석이 붙여졌다. 또한 대수학(algebra), 연금술(alchemy), 알코올(alcohol) 등이 아랍어에서 유래했을 정도로 이슬람 과학은 독자적인 업적을 남기기도 했다.

1085년에 십자군이 스페인 지방의 톨레도를 탈환함으로써 기독교 문명권과 이슬람 문명권의 접촉이 빈번해지기 시작했다. 아랍어로 번역되어 연구되던 고대 과학의 내용들이 다시 라틴어로 번역되었다. 특히 12세기에는 수많은 번역가들이 출현해서 활발한 번역 활동을 했는데 그것은 '12세기 르네상스'로 불리기도 한다. 방대한 지식을 배우고 전수하고자 하는 사람들이 많아지면서 성당에 설치되었던 조그만 학교들은 대학으로 발전하였다. 중세의 대표적인 대학으로는 볼로냐 대학, 파리 대학, 옥스퍼드 대학을 들 수 있다.

중세 대학에는 신학, 법학, 의학 등 3개의 고급학부(higher faculties)가 있었으며, 과학은 이러한 전공으로 들어가기 전에 이수하는 교양학부 혹은 학예학부 (arts faculties)에서 다루어졌다. 중세 대학의 교양학부에서 가르쳤던 교과목으로는 문법, 수사, 논리 등의 소위 3학 (三學, trivium)과 산수, 기하, 천문, 음악 등의 4과 (四科, quadrivium)가 있었다. 과학은 이런 교양 과목의 일부로 포함되어 부수적으로 중세 대학에서 자리를 잡게 되었던 것이다. 중세 대학의 학풍은 실재와는 무관하게 문장 하나하나를 사변적으로 따지는 스콜라 학풍으로 대표된다. 예를 들어 진공의 존재가 가능한가 하는 질문이 제기되면 그 문제에 대한 찬성과 반대의 근거를 논리적으로 살핌으로써 진공의 본질을 파악할 수 있다는 것이다 (Lindberg, 1992).

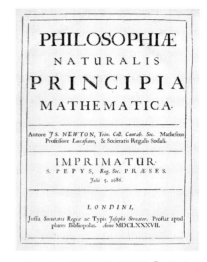

그림 1.2 1687년에 발간된 『프린키피아』 초판의 표지
(이 책의 전체 제목은 '자연철학의 수학적 원리'에 해당한다.)

　　12세기 후반 이후에 아리스토텔레스의 학문이 유입되면서 과학과 신학은 갈등적 관계를 형성하였다. 아리스토텔레스주의는 우주의 영원성을 주장하고 인과 관계를 강조하는 특성을 가지고 있는데, 그것은 기적의 존재와 신의 전능성을 주장하는 기독교 교리와 상충되었던 것이다. 이러한 배경에서 1277년에는 아리스토텔레스 학문에서 문제가 되는 조항을 도출하여 이에 대한 논의를 금지하는 명령이 내려졌다. 1277년의 금지령 이후에 스콜라 학풍에는 커다란 변화가 나타났다. 진정한 원인은 신만이 알 수 있기 때문에 인간은 자연 현상을 정확하게 서술하는 데 몰두해야 한다는 것이었다. 이러한 분위기에서 경험적이고 수학적인 논의들이 많이 전개되었고 몇몇 새로운 개념이나 이론도 등장했지만 그것이 아리스토텔레스의 체계를 완전히 벗어나지는 못했다.

　　파리 대학의 뷔리당 (J. Buridan)이 정립한 것으로 알려진 임페투스 (impetus) 이론은 그 대표적인 예이다. 임페투스란 운동하는 물체가 최초의 운동원인 때문에 얻게 되는 양으로, 그것이 물체에 남아 운동원인으로 계속 작용하여 물체의 운동을 지속시켜 준다. 임페투스의 크기는 물체의 속도와 질량에 의해 정해진다. 이 개념을 낙하하는 물체에 적용시키면, 물체가 낙하하는 동안 무게가 계속 작용하므로 임페투스가 계속 증가하게 되고 이것이 낙하하는 물체의 속도가 증가하는 원인이라는 설명이 얻어진다. 또한 보통 물체의 임페투스는 불완전해서 점점 줄어들어 결국은 운동이 정지해 버리지만, 천체는 완전한 임페투스를 지녀서 이것이 영원히 보존되고 운동을 계속하게 된다는 것이다. 임페투스의 개념은 표면

상으로는 근대 역학의 운동량이나 관성의 개념을 떠올리게 하지만, 사실은 아리스토텔레스의 운동원인을 고수하기 위해 관념적인 운동원인으로 도입되었던 것이다 (Lindberg, 1992; 김영식, 2001).

근대의 과학과 과학교육

과학혁명 (The Scientific Revolution)은 16~17세기에 서유럽에서 발생한 사건으로 이를 통해 근대 과학이 출현했다. 과학혁명의 기간은 보통 코페르니쿠스 (N. Copernicus)의 『천구의 회전에 관하여』와 베살리우스 (A. Vesalius)의 『인체의 구조에 관하여』가 출간된 1543년부터 뉴턴 (I. Newton)의 『프린키피아』가 출간된 1687년까지로 간주된다. 과학혁명이 진행되는 동안 천문학, 역학 등의 분야에서 획기적인 변환이 있었고 다른 분야에서도 새로운 조류들이 나타났다. 과학혁명은 과학의 내용에만 국한되지 않고 과학의 방법 및 제도의 변화를 수반했으며 사상적·사회적 변화에도 큰 영향력을 미쳤다 (김영식, 2001; 김영식, 임경순, 2007).

천문학에서는 지구중심설 (천동설)을 대신하여 태양중심설 (지동설)이 등장하였다. 코페르니쿠스는 그동안 축적된 수많은 관측 자료를 체계적으로 설명하기 위하여 태양중심설을 과감하게 주장하였다. 태양중심설을 과격하게 옹호했던 브루노 (G. Bruno)는 화형에 처해졌고 망원경을 통해 그 증거를 제시했던 갈릴레오는 종교재판을 받았다. 케플러 (J. Kepler)는 행성이 원운동을 하는 것이 아니라 타원운동을 한다고 제안하면서 행성의 운동 속도 및 거리에 대한 법칙을 도출하였다. 뉴턴은 중력 (만유인력)의 개념을 통해 행성의 운동 원인을 규명했으며 케플러가 도출한 법칙들을 수학적으로 증명하였다.

역학에서는 고전 역학으로 불리는 새로운 역학이 출현하였다. 갈릴레오는 낙하 운동에 관한 법칙과 운동의 상대성에 관한 원리를 제안한 근대 역학의 선구자였다. 데카르트 (R. Descartes)는 관성과 충돌에 관한 법칙을 제안하였고, 하위헌스 (C. Huygens)[2]는 원심력의 크기를 정량적으로 표현하였다. 뉴턴은 질량이나 운동량과 같은 개념을 정의한 후 관성 법칙, 가속도 법칙, 작용 반작용 법칙을 통해 고전 역학을 완성하였다. 특히 뉴턴은 이러

---

2. 2005년에 네덜란드어 표기법이 제정되기 이전에는 '호이겐스'로 표기되었다.

한 운동 법칙을 지상계는 물론 천상계에도 적용함으로써 자연 세계의 모든 운동을 체계적으로 설명할 수 있었다.

다른 과학 분야에서도 상당한 변화가 있었다. 기존의 인체 이론은 베살리우스를 비롯한 과학자들의 해부학적 증거가 축적되면서 다양한 문제점을 노출했다. 하비(W. Harvey)는 정량적인 사고와 실험을 통해 혈액이 순환한다는 이론을 확립함으로써 생리학 분야를 크게 변화시켰다. 수학에서는 데카르트, 페르마(P. Fermat), 뉴턴, 라이프니츠(G. W. Leibniz) 등의 활동을 통해 해석기하학과 미적분학이 발전하였다. 자연 현상에 대한 수많은 관찰과 실험에 의해 새로운 사실이 축적됨으로써 자연사(natural history) 분야도 지속적으로 발전하였다.[3]

과학혁명을 통해 과학을 하는 방법과 제도에도 많은 변화가 있었다. 베이컨(F. Bacon)은 인간의 판단을 그릇되게 하는 요소로서 네 가지 우상(偶像)을 제기하면서 경험적 자료를 분류하고 정리한 후 이로부터 참다운 지식을 얻어내는 귀납적 방법을 제창했다. 데카르트는 방법론적 회의를 통해 확실하고 명확한 요소를 도출하면서 물질과 운동을 중심으로 한 기계적 철학을 제안하였다. 또한 과학혁명기에는 과학단체의 출현으로 새로운 과학 활동이 조직화되기 시작하였다. 1660년에 설립된 영국의 왕립학회(Royal Society)와 1666년에 설립된 프랑스의 과학아카데미(Académie des sciences)는 그 대표적인 예이다.[4]

과학혁명을 통해 사회에서 과학의 위치도 커다란 변화를 보였다. 과학이 철학의 시녀와 같은 위치에서 벗어나 독자적인 학문으로 발전했으며, 과학자라고 부를 만한 사람들이 속속 등장했다. 18세기 유럽 사회는 뉴턴 과학을 그 시대가 지닌 근대성의 상징으로 여겼다. 기존의 시대가 미신과 독단에 젖어 있었다면 새로운 시대는 과학적이고 합리적인 정신으로 무장되었다는 것이다. '과학적'이라고 하면 옳고 믿을 만한 것을 지칭하는 데 반해 '비과학적'이라고 하면 잘못되고 서툰 것을 뜻하게 된 것도 과학혁명의 영향이라 할 수 있다. 실제로 18세기의 많은 계몽사상가들은 과학혁명을 통해 등장한 근대 과학을 새로운 사회

---

3. 자연사는 1세기 로마의 정치가이자 학자인 플리니우스(Plinius)가 자연에 대한 37권짜리 백과사전을 저술하면서 붙인 용어인 'Naturalis Historia'에서 시작되었다. 이 용어는 흔히 자연사로 번역되지만 자연에 대한 역사를 기술하는 것이 아니라 자연의 실태를 다룬다는 의미를 가지고 있다. 이런 맥락에서 자연사는 박물학(博物學) 혹은 박물지(博物誌)로 번역되기도 한다.

4. 과학아카데미는 1793년에 폐지된 후 1795년에 설립된 프랑스 학사원(Institut de France)의 일부로 편입되었다가 1816년에 부활하였다.

에 적합한 이념적 근거로 수용하였다.

18세기에 들어와 왕립학회와 과학아카데미는 서로 대조적인 모습으로 발전하였지만, 영국과 프랑스의 과학 활동을 대표하게 된다. 영국의 왕립학회는 왕립이기는 했어도 왕실로부터 어떠한 재정적 지원도 받지 못했기 때문에 창립 후 회원 수는 늘어갔지만 재정적 필요에 의해 과학적 업적이나 능력이 없는 아마추어 회원들도 받아들여야 했다. 몇몇 천재적인 과학자들이 있기는 했지만 전체적인 과학 활동은 낮은 수준으로 떨어졌고 비조직적이며 구심력이 없는 산발적인 형태를 띠게 되었다. 반면에 프랑스의 과학아카데미는 정부의 강력한 지원을 바탕으로 회원을 모두 과학적 업적과 능력을 갖춘 과학자들로 충원하여 전문적이고 체계적인 과학 활동을 전개하였다. 과학아카데미가 직접 나서서 조직적으로 과학의 발전 방향을 제시하고 주도했던 것이다.

이와 같은 이유로 18세기 프랑스 과학은 점차 영국 과학보다 앞서게 되었고, 프랑스 과학과 과학자 사회는 유럽 대륙의 과학 활동에 구심점이 될 만큼 압도적인 지위를 점유하게 되었다. 이에 여러 나라들이 프랑스의 과학아카데미를 모방하여 아카데미 설립에 열을 올리게 되었다. 그렇게 되면서 18세기 말과 19세기 초를 통해 과학사의 커다란 변혁이 프랑스를 중심으로 일어났다.

첫째, 과학 내용의 변화로서 이 시기에 이르러 과학의 전문 분야들이 형성되었다. 즉, 물리학, 화학, 생물학, 지질학과 같은 여러 근대 과학의 분야들이 전문 분야로 자리 잡게 되었던 것이다. 전문 분야의 형성은 각 분야들에 독특한 연구방법, 전문 과학자들, 전문 학술단체, 전문 학술 잡지들을 생겨나게 했다. 둘째, 이 시대의 가장 두드러진 점으로, 과학이 전문 직업으로 된 것이다. 과학이 일정한 체계를 갖춘 학문적 지식이라는 점이 사회적으로 공인되었고, 이러한 학문적 지식의 전수를 위한 공식적인 전문 교육이 필요해졌던 것이다. 셋째, 18세기 말에는 특히 과학을 전문적으로 교육할 수 있는 기관이 잇달아 등장했다. 그 대표적인 예로는 1795년에 설립된 에꼴 폴리테크닉 (École polytechnique) 종합기술학교를 들 수 있다. 에꼴 폴리테크닉에 입학하기 위해서는 수학, 역학, 작문 등에 대하여 엄격하고도 경쟁이 심한 시험을 통과해야 했다. 입학 후 당대 일류의 과학자들로 이루어진 교수진으로부터 체계적인 과학교육을 받았다. 특히 에꼴 폴리테크닉의 학생들은 과거의 교양이나 취미로 과학을 공부하고 연구하던 사람들과는 부류가 다르다는 자부심을 가지고 있었다. 그들은 실험조수 (préparateur), 복습교사 (répétiteur) 등과 같은 경력을 쌓으며 전문 과학자로 성장하였고, 19세기 이후에 프랑스의 과학자 사회를 이끌었다 (정병훈, 1993; 김영식, 임경순, 2007).

대학에서 과학 연구가 조직적이고 체계적인 활동으로 자리 잡은 것은 19세기 중반을 전후하여 독일에서 발생한 일 때문이었다. 당시 독일의 지식인들은 '문화 국가'라는 개념을 내세우면서 대대적인 대학 개혁 운동을 전개하였다. 독일 대학은 단순한 지식의 전수가 아니라 적극적인 지식의 추구를 강조하면서 자유로운 연구와 상호 비판을 중시하기 시작하였다. 독일에서는 대학이 분권적인 구조를 이룬 가운데 교수의 이동이 자유로웠고, 교수를 임용하는 기준이 독창적인 연구 능력을 중시하는 것으로 변경되었기 때문에 교수 임용을 둘러싼 선의의 경쟁이 촉발되었다. 이러한 배경에서 독일 대학은 최신 과학을 연구하고 가르치는 전당으로 성장했으며, 특히 실험실과 세미나를 매개로 과학 연구자를 양성하는 데 많은 노력을 기울였다 (김영식, 임경순, 2007; 송성수, 2012).

영국 대학이 과학에 대하여 취했던 태도는 19세기 전반까지 매우 소극적이었다. 영국 대학은 고전과 수학 중심의 교양 교육에 중점을 두고 있었으며, 직업적이고 전문적인 교육은 주로 특수학교에서 실시되었다. 영국에서 실험실이 먼저 생겨난 대학도 영국 본토에 있는 옥스퍼드 대학이나 케임브리지 대학이 아니라, 스코틀랜드 대학이나 에든버러 대학이었다. 이러한 상황은 1830년대부터 개선되기 시작했지만 그 성과가 현실화되는 데에는 많은 시행착오가 수반되었다. 1845년에 설립된 왕립화학대학 (Royal College of Chemistry)은 화학 분야의 전문 교육을 실시하면서 졸업시 자격증을 부여하였다. 케임브리지 대학은 수학 졸업시험 (mathematical tripos)을 강화하고, 1851년에 자연과학 졸업시험 (natural sciences tripos)을 신설함으로써 과학교육에 대한 수준을 제고하기 시작하였다. 영국에서는 19세기 후반 이후에야 과학이 대학에 제도화되기 시작했으며, 이에 따라 과학혁명과 산업혁명의 종주국임에도 불구하고 상당 기간 동안 과학의 후진성을 면치 못했다.

미국의 과학 수준은 19세기 초반까지 보잘것없었고, 프랭클린 (B. Franklin)과 같은 과학자도 활동 기반을 유럽에 두고 있었다. 19세기 중엽 이후, 미국에서의 산업화가 본격적으로 전개되면서 가치관의 변화에 부합하는 새로운 교육이 강조되기 시작하였다. 당시 미국인들은 과학교육을 새로운 교육의 모델로 간주했으며 하버드, 프린스턴, 예일, 미시간 대학 등에서 과학교육을 강조하는 움직임이 일어났다. 특히 1876년에 설립된 존스 홉킨스 대학은 대학원 중심 대학을 표방하면서 독일의 대학 시스템을 도입하여 빠른 속도로 성장하였다. 1920년까지 그 대학에서는 약 1,400명의 박사가 배출되었으며 그들이 다른 대학으로 진출하면서 20세기 초반에는 미국의 대학에서도 과학 연구가 제도적으로 정착하게 되었다 (김영식 외, 1992).

한편 초중등 교육기관에서는 오랫동안 과학에 대한 교육적 관심을 거의 보이지 않았다.

초중등 교육은 과학혁명이 시작된 후 200여 년이 지나도록 크게 달라지지 않았는데, 그것은 과학혁명과 뿌리를 같이하였던 인문주의와 종교개혁이 유럽 교육에 크게 영향을 주었기 때문이다. 인문주의적 운동은 고대의 재발견과 고전어 교육을 강조하였고, 개신교적 사상은 학교 교육의 목표를 종교적 내면화와 인문주의적 세계관의 형성에 두었던 것이다. 19세기 이전까지 유럽의 학교 교육은 읽기 (Read), 쓰기 (wRite), 산술 (aRithmetic) 등의 3R이 지배적이었고, 상급 학교 수준에서는 고전어에 대한 학습이 주를 이루었다.

'과학'이라고 부를 수 있는 부분들이 학교 교육에서 가르쳐지기 시작한 것은 1800년대 초이었다. 그리고 오늘날 학교에서 행해지는 과학과 유사하다고 생각할 수 있는 교실 활동의 시작은 '사물교육 (object teaching)'이었다. 사물교육은 실물을 교실로 가져와서 관찰하고 연구하는 데 초점을 두었으며, 그것은 기존의 언어적이고 설명적으로 행해지던 교육과는 다른 접근 방식이었다. 사물에 대한 세심한 관찰이 강조되었고, 어느 정도까지는 사물에 대해 질문하고 추론하는 활동들이 주어졌다. 과학적 실험이라고 인식할 만한 어떤 것에도 관심이 거의 주어지지 않았지만, 학생들은 기억하기보다는 그들의 감각을 사용하고 사고하도록 격려하였다. 이처럼 사물교육은 현재 강조되고 있는 과학적 과정과 정신적 사고 기능이 점차 퍼져가게 한 기초라고 볼 수 있다 (McCormack, 1992).

근대에 들어와 유럽에서는 과학과 관련된 과목이 다양한 명칭으로 나타나게 된다. 사물학습, 자연사, 자연학 등이 그것이다 (정병훈, 1993). 사물학습은 초등학교에서 근대 초기에 생겨난 과목으로 인문사회, 과학, 기술, 실업 등의 다양한 영역에서 실습적, 관찰학습적, 백과사전적인 성격을 지닌다. 영국에서의 사물학습은 일상적 생활의 소재들을 취급했으며, 명주나 섬유, 연필, 카카오 등과 같은 다양한 식료품과 생필품의 기원과 생산을 경험하도록 하였다. 그뿐만 아니라 육지, 바다, 지구의 모양, 언덕, 계곡, 지도, 초급지리학, 지질학, 인문지리학 등까지 취급하는 경우도 있었다.

자연사는 광물, 식물, 동물 등 모든 자연물에 대한 내력을 취급한다는 의미를 가지고, 19세기의 자연사는 계통적이고 형태학적인 방향으로 흐르게 되었다. 특히 퀴비에 (G. Cuvier)나 다윈 (C. Darwin)과 같은 학자들에 의해 자연사는 자연물을 체계적으로 기술하는 학문으로 발전하였다. 19세기 후반 이후부터 자연물 중에서 광물 부분이 지질학으로 독립하였고, 동물과 식물을 다루는 분야는 생물학으로 정착하게 되었다. 자연학은 자연에 대한 종합적인 지식으로 이해되는 경우도 있었지만 대체로 자연 현상을 철학적, 이론적으로 이해한다는 의미를 지녔다. 자연학은 서술 과학으로 취급되는 자연사와는 달리 이론과학, 실험과학, 또는 정밀과학적 성격을 지니고 있었다.

미국의 경우에는 19세기 후반 이후에 산업화와 도시화가 진행되면서 과학교육에 대한 관심이 생겨났다. 당시 코넬 대학의 베일리(L. Bailey) 교수는 자연 공부 운동(Nature-Study Movement)을 주도하면서 학교 정원화 프로그램을 마련했으며, 이 프로그램을 통해 현직 교사들에게 자연에 대한 관심을 가지도록 하였다. 그가 강조한 자연에 대한 인식, 감사, 보전은 매우 성공적이어서 약 1890년부터 1920년까지 고전적인 자연 학습이 많은 초등학교의 기본적인 과학 프로그램으로 설정되게 하였다. 같은 기간 동안 중등 과학교육은 두 가지 중요한 압력에 의해 형성되었다. 첫째는 형식적 강의와 연역적 실험이 주로 진행된 대학의 과학교육이 중등학교 과학수업의 한 모형으로 사용되었다. 두 번째는 산업화와 도시화를 배경으로 실용성이 강조되면서 과학교육에 기술이 포함되었다. 항해와 탐사와 같은 실용성 중심의 과정들이 물리학, 천문학, 식물학, 지질학 등과 나란히 제공되었다.

19세기 말 미국에서는 중등 과학교육의 성격을 매개로 상당한 논쟁이 벌어지기도 했다. 많은 대학들은 고등학교를 대학 입학을 준비하는 중요한 기관으로 보았다. 이에 반해 상당수의 평등주의자들은 대학 입학을 준비하기 위한 과학 과목들이 대학에 가기를 원하지 않는 대다수의 학생들에게는 지나치게 전문화되어 있고 적절하지 못하다고 보았다. 1893년에 발간된 10인 위원회(Committee of Ten)의 보고서는 당시에 미국 고등학교들에서 모든 학생을 위한 직업 교육과 일반 교육이 교육과정에서 강조되기 시작하였음을 언급하고 있다. 10인 위원회의 의장 엘리엇(C. Eliot)은 과학이 단순히 책에서 전수받거나 기억에 의존할 것이 아니라 눈으로 보고 손으로 입수하는 정보로 교수되어야 한다고 주장했다. 과학교육의 변화는 더디게 진행되었지만 19세기 말에는 과학이 정식 교과목이 되고 교재 중심의 교수 방식을 대체한 실험법이 확산되었으며 아동 중심의 수업이 대중화되기에 이르렀다(DeBoer, 1991).

▌우리나라 과학교육의 발달

우리나라는 일찍부터 과학기술을 발전시켜 왔다. 고구려에서는 별자리를 돌에 새긴 석각천문도가 제작되었으며, 백제는 과학기술과 관련된 각종 유물과 인력을 일본에 보내기도 했다. 신라의 첨성대, 다라니경, 성덕대왕신종은 각각 천문관측, 목판인쇄, 금속가공의 성과를 보여주는 사례에 해당한다. 고려 시대의 과학기술은 도자기, 금속활자, 화약 등을 통해 볼 수 있다. 금속활자의 경우, 현존하지 않으나 1234년에 상정고금예문이 인쇄되었

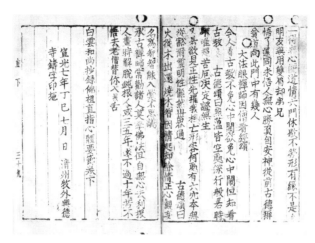

그림 1.3 세계에서 가장 오래된 금속활자 인쇄본, 직지심체요절.
(출처: http://theme.archives.go.kr)

고, 1377년에 직지심체요절이 인쇄되었다. 직지심체요절은 현재 남아 있는 최고(最古)의 금속활자본에 해당한다.

조선시대 세종기에는 우리나라의 과학 문명이 크게 빛을 발했다. 천문, 역산, 의학, 농업, 도량형, 음악, 인쇄, 화약 등의 수많은 분야에서 두드러진 발자취를 남겼다. 세계에서 두 번째로 오래된 천문도인 천상분야열차지도, 자주적 역법의 확립을 알린 칠정산, 장영실이 만든 자동시계인 자격루, 세계 최초의 우량계인 측우기 등은 그 대표적인 예이다. 그 이후에도 과학기술에 대한 관심과 연구는 계속되었다. 1610년에 허준이 발간한 『동의보감』은 조선 의학을 집대성한 것으로 중국과 일본에서도 널리 간행되었다. 18~19세기의 실학자들, 홍대용, 정약용, 최한기 등은 서양 과학을 수용하면서도 독자적인 이론이나 기구를 만들어냈다 (전상운, 1976; 박성래, 1998).

통치 수단에 필요하였던 실용 과학이라고 할 수 있는 천문, 의학, 산학 등을 관장하는 기술관리의 양성기관은 고대부터 우리나라에 있었다. 신라 시대에는 국학이란 기관이 있었다. 유학과에서는 경전을 가르쳤으나, 기술과에서는 산학, 의학, 천문학을 가르쳤다. 고려 시대에는 국자감, 태의감, 사천대를 별도로 두었다. 국자감에는 수업 연한이 9년인 유학과와 산학과를 두었으며, 태의감에는 의학박사, 사천대에는 복학박사를 두어서 필요한 기술관리의 양성을 담당하게 하였다. 조선 시대에는 교육기관으로 관상감, 성균관, 전의감을 두었다. 관상감에서는 천문, 지리, 명과학(命課學) 등이, 전의감에서는 의학이 다루어졌으며, 성균관에서는 유교 경전과 함께 산학(算學)이 가르쳐졌다. 기술관리 양성기관을 여기서 소개하는 까닭은 다루는 분야가 오늘날의 천문학, 기상학, 의학, 수학 등 자연과학의 영역이었기 때문이다. 그러나 어떤 교재를 써서 어떤 내용을 지도하였는지에 관해서는 분명한 기록이 없다 (정연태, 1984).

우리나라의 근대 교육은 개항을 전후하여 밀어닥친 서구 문명의 충격을 극복하기 위한 방편으로 시작되었다. 개항 이후 과학교육 태동기(1876~1894)에는 설립 주체가 서로 다른 여러 학교에서 통일적인 제도나 교육과정이 없이 과학교육이 개별적으로 실시되었다.

과학교육 제도기(1894~1905)에는 1894년 갑오개혁을 시점으로 하여 교육을 전담하는 정부기관인 '학무아문'이 설치되었었고, 사범학교, 소학교, 중학교, 외국어 학교 등의 학교 관제가 성립되면서 보다 체계적으로 운영되었다. 그러나 갑오개혁은 일본의 간섭에 의한 것이었고, 또한 근대화를 지향한 우리 정부도 일본을 표본으로 삼았기 때문에, 우리나라의 학교 관제도 일본의 학교 제도에 상당한 영향을 받았다.

근대교육기 마지막 시기인 과학교육 각성기(1905~1910)에는 을사보호조약 이후 일제에 의해 설치된 통감부에 의해 각종 학교령이 공포되어 관공립학교가 보다 체계적인 교육과정을 갖게 되었다. 그러나 이 시기의 일본은 통감부를 통해 심한 간섭과 통제를 가하여 우리나라를 강점하기 위한 사전 정지작업으로 교육을 장악하기 시작했다. 그 결과 우리의 교육제도는 보다 우민화와 저급인력 양성을 목표로 두게 되었고, 교육에 관한 제반 법령은 일본의 그것을 그대로 옮겨놓다시피 하였다. 이러한 관공립학교의 친일 노예교육을 극복하고자 하는 노력이 민족계 사립학교를 중심으로 활발히 전개됐다. 또한 많은 학회가 전국 각지에서 설립되었고 학회지를 통해 과학교육의 일익을 담당했다 (정연태, 1984; 이면우, 1997).

당시의 동양 사회에서 근대 과학교육이란 학교 제도를 통해서 서양 과학의 내용을 가르치는 것을 의미했다. 결국 한국과 일본의 과학교육의 최우선 과제는 서양의 과학교육을 빨리 수입하는 것이었다. 일본의 경우는 재빨리 외국인 교사를 적극적으로 초빙하고, 구미 제국으로 유학생을 파견하여 일본 나름대로의 과학교육이 성립할 수 있었다. 그러나 한국은 일본보다 시기적으로 20년 이상 늦게 개방하였고, 일본을 포함한 구미열강의 제국주의적 침략의 위기에 몰려 과학교육을 포함한 교육 문제를 최우선적으로 할 수 없었던 상황 아래 있었다. 특히 유럽과 미국의 언어를 이해할 수 있었던 사람이 극소수여서 유럽과 미국으로부터 직접적인 영향을 받기가 어려웠다. 이러한 당시의 상황에서 한국은 과학교육의 모델을 포함한 근대화의 모델로 일본을 선택할 수밖에 없었다고 생각한다. 그 구체적인 예로 영선사와 신사유람단의 파견을 들 수 있다. 이후 일본의 강한 영향 아래 이루어진

표 1.1 우리나라 기술관리 양성기관의 변천

시대구분	교육기관	기구
신라	국학	유학과 (주로 경전) 기술과 (산수, 의학, 천문학)
고려	국자감 태의감 사천대	유학과, 산학과 의학 천문학
조선	관상감 성균관 전의감	천문학, 지리학, 명과학 산학 의학

갑오개혁과 1905년부터의 보호국화, 1910년부터의 식민지로 전락해 버린 상황으로 인해 한국은 독자적으로 과학교육을 실천하지 못하고 일본의 과학교육에 강하게 종속될 수밖에 없었다.

그럼에도 불구하고 외부의 충격에 의하여 과학교육이 시작된 한국과 일본은 비슷한 발전 과정을 보였다. 먼저 과학 교과의 등장에 대해서 살펴보면, 한국과 일본의 변천 추이가 비슷하였다. 개항 이후 초기의 한국과 일본의 학교교육에서 사용된 과학 교과는, 이름에서부터 이전의 주자학적 전통에 새로운 서양 과학의 내용을 혼합한 형태로 나타났다. 예를 들면, '격치학', '이학' 등의 명칭이 그렇다. 또한 과학 교과서의 내용도 대부분 서양의 과학 교과서를 그대로 번역하여 용어나 개념을 설명한 계몽서의 수준이었다. 그러나 과학 교과의 명칭은 차차 서양어를 직접 번역한 이름으로 바뀌어 갔고 '물리'나 '화학'과 같은 분과적인 과목명이나 '이과'와 같은 통일적인 과목명도 등장하였다. 이과는 일본에서 처음으로 사용되어 우리나라도 채택한 과목명이다.

근대교육 초기에, 한국과 일본의 과학에 관한 교과명의 변천을 비교하면 <표 1.2>와 같다 (이면우, 1997; 박종석, 1998). 한국의 과학 교과명의 변천은 일본의 교과 명칭에 비해 10년 정도 뒤따라 일어나고 있는 경향이 있었다. 개항 초기의 양국의 학교에서 교수된 과학 관련 교과명은 격치나 이학 등과 같이 유교적 색채가 강한 명칭이었다. 그러나 곧이어 박물, 물리, 화학, 생리 등 서양에서 사용하는 과학 교과명을 새롭게 한자로 번역한 명칭이 등장하였다. <표 1.2>에서 살펴본 바와 같이 과학 교과명의 변천이 같은 경향을 보이는 이유는 같은 한자 문화권으로서 한국은 일본의 교과서나 교과명을 채택하기가 용이

표 1.2 한국과 일본의 과학에 관한 교과명의 변천 비교

구분	성격	한국	일본
교과서명	전통적 명칭	1883. 원산학사 격치(格致) 1886. 육영공원 　격치만물(의학, 지리, 천문, 화분 　(花卉), 초목(草木), 농리(農理), 　기기(機器), 금수(禽獸)	1872. 小學校則 　養生口授 : 養生法, 健全學 　理學輪講 : 窮理圖解
신교과명	분과적 명칭	1895. 漢城師範學校規則 　本科 : 物理, 化學, 博物 1900. 中學校規則 　物理, 化學, 博物, 醫學	1872. 小學校則 　博物, 化學, 生理 1881. 中學校則大綱 　生理, 動物, 植物, 物理, 化學
신교과명	통일적 명칭	1895. 漢城師範學校規則 　速成科 : 理科 1895. 小學校敎則大綱 　高等科 : 理科	1886. 小學校令 1886. 小學校ノ學科及其程度 　高等科 : 理科

했기 때문이었다. 또한 우리나라에 대한 일본의 영향이 점차 커지면서 일본의 제도를 그대로 따랐기 때문이기도 하다. 이후 과학에 관한 과목명은 분과적인 명칭인 물리, 화학, 박물로 정착되었다.

　중등교육의 경우, 1899년에 우리나라의 중학교관제(中學校官制)가 공포되면서 처음으로 중등교육에 관한 법령이 제정되었으며, 다음 해인 1900년에 중학교 규칙이 제정되었다. 중학교에 설치된 과학 관련 교과는 박물, 물리, 화학, 의학 등이 있었고 지리 교과에 지문(地文) 분야가 포함되어 있었다. 우리나라의 중등 수준에서 과학 관련 교과의 교수요지는 1906년 고등학교령이 공포되고 같은 해 고등학교령 시행규칙이 만들어지면서 처음으로 제시되었다. 이때의 교수요지는 각 교과에 대한 내용을 간단히 서술한 것에 불과했는데, 이어 1909년 고등학교령 시행규칙이 개정되면서 교과의 교수요지를 보다 자세하게 규정하였다.

　그러나 우리나라의 과학교육이 전적으로 일본의 영향을 받아 이루어졌다고 보아서는 안 될 것이다. 왜냐하면 우리나라의 과학교육은 나름대로의 노력과 실천의 과정이 있기 때문이다. 그 근거로 다음과 같은 점을 들 수 있다. 첫째, 한국 과학교육의 표본이 된 것은 일본만이 아니라는 점이다. 또한 일본과는 달리 우리나라의 경우는 근대학교에 관한 교육제도가 성립되기 이전부터 나름대로 주체성을 갖고 근대학교가 설립되어 미약하나마 과학

교육이 시작되었다. 특히 정부에 의해 설립된 육영공원은 그 자체의 한계를 갖고 있음에도 불구하고 미국의 교육을 본받으려고 노력하였다. 둘째, 우리나라가 1905년 이후 활성화된 사립학교 설립과 독자적인 교육과정을 갖고 교육의 중요한 부분을 담당해왔던 사실이다. 이것은 당시 관공립학교가 통감부에 의해 통제되고 일본인에 의해 교육되었던 현실에 반대하여 교육을 통하여 나라를 구하려는 교육구국운동의 일환이었다. 그러므로 근대교육기를 관공립학교로 한정하면 당시의 교육상황을 잘못 이해할 수 있다 (이면우, 1997).

▌현대 과학교육의 변천

미국과 유럽을 중심으로 현대 과학교육에 대해 살펴보면 다음과 같다. 20세기에 들어와 미국은 두 차례의 세계대전과 급속한 기술발달을 기반으로 급격한 경제적 성장을 이룩하였다. 19세기의 미국에서는 초등학교에서 고등학교까지 8-4제의 학제가 시행되었다. 그러다가 1910년대 이후에는 6-3-3 형식의 학제로 바뀌게 되는데, 그것은 학제의 중간 나이 수준의 학생들에게서 감성과 신체적 성장에 있어 과도기적 학교 교육 단계가 요구된다는 것이 관찰되었기 때문이다. 이 단계를 중학교라고 명명하였다.

미국에서 초등학교 수준에서의 과학과 교육과정은 '과학에 대해 읽기' 프로그램 형식으로 전개되었다. 이 시대의 모토는 산업적 효율성이었고, 그래서 과학에 대해 읽는 것이 조직된 과학 정보들을 섭렵하는 가장 효율적이고 빠른 방법이라고 믿었다. 그러므로 체험적인 학습을 통한 발견은 대부분 무시되었다. 전화와 냉장고와 같은 실용적인 기술적 기구들의 구조에 많은 관심이 주어졌던 반면, 이들 기구들의 기능에 깔려 있는 물리학의 기본적인 법칙들에는 충분히 강조되지 못하였다. 과학 지식을 형성하는 데 사용되는 과학 과정과 사고 기능에는 거의 관심이 주어지지 않았다. 과학적 명칭들과 사실들의 기억이 과학 수업의 주된 목표로 설정되었다. 중학교 과학 프로그램은 많은 학교에서, 9학년 과학은 일반과학으로 주어지고 있긴 했지만, 주로 생물, 지구과학, 물상이 각각 각 학년에 부과되었으며, 고등학교 수준에서는 생물학이 10학년을 위한 표준 필수 과정으로 주어졌다. 반면에 화학과 물리학은 주로 11학년과 12학년에서 선택으로 주어졌다. 모든 수준에서 교육과정은 어느 정도 고정되었다.

1957년 러시아 (구 소련)에서 세계 최초로 인공위성을 쏘아올린 스푸트니크 사건은 미국을 크게 놀라게 했다. 학교 교육을 표적으로 삼아 문제점을 지적하였고, 과학자와 수학자들이 모여서 과학 교과서와 교수법을 평가하는 전문적인 과학학술 모임과 위원회를 만들었다. 그들은 그 당시의 과학과 교육과정과 교과서가 체계적이지 못하고 편협한 내용으로 구성되고, 내용 중심적이고, 개념적 통일성이 부족하며, 시대에 뒤떨어지고, 과학의 분야에서 실제 무엇이 일어나고 있는지를 거의 제공하지 못하고 있다고 평가하였다. 이 후 시작된 거대한 개혁 운동은 미국 교육에 있어서 이전에 볼 수 없었던 것으로 급격하게 일어났다. 그래서 미국에서는 이 시기를 '제1차 과학교육 혁명기'라고 부른다 (McCormack, 1992). 미국의 제1차 과학교육 혁명기에는 새 교육과정 프로젝트들이 유치원에서 12학년까지 모든 학년별로 진행되었고, 과학교육의 다각적인 접근 방법이 개발되어 학교에서 시범 적용되었다. 미국 국립과학재단 (National Science Foundation, NSF)이 주관한 교육과정의 접근은 과학교육에 과학의 본성을 반영하여 탐구와 발견에 의한 학습에 초점을 두었다. 과학에 깔려 있는 기본 원리와 이론들로 구성된 '순수' 과학이 '응용' 과학이나 과학적 원리의 과정적 기술의 사용보다 훨씬 강조되었다. 탐구에 의한 학습은 학생들이 실제 과학자와 같이 행동함으로써 과학을 학습하는 것을 의미했다. 즉, 학생들이 직접적으로 실험실 상황에서 관찰하고, 측정하고, 실험하고, 자료를 분석하고 하는 것이다. 발견학습은 학생들로 하여금 조사에서 얻은 자료들로부터 스스로 원리를 도출하도록 하는 것이다. 이것은 단순히 과학교사에 의해 또는 교과서에 제시된 원리들을 검증해 보는 실험들과는 전혀 다른 것이었다 (McCormack, 1992). 이 탐구 중심 과학은 우리나라에도 크게 영향을 미쳤다.

미국의 '제2차 과학교육 혁명기'는 1980년부터 현재까지이다 (McCormack, 1992). 제1차 과학교육 개혁 제안자들은 과학에서의 표준적인 교수 전략으로 탐구를 정착시키고 과학 관련 직업을 선택하는 학생들의 수를 증가시키는 것을 목적으로 하였다. 그러나 그러한 교육의 결과로 나타난 문제점들이 비판적으로 제기되기 시작하였다. 첫째, 과학교사들의 어려움이다. 즉, 과학교사들은 그러한 과정들을 가르치는 것이 어렵다는 것을 발견하였다. 다인수 학급, 준비 시간의 부족, 부적절한 자료들, 그 밖에 자료의 보관과 운반 등의 문제들은 교사들이 계획한 대로 과학적 과정들을 수업에 적용하는 데 장애 요인이 되었다. 둘째, 지나친 학문 체계 중심의 교육과정이다. 이것은 소수의 대학 진학을 준비하는 학생들을 위한 교육이었다. 셋째, 이론과 순수 과학 중심의 교육이다. 이론과 순수 과학에 지나치게 집중되어 있어서, 과학의 실생활에 대한 적용은 배제되어 있다는 것이다. 넷째, 관련성 (relevance)의 문제로, 과학의 사회성, 역사성, 인본주의적 차원 등에서의 관련성이 결여된 것으로 인식되었다. 다섯째, 과학교사에게 낯선 탐구와 발견이다. 많은 교사들에게 탐구와 발견은 생소할 뿐만 아니라, 이러한 과정들을 보통 수준의 학생들에게 교수하는 것은 어렵고, 또한 지나치게 많은 시간이 필요한 것이었다. 여섯째, 평가 방법의 문제로, 표준화된 평가 문항들이 새로운 프로그램을 올바로 평가하지 못했다. 평가지들은 고전적인 과학적 사실들에 초점이 맞추어 있었고, 교육과정의 탐구와 과정 차원을 위한 평가는 고려되지 못했다.

이 시기에 미국 국립과학재단 (National Science Foundation, NSF) 지원으로 Project Synthesis라는 과제가 수행되었다 (Harms & Yager, 1982). 이 과제는 과학교육에서 수행한 연구 결과들을 분석하여 과학교육의 비전을 제시하려는 시도였다. 이 보고서는 과학교육이 '순수' 학문적 기초를 함양하는 것으로부터 기술과 사회와의 통합 운동을 위한 이론적 근거 (rationale)를 제공하였다. 이것이 바로 과학-기술-사회 (Science-Technology-Society, STS)이다.

STS는 단순히 과학을 위한 과학이 아니라 기술과 사회 속에서의 과학에 주목한다. STS 교육은 가장 포괄적인 의미로 STS에 의한 교육 혹은 STS에 대한 교육을 말하며, 이보다 더 구체적인 의미로는 과학이 과학적 기술을 통해 응용되는 분야와 사회적 상황에 과학을 들어 맞추어 가르치는 방법과 과정을 칭한다 (조희형, 1994). 또한 STS는 인간의 경험적 맥락에서 다루어지며, 소수의 과학자나 과학 관련 종사자를 위한 수업이 아닌 다수의 일반 학생을 대상으로 하며, 과학, 기술, 사회에서 책임 있는 시민의 역할을 수행할 수 있도록 하기 위한 '과학적 소양의 함양'을 추구하는 과학학습이다.

STS 교육의 근본 목적은 학생들에게 과학 지식뿐 아니라 과학과 기술에 관련된 여러 사회 문제들을 주지시킴으로써 과학과 사회에 대한 관심의 유발은 물론 학생들이 장차 이러한 문제에 직면했을 때 현명하게 대처하고 해결할 수 있는 사고력을 기르는 것이다 (Yager, 1990). 또한 STS 교육은 소수의 과학자 양성에 그 목적이 있는 것이 아니라 과학의 본성을 이해하고 일상생활에서 과학을 이용할 수 있는 과학적 소양인의 양성에 중점을 두고 있다 (Yager & Tamir, 1993). 예를 들면, STS는 에너지, 토양, 물의 보존, 과밀 인구, 핵폐기물, 멸종 상태의 생물종 등과 같은 지역적 또는 국가적 쟁점, 또는 과학과 사회에 관련된 현안 문제들에 초점을 두고 있다. 학생들은 과학적 문제들에 대한 사회직, 경제적, 법률적, 정치적, 환경적 측면에 대한 조사자가 될 수 있을 것이고, 과학적 발견과 관련된 능동적 의사결정자가 될 수 있을 것이다.

1980년대 이후 과학교육에서 STS 접근이 강조되게 된 배경으로는 학문중심 교육사조에 대한 반발 작용, 학생들이 과학 분야에서 이탈하려는 현상, 과학과 기술의 부정적 측면의 증가 등을 들 수 있다. 이러한 문제점들을 해결하기 위해서는 과학교육이 단순히 과학적 지식과 정보의 전달만이 아니라, 과학과 관련된 사회적, 윤리적, 가치적 측면을 함께 포함하여야 한다는 주장이 나오게 된 것이다 (Yager, 1990). STS 접근을 지지하는 과학 교육자들은 과학과 기술에 관련된 실생활 문제를 도입함으로써 학생들의 과학에 관한 관심과 동기유발을 유도하기 위해서, 과학과 기술에 관련된 사회문제들을 학생들이 미리 고찰하고 학습함으로써 의사결정력과 문제해결력을 향상시키기 위해서, 모든 학생들을 위한 과학교육으로서 STS 교육이 강조되어야 한다고 주장한다.

과학과 기술과 사회는 서로 영향을 주고받는다. 현대 사회에서 일어나는 과학 및 기술과 관련된 사회적 문제들은 대부분 문화적·사회적 가치관과 집단 이해관계에 얽혀 있어서 학문적 접근법만으로는 해결할 수 없다.

1990년대에 들어서면서 많은 나라의 과학 프로그램에서 STS 접근을 반영하였다. 사회 속의 화학 (ChemCom)은 화학이 사회에 미치는 영향에 대해 고등학생의 학습에 도움이 되도록 미국화학회가 발행하였다. CEPUP (Chemical Education for Public Understanding Programme)는 혁신적인 중학교 과학 프로그램으로 화학물질, 화학물질과 사람과 환경 사이의 상호작용에 초점을 두고, 가정 기구의 문제 해결, 지표수 등과 같은 과학과 사회 문제를 다루고 있다. 프로젝트 2061은 미국과학진흥협회 (American Association for the Advancement of Science, AAAS)가 후원한 과학적 소양의 함양에 바탕을 둔 독특한 교육과정 개정 프로젝트이다. 프로젝트의 첫 번째 보고서 (AAAS, 1989)인 『모든 미국인을 위한 과학 (Science for All Americans)』은 기초 과학학습 목표의 형태로 '과학적 소양을 특성화하기 위한' 교육을 제시하고 있다. 이 프로젝트는 2000년대 이후 핼리 혜성이 지구에 가까이 오는 연도 '2061'로 명명하고, 그 이전에 과학교육에서 의미 있는 변화를 불러일으킬 것으로 기대하였다.

1980년대 후반 미국과학교사협회 (National Science Teachers Association, NSTA)에 의해 촉진된 또 다른 개혁 운동은 SS&C 프로젝트이다. 영역 (Scope), 계열 (Sequence), 조정 (Coordination)의 프로젝트는 학교 교육에서 학생들에게 과학, 수학, 기술에 대한 기초적 이해를 충분히 제공하지 못하고 있다는 보고서와 연구를 종합하는 것이었다.

STS 운동, 프로젝트 2061, SS&C 프로젝트 등과 같은 미국에서의 과학교육 개혁 운동 (movement)은 1990년대 이후 전문적으로 계속 진행되어 왔다. 그 연구들에서 과학교육에서의 과학 및 과학과 관련된 학문의 주제 사이의 통합뿐만 아니라, 교육과정의 관련성, 사회적 쟁점, 의사 결정 기능, 컴퓨터를 비롯한 기술의 활용 등을 포함해야 한다고 주장하였다. 그리고 과학교육에서 과학적 소양의 함양, 생각하고 알아가는 방식으로서의 과학, 인간 활동으로서의 과학에 주목해 줄 것을 요구하였다. 또한 그 연구들은 과학학습은 학생들의 개념들을 사용하여야 하며, 새로운 개념은 학생들에 의하여 구성된다는 것을 강조하였다. 이러한 구성주의는 과학교육계에 커다란 영향을 주었다.

영국에서는 1980년대에 들어와 과학교육협회 (Association for Science Education, ASE)를 매개로 다양한 STS 교육 프로그램이 개발되었다. 1981년 '사회 속의 과학 (Science in Society)'과 1983년 'SISCON (Science in Social Context)'은 그 대표적인 예이다. 이 두 프로그램은 과학과 기술을 실제 생활의 문제에 활용함으로써 학생들의 흥미와 관심을 유도할 수 있는 수업의 다양한 사례를 제시하였다. 특히, SISCON은 세계적으로 가장 많이 알려진 STS 교육 프로그램으로, 이 프로그램에 포함된 소재들은 다른 교육 프로그램을 개발하는 데 많은 영향을 미쳤다. 그 후에도 SATIS (Science And Technology In Society)와 솔터즈 사이언스 (Salters' Science) 등과 같이 학생들의 연령에 맞춘 다양한 STS 교육 프로그램들이 개발되었다 (송진웅, 2000).

과학교육학이란 과학의 지식과 방법 및 태도에 대해 무엇을, 언제, 어떻게, 왜 가르치는 가, 그리고 어떻게 평가할 것인가에 대한 지식과 탐구라고 볼 수 있다. 이들 각각에 대해 좀 더 구체적으로 제시한 것이 과학교육과정 또는 과학교육기준이다. 여기서는 이들에 대 해 간단히 기술해 보고자 한다. 좀 더 자세한 내용은 과학교육과정, 과학의 본성, 과학 교 수 학습 이론, 과학교육 방법, 과학교육 평가 등에 제시하였다.

▌과학교육의 목적과 목표

과학교육의 목적을 개인적 요구, 사회적 요구, 직업적 요구, 학문적 요구의 측면에서 살 펴보면 다음과 같다 (Harms & Yager, 1982).

첫째, 과학교육은 사람의 개인적 요구를 만족하기 위해 필요하다. 이것은 학교 교육의 기본 목적 중의 하나인 학생 개개인의 지적 잠재력의 발달을 촉진시키고 이를 극대화하는 것과 관계가 있다. 특히 과학적 사고력 혹은 창의적 사고력은 인간의 기본 능력이기 때문 에 중요한 학교 교육의 목표로 제시되고 있다. 모든 인간의 성장 발달 속도에는 어느 정도 차이가 있지만 과학적 사고력은 누구나 가지고 있으며, 학교 교육의 결과에 따라 잠재력 의 발달 정도가 달라질 수 있다는 것은 새로운 사실이 아니다. 이러한 기초적 능력을 집중 적으로 개발하는 데 적절한 영역은 과학일 것이다. 여러 연구에 따르면 학생들의 지적 발달 정도와 과학 학력 사이에는 깊은 관계가 있음이 밝혀졌다. 즉, 과학적 사고력의 수준이 일정 수준에 이르지 못한 학생의 학력은 좀 더 높은 수준으로 이끌기가 어렵다는 것이다. 왜냐하면 지식의 이해는 그 수준에 따라 사고력 발달과 밀접한 관계가 있기 때문이다. 따라서 학업 성취도를 높이려면 사고력 신장을 선행시키거나 또는 최소한 사고력 신장과 병행하여 학습이 진행되어야 한다.

둘째, 과학교육은 사회적인 요구를 만족시켜 주기 위해 필요하다. 과학에 관한 사회적 쟁점들을 책임 있게 다룰 수 있도록 준비된 식견 있는 시민들을 양성하는 것은 과학교육에서 중요하게 담당해야 하는 일이다. 과학과 관련된 사회적 쟁점들은 무수히 많으며 그러한 쟁점들은 앞으로도 계속해서 제기될 것이다. 원자력 발전의 문제는 에너지를 이용할 수 있다는 측면에서는 좋은 일이지만 원자력 발전소의 안전을 확실하게 보장하지 못한다는 측면에서 사회적 쟁점이 되지 않을 수 없다. 실제로 러시아의 체르노빌 원자력발전소 붕괴, 쓰나미로 인한 일본 원전 사고 등을 겪으면서 그 쟁점은 더욱 확대되었으며, 여전히 해결되지 않은 과제로 남아 있다. 이러한 문제들에 대해 효과적으로 대처하기 위해서는 과학교육을 통해 핵에 대한 지식과 원자력 발전에 대한 지식을 올바르게 가지도록 해야 한다. 올바른 지식을 가지고 있어야 문제에 대해 적절하게 대처할 수 있기 때문이다.

셋째, 과학교육은 학생들의 진로 교육을 위해 필요하다. 과학교육은 모든 학생들에게 과학과 기술, 그리고 공학에 대한 올바른 인식을 심어 주고, 다양한 적성과 흥미를 가진 학생들에게 과학과 기술 및 공학과 관련된 진로가 얼마나 폭넓고 다양한가에 대해 깨닫도록 해 주어야 한다. 특히, 초·중·고등학교 시기에는 학생들이 어느 분야가 적성에 맞는지 알기 어려우므로 과학에 대한 경험을 쌓게 함으로써 과학 분야의 진로를 가질 것인지 아닌지에 대해 알게 할 필요가 있다.

넷째, 과학교육은 장래의 학문적인 준비를 위해 필요하다. 개인적 또는 사회적 요구에 적절한 과학교육을 넘어서서 과학 분야에 적성이 있고, 앞으로 과학을 계속 공부하고 연구하고자 하는 학생들을 위한 과학교육도 제공되어야 한다.

미국의 국립연구위원회(National Research Council, NRC)는 이러한 과학교육의 목적을 바탕으로 학교 과학교육의 목표를 다음과 같이 제시하였다(NRC, 1996). 첫째, 자연 세계에 대해 알고 자연 세계를 이해하는 일의 소중함과 즐거움을 경험한다. 둘째, 개인적인 의사 결정 과정에서 적절한 과학적 과정과 원리를 사용한다. 셋째, 과학과 기술이 관련된 문제에 대한 공적인 대화와 토론에 지적으로 참여한다. 넷째, 직업인이 되었을 때 자신의 직장에서 과학적 소양인의 지식, 이해, 기능을 활용하여 경제적 생산성을 높인다. 이러한 목표들은 과학적 소양을 갖춘 사회란 어떤 것인지를 잘 말해 준다.

과학교육의 내용과 형태

미국과학교육표준 (NRC, 1996)은 과학교육 내용 기준의 범주를 과학의 통합 개념과 과정, 탐구로서의 과학, 물상과학, 생명과학, 지구 및 우주과학, 과학과 기술, 개인과 사회적 견지에서의 과학, 과학의 역사와 본성 등 8가지로 제시하고 있다.

이들을 좀 더 자세히 설명하면, 과학의 주된 개념과 과정에 대한 이해와 능력은 모든 학년에 걸쳐 발달되어야 하고 통합 개념과 과정은 학문적인 경계를 넘어서서 이루어지기 때문에, 과학의 통합 개념과 과정이라는 범주는 유치원에서부터 12학년까지의 기준이 필요하다는 것이다. 나머지 7개 범주는 인지 발달 이론, 교사들의 경험, 학교의 조직, 다른 학문 중심의 기준들을 고려하여 유치원 과정에서부터 12학년까지 학년에 따라 배열되어야 한다고 제시하였다. 물론 이 7가지 내용 기준들의 제시 순서가 임의로 정해진 것은 아니다. 학생들의 이해와 능력은 탐구 경험을 바탕으로 하고, 탐구는 다른 내용 기준의 이해와 능력의 발달을 위한 기반이 되며, 탐구로서의 과학의 범주로부터 과학의 역사와 본성이라는 범주로 나아가면서 과학의 개인적, 사회적 측면이 점차 더 강조되도록 한다는 것이다.

박현주 외 (2012)는 최근의 국내외 과학교육 내용표준을 분석하고 정리한 다음, 과학교육 내용표준의 구조를 상황, 내용요소, 성취로 구분하고, 내용요소를 과학적 탐구, 과학의 본성, 과학적 창의성, 과학 핵심내용지식 등의 하위 요소로 구분하였다. 내용요소의 네 가지 하위요소는 서로 상호 관련되어 있으며 유기적인 관계를 가지고 있도록 구성되었다. 과학적 탐구는 문제 제기와 가설 형성, 탐구 계획의 수립, 탐구의 수행, 결론 도출 및 논증, 결과 사용 및 응용으로 구성된다. 과학의 본성은 과학의 잠정적인 본성, 과학적 방법의 한계와 다양성, 관찰과 추론의 차이, 과학 윤리와 책임감, 과학적 상상력과 창의성, 과학에 대한 역사적, 문화적, 사회적 영향, 과학, 기술, 공학의 상호 관련성을 포함한다. 과학적 창의성은 특정한 과학 지식을 사용하거나, 특정한 탐구 과정 중에 창의적 사고가 발현되는 것을 의미한다. 과학 핵심내용지식은 과학의 어떤 내용을 어떻게 조직하여 구성하는가를 다루며, 물리, 화학, 생명과학, 지구과학, 공학을 포함한다.

학교 과학교육에서 과학의 본성을 가르쳐야 하는 이유는 실리적, 민주적, 문화적, 윤리적, 그리고 과학학습 측면에서 학생들이 과학의 본성을 이해해야 할 필요성이 있기 때문이다 (Driver et al., 1996). 실리적 (utilitarian) 측면에서 볼 때, 학생들이 과학의 본성에 대해 이해하고 있으면, 일상생활에서 맞닥뜨리는 문제를 해결하는 데 도움이 된다. 민주적 (democratic) 측면에서 과학의 본성에 대한 올바른 이해는 학생들이 사회과학적 논쟁거리를 이해하고 그런 문제에 관한 의사결정에 참여할 때 필요하다. 문화적 (cultural) 측면에서 현재 문화의 주요 요소로서 과학의 가치를 인식하는 데 필요하고, 윤리적 (moral) 측면에서는 사회의 일반적 가치인 도덕적 책임과 과학 사회의 규준을 이해하는 데 필요하며, 과학학습 (science learning) 측면에서는 과학 개념에 대한 이해에 실질적인 도움을 준다.

과학교육에서 탐구가 차지하는 위상은 지식과 더불어 가장 중요한 2가지 요소의 하나로 꼽히고 있다. 탐구와 지식을 과학을 구성하는 2개의 중요한 축으로 보는 시각은 일찍이 선드와 트라우브리지 (Sund & Trowbridge, 1973)가 제안한 바 있다. 이들은 과학적 지식이 과학적인 탐구 방법 또는 과정을 통하여 얻어진 산물이라고 언명함으로써 과학의 본성과 탐구와의 관련성을 간결하고 명쾌하게 표현하였다. 미국과학교육표준 (NRC, 1996)은 과학적 탐구를 과학자들이 자연 세계를 연구하고, 연구에서 유래된 증거에 입각한 설명을 제안하는 것이라 하였다. 과학자들이 문제에 접근하는 방법은 상당히 다양하여 일관적인 양상을 보이지는 않는다. 하지만 대부분의 탐구 형태에 공통적인 여러 과정들이 있음이 명확해졌으며 이를 '과학 과정기능'이라고도 한다. 또한 탐구란 과학자들의 자연 세계에 대한 이해뿐 아니라 학생들이 과학적 아이디어를 개발하고 이해하는 행동 자체를 의미하기도 한다. 미국과학교사협회 (NSTA, 2004)는 과학적 탐구를 학생들이 과학 내용을 이해하는 강력한 수단으로 보았다. 즉, 학생들은 질문하는 방법과 그 질문에 답하기 위해 증거를 사용하는 방법을 배워야 하고, 과학적 탐구의 전략을 배워야 한다고 하였다. 이 과정에서 학생들은 여러 가지 자료로부터 증거를 수집하며, 데이터에서 설명으로 발전시키고, 얻어진 결론에 대해 다른 사람과 의사소통하고 또 방어하기도 한다는 것이다. 한편, 메클링과 올리버 (Mechling & Oliver, 1983)는 탐구 학습의 필요성을 주장하면서, 탐구는 과학 교과를 학습할 때뿐만 아니라 일상생활에서 의미 있는 의사결정을 하기 위해 반드시 필요한 도구이기 때문에 과학 탐구기능을 개발시켜야 한다고 설명하였다.

과학적 창의성을 과학교육 내용표준에서 특별히 논의할 필요가 있는 이유는 과학의 본성 자체가 창의성을 내포하고 있기 때문이다. 즉, 과학의 본성을 정의할 때, "과학 활동은 창의적인 사고를 필요로 한다."라는 언명이 포함되기 마련이다. 이러한 점에서 과학교육에서 창의성을 강조하는 것은 과학학습을 보다 참답게 (authentic) 일어나도록 하는 역할을 한다.

과학교육에서 창의성을 강조할 때 다음 두 가지 가정을 생각해 볼 수 있다.

가정 1 : 과학적 창의성은 일반 학생들도 발현할 수 있다.
가정 2 : 과학적 창의성은 교육을 통해 길러질 수 있다.

가정 1과 관련하여, 창의성이 일반인들에게도 나타날 수 있는 사고유형이라는 점이 널리 지적되고 있다. 예를 들어, 리차드 (Richards, 2007)는 창의성을 특별한 사람만이 할 수 있는 특별한 능력이라기보다는 보통 사람들도 할 수 있는 하나의 습관이나 인지양식 (cognitive style) 또는 성향 (disposition)으로 본다. 실제로 과학자의 연구결과를 보면, 연구결과 자체는 매우 독창적이고 매우 창의적일 수 있으나, 그러한 창의적 산출물을 얻기까지의 사고과정을 보면 일반적 사고과정의 조합으로 볼 수 있다는 관점이 있다.

가정 2와 관련해서, 많은 연구자들은 창의성 계발 프로그램을 적용하여 그 결과가 효과적이었음을 보고해 왔다. 토렌스 (Torrance, 1987)는 1972년에 9개 창의성 프로그램을 적용한 총 142개 연구를 분석하여 창의성 지도 성공률이 평균 72%였고, 이후 1983년에는 13개 프로그램을 적용한 총 166개의 연구를 분석하여 창의성 지도의 성공률이 68%라고 발표한 바 있다. 로즈와 린 (Rose & Lin, 1984)의 메타분석에서도 창의적 문제해결 (creative problem solving, CPS) 프로그램의 효과를 설명할 수 있는 설명변량이 40%로 높은 편이라고 보고하였다. 이러한 점에서 창의성은 연습과 훈련을 통해 계발될 수 있는 능력이라고 보는 것이 타당하다. 즉, 과학적 창의성이 과학 교육과정 속에서 일반 학생들을 대상으로 지도될 수 있고, 또 적절하게 지도되었을 때 학생의 과학적 창의성이 길러질 수 있다는 것이다.

과학교육의 대상과 장소

브루너 (Bruner, 1960)는 "대개의 경우 학생의 과학적 적성은 분명히 다른 어떤 지적인 재능보다도 조기에 확인될 수 있다."고 하였다. 이러한 관점에 비추어 볼 때 바람직한 과학교육은 과학적 태도를 어렸을 때부터 길러주고 과학에 흥미를 가지도록 돕는 것이라고 할 수 있다. 매킨타이어 (McIntyre, 1984)는 유아기의 과학교육은 유아로 하여금 과학에 대한 흥미와 탐구하는 태도를 가지고 감각을 통하여 스스로 탐색함으로써 자기 자신과 다른 사람, 그리고 주변 세계의 여러 가지 현상과 사물을 알고 이해하는 과정이 되어야 한다고 주장하였다. 유아의 이러한 자각과 이해는 자신들의 방식으로, 또 자신들의 시간에 능동적인 학습자가 됨으로서 얻어진다고 하였다.

이처럼 과학교육은 유아기부터 시작할 필요가 있으며 그 대상은 유아부터 성인에 이르기까지 계속될 필요가 있다.

과학교육은 형식교육의 형태로 주로 학교에서 이루어지지만 과학관과 같이 학교 밖에 있는 기관이나 갯벌과 같은 장소에서도 과학교육은 의미 있게 진행될 수 있다. 그리고 정보기술의 발달과 함께, 컴퓨터 프로그램 또는 인터넷 프로그램을 통해서도 과학교육은 장소와 시간에 구애받지 않고 이루어질 수 있다.

대표적인 학교 밖 비형식 교육기관인 과학관의 경우 국가 차원에서 과학관 육성 계획을 수립하여 국·공립 과학관을 지속적으로 확충하고 이를 활용한 비형식 과학교육의 활성화를 위해 노력하고 있으며, 학계에서도 다양한 연구를 진행하고 있다. 과학관 이외에도 과학캠프, 과학자 관련 프로그램, TV나 영화, 신문, 잡지와 같은 매체 등 다양한 비형식 과학교육 프로그램에 대한 연구가 이루어지고 있다.

2장

과학의 본성과 과학철학

과학의 본성(nature of science, NOS)에 관한 물음은 "과학이란 무엇인가", "우리는 무엇을 과학으로 간주하는가", "과학과 비(非)과학을 구분하는 기준은 무엇인가" 등으로 표현될 수 있다. 본성에 관한 모든 물음이 그렇듯이, 과학의 본성에 대해서도 어떤 관점에서 과학에 접근하느냐에 따라 매우 다양한 견해가 제시될 수 있다. 과학의 본성은 과학의 가치와 목적을 통해 접근할 수도 있고, 과학지식이나 과학적 방법과 같은 과학의 구성요소 혹은 측면을 통해 논의할 수도 있다. 또한 과학의 본성은 그것을 주요한 주제로 삼아온 과학철학에 대한 논의를 매개로 고찰할 수도 있다. 최근에는 과학의 본성으로 과학의 인식적 특성을 넘어 과학의 사회적·윤리적 특성이 강조되는 경향을 보이고 있다.

과학의 본성에 관한 물음

과학의 가치와 목적

과학의 가치

우리가 과학에 대해 논의하는 것은 과학이 그만큼 가치가 있기 때문이다. 과학의 가치는 과학자들이 과학 활동을 수행하는 철학적 토대가 되며, 과학교육의 필요성이나 당위성을 정당화하는 근거가 된다. 이와 함께 과학의 가치에 대한 진술은 과학의 본성에 접근하는 중요한 매개물이 된다. 그렇다면 과학은 어떤 가치를 가지고 있는가? 그동안 많은 학자들이 과학의 가치에 대해 진술해 왔는데, 몇 가지 중요한 견해를 살펴보면 다음과 같다 (조희형, 박승재, 2001).

카린 (Carin, 1997)은 미국과학진흥협회 (American Association for the Advancement of Science, AAAS)가 과학의 가치로 제안한 내용을 다음과 같이 정리하고 있다. 첫째, 자연 세계를 알고 이해하려는 호기심에서 과학을 학습하거나 연구하게 한다. 둘째, 증거를 중시하고 그것을 바탕으로 결론을 내리게 한다. 셋째, 자신이 내린 결론과 주장에 대해서도 의심하는 마음을 갖게 한다. 넷째, 어떤 증거도 결정적인 검증의 바탕이 될 수 없다는 점을 보여준다. 다섯째, 다른 사람들과 협력하여 학습하고 연구해야 효과적이라는 점을 알려준다. 여섯째, 실패가 과학적 탐구의 자연스러운 결과임을 보여준다.

마틴 외 (Martin et al., 1997)는 미국의 전국교육협회 (National Education Association,

NEA)가 제안한 과학의 가치를 다음과 같이 소개하고 있다. 첫째, 알고 이해하고자 하는 열망을 갖는다. 둘째, 모든 것을 질문한다. 셋째, 자료와 그 의미를 추구한다. 넷째, 경험적 증거를 요구한다. 다섯째, 논리를 존중한다. 여섯째, 전제와 결과를 재고(再考)한다. 여기서 과학이 확실히 검증 가능하거나 순수하게 논리적인 것은 아니지만, 과학이 경험과 논리를 중시한다는 것은 과학의 기본적 특성이라고 볼 수 있다.

아브루스카토 (Abruscato, 2000)는 과학의 가치 중에서 특히 과학교육과 관련성이 큰 것으로 진리 (truth), 자유 (liberty), 의심 (doubt), 독창성 (originality), 질서 (order), 의사소통 (communication) 등 6가지를 제시하고 있다. 첫째, 과학자들은 자연에서 일어나는 현상을 서술하고 설명하며 궁극적으로는 그 현상에 대한 진리를 추구하는 데 전념한다. 둘째, 자유롭고 자율적인 사고가 보장되는 분위기나 상황 속에서 과학이 융성하고 발달할 수 있다. 셋째, 과학의 산물은 자연 세계에 대한 의심이나 의문을 풀기 위한 탐구 활동의 결과이다. 넷째, 과학자들의 독창적인 사고와 노력이 없이는 과학이 결코 진보할 수 없다. 다섯째, 과학자들은 자연의 질서를 가정하고 그에 따라 정보를 수집하고 조직하여 과학지식을 구성한다. 여섯째, 과학은 다른 과학자들이 이룬 업적과 그에 대한 이해가 없이는 그 발달이 제한될 수밖에 없다.

과학의 목적

과학의 궁극적 목적에 대해서는 다양한 견해가 제시될 수 있다. 그러나 과학의 일차적 목적이 자연현상에 대한 기술 (description), 설명 (explanation), 이해 (understanding), 예측 혹은 예상 (prediction), 통제 (control)에 있다는 점에 대해서는 대부분의 학자들이 동의하고 있다 (Kitchener, 1999). 물론 이와 같은 과학의 목적이 과학의 모든 분야에서 보편적으로 적용되지는 않으며, 분야에 따라서는 몇 가지 목적만을 추구하기도 한다.

기술은 다양한 방법으로 수집한 자료를 바탕으로 자연현상을 사실대로 기록하는 행위에 해당하며, 과학지식이 형성되는 일차적인 원천으로 작용한다. 자연현상의 기술에 필요한 자료는 소극적인 관찰이나 측정을 통해 수집되기도 하고, 의도적인 조사와 실험을 통해 수집되기도 한다. 자료의 수집에는 종종 도구가 사용되는데, 도구를 이용해 수집한 자료는 대부분 정량적 자료로 수학적 분석이나 통계적 처리가 용이한 특징을 가지고 있다.

설명은 매우 다양한 의미를 가지고 있다. 예를 들어 단어나 문구의 뜻을 기술하는 것, 신념이나 행동을 정당화하는 것, 어떤 진술로부터 다른 진술을 도출하는 것, 어떤 대상의 기능을 해석하는 것 등이 모두 설명의 범주에 포함될 수 있다. 그러나 과학적 설명은 일반적으로 현상이나 사건에 대한 원인을 제시하는 경우를 지칭한다. 기술이 무엇이, 어디서, 언제, 어떻게 이루어지는지에 대한 질문에 답을 준다면, 설명은 '왜'에 대한 답을 주는 것이다. 설명은 사례기술적 (idiographic) 설명과 법칙정립적 (nomothetic) 설명으로 구분되기도 한다. 사례기술적 설명은 개별적인 사례에 대한 완전한 설명을 추구하고, 법칙정립적 설명은 하나의 사례보다는 일련의 현상에 대한 포괄적인 설명을 목적으로 한다. 헴펠 (Hempel, 1966)은 과학적 설명에 대한 모형으로 연역법칙적 모형 (deductive-nomological model)과 귀납통계적 모형 (inductive-statistical model)을 제안하고 있다. 연역법칙적 모형에서 피설명항은 일반 법칙과 초기 조건으로부터 연역적인 필연성을 가지고 추론되며, 귀납통계적 모형에서는 설명항이 피설명항을 일정한 확률 값을 가지고 귀납적으로 지지한다.

이해는 주어진 자료와 정보의 의미를 파악하거나 다른 의미와 관련짓는 과정에 해당한다. 이해의 초보적인 유형에는 제시된 자료나 정보의 의미를 바꾸지 않고 다른 형태로 표현하는 것이 있는데, 주어진 자료를 표나 그림으로 나타내는 자료변환이 그 대표적인 예이다. 더욱 차원이 높은 이해의 유형으로는 내삽(interpolation)이나 외삽(외연, extrapolation)을 통해 포괄적인 의미를 추리해내는 것이나 새로운 정보를 기존의 지식과 통합하여 체계화하는 것 등을 들 수 있다. 경우에 따라서는 이해를 설명의 다음 단계로 보지 않고 이해와 설명을 대비시키기도 한다. 설명이 인과관계의 규명을 목적으로 한다면, 이해는 인과관계가 아닌 상관관계를 파악하는 데 주된 관심을 둔다는 것이다.

과학은 몇몇 원인을 근거로 관찰이나 측정이 가능한 자연현상을 예측할 목적으로 수행되기도 한다. 예측은 독립변인을 바탕으로 종속변인의 값을 도출하는 행위로 규정할 수 있다. 설명과 예측은 그 결론에 시간적 차이가 있을 뿐 비슷한 방식으로 이루어진다고 볼 수 있다. 설명은 결론이 이미 나타난 사건을 진술하는 반면에, 예측은 미래에 발생할 가능성이 있는 현상이나 사건을 대상으로 한다. 이와 함께 이미 일어났지만 아직 알려져 있지 않은 현상이나 사건을 설명하는 것도 예측의 일종이라 볼 수 있다.

통제는 어떤 현상이나 사건이 일어나게 하거나 일어나지 않게 하는 등 특정한 목적에 맞게 조절하는 행위를 말한다. 어떤 사건을 통제한다는 것은 그 사건에 대한 예측을 바탕으로 수행된다. 그러나 예측이 가능하다고 해서 반드시 통제가 가능한 것은 아니다. 예를 들어 태풍이나 지진과 같은 자연현상은 예측할 수는 있지만 충분히 통제하지는 못한다. 통제는 기초과학보다는 응용과학이나 기술 분야에서 더욱 중요시되는 특징을 보이고 있다.

▌과학의 본성에 관한 입장

앞에서 살펴본 과학의 가치와 목적에 대해서는 어렵지 않게 수긍할 수 있지만, 정작 과학의 본성에 대한 세부적인 입장에는 상당한 차이가 있을 수 있다. 과학은 상대적인가 절대적인가? 과학지식은 귀납과 연역 중에 어떤 것을 통해 형성되는가? 과학은 사회문화적 맥락에 의존하는가 아니면 이에 무관한가? 과학을 과정 중심으로 가르쳐야 하는가 아니면 내용 중심으로 가르쳐야 하는가? 과학이론은 실재하는가 아니면 도구에 불과한가? 이와 같은 점을 고려하여 노트와 웰링턴(Nott & Wellington, 1993)은 과학의 본성을 점검할 수 있는 정교한 검사 도구를 개발하였다.

먼저, 다음에 제시된 <표 2.1>의 질문지를 활용하여 응답자의 반응을 조사한다.

표 2.1   과학의 본성 질문지

· 학생들이 실험을 통해 얻은 결과는 다른 사람들의 결과들만큼 가치가 있다.	( )
· 과학은 본질적으로 남자들이 하는 분야이다.	( )
· 과학적 사실이란 과학자들이 그렇다고 동의한 것이다.	( )
· 과학 활동의 목적은 실재를 밝히는 데 있다.	( )
· 과학자들은 실험이 끝나기 전에 그 결과를 미리 예상하지 않는다.	( )
· 과학에 대한 연구는 경제적으로 혹은 정치적으로 결정된다.	( )
· 과학교육은 과학적 사실보다는 과학의 과정을 배우는 것이어야 한다.	( )
· 과학의 과정은 도덕적 혹은 윤리적 문제와 거리가 멀다.	( )
· 과학교육의 가장 가치로운 부분은 사실들이 잊혀진 후에도 계속 남는다.	( )
· 과학이론은 그것이 성공적으로 기능한다면 타당한 것이 된다.	( )
· 과학은 사용가능한 자료로부터 일반화된 결론을 도출함으로써 전진한다.	( )
· 참된 과학이론이란 존재하지 않는다.	( )
· 인간의 감성은 과학지식을 창조하는 데 아무런 기능을 하지 않는다.	( )
· 과학이론은 인간의 지각과는 독립적인 외부의 실제 세계를 묘사한다.	( )
· 과학지식에 대한 튼튼한 기초가 있어야만 학생들이 스스로 발견할 수 있다.	( )
· 과학이론은 단지 실험기법이 향상되었기 때문에 변화하였다.	( )
· 과학적 방법은 다양한 과학적 탐구에 적용할 수 있다.	( )
· 경쟁하는 이론들 간의 선택은 철저히 실험결과에 기초하여 이루어진다.	( )
· 과학이론은 실험결과에서 추론한 것임과 동시에 상상력과 직관력의 산물이기도 하다.	( )
· 과학적 지식은 다른 종류의 지식에 비해 우월한 지적 지위를 갖는다.	( )
· 우주에는 과학적으로는 결코 설명될 수 없는 물리적 현상들이 존재한다.	( )
· 과학지식은 도덕적으로 중립적이다. 다만, 그것의 응용이 윤리적 문제일 뿐이다.	( )
· 모든 과학의 실험과 관찰은 현존하는 이론들에 의해 결정된다.	( )
· 과학은 본질적으로 그것의 방법과 과정에 의해 특징지워진다.	( )

표 2.2 과학의 본성 설문지 결과 및 해석

구분	계산	해석
RP 차원	1*+ 3*+ 21*+12+14+16+18+20	−40점부터 +40점까지 (−)는 상대주의, (+)는 실증주의
ID 차원	5*+11*+19+23	−20점부터 +20점까지 (−)는 귀납주의, (+)는 연역주의
CD 차원	2*+3*+6*+8*+13+16+18+22	−40점부터 +40점까지 (−)는 맥락주의, (+)는 탈맥락주의
PC 차원	7*+9*+17*+24*+15	−25점부터 +25점까지 (−)는 과정 중심, (+)는 내용 중심
IR 차원	10*+21*+4+12+14	−25점부터 +25점까지 (−)는 도구주의, (+)는 실재론

* 로 표시된 문항은 응답한 점수에 (−)를 붙여 계산한다.

응답자는 각 진술문에 대해서 +5부터 −5 사이의 한 점수를 부여한다. 정말 그렇다고 생각하면 +5, 중립적이면 0, 절대 아니라고 생각하면 −5를 표시하는 것이다. 질문지에 응답한 후에는 각 문항에 대해 응답한 점수를 더해 그 결과를 정리한다.

노트와 웰링턴은 과학의 본성에 대한 차원으로 <표 2.2>와 같이 RP, ID, CD, PC, IR을 들고 있다. RP 차원에서 R은 상대주의 (relativism), P는 실증주의 (positivism), ID 차원에서 I는 귀납주의 (inductivism), D는 연역주의 (deductivism), CD 차원에서 C는 맥락주의 (contextualism),[1] D는 탈(脫)맥락주의 (decontextualism), PC 차원에서 P는 과정 (process) 중심, C는 내용 (content) 중심, IR 차원에서 I는 도구주의 (instrumentalism), R은 실재론 (realism)을 의미한다. 과학의 본성에 관한 각 입장에 대한 설명은 <표 2.3>과 같다.

이와 같은 검사 도구를 통해 우리는 과학의 본성에 대해 매우 다양한 입장이 존재한다는 점을 알 수 있다. 또한 과학의 본성에 대한 자신의 입장을 확인하고 자신의 입장이 다

---

1. 맥락 (context)이나 상황 (situation)은 매우 복합적인 개념이고 서로 혼용되기도 하지만, 이 책에서는 용어의 원래 의미를 살려 contextualism을 '맥락주의'로 번역하기로 한다. 맥락주의가 과학이 역사적, 사회적, 문화적 맥락에 의존한다는 점을 강조하고 있다면, 상황주의 (situationalism)는 과학에 대한 다양한 상황을 경험하거나 만들어내는 것에 주목하고 있다.

른 사람들과 얼마나 다른지도 살펴볼 수 있다. 특히 이러한 검사 도구를 매개로 집단적인

표 2.3 과학의 본성에 관한 입장과 그 특징

구분	주요 특징
상대주의 (relativism)	이론의 진위는 시험에 사용된 실험적 기법뿐만 아니라 관련 사회집단의 규범과 합리성에 의존한다. 과학이론의 진위에 대한 판단은 개인과 문화에 따라 달라진다.
실증주의 (positivism)	과학지식은 다른 형태의 지식에 비해 더욱 타당성이 높다. 실험을 통해 생성된 법칙과 이론은 외부에 실재하는 객관적 세계에서 우리가 보는 패턴을 기술한 것이다.
귀납주의 (inductivism)	많은 수의 특정한 사례들을 관찰하고 이러한 사례들로부터 일반적인 것을 추론하여 법칙과 이론을 규정할 수 있다.
연역주의 (deductivism)	과학은 과학자들이 최신 이론이나 대담한 상상력의 논리적 결과로 도출된 아이디어를 시험함으로써 발전한다.
맥락주의 (contextualism)	과학적 지식과 과정의 참됨은 과학자가 생활하거나 과학 활동이 이루어지는 문화와 상호의존적인 관계에 있다.
탈맥락주의 (decontextualism)	과학지식은 그것의 문화적 위치나 사회적 구조에 무관하다.
과정 중심 (process)	과학을 일련의 방법과 과정의 집합으로 보는 관점이다. 과학의 방법이나 과정을 학습하는 것이 과학교육의 핵심적인 부분이 된다.
내용 중심 (content)	과학이 일련의 사실과 아이디어로 이루어진다는 관점이다. 과학교육의 핵심적인 부분은 이러한 지식 체계를 습득하고 숙달하는 데 있다.
도구주의 (instrumentalism)	과학적 이론이나 아이디어는 우리가 사용하는 도구일 뿐이며, 그것의 독립적인 실재나 그 자체의 참됨에 대해서는 아무 것도 말하지 않는다.
실재론 (realism)	과학이론은 과학자의 인식과 독립적으로 시공간상에 존재하는 세계에 대해 진술한 것이다.

토론을 실시함으로써 과학의 본성을 더욱 세부적으로 논의할 수 있으며 과학의 본성에 대해 합의된 의견을 도출할 수도 있다. 이와 관련하여 래트클리프와 그레이스(Ratcliffe & Grace, 2003)는 많은 문헌들에서 공통적으로 제시되고 있는 과학의 본성에 관한 견해를 다음의 14가지로 정리하고 있다.

- 과학지식은 비교적 오래 지속되지만, 잠정적 특성을 지닌다.
- 과학지식은 관찰, 실험적 증거, 합리적 논증 등에 절대적이지는 않지만 크게 의존한다.
- 과학에 보편적으로 적용되는 유일한 방법은 없다.

- 과학은 자연현상을 설명하기 위한 추구이다.
- 법칙과 이론은 과학에서 서로 다른 역할을 한다.
- 인간이면 누구나 과학에 공헌한다.
- 새로운 과학지식은 명확하고 개방적으로 발표되어야 한다.
- 과학자는 자료를 정확하게 기록하고, 동료평가와 반복실험을 개방적으로 받아들인다.
- 관찰은 이론에 의존한다.
- 과학자는 창의적이다.
- 과학의 역사는 과학지식이 진화적 혹은 혁명적으로 변하는 과정을 보여준다.
- 과학은 사회적·문화적 전통의 일부이다.
- 과학과 기술은 서로 영향을 주고받는다.
- 과학적 관념은 당시의 사회적·역사적 분위기에 의한 영향을 받는다.

▍과학지식의 체계

과학지식은 자연을 탐구하면서 얻게 되는 산물에 해당하며, 그것의 구체적인 형태는 과학의 분야에 따라 상당한 차이를 보인다. 세부적인 과학지식은 물리학, 화학, 생물학, 지구과학에 따라 다르고, 지구와 우주과학의 경우에도 천문학, 지질학, 기상학, 해양학 등에 따라 달라진다. 그러나 이러한 분야와는 무관하게 대부분의 과학지식이 공통적으로 가지고 있는 요소도 존재한다. 여기에는 사실 (fact), 개념 (concept), 법칙 (law), 이론 (theory), 가설 (hypothesis) 등이 포함된다. 이러한 요소들이 결합되어 과학지식은 일종의 구조적 전체를 이루고 있는 것이다.

사실

사실은 사전적으로 '실제로 존재하거나 실제로 있었던 일'로 정의되고 있다. 사실은 맹목적 (brute) 사실과 제도적 (institutional) 사실로 구분할 수 있다. "책상 위에 책이 한 권 있다."는 있는 그대로를 진술한 맹목적 사실이다. 제도적 사실은 사회적 가치나 제도적 규범에 따라 진술되는 것으로 "흡연은 건강에 해롭다."가 그 예가 될 수 있다 (Chiappetta & Koballa, 2006).

과학적 사실은 관찰이나 실험을 통해 수집한 구체적인 산물에 해당하며, 개념, 법칙, 이

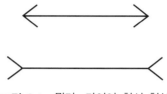

그림 2.1 뮐러-라이어 착시 현상

론 등의 바탕이 된다. 과학적 사실에는 설명 기능이나 예측 기능이 없으며, 다만 있는 그대로를 기술한 것에 해당한다. 또한 과학적 사실은 구체적인 대상을 나타내기 때문에 반복적인 관찰이나 실험을 통해 그 속성을 확인할 수 있는 특성을 가지고 있다. 이러한 확인을 통해 현재 사실로 받아들여지고 있는 것이 미래에는 수정되거나 폐기될 수 있다.

과학적 사실의 성격은 전통적 관점과 현대적 관점에 따라 다른 의미로 해석되고 있다. 전통적 관점에서는 사실을 자연에 존재하는 실체나 자연에서 일어나고 있는 현상으로 본다. 즉, 전통적 관점에서 사실은 인간의 관찰과 무관하게 객관적으로 존재하는 것이 된다. 이에 반해 현대적 관점에서는 사실을 인간에 의해 관찰된 것에 대한 진술 혹은 언명 (statement)으로 본다. 사실은 실체나 현상 자체가 아니라 그것들에 대한 진술에 해당하며, 관찰 행위가 매개되지 않은 사실은 존재하지 않는다는 것이다.

현대적 관점에 따르면 관찰은 감각기관과 인지구조가 결부된 일련의 과정이다. 인간은 감각기관을 이용하여 외부의 정보를 감지하는데, 이러한 과정에서 정보는 있는 그대로가 아니라 일종의 변형을 거쳐 등록된다. 또한 감각기관에 등록된 정보가 뇌에 전달되는 과정에서도 인간의 인지구조에 의해 재해석된다. 이처럼 관찰된 정보가 사실로 되는 과정을 살펴보면 관찰이 인간의 감각기관과 인지구조에 의존한다는 점을 알 수 있다 (권재술 외, 1998).

이와 관련하여 [그림 2.1]의 뮐러-라이어 착시 (Müller-Lyer illusion)는 관찰의 감각기관 의존성을 잘 보여주는 사례로 자주 거론되고 있다. 두 선분의 길이가 같다는 사실을 알고 난 뒤에도 우리 눈에는 화살표가 안쪽으로 향하는 것이 바깥쪽으로 향하는 것보다 더 길어 보이는 것이다.

개념

개념은 사물, 현상, 사건 등에 관하여 여러 사람이 공통적으로 가지고 있는 관념이나 생각을 뜻한다. 관찰을 통해 수집된 과학적 사실들 사이에는 일련의 관계와 양상 (patterns)

이 나타나며, 그러한 관계와 양상은 개념을 통해 진술될 수 있다. 개념은 명칭, 정의, 준거속성 (criterial attribute), 사례 등으로 표현된다. 예를 들어, 포유동물이 명칭이라면, 새끼를 낳아 젖으로 키우는 동물이 정의에 해당하고, 준거속성으로는 네 발을 가지고 있다, 털이 있다, 체온이 일정하게 유지된다, 심장 구조가 2심방 2심실이다 등이 있으며, 사례에는 토끼, 말, 호랑이 등이 있는 것이다 (조희형 외, 2011).

개념은 과학적 연구와 학습에서 다양한 기능을 수행한다 (Kaplan, 1964). 첫째, 개념을 통해 사물을 체계적으로 분류할 수 있다. 둘째, 개념은 어휘를 제공하여 다른 사람과 의사소통을 가능하게 한다. 셋째, 개념은 학습자가 가지고 있는 관념을 바람직한 방향으로 변화시킬 수 있다. 넷째, 개념은 과학적 법칙이나 이론의 형성에 필요한 재료로 기능한다.

개념에는 다양한 유형이 있다. 호워드 (Howard, 1987)는 개념이 형성되는 원천과 지시하는 대상에 따라 구체적 혹은 경험적 개념과 추상적 혹은 형이상학적 개념으로 구분하고 있다. 구체적 개념은 직접 경험한 것 중에서 공통된 내용을 일반화한 관념에 해당하며, 그 기능에 따라 공간 개념, 존재 개념, 구조 개념으로 세분화할 수 있다. 공간 개념은 상하, 좌우, 전후 등과 같이 사물과 현상의 시공간적 관계를 나타내고, 존재 개념은 물질, 생물, 인간 등과 같이 일련의 실체에 대한 경험을 바탕으로 기술되는 개념이며, 구조 개념은 먹는 것, 운동하는 것 등과 같이 여러 형태의 경험과 활동을 조직한 것이다. 추상적 개념은 여러 구체적 개념을 바탕으로 순수한 사유과정을 통해 만들어진 것이다. 추상적 개념의 예로는 에너지, 엔트로피, 진화, 유전 등을 들 수 있다.

카플란 (Kaplan, 1964)은 개념을 관찰 개념, 구성 개념, 이론적 개념의 세 가지 유형으로 분류하였다. 관찰 개념은 관찰을 통해 확인할 수 있는 개념을 뜻하며, 직접 관찰 개념과 간접 관찰 개념으로 나눌 수 있다. 전자는 돌이나 책과 같이 인간의 감각기관으로 직접 관찰이 가능한 개념이고, 후자는 원자나 분자와 같이 각종 도구나 장치를 통해 간접적으로 관찰할 수 있는 개념이다. 구성 개념은 관찰 가능한 개념은 아니지만 관찰 가능한 대상에 바탕을 두고 구성된 개념이다. 과학적 이론의 기초가 되는 개념은 대부분 구성 개념으로 질량, 힘, 가속도 등이 여기에 해당한다. 이론적 개념은 관찰 불가능한 것을 효과적으로 설명하기 위해 가공적으로 만들어낸 개념을 말한다. 예를 들어 정신이 뇌에서 비롯된다고 해서 뇌를 현미경으로 들여다보아도 정신을 찾을 수는 없다. 앞서 언급한 호워드의 분류와 결부시켜 보면, 직접 관찰 개념과 간접 관찰 개념은 구체적 개념에, 구성 개념과 이론적 개념은 추상적 개념에 해당한다.

또한 개념은 객관 개념과 주관 개념으로 구분되기도 한다. 객관 개념은 과학자 사회

(scientific community)에서 공인된 개념으로 학습의 대상이 되며, 사람에 따라 달라지지 않는다. 이에 반해 주관 개념은 개인이 스스로 만들어낸 개념으로 사람에 따라 그 의미가 다르다. 일상생활과 달리 과학교육에서는 객관 개념과 주관 개념을 구분하는 것이 매우 중요하다. 과학교육은 학생 개개인이 가지고 있는 주관 개념을 과학자 사회에서 공인된 객관 개념으로 변화시키는 역할을 담당하는 것이다 (권재술 외, 1998). 과학교육에서 자주 거론되는 학생들의 선(先)개념 (preconception)이나 오(誤)개념 (misconception)도 주관 개념의 일종에 해당한다.

법칙과 원리

법칙은 특정한 조건 하에서 자연현상의 규칙성 (regularities)이나 양상이 어떻게 나타나는지를 일반화하여 진술한 것에 해당한다. 케플러의 법칙, 보일의 법칙, 멘델의 유전법칙, 샤가프의 법칙 등이 그러한 예가 될 것이다. 이러한 법칙은 자연현상들 사이에 존재하는 규칙성을 드러내지만, 왜 이러한 규칙성이 성립하는지에 대한 설명을 제공하지는 않는다. 그것은 법칙이 아닌 이론의 영역에 해당한다고 볼 수 있다.

과학적 법칙은 과학적 개념과 사실로 이루어져 있으며, 개념이나 사실보다 더욱 포괄적이고 그것을 초월하는 특성을 지닌다. 보일의 법칙을 예로 들어 보자. 보일의 법칙은 "일정 온도에서 기체의 압력과 그 부피는 서로 반비례한다."는 진술이다. 보일의 법칙은 일정 온도라는 특정한 조건에서 성립하며, 압력이나 부피와 같은 개념과 관찰이나 실험을 통해 수집한 사실을 서로 연결시켜 진술하고 있다.

과학적 법칙은 다음과 같은 특성을 가지고 있다. 첫째, 과학적 법칙은 특정한 조건에서 원인과 결과 사이에 일정한 관계가 있다는 인과율에 근거를 두고 있다. 둘째, 과학적 법칙은 시간과 공간에 관계없이 적용된다는 보편성을 지향한다. 셋째, 과학적 법칙에 사용되는 개념은 반드시 조작적 정의가 가능해야 한다. 예를 들어, 뉴턴의 운동법칙에 사용되는 힘, 질량, 가속도는 조작적으로 정의할 수 있는 반면, "성실한 사람은 성공한다."와 같은 언명에서 성실과 성공은 조작적 정의가 곤란하다.

과학적 법칙도 몇 가지 유형으로 구분할 수 있다. 법칙은 규칙성의 정도에 따라 보편법칙과 통계법칙으로 나뉜다. 보편법칙이 시공간적으로 예외가 없는 규칙성을 의미한다면, 통계법칙은 규칙성이 나타나는 확률에 주목한다. "자석이 같은 극끼리는 밀어내고 다른 극끼리는 잡아당긴다."는 것은 보편법칙에 해당하고, "이 음식을 먹은 사람의 5% 정도는 구토 증상을 나타낸다."는 것은 통계법칙에 해당한다.

법칙은 직접적 관찰의 가능성에 따라 경험법칙과 이론법칙으로 구분할 수 있다 (Carnap, 1966). 경험법칙은 관찰할 수 있는 현상들 사이의 불변적 관계를 나타내는 것으로 관찰한 사실을 설명하거나 미래의 관찰 가능한 사건을 예측하는 기능을 한다. 이론법칙은 직접적 관찰이 불가능하며 그와 관련된 경험법칙을 통해 간접적으로 확인할 수 있다. 즉, 어떤 이론법칙에서 경험법칙을 가설의 형태로 예측하고 그 가설을 관찰이나 실험을 통해 확인하는 절차를 거치는 것이다.

법칙과 유사한 개념으로는 원리 (principle)를 들 수 있다. 법칙과 원리는 모두 관찰된 현상을 지배하는 규칙으로 혼용되기도 한다. 그러나 기본적으로 법칙은 관찰 자료를 일반화한 진술인 반면, 원리는 관찰 자료와 직접적으로 관련될 필요가 없으며 논리적 관계를 중시한다. 또한 원리는 법칙보다 더욱 포괄적이고 근본적인 성격을 띠기도 한다. 이에 따라 원리는 법칙이나 이론을 도출하는 전제로 활용되기도 한다. 예를 들어, 아인슈타인 (A. Einstein)의 특수 상대성 이론은 상대성 원리와 광속도 불변의 원리를 바탕으로 제안되었다.

이론과 모형

과학적 이론은 사실, 개념, 법칙, 가설 등이 통합되어 하나의 설명체계를 이룬 것으로 적용 범위가 넓고 추상성이 높은 특성을 가지고 있다. 네이글 (Nagel, 1966)에 따르면, 이상적인 과학적 이론은 다음과 같은 세 가지 조건을 만족시켜야 한다. 첫째, 설명체계의 기본적 개념을 정의할 수 있는 추상적 골격 (abstract skeleton)을 가지고 있어야 한다. 둘째, 관찰과 실험의 구체적 자료에 추상적 골격을 연결함으로써 추상적 골격에 경험적 내용을 더해주는 일련의 규칙이 필요하다. 셋째, 보다 친숙한 개념적 자료나 시각적 자료를 활용하여 추상적 골격을 보강해 줄 수 있어야 한다.

이론은 자연현상을 기술하거나 분류하는 데 그치지 않으며, 과거의 일을 설명하고 미래의 일을 예측하는 기능을 가지고 있다. 더 나아가 이론은 자연현상에 대한 실질적인 이해감 (sense of understanding)을 제공하며, 어떤 현상이나 사건을 통제할 수 있는 기초로 작용한다 (Reynolds, 1971). 이론은 법칙을 설명하는 것으로도 볼 수 있다. 예를 들어, "해가 동쪽에서 뜬다."는 것은 자연법칙에 해당하는데, 그것을 설명하기 위해서는 지구중심설 (천동설)이나 태양중심설 (지동설)과 같은 이론이 필요한 것이다.

과학적 이론의 유형은 법칙집합형 (set of laws form), 공리형 (axiomatic form), 인과과

정형 (causal process form) 등으로 구분할 수 있다 (권재술 외, 1998). 법칙집합형 이론은 가장 구조화되지 않은 형태의 이론으로 서로 독립적인 여러 법칙들로 이루어져 있다. 예를 들어, 스키너 (B. F. Skinner)의 조작적 조건화 이론은 ① "유기체는 강화 계획이 연속적일 때가 간헐적일 때보다 행동에 대한 학습이 빠르다."는 법칙과 ② "유기체는 간헐적 강화를 받았을 때가 연속적 강화를 받았을 때보다 행동이 지속적이다."는 법칙으로 이루어져 있는데, ①과 ②는 모두 실험적인 증거에 의해 뒷받침되지만 서로 논리적이거나 인과적인 관계를 형성하지 못하고 있다. 공리형 이론은 서로 연관된 정의들과 언명들로 구성되어 있으며, 논리적 체계가 중요하기 때문에 그 이론에서 유도되는 모든 언명이 경험적 지지를 받지 않아도 된다. 수학의 거의 모든 분야가 공리형 이론에 해당하며, 특수상대성이론도 공리형 이론에 속한다고 볼 수 있다. 인과과정형 이론은 공리형 이론과 달리 언명들의 관계가 위계적이지 않고 비교적 대등하며 경험적 증거를 중시하는 특성을 가지고 있다. 또한 법칙집합형 이론이 법칙을 조합한 것에 불과한 반면, 인과과정형 이론은 법칙들의 관계를 인과적으로 설명할 수 있다. 인과과정형 이론의 예로는 관성 법칙, 가속도 법칙, 작용 반작용 법칙을 바탕으로 뉴턴이 정립한 고전역학을 들 수 있다.

쿤 (Kuhn, 1977)은 이론을 선택하는 기준으로 정확성 (accuracy), 일관성 (consistency), 범위 (scope), 단순성 (simplicity), 다산성 (fruitfulness) 등의 5가지를 제안한 바 있다. 첫째, 이론은 정확해야 한다. 즉, 이론으로부터 연역되는 결과가 현존하는 실험결과나 관찰결과와 일치해야 한다. 둘째, 이론은 일관되어야 한다. 이론 내적으로도 그렇고 그 이론과 관련성이 있으면서 일반적으로 받아들여지고 있는 다른 이론들과도 일관성을 가져야 한다. 셋째, 이론은 그 적용범위가 광범위해야 하는 바, 특히 이론의 결과는 애초에 설명하고자 했던 특정 관찰결과나 법칙, 하위이론들을 뛰어넘어서 확장되어야 한다. 넷째, 이론은 단순해야 한다. 그래서 그 이론이 발견되지 않았다면 개별적으로 고립되거나 혼란스러웠을 현상들을 질서정연하게 정리할 수 있어야 한다. 다섯째, 이론은 새로운 연구결과를 생산할 수 있어야 하는 바, 새로운 현상을 발견하거나 이미 알려진 현상들 간의 미처 알려지지 않은 관계들을 발견해야 한다.

뉴턴스미스 (Newton-Smith, 1981)는 과학적 이론을 훌륭하게 만드는 특징으로 다음의 8가지를 거론하고 있다. 첫째, 좋은 이론은 선행 이론이 관찰에서 거둔 성공을 보존해야 한다. 둘째, 좋은 이론은 후속 탐구를 위한 아이디어를 생산하는 데 기여해야 한다. 셋째, 좋은 이론은 우수한 성과를 산출한 발자취 (track record)를 가지고 있어야 한다. 넷째, 좋은 이론은 현존하는 다른 이론들과 맞물리거나 그것들을 지지해야 한다. 다섯째, 좋은 이론은 변칙 사례 (anomaly)에 용이하게 적용할 수 있도록 매끄러워야 (smooth) 한다. 여섯째, 좋은 이론은 내적 일관성을 가지고 있어야 한다. 일곱째, 좋은 이론은 잘 정초된 형이상학적 신념과 양립할 수 있어야 한다. 여덟째, 애매한 기준이긴 하지만, 이론은 단순할수록 유익하다.

앞서 언급했듯이, 이론은 추상적 속성을 가지고 있기 때문에 가시적인 현상이나 용어로 나타내는 데에는 한계가 많다. 이러한 한계를 극복하기 위해 종종 사용되는 것이 모형이다. 모형은 우리가 알고 있는 인지적 표상들로 빗대어 표현한 것으로, 모형을 사용하면 복잡한 현상이나 새로운 이론을 단순하고 명쾌하게 설명할 수 있다. 모형은 여러 유형이 있는데, 블랙 (Black, 1962)은 모형을 척도 (scale) 모형, 상사 (analog) 모형, 수학 모형, 이론 모형, 원형 모형으로 분류하였다. 척도 모형은 모양과 구조는 같지만 크기가 다른 형태를 띤다. 비행기나 자동차에 대한 모형이 그 예에 해당한다. 상사 모형은 비슷한 모양을 만들어 내는 것으로 원자 모형이나 DNA 모형 등을 그 예로 들 수 있다. 이론 모형은 과학자의 머릿속에 구성된 추상적 모형으로 효소 반응을 설명하기 위해 사용된 열쇠-자물쇠 모형을 그 예로 들 수 있다. 또한 수학 모형은 수식에 의해 요약되거나 표현된 것을 말하며, 원형 모형은 생각자 (thinker)가 묘사하는 방식에 의해 아이디어들이 체계적으로 표현된 것을 말한다. 그러나 특정한 이론을 완전히 반영하는 모형은 존재하지 않기 때문에 모형이 이론의 의미를 정확하지 않게 전달하는 경우도 있다.

가설

가설은 어떤 현상에 대한 잠정적인 설명 혹은 시험적인 진술에 해당한다. 가설은 추론을 이끌어내며 그 추론에 대한 시험을 통해 강화되거나 폐기된다. 과학적 탐구에서 가설은 어떤 현상이나 문제에 대한 의문에서 과학적 설명으로 진입할 수 있는 관문의 역할을 하기 때문에 중간적 지식의 성격을 띤다고 볼 수 있다. 가설은 법칙이나 이론과 마찬가지로 복수의 사실들과 개념들 사이의 관계에 관한 진술이지만, 아직 충분히 지지되지 않은 임시적인 성격을 띠고 있다. 세상에 완벽한 이론은 존재하지 않기 때문에 모든 이론이 가설의 지위를 가진다는 주장도 있다.

가설은 추론의 성격에 따라 귀납적 가설과 연역적 가설로 구분할 수 있다 (Carin, 1997). 귀납적 가설은 관찰, 측정, 실험을 통해 수집한 자료를 바탕으로 형성되며, 여러 번의 시험을 거쳐 지지되면 법칙이나 이론이 된다. 이 때 법칙이 되는 가설은 일반화 가설,

이론이 되는 가설은 설명 가설로 불리기도 한다. 이와 달리 연역적 가설은 어떤 법칙이나 이론으로부터 도출되며, 시험결과에 따라 해당 법칙이나 이론이 지지되거나 기각된다. 이러한 점에서 가설은 법칙이나 이론이 형성되는 바탕이자 법칙이나 이론을 시험하는 수단으로 기능한다고 볼 수 있다.

또한 가설은 배경지식(background knowledge)과의 관계에 따라 대담한(bold) 가설과 조심스러운 혹은 세심한(cautious) 가설로 구분할 수 있다(Popper, 1959). 조심스러운 가설은 당시의 배경지식에 비추어 그럴듯한 주장을 담고 있는 가설로 프톨레마이오스(Ptolemaios)가 지구중심설로 행성의 복잡한 운동을 설명하기 위해 주전원(epicycle)을 도입한 것이 그 예가 될 수 있다. 이에 반해 대담한 가설은 배경지식에 나타나 있지 않거나 배경지식과 충돌하는 성격을 띠고 있다. 예를 들어, 코페르니쿠스(N. Copernicus)의 태양중심설은 "지구가 우주의 중심이다."는 기존의 배경지식과 모순되는 것이었고, 아인슈타인의 일반 상대성 이론은 "빛이 직선으로 운동한다."는 당시의 배경지식에 포함된 가정에 위배되는 것이었다.

그 밖에 가설의 유형으로 거론되는 것으로는 보조(auxiliary)가설과 임시방편적(ad hoc) 가설을 들 수 있다. 보조가설은 이론, 법칙, 다른 가설에 필요한 부가적 가정이나 관찰, 측정, 실험의 전제조건을 말한다. 예를 들어, 갈릴레오가 금성의 삭망 현상을 설명하는 데에는 "금성이 지구와 태양 사이에 있다." 혹은 "금성을 관찰한 망원경은 믿을 만하다."는 보조가설이 필요했다. 임시방편적 가설은 어떤 이론이 반박에 부딪쳤을 때 그 이론을 옹호하기 위해 임시변통으로 제시하는 무리한 보조가설을 지칭한다. 예를 들어, 갈릴레오가 망원경을 통해 달의 표면이 매끄럽지 않고 울퉁불퉁하다는 점을 발견했을 때 아리스토텔레스(Aristoteles)를 신봉하는 학자들은 눈에 보이지 않는 에테르가 달을 둘러싸고 있다는 임시방편적 가설로 대응한 바 있다.

▎과학지식의 특성

과학지식은 매우 다양한 특성을 가지고 있다. 과학지식은 자연현상을 대상으로 한다, 과학지식은 경험적 사실에 바탕을 둔다, 과학지식은 논리적 체계를 가지고 있다, 과학지식은 일반화를 지향한다, 과학지식은 명료한 표현을 지향한다, 과학지식은 다른 지식에 비해 신뢰성이 높다 등등 과학지식의 특성에 대한 진술은 끝없이 이어질 수 있다. 여기서는 과

그림 2.2 관찰의 이론의존성을 보여주는 그림

학지식의 특성 중에서 가장 논의가 집중된 주제인 관찰의 이론의존성 (theory ladenness)[2]과 과학지식의 가변성에 대해 살펴보기로 한다.

관찰의 이론의존성

관찰은 감각기관과 인지구조에도 의존하지만 이론에도 의존하는 특성을 가지고 있다. 관찰의 감각기관 의존성이나 인지구조 의존성은 대부분의 사람에게 공통된 것이지만, 관찰의 이론의존성은 어떤 사람이 가지고 있는 이론에 따라 관찰결과에 대한 해석이 달라진다는 주장이라 할 수 있다. 관찰의 이론의존성은 동일한 현상이나 사물을 보더라도 각자의 배경지식이나 이론에 따라 그 결과를 다르게 진술하는 것으로 정의할 수 있다.

핸슨 (Hanson, 1958)은 형태주의 심리학 (gestalt psychology)의 연구 성과를 받아들여 그것을 과학적 관찰의 경우로 확장시켰다. 형태주의 심리학에서는 동일한 그림이 복수의 대상 혹은 사건으로 보일 수 있다는 점을 강조한다. [그림 2.2]에서 보듯이, 동일한 하나의 그림이라도 관찰자에 따라 다르게 해석될 수 있다. 왼편의 그림에서는 토끼와 오리를, 오른편의 그림에서는 할머니와 아가씨를 발견할 수 있는 것이다.

핸슨이 제안한 사례 중에는 지구중심설을 옹호했던 티코 브라헤 (T. Brahe)와 태양중심설을 주장했던 케플러 (J. Kepler)의 가상 대화가 유명하다. 두 사람이 아침 산책을 나와 푸른 들판의 지평선에서 무엇인가 환하게 떠오르는 모습을 보고 있었는데, 그때 브라헤가

---

2. 한국과학철학회는 '이론적재성'이라는 번역어를 제안하고 있지만, 이 책에서는 과학교육에서 널리 사용되고 있는 '이론의존성'을 채택하기로 한다.

"태양이 떠오르고 있군."이라고 말하자 케플러는 "지구가 회전하고 있는 것이죠."라고 대꾸했다는 것이다. 핸슨은 이러한 예를 통해 과학적 관찰의 경우에도 관찰자의 진술은 그가 어떤 이론을 받아들이고 있느냐에 따라 결정된다고 주장했다.

관찰의 이론의존성은 관찰의 객관성에 대한 반론의 성격을 지니며, 과학적 훈련에서도 상당한 의미를 갖는다. 가령 의학지식이 없는 일반인은 X선 사진을 들여다보아도 어디에 이상이 있는지 알기 어렵지만, 의사나 방사선 전문가는 X선 사진을 보고 신경 쓰지 않아도 되는 부분과 수상한 부분을 적절히 가려낸다. 이와 마찬가지로 거품상자(bubble chamber)로 측정한 여러 소립자의 궤적이 무엇을 의미하는지 알기 위해서는 상당한 과학적 훈련을 받아야 한다. 이처럼 관찰의 이론의존성은 '그냥 보는 것'과 '과학적으로 보는 것' 사이에 중요한 차이가 있다는 점을 시사하고 있다.

그러나 모든 관찰이 이론의존성을 가진다는 주장에는 동의하기 어렵다. 예를 들어, 1800년에 윌리엄 허셜(William Herschel)이 적외선을 발견한 사례를 살펴보자. 그는 천문 관측을 위해 각기 다른 색의 필터를 사용했는데, 어느 날 우연히 서로 다른 필터 아래 손을 놓았을 때 자신의 손이 느끼는 열의 정도에 차이가 있다는 점을 알아차렸다. 이로 인해 허셜은 다른 색깔의 광선이 전달하는 열의 투과와 흡수에 대해 탐구하게 되었으며, 그것은 눈에 보이지 않은 광선인 적외선을 발견하는 성과로 이어졌다. 이처럼 허셜이 적외선을 발견하는 과정에서는 별다른 이론이 필요하지 않았다. 허셜의 적외선 발견은 관찰이 반드시 이론에 의존적인 것이 아니라 관찰이 이론으로부터 독립해 있다는 점을 지지하는 사례로 간주되고 있다(Hacking, 1983).

과학지식의 가변성

과학지식은 절대불변의 진리가 아니라 시대에 따라 변해 왔으며 앞으로도 변화할 가능성을 가진다. 옛날 사람들은 지구가 우주의 중심이라고 믿었지만, 근대에 들어서는 지구가 태양 주위를 공전하는 여러 행성 중 하나일 뿐이라는 점이 밝혀졌다. 더 나아가 오늘날에는 태양계가 속해 있는 우리 은하가 1,000억 개가 넘는 은하 중 하나에 불과하다는 사실도 인정되고 있다.

사실상 과학의 역사는 과학지식의 가변성으로 가득 차 있다(김영식, 임경순, 2007). 예를 들어, 17세기에는 하비(W. Harvey)에 의해 혈액순환설이 발견되면서 생리학 체계가 변화하였고, 18세기에는 플로지스톤(phlogiston) 이론을 대신해 라부아지에(A. Lavoisier)

에 의해 새로운 연소이론이 정립되었으며, 19세기에는 열의 본성에 대한 설명이 열소 (caloric) 이론에서 기체분자운동론으로 변화하였다. 20세기에 들어서는 고전역학과 다른 양자역학이 출현하면서 원자모형도 지속적인 변화를 경험하였다. 한번 폐기되었던 이론이 다시 부활하는 경우도 있다. 빛의 본성에 대한 이론은 입자설이 지배적이었다가 파동설로 변화된 후 오늘날에는 빛이 입자와 파동의 이중성을 가지는 것으로 해석되고 있는 것이다.

이처럼 과학지식은 원칙적으로 항상 수정이 가능한 상태에 있다. 우리가 접하는 많은 과학지식은 현재까지 알려진 다양한 현상 중에 많은 것을 잘 설명하며 새로운 문제를 해결하는 데 효과적이기 때문에 받아들여지고 있는 것이다. 그러나 새로운 문제의 해결에 실패하고 그러한 현상이 누적되는 가운데 더 나은 설명을 제시하는 이론이 나타난다면 기존의 과학지식은 얼마든지 대체될 가능성을 가지고 있다. 과학지식은 절대적인 진리가 아니기에 끊임없이 변화되고 수정되는 것이다.

이와 같은 과학지식의 가변성은 어렵지 않게 수긍할 수 있지만 과학지식이 어떤 식으로 변화하는가에 대한 견해에는 상당한 차이가 있다. 과학지식의 변화에 대한 모형으로는 누적적 (cumulative) 모형, 진화적 (evolutionary) 모형, 혁명적 혹은 격변적 (revolutionary) 모형 등을 들 수 있다 (Kourany, 1987; 조희형 외, 2011). 이상의 모형들은 이후에 살펴볼 과학철학과도 연관되어 있는데, 누적적 모형은 논리실증주의, 진화적 모형은 포퍼 (K. Popper)와 라카토슈 (I. Lakatos), 혁명적 모형은 쿤 (T. Kuhn)과 파이어아벤트 (P. Feyerabend)의 입장을 보여준다고 할 수 있다.

누적적 모형은 이미 형성된 지식체계 속에 새로운 사실, 개념, 법칙, 이론 등이 계속 축적되면서 과학지식이 발전한다고 보는 관점이다. 누적적 모형은 과학지식이 발전하는 과정에서 기존 지식이 계속 보존된다는 가정을 깔고 있기 때문에 보존적 (conservative) 모형으로 불리기도 한다.

진화적 모형은 경쟁하는 여러 이론들 중에서 다양한 시험을 이겨내고 과학자사회에 잘 적응한 이론만이 선택되어 새로운 과학지식을 이룬다는 관점이다. 과학지식에 대한 진화적 모형은 다윈 (C. Darwin)의 진화론과 유사한 설명방식을 가지고 있다. 진화된 생물이 조상의 특성을 많이 포함하고 있지만 다른 종으로 분류될 만큼 서로 다르듯이, 새로 진화한 과학지식도 이전의 지식을 상당 부분 계승하고 있지만 이전과 다른 내용이나 문제도 가지고 있는 것이다.

혁명적 모형은 기존 과학지식의 점진적인 변화나 개량으로 새로운 과학지식이 출현하는 것이 아니라 새로운 과학지식이 기존의 과학지식을 불연속적으로 대체한다는 점에 주목하고 있다. 과학의 본질적인 변화는 어떤 이론이 포기되고 새로운 이론이 그 자리를 메움으로써 이루어진다는 것이다. 이와 함께 혁명적 모형은 과학이 혁명의 국면을 맞이하는 동안 개념, 법칙, 이론 등이 개별적으로 변화하는 것이 아니라 동시에 교체된다는 점을 강조하고 있다.

과학적 방법

과학적 방법은 과학적 의문과 문제를 해결하기 위한 원리나 절차와 관련되어 있으며, 과학지식을 형성하거나 그것의 타당성을 시험하는 준거가 된다. 과학적 방법의 유형에는 연역법 (deductive method), 귀납법 (inductive method), 가설연역법 (hypothetical deductive method), 귀추법 (abductive method) 등이 있는데, 최근 이와 같은 논리적 추론 방법 이외에 사회적 합의 (social consensus)가 강조되기도 한다. 과학적 방법에는 왕도가 없으며 모든 과학적 방법에는 장단점이 있기 때문에 과학적 문제의 성격에 따라 적절한 방법을 사용하는 것이 필요하다.

연역법

이미 증명된 하나 또는 둘 이상의 명제를 전제로 하여 새로운 명제를 결론으로 이끌어 내는 것을 연역 (deduction)이라 하며, 이러한 연역의 방법과 절차를 논리적으로 체계화한 것을 연역법이라 한다.

연역법의 전형적인 형식은 아리스토텔레스가 처음으로 개발했다고 알려져 있는 삼단논법 (syllogism)이다. 다음 예가 보여주는 바와 같이, 삼단논법은 대전제, 소전제, 결론으로 이루어져 있다.

사람은 누구나 죽는다 ·································· 대전제

소크라테스는 사람이다 ·································· 소전제
_____

소크라테스는 죽는다 ·································· 결 론

과학에서 주로 활용되는 연역법의 예를 들면 다음과 같다. 여기서 대전제는 법칙이나 이론에 해당하고, 소전제는 초기 조건에 해당하며, 결론은 설명이나 예측의 형태로 나타난다.

모든 금속은 도체이다 ·················	법칙과 이론
구리는 금속이다 ·················	초기 조건

구리는 도체이다[일 것이다] ·················	설명과 예측

　연역법에서 전제들과 결론은 필연적인 관계를 맺고 있으며, 전제들이 참이고 논증의 과정이 타당하면 반드시 참의 결론이 도출된다. 반면에, 그 전제가 참일지라도 추론의 과정이 타당하지 않으면 거짓 결론이 도출되며, 전제와 결론이 거짓일지라도 그 논증과정이 타당한 경우도 있다. 연역법은 전제에 없었던 새로운 사실을 생산하지는 못하며, 이미 전제 속에 포함되어 있는 정보를 보다 구체적인 형태로 도출해낼 뿐이다. 이처럼 연역법은 결론의 내용이 이미 전제 속에 포함되어 있다는 점에서 진리보존적 추론(truth-preserving inference)의 성격을 지닌다.

　연역법은 논리적 일관성과 체계성을 가지고 있는 장점이 있다. 연역법이 가장 널리 사용되는 학문 분야는 수학이다. 수학에서는 당연히 옳다고 간주되는 몇 가지 공리나 정의에서 중요한 정리를 유도한다. 예를 들어, 평행선의 공리로부터 삼각형의 내각이 180도라는 정리를 얻을 수 있다.[3] 또한 데카르트(R. Descartes)가 "나는 생각한다. 그러므로 나는 존재한다(cogito, ergo sum)."라는 원리를 바탕으로 자연현상에 대한 지식체계를 세운 것이나 아인슈타인이 상대성 원리와 광속도 불변의 원리를 바탕으로 특수 상대성 이론을 도출한 것도 연역법에 해당한다고 볼 수 있다. 어떤 행위에 대한 윤리적 판단도 대부분 연역법에 입각하고 있다. 개별 행위의 유형을 포괄하는 보편적 규범에 기초해 옳고 그름을 판단하는 것이다.

　연역의 출발점이 되는 최초의 명제는 결코 연역에 의해 도출될 수 없다. 그것은 결국 인간의 다양한 경험을 종합하는 과정을 통해서 형성될 수밖에 없는 성격을 띠고 있다. 따라서 실제의 과학적 탐구가 순수하게 연역적 형태로 이루어지기는 매우 어렵다.

---

3. 수학은 기본적으로 명제(proposition)를 다루는데, 명제에는 공리(axiom), 정의(definition), 정리(theorem) 등이 있다. 공리는 "두 점을 지나는 직선은 하나뿐이다."와 같이 증명 없이 참으로 받아들여지는 명제이다. 정의는 "a라는 성질을 갖는 것을 A라고 부르겠다."는 식으로 약속을 한 것으로 언제나 참이다. 정리는 증명에 의해 참과 거짓을 구분할 필요가 있는 명제로 우리가 수학을 공부하면서 증명을 하는 것은 모두 정리에 해당한다.

귀납법

개별적인 특수한 사실이나 원리로부터 그러한 사례들이 포함되는 좀 더 확장된 일반적 명제를 이끌어내는 것을 귀납 (induction)이라 하며, 이러한 귀납의 방법과 절차를 논리적으로 체계화한 것을 귀납법이라 한다.

특수한 사례로부터 일반적 명제를 도출하는 것은 일찍이 아리스토텔레스에게서 출발하지만, 귀납적 방법을 본격적으로 제창한 사람은 17세기 철학자 베이컨 (F. Bacon)이라 할 수 있다. 아리스토텔레스와 달리 베이컨은 사실을 수집하는 원천으로 일상적인 경험 이외에 인위적인 실험도 포함시켰으며, 몇 가지 사실에서 성급한 일반화에 이르는 대신 많은 사실을 수집하고 존재표(存在票), 부재표(不在票), 정도표(程度票)를 통해 체계적으로 분류한 후 자연현상의 규칙성을 찾아야 한다는 점을 강조했다 (송성수, 2012).

귀납적 추론에는 여론 조사와 같이 표본적인 관찰이나 실험에 근거해 일반적인 결론을 이끌어내는 통계적인 추론도 있고, 사물이나 사건의 유사성에 근거하여 어떤 결론을 끌어내는 유비적인 추론도 있다. 사실상 귀납은 주어진 사실이나 현상에 근거해 새로운 정보와 지식을 얻을 수 있기 때문에 일상생활에서도 흔히 나타나는 사고방식에 해당한다.

다음의 예는 귀납법의 전형적인 형식을 잘 보여주고 있다.

서울에 있는 까마귀는 검다 ·· 전제 1

부산에 있는 까마귀도 검다 ·· 전제 2

뉴욕에 있는 까마귀도 검다 ·· 전제 3

런던에 있는 까마귀도 검다 ·· 전제 4

_____

모든 까마귀는 검다 ·· 결론

귀납법은 기본적으로 관찰과 실험에서 얻은 부분적이고 특수한 사례를 근거로 전체에 적용시키는 이른바 '귀납적 비약 (inductive leap)'을 통해 이루어진다. 귀납법에서는 전제들이 결론을 이끌어내는 데 기여하지만, 전제가 결론의 필연성을 논리적으로 확립해 주지는 못한다. 위의 예에서 서울, 부산, 뉴욕, 런던에 있는 까마귀가 검다고 해서 반드시 모든 까마귀가 검으라는 법은 없는 것이다. 대신에 결론이 이미 전제 속에 포함되어 있는 연역법과 달리 귀납법의 결론에는 전제에 없는 새로운 사실이 추가된다. 이처럼 귀납법은 사실적 지식을 확장해 주는 내용확장적 추론 (ampliative inference)의 성격을 띤다.

위의 예는 귀납법의 형식을 지극히 단순화시킨 것이고, 실제로 귀납법이 적용되기 위해서는 다음의 세 가지 조건을 충족시켜야 한다. 첫째, 일반화의 기초가 되는 관찰의 수가 많아야 한다. 둘째, 관찰은 다양한 조건 하에서 반복될 수 있어야 한다. 셋째, 관찰언명이 보편법칙과 모순되지 않아야 한다. 이를 종합하면 다음과 같은 귀납의 원리 (principle of induction)를 도출할 수 있다. "많은 수의 A가 다양한 조건의 변화 아래서 관찰되었고, 관찰된 A가 모두 예외 없이 B라는 성질을 가지고 있다면, 모든 A는 B라는 성질을 가지고 있다 (Chalmers, 1999)." 이러한 귀납의 원리에도 상당한 문제점이 있는데 이에 대해서는 논리실증주의를 논의할 때 살펴보도록 하겠다.

귀납법은 비록 전제와 결론 사이가 개연적이긴 하지만 과학에서 새로운 사실을 수집하는 데 매우 효과적인 방법이다. 과학은 기본적으로 새로운 사실이 확장되는 가운데 발전해 왔으며, 특히 과학 분야의 초기 단계에서는 귀납법이 매우 효과적인 방법으로 활용되어 왔다. 예를 들어, 열, 전기, 자기 등의 분야는 16~17세기에 광범위한 사실 수집을 바탕으로 출현한 후 19세기에 수학적 방법이 활용됨으로써 체계적인 이론으로 구성될 수 있었다 (Kuhn, 1977). 또한 지질학이나 생물학의 경우에도 18세기까지는 주로 분류학 위주로 발전된 후 19세기 이후에 귀납적 방법을 바탕으로 여러 이론들이 제안되었다고 볼 수 있다. 이와 함께 20세기에 들어와 정보처리를 더욱 용이하게 해 주는 기술이 발달하면서 귀납법의 영향력이 더욱 높아지고 있다는 점에도 주목할 필요가 있다.

가설연역법

가설연역법은 어떤 문제를 해결하기 위해 특정한 사실이나 이론을 바탕으로 가설을 설정한 후 그 가설로부터 관찰이나 실험 결과를 연역적으로 도출한 다음 그 진위를 확인하는 방법에 해당한다. 이 때 가설이 경험적 증거에 의해 지지되면 그 가설은 이론이나 법칙의 지위로 승격될 수 있으며, 그렇지 않은 경우에는 그 가설이 폐기된다. 가설이 폐기되면 그것을 수정하거나 새로운 가설을 제안하여 다시 시험하는 과정을 밟을 수 있다.

가설연역법은 연역법이나 귀납법과 구별되는 과학적 방법이다. 연역법이 전제를 참으로 가정하는 것과 달리 가설연역법은 전제의 진위에 관심을 둔다. 또한 가설연역법에서는 경험적 가설이 귀납 추론에 의해 형성되지 않고 다양한 방법을 통해 창안되는 성격을 띠고 있다.

가설연역법에 입각한 과학적 탐구는 오래 전부터 시작되었지만, 그것을 체계화된 사람은 19세기 영국의 과학자이자 철학자인 휴얼 (William Whewell)로 알려져 있다.[4] 과학의 역사에서 가설연역법에 대한 예로는 하비의 혈액순환설, 뉴턴의 빛과 색깔에 관한 이론, 아인슈타인의 일반상대성이론 등을 들 수 있다. 하비는 맥박이 뛰는 횟수와 방출되는 피의 양을 고려하여 피가 소모되는 것이 아니라 순환한다는 가설을 설정하였고, 결찰사 (ligature)로 팔을 동여매는 실험을 통해 그 가설을 입증하였다 (송성수, 2012). 뉴턴은 백색광이 서로 다른 굴절률을 지닌 광선들로 구성되어 있다는 가설을 세운 후 이를 확인하기 위해 프리즘 실험을 수행했다. 그는 첫 번째 프리즘을 통해 백색광을 단색광들로 분해한 다음 특정한 단색광이 두 번째 프리즘을 통과하도록 했다. 그 결과 빨간색이나 파란색을 띤 단색광이 두 개의 프리즘에서 동일한 각도로 굴절한다는 점을 알 수 있었다 (Losee, 1993). 또한 아인슈타인은 1916년에 일반상대성이론을 발표하면서 자신의 이론을 확인할 수 있는 사례로 시공간이 휠 수 있다는 점을 제시하였고, 그것은 1919년의 개기일식 때 태양 주변에서 빛이 휘는 현상이 관측됨으로써 입증되었다.

가설연역법은 사실의 확장이 일어나는 귀납법의 장점과 논리적 엄밀성을 강조하는 연역법의 장점을 두루 갖추고 있다. 이에 따라 많은 학자들이 우수한 과학적 방법으로 가설연역법에 주목해 왔다. 예를 들어, 논리실증주의자들은 과학적 사실의 확장을 설명하기 위해 귀납법과 함께 가설연역법에 주목하였고, 포퍼의 반증주의도 기본적으로 가설연역법에 기반을 두고 있다. 이와 함께 가설연역법은 과학적 방법의 여러 면모를 잘 보여주기 때문에 과학교육에서 과학적 탐구의 방법으로도 널리 활용되고 있다.

귀추법

귀추 (abduction)는 주어진 사실에서 시작해 가장 그럴듯한 혹은 최선의 설명을 추론하는 것에 해당한다. 귀추법은 19세기 실용주의 철학자인 퍼스 (C. S. Peirce)에 의해 귀납법이나 연역법과 구별되는 추론의 방법으로 제안되었다. 20세기에 들어서는 과학철학자인 핸슨 (Hanson)과 과학교육학자인 로슨 (Lawson)에 의해 귀추법에 대한 보다 세련된 설명이 시도되었다.

---

4. 휴얼은 1833년에 직업으로서의 과학을 강조하면서 '과학자(scientist)'라는 용어를 제안하였고, 1840년에 출간된 『귀납적 과학의 철학』에서 학문 분야를 더불어 넘나든다는 뜻에서 '통섭 (consilience)'이란 용어를 사용하기도 했다.

퍼스는 다음의 예를 통하여 연역, 귀납, 귀추가 각각 어떻게 형식화될 수 있는지, 그리고 그 차이는 무엇인지를 설명하였다. 퍼스에 따르면, 연역은 어떤 것이 반드시 그렇다는 것을 증명하고, 귀납은 어떤 것이 그럴 확률이 많다는 것을 보여주는 반면, 귀추는 어떤 것이 무엇일지도 모른다는 것을 제안한다.

▷ **연역**
- **규칙** : 이 자루로부터 나온 콩들은 모두 흰색이다.
- **사례** : 이 콩들은 이 자루로부터 나온 것이다.
- **결과** : 이 콩들은 흰색이다.

▷ **귀납**
- **사례** : 이 콩들은 이 자루로부터 나온 것이다.
- **결과** : 이 콩들은 흰색이다.
- **규칙** : 이 자루로부터 나온 콩들은 모두 흰색이다.

▷ **귀추**
- **규칙** : 이 자루로부터 나온 콩들은 모두 흰색이다.
- **결과** : 이 콩들은 흰색이다.
- **사례** : 이 콩들은 이 자루로부터 나온 것이다.

핸슨(Hanson, 1958)은 귀추법의 형식을 다음과 같이 정형화하였다.

❶ 어떤 놀라운 현상 P가 관찰된다.
❷ 만약 가설 H가 참이라면 P는 당연한 것으로 설명될 수 있다.
❸ 따라서 가설 H가 참이라고 생각할 만한 좋은 이유가 있다.

핸슨에 따르면, 귀추법은 과학자들이 놀라운 현상을 발견하는 것에서 시작된다. 현상이 놀랍다는 것은 과학자가 해결해야 할 문제로 인식하는 것이며, 과학자는 새로운 가설이나 규칙을 제안함으로써 문제의 해결을 시도하게 된다. 만약 가설이 현상에 대한 설명력을 가진다면 그 가설을 이론이나 법칙으로 승인할 만한 좋은 이유가 된다.

로슨(Lawson, 1995)에 따르면, 귀추는 이미 알고 있는 경험 상황과 미지의 현 상황의 유사성을 바탕으로 경험 상황의 설명자를 차용하여 현 상황을 설명하는 추론의 한 유형이다. 그는 다음의 예를 통해 귀추의 과정을 ❶ 관찰의 단계, ❷ 인과적 의문 생성의 단계, ❸ 원인 혹은 가설의 생성 단계로 구분하고 있다.

> ❶ 잘 타고 있던 바비큐 불이 꺼졌다.
> ❷ 왜, 바비큐 불이 꺼졌을까?
> ❸ 바비큐 불은 바람이 불어서 꺼진 것이다.

위에서 바비큐 불이 꺼진 원인으로 바람을 생각할 수 있었던 것은 바비큐 불과 유사한 종류의 불꽃이 바람에 의해 꺼진 이전의 경험을 빌려와서 적용했기 때문이다. 즉, 가설은 현재 상황을 관찰해서 곧바로 만들어지는 것이 아니라 현재 상황과 비슷한 과거의 경험에서 비롯된다는 것이다.

귀추법에 대한 과학사의 사례로는 케플러가 자주 거론되고 있다. 케플러는 화성의 궤도가 타원이라는 가설에서 시작하여 관측을 통해 확인할 수 있는 사실들을 연역해 내지 않았다. 오히려 케플러는 티코 브라헤가 남긴 관측 자료를 잘 설명할 수 있는 가설로 타원 궤도를 제안했던 것이다. 또한 케플러의 타원 궤도에 대한 가설이 관측 자료를 단순히 통계적으로 종합한 귀납법에 입각하고 있다는 평가도 부당하다. 케플러는 관측 자료를 설명하기 위해 원을 포기한 후 행성의 궤도가 달걀형이라는 가정에서 출발했지만 그것이 여의치 않자 타원형을 도입했던 것이다. 귀추법은 필연적 사실이나 개연적 사실이 아니라 이미 일어났지만 아직 모르는 사실에 주목하는 셈이다.

과학의 역사에서 귀추법의 사례는 자주 발견할 수 있다. 다윈이 종의 기원에 대한 최선의 설명으로 자연선택설을 제안한 것이나 케쿨레(F. A. Kekule)가 뱀들이 꼬리를 물고 있다는 꿈을 바탕으로 벤젠의 분자구조를 설명한 것 등이 귀추법의 예가 될 수 있다. 또한 귀추법은 일상생활에서도 자주 접할 수 있는 추론에 해당한다. 의사가 몇 군데의 진찰을 통해 질병의 가능성을 진단하는 것이나 경찰이 범죄 현장에서 증거를 토대로 범인을 추측하는 것도 귀추법에 속한다고 볼 수 있다(김영민, 2012).

사회적 합의

최근에는 과학이 특정한 방법으로 정당화될 수 있는 것이 아니라 사회적 합의의 산물이라는 견해도 설득력을 높여가고 있다. 오늘날 실제적인 과학 활동은 같은 분야에 종사하는 사람에 의해 연구 논문이 심사되는 동료 심사 (peer review)에 크게 의존하고 있다. 동료 심사를 통해 해당 논문이 적절한 과학적 방법을 사용하고 있는지, 의미 있는 과학 지식을 산출하고 있는지 등이 평가되는 것이다. 또한 기후변화에 관한 과학적 사실은 1988년에 유엔 산하의 기구로 조직된 기후변화에 관한 정부간 패널 (Intergovernmental Panel on Climate Change, IPCC)을 통해 과학자들의 합의를 도출함으로써 구성되고 있다. 더 나아가 당시의 사회적 환경이나 지배적인 학설에 잘 부합하는 과학이 살아남거나 사회적 문제의 해결에 기여할 수 있는 과학이 높이 평가되는 현상도 목격할 수 있다.

명왕성의 사례는 이러한 점을 잘 보여준다. 명왕성은 1930년에 발견된 이후 태양계의 9번째 행성으로 인정받아 왔지만, 2006년에 국제천문연맹으로부터 행성의 지위를 박탈당하여 왜소 행성 (dwarf planet)으로 분류되었던 것이다. 또한 17세기에는 하위헌스 (C. Huygens)가, 19세기 초에는 영 (T. Young)이 빛의 파동설을 제안했지만, 당시에는 빛의 입자설을 주장한 뉴턴의 권위를 배경으로 빛의 파동설이 과학자사회에서 거의 수용되지 못했다. 1997년에 프루지너 (S. Prusiner)가 노벨 생리의학상을 받은 것도 사회적 합의의 산물로 볼 수 있다. 그는 광우병을 유발하는 병원체로 프리온 (prion)을 발견했다는 공로로 노벨상을 받았지만, 현재까지도 광우병에 관한 연구논문은 '불완전한' 혹은 '논쟁 중인' 등의 수식어를 사용하는 양상을 보이고 있다. 프루지너의 노벨상 수상은 사회적 문제의 해결에 기여할 것이라는 기대에 의존한 바가 크다고 볼 수 있는 것이다 (김기흥, 2009).

사회적 합의는 과학적 방법의 일종으로도 볼 수 있지만 사실상 과학적 방법의 차원을 넘어선다. 왜냐하면 어떤 과학적 방법을 수용할 것인지의 여부 자체가 사회적 합의에 의해 이루어지는 성격을 띠고 있기 때문이다. 고대에는 자연은 신성하며 인간이 개입할 영역이 아니라는 관념이 지배적이었지만, 근대에 들어서는 실험적 방법이 자연의 비밀을 풀 수 있는 열쇠라는 관념이 과학자사회에서 승인될 수 있었다.

과학철학의 역사는 아리스토텔레스를 비롯한 고대 학자들로 거슬러 올라갈 수 있다. 근대에 들어서는 영국의 경험주의 (empiricism)과 대륙의 합리주의 (rationalism)를 매개로 과학의 성격에 대한 논의가 철학의 중요한 주제로 부상했으며, 갈릴레오나 뉴턴과 같은 과학자들도 과학에 대한 자신의 철학적 견해를 지속적으로 표방해 왔다. 그러나 과학을 대상으로 철학을 하는 과학철학이란 분야가 학문적으로 형성되고 발전된 것은 20세기 초반에 논리실증주의 (logical positivism)가 등장한 이후에 있었던 일이라고 볼 수 있다 (Losee, 1993; Chalmers, 1999; 장대익, 2008; 박영태 외, 2011). 이 절에서는 논리실증주의와 함께 현대 과학철학의 형성과 발전에 크게 기여한 포퍼, 쿤, 라카토슈, 파이어아벤트, 라우든 (L. Laudan), 갤리슨 (P. Galison) 등의 과학철학을 개관하고자 한다.

▎논리실증주의

논리실증주의는 과학을 최상의 지식으로 보는 실증주의의 전통을 따르고 있으며, 과학의 본성으로 논리와 경험을 중시하기 때문에 논리경험주의 (logical empiricism)로도 불린다. 논리실증주의는 한 사람의 이론이 아니라 여러 사람들의 사상이나 운동에 해당한다. 논리실증주의는 슐리크 (Schlick), 노이라트 (Neurath), 카르납 (Carnap), 괴델 (Gödel), 파이글 (Feigl) 등이 참여한 빈 학단 (Wiener Kreis; Vienna circle)을 주축으로 라이헨바흐

(Reichenbach), 헴펠 (Hempel) 등으로 대표되는 베를린 학파가 가세한 철학적 사조이다.

논리실증주의의 철학적 토대

빈 학단은 1929년에 '과학적 세계관'이란 제목이 붙은 선언문을 발표했는데, 그것은 논리실증주의의 공식적 출범을 알린 사건으로 평가되고 있다 (Jørgensen, 1951; 장대익, 2008).

선언문에서 그들은 철학자들의 애매한 글쓰기가 철학을 망쳐놓았다고 진단하면서 논리적 분석 (logical analysis)만이 철학적 문제들을 해결하는 방법이라고 강조했다. 예를 들어, 라이헨바흐는 헤겔 (Hegel)의 '이성' 개념이 허튼 소리에 불과하다고 일축했고, 카르납은 하이데거 (Heidegger)의 '무(無)' 개념이 논리적 이치에 맞지 않는다고 비판했다. 논리실증주의자들이 신봉한 철학자는 비트겐슈타인 (L. Wittgenstein)이었는데, 비트겐슈타인은 1921년에 발간된 『논리철학논고 (Logisch-philosophische Abhandlung)』에서 "말해질 수 있는 것은 명료하게 말해야 하고, 말할 수 없는 것에 대해서는 침묵해야 한다."고 주장한 바 있다.

이어 논리실증주의자들은 명제의 의미가 참과 거짓을 가리는 방식에 의해서 결정된다고 주장했다. 그들은 의미 있는 명제를 분석 명제 (analytic statement)와 종합 명제 (synthetic statement)로 나누었다. 분석 명제는 명제의 참과 거짓이 그 명제의 의미 분석을 통해서 결정되는 경우에 해당한다. 가령 "모든 총각은 결혼하지 않은 남성이다."라는 명제는 언제나 참인데, '총각'이라는 단어의 의미 속에 '결혼하지 않은 남성'이라는 뜻이 담겨져 있기 때문이다. 종합 명제는 의미 분석만으로 참과 거짓을 가릴 수 없고 경험을 통해 진위가 확인되는 명제이다. 가령 "모든 까마귀는 검다."와 같은 명제는 까마귀가 검은지 아닌지를 직접 관찰해 보아야 그 진위를 알 수 있다. 논리실증주의자들에 따르면, 형이상학이나 신학에서 나오는 명제는 분석 명제도 아니고 종합 명제도 아니기 때문에 아무런 의미가 없는 명제에 불과했다.

논리실증주의자들은 다양한 분야의 연구 성과들이 서로 연결되어 궁극적으로는 '통일 과학 (unified science)'으로 나아가야 한다고 생각했다. 특히 그들은 화학, 생물학, 심리학, 경제학 등에서 나타나는 복잡한 현상들이 궁극적으로 물리학의 법칙들로 환원될 수 있다고 믿었다. 논리실증주의자들이 기획한 통일 과학에 대한 시리즈의 집필진으로 포퍼와 쿤이 포함되었다는 점도 흥미로운 사실이다. 이와 함께 20세기 초 예술계에서 전개된 바우하우스 (Bauhaus) 운동도 논리실증주의와 밀접히 연관되어 있었다. 모든 장식을 혐오하고 가장 기초적인 색상과 형태로 건축물을 설계한다는 발상은 형이상학을 거부하고 기본적인 경험 자료를 통해 과학이론을 구축한다는 논리실증주의와 유사했던 것이다.

귀납주의

논리실증주의자들은 비(非)과학과 구별되는 과학만의 본성이 있다고 생각하면서 과학의 본성을 과학의 특별한 방법에서 찾았다. 그들은 '검증가능성의 원리 (verifiability principle)' 를 제안하면서 명제의 의미를 안다는 것은 그 명제를 검증할 수 있는 방법이 무엇인지를 아는 것이라고 주장했다. 논리실증주의자들이 처음에 명제를 검증하는 방법으로 주목한 것은 귀납법이었다. 그들은 베이컨의 귀납법을 정교화하는 과정에서 자신들의 과학관을 확립했는데, 이것은 '귀납주의 (inductivism)'로 불린다.

귀납주의는 다음과 같은 세 단계로 구성되어 있다. ❶ **자료수집 단계:** 관찰과 실험으로부터 사실들을 편견 없이 수집한다. ❷ **일반화 단계:** 수집된 사실들을 귀납 추론을 통해 일반화하여 가설을 얻는다. ❸ **가설 정당화 단계:** 이 가설로부터 새로운 관찰과 실험 결과들을 연역적으로 이끌어낸 다음 이를 실제 경험 자료와 비교하여 시험해본다. 여기서 ❶과 ❷는 과학적 탐구에서 가설이 생성 혹은 발견되는 맥락이고, ❸은 생성된 가설을 경험에 비추어 그 정당성을 결정하는 맥락에 해당한다.

이러한 방법론은 매우 그럴 듯해 보이지만 심각한 문제점들을 안고 있다 (Chalmers, 1999; 장대익, 2008). 귀납주의의 첫 번째 단계와 관련하여 편견 없이 자료를 수집하는 것은 거의 불가능하다. 앞서 '관찰의 이론의존성'을 논의하면서 살펴보았듯이, 과학자들이 아무런 배경지식 없이 자료를 모으는 경우는 거의 없다. 과학자들은 대부분 자신이 지지하는 이론이나 잠정적인 가설을 바탕으로 그것의 인도를 받아 사실들을 수집하는 것이다.

귀납주의의 두 번째 단계인 일반화 단계는 더욱 심각한 문제로 이른바 '귀납의 문제'로 알려져 있다. 귀납의 문제는 18세기 영국의 철학자 흄 (Hume)에 의해 본격적으로 제기되었다. 흄에 따르면, 관찰된 몇몇 사례로부터 경험적 일반화로 나아가는 것은 그 수가 아무리 많다 해도 논리적 오류이다. 앞서 귀납법을 논의하면서 언급했던 귀납의 원리를 자세히 살펴보면, '많은' 사례로부터 '모든' 것으로 비약하는 논리적 결함을 가지고 있는 것이다.

이와 관련하여 20세기 영국의 철학자 러셀 (Russell)은 귀납의 문제를 다음과 같은 '칠면조 역설'로 희화화하여 표현했다. 어떤 사람이 칠면조를 기르고 있었다. 그는 하루도 거르지 않고 매일 아침 칠면조에게 먹이를 주었다. 이에 칠면조는 '주인은 아침마다 내게 먹이를 주는구나.'라고 생각했다. 100일째 되는 날 아침, 그날도 여전히 칠면조는 음식을 가져다 줄 주인을 기다리고 있었다. 그런데 갑자기 주인은 그날 아침에 먹이를 주기는커녕 칠면조의 목을 잘랐다. 그날이 바로 추수감사절이었기 때문이다.

이러한 문제점을 피하기 위해 어떤 과학적 주장이 참으로 증명되어야 한다는 요구를 약화시키고 경험적 증거에 비추어 확률적인 참임을 보여주는 것에 만족해야 한다는 제안이 제기되었다. 이 제안을 받아들인다면, 앞서 언급한 귀납의 원리는 "많은 수의 A가 다양한 조건의 변화 아래서 관찰되었고, 관찰된 A가 모두 예외 없이 B라는 성질을 가지고 있다면, 아마도 모든 A는 B라는 성질을 가지고 있다."로 수정될 수 있다 (Chalmers, 1999). 여기서 달라진 것은 '모든'이란 단어 앞에 '아마도'라는 수식어가 추가된 것뿐이다. 이처럼 수정된 귀납의 원리는 A가 B의 성질을 반드시 갖는다는 것이 아니라 관찰 사례가 많을수록 그럴 개연성이 더 높아진다는 것을 강조하고 있다. 귀납주의가 확률론으로 후퇴한 셈이다.

이와 함께 귀납주의를 실용적 차원에서 정당화하려는 시도도 있었다. 귀납 추론을 통해 우리가 별 문제 없이 살아왔기 때문에 그 추론이 정당화될 수 있다는 것이다. 그러나 이런 정당화는 귀납 추론을 귀납 추론으로 정당화하는 순환의 문제를 안고 있다.

가설연역주의

이러한 배경에서 귀납 추론이 개입되지 않은 과학적 방법론을 개발해야 할 필요성이 대두되었는데, 논리실증주의 내부에서 일차적인 대안으로 제시된 것이 바로 '가설연역주의 (hypothetico-deductivism)'이다 (장대익, 2008). 가설연역주의는 다음과 같이 정식화할 수 있다. ❶ 주어진 문제를 해결하기 위해 추측을 비롯한 온갖 방법을 동원하여 가설을 제시한다. ❷ 이 가설로부터 새로운 관찰과 실험 결과들을 연역적으로 이끌어낸 다음 이를 경험에 비추어 시험해본다.

이와 함께 논리실증주의자들은 귀납주의에서 한발 물러나면서 검증 (verification) 대신에 '입증 (confirmation)'이라는 개념을 도입하였다. 경험적 증거가 가설을 검증하느냐 아니냐를 더 이상 묻지 말고 대신에 가설을 얼마나 지지하는가를 묻자는 것이었다. 이와 관련하여 카르납은 증명이 완벽하고 명확한 진리를 설정하는 것이라면 보편언명이 결코 증명될 수 없다고 지적한 후, 증명의 개념을 '점차적으로 입증이 증가하는 것'으로 대체시키면 보편언명이 연속적인 경험적 증거의 축적에 의해 진리로 입증될 수 있다고 주장하였다 (Carnap, 1966).

여기서 주목할 것은 가설연역주의의 첫 번째 단계는 귀납주의와 상당한 차이를 가지고 있지만 가설연역주의의 두 번째 단계는 귀납주의의 세 번째 단계와 마찬가지로 경험에 비춘 시험을 강조하고 있다는 점이다. 이와 관련하여 라이헨바흐는 '발견의 맥락 (context of discovery)'과 '정당화의 맥락 (context of justification)'을 엄격히 구분하면서 과학철학이 다룰 대상은 정당화의 맥락뿐이라고 주장했다. 그는 발견의 맥락은 철학이 아닌 심리학이나 사회학의 대상이라고 간주했는데, 왜냐하면 정당화의 맥락에는 논리가 있지만 발견의 맥락에는 논리가 없기 때문이다.

그러나 정당화의 맥락에도 상당한 문제점이 남아 있는데, 그것은 '검증의 문제' 혹은 '입증의 문제'로 불린다. 표준적인 확률론에 따르면, 관찰 증거가 무엇이든 관계없이 모든 보편언명의 확률이 0 (zero)이라는 결론을 피할 수 없다. 모든 관찰은 수적으로 제한된 사례로 구성되어 있는 반면, 보편언명은 무한히 가능한 경우에 대한 주장을 담고 있다. 관찰 증거에 비추어 볼 때 보편언명의 확률은 유한한 수를 무한한 수로 나눈 값으로 표시된다. 따라서 증거를 구성하는 관찰 사례가 아무리 증가한다 하더라도 그 값은 0이 되는 것이다. 사실상 일찍이 논리학에서는 입증 사례의 관찰을 근거로 보편언명이 옳다고 판단하는 것에 대하여 '후건 긍정의 오류'라는 이름을 붙여 논리적 오류의 한 유형으로 취급한 바 있다. 사실상 입증의 문제는 개별 사례로부터 보편언명으로 나아갈 때 발생하기 때문에 앞서 언급한 귀납의 문제와 동일한 성격을 갖는다.[5]

이처럼 논리실증주의는 과학의 본성을 과학적 방법에서 찾고 귀납주의와 가설연역주의라는 두 척의 배를 띄웠지만, 귀납의 문제를 비롯한 다양한 암초에 부딪혀 점차 가라앉고 말았다. 그러나 논리실증주의자들은 과학의 본성을 본격적으로 탐구하는 것을 자신들의 임무로 삼았으며, 과학철학을 하나의 학문 분야로 정립하는 데 크게 기여하였다. 논리실증주의자들은 세계의 주요 대학에 자리를 잡으면서 많은 후학들을 양성했으며, 몇몇 영향력 있는 저술을 통해 과학철학을 전파하는 데도 주의를 기울였다 (Carnap, 1966; Hempel, 1966). 또한 논리실증주의의 과학에 대한 관점은 표준적 관점 (standard viewpoint) 혹은 수용된 견해 (received view)로 불리기도 한다 (Suppe, 1977). 즉, 아직도 많은 사람들은 과학에 대하여 "과학자들이 관찰이나 실험을 통해 가설이나 이론을 세우고 그것이 참이라는

---

5. 이처럼 가설연역주의도 정당화의 맥락에서는 귀납 추론이라는 큰 틀 안에서 이루어지고 있기 때문에 귀납주의와 가설연역주의를 한데 묶어 '넓은 의미의 귀납주의'로 간주하기도 한다.

것을 알아내기 위해 노력한다."는 관점을 받아들이고 있는 것이다.

▌포퍼의 반증주의

포퍼는 논리실증주의의 문제점을 극복하기 위하여 반증주의 (falsificationism)를 제창하였다. 그는 아인슈타인이 일반 상대성 이론과 함께 그것을 지지하는 사례를 제시하고 그 사례가 반박될 경우에 자신의 이론을 버리겠다고 공언한 것에 큰 감명을 받았다. 포퍼의 과학철학에 대한 대표작으로는 『과학적 발견의 논리 (The Logic of Scientific Discovery, 1959)』를 들 수 있는데, 그 책은 1934년에 독일어로 발간된 『탐구의 논리 (Logik der Forschung)』를 영어로 옮긴 것이다. 그는 과학철학은 물론 사회철학에도 일가견을 가지고 있어서 『열린사회와 그 적들 (The Open Society and Its Enemies, 1945)』을 통해 합리적인 토론과 비판이 가능한 열린 사회를 주장하기도 했다. 포퍼의 철학적 견해는 『추측과 논박 (Conjecture and Refutations, 1963)』에 집대성되어 있다.

반증가능성

포퍼는 어떤 과학적 이론이 옳다는 것은 완벽하게 증명할 수 없지만, 그것이 옳지 않다는 것은 확실히 알 수 있다고 주장한다. 예를 들어, "모든 까마귀가 검다."는 가설은 완전히 증명될 수 없다. 왜냐하면 아무리 많은 까마귀가 검다고 하더라도 앞으로 다른 색깔의 까마귀가 나타나지 않는다는 확실한 보장은 없기 때문이다. 그런데 어느 날 흰 까마귀가 나타난다면 "모든 까마귀가 검다."는 가설은 옳지 않은 것이 되고 만다. 이처럼 특정한 가설이 경험적 증거에 의해 기각되는 것을 '반증 (falsification)'이라고 한다.

포퍼의 반증주의가 가진 핵심적인 주장을 요약하면 다음과 같다 (장대익, 2008). 우선, 주어진 문제들을 잘 설명하는 것으로 보이는 가설을 제시한다. 그 후 가설을 반박하는 경험적 사례가 발견되면, 그 가설을 곧바로 폐기한다. 그렇지 않은 경우에는 그 가설을 그대로 유지한다. 이 때 가설이 입증되었다고 주장해서는 안 되며, 그저 몇 차례의 혹독한 경험적 시험에 잘 견뎌왔다고 말할 수 있을 뿐이다. 여기서 포퍼는 혹독한 시험에 잘 견뎌왔다는 점을 표현하기 위해 입증 대신에 확인 혹은 용인 (corroboration)이라는 용어를 만들어냈다.

그런데 포퍼는 모든 진술이 반증의 시도에 놓이는 것은 아니라고 지적한다. 아무리 반증을 해보려 해도 반증할 수 있는 사례가 존재하지 않기 때문에 반증 자체가 아예 불가능한 진술이 존재한다는 것이다. 그는 반증이 가능한 진술과 불가능한 진술을 구분한 후 경험적으로 반박될 수 있는 가능성 즉, 반증가능성 (falsifiability)을 가진 진술만이 과학적 진술(scientific statement)이라고 규정한다. 포퍼는 과학과 비(非)과학에 대한 구획 기준(demarcation criteria)을 매우 중시했으며, 그 기준으로 반증가능성을 제시했던 것이다.

예를 들어, 다음의 6가지 진술을 보자 (Chalmers, 1999).

❶ 수요일에는 비가 오지 않는다.
❷ 모든 물체는 열을 받으면 팽창한다.
❸ 벽돌을 공중에서 놓을 때 방해를 받지 않으면 벽돌은 아래로 떨어진다.
❹ 오늘은 비가 오거나 오지 않는다.
❺ 유클리드 기하학에서 원주상의 모든 점은 중심에서 같은 거리에 있다.
❻ 모험적인 투기에서 행운이 온다.

위의 진술 중에서 ❶, ❷, ❸은 반증가능한 진술이고, ❹, ❺, ❻은 그렇지 않은 진술이다. ❶은 어떤 수요일에 비가 내리는 것을 관찰함으로써 반증할 수 있고, ❷는 어떤 물체가 열을 받았는데도 팽창하지 않는 경우를 관찰함으로써 반증할 수 있다. ❸도 반증가능하다. "벽돌을 놓으면 위로 떨어진다."는 주장은 비록 관찰에 의해 지지될 수는 없지만 논리적으로 모순은 아니다. ❹의 경우에는 반박할 수 있는 관찰이 존재할 수 없고, ❺는 유클리드 기하학의 정의에 따라 참이다. ❻은 점쟁이의 책략에 해당하는 것으로 점쟁이가 어떤 사람과 내기를 건다면 항상 이길 수 있다.

이러한 맥락에서 포퍼는 많은 사람들이 과학이라 믿어 왔던 프로이트 (S. Freud)의 정신분석 이론과 마르크스(K. H. Marx)의 사회주의 이론을 사이비라고 비판했다 (K. Popper, 1963). 예를 들어, 어떤 동물을 익사시키려고 물속에 집어던지는 사람이 있고, 반대로 물에 빠진 동물의 생명을 구하기 위해 물속에 뛰어드는 사람이 있다고 하자. 프로이트는 첫 번째 사람의 행동에 대해서는 억압 본능으로 인한 고통에 그 원원이 있다고 설명할 것이고, 두 번째 사람의 행동에 대해서는 억압 본능이 승화된 것으로 설명할 것이다. 마르크스의 사회주의 이론도 마찬가지의 성격을 띠고 있다. "자본주의가 충분히 발전하면 사회주의화된다."는 주장은 반증할 수 없는데, 왜냐하면 자본주의가 충분히 발전한 상태가 분명하지 않기 때문이다. 또한 자본주의 국가가 노동자의 복지를 위한 정책을 도입하는 것에 대해서도 자본

가들이 곧 일어날 프롤레타리아 혁명을 저지하거나 지연시키기 위한 방책에 불과하다고 해석할 수 있다.

반증가능성에도 수준이나 정도가 있다. 예를 들어, 다음과 같은 두 개의 법칙이 있다고 하자. ❶ 화성은 타원형 궤도로 태양 주위를 돈다. ❷ 모든 행성은 타원형 궤도로 태양 주위를 돈다. 여기서 ❷는 ❶보다 주장하는 바가 많기 때문에 반증가능성이 높다. 포퍼는 반증가능성의 수준이나 정도를 나타내기 위해 '잠재적 반증가능자(potential falsifier)'라는 개념을 도입하면서 잠재적 반증가능자가 많을수록 더욱 포괄적인 주장을 담고 있으며 더욱 좋은 이론이라고 주장한다. 또한 반증가능성은 진술이 명확할수록 더욱 높아진다. 예를 들어, 빛의 초속이 300×10^6 m라는 진술보다 299.8×10^6 m라는 진술이 더욱 높은 반증가능성을 가지고 있다(Chalmers, 1999). 포퍼에 따르면, 훌륭한 과학자는 반증가능성이 높은 이론을 제시하고 그것을 비판적으로 검토하는 사람이며, 사이비 과학자는 비판에 정면으로 대응하지 않고 계속 변명을 하는 사람이다. 포퍼의 사상을 '비판적 합리주의(critical rationalism)'라고 하는 까닭도 여기서 찾을 수 있다.

과학의 진보

포퍼가 생각하는 과학의 진보(progress)는 다음과 같이 요약될 수 있다. 과학은 문제에서 출발하며, 과학자들은 이 문제를 해결하기 위해 반증가능한 과학적 가설을 제시한다. 이러한 가설은 비판을 통해 반증되어 폐기되기도 하고, 어떤 가설은 성공적인 것으로 살아남을 것이다. 그러나 성공적인 가설도 이후에 반증을 받게 되며, 그 경우에는 이미 해결된 문제가 아닌 새로운 문제가 나타난다. 이 문제를 해결하기 위해 또 다른 새로운 가설이 제시되며 그 가설은 다시 새로운 비판과 시험을 받는다. 이러한 과정은 무한히 반복된다. 아무리 엄격한 시험을 거쳤어도 결코 그 이론이 참은 아니다. 하지만 그 이론은 이전의 이론을 반증한 시험을 통과했기 때문에 이전의 이론보다 우수하다고 말할 수 있다. 과학이 이와 같은 오류의 발견이나 시행착오의 과정을 통해 점진적으로 진보한다는 것이다.

특히, 포퍼는 당시의 배경지식과 모순되는 대담한(bold) 추측이 지지되거나 배경지식에 순응하는 조심스러운(cautious) 추측이 반증될 때 과학이 의미 있는 진보를 이룬다는 점을 강조하였다(Popper, 1959). 이에 관한 예로는 코페르니쿠스의 태양중심설과 마이컬슨(A. Michelson)의 광속 측정에 대한 실험을 들 수 있다. 16세기에 코페르니쿠스는 천체의 운동을 체계적으로 설명하기 위하여 태양중심설이라는 대담한 가설을 제안했고, 그것이

다양한 이론적 설명과 경험적 증거에 의해 지지됨으로써 천문학에서 의미 있는 진보가 일어났다. 또한 19세기 말에 있었던 마이컬슨의 실험은 당초의 기대와 달리 빛의 속도가 관측자나 광원의 운동 상태와 관계없이 항상 일정하다는 점을 보여줌으로써 기존의 에테르 이론이 반증되는 계기로 작용했다. 이와 달리 대담한 추측이 반증되거나 조심스러운 추측이 입증되는 경우에는 과학의 진보에 별다른 기여를 하지 못한다는 것이 포퍼의 생각이었다.

이와 함께 포퍼는 과학의 진보를 위해서는 이론의 임시방편적 (ad hoc) 수정이 금지되어야 한다고 지적했다. 예를 들어, "빵에는 영양분이 있다."라는 이론이 있다고 하자. 만약 프랑스의 한 마을에서 빵을 먹은 사람들이 영양실조에 걸렸다면 그 이론은 반증된다. 이러한 반증을 피하기 위해 "문제시된 프랑스의 마을에서 생산된 특별한 빵을 제외한 모든 빵에는 영양분이 있다."라는 수정된 이론을 제안할 수 있다. 그러나 그것은 원래 이론을 시험한 방법으로밖에 시험할 수 없기 때문에 임시방편적으로 수정된 이론에 해당한다. 이에 반해 "특별한 균류를 포함하고 있지 않은 밀로 만든 모든 빵에는 영양분이 있다."라는 수정은 새로운 시험을 허용하기 때문에 임시방편적 수정이 아니다 (Chalmers, 1999).

반증주의의 문제점

반증주의는 논리실증주의와 달리 이론을 지지하는 사례들의 축적에 의해 과학이 발전하는 것이 아니라 반증 사례를 매개로 과학이 진보한다는 입장을 취하고 있다. 그러나 반증주의는 논리실증주의와 마찬가지로 관찰한 사실이 믿을 만하다는 점에 대해서는 의견을 같이 하고 있다. 이에 따라 논리실증주의에 대한 비판 중에 관찰의 이론의존성에 대한 논의는 반증주의에도 동일하게 적용될 수 있다. 관찰이 이론의존적인 특성을 가지고 있다면 사실을 통해 가설이나 이론을 반증한다는 의미가 축소될 수밖에 없다.

반증주의에 대한 비판으로 가장 많이 거론된 것으로는 증거에 의한 이론의 과소결정 (underdetermination)을 들 수 있는데, 프랑스의 물리학자 뒤엠 (Duhem)과 미국의 분석철학자 콰인 (Quine)이 제기했기 때문에 '뒤엠－콰인 논제 (Duhem-Quine thesis)'로 불리기도 한다. 특히 콰인은 "경험의 법정에 서는 것은 이론의 일부가 아니라 이론 전체다."는 말로 자신의 경험적 전체론 (empirical holism)을 규정했다 (Quine, 1951). 뒤엠－콰인 논제에 따르면, 이론이라는 것은 일련의 보조가설과 초기조건을 포함한 매우 복잡한 층위로 구성되어 있기 때문에 관찰이나 실험을 통해 산출된 증거가 이론의 어떤 부분을 반증하는지 알 수 없으며 따라서 증거가 이론을 완전히 결정하지 못한다. 이를 다른 각도에서 보면, 어떤 이론과 일치하지 않는 경험적 증거가 등장할 경우에도 이론의 일부를 적절히 조정한다면 전체 이론을 구제할 가능성이 얼마든지 존재하게 된다.

반증주의가 실제적인 과학의 역사와 부합되지 않는다는 비판도 만만치 않다. 별의 시차(parallax)에 대한 문제는 이러한 점을 잘 보여주고 있다. 코페르니쿠스가 제안한 태양중심설에 따르면, 지구가 태양을 공전하기 때문에 지구에서 별을 관측할 때 시차가 나타나야 했다. 그러나 당시의 관측 기술로는 시차가 발견되지 못했고, 그것은 1838년에 독일의 과학자인 베셀(F. Bessel)에 의해 처음으로 관측되었다. 이처럼 별의 시차는 태양중심설에 대한 중요한 반증 사례였지만, 이로 인해 17~18세기의 과학자들이 태양중심설을 버리지는 않았다. 사실상 반증 사례가 등장할 때마다 과학 이론이 변경된다면 과학자들은 많은 경우에 매우 불안정한 활동으로 근심해야 할 것이다.

▌ 쿤의 패러다임 이론

쿤은 물리학에서 출발하여 과학사를 거쳐 과학철학으로 학문적 지평을 넓혀간 사람이다. 그의 대표작은 『과학혁명의 구조(The Structure of Scientific Revolutions)』이다. 이 책은 1962년에 초판이 출간된 후 1970년의 2판에서는 쿤이 1969년에 작성한 '후기(Postscript)'가 추가되었으며 1996년에 3판이 발간된 바 있다. 과학혁명은 과학사에서도 사용되는 개념이지만 그 의미가 다르다. 과학사에서는 과학혁명(The Scientific Revolution)을 16~17세기의 유럽에서 근대과학이 출현한 현상을 지칭하는 개념으로 사용한다(김영식, 2001; 김영식, 임경순, 2007). 이와 달리 쿤은 『과학혁명의 구조』를 통해 코페르니쿠스의 태양중심설, 뉴턴의 고전역학, 라부아지에의 연소이론, 다윈의 진화론, 아인슈타인의 상대성이론 등과 같은 다양한 과학혁명'들'에 주목하면서 그것들에 공통된 구조가 있다는 점을 밝히고자 했다. 『과학혁명의 구조』에 대해서는 수많은 옹호와 비판이 잇따랐는데, 1965년에는 쿤의 과학철학을 주제로 삼은 국제적인 세미나가 개최되기도 했다(Lakatos & Musgrave, 1970; 조인래, 1997).

패러다임

쿤의 과학철학에서 중심을 이루는 개념은 '패러다임 (paradigm)'이다. 먼저, 쿤이 이 개념을 사용하게 된 동기부터 살펴보자. 쿤은 1948년에 코넌트 (J. Conant) 총장의 요청으로 하버드 대학에서 물리학의 역사를 가르치면서 '아리스토텔레스 경험'으로 불리는 색다른 경험을 하게 된다. 물체의 운동 속도가 물체의 무게에 비례하고 매질의 밀도에 반비례한다는 아리스토텔레스의 운동이론은 갈릴레오와 뉴턴에 의해 정립된 고전역학을 배운 사람들에는 이해하기 힘든 것이었다. 심지어 아리스토텔레스는 물체를 처음 던질 때에는 사람의 손이 운동의 원인으로 작용하지만 손을 떠난 후에는 움직이는 물체가 통과하는 매질이 운동의 원인으로 작용한다고 설명하기도 했다. 또한 쿤은 1958년에 스탠포드 대학의 '행동과학고등연구센터'에 있으면서 자연과학자들과 사회과학자들의 차이를 실감할 수 있었다. 자연과학자들과 달리 사회과학자들 사이에는 정당한 과학적 문제와 방법의 성격에 대해서 공공연한 의견 대립이 있었던 것이다 (Kuhn, 1970).

쿤은 자연과학자들이 힘, 질량, 화합물 등의 정의를 배우지 않고서도 그 용어를 일치된 개념으로 사용하고 있는 것은 그 용어가 나오는 문제를 푸는 표준적인 방법을 배우기 때문이라는 점에 주목했다. 이러한 점은 언어를 배우는 학생이 amo, amas, amat를 익혀 그 표준형을 그 밖의 라틴어 제1변화 동사들에 적용하는 절차에 비유될 수 있다. 언어교육에서 표준적인 활용을 보여주는 예를 패러다임이라고 하듯이 쿤은 과학교육에서 사용되는 표준적인 예제 즉, 범례 (examplar)를 패러다임이라고 불렀다. 패러다임의 범위는 이후에 점차 확장되었다. 처음에 범례에 국한되었던 패러다임이 범례가 실린 고전을 뜻하게 되고, 나중에는 특정한 과학자사회가 가진 신념의 집합을 의미하게 된 것이다 (Kuhn, 1977).

그렇다면 패러다임에는 무엇이 포함되는가? 우선 어떤 과학 분야에 기본이 되는 이론과 법칙, 그리고 그것에 사용된 개념이 패러다임에 포함된다. 또 과학자들이 과학적 지식을 획득하는 수단인 범례도 패러다임의 중요한 부분이다. 더 나아가 어떤 유형의 문제를 푸는 데 사용하는 방법에 대해서도 한 과학자사회에는 공통된 생각이 있으며, 이것도 패러다임에 포함된다. 그뿐이 아니다. 과학이론을 평가하는 데 사용되는 가치척도에 대해서도 한 과학자사회는 어느 정도 공통된 의견이 있고, 이것도 패러다임에 포함된다. 이 외에도 어떤 이론이나 분야가 취급 가능하다고 생각하는 문제의 범위, 더 크게 보아서는 자연현상을 인간이 얼마만큼 설명할 수 있느냐에 대해서도 과학자사회는 대개 공통된 관념이 있고, 이것도 패러다임의 일부가 된다. 다시 말해서, 패러다임은 어떤 과학자사회의 구성원이 공유하는 것이고, 거꾸로 과학자사회는 패러다임을 공유하는 사람으로 이루어진다. 이것은 명백한 순환적 정의인데, 쿤은 1969년에 작성한 후기에서 과학자사회가 패러다임에 의존하지 않고도 형성될 수 있다고 지적함으로써 과학자사회의 우선성을 인정한 바 있다 (Kuhn, 1970).

패러다임은 과학과 비(非)과학을 구획하는 기준이 되며, 특정한 과학자사회의 활동에 일종의 정합성을 부여한다. 패러다임은 그것을 지속적으로 지지하는 집단을 얻을 만큼 강력하면서도 과학자들에게 문제의 해결을 맡길 만큼 개방적인 특징을 가지고 있다. 또한 패러다임은 고전역학처럼 포괄적인 것이 되기도 하고, 빛의 입자설과 같이 제한된 분야를 지배하는 것일 수도 있다. 패러다임은 융통성 있는 개념이기도 하지만 모호한 개념이기도 해서 쿤의 비판자들 사이에 많은 논란을 불러 일으켰다. 이와 관련하여 영국의 언어학자인 매스터만 (M. Masterman)은 쿤이 패러다임을 적어도 21가지의 뜻으로 사용한다고 분석하기도 했다 (Lakatos & Musgrave, 1970).

이러한 비판에 직면하여 쿤은 1969년에 작성한 후기에서 패러다임의 개념을 보다 분명히 하였다. 그는 패러다임을 넓은 의미의 전문분야 행렬 (disciplinary matrix)과 좁은 의미의 범례 (examplar)로 나누었다. 여기서 전문분야 행렬은 기호적 일반화 (symbolic generalization), 형이상학적 모형 (metaphysical model), 가치 (values), 범례 등으로 구성된다. 기호적 일반화는 특정한 과학자사회가 의문 없이 받아들이는 보편언명의 형태를 지니는 것으로 $F = ma$, $I = V/R$, $E = mc^2$ 등이 여기에 해당한다. 이러한 표현은 주로 과학적 법칙에 해당하는데, 법칙은 개념간의 관계를 나타내면서 특정한 이론을 구성한다. 형이상학적 모형은 "기체 분자는 미소한 탄성의 당구공이 무작위 운동을 하는 것처럼 간주된다."와 같은 존재론적 가정을 의미한다. 가치는 정확성, 일관성, 단순성 등과 같이 과학이 가져야 할 바람직한 특성에 해당하는 것으로 특정한 과학자사회의 구성원이 문제점을 확인하거나 이론을 평가할 때 더욱 부각되는 경향을 보인다.

범례는 쿤이 "보다 심오"하며 "가장 새롭고 가장 이해가 안 되는 부분"이라고 지적한 것으로 교과서나 논문에서 제시된 인상적인 문제 풀이의 예를 의미한다 (Kuhn, 1970). 여기서 주의할 것은 범례가 단순한 예제 (example)가 아니라는 점이다. 범례는 과학자사회가 중요하다고 생각하는 이론을 매우 성공적으로 적용한 사례에 해당한다. 범례의 기능을 쉽게 설명하기 위해 쿤은 동물원에 간 아이의 예를 든다. 아이는 동물원에서 궁금한 것을 계속 묻고 부모의 대답을 들으면서 무엇이 백조이고 무엇이 오리인지, 그리고 왜 저것이 거위가 아닌지를 익힌다. 이러한 측면에서 범례를 통해 배우는 것은 자연 세계의 유사성 관계에 관한 지식이라고 할 수 있다 (Kuhn, 1977).

정상과학

이와 같은 패러다임에 입각한 과학 활동을 '정상과학 (normal science)'이라 한다. 정상 과학의 시기에 패러다임은 매우 안정된 위치에 있다. 즉, 과학자사회의 구성원 전체가 패러다임을 공유하며 이에 대한 의심을 가지지 않는 것이다. 특히 패러다임을 구성하는 기본이론은 완전히 받아들여지므로 그것의 성립 여부에 대한 비판적 질문은 전혀 제기되지 않는다. 정상과학 시기에 과학자가 어떤 문제를 푸는 경우 진짜로 시험되는 것은, 주어진 현상이 기본이론과 부합되는가 하는 것이 아니라 과학자가 기본이론을 사용해서 그 현상을 설명할 수 있는 능력을 가지고 있는지의 여부에 있다. 포퍼의 반증 개념과 비교해 보면 쿤에게 있어서 반증을 당하는 것은 이론이 아니라 사람인 셈이다.

쿤은 정상과학 시기의 과학 활동을 퍼즐 풀이 (puzzle-solving)에 비유하고 있다. 어떤 퍼즐이든 공통적인 두 가지 특징이 있다. 하나는 정답이 있다는 것이고, 다른 하나는 그 답에 이르는 규칙이 있다는 것이다. 퍼즐을 즐기는 사람이 그 문제에 답이 있고 언젠가는 그것이 해결될 것이라는 사실 때문에 더 재미를 느끼듯이, 정상과학을 수행하는 과학자들의 경험도 이와 크게 다르지 않다. 정상과학 시기에 과학자가 수행하는 구체적인 활동으로는 의미 있는 사실의 결정, 사실과 이론의 일치, 이론의 정교화 등을 들 수 있다 (Kuhn, 1970). 즉, 패러다임은 어떤 주제가 연구하기에 흥미롭고 만족스러운지 결정해 주고, 새롭게 밝혀진 사실을 이론과 일치시키는 기준이 되며, 보편상수와 같은 측정치를 정교화하거나 이론상의 모호함을 제거하는 데 기여한다는 것이다.

과학혁명

정상과학은 그 위력이 막강하지만 난공불락의 성은 아니다. 패러다임이 확고한 기반을 가지고 있을 때에는 그것에 도전하는 것이 어렵지만 기반이 약해진다면 어느 정도 도전이 가능해진다. 과학연구가 진행되는 과정에는 기존 이론으로는 설명할 수 없는 사례가 발생하기 마련이다. 쿤은 이러한 사례를 '변칙 사례 (anomaly)'라고 불렀다. 그것은 반증 사례와는 차이가 나는 개념이다. 포퍼와 달리 쿤은 패러다임에 반하는 사례가 쌓이더라도 그 패러다임이 곧바로 폐기되지는 않는다고 보았다. 즉, 과학자들은 변칙 사례가 나타날 경우에 조정이나 보완을 통해 패러다임을 구제하려고 하는 것이다. 사실상 변칙 사례가 등장할 때마다 자신의 연구기반이 되는 패러다임을 던져 버리는 것은 효율적이지 않다고 볼 수 있다.

과학의 역사에는 오랫동안 변칙 사례로 남아 있던 문제가 기존의 패러다임을 바탕으로 해결된 경우가 적지 않다. 해왕성의 발견은 그 대표적인 예이다. 19세기에 들어 천왕성의 관측된 궤도가 뉴턴 역학의 예측과 어긋난다는 점이 알려지자 뉴턴 역학을 포기해야 한다는 주장이 제기되기 시작했다. 그러나 뉴턴 역학의 궁극적인 성공을 굳게 믿었던 프랑스의 르베리에(U. Le Verrier)와 영국의 애덤스(J. Adams)는 또 다른 새로운 별이 천왕성 바깥의 적당한 위치에 적당한 질량을 가지고 존재한다면 천왕성의 궤도가 설명될 수 있다는 과감한 제안을 내놓았다. 행성 하나를 더 만들어냄으로써 예측과 관측치의 차이를 해결하려 했던 것이다. 이러한 시도는 1846년에 독일의 갈레(J. Galle)에 의해 해왕성이 존재한다는 것이 발견됨으로써 결국 성공으로 끝났다.

그러나 변칙 사례를 해결하려는 과학자사회의 노력이 계속해서 수포로 돌아가거나 그것을 해결하기 위해 택한 조정이나 보완이 임의적이어서 과학자사회가 합의하지 못했을 때에는 기존의 패러다임이 '위기(crisis)'를 맞게 된다. 여기서 쿤은 위기의 정체가 이론이 위기를 맞는 것이 아니라 과학자사회의 구성원들이 심리적인 위기감을 느낀다는 데 있다고 보았다. 위기 상황에서는 다양한 가설이 등장하게 된다. 정상과학의 시기에는 조심스럽고 비공개적으로 논의되던 것도 위기의 국면에서는 과감하고 공개적인 논쟁이 이루어지기 시작한다.

위기의 조성만으로 '과학혁명'이 일어나는 것은 아니다. 또 다른 중요한 조건이 충족되어야 한다. 그것은 바로 대안의 등장이다. 쿤에 따르면, 새로운 대안은 중심부 과학자에게서 비교적 멀리 떨어진 신진 세력에 의해 제기되는 경향을 보인다. 변방의 신진 세력은 기존의 패러다임에 덜 길들여져 있어서 좀 더 자유롭고 참신한 생각을 할 수 있는 것이다. 새로운 이론이 옛 패러다임의 변칙 사례를 더욱 잘 해결하고 나면 과학자들은 그 이론을 중심으로 모여들기 시작한다. 이와 같은 쏠림 현상을 매개로 패러다임의 교체 즉, 과학혁명이 시작되는데, 쿤은 과학혁명을 형태 진환(gestalt switch), 종교적 개종, 정치적 혁명 등에 비유하고 있다. 과학혁명이 시작된다고 해서 모든 과학자들이 개종을 하는 것은 아니다. 옛 패러다임의 주역들은 대체로 자신의 신념을 끝까지 고수하는 경향을 보인다. 쿤은 이와 같은 개종의 어려움을 강조하면서 과학혁명의 완성은 과학자사회 내부의 세대교체를 동반한다는 점에 주목하고 있다.

이처럼 쿤은 정상과학과 과학혁명이 교체되는 과정을 통해 과학이 변화한다는 견해를 피력하고 있다. 여기서 정상과학은 누적적 성격을 띠는 반면, 과학혁명은 비누적적 성격을 보인다. 이와 관련하여 쿤은 과학혁명을 "옛 패러다임이 그것과 양립 불가능한 새 패러다임에 의해 전체적으로 혹은 부분적으로 대체되는 비누적적인 에피소드들"로 규정하고 있다 (Kuhn, 1970). 과학의 역사는 벽돌을 차곡차곡 쌓아 커다란 건물 하나를 짓는 과정이라기보다는 그러한 건물을 어느 날 포크레인으로 밀어버리고 그 자리에 새로운 건물을 짓는 과정에 해당하는 셈이다. 이러한 과정에서는 과거의 지식기반 중 일부가 손실되는 현상이 발생하는데 그것은 쿤의 손실 (Kuhn's loss)로 불린다 (Fuller, 1988).

공약불가능성

쿤은 과학혁명의 성격을 설명하기 위해 '공약불가능성 (incommensurability)'이라는 개념을 제안하였다. 공약불가능성은 원래 수학에서 무리수를 a/b와 같은 유리수의 비율로 표현할 경우에 a와 b의 관계를 나타내는 말이다. 쿤은 공약불가능성을 두 패러다임을 동일한 기준으로 비교 혹은 평가할 수 없다는 의미로 사용하였다. 어떤 이론을 수용한다는 것은 해당 이론의 법칙, 개념, 가정을 하나하나 따로 받아들이는 것이 아니라 전체로서의 이론체계와 그것을 포함하는 패러다임을 받아들이는 것이다. 따라서 개념이나 가정, 법칙을 하나하나 떼어서 비교하거나 새로운 패러다임에 입각한 개념이나 법칙을 가지고 이전의 개념이나 법칙을 평가하는 것은 별다른 의미를 가지지 못한다. 이처럼 옛 패러다임에 속한 과학자와 새로운 패러다임을 받아들이는 과학자는 그들 사이에 공정한 비교를 가능하게 하는 공통된 근거가 없으므로, 각각 자신의 견해가 옳다고 믿으면서도 이를 논리적인 토론에 의해 상대방에게 증명할 수는 없다. 다시 말해서 논리의 규칙과 사용되는 자료 자체가 변하는 것이며, 이런 의미에서 각각의 패러다임을 믿는 두 과학자는 전혀 다른 세계에 사는 셈이다.

공약불가능성은 상당한 논쟁을 불러일으킨 개념이다. 예를 들어 라카토슈는 패러다임을 선택하는 문제가 "다수결이나 이론 지지자들의 신앙심과 설득에 의존할 수밖에 없다면, 과학이론의 변화는 군중심리 (mob psychology)의 문제"가 된다고 비판한 바 있다 (Lakatos & Musgrave, 1970). 이른바 합리주의 대 상대주의의 논쟁이 발생한 것이다. 이 논쟁은 매우 복잡한 것으로 합리주의 혹은 합리성을 어떻게 정의하느냐에 따라 달라질 수 있다. 합리주의를 "경쟁하는 이론들을 평가할 수 있는 보편적 기준이 있다."는 것으로 정의한다면, 논리실증주의자들과 포퍼는 합리주의자이지만 쿤은 상대주의자가 된다. 그러나 여기서 '보편적'이란 문구를 빼고 "경쟁 이론들에 대한 평가 기준이 있다."는 것으로 합리주의에 대한 정의를 완화한다면 쿤을 합리주의자로 구세할 수도 있다.

공약불가능성은 비교불가능성 (incomparability)과는 다른 개념이다. $\sqrt{2}$ 는 1이나 2와 공통된 척도가 없다는 의미에서 공약불가능하지만 비교불가능하지는 않다. $\sqrt{2}$ 는 1보다는 크고 2보다는 작은 것이다. 앞서 언급했듯이, 실제로 쿤은 우수한 이론을 선택하는 기준으로 정확성, 일관성, 범위, 단순성, 다산성 등의 5가지를 제안한 바 있다. 쿤에 따르면, 이러한 가치들은 과학자사회가 공통적으로 받아들이고 있지만 다양한 가치들이 복합된 단일한 척도와 그 계측방법은 없다. 이에 따라 특정한 이론이나 패러다임을 수용 혹은 거부할 때 어떤 가치가 가장 우세한지는 경우에 따라 달라진다. 코페르니쿠스 혁명은 이러한 점을 잘 보여주는 사례이다. 정량적 계산을 위한 정확성의 측면에서는 코페르니쿠스 우주구조와 프톨레마이오스 우주구조 중에서 어느 한 쪽을 선택할 만한 커다란 차이가 없었다. 그런데도 코페르니쿠스가 변혁을 일으키고 그것이 수용될 수 있었던 것은 태양을 숭배하고 수학적 단순성을 높게 평가했던 신(新)플라톤주의 (neo-Platonism)가 큰 영향을 미쳤다는 것이 쿤의 견해이다 (Kuhn, 1957). 이러한 점에서 쿤의 패러다임 이론은 '논리적 합리성 (logical rationality)'이 아니라 '역사적 합리성 (historical rationality)'을 지향한다고 볼 수 있다.

쿤 이후의 과학철학

쿤과 그 이후의 과학철학자들은 과학이나 과학이론을 구조적 전체로 보는 관점을 견지하면서 과학철학을 논의함에 있어 과학사의 사례를 적극적으로 활용하는 경향을 보이고 있다. 쿤 이후에 과학철학에 크게 기여한 개념이나 이론으로는 라카토슈의 연구 프로그램 (research program), 파이어아벤트의 무정부주의 (anarchism), 라우든의 연구전통 (research tradition), 갤리슨의 교역지대 (trading zone) 등을 들 수 있다. 라카도슈는 포퍼와 쿤을 절충하는 과정에서, 파이어아벤트는 쿤의 논지를 극단화하면서, 라우든은 과학의 진보를 합리적으로 설명하기 위해, 갤리슨은 과학의 소통을 고민하는 과정에서 자신들의 과학철학을 전개했다고 볼 수 있다.

라카토슈의 연구프로그램

라카토슈는 "과학사가 결여된 과학철학은 내용이 없고, 과학철학이 없는 과학사는 맹목적이다."는 명언을 남긴 사람이다. 그는 반증주의를 소박한 (naive) 반증주의와 세련된 (sophisticated) 반증주의로 구분하면서 자신의 과학철학을 시작했다. 소박한 반증주의가 단일 이론의 장점을 평가하는 데 그친다면, 세련된 반증주의는 복수 이론의 상대적인 장점으로 초점을 옮기고 있다. 한 이론에 대하여 "그 이론이 반증가능한가?", "어떻게 반증될 수 있는가?", "그 이론이 반증되었는가?" 등을 묻는 대신에 "새롭게 제안된 이론이 기존 이론보다 더 생존력이 있는 이론인가?"를 묻는 것이다 (Chalmers, 1999). 소박한 반증주의에서는 경험적으로 반증가능한 이론이 과학적 이론이 되지만, 세련된 반증주의에서는 한 이론이 기존 이론보다 경험적 내용을 더 많이 가질 때만 과학적 이론이 되는 셈이다. 또한 소박한 반증주의가 반증된 가설을 새로운 가설로 대치하는 것을 강조하고 있다면, 세련된 반증주의는 어떤 가설이라도 보다 나은 가설로 대치되어야 한다는 점에 주목한다 (Lakatos & Musgrave, 1970).

이와 함께 라카토슈는 단 한 번의 반증으로 이론이 폐기된다는 포퍼의 주장과 변칙 사례에도 불구하고 기존의 이론을 고수한다는 쿤의 주장에 의문을 품으면서 그 대안으로 '연구프로그램'이란 개념을 제시하였다. 연구프로그램은 일련의 이론들의 집합으로 '견고한 핵 (hard core)'과 '보호대 (protective belt)'로 구성되어 있다. 견고한 핵은 기본적 원리 혹은 핵심 이론에 해당하는 것이고, 보호대는 견고한 핵을 보호하기 위해 고안된 다양한 보조가설들을 의미한다. 예를 들면, 코페르니쿠스의 태양중심설에서 "모든 행성들이 태양 주위를 공전한다."는 것은 견고한 핵에 해당하고, 코페르니쿠스가 행성의 실제적인 운동을 설명하기 위해 주전원을 도입한 것은 보호대에 해당한다.

라카토슈의 연구프로그램은 과학자들이 준수해야 할 연구지침 혹은 발견법 (heuristic)도 제안하고 있다. 그것은 과학자가 하지 말아야 될 것을 지정하는 부정적 발견법 혹은 소극적 연구지침 (negative heuristic)과 과학자가 해야 할 것을 지시하는 긍정적 발견법 혹은 적극적 연구지침 (positive heuristic)이다. 전자는 "연구프로그램의 견고한 핵을 수정하지 말고 원래의 상태를 유지해야 한다."는 지침이고, 후자는 "새로운 자연현상을 설명하거나 예측하기 위해 보호대를 계속 수정 혹은 보완해야 한다."는 지침이다. 어떤 법칙에 위배되는 현상이 관찰되었을 때 과학자들은 법칙 자체를 수정하는 것이 아니라 새로운 보조가설을 제안하는 방식으로 연구를 진행한다는 것이다. 여기서 부정적 발견법과 긍정적 발견법은 독립된 별개의 것이 아니라 동전의 양면과 같은 성격을 띠고 있다는 점에도 유의할 필요가 있다.

라카토슈의 연구프로그램에 대한 논의는 과학사의 실제 사례에도 어렵지 않게 적용할 수 있다. "물체의 가속도는 가해지는 힘에 비례하고 그 물체의 질량에 반비례한다."는 뉴턴의 제2법칙을 예로 들면, 가속도가 정확히 힘에 비례하는 현상이 관찰되지 않을 때 과학자들은 마찰력이라는 개념을 보호대에 도입함으로써 뉴턴의 제2법칙을 보완하게 된다. 라카토슈의 연구프로그램 방법론은 포퍼가 설명할 수 없었던 해왕성 발견의 사례에도 적용할 수 있다. 19세기의 천문학자들은 부정적 발견법을 적용하여 뉴턴의 천체역학은 그대로 두기로 결정하고, 긍정적 발견법을 적용하여 천왕성 궤도에 영향을 주는 다른 행성이 있을 것이라는 보조가설을 도입했던 것이다.

이처럼 어떤 연구프로그램 안에서의 초기 연구에서는 반증 사례가 존재한다고 해서 연구프로그램 자체를 폐기하지는 않는다. 연구프로그램은 그것의 잠재력을 충분히 실현할 수 있는 기회를 가져야 하며, 새로운 현상을 설명할 수 있는 적절한 보호대가 구성되어야 한다. 이러한 맥락에서 라카토슈는 과학에서 즉각적인 합리성(instant rationality)은 존재하지 않는다고 주장했다. 또한 라카토슈는 연구프로그램이 발전하는 과정에서 중요한 것은 반증이 아니라 입증으로 보았다. 한 연구프로그램의 장점을 보여주는 가장 중요한 척도는 그것이 얼마나 참신한 예측을 하고 입증을 하는가에 달려 있는 것이다.

라카토슈의 연구프로그램은 시간 축을 가지며 진화하는 특징을 가지고 있는데, 그 유형은 다음의 네 가지로 구분할 수 있다(Lakatos, 1978; 장대익, 2008). 첫째는 보조가설을 조정하는 것에도 실패하는 경우이고, 둘째는 보조가설의 조정에만 겨우 성공하는 경우이다. 셋째는 보조가설의 조정에 성공함과 동시에 새로운 예측까지 내놓는 경우이다. 마지막 넷째는 보조가설의 조정에도 성공하고, 새로운 예측을 내놓으며, 그 예측이 경험적으로도 입증되는 경우이다. 여기서 첫째와 둘째는 퇴행적(degenerating) 연구프로그램에, 셋째와 넷째는 전진적 혹은 진보적(progressive) 연구프로그램에 해당하는데, 셋째는 이론적 진보가 있는 경우이고, 넷째는 이론직 진보와 함께 경험적 진보도 있는 경우이다. 라카토슈는 우리가 진보적 연구프로그램을 선택하고 퇴행적 연구프로그램을 거부하면 포퍼가 강조했던 과학의 합리성을 보다 유연한 방식으로 유지할 수 있다고 생각했다.

파이어아벤트의 무정부주의

파이어아벤트는 과학철학에서 무정부주의자로 평가되고 있다. 그의 과학에 대한 무정부주의에는 방법론적 무정부주의(methodological anarchism)와 인식론적 무정부주의(epistemological anarchism)가 중첩되어 있다. 전자는 과학을 하는 데 특별한 방법이 없다는 점을 의미하고, 후자는 과학이 다른 지식과 본질적인 차이를 가지지 않는다는 점을 뜻한다.

파이어아벤트는 위대한 과학자들이 어떤 현상을 가장 자연스럽다고 여겨지는 방식으로 해석하는 데 많은 노력을 기울였다는 점에 주목한다. 과학에서 중요한 문제는 특정한 견해와 모순되는 현상 그 자체가 아니라 그러한 현상을 어떤 방식으로 해석할 것인가에 있다는 것이다(Feyerabend, 1975). 이에 대한 예로 그는 갈릴레오가 태양중심설을 옹호하기 위해 사용한 논증을 들고 있다. 당시의 대다수 사람들이 지구중심설을 믿었던 중요한 이유 중의 하나는 탑 꼭대기에서 떨어진 물체가 수직으로 낙하하기 때문이었다. 태양중심설에 따르면, 그 물체가 낙하하는 동안 지구가 움직이기 때문에 물체가 떨어지는 지점이 달라져야 했던 것이다. 이에 대하여 갈릴레오는 탑에서 물체가 수직으로 떨어지는 이유는 물체가 낙하 운동을 하는 동안 지구를 따라 원운동도 하고 있기 때문이라고 해석했다. 결국 이러한 갈릴레오의 해석이 자연스러운 해석(natural interpretation)으로 받아들여지면서 태양중심설은 한 걸음 더 나아갈 수 있었다.

이러한 사례를 바탕으로 파이어아벤트는 경쟁하는 이론의 우월성을 결정할 수 있는 객관적 기준이나 방법이 없다고 주장했다. 그는 포퍼, 쿤, 라카토슈 등이 제시한 과학적 방법론에 도전하면서 과학자들이 사용한 방법은 경우에 따라 달라진다는 점에 주목했다. 파이어아벤트에 따르면, 기존의 과학철학자들이 제시하는 규범은 과학의 실상에 맞지 않을 뿐만 아니라 과학의 가장 중요한 특성인 창조성과 상상력을 방해하는 훼방꾼에 불과한 것이었다. 파이어아벤트는 만약 과학적 방법에 원리가 존재한다면 그것은 "어떤 것이든 좋다(Anything goes)."는 원리라고 말하기도 했다(Feyerabend, 1975).

파이어아벤트는 많은 과학철학자들이 주목해 왔던 일관성 규칙(consistency rule)이 논리적으로 모순이라고 말했다. 어떤 과학자가 기존 이론과 모순되지만 동등한 설명력을 지닌 참신한 이론을 개발했다고 하자. 일관성 규칙에 따르면, 새 이론은 기존 이론에 대해 일관성을 가지지 않기 때문에 거부되어야 하지만, 새 이론을 만든 과학자의 입장에서는 그것만큼 불합리한 것이 없게 된다. 사실상 일관성 규칙을 일관되게 적용해 보면 과학의 역사는 선착순과 비슷한 것이 되며, 첫 단추가 잘못 꿰어지면 이후의 과학도 줄줄이 잘못 꿰어질 가능성이 높다 (장대익, 2008).

파이어아벤트는 과학자가 염두에 두어야 할 새로운 규칙으로 '반(反)규칙 (counter rules)'을 제안했다 (Feyerabend, 1975). 여기에는 "사실들과 잘 어울리지 않을 것 같은 이론들을 개발하고 수용하라."는 규칙과 "잘 확립된 가설들과 모순되는 가설들을 개발하라."는 규칙이 포함된다. 이러한 반규칙을 통해 세상에 나온 이론은 어떤 방법론적 제약도 받지 않고 자연스럽게 증식할 수 있도록 내버려 두어야 하는데, 파이어아벤트는 이를 '증식 원리 (principle of proliferation)'로 불렀다. 이런 식으로 그는 규칙 아닌 규칙 혹은 원리 아닌 원리를 제안했던 셈이다.

더 나아가 파이어아벤트는 과학이 너무나 다양한 지적 자원들을 활용함으로써 변화되어 왔기 때문에 과학이라는 지적 활동에만 특권을 부여하는 것은 불합리한 처사라고 주장했다. 그가 보기에 과학은 세계에 접근하는 다양한 방법 중의 하나에 지나지 않으며, 종교, 점성술, 민간요법 등과 같은 다른 지적 활동과 동등한 지위를 갖는다. 이런 점에서 파이어아벤트는 포스트모던 과학철학의 뿌리로 간주되기도 한다. 이와 달리 쿤은 패러다임이라는 과학의 특이성을 강조했기 때문에 쿤을 포스트모던 과학철학자로 분류하는 것은 적절하지 않다.

파이어아벤트는 과학이 권력과 손을 잡고 인간의 전반적인 생활을 규제하고 있는 현대 사회에 대해서도 비판을 가하고 있다. 그는 다양성이 허용되고 개인의 자유로운 선택이 존중받는 사회를 원했으며, 자유를 증대하고 풍요롭게 살아가려는 노력을 옹호하면서 전인적 인간을 길러내고 또 길러낼 수 있는 개성의 함양을 지지했다. 이와 함께 그는 우리의 조상들이 종교의 속박에서 인간을 해방시켰듯이, 우리가 이데올로기적으로 경직된 과학의 속박에서 이 사회를 해방시켜야 한다고 주장했다. 포퍼가 합리적 비판이 가능한 '열린 사회'를 지향했다면, 파이어아벤트는 모든 속박에서 벗어난 '자유 사회 (free society)'를 갈망했던 것이다 (Feyerabend, 1978).

라우든의 연구전통

실용주의자인 라우든은 과학이 본질적으로 문제풀이 (problem solving) 활동의 성격을 띤다고 주장했다 (Laudan, 1977; Losee, 1993). 과학의 목적이 우주에 대한 진리를 탐구하는 것이 아니라 인식된 문제의 해결에 있다고 보았던 것이다. 그는 과학적 문제를 경험적 문제와 개념적 문제로 구분하였다. 경험적 문제는 사실과 이론의 관계에서 발생하는 문제이며, 개념적 문제는 이론 그 자체 혹은 다른 이론과의 관계에서 발생하는 문제이다. 경험적 문제는 그것을 설명해 줄 수 있는 이론을 제시하거나 변칙 사례를 제거함으로써 해결될 수 있고, 개념적 문제는 이론의 내적 일관성을 제고하거나 서로 충돌하는 이론들을 조화시킴으로써 해결될 수 있다.

라우든은 과학에서 진보의 단위를 해결된 문제 (solved problems)로 보았다. 즉, 문제해결 능력이 높은 과학은 진보적이며 그렇지 않는 과학은 퇴행적이다. 과학은 설명할 수 있는 경험적 문제를 최대화하고 그 과정에서 발생하는 변칙 사례와 개념적 문제를 최소화함으로써 진보한다. 이와 함께 라우든은 문제해결 능력이 높은 과학을 선택하는 것이 합리적이라고 보았다. 과학이 합리적이기 때문에 진보하는 것이 아니라 진보하는 과학이 합리적이라는 것이다. 이런 식으로 라우든은 합리성을 진보에 종속시킴으로써 과학의 진리성혹은 진리근접성을 가정하지 않고도 합리성에 대한 이론을 가질 수 있다고 주장했다.

라우든은 과학을 평가하는 주요 단위가 개별 이론이 아니라 연구전통이라는 입장을 보이면서 연구전통의 특징으로 다음의 세 가지를 들고 있다 (Laudan, 1977). 첫째, 모든 연구전통은 그것을 구체화하고 부분적으로 구성하는 여러 개별 이론을 가지고 있으며, 이 가운데는 새로 나온 이론도 있고 과거의 것을 계승한 이론도 있다. 둘째, 모든 연구전통은 형이상학적이면서도 방법론적 측면을 보유하고 있는데, 이것들은 하나의 전체로서 연구전통에 고유성을 부여하면서 다른 연구전통과 구분시켜 준다. 셋째, 각각의 모든 연구전통은 개별 이론과 달리 다양하고 세부적인 정식화를 거치며, 일반적으로 상당히 오랜 역사를 갖는다.

라우든은 연구전통의 기능을 다음과 같이 정리하고 있다 (Laudan, 1977). 첫째, 어떤 연구전통에 따라 연구하는 모든 과학자들에게 어떤 가정들이 논쟁의 여지가 없는 배경지식으로 간주될 수 있는지를 나타낸다. 둘째, 이론의 어떤 부분이 문제가 있어 수정 혹은 보완되어야 하는지를 보여준다. 셋째, 자료를 수집하거나 이론을 시험하는 규칙을 확립한다. 넷째, 연구전통의 존재론적·방법론적 규범을 어기는 이론들에게 개념적 문제를 부과한다.

라우든의 연구전통에 대한 논의는 과학적 합리성에 관한 그물망 모형 (reticulated model)을 제안하는 것으로 이어졌다 (Laudan, 1984; Losee, 1993). 이 모형에 따르면, 연구전통은 이론, 방법론적 규칙 (methodological rules), 인식적 목적 (cognitive aims)으로 구성되어 있다. 여기서 이론은 방법론적 규칙을 제약하고 방법론적 규칙은 이론을 정당화한다. 방법론적 규칙은 인식적 목적의 실현가능성을 제시하며 인식적 목적은 방법론적 규칙을 정당화한다. 이론과 인식적 목적은 서로 조화를 이룰 수 있어야 한다. 이처럼 라우든의 연구전통은 이론, 방법, 목적이 서로를 제약하고 정당화하는 구조를 가지고 있다.

라카토슈의 연구프로그램은 이론에 초점을 두면서 견고한 핵과 보호대의 관계를 위계적인 것으로 설정하고 있는 반면, 라우든의 연구전통은 이론뿐만 아니라 방법과 목적으로 구성되어 있고 이러한 요소들은 일종의 수평적 구조를 이루고 있다. 또한 쿤에게는 이론, 방법, 목적이 하나의 패러다임을 이루어 한꺼번에 변경되는 반면, 라우든은 이론, 방법, 목적 등의 각 요소들이 개별적으로 교체되는 것을 허용하고 있다. 이러한 점에서 쿤의 패러다임 이론이 과학에 대한 혁명적 모형에 입각하고 있다면, 라우든의 연구전통은 과학에 대한 점진적 모형 (gradual model)을 제안하는 것으로 평가되기도 한다 (Kourany, 1987).

갤리슨의 교역지대

1980년대 이후의 과학철학에서는 이론보다는 실험에 초점을 두는 경향이 나타났으며, 이러한 과학철학은 새로운 실험주의 (new experimentalism) 혹은 실험철학 (philosophy of experimentation)으로 불린다 (Chalmers, 1999; 이상원, 2004). 실험철학의 창시자로 평가되는 해킹 (Hacking)은 실험이 거시적 이론과 독립적이며 '고유한 삶 (life its own)'을 가질 수 있다고 주장했다 (Hacking, 1983). 앞서 언급했듯이, 1800년에 있었던 허셜의 적외선 발견은 특정한 이론에 의존하지 않은 실험을 바탕으로 이루어졌다. 19세기 말에 있었던 마이컬슨의 실험도 실험의 고유한 삶을 잘 보여주는 사례이다. 에테르 이론의 신봉자였던 마이컬슨은 두 차례의 실험을 통해 에테르의 존재를 증명하고자 했다. 그러나 실험 데이터는 자신이 원하는 대로 나와 주지 않았고, 결국 마이컬슨의 실험은 에테르가 존재하지 않는다는 점을 보여주는 증거로 활용되었던 것이다.

물리학과 과학사를 전공한 갤리슨은 여기서 한발 더 나아간다. 그는 실험뿐만 아니라 기구 (instrument)에도 고유한 삶이 있다고 생각했다 (Galison, 1987). 어떤 기구들은 전혀 예상하지 못한 방향으로 진화하며, 처음의 의도와는 다른 용도로 사용되기도 한다. 예를 들어, 유도코일은 처음에 불꽃을 일으키려는 용도로 발명되었지만, 나중에는 X선을 비롯한 전자기파를 방출하기 위해 사용되었다. 특히, 오늘날에는 시뮬레이션과 컴퓨터를 사용한 데이터 분석이 널리 사용되는 것과 같이 과학 활동에서 기구의 중요성이 더욱 부각되고 있다.

갤리슨에 따르면, 과학자의 실천은 이론, 실험, 기구의 다양한 전통이 만들어내는 제한 요소들에 의해 둘러싸여 있다. 여기서 이론, 실험, 기구는 다른 요소들로부터 상대적으로 독립된 고유한 삶을 가지는 과학의 하위문화 (sub-cultures)에 해당하며, 이러한 세 하위문화가 사이사이에 끼워진 구조를 이루고 있기 때문에 과학자들 사이에 국소적 조응 (local coordination)을 통한 대화는 항상 가능하다. 이러한 진단을 바탕으로 갤리슨은 쿤이 과학을 지적 활동으로만 보았기 때문에 공약불가능성과 같은 성급한 결론에 도달했다고 비판한다. 과학을 이론, 실험, 기구가 겹겹이 중첩되면서 이루어진 이질적인 활동의 총체로 보면, 개념적인 단절이 있을지라도 실험이나 기구에서의 연속성이 존재하기에 의사소통이 전혀 불가능하지는 않다는 것이다 (홍성욱, 2004).

사실상 과학의 소통은 갤리슨이 오랫동안 고민했던 문제였다. 그는 서로 다른 언어와 문화를 가진 두 부락이 만나 교역을 하는 경우에 그것을 가능하게 하는 언어적, 실전적, 지리적 공간인 '교역지대 (trading zone)'가 만들어진다는 인류학적인 연구에 주목했다. 갤리슨은 과학사의 사례를 통해 과학의 교역지대에서 '피진 (pidgin)'이나 '크리올 (creole)'과 같은 잡종 언어 (hybrid language)가 만들어져 과학자들이 소통하는 과정을 분석하였다. 교역지대에서는 피진과 같은 간단한 잡종 언어가 만들어져 서로의 의사소통을 매개하며, 이후에는 문법과 복잡한 어휘를 구비한 체계적 언어인 크리올이 만들어져 새로운 학제간 분야가 형성된다는 것이었다. 제2차 세계대전 중에 레이더를 발명하기 위해 물리학자와 엔지니어가 함께 일했던 MIT의 래드랩 (Radiation Laboratory)이나 이론물리학자와 실험물리학자의 소통을 매개했던 몬테카를로 시뮬레이션 (Monte Carlo simulation)은 모두 이러한 교역지대의 사례들이었다 (Galison, 1997).

갤리슨은 과학에 균일하고 통일된 방법론이나 원리가 없다고 생각하지만, 그것이 과학을 허약하게 만들지 않는다고 지적한다. 그는 베니어합판의 비유를 사용하는데, 결이 다른 얇은 판을 겹겹이 엇갈리게 만든 베니어합판이 통판보다 더 튼튼하듯이, 과학의 다양성과 잡종성이 오히려 과학을 튼튼하게 만든다는 것이다. 더 나아가 갤리슨은 과학과 예술이나 과학과 인문학이 만나는 접점이 다양한 방식으로 형성될 수 있으며, 이러한 점에 주목함으로써 우리가 사는 세상을 더욱 깊이 이해할 수 있다고 주장하고 있다.

과학의 사회적·윤리적 성격

과학의 사회적·윤리적 성격에 대한 논의에서는 과학과 기술을 분리하기보다는 '과학기술'로 통칭하는 경우가 많다. 과학기술과 사회의 상호작용을 탐구하는 학문은 '과학기술학 (science and technology studies)'으로 불리며, 과학, 기술, 사회를 연계시킨 교육은 'STS 교육'으로 불린다. 이와 함께 과학의 긍정적 측면과 함께 부정적 측면이 가시화되면서 과학과 관련된 윤리적 논의도 증가하고 있다. 연구윤리를 통해 과학연구의 과정에서 준수해야 할 규범이 모색되고 있으며, 첨단과학의 윤리적 쟁점이 정보윤리, 생명윤리, 환경윤리 등을 매개로 제기되고 있는 것이다.

과학, 기술, 사회의 연계

과학과 기술의 관계

과학, 기술, 사회의 상호작용은 과학과 기술의 상호작용, 과학과 사회의 상호작용, 기술과 사회의 상호작용 등으로 구분할 수 있는데, 그것을 간략히 서술하면 다음과 같다. 과학의 내용과 방법은 새로운 기술을 개발하는 데 중요한 원천으로 작용해 왔으며, 기술이 제기하는 문제와 기술이 활용하는 방법이나 도구도 과학의 발전에 크게 기여해 왔다. 과학은 사회에서 권위 있는 지식으로 활용되며, 사회는 과학 활동에 필요한 각종 지원을 제공해 준다. 사회의 구조와 인간의 일상생활은 기술에 의해 큰 영향을 받으며, 기술은 사회적 요구를 반영하는 과정에서 지속적으로 변화한다. 과학, 기술, 사회의 상호작용이 실제로 일어나는 방식은 위에서 서술한 것보다 훨씬 복잡하며, 여기서는 과학과 기술의 관계에 대해 집중적으로 논의하고자 한다.

과학과 기술은 어느 정도 연관되어 있는가? 과학과 기술이 전혀 다른 존재라는 주장도 있고 과학과 기술이 밀접하게 관련되어 있다는 주장도 있다. 과학과 기술이 본질적으로 같은지 다른지, 과학과 기술이 어느 정도 같고 어느 정도 다른지를 명료하게 판단하기는 쉽지 않다. 사실상 과학과 기술의 관계는 과학과 기술을 어떻게 정의하느냐에 따라, 그리고 과학과 기술의 어떤 측면에 집중하느냐에 따라 끝이 없이 논의될 수 있다. 과학과 기술의 관계를 논의할 때에는 과학과 기술이 고정된 형태와 기능을 가지고 있는 존재가 아니라 역사적·사회적 맥락에 따라 지속적으로 변화하는 존재라고 인식하는 것이 중요하다. 과거에 과학과 기술이 수행했던 역할이 현재에 반드시 유효하지는 않으며, 현재의 과학과 기술이 미래에도 계속된다고 볼 수도 없기 때문이다 (최경희, 송성수, 2011).

과학과 기술은 오랜 세월 동안 별개로 존재해 왔다. 한 사회의 상층부에 속한 사람들이 학문탐구의 일환으로 과학에 관심을 기울여 왔던 반면, 기술은 실제 생산활동에 종사하는 계층의 사람들이 담당해 왔다. 게다가 고대와 중세에는 철학적 차원에서도 자연적인 것과 인공적인 것이 엄격히 구분되었기 때문에 인공적인 것을 담당하는 기술은 자연의 질서를 거역하는 것으로 간주되었다. 물론 아르키메데스 (Archimedes)와 같이 과학과 기술을 함께 한 사람도 있었지만, 그것은 매우 예외적인 경우에 해당하였다.

이러한 상황은 근대 사회에 접어들면서 점차적으로 변화되었다 (김영식, 2001). 16~17세기의 과학혁명을 통하여 적지 않은 과학자들이 기술을 높게 평가하기 시작하였고 기술의 지식과 방법이 과학의 추구에서도 의미를 지니는 것으로 생각하였다. 당시의 과학자들은 더 이상 자연 세계만을 탐구의 대상으로 삼지 않았으며, 기술도 과학의 새로운 출처로 간주하게 되었다. 예를 들어, 갈릴레오는 당시의 기술자들과 자주 교류하였고, 그가 다룬 역학의 주제들이 기술적인 문제에 자극을 받아 촉진되기도 하였다. 더 나아가 과학이 기술의 방법을 배워야 한다는 생각이 널리 퍼졌으며, 과학이 기술로 응용되어야 한다는 믿음도 생겨났다. 베이컨은 귀납적 방법을 주장하면서 실제적·기술적 지식을 옹호하였고, "아는 것은 힘이다."고 하여 과학이 기술에 기여해야 한다는 강한 믿음을 보였다.

과학과 기술의 관계는 18세기 중엽부터 19세기 중엽까지 전개된 영국의 산업혁명을 통해 더욱 발전하였다. 산업혁명기에는 과학자와 기술자가 빈번하게 교류하게 되면서 두 집단이 지식을 습득하는 경로도 비슷해졌으며, 한 사람이 두 가지 분야에서 활동하는 경우도 많아졌다. 과학자들은 산업이나 기술과 관련된 지식을 분류, 정리, 설명했으며, 기술자들은 기술혁신의 과정에서 과학의 태도와 방법을 적극적으로 활용하였다. 예를 들어, 와트 (J. Watt)가 증기기관을 개량하는 데에는 기존의 기술이 가진 문제점을 정량적으로 분석하고 이를 일반화하여 모델을 만든 후 실험을 실시하는 과학적 방법이 큰 역할을 담당하였다. 특히, 산업혁명기의 영국에서는 루나협회 (Lunar Society)를 비롯한 과학단체를 매개로 과학에 대한 관심이 저변문화를 형성할 정도로 광범위하게 확산되어 있었고, 과학적 지식을 기술혁신에 활용하려는 노력이 다각도로 이루어졌다. 그러나 산업혁명기에도 과학의 내용이 기술혁신에 구체적으로 적용된 예는 거의 없었으며, 대부분의 기술혁신은 과학의 응용이라기보다는 경험을 세련화한 성격을 띠고 있었다.

과학의 내용이 기술혁신에 본격적으로 활용되기 시작한 것은 19세기 후반부터 발생한 일이라고 볼 수 있다. 그것은 영국이 아닌 독일과 미국에서, 그리고 기존의 분야가 아닌 새로운 분야에서 시작되었다. 독일의 화학산업은 유기화학을, 미국의 전기산업은 전자기학을 바탕으로 탄생했던 것이다. 특히, 이러한 분야들에서는 기업체가 연구소를 설립하여 산업적 연구 (industrial research)를 수행함으로써 과학과 기술이 상호작용할 수 있는 제도적 공간이 마련되었다. 바이에르 (Bayer) 연구소와 제너럴 일렉트릭 (General Electric) 연구소는 그 대표적인 예이다. 20세기에는 수많은 기업연구소들이 설립되어 과학자들에게 새로운 직업을 제공했으며, 과학연구에 입각한 기술개발이 점차적으로 보편화되었다 (김영식, 임경순, 2007). 이와 함께 20세기를 전후해서는 기술에 대한 학문인 공학 (engineering)이 출현하여 과학과 기술의 상호작용이 학문적 차원에서도 강화되기 시작하였다.

19세기 후반부터 본격화된 과학과 기술의 상호작용은 20세기 중반 이후에 더욱 심화되었다. 과학이 기술로 현실화되는 시간격차 (time lag)가 점차적으로 짧아졌으며, 과학을 바탕으로 새로운 산업이 출현하는 경우도 빈번해졌다. 핵물리학이 원자력에, 고체물리학이 컴퓨터에, 분자생물학이 바이오산업에 활용된 것은 그 대표적인 예이다. 특히, 20세기 중반 이후에는 정부나 기업의 지원을 바탕으로 특정한 목표를 달성하기 위한 대규모 프로젝트가 추진되는 일이 빈번해졌고, 이를 매개로 과학자와 기술자가 동시에 활용되는 경우가 많아지면서 과학과 기술을 실제로 구분하는 것이 쉽지 않게 되었다. 오늘날의 많은 과학자들은 일반적인 이론보다는 데이터 분석이나 기법의 개발에 더욱 관심을 가지고 있으며, 기술시스템이 점점 거대화되고 정교해짐에 따라 과학에 대한 체계적인 이해가 유의미한 기술 활동을 수행하기 위한 필수적인 조건으로 간주되고 있다. 이와 같은 과정을 통해 과학과 기술은 서로 접촉할 수 있는 기회를 점차 확장함으로써 오늘날에는 '과학기술' 혹은

'테크노사이언스 (technoscience)'이란 용어가 사용될 정도로 밀접한 관계를 형성하고 있다 (Latour, 1987).

이와 같은 과학과 기술의 상호작용은 남녀의 관계에 비유될 수 있다. 이전에는 아무런 의미도 없었던 두 남녀가 처음으로 만나고 관계가 발전하면서 약혼을 하고 결혼에 이르듯이, 과학과 기술도 이러한 과정을 거쳐 왔다고 볼 수 있다. 오랜 기간 동안 별개로 존재해 왔던 과학과 기술은 과학혁명기를 통해 처음 만난 후 산업혁명기를 통해 더욱 적극적인 의미를 확인하게 되었고, 19세기 후반에 약혼의 상태에 접어든 후 20세기 중반 이후에 '과학기술'이라는 결혼의 상태에 이른 것이다. 결혼이라는 비유는 두 가지 측면에서 유용하다고 볼 수 있다. 한 가지는 결혼한 부부라도 독립적인 인격체이고 갈등의 소지를 가질 수 있듯이, 과학과 기술을 완전한 하나로 보기는 어렵다는 점이다. 다른 한 가지는 결혼한 부부가 자식을 낳아 기르듯이, 과학과 기술이 새로운 매개물을 창출하면서 그 관계를 지속적으로 발전시킬 수 있다는 점이다.

과학기술학의 전개

과학기술과 사회의 상호작용을 탐구하는 학문 분야는 과학기술학으로 불리며, 과학학 (science studies)으로 줄여 쓰기도 한다 (Webster, 1991; Hess, 1997; 홍성욱, 2004; 김환석, 2006; 송성수, 2011). 과학이 자연을 탐구하는 학문이라면 과학학은 과학을 대상으로 하는 학문으로 일종의 메타과학 (meta science)에 해당한다. 과학기술학은 과학기술에 대한 인문·사회과학적 접근을 통칭하는 분야라고 할 수 있다. 과학기술학의 범위를 엄밀하게 규정하기는 어렵지만 통상적으로는 과학기술사, 과학기술철학, 과학기술사회학, 과학기술정책 등을 포함한다. 그 중에서 과학사와 과학철학이 먼저 자리를 잡은 후 과학사회학, 과학기술정책, 기술사, 기술사회학, 기술철학 등이 형성되었고, 1970－1980년대에는 이러한 분야들이 과학기술학이란 우산 속으로 모이기 시작하였다.

과학기술학은 제1세대, 제2세대, 제3세대를 거쳐 변화해 왔다고 볼 수 있다. 제1세대 과학기술학은 과학사, 과학철학, 과학사회학, 과학기술정책 등의 형태로 과학과 기술에 대한 인문·사회과학적 접근이 시도되었다. 당시의 과학사에서는 과학의 내용에 중점을 두는 내적 접근법 (internal approach)이, 과학철학에서는 과학의 본성으로 논리와 경험을 중시하는 논리실증주의가, 과학사회학에서는 과학제도를 구조기능주의의 시각으로 분석하는 것이, 과학기술정책에서는 기초연구 → 응용연구 → 기술개발 → 상업화로 이어지는 선형 모형 (linear model)이 지배적이었다. 제1세대 과학기술학의 여러 분야들은 공통적인 개념이나 방법을 공유하지는 않았지만, 과학이 보편적이고 합리적이며 사회로부터 자율적이라는 점에 대해서는 공감하고 있었다. 이와 함께 제1세대의 경우에는 과학기술학이란 용어가 등장하지 않았으며, '과학기술과 사회에 관한 연구 (the study of science, technology and society, SSTS)'라는 용어가 사용되기도 했다 (Spiegel-Rösing & Price, 1977).

제1세대 과학기술학의 경향을 잘 보여주는 예로는 과학사회학의 창시자로 불리는 머튼 (R. K. Merton)의 과학규범에 대한 논의를 들 수 있다 (Merton, 1973). 그는 1942년에 발표한 "과학의 규범구조 (The Normative Structure of Science)"라는 논문에서 과학을 합리적인 규범이 지배하는 과학자사회의 산물로 파악한 후 흔히 'CUDOS 규범'으로 불리는 공동주의 (communism), 보편주의 (universalism), 불편부당성 (disinterestedness), 조직화된 회의주의 (organized skepticism)를 과학에 대한 규범으로 제시했다. 머튼에 따르면, 과학의 소유권은 과학자 개인이 아니라 과학자사회 혹은 인류 전체에 귀속되고, 과학은 인종, 국적, 종교, 성, 연령, 사회적 지위 등에 관계없이 보편적으로 적용된다. 또한 과학자들은 개인적·정치적 이해관계에 얽매이지 말고 과학 그 자체를 위하여 활동해야 하며, 과학을 당연한 것으로 받아들이지 말고 비판적 태도를 취해야 한다. 이러한 과학규범은 과학을 효율적으로 발전시키기 위한 기술적 처방이자 과학자들에게 내면화되어 양심을 형성하는 도덕적 처방으로 작용한다는 것이 머튼의 진단이었다.

과학기술학은 제2세대를 통해 본격적으로 그 모습을 드러내기 시작했는데, 특히 과학지식사회학 (sociology of scientific knowledge, SSK)은 과학기술학이 형성될 수 있는 비옥한 토양이 되었다. 과학지식사회학은 쿤의 패러다임 이론과 같은 새로운 과학철학, 과학사에서 사회적 요인에 주목하는 외적 접근법 (external approach), 지식의 존재구속성을 강조한 지식사회학 등을 배경으로 등장했으며, 기존의 과학사회학과 달리 과학제도보다는 과학지식에 초점을 맞추었다. 과학지식사회학은 과학지식이 사회와 무관하게 발전하는 것이 아니라 과학지식이 사회적으로 구성된다고 주장했으며, 흔히 과학에 대한 '사회적 구성주의 (social constructivism)'로 불린다.

과학지식사회학은 강한 프로그램 (strong programme), 경험적 상대주의 프로그램 (empirical programme of relativism, EPOR), 실험실 연구 (laboratory studies) 등의 형태로 발전해 왔다. 강한 프로그램은 성공한 과학과 실패한 과학을 공평하지 않게 다루거나 전자는 합리적인 요인으로, 후자는 사회적인 요인으로 설명하는 비대칭성을 거부하면서 과학지식이 구성되는 과정에도 다른 지식과 마찬가지로 사회적 이해관계가 반영된다고 주장하고 있다 (Bloor, 1976). 경험적 상대주의 프로그램은 핵심집단 (core set)을 중심으로 수많은 논쟁을 거쳐 특정한 과학지식이 생산되는 과정을 탐구하면서 그 과정을 과학에 대한 해석적 유연성 (interpretative flexibility)이 존재하는 단계, 합의가 형성되어 논쟁이 종결되는 단계, 과학논쟁과 거시 사회와의 관계를 규명하는 단계로 구분하고 있다 (Collins, 1985). 실험실 연구는 과학지식이 구성되는 현장인 실험실에서 벌어지는 활동이나 담론을 참여관찰의 방식으로 분석함으로써 문제의 설정에서 해결에 이르는 모든 단계의 과학 활동이 과학자들 사이의 부단한 협상을 통해 만들어진다는 점을 강조하고 있다 (Latour & Woolgar, 1979).

사회적 구성주의는 과학적 사실은 물론 기술적 인공물에도 적용되기 시작했는데, 기술의 사회적 구성론 (social construction of technology, SCOT)은 그 대표적인 예이다 (송성수, 1999). 그 이론에 따르면, 특정한 기술과 관련된 사회집단 (relevant social groups)은 해석적 유연성을 가지고 있어 자신의 이해관계에 따라 해당 기술에 대한 문제점과 해결책을 다르게 파악한다. 이러한 갈등은 일종의 사회적 협상을 거쳐 어느 정도 합의에 도달하게 되는데, 논쟁이 종결되는 단계에 이르게 되면 관련된 사회집단들은 기존의 문제점이 해결되었다고 인식하게 되며 새로운 차원의 문제를 제기한다. 과학과 기술을 동시에 다루는 입장으로는 행위자-연결망 이론 (actor-network theory, ANT)을 들 수 있다 (홍성욱, 2010). 행위자-연결망 이론은 매우 이질적인 행위자들이 연결망을 구축하는 과정을 통해 특정한 과학기술의 일생을 탐구함으로써 과학기술과 사회가 동시에 구성된다는 점을 강조한다. 이 때 행위자에는 인간행위자 (human actors)뿐만 아니라 비인간행위자 (non-human actors)도 포함되며, 주요 행위자가 다른 행위자들의 이해관계나 의도를 번역 (translation)하는 것이 연결망을 구축하는 데 관건으로 작용한다.

사회적 구성주의자들은 다양한 사례연구를 통해 자신들의 주장을 전개해 왔는데, 여기서는 분류학과 자전거에 대한 사례를 검토하기로 하자. 분류학의 아버지로 불리는 린네 (C. Linne)는 고래, 말, 원숭이, 인간 등의 동물이 새끼를 낳아 젖을 먹여 기르는 특징을 공통석으로 가졌다고 해서 '포유류'라는 이름을 지었다. 포유류가 새끼를 젖으로 기르는 것은 분명히 사실이지만, 엄밀하게 말하자면 수유(授乳)는 포유류에 속하는 동물 중에서 암컷만의 기능이고 그것도 암컷의 일생 중에서 극히 짧은 기간에만 가지는 특징이라 할 수 있다. 더구나 포유류는 수유 이외에도 심장 구조가 2심방 2심실이라든지, 온 몸에 털이 있다든지, 네 발을 가지고 있다든지 등과 같은 다른 공통점도 가지고 있다. 그런데 린네는 왜 포유류라는 용어를 채택했을까? 이 질문에 대한 대답은 린네가 살았던 사회의 분위기와 밀접한 관련이 있다. 18세기 유럽 사회에서는 상류층 여성들이 아이를 유모에게 맡기고 사교활동에 전념하거나 일부 급진적인 여성들은 아예 아이를 낳지 않으려는 경향이 강하였다. 당시의 지배 집단은 적정한 수의 아이들이 있어야 미래의 노동력과 군사력을 보장받을 수 있다고 믿었으며, 출산과 육아의 중요성을 강조하면서 여성의 활동을 가정으로 제한하려고 하였다. 린네도 이러한 취지에 적극적으로 동조하였고, 실제로 린네의 부인은 7명의 자녀를 낳고 모두를 젖으로 먹여 길렀다. 이러한 사회적 분위기와 사고방식으로 인하여 린네는 분류학 체계를 만들면서 포유류라는 용어를 도입했다는 것이다 (Schiebinger, 1993).

다음은 자전거의 변천과정에 대한 사례이다 (Pinch & Bijker, 1987). 자전거와 관련된 사회집단에는 기술자뿐만 아니라 남성 이용자, 여성 이용자, 심지어 자전거 반대론자까지 포함되는데, 각 집단은 자전거의 의미를 자신의 이해관계나 선호도에 따라 다르게 해석했다. 앞바퀴가 높은 자전거 (19세기에는 이런 자전거를 'ordinary bicycle'로 불렀다)에 대하여 스포츠를 즐겼던 젊은 남성들은 남성적이고 속도가 빠른 인공물로 해석했지만, 여성이나 노인에게는 그것이 안전성을 결여한 인공물에 지나지 않았다. 공기타이어가 처음 등장했을 때 여성이나 노인은 진동을 줄이는 수단으로 간주했지만, 스포츠를 즐겼던 사람들에게는 쿠션을 제공하는 공기타이어가 오히려 불필요한 것이었다. 자전거 반대론자들은 공기타이어를 꼴불견인 악세사리로 치부하였고, 일부 엔지니어들은 공기타이어 때문에 진흙길에서 미끄러지기 쉬워 안전성이 더욱 떨어진다고 생각하였다. 자전거와 관련된 사회집단들은 자전거의 문제점들에 대해 다양한 해결책을 내놓았다. 진동 문제의 해결책으로는 공기 타이어, 스프링 차체 등이 거론되었고, 안전성 문제를 해결하는 대안으로는 오늘날과 같은 안전자전거 (safety bicycle) 이외에도 낮은 바퀴 자전거, 세발자전거 등이 제안되었다. 여성의 의상 문제에 대한 해결책으로 [그림 2.3]에서 보는 것과 같은 특수한 형태의 높은 앞바퀴 자전거가 설계되기도 했다. 19세기 말에 앞바퀴가 높은 자전거 대신에 안전자전거가 정착하는 데에는 자전거 경주가 중요한 역할을 담당하였다. 사람들의 일반적인 예상을 깨고 공기타이어를 장착한 안전자전거가 다른 자전거보다 빠르다는 것이 자전거 경주를 통해 입증되었던 것이다. 이를 통해 공기타이어의 의미는 진동을 억제하는 장치에서 속도 문제에 대한 해결책으로 다시 정의되었다.

이상의 사례에서 보듯이, 사회적 구성주의자들은 이미 만들어진 과학 (ready-made science)이 아니라 만들어지고 있는 과학 (science-in-the-making)에 주목하고 있으며, 과학과 기술의 변화에는 관련된 행위자나 집단의 갈등과 협상이 수반되는 복잡한 과정이 매개된다는

그림 2.3 19세기 중엽에 치마를 입은 여성들을 위해 만들어진 자전거

점을 잘 보여주고 있다. 사회적 구성주의는 제2세대 과학기술학의 이론적 기반으로 작용해 왔으며, 과학적 사실과 기술적 인공물의 사회적 구성은 물론 과학기술과 대중, 과학기술과 여성, 과학기술과 공공정책 등으로 연구의 범위를 확장해 왔다. 즉, 대중은 어떤 맥락에서 과학기술을 이해하는가, 기존의 과학기술은 남성 중심적이지 않은가, 과학기술정책은 어떤 식으로 만들어지는가 등을 사회구성주의의 시각에서 탐구해 왔던 것이다 (Jasanoff et al., 1995).

제2세대 과학기술학의 키워드가 '구성 (construction)'이었다면, 제3세대는 '참여 (engagement)'를 표방하고 있다 (Hackett et al., 2007). 제2세대 과학기술학이 주로 과학기술과 사회의 상호작용에 관한 이론적 관점을 마련하는 것에 초점을 두었다면, 제3세대 과학기술학은 과학기술과 사회에 관한 이론과 실천을 통합하려는 방향으로 나아가고 있는 것이다. 제3세대 과학기술학은 관련 이론을 정교화하는 것은 물론 과학기술정책과 민주주의, 과학기술과 사회운동, 과학기술논쟁과 전문성, 과학의 상업화, 과학기술과 위험, 첨단 과학기술의 윤리적 문제 등에도 주의를 기울이고 있다.

제3세대 과학기술학의 경향을 잘 보여주는 예로는 탈(脫)정상과학 (post-normal science)에 관한 논의를 들 수 있다 (Funtowicz & Ravetz, 1992). 펀토위츠 (Funtowicz)와 라베츠 (Ravetz)는 시스템의 불확실성과 의사결정에 따르는 위험부담을 기준으로 다음과 같은 세 가지 유형의 문제해결방식을 구분하고 있다 ([그림 2.4]). 시스템의 불확실성도 낮고 의사

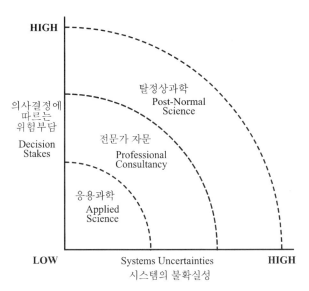

그림 2.4 위험에 관한 세 가지 문제해결방식

결정에 따르는 위험부담도 낮은 영역에 해당하는 응용과학 (applied science), 중간 정도의 영역에 해당하는 전문가 자문 (professional consultancy), 불확실성도 높고 위험부담도 큰 탈정상과학 (Post-normal science)이 그것이다. 탈정상과학의 영역에서는 퍼즐을 풀이하는 식으로 과학을 응용하거나 다양한 전문가들에게 자문을 구해서 해결책을 마련하는 방식이 더 이상 효력을 발휘할 수 없다. 탈정상과학의 가장 중요한 특징은 과학의 주체가 과학자 사회에서 시민과 이해집단을 포함하는 확장된 동료 공동체 (extended peer community)로 바뀐다는 데 있다. 과학적 사실의 경우에도 실험 결과뿐 아니라 관련 당사자의 경험, 지식, 역사 등을 포함하는 확장된 사실(extended facts)이 중요하게 고려된다. 바뀐다는 데 있으며, 과학적 사실도 실험 결과뿐 아니라 관련 당사자의 경험, 지식, 역사 등을 포함하는 확장된 사실 (extended facts)로 바뀐다. 이러한 변화는 과학기술을 실험실 밖으로 끌어내어 다양한 행위자나 집단이 참여하는 가운데 과학기술의 사회적, 문화적, 정치적 측면에 대해 논의하는 공공 논쟁의 필요성을 부각시키고 있다.

STS 교육

STS에는 '학문으로서의 STS'와 '교육으로서의 STS'라는 두 가지 차원이 존재한다고 볼 수 있다. 전자는 과학기술학을 지칭하며, 후자는 STS 교육에 해당한다. STS 교육에서 STS 는 과학-기술-사회 (Science-Technology-Society)를 줄인 것으로 영국의 물리학자인 자이먼(John Ziman)이 『과학과 사회에 대해 가르치고 배우기 (Teaching and Learning about Science and Society, 1980)』에서 처음 사용했다고 알려져 있다. 여기서 그는 과학교육이 과학자가 되기 위한 준비에 국한되어서는 곤란하다고 지적한 후 과학, 기술, 사회의 상호 작용을 다루는 폭넓은 과학교육의 필요성을 강조하면서 자신의 개인적 경험을 바탕으로 STS 교육의 방법과 의미에 대해 자세히 검토하였다 (Ziman, 1980).

STS 교육은 자이먼을 비롯한 영국의 진보적 과학자들이 대학의 교양과학을 개혁하기 위해 1971년에 SISCON (Science In Social CONtext)이라는 모임을 결성하면서 시작되었다고 볼 수 있다 (송진웅, 2000). 1978~1983년에는 솔로몬 (Joan Solomon)을 비롯한 현직 과학교사들을 중심으로 SISCON-in-Schools가 추진되어 본격적인 STS 교육 프로그램이 개발되었다. 1980년대 이후에 STS 교육은 세계 각국으로 확산되어 영국의 SATIS (Science and Technology in Society)와 솔터즈 사이언스 (Salters' Science), 미국의 ICP (Iwoa Chautauqua Program), 네덜란드의 PLON (Physics Curriculum Development Project)을 비롯한 다양한 STS 교육 프로그램이 개발되었다 (Yager, 1996).

1970년대에 들어와 STS 교육이 강조된 배경으로는 환경문제를 비롯한 과학기술과 관련된 사회적 문제들이 가시화되기 시작했다는 점, 과학기술에 대한 비판의 목소리가 높아져 갔다는 점, 세계 각국에서 과학기술정책에 대한 관심이 증가했다는 점 등을 들 수 있다. 당시에 스노 (C. P. Snow)의 『두 문화와 과학혁명 (The Two Cultures and the Scientific Revolution, 1959)』, 쿤의 『과학혁명의 구조 (1962)』, 카슨 (R. Carson)의 『침묵의 봄 (Silent Spring, 1962)』 등과 같이 과학의 성격이나 가치를 사회적·문화적 맥락에서 재조명하는 저작들이 출판되어 널리 읽혀졌다는 점도 주목할 만하다. 이와 함께 과학교육의 측면에서는 학문중심의 과학교육에 대한 반발작용이 있었고, 학생들이 과학에서 이탈하는 현상이 본격화되었으며, 과학기술의 부정적 측면에 대한 대처가 미흡하다는 비판이 있었다 (최경희, 1996).

이와 관련하여 1977년에 미국 국립과학재단 (National Science Foundation, NSF)의 지원을 받아 수행된 Project Synthesis의 보고서는 과학교육에 포함되어야 할 4가지 녹적군 (goal cluster)으로 ❶ 개인의 요구 (personal needs), ❷ 사회적 쟁점 (social issues), ❸ 진로 교육 및 인식 (career education/awareness), ❹ 학문적 준비 (academic preparation)를 제시하면서 기존의 과학교육이 ❹ 학문적 준비에 치중했던 반면 STS 교육은 모든 목적의 달성에 적합하다고 지적하였다 (Harms & Yager, 1982).

❶ **개인의 요구** : 과학교육은 학생 개개인들이 그들 자신의 생활을 개선하고 점차 기술화 되어 가는 세계에 대처할 수 있게 해 주어야 한다.

❷ **사회적 쟁점** : 과학교육은 과학과 관련된 사회적 쟁점을 책임 있게 다룰 수 있는 교양 을 갖춘 시민을 양성해야 한다.

❸ **진로교육 및 인식** : 과학교육은 서로 다른 적성과 관심을 가진 학생들에게 다양한 과 학과 기술에 관련이 있는 직업의 성격과 그 범위에 대한 인식을 심어주어야 한다.

❹ **학문적 준비** : 과학교육은 학문적으로나 전문적으로 과학을 추구하려는 학생들이 그 들의 필요에 적절한 지식을 획득할 수 있도록 해 주어야 한다.

과학교육과 관련된 많은 학자들은 STS 교육의 취지에는 공감하면서도 어떤 측면에 초점 을 둘 것인가에 대해서는 의견을 달리했다 (조희형, 1994; 최경희, 1996). 예를 들어, 과학, 기술, 사회 중에 어떤 것을 강조하는지에 따라 STS 교육은 서로 다르게 정의되었다. "STS 는 과학의 기술적·사회적 환경 하에서 과학내용을 가르치는 것을 의미한다."는 입장도 있 었고, "과학, 기술, 사회의 가장 직접적인 상호작용은 기술과 사회 사이에 존재한다."는 견 해도 있었으며, STS를 "과학의 사회, 정치, 경제 및 윤리적 측면에 관한 학습으로의 통합적 접근"으로 정의하는 경우도 있었다. 또한 STS 교육이 무엇을 지향하는가에 대해서도 다양 한 의견이 제시되었다. STS 교육에서 "인간의 경험적 맥락에서 과학을 가르치고 학습하는 것"이 강조되기도 했고, "STS는 기술사회에 있어서 책임 있는 시민정신을 고취시키기 위한 교육개혁이다."는 정의나 "STS는 1%의 엘리트 학생을 과학자로 만드는 것이 아니라 99% 의 대다수 학생들이 과학과 기술에 대한 소양을 갖추도록 교육하는 것"이라는 정의도 있었다.

이와 같은 다양한 견해를 종합하여 최경희 (1996)는 STS 교육의 특성을 다음과 같이 정 리하고 있다. 첫째, STS 교육은 과학, 기술, 사회의 상호 관련성을 다룬다. 둘째, STS 교육 은 인간의 경험적 맥락에서 이루어진다. 셋째, STS 교육은 과학적 소양 (scientific literacy) 의 함양을 추구한다. 넷째, STS 교육은 각종 의사결정과 문제해결력을 중시한다. 다섯째, STS 교육은 모든 이를 위한 과학 (science for all)을 추구한다.

이 중에서 STS 교육의 목적으로 가장 많은 주목을 받았던 것은 '과학적 소양'이라 할 수 있다. 과학적 소양에 대해서도 여러 가지 정의가 존재하는데, 미국의 전국과학교사협회 (National Science Teachers Association, NSTA)의 정의를 소개하면 다음과 같다 (NSTA, 1982). "과학적 소양을 갖춘 사람은 과학, 기술, 사회가 서로 어떻게 영향을 끼치는가를 이해하고 일상생활의 의사결정에서 과학지식을 사용할 수 있다. 과학적 사실, 개념, 개념의 관계, 탐구과정에 대한 확고한 지식을 소유하고 있어 논리적으로 사고하고 학습할 수 있다. 또한 과학과 기술의 가치와 한계점까지도 인식할 수 있다."

STS 교육의 주제나 내용은 수업목표, 교수법, 타 교과와의 연계성 등을 고려하여 다양하게 선정되고 조직될 수 있다. 자이먼은 과학과 기술이 다양한 사회적 측면을 지니고 있기 때문에 어떠한 측면을 강조할 것인가에 따라 다양한 방법으로 STS 교육을 실시할 수 있다고 지적하였다 (Ziman, 1980). 그는 STS 교육에 접근할 수 있는 방법으로 과학과 사회의 관련성, 직업적 접근, 학제성 (interdisciplinarity), 역사적 접근, 철학적 접근, 사회학적 접근, 사회적 문제를 통한 접근 등을 제안하였다. 예거 (R. R. Yager)는 이와 함께 지역사회와의 관련성, 의사결정 능력의 함양, 현실문제에 대한 협동작업, 정보의 선택 및 활용 등을 고려하여 과학과 교육과정에 포함시켜야 할 STS 관련 요소를 다음의 8가지로 제시하였다 (Yager, 1989).

❶ **지역사회와의 관련성** : 과학 학습은 지역에서 볼 수 있고, 중요하게 고려되고, 연구되어야 하는 사건이나 사물에 대하여 관심을 가져야 한다.

❷ **과학의 응용성** : 과학의 응용으로서 기술은 많은 연관성을 가지고 과학이론을 더욱 쉽게 보이고 이해할 수 있게 한다.

❸ **사회적 문제** : 과학은 그것을 활용하고 창조하기도 하는 사회와 분리될 수 없다. 학문의 구조나 과학적 과정 대신에 인간, 인간의 잠재적 능력, 인간의 진보와 적응은 교육과정의 조직자로서 좋은 역할을 담당할 수 있다.

❹ **의사결정 능력의 함양을 위한 연습** : 모든 사람들은 미래사회나 일상생활과 관련된 의사결정을 할 때 어떤 근거를 바탕으로 한다. 과학은 학문적 문제를 풀기 위해 기능을 개발하는 것보다 사회적 상황과 관련된 의사결정을 할 때 더욱 중요해진다.

❺ **과학과 관련된 직업의 인식** : 우리는 현재 과학기술의 시대에 살고 있기 때문에 과학과 기술에 관련된 직업들은 사회의 한 부분이 된다. 여기서 직업이 반드시 과학자나 기술자를 의미하는 것은 아니다.

❻ **현실문제에 대한 협동작업** : 교과서 속의 문제들은 학생들이 미래의 사회적 문제를 해결할 수 있는 책임감 있는 시민으로 성장하는 데 큰 도움을 주지 못한다. 어떤 문제나 논제를 다룰 때는 전통적인 과학수업과 달리 윤리적·도덕적·가치적 차원까지 고려되어야 한다.

❼ **과학의 다차원성에 대한 인식** : 과학의 정치적, 사회적, 심리학적, 철학적 차원은 과학의

4. 과학의 사회적·윤리적 성격 _ 99

내용 혹은 학문적 차원보다 학생들에게 더 중요할 것이다.

❽ **정보의 선택 및 활용에 관한 평가 :** 정보를 선택하여 활용하는 것은 단지 용어나 개념의 정의를 평가하는 것보다 과학교육에서 더욱 가치 있게 다루어지고 훈련되어야 한다.

과학의 윤리적 측면

과학연구의 윤리

연구윤리 (research ethics)는 연구의 계획, 수행, 보고 등과 같은 연구의 전 과정에서 책임 있는 태도로 바람직한 연구를 추진하기 위해 지켜야 할 윤리적 원칙이라고 할 수 있다. 연구윤리의 키워드는 '진실성 (integrity)'이며, 진실성을 확보하기 위한 논의와 실천이 연구윤리에 해당한다고 할 수 있다. 진실성은 바람직한 연구가 무엇인지를 압축해서 표현한 단어로서 절차적 투명성과 내용적 객관성을 포괄하는 개념에 해당한다. 이와 유사한 의미를 가진 용어로는 책임 있는 연구수행 (responsible conduct of research, RCR)과 바람직한 연구실천 (good research practice, GRP)이 있다. 전자는 미국에서, 후자는 유럽에서 널리 사용되고 있는데, 전자는 무책임한 연구수행을 방지하는 것에 초점을 두고 있는 반면 후자는 훌륭한 연구윤리의 관행을 진작시키는 것을 강조하고 있다.

연구윤리가 포괄하는 범주는 ❶ 연구수행의 과정, ❷ 연구결과의 출판, ❸ 연구실 생활, ❹ 생명체 연구의 윤리, ❺ 연구자의 사회적 책임 등과 같은 다섯 가지로 종합할 수 있다 (Resnik, 1998; 이상욱, 조은희 2011; 송성수, 2011). 여기서 ❶, ❷, ❸은 주로 연구계 내부의 윤리적 쟁점에 해당하며 모든 분야에 해당하는 통상적인 의미의 연구윤리라 할 수 있다. ❹는 동물이나 사람을 대상으로 하는 생물학, 의학, 심리학 등의 특정한 분야에 적용되는 문제에 해당한다. ❺는 연구자 혹은 연구계가 외부 사회에 대하여 적절한 역할과 책임을 수행하고 있는가에 대한 쟁점에 해당한다. 물론 연구윤리가 포괄하는 범주는 논자에 따라 차이를 가질 수 있지만, 이와 같은 다섯 가지의 범주는 서로 밀접히 연관되어 있다. 그것은 연구부정행위 (research misconduct)가 발생한 원인을 진단하거나 이를 예방하기 위한 대책을 마련하는 과정에서 더욱 뚜렷하게 드러난다.

연구수행의 과정에 대한 윤리는 정직하게 충분한 주의를 기울여 충실한 연구를 수행했는지, 아니면 의도적인 속임수, 부주의, 자기기만 (self-deception) 등으로 인해 부적절한 연구결과를 산출했는지에 대한 문제에 해당한다. 특히, 연구수행의 과정에서 데이터 혹은 이론을 위조, 변조, 표절 (fabrication, falsification and plagiarism, FFP)한 것이 가장 큰 문제가 되고 있다. 여기서 위조는 존재하지 않는 데이터나 연구결과를 인위적으로 만들어내서 그것을 기록하거나 보고하는 행위에 해당한다. 변조는 연구와 관련된 재료, 장비, 공정 등을 허위로 조작하는 것, 또는 데이터나 연구결과를 바꾸거나 삭제하는 것을 통해 연구의 내용이 정확하게 발표되지 않도록 하는 행위이다. 표절은 다른 사람의 아이디어, 연구과정, 결과, 말 등을 적절한 인용 없이 도용하는 행위에 해당한다. 이와 함께 연구수행의 과정에서는 데이터의 관리가 중요한 쟁점이 되는데, 데이터를 분석할 때 통계기법을 오용하지 않는 것과 실험에서 도출된 원 데이터 (raw data)를 일정 기간 이상 충실히 보관해 두는 것이 요구되고 있다.

학술지에 연구결과를 발표하는 것은 모든 분야의 연구에서 매우 중요한 부분을 차지하고 있다. 논문의 출판이 연구자로서 인정을 받고 성장하는 데 필수적인 잣대로 작용하기 때문이다. 학술지에 논문을 발표하는 경우에는 일정한 자격을 갖춘 사람에게만 저자 표시 (authorship)를 허용하고 실질적으로 기여한 정도에 따라 저자의 순서를 정함으로써 공로 (credit)를 합당하게 배분해야 한다. 무엇보다도 연구에 실질적으로 기여하지 않은 사람을 논문의 저자로 이름을 올리는 행위 즉, '명예저자 표시 (honorary authorship)'가 근절되어야 한다. 또한 대학원생이나 박사후 연구원과 같은 소장 연구자들에 대해 정당한 공로를 인정해야 하며, 동일한 내용의 연구결과를 중복해서 발표하여 연구업적을 부풀리는 중복게재 (duplicate publication)를 피해야 한다. 이와 함께 과학자가 동료심사 (peer review)를 거치지 않은 연구 성과를 기자회견 등을 통해 발표해 대중적 명성이나 금전적 이익을 추구하는 것도 중요한 문제로 대두되고 있다.

오늘날의 연구 활동은 대부분 연구실이나 실험실에서 이루어지고 있다. 연구실에서는 많은 사람들이 오랜 시간 함께 생활하게 되며, 그러한 관계 속에서 다양한 차원의 윤리적 문제들이 발생하게 된다. 그중에는 특정한 국가의 사회적 관행이 연구계에 투영된 것도 있고, 연구계에서 특별히 부각되는 것도 있다. 언구실에서는 멘토 (mentor)와 멘티 (mentee)의 관계가 가장 중요한 문제가 된다. 지도교수나 연구책임자와 같은 멘토는 멘티에 해당하는 대학원생이나 연구원을 활용 가능한 노동력으로만 보지 말고 적절한 지도를 해 주어야 한다. 또한, 여성을 비롯한 사회적 소수자 집단 (social minorities)에 대한 차별이나 괴롭힘이 없어야 한다. 연구원의 채용과 인정에 있어서 충분한 기회를 제공하고, 연구비 및 실험재료 등과 같은 자원을 공평하게 배분하고 적절히 활용하는 것도 필수적이다. 실험실의 안전을 보장할 수 있는 조치를 강구하는 것과 부정행위에 대한 내부 고발자 혹은 제보자(whistleblower)를 보호하는 것도 중요한 쟁점에 해당한다.

과학이 발전하면서 동물이나 인간과 같은 생명체도 연구의 대상이 되고 있고 이로 인해 다양한 윤리적 쟁점들이 제기되고 있다. 특히, 어떤 연구와 실험이 윤리적으로 용인될 수 있는지에 대한 사회적 합의를 도출하는 것이 중요한 과제로 부상하고 있다. 이와 관련하여 1990~2001년에 추진된 인간유전체계획(Human Genome Project)는 연구비의 3% 내외를 윤리적·법적·사회적 함의(Ethical, Legal, and Social Implications, ELSI)에 관한 연구에 투자한 바 있다. 이와 함께 생명체를 다루는 분야의 윤리에서는 피실험자와 '정보에 입각한 동의(informed consent)'가 적절히 이루어졌는지, 실험동물에 대한 주의와 배려가 충분히 기울여졌는지가 중요한 쟁점이 되고 있다. 정보에 입각한 동의는 피실험자에게 충분한 정보를 제공하고 피실험자로부터 실험에 대한 자발적인 동의를 얻는 것을 의미하는데, 이러한 과정에서는 적절한 절차와 자료를 확보하는 것이 필수적이다.

연구자의 사회적 책임은 주로 전문직 윤리(professional ethics)에서 논의되고 있지만, 전문직 윤리의 내용 중에는 연구윤리와 겹치는 부분도 많다. 연구자의 사회적 책임에서는 무엇보다도 공공자금을 이용한 연구 활동의 목적과 과정이 공공성을 담보하고 있는지가 중요한 쟁점이 된다. 지나치게 상업적이거나 군사적 목적을 담고 있는 연구를 지양하고, 연구비를 적절한 방식으로 관리하고 집행하며, 연구의 데이터와 결과를 적절히 공유하는 것이 여기에 해당한다. 연구자의 사회적 책임과 관련된 윤리적 쟁점은 이해충돌(conflicts of interest)과 전문가 증언(expert witness) 등으로 확장될 수 있다. 이해충돌이란 진리 탐구를 통해 인류 복지에 기여한다는 연구의 일차적인 목적이 경제적 이익을 비롯한 부수적인 목적에 영향을 받는 상황을 뜻한다. 이해충돌의 경우에는 해당 연구자가 스스로 공표하여 의견을 구하는 것이 바람직한 방법으로 간주되고 있다. 전문가 증언은 연구자가 자신의 연구나 사회가 직면한 중요한 문제에 관해 책임 있게 발언하고 독립적인 조언을 제공하는 것을 의미한다. 전문가 증언의 경우에는 관련 연구의 동향과 한계에 대하여 정직하면서도 현실적으로 발언하는 것이 중요시되고 있다.

첨단 과학기술의 윤리

오늘날 과학기술은 한편으로는 권위 있는 지식체계로서 다른 한편으로는 새로운 제품을 개발하는 원천으로서 인간의 삶과 사회의 변화에 막강한 영향력을 행사하고 있다. 이와 함께 오늘날 과학기술은 환경 문제, 안전 문제, 윤리 문제 등과 결부되어 끊임없이 인간의 삶을 위협하거나 가치관을 혼란시키는 것처럼 보인다. 이처럼 과학기술의 긍정적 측면과 함께 부정적 측면이 가시화됨으로써 과학기술을 어떻게 통제 혹은 관리할 것인가에 대한 고민도 커지고 있다.

사실상 오늘날 첨단 과학기술로 간주되는 정보통신기술, 생명공학기술, 환경에너지기술 등에는 수많은 윤리적 문제가 결부되어 있다 (최경희, 송성수, 2011; 이상헌, 2012). 정보통신기술의 윤리적 쟁점으로는 프라이버시, 인터넷 중독, 해킹, 지적재산권 등을 들 수 있고, 생명공학기술의 윤리적 쟁점에는 생명복제, 유전자변형생물체 (genetically modified organisms, GMO), 유전자 차별, 안락사 등이 있으며, 환경 및 에너지의 경우에는 기후변화, 원자력발전, 신재생에너지, 환경호르몬 등이 중요한 쟁점으로 부각되어 왔다. 여기서는 생명복제기술을 사례로 하여 어떤 윤리적 문제가 발생하고 있는지 살펴보고자 한다.

생명복제기술은 인공적으로 생명체를 복제하는 기술을 의미한다. 생명복제기술은 어떤 생명체를 대상으로 하는가에 따라 동물복제와 인간복제로 구분되며, 해당 생명체를 어떤 수준에서 복제하는가에 따라 배아복제 (embryo cloning)와 개체복제 (individual cloning)로 구분된다. 배아복제는 수정 후 14일까지의 배아를 복제하는 것을 의미하며, 개체복제는 복제된 배아를 자궁에 착상시켜 세상에 태어나게 하는 것을 말한다. 생명복제기술과 관련된 논쟁은 주로 인간배아복제를 대상으로 전개되어 왔으며, 난치병 치료의 가능성, 배아의 지위, 연구의 허용 범위, 난자의 조달 등이 중요한 논점으로 작용하고 있다.

생명복제기술을 옹호하는 가장 중요한 근거로 제시되는 것은 난치병 치료에 크게 기여하여 인류를 질병에서 구할 수 있다는 점이다. 특히, 다른 사람의 세포는 면역상의 거부반응을 일으킬 가능성이 높은 반면, 환자 자신의 체세포를 이용해 배아복제를 하여 얻어진 줄기세포를 이식하면 거부반응이 없는 훌륭한 치료가 가능하다는 점이 거론된다. 이에 반해 비판론자들은 생명복제기술이 가진 잠재적 위험성에 주목한다. 생명복제기술을 바탕으로 치료용 의약품으로 개발하여 상업화하는 과정에는 수많은 불확실성이 내재되어 있다는 것이다. 그것은 생명복제기술의 성공률이 그다지 높지 않으며 줄기세포 (stem cell)가 암세포로 전이될 위험성이 있다는 점에서 더욱 심각한 문제가 된다.

생명복제에 관한 연구는 수많은 배아를 조작하고 폐기할 수밖에 없는 성격을 띠고 있기 때문에 배아의 도덕적 지위가 중요한 쟁점이 된다. 이에 대하여 육성론자들은 배아가 아직 생명체가 아니며 하나의 세포 덩어리에 불과하다는 입장을 견지하고 있다. 그것은 인간의 개체성이 수정 후 14일에 해당하는 시점에서 시작된다는 주장에 근거를 두고 있다. 수정 후 14일 정도가 지나면 착상이 완료되면서 향후 척추가 될 원시선(原始線, primitive streak)이 생긴다는 것이다. 반면 비판론자들은 배아가 엄연한 생명체이기 때문에 이를 조작하고 실험하고 죽이는 것이 비도덕적 행위에 해당한다고 주장한다. 이와 함께 인간의 생명은 수정 후부터 시작되는 연속적인 성격을 지니고 있으며 14일을 경계로 생명체 여부를 판단하는 것은 다분히 자의적이라는 비판도 있다.

배아의 도덕적 지위에 관한 논쟁은 생명복제기술의 연구대상에 관한 쟁점으로 이어진다. 생명복제기술은 주로 줄기세포를 얻기 위해 연구되며, 줄기세포는 인체의 모든 조직으로 성장할 수 있는 가능성을 가진 세포이다. 줄기세포는 배아에서도 얻을 수 있고 제대혈이나 골수와 같은 성체에서도 얻을 수 있다. 육성론자들에 따르면, 배아는 생명체가 아니기 때문에 배아를 의도적으로 만들어 줄기세포를 연구하는 것이 허용될 수 있다. 특히, 그들은 배아줄기세포가 성체줄기세포에 비해 연구의 효과가 크다고 주장한다. 이에 반해 비판론자들은 배아가 생명체이기 때문에 배아줄기세포에 대한 연구는 금지되어야 한다고 반박한다. 대신에 성체줄기세포를 이용한 연구는 허용될 수 있다.

비판론 중에는 엄격한 입장 이외에 유연한 입장도 있다. 유연한 입장은 기본적으로 인간배아복제에는 반대하지만 특정한 배아연구에 대해서는 예외적으로 허용하는 자세를 취한다. 이러한 입장에 따르면, 연구의 목적으로 새로운 배아를 의도적으로 창출하는 것은 수용될 수 없지만, 불임시술을 목적으로 이미 만들어져 냉동되어 있는 잔여배아(residual embryo)를 활용하는 것은 가능하다. 그것은 배아연구를 통해 난치병 치료에 기여한다는 편익과 배아연구가 내포하는 윤리적 문제 사이에서 절충점을 찾은 것이라고 할 수 있다. 이러한 입장은 배아의 지위도 새롭게 인식하고 있다. 배아는 아직 인간과 동일하지 않지만 점차적으로 성장하면서 도덕적 지위를 획득하게 되는 잠재적 인간 존재(a potential human being)라는 것이다.

생명복제기술의 또 다른 문제는 난자의 조달에서 찾을 수 있다. 연구에 쓰이는 수많은 난자는 어떻게 조달할 것인가? 기증 의사를 밝힌 여성의 동의를 받으면 난자를 얻는 것이 어렵지 않다고 생각하는 사람도 있지만, 실상은 그렇게 간단하지 않다. 난자 추출이 여성의 건강에 심각한 해를 끼칠 수 있다는 경고가 속속 제기되고 있는 것이다. 난자를 인공적으로 채취하는 과정은 2~3주 정도가 걸리는데, 그 동안 여성은 매일 호르몬 주사를 맞아야 하고 약간의 출혈과 통증을 감수하는 것은 물론 난자를 몸 밖으로 추출할 때의 불쾌감도 견뎌내야 한다. 최근에는 난소 과자극 증후군(ovarian hyperstimulation syndrome, OHSS)이 상당한 주목을 받고 있다. 과배란 유도의 부작용으로 인해 난소 비대, 복통, 복부팽창, 복수 등의 증상이 나타난다는 것이다. 더 나아가 여러 차례 호르몬을 투여 받은 여성이 나이가 들면 난소암에 걸릴 위험도 있다고 한다.

생명복제기술에 관한 철학적 기반에서도 육성론자와 비판론자 사이에는 상당한 차이가 존재한다. 육성론자들은 생명복제기술을 포함한 모든 과학기술에 관한 연구가 가능한 한 자유롭게 보장되어야 한다는 점을 강조하고 있는 반면, 비판론자들은 생명복제기술이 기존의 과학기술과 다른 차원의 것이기 때문에 연구절차는 물론 연구내용에 대해서도 엄격히 규제해야 한다고 주장한다. 대부분의 경우에는 생명복제기술에 대한 규제가 필요하다는 점에는 동감하고 있지만, 육성론자와 비판론자가 출발하고 있는 철학적 기반이 다르기 때문에 규제의 범위와 정도에 대해서는 의견을 달리하고 있는 것이다.

이와 같은 과학기술의 윤리적 쟁점은 과학교육에서 SSI (socioscientific issues)란 이름으로 고려되기 시작하고 있다 (Zeidler, 2003; Zeidler et al., 2005). SSI를 직역하면 '사회 −과학적 쟁점'이 되지만, 그 의미를 살린다면 '과학의 사회윤리적 쟁점'으로 번역하는 것이 적합하다고 볼 수 있다. SSI는 넓은 의미에서 STS 교육의 일환으로 간주할 수도 있지만, 현재진행형의 사회윤리적 쟁점에 주목하고 있다는 점에서 STS 교육과 차별화되기도 한다. SSI는 대중이 관심을 가지는 과학에 대한 사회윤리적 쟁점으로 개인과 사회의 의사 결정을 요구하는 특징을 가지고 있다. SSI 교육에서는 해당 쟁점에 대한 정보나 지식을 수집하고 조직하는 능력, 과학적 증거에 입각한 추론을 사용하는 능력, 개인이나 사회의 가치관을 고려한 판단 능력, 다양한 입장의 의견을 존중하고 수렴하는 태도 등을 강조한다. 이와 함께 SSI는 과학 교과뿐만 아니라 사회나 윤리 교과에서도 종종 다루어지고 있으며, 다양한 학문 영역과의 융합을 통해 더 큰 효과를 발휘할 수도 있다.

3장

과학과 교육과정

교육과정(curriculum)은 교육의 과정(process of education) 또는 교과 과정(course of study in a subject)과 다르다. 교육의 과정은 교육과정 또는 교과 과정을 한 영역으로 포함하는 매우 넓은 의미를 가지며, 교과 과정은 일반적으로 한 교과에서의 학습 과정을 의미한다. 교육과정의 개념을 정확히 알고 교육의 과정에서 또는 교육 연구와 논의에서 사용하는 것은 중요한 일이다. 이 장에서는 먼저 일반적인 교육과정 개념에 대해 알아보고, 이를 바탕으로 과학과 교육과정에 대해 설명하고자 한다.

맥닐 (McNeil, 1996)은 그의 저서 '교육과정 (Curriculum)'에서 교육과정 개념들을 학문주의 교육과정 (Academic curriculum),[1] 인간주의 교육과정 (Humanistic curriculum),[2] 사회재건주의 교육과정 (Social reconstruction curriculum), 공학주의 교육과정 (the systemic curriculum)으로 분류하였다. 맥닐의 분류를 중심으로 좀 더 구체적으로 살펴보면 다음과 같다.

▌학문주의 교육과정

브루너 (Bruner)의 교육의 과정에서 시작하여 브라우디 (Broudy), 피닉스 (Phenix) 등이 제시한 교육과정의 동향을 가리켜 흔히 학문중심 또는 학문주의 교육과정이라고 부른다. 이것은 종래의 교과중심 교육과정이나 경험중심 교육과정과 관련되어 있다. 교과중심의 교육과정시대는 인류 문화유산 중에서 핵심적인 것을 체계적으로 조직해 놓은 것을 「교과」 또는 「교수요목」으로 삼아 학생들을 지도하였다. 역사적으로 가장 전통적이고 보편적 교과중심 교육과정은 로마 시대부터 시작하여 중세에 한창 성하였던 7 자유과 (3학 : 문법,

---

1. 학문중심 교육과정이라고도 한다.
2. 인간중심 교육과정이라고도 한다.

수사, 논리; 4과 : 산수, 기하, 천문, 음악)가 대표적인 예이다. 경험중심 교육과정은 일반적으로 생활적응 교육과 관련이 있다. 교과중심 교육과정에서 교육과정은 교수요목(course of study)으로 정의되지만, 경험중심 교육과정에서는 학교의 교육계획하에서 얻어지는 학생 경험의 총체로 정의된다. 위의 두 정의는 그동안 교육의 중심이 '교과'에서 '학생'으로 이동되었다는 것을 말한다. 교과중심과 경험중심 교육과정에 대하여 1960년대부터 그 이후의 교육과정 동향을 학문중심 교육과정이라고 부르게 되었다 (한종하, 1988; 이홍우, 1977).

학문중심 교육과정에서는 학문의 내용 (지식)과 탐구 과정이 교육의 과정의 결정 요인으로서 가장 중요하게 취급된다. 학문중심 교육과정의 입장에서 보면 교육과정의 가장 중요한 관심은 각 학문의 지식의 구조를 밝히는 것과 이 구조를 학생에게 이해하기 쉽게 해주는 일에 있다. 어떤 학문의 구조를 밝히려면 학문의 일반적인 성격을 알아야 한다. 스와브(Schwab, 1964)는 학문의 구조가 실체적 구조 (지식)와 조직적 구조 (탐구)를 가진다고 하였다. 즉, 학문은 지식과 그 지식을 탐구하는 방법 및 과정으로 되어 있다는 것이다. 물론 어떤 학문 영역의 지식과 탐구로 그 학문의 성격을 모두 설명할 수는 없지만 지식과 탐구가 학문의 큰 줄기임에는 틀림이 없다.

학문중심 교육과정에서 과학과 교육과정은 과학 지식의 발달에 따라 내용이 수정·보완되어 왔으며 탐구 교육을 위한 실험이 크게 강조되었다. 그러나 교육과정 관련 연구들에 의하면 학문중심 교육과정은 과학교육을 활성화시키는 데 큰 성과를 거두지는 못하였음을 보여주고 있다.

▌인간주의 교육과정

인간중심주의자들은 교육과정이 각 학생들의 경험을 개별적으로 만족시키도록 제공되어야 한다고 주장한다. 인간중심 교육과정은 학생들에게 자신이 누구인지 알게 해 주는 데 도움을 주고, 계획된 어떤 형태로 조형되지 않도록 하는 개인주의적 이상을 지지한다. 그리고 무엇을 획득하는 방법을 보다 소중히 여긴다 (McNeil, 1996). 이와 같은 인간주의 교육과정에서는 기존의 지식은 진정한 지식이 되지 못하는 지식의 소재일 뿐이며, 학습자가 스스로 의미를 구성해야만 비로소 교육적으로 의미 있는 지식이 될 수 있다고 본다. 따라서 인간주의 교육과정은 그 방법이 단순한 주입이 아니라 의미의 획득에까지 나가야만

된다는 특성을 강하게 지니고 있다 (윤팔중, 1988). 인간주의 교육과정은 오늘날 교육자들이 당면하고 있는 근본적인 문제들을 해결하려고 한다. 즉, 많이 가르친다고 많이 학습되는 것이 아니며, 평가를 자주한다고 해서 그것이 이해되지는 않는다는 것이다. 인간중심 교육과정은 무미건조한 강의와 비인간화에 대한 대안이 될 수 있다.

인간주의 교육과정에서 교육의 목표는 개인의 성장과 성실, 자율성의 이상들과 관련된 역동적인 인격 형성의 과정이다. 즉, 자아실현의 이상이 인간중심 교육과정의 핵심이라고 볼 수 있다. 이를 위하여 학생과 교사 사이의 정서적 관계를 갖게 되는 맥락을 요구한다. 교사는 자원 센터로서의 기능을 지속하면서 온정과 감정을 성숙시켜 주어야 한다. 또한 교사는 창의적으로 학습 자료를 제공하고, 학습을 촉진시킬 수 있는 도전적인 상황을 만들어야 한다. 오늘날 인간주의 교육과정의 특징은 교과, 직업 훈련, 기본 기술의 지식 습득의 맥락에 따른 학습과정에서의 학생들의 내적 생활의 점검을 강조한다. 예를 들면, 인간주의 교육과정에서 교사들은 컴퓨터 프로그램 개발이나 화학 수업을 할 때 학습자들에게 자신들의 정의적 영역에 대한 관심 (예를 들면, 신념, 가치, 목적, 두려움 등)을 가질 수 있는 기회를 제공해 주는 것을 강조한다 (McNeil, 1996).

그러나 인간주의 교육과정은 다음과 같이 세 측면에서 비판을 받고 있다. 첫째, 학습자들의 결과보다는 방법, 기법, 경험들을 더 중요하게 여긴다. 둘째, 학생 개개인의 경험을 충분히 고려하지 못한다. 예를 들면, 몇몇 프로그램들은 전개의 과정에서 목적을 달성하기 위하여 학생들에게 획일성을 요구하거나, 자유스러운 질문을 위험스럽고 이상한 행동으로 간주하기도 했다. 셋째, 개인주의적인 것을 지나치게 강조한다. 이러한 비판은 인간중심주의자들이 교육에 대한 사회적 요구에 책임감을 가져야 한다는 것을 의미한다 (McNeil, 1996).

▌ 사회재건론적 교육과정

사회재건주의자들은 교육과정과 정치, 경제, 사회적 발전과의 관계를 중요시한다. 그러므로 교육과정을 사회 재건 또는 사회 변화의 한 수단으로 보려는 것이 사회 재건 및 유의론 (social reconstruction-relevance)이다. 교육은 개인의 필요나 욕구를 충족시켜야 하지만 이에 못지않게 사회의 필요와 요구를 충족시켜 주어야 한다. 이 이론에서는 대체로 사회의 필요성을 개인의 필요성보다 우위에 놓고 있다. 사회 개혁, 미래 사회에 대한 책무성 등을 교육에서 우선적으로 취급하려는 것이다. 지구상의 대부분의 국가는 개인의 욕구와 필요를 어느 정도로 조화롭게 보완시키느냐 하는 고려가 있을 뿐, 사회 재건 또는 사회 유의론적 입장에서 교육을 생각하고 있다. 어떤 나라이든 교육과정을 개정할 때 가장 중요시하는 것 중에 하나가 사회 가치의 변화 또는 사회적인 문제점이며 우리나라의 경우도 사회적 요구를 개정의 주요 이유 중의 하나로 들고 있다 (한종하, 1988; 차경수, 1994).

미국의 교육과정에서 사회재건주의가 등장한 것은 1920년대와 1930년대이며, 1950년대 초에 브래멜드 (T. Brameld)가 제안한 사회재건주의의 특징은 새로운 문화의 건설, 세계가 진정한 민주화를 이루려면 노동자들이 주요 제도와 자원을 통제해야 한다는 것, 학교 교육이 개별학습자들의 사회성 발달은 물론 사회계획에 참여하는 방법을 학습하도록 도와주어야 한다는 것 등이다 (McNeil, 1996).

과학교육에서도 사회 유의론은 중요한 요소 중의 하나가 되었다. STS 교육 운동이 그것이다. 영국의 과학교육은 사회 발전의 맥락 속에서 이루어져야 한다는 주장이 1980년을 전후하여 크게 늘어났는데, '사회적 맥락 속의 과학 (science in social context)'이라는 교육개혁운동이 바로 그것이다. 모든 이에게 과학을 가르쳐야 한다는 명제 아래에서의 과학교육이 되려면 그 교육 내용과 방법은 사회적 맥락 속에서 이루어지지 않으면 안 된다는 것이다. 또한 미국 과학교육계에서도 영국과 비슷한 움직임이 강하게 대두되었다. 예를 들면 예거는 과학기술과 사회의 관련성을 과학교육에서 강조할 것을 주장했다 (한종하, 1988).

변화하는 사회, 불안정한 사회에서 개인의 발달은 바로 그러한 사회에의 적응, 또는 생존과 같은 문제이다. 특히 과학기술 문명의 급속한 발전으로, 미래 사회의 성격은 현재에 비교하면 매우 불투명하다. 따라서 현재를 기준으로 생각한 교육과정은 불투명한 미래 사회에 적응하기에 부적절할지도 모른다. 그 부적절성은 개인의 발달에 도움을 주기보다는 비효과적이고 낭비일 수도 있다. 따라서 사회 재건 또는 사회 유의론적 입장에 있는 사람들은 이런 점을 감안하여 교육과정을 생각해야 한다고 주장한다. 그러나 사회 유의론적 교육과정은 항상 두 가지 성격을 동시에 만족시켜야 하는 어려움이 있다. 즉, 현재와 미래 또는 사회적 유의성에서 볼 때 적응이냐, 아니면 개혁이냐 등의 상반된 성격을 동시에 감안하지 않으면 안 된다. 또 다른 면에서 본다면 개인적 성장과 발달은 사회의 질과 별개의 문제일 수 있다. 따라서 사회 유의론적인 입장에서의 교육과정은 이러한 이중적인 문제를 잘 조화시키지 않으면 안 된다.

▌ 공학론적 교육과정

교육과정 관점에서 공학은 상세화된 목표의 성취라는 측면에서 프로그램, 방법, 교재 등의 효과성에 중점을 두고 있다. 최근 들어 공학적인 관점은 학교 책무성과 관련하여 중요하게 부각되고 있다. 공학은 적용과 이론이라는 두 가지 방식으로 교육과정에 영향을 미치고 있다. 공학의 적용이란 다양한 장치와 매체를 체계적으로 활용하려는 것으로서, 행동주의에서 도출된 원리를 바탕으로 교수계열을 만드는 것이다. 컴퓨터 보조수업, 체제접근, 프로그램화된 교재, 비디오디스크, 각종 데이터베이스, MBL, 시뮬레이션 프로그램 등이 공학 적용의 예들이다. 이론으로서의 공학은 교재와 교수체제의 개발 및 평가에 유용하다. 이러한 개발 과정을 통하여 공학자들은 계획에 따라 진행했을 경우보다 예측 가능한 결과를 도출할 수 있다는 규칙들을 만든다. 일반 체제 이론은 교육과정의 문제를 바라보는 공학적 틀이다. 이것은 교수목표의 상세화를 강조한다. 즉, 목표를 달성하기 위하여 요구되는 통제된 학습 활동 또는 교수적 계열화나 수행 및 평가의 준거를 강조한다. 이와 같은 일반 체계를 개발하는 것은 학습자의 행동을 수정하고 교수에 적응시키기 위한 피드백을 강조하며, 교수체제 내의 요소들끼리의 상호작용 확인, 체제와 그 체제가 적용된 더 큰 환경과의 복잡한 상호작용에 대한 관심이 요구된다.

1960년대에 스키너(B. F. Skinner)는 '가능한 한 많은 학생들에게 교과의 내용을 더 깊고 더 폭넓게' 가르치기 위한 방안을 제시함으로써 학습에서의 효율성을 증대시켰다. 그가 제안한 방법은 상세화된 종착점 행동에 맞춰 학습 과제를 계열화하고, 그러한 과제에 대한 학습자들의 외현적 반응을 이끌어내며, 정반응이 일어날 수 있도록 강화시키는 것이다. 따라서 교육과정이란 단계나 목표에 따라 정렬된 내용의 계열이며, 각 단계는 후속 학습을 위한 선수학습 요소로서 숙달되어야 한다. 스키너 이론에 따라 공학자들은 프로그램화된 단원이나 훈련 프로그램과 같은 교육과정을 구성하기 위해서 다음과 같은 규칙들을 개발했다(McNeil, 1996).

- 학습자의 주의 집중을 유도하기
- 기대되는 학습결과를 학습자에게 알려주기
- 관련 능력을 활성화시키기
- 과제 관련 자극을 제시하기
- 격려를 통하여 정반응을 유도하기

- 피드백 제공하기
- 수행을 평가하기
- 학습의 전이를 촉진하기
- 파지를 높이기 등

공학적 교육과정의 예에 속하는 것으로는 체제공학, 결과 중심 교육, 교수 배열, 개별화 교수체제, 숙달학습, 전산적 사고(computational thinking) 등이 그것이다.

과학과 교육과정의 이론적 기초

앞에서는 일반적인 교육과정의 개념에 대한 네 가지 이론에 대해 살펴보았다. 그러나 실제 교육과정 개발에 있어서는 이러한 네 가지 이론 중 어느 한 이론에 중점을 두기보다는 가능한 한 이 이론들이 모두 포함되는 형태로 개발된다.

일반적으로 교육과정은 교육의 목적과 목표, 교육의 내용, 교육의 방법, 학습 과정과 결과의 평가 등으로 구성된다. 이들의 구성을 과학과 교육과정에 적용해 보면 다음과 같다.

▌ 과학과 교육의 목표와 목표 틀

과학교육의 목표라는 것은 과학교육 활동으로 기대되는 성과를 뜻한다. 목표를 설정함으로써 우리는 활동의 내용과 방법을 모색하는 길잡이를 얻게 되는 것이고 결과를 평가하는 기준을 갖게 된다. 과학교육의 목표 설정에 있어서는 과학교육을 통하여 달성될 수 있는 성취의 가능성을 모두 나열하는 것이 아니라, 과학교육의 대상이 결정되었을 때 여러 가능성 중에 어떤 행동 변화를 중심으로 하는가의 가치 판단이 중요하다. 그 이유는 어느 기간 내에 제한된 여건에서 모든 것을 다 성취할 수도 없고, 또 필요하지 않을 수도 있기 때문이다.

일반적으로 교육 목표는 일반적 목표와 구체적 목표로 나눌 수 있다. 본질적으로 목표의 역할은 과학교육의 기본 방향을 제시하는 것으로 효과적인 구현의 방법과 평가의 길잡이가 된다. 과학교육의 일반적 목표는 과학교육의 구체적 목표를 설정하는 데 근거와 기준의 역할을 한다. 그러므로 일반적 목표와 구체적 목표 사이에는 일관성이 있어야 하고 경험적인 관련성이 높아야 한다.

과학과 교육의 일반적 목표와 구체적 목표

과학과 교육의 일반적 목표는 과학교육의 목적으로부터 도출되며, 과학교육 목적에 비해 덜 포괄적이고, 적용 기간이 짧다. 과학과 교육의 일반적 목표는 학교급별 또는 학년별로 나누어 제시할 수도 있지만 학생들의 능력차를 고려하여 학년군으로 구분하여 제시할 수도 있다.

과학과 교육의 구체적 목표는 비교적 단기간의 수업을 통하여 학생들이 성취해야 하는 것들을 상세하게 기술한 것으로서 이를 달성하기 위한 학습 내용과 방법 등을 구체적으로 제시하는 것이 일반적이다. 과학과 교육의 구체적 목표는 학년별 내용과 관련이 있으며, 단원 목표나 차시 목표 등으로 구분하여 나타내기도 한다. 단원 목표는 과학과 학습의 단원 내용에 관련하여 진술하며, 차시 목표를 설정하는 기반이 되고 차시 목표에 의해 실현된다.

우리나라의 2009 개정 교육과정에서는 '성취기준'이라는 용어와 내용이 도입되었다.[3] 성취기준은 '초등학교 3-4학년군 성취기준, 초등학교 5-6학년군 성취기준, 중학교 1-3학년군 성취기준 등과 같이 과학과 교과목표보다는 좀 더 구체적인 수준으로 제시된 '학교군(학교급)별 성취기준'과 각 학년군의 단원에 있는 '학습내용 성취기준'과 같이 2007 개정 교육과정 이전에는 '학습내용'으로 들어 있었으나 2009 개정 교육과정에서는 '학습내용 성취기준'으로 바꿔 진술하여 제시된 성취기준이 있다.

과학교육목표와 과학행동의 분류

일반적인 목표 분류는 블룸의 교육목표 분류틀이 많이 이용된다. 이 분류틀은 블룸의 이름이 붙여졌지만 사실상 1949년부터 1953년까지 수차례의 논의를 거쳐 여러 사람들에 의해 만들어진 것이다 (Bloom et al., 1956). 이 당시 만들어진 블룸의 목표 분류틀은 인지적 영역 (cognitive domain), 정의적 영역 (affective domain), 심동적 영역 (psychomotor do-

---

3. 정확히 말하면 '성취기준'이라는 용어는 『교육과학기술부 고시 2011』에 처음 등장한다.

표 3.1 개정된 블룸(Bloom)의 인지적 영역 목표 분류

지식차원	인지 과정 차원					
	기억하다	이해하다	적용하다	분석하다	평가하다	창조하다
A. 사실적 지식						
B. 개념적 지식						
C. 절차적 지식						
D. 메타인지적 지식						

main), 이렇게 세 영역으로 나누어져 있다. 인지적 영역의 교육목표는 '지식', '이해', '적용', '분석', '종합', '평가'로 세분화되어 있으며, 크래쓰월(D. Krathwohl)이 중심이 되어 제시한 정의적 영역의 교육목표는 감수, 반응, 가치화, 조직, 인격화 등으로 세분화하여 위계적으로 구성되어 있다. 그리고 심동적 영역에 대해서도 제시하였지만 과학교육에서는 잘 쓰이지 않기 때문에 생략하기로 한다.

이러한 블룸의 교육목표 분류는 앤더슨(L. Anderson)과 크래쓰월 등(Anderson & Krathwohl, 2001; Krathwohl, 2002)에 의해 인지적 영역 부분이 개정되어 발표되었다. 이 개정된 교육목표 분류틀에서는 단순히 6개 영역으로 세분화했던 처음 요소들을 지식 차원과 인지 과정 차원으로 이원적으로 나누고, 지식 차원을 '사실적 지식' '개념적 지식', '절차적 지식', '메타인지적 지식'으로 세분화하였고, 인지 과정 차원은 '기억하다'(remember), '이해하다'(understand), '적용하다'(apply), '분석하다'(analyze), '평가하다'(evaluate), '창조하다'(create) 등과 같이 6개 항으로 세분화하였다. 이를 이원분류표로 제시하면 <표 3.1>과 같다. 과학교육에서는 블룸의 교육목표 분류틀보다는 과학 교과의 특성을 고려하여 만든 클로퍼(Klopfer, 1971)의 과학 행동 분류가 많이 사용된다 (<표 3.2>).

표 3.2 클로퍼(Klopfer)의 과학 행동 분류

구분	내용
A.0 과학 지식과 이해 (knowledge and comprehension)	A1. 과학의 특수 사실에 대한 지식
	A2. 과학적 용어에 대한 지식
	A3. 과학 개념에 대한 지식
	A4. 과학 기호와 약속(convention)에 대한 지식
	A5. 과학적 경향(trends)과 연계성(sequences)에 대한 지식
	A6. 과학적 분류(classification), 항목(categories), 준거(criteria)에 대한 지식

구분	내용
A.0 과학 지식과 이해 (knowledge and comprehension)	A7. 과학적 기술(techniques)과 절차(procedures)에 대한 지식
	A8. 과학적 원리와 법칙에 대한 지식
	A9. 주요 개념 체계의 이론에 대한 지식
	A10. 새로운 상황에서의 지식의 확인(identification)
	A11. 한 가지 상징적 형태(symbolic form)에서 다른 형태로의 변환
B.0 과학적 탐구의 과정 I	B1. 사물과 현상의 관찰
	B2. 적절한 어휘를 사용하여 관찰 사실 기술
	B3. 사물과 변화의 측정
	B4. 적절한 측정 도구의 선택
	B5. 측정값의 어림과 정확도의 한계에 대한 인식
C.0 과학적 탐구의 과정 II	C1. 문제의 인식
	C2. 작동 가설(working hypothesis)의 형성
	C3. 가설에 대한 적절한 검증의 선택
	C4. 실험 수행을 위한 적절한 절차 설계
D.0 과학적 탐구의 과정 III	D1. 실험 데이터의 처리
	D2. 기능적 관계(functional relationship)의 형태로 데이터 제시
	D3. 실험 데이터의 해석
	D4. 내삽과 외삽(외연)
E.0 과학적 탐구의 과정 IV	E1. 이론적 모델의 필요성 인식
	E2. 이론적 모델의 형성
	E3. 한 모델에 의해 만족된 관계들의 상세화(specification of relationships satisfied by a model)
	E4. 이론적 모델로부터 새로운 가설의 연역
	E5. 한 모델의 검증사항에 대한 해석과 평가
	E6. 수정된, 정교화된, 확장된 모델의 형성
F.0 과학적 지식과 방법의 적용	F1. 같은 과학 영역 내의 새로운 문제들에 적용
	F2. 다른 과학 영역의 새로운 문제들에 적용
	F3. (기술을 포함하여) 과학 외의 영역 문제들에 적용
G.0 취급 기능 (Manual skills)	G1. 보통의 실험실 장비를 사용하는 기능 발달
	G2. 보통의 실험실 기술을 안전하고 조심스럽게 수행
H.0 태도와 흥미	H1. 과학과 과학자에 대한 선호 태도의 표출(Manifestation)

구분	내용
H.0 태도와 흥미	H2. 사고 방법으로서의 과학적 탐구 수용
	H3. '과학적 태도'의 채택 (adoption)
	H4. 과학 학습 경험에 대한 즐거움
	H5. 과학 및 과학 관련 활동에서의 흥미 발달
	H6. 과학에서의 경력 추구 (pursuing a career)에 대한 흥미 발달
I.0 지향 (Orientation)	I1. 과학에서의 다양한 서술 형태 사이의 관계성 (Relationship among various types of statements in science)
	I2. 과학적 탐구의 철학적 한계와 영향에 대한 인식 (recognition)
	I3. 역사적 관점: 과학의 배경에 대한 인식 (recognition)
	I4. 과학, 기술 및 경제학 (economics) 사이의 관계에 대한 깨달음 (realization)
	I5. 과학적 탐구와 그 결과에 대한 사회적이고 도덕적인 함의 (implication) 앎(awareness)

과학교육 목표의 진술

과학교육 목표 중에서 일반적 목표는 "과학의 기본 개념을 이해한다."와 같이 진술 방식이 일반적이고 추상적이지만, 구체적 목표는 교육 내용의 범위를 한정짓고 그 속에 포함되는 주요 항목들을 지시한다는 점에서 구체성을 가져야 한다. 또한 구체적 목표는 보다 명확하게 진술할 필요가 있다. 타일러 (Tyler, 1949)와 메이거 (Mager, 1984)가 제시한 내용을 중심으로 알아보자.

(1) 교육목표 이원분류

타일러는 교육목표를 내용과 행동의 형식으로 진술할 것을 제안하였다. 이를 위해 내용과 행동의 두 차원으로 이루어진 교육목표 이원 분류표의 작성을 제안하였다. <표 3.3>은 그가 예시로 제시한 교육목표 이원분류표이다 (이종승, 1993).

(2) 행동적 목표 진술

수업으로 인하여 변화될 결과적인 제시 행동을 최종 행동 (terminal behavior)이라고 하는데, 이를 명백하고 관찰 가능한 실행어 (action word)로 나타낸 목표를 행동 목표 (behavioral objectives)라 한다. 최종 행동을 나타내는 실행어의 예는 다음과 같은 것들이 있다.

- **이름대기** : 사물의 이름이나 유목을 말이나 글로 써서 나타낼 수 있는 행동이다.
- **확인하기** : 물건의 이름이나 크기를 지적하거나 집을 수 있는 행동이다.
- **구분하기** : 비슷한 두 모양의 사물을 분별해 내거나 어떤 사물의 특성을 대조하여 구분 짓는 행동이다.
- **순서 짓기** : 어떤 기준에 따라 둘 이상의 사물이나 사건을 순서 짓는 행동이다.
- **구성하기** : 주어진 조건이나 요청에 따라 대상을 형성하는 행동이다.
- **법칙을 말하기** : 법칙이나 원리를 의사 전달할 수 있게 말할 수 있는 행동이다.
- **법칙을 적용하기** : 문제를 풀거나 질문에 답하기 위해 공부한 법칙이나 원리를 사용하는 행동이다.
- **시범하기** : 법칙이나 원리의 응용을 실제로 해 보여 주는 행동이다.
- **설명하기** : 어떤 사건이나 대상에 대하여 법칙이나 원리를 글로 쓰거나 말로 자기 나름의 의견과 결론을 가지고 해명하는 행동이다.

표 3.3 타일러(Tyler)의 교육목표 이원 분류표 예

내용	행동*						
	1	2	3	4	5	6	7
A. 인체의 기능							
1. 영양	×	×	×	×	×	×	×
2. 소화	×		×	×	×	×	
3. 순환	×		×	×	×	×	
4. 호흡	×		×	×	×	×	
5. 생식	×	×	×	×	×	×	×
B. 동식물 자원의 이용							
1. 에너지의 관계	×		×	×	×	×	×
2. 동식물의 성장에 미치는 환경 요인	×	×	×	×	×	×	×
3. 유전과 발생	×	×	×	×	×	×	×
4. 토지 이용	×	×	×	×	×	×	×
C. 진화와 발달	×	×	×		×	×	×

* 행동　1. 중요한 사실 및 원리의 이해,　2. 믿을만한 정보원에 대한 지식
　　　　3. 자료의 해석 능력,　　　　　4. 원리의 적용 능력
　　　　5. 학습 연구와 결과 보고 기능,　6. 넓고 성숙된 흥미
　　　　7. 사회적 태도

표 3.4 메이거(Mager) 목표 진술 방식에 따라 진술된 목표의 예

목표	조건	수행 행동	준거
여러 가지 과학 진술문이 주어져 있을 때, 학생은 각 진술문에서 두 개의 화학 원소를 찾을 수 있다.	주어진 과학 진술문	화학 원소를 찾을 수 있다.	두 개
학생은 자와 컴퍼스를 이용하여, 1° 이내의 오차 범위 내에서 어떤 각도를 가진 호의 이등분선을 그릴 수 있다.	주어진 자와 컴퍼스	이등분선을 그릴 수 있다.	1° 오차 범위

(3) 메이거(Mager)의 목표 진술 방식

메이거(Mager, 1984)는 유용한 목표의 진술을 위해서는 3가지의 필수 요소가 필요하다고 하였다. 그 필수 요소는 '관찰 가능한 행동 수행', '행동이 일어나는 조건(condition)', '수용할 만한 행동 수준 준거'라고 하였다. '관찰 가능한 행동 수행'은 활동의 결과 또는 생산물을 기술해야 하며, '행동이 일어나는 조건'은 그 행동 또는 수행이 일어나는 중요한 조건을 기술해야 한다는 것이다. 또한 '수용할 만한 행동 수준 준거'는 수용할 만한 행동 수행의 기준을 기술해야 한다는 것이다. 예를 들면 <표 3.4>와 같다.

물론 모든 목표를 위와 같이 수행 행동, 행동 조건, 준거 등 세 가지 요인을 모두 정확하게 포함하여 진술하기는 어렵기도 하고 그럴 필요가 없을 때도 있다. 이것은 주로 지적 영역의 학습 목표를 진술하는 데 사용하기에 적절하다.

▌과학과 교육의 내용

과학과 교육의 내용 수준

과학과 교육 내용은 여러 가지 수준을 가진다. 첫째는 국가수준의 교육과정 문서 속에 있는 교육 내용이 있고, 둘째는 과학 교과서를 포함하여 교육 현장에서 사용되는 교재 속에 실린 내용이 있고, 셋째는 교사가 학습자에게 가르치는 내용 수준이 있으며, 넷째는 학습자가 학습한 내용 수준이 있다. 일반적으로 국가수준 교육과정에서 과학과 교육 내용은 학습자가 학습해야 할 주요 영역이나 주제를 가리키는 동시에, 해당 영역과 주제에서 성취해야 할 것이 무엇인지를 가리킨다. 따라서 교사의 측면에서는 교육목표가 되며 학습자의 입장에서는 학습목표의 성격을 지닌다. 예를 들어, 2009 개정 과학과 교육과정에서 고

표 3.5 2009 개정 교육과정 고등학교 '과학' 우주와 생명 영역의 내용 체계

<table>
<tr><th colspan="3">영역</th><th>내용 요소</th></tr>
<tr><td rowspan="11">우
주
와

생
명</td><td rowspan="4">우주의
기원과
진화</td><td>우주의 기원</td><td>우주의 팽창, 허블의 법칙, 선스펙트럼, 우주의 나이</td></tr>
<tr><td>빅뱅과 기본입자</td><td>기본입자, 양성자, 중성자, 원자핵의 형성</td></tr>
<tr><td>원자의 형성</td><td>수소와 헬륨 원자, 우주배경복사</td></tr>
<tr><td>별과 은하</td><td>별의 탄생과 진화, 무거운 원소의 합성, 은하의 구조, 성간 화합물, 공유 결합, 반응 속도</td></tr>
<tr><td rowspan="4">태양계와
지구</td><td>태양계의 형성</td><td>태양계 형성 과정, 태양 에너지, 지구형 행성, 목성형 행성</td></tr>
<tr><td>태양계의 역학</td><td>케플러의 법칙, 뉴턴의 운동법칙, 행성의 운동, 지구와 달의 운동, 자전, 공전</td></tr>
<tr><td>행성의 대기</td><td>탈출속도, 행성 대기의 차이, 분자 구조와 성질</td></tr>
<tr><td>지구</td><td>지구의 진화, 지구계, 지구의 원소 분포, 지자기</td></tr>
<tr><td rowspan="3">생명의
진화</td><td>생명의 탄생</td><td>원시 지구, 화학 반응과 화학적 진화, 탄소 화합물, 생명의 기본 요소, DNA, 단백질, 세포막의 구조</td></tr>
<tr><td>생명의 진화</td><td>원시 생명체의 탄생, 광합성과 대기의 산소, 화석, 지질 시대, 원핵세포, 진핵세포, 생물의 다양성</td></tr>
<tr><td>생명의 연속성</td><td>유전자와 염색체, 유전 암호, 세포 분열, 유전자의 복제와 분배, 생식을 통한 유전자 전달</td></tr>
</table>

등학교 '과학' 우주와 생명 영역의 교육과정 내용 체계는 <표 3.5>와 같다.

이러한 국가 수준의 교육과정 내용과 달리, 과학 교과서를 비롯한 교재 내용이나 교사의 수업 내용은 위의 교육과정의 내용을 전달하는 도구적 역할을 수행한다.

과학 학습 내용의 선정과 조직

과학 학습은 과학 교과 내용의 경험을 말한다. 과학 교과 내용을 경험한다는 것은 과학 교과에 담겨 있는 주요한 개념, 원리, 법칙, 이론, 방법 등을 경험의 수준으로 풀어내어 그것을 '시도해 보고 (trying)', '겪어 보는 (undergoing)' 활동으로 바꾸어 주는 작업을 통해서 가능해 진다. 예를 들어, 물리학에서 중력의 법칙을 가르친다(경험시킨다)는 것은 그 법칙을 학생들의 이해 수준에 맞는 경험으로 바꾸어 풀어내고, 그 법칙을 재발견할 수 있도록 학생들이 그 법칙에 해당하는 경험을 해 보고 겪도록 만들어 줄 때 가능하다.

과학 지식은 전통적으로 과학교육 내용을 구성하는 가장 핵심적인 요소로 간주되어 왔

다. 지식은 명제적 지식과 절차적 지식으로 구분할 수 있다. 명제적 지식은 과학의 개념, 법칙, 이론을 아는 것이고, 절차적 지식은 과학 하는 방법을 아는 것이다. 과학교육에서 볼 때 과학의 개념, 법칙, 이론은 명제적 지식에 속하고, 과학 하는 방법을 익히는 것은 절차적 지식에 속한다고 볼 수 있다.

과학 학습 내용을 선정하는 데 있어서는 다음과 같은 원리가 고려되어야 한다. 첫째, 과학교육의 일반적 목표와 구체적 목표 달성에 도움을 주는 학습 내용을 선정해야 한다. 둘째, 과학적으로 옳은 것으로 과학자 사회가 인정하는 내용을 선정해야 한다. 셋째, 과학을 구성하는 기본적이고 본질적인 내용을 선정해야 한다. 넷째, 사회의 유지와 변화에 도움을 주는 내용을 선정해야 한다. 다섯째, 학생의 성장과 자아실현에 도움을 주는 내용을 선정해야 한다. 여섯째, 학생들의 능력과 학습 여건 등을 고려하여 학습이 가능한 내용을 선정해야 한다.

과학 학습 내용의 조직은 과학교육 목표의 달성을 위하여 학습 내용 구성 요소들을 효과적으로 배치하는 것을 말한다. 과학교육이 학습자의 과학 경험을 통해 완성된다는 점에서 과학교육 내용이 학습자의 수준에 맞추어 조직되어야 한다는 것은 당연하다. 과학교육 내용의 조직은 수평적 조직과 수직적 조직으로 나누어 생각해 볼 수 있다. 수평적 조직은 같은 시간대에 과학교육 내용들을 배치하는 것을 말하며, 수직적 조직은 시간의 연속성을 토대로 교육내용을 배치하는 것을 말한다. 범위(scope)와 통합성(integration)은 수평적 조직을 만들 때 고려하는 원리이며, 계열성(sequence)과 수직적 연계성(vertical articulation)은 수직적 조직을 구성할 때 사용하는 원리이다. 과학교육에 있어서는 개념적 범위와 통합 그리고 연계성도 중요하지만 과정적 범위와 연계성도 중요하다. 명제적 지식과 절차적 지식을 모두 포괄하여 의미 있게 구성할 필요가 있으며 상세하게 분류하여 체계적으로 단계화하고 학생들의 능력 수준에 맞추어 제시할 필요가 있다.

03

세계의 과학과 교육과정의 변천

1957년 러시아 (구 소련)가 세계 최초로 인공위성을 발사하게 되면서 미국을 중심으로 초등학교, 중학교, 고등학교 과학교육에 변혁의 바람이 불기 시작하였다. 1960년대와 1970년대에 미국에서는 ESS, PSSC, BSCS 등과 같은 소위 알파벳 프로그램이라고 불리는 많은 과학교육 프로그램들이 개발되었고, 영국에서는 너필드 과학 프로그램들이 개발되었다. 우리나라는 1960년대 후반부터 미국과 영국에서 개발된 초·중등과학교육 자료 및 너필드 학습 자료를 도입하여 번역하고 연구학교를 운영하면서 과학교육의 연구와 진흥 활동에 눈뜨기 시작했다. 여기에서는 1960년대 이후의 과학과 교육과정에 대해 알아본다.

▎1960－1970년대 미국과 영국의 과학과 교육과정

미국

미국의 경우, 1950년대 후반에 소위 '스푸트니크 쇼크 (Sputnik Shock)'라 불리는 미국 과학기술계의 위기 상황을 맞으면서 초등, 중등학교의 과학교육 개혁이 시작되었다. 맥코믹 (McCormack, 1992)은 이것을 미국의 제1차 과학교육 개혁운동이라고 불렀다. 미국의 제1차 과학교육 개혁운동 (1957~1978)은 뿌리 깊은 고전주의, 사실의 암기, 강의 중심 수업, 시대에 뒤진 교육과정 등에 대한 반동이었으며, 탐구 학습을 통해서 과학의 개념 체계를 이해시키고, 많은 학생들이 장차 과학 분야의 직업을 가지도록 유도하는 데 그 목적이 있었다. 1970년대 후반까지 이루어진 이 시기의 과학교육은 진보주의 교육 철학 즉, 생활 중심 교육과정에 대한 교육적 반성과 함께 시작되었다. 이에 매우 강력한 학문중심 교육 과정이 대두되었다.

이때 개발된 대표적인 미국의 초등 과학교육과정이 ESS (Elementary Science Study), SAPA (Science: AProcess Approach), SCIS (Science Curriculum Improvement Study)이다. ESS와 SCIS는 과학의 기본 개념 체계에 바탕을 두고 탐구 활동을 강화한 프로그램이며, SAPA는 그 이름이 의미하는 바와 같이 관찰, 측정, 분류, 추리, 예상 등과 같은 탐구 과정에 초점을 두고 개발된 프로그램이다.

중학교 과학과 교육과정은 ESCP (Earth Science Curriculum Project), IPS (Introductory Physical Science), ISCS (Intermediate Science Curriculum Study) 등이 있다. ESCP는 중학교 3학년 학생들을 위한 것으로, 지질학, 천문학, 기상학, 해양학을 포함하는 지구과학 교육과정으로서 실험실과 야외 조사 활동 등 학생들의 과학적 탐구를 강조하였고, 현재는 10-11학년에도 적용되는 사례가 있다. IPS는 1년 과정의 중학교 물상 과정 (물리와 화학 내용)으로 역시 실험실 활동 등 학생의 탐구를 강조하였다. 그리고 ISCS는 통합 과학으로서 중학교 7, 8, 9학년 (3년 과정)용으로 개발되었는데 7학년에서는 주로 에너지 개념을, 8학년에서는 주로 물질 개념을 학습하도록 되어 있고, 9학년에서는 생물과 지구과학 영역을 학습하도록 되어 있다 (정연태, 1984; Trowbridge & Bybee, 1990).

PSSC, CHEM Study, BSCS 등은 고등학교용 교육과정으로 개발되었다. PSSC는 실험판을 먼저 내고 2년 (1958~1959)에 걸친 시험적용을 거친 다음, 1960년에 발행되었다. 이후 교사들의 의견과 학생들의 반응을 검토하여 1965년에는 제2판을, 1970년에는 제3판을 발행하였다. 이때 함께 개발된 자료로는 교사용 지도서, 실험지침서, 과학 읽기 자료, 우수아를 위한 고급 토픽들, 실험 기구, 필름, 표준화된 검사지 등이다. 고등학교 화학과정으로는 CBA (Chemical Bond Approach)가 최초로 개발되었으나, 널리 사용된 것은 그 후에 개발된 CHEM (Chemical Education Materials) Study이다. 이때 함께 개발된 자료로는 교사용 지도서, 실험지침서, 필름, Programmed Instruction 팜플렛, The CHEM Study Stories, 성취도 검사지, 뉴스레터 등이다. 고등학교 생물과정으로는 BSCS가 있다. BSCS에서는 강조점을 달리하는 세 종류의 교과서를 개발하였는데 녹색판은 생태계를, 청색판은 분자와 생화학을, 황색판은 세포를 강조한 것이다. 이 때 함께 개발된 자료로는 교사용 핸드북, 종합 검사지, 필름, 슬라이드, 뉴스레터, 실험과 아이디어의 상호 작용 (Interaction of Experiments and Ideas), 패턴과 과정, 실험서, 실험실 혁신 (Laboratory Innovation),

중등학생을 위한 생물 조사, 생명의 유형 (pattern), 기타 특별 출판물 등이다 (정연태, 1984).

영국

영국의 과학교육과정은 하나로 일반화되어 있지 않으며, 너필드 재단, 학교 위원회, 과학교육학회 (ASE), 각 대학의 과학교육연구소 등에서 과학교육과정을 위한 여러 제안이나 교재들을 개발하여 제공해 왔다. 지난 60년대와 70년대에 영국에서 개발된 과학교육 혁신 프로그램은 150가지가 넘는다.

초등학교와 중등학교의 과학교육과정 운영은 모두 학교 교사에게 일임되어 있다. 필요한 경우에는 과학 주임 교사나 과학교사들이 장학사나 지방 교육청의 도움을 받아 자유롭게 작성할 수도 있다. 그러나 실제적으로는 교사들은 8개의 GCE (General Certificate of Education)와 14개 지역의 CSE (Certificate of Secondary Education) 시험국에서 제시한 교육과정 (교수요목)을 중심으로 학생들을 가르치고 있다. 개발된 중등학교 과학과정으로는 통합과학 (SCISP, 13~16세), O−level 물리, 화학, 생명과학 (11~16세), 대입 준비과정으로 A−level 물리, 화학, 생명과학 등이 있다.

지역에 따라 다르지만 중등학교 1−2학년(11~12세) 학생은 대체로 종합과학 형식으로 배우고 있었으며, 중등학교 3−5학년(13~15세) 학생은 물리, 화학, 생물의 분리된 과목으로 선택하여 학습하였다.

1980−1990년대 미국, 영국, 일본의 과학과 교육과정

미국

학문중심 교육과정에 대한 비판이 강하게 제기되던 1970년대 후반, 미국의 국립과학재단 (National Science Foundation, NSF)은 'Project Synthesis'라는 연구 사업을 지원하였다. Project Synthesis 연구팀은 5개의 하위 그룹인 생물학, 물리학, 탐구, STS, 초등과학으로 구성되었으며, 'The Status of Pre-College Science, Mathematics and Social Science Education: 1955−1975', 'Case Studies in Science Education', '1977 National Survey of Science, Mathematics and Social Education' 등의 연구들이 진행되었다. 연구 결과, Project

Synthesis 연구팀은 과학교육에서 과학 내용에만 치중하지 말고 개인의 요구 만족과 사회적 문제 해결, 직업에 대한 인식 등을 고려해야 한다고 제안하였다. 이와 같이, 국립과학재단(NSF)이 지원하여 진행된 Project Synthesis 연구는 STS 운동, 또는 STS 과학교육을 지향하는 데에 선구적 역할을 했으며, 이에 대한 이론적 근거를 마련했다고 할 수 있다 (AAAS, 1993).

뒤이어 1983년에는 교육의 수월성을 위한 국가위원회 (National Commission on Excellence in Education, NCEE)가 '위기에 처한 국가 (A Nation at Risk)'라는 보고서를 발표하였다. 이 보고서는 미국 학교 교육의 문제점을 분석하고, 교육 체제에 대한 재고와 개혁의 요구를 강하게 불러 일으켰다. 구체적으로는 과학교육의 낙후성을 지적하고, 고등학교 과학은 과학 지식과 개념, 탐구 과정과 논리적 사고, 일상생활에서의 과학 지식 적용, 과학과 기술의 발달이 사회와 환경에 주는 영향 등의 내용을 포함하는 '모든 미국인을 위한 과학교육 (Science for All Americans)'을 제안하였다.

맥코믹 (McCormack, 1992)에 의하면, 앞서 말한 스푸트니크 쇼크 이후의 강력한 학문중심 과학교육과정을 1차 과학교육 혁명이라고 한다면, Project Synthesis 연구 이후 전개된 'STS 과학교육' 혹은 '모든 이를 위한 과학교육'을 2차 과학교육 혁명이라 할 수 있다. Project Synthesis 연구와 '위기에 처한 국가 (A Nation at Risk)' 보고서의 결과가 발표되어 STS 과학교육에 대한 관심이 촉발된 이후, 1989년에 미국과학진흥협회 (American Association for the Advancement of Science, AAAS)는 'Project 2061'이라는 연구 사업을 통해 고등학교를 졸업한 사람이면 누구나 갖춰야 할 과학적 소양 (scientific literacy)에 대한 필요성을 역설하고, '모든 미국인을 위한 과학'을 추구하였다.

과학에서의 통합 개념과 과정
탐구로서의 과학
물상과학 (physical science)
생명과학
지구와 우주 과학
과학과 기술
개인적 사회적 관점에서의 과학
과학사와 과학의 본성

계,   순서,   조직
증거,   모형,   설명
변화, 항상성, 측정
진화와 평형
형태와 기능

그림 3.1 '국가과학교육표준'의 내용 표준 영역   그림 3.2 '국가과학교육표준'의 통합 개념과 과정

미국에서는 1996년에 미국 최초로 국가 과학교육과정에 해당하는 국가과학교육표준(National Science Education Standards)을 개발하였다. 이 '국가 과학교육 표준'(NRC, 1996)에 제시된 내용 표준은 학생들이 교육을 이수한 결과로 무엇을 알아야 하고, 무엇을 가치화 해야 하고, 무엇을 행해야 하는지에 대해 기술하고 있다. 이 내용 표준은 과학적 소양을 정의하고 있고 일반적으로 탐구적인 활동들을 하고난 다음, 학생들이 자연과학의 기본 개념을 이해하고 능력을 발달시켜야 한다고 기술하고 있다. 내용 표준은 또한 과학과 기술 사이, 개인 관점과 사회적 관점 사이, 그리고 역사적 상황과 과학사 사이의 중요한 연관성을 포함하고 있다. '국가 과학교육 표준'은 8개 영역의 내용 표준을 가지고 있다. 이 영역들은 [그림 3.1]에 제시되어 있다.

첫 번째 영역은 분과 과학의 경계를 넘어서 이루어지기 때문에 유치원에서부터 12학년까지의 기준을 함께 제시하였다. 제시된 통합 개념과 과정은 [그림 3.2]와 같다.

나머지 7개의 영역은 K−4, 5−8, 9−12 학년군 수준을 위한 표준들을 가지고 있으며, 각 영역별 내용을 보면 <표 3.6>과 같다.

미국의 국가 과학교육표준에서는 내용 표준 외에도 '개인과 사회적 관점 표준에서의 과학 관련 개념 조직' 체계와 <표 3.7>과 같이 과학의 역사와 과학의 본성 표준에 대한 개념

표 3.6 물상과학(Physical science), 생명과학, 지구와 우주과학 표준의 개념 조직

구분	K−4	5−8	9−12
물상과학	· 물체와 물질의 성질 · 물체의 위치와 운동 · 빛, 열, 전기와 자기	· 물질의 성질과 변화 · 운동과 힘 · 에너지의 전환	· 원자의 구조 · 물질의 구조와 성질 · 화학 반응 · 힘과 운동 · 에너지의 보존과 무질서의 증가 · 에너지와 물질의 상호작용
생명과학	· 생물의 특징 · 생물의 일생 · 생물과 환경	· 생물체의 구조와 기능 · 생식과 유전 · 조절과 행동 · 개체군과 생태계 · 생물의 다양성과 적응	· 세포 · 유전의 분자적 기초 · 생물학적 진화 · 생물체의 상호의존성 · 생물체 내의 물질, 에너지, 조직 · 생물의 행동
지구와 우주과학	· 지구 구성 물질의 성질 · 천체 · 지구와 하늘의 변화	· 지구의 구조 · 지구의 역사 · 태양계 속의 지구	· 지구계의 에너지 · 지구화학적 순환 · 지구계의 기원과 진화 · 우주의 기원과 진화

표 3.7 과학의 역사와 본성 표준에 대한 개념 조직

과학의 역사와 본성 K-4	과학의 역사와 본성 5-8	과학의 역사와 본성 9-12
· 인간 작품으로서의 과학	· 인간 작품으로서의 과학 · 과학의 본성 · 과학의 역사	· 인간 작품으로서의 과학 · 과학 지식의 본성 · 역사적 조망

표 3.8 탐구로서의 과학: 9-12학년 내용 기준에 대한 안내

	내용
9-12학년	9-12학년의 활동 결과로, 모든 학생은 과학적 탐구 수행에 필요한 능력을 개발해야 한다.
	9-12학년의 활동 결과로, 모든 학생은 과학적 탐구에 대한 이해를 개발해야 한다.

표 3.9 과학 기술 표준

K-4	5-8	9-12
· 자연물과 인공물의 구분 능력 · 과학기술을 이용한 실제 능력 · 과학기술에 대한 이해	· 과학기술을 이용한 설계 능력 · 과학기술에 대한 이해	· 과학기술을 이용한 설계 능력 · 과학기술에 대한 이해

조직도 개발하였다.

이 표준에서는 '탐구로서의 과학' 기준을 모든 학년에 공통적으로 '과학적 탐구 수행에 필요한 능력'과 '과학적 탐구에 대한 이해'로 두고, K-4, 5-8, 9-12학년의 세 수준으로 나누어 좀 더 세부적으로 제시하였다. <표 3.8>은 9-12학년 수준의 탐구를 예시한 것이다. 그리고 이 표준에서는 <표 3.9>와 같이 과학과 기술(science and technology) 표준도 제시하였다.

영국

1988년까지 영국 교육체제에 관한 중요한 법은 1944년에 공포된 교육법이었다. 그런데 1944년에 공포된 이 교육법에는 교육과정에 대해서 종교 교육 이외에 어떤 것도 명시해 놓고 있지 않았으며, 50년대 말까지도 교육과정에 대한 중앙의 정책은 거의 없었다. 즉, 영국의 정부는 교육과정에 대해 별다른 공식적 통제 권한을 가지고 있지 않으며, 그로 인

해 영국의 교육과정은 전형적인 분산 체제를 가지고 있었다 (김영민, 1992).

이러한 교육 체제가 대변환을 맞게 된 것은 1979년 보수당 집권 후인 1980년대부터이다. 영국의 교육 개혁은 기본적으로 현재의 영국 교육의 질이 낮다는 문제 인식 아래 다양한 측면에서 그 질을 향상시키고자 하는 것이었다. 보수당 정부는 교육의 질 향상이 무엇보다 학생 간, 또는 학교 간에 경쟁을 유발함으로써 이루어질 수 있는 것으로 보았다. 자유 시장 경제 원칙을 강조하는 보수당의 기본 입장이 교육 정책에도 그대로 반영된 것이다. 교육의 질 향상을 위한 영국 교육 개혁의 기본 방향은 1992년에 발간된 정부의 교육 백서인 '선택과 다양성: 학교를 위한 새로운 틀'에 실려 있다 (HMSO, 1992). 이 백서는 1980년대 이래 지속적으로 추진되어 온 영국의 교육 개혁 기본 과제를 ❶ 교육의 질 향상 ❷ 다양성 조장 ❸ 학부모의 학교 선택권 증진 ❹ 학교의 자율성 증진 ❺ 교육의 책무성 증진 등의 다섯 가지로 요약하여 제시하고 있다. 첫 번째 과제인 교육의 질 향상을 위해서 1988년의 교육 개혁법에서 국가 교육과정의 도입을 법제화하였다 (이용숙 외, 1994)

국가 교육과정에 포함되는 교과에는 10개의 기초 교과 (foundation subjects)가 있고, 이 중 수학, 영어, 과학은 핵심교과 (core subjects)로 불린다. 교과별 학습 내용은 몇 개 학년 또는 연령을 묶은 연령 단계별로 제시되며, 연령 단계의 구분을 위해서는 '주요단계 (Key Stage)'라는 개념이 사용되는데, 의무교육 기간인 5세~16세까지의 기간을 4개의 단계로 구분하고 있다. 각 단계의 구분은 <표 3.10>과 같다.

1995년에 대폭적으로 개정된 교육과정은 다음과 같은 비판으로 인하여 이루어졌다. 첫째, 10~20%의 시간을 학교 및 교사의 재량 시간으로 남겨둔다는 국가 교육과정 제정 초기의 의도와는 달리 실제로 부과된 학습량이 주어진 시간을 모두 할애해도 이를 감당할 수 없을 만큼 큰 부담이 된다. 둘째, 국가수준의 평가가 교사들에게 별로 새로운 정보를 제공해주지 않으면서 지나치게 많은 업무의 부담을 준다. 셋째, 평가 결과의 공개가 학교

표 3.10 영국의 연령 단계 구분

주요단계	학생의 연령	학년
Key Stage 1	5~7	1−2
Key Stage 2	7~11	3−6
Key Stage 3	11~14	7−9
Key Stage 4	14~16	10−11

의 실제적인 교육력을 올바르게 보여 주지 못하고 있다 등이다 (구자억 외, 1997). 따라서 학습량을 축소하고 국가 수준 평가 대상 과목을 영어, 수학, 과학 등의 핵심 교과로 대폭 축소하였다. 또한 최근 교수 (teaching) 요구사항을 더욱 명확히 하고 학교에 교육과정 개발의 융통성을 증가시키는 방향으로 교육과정이 개정되어, 2000년 8월부터 적용되도록 하였다 (윤병희 외, 1996).

이 영국 국가 교육과정에서 변화된 점은 다음과 같다 (QCA, 1999). 중등학교에 해당하는 주요단계 3 (Key Stage 3) 제 7, 8, 9학년과 주요단계 4 (Key Stage 4) 제 10, 11학년에서는 국가교육과정 외에 종교 교육 (religious education), 성교육 (sex education)이 필수로 부과되며, 제 9, 10, 11학년에서는 직업 교육 (careers education)도 필수로 부과된다. 국가 교육과정에 포함되는 교과인 과학은 핵심 교과로 분류되어 영어, 수학과 함께 중요 과목으로 다루어지고 있다. 2000년 8월부터 주요단계 제 1, 2, 3에 교육과정이 적용되었으며, 주요단계 4에는 2001년 8월부터 이 교육과정이 적용되었다. 의무교육 기간이 끝나는 16세 즉, 주요단계 4까지 과학은 필수로 모든 학생들이 공부하도록 되어있었다.

과학과 교육목표는 우리나라가 일반목표와 단원 목표로 제시했던 것과는 달리, '도달 목표 (attainment targets)'로 제시되어 있으며, 여기서 도달 목표란 '능력과 성숙도가 다른 학생들이 각각의 주요단계의 끝에 가지게 될 것이라고 기대되는 지식, 기술, 이해를 말한다'(1996년 교육법)라고 정의하고 있다. 도달 목표는 '과학 탐구, 생명과정과 생명체, 물질과 물질의 성질, 물리적 과정'이라는 4가지 내용 영역마다 어려움이 증가하는 순서를 따라서 수준 (level) 1~8의 수준 개요 (level description)와 수준 8의 특별한 수행 (exceptional performance) 수준으로 자세하게 제시하고 있다. 각각의 수준 개요는 그 수준에서 학습하고 있는 학생들이 특징적으로 증명해야 하는 수행의 형태와 범위를 묘사하고 있으며, 주요단계 1, 2, 3의 끝에서 학생들의 수행에 대한 판단을 내리는 기초를 제시하는 역할을 한다. 우리나라 2009 개정 교육과정에서 성취수준을 제시한 것은 영국의 도달목표 제시와 비슷한 측면이 있다.

도달 목표를 보면, 과학 지식의 이해면, 탐구 능력 신장에 대한 목표만 있지만 국가 교육과정을 통한 목표 즉, 정신적, 도덕, 사회, 문화적 발전을 촉진할 수 있는 능력, 주요 기술들 (예를 들면, 의사소통, 다른 사람과의 공동 작업, 자신의 학습과 수행을 개선하는 것)을 고려하고 있다. 또한 내용을 제시할 때 과학·기술·사회와 관련지어 제시하고 있는 것으로 보아서 과학적 태도와 과학·기술·사회와의 관계를 중요하게 생각하고 있음을 알 수 있다.

영국은 과학 내용을 학년별로 제시하는 것이 아니라 몇 개의 학년을 묶은 주요단계(Key Stage)로 제시하고 있어4 학교에서의 내용 편성에 있어서 재량권을 주고 있으며, 내용도 모든 주요단계별로 네 가지 영역 즉, 과학 탐구, 생명과정과 생명체, 물질과 물질의 성질, 물리적 과정의 네 영역으로 제시하고 있어 일관성을 강조하고 있다. 주요단계 4(Key Stage 4)에서는 초급(single)과 중급(double)으로 내용이 제시되어 있으며, 대부분의 학생들이 중급 통합과학이나 생물, 화학, 물리의 분과과학을 이수하도록 하고 있다. 주요단계 3과 4의 과학 내용은 <표 3.11>, <표 3.12>에 나타나 있다. 내용 제시는 '일상 상황에서 발생된 정전하의 사용들과 잠재적인 위험성에 대해서 학생들에게 가르쳐야 한다.', '아날로그와 디지털 신호 사이의 차이점과 어떻게 하면 더 많은 정보를 전송할 수 있는가에 대해

표 3.11 영국의 주요단계 3(Key Stage 3)의 과학과 내용

영역	주제	
과학적 탐구	· 과학에서의 아이디어와 증거	
	· 연구 기술들	계획하기, 증거의 수집과 제시, 증거를 고려하기, 평가하기
생명과정과 생명체	· 세포와 세포기능	
	· 유기체로서의 인간	영양, 운동, 생식, 호흡(breathing), 호흡작용(res-piration), 건강
	· 유기체로서의 녹색식물	영양과 성장, 호흡작용
	· 다양성, 분류, 유전	다양성, 분류, 유전
	· 환경 속에서의 생명체	적응과 경쟁, 먹이 관계
물질과 물질의 성질	· 물질을 분류하기	고체·액체·기체, 원소·화합물·혼합물
	· 물질을 변화시키기	물리적 변화, 지질학적 변화, 화학 반응
	· 행동의 패턴	금속, 산과 염기
물리적인 과정	· 전기와 자기	회로, 자기장, 전자석
	· 힘과 운동	힘과 직선운동, 힘과 압력
	· 빛과 소리	빛의 행동, 듣기, 진동과 소리
	· 지구와 우주	태양계
	· 에너지 자원과 에너지 이동	에너지 자원, 에너지 보존

---

4. 우리나라에서도 2009 개정 과학과 교육과정에서는 학년군으로 묶어 내용을 제시하고 있다.

서 학생들에게 가르쳐야 한다.'라고 하여 STS 접근을 강조하고 있는 것을 볼 수 있다. 우리나라의 경우 탐구에 대한 이해를 넓히기 위한 내용은 있지만 탐구 괴정 기능에 대한 구체적인 내용은 제시하고 있지 않음에 비해서 영국의 경우 '과학 탐구'라는 영역을 두고 과학에서의 아이디어와 증거의 중요성에 대한 내용과 연구 기술들을 구체적으로 가르칠 수있는 내용을 상세히 제시하고 있는 것이 특징적이다.

표 3.12   영국의 주요단계 4 (Key Stage 4)(중급)의 과학과 내용

영역	주제	
과학적 탐구	· 과학에서의 아이디어와 증거	
	· 연구 기술들	계획하기, 증거의 수집과 제시, 증거를 고려하기, 평가하기
생명과정과 생명체	· 세포 활동	
	· 유기체로서의 인간	영양, 순환, 호흡 (breathing), 호흡작용 (respiration), 신경계, 호르몬, 항상성, 건강
	· 유기체로서의 녹색식물	영양, 호르몬, 운반과 물의 관계
	· 다양성, 분류, 유전	변이, 유전, 진화
	· 환경 속에서의 생명체	적응과 경쟁, 에너지와 영양분의 전환
물질과 물질의 성질	· 물질을 분류하기	원자 구조, 결합
	· 물질을 변화시키기	유기체의 원천으로부터의 유용한 산물, 광석과 암석으로부터의 유용한 산물, 공기로부터의 유용한 산물, 정량적인 화학, 지구와 대기의 변화
	· 행동의 패턴	주기율표, 화학 반응, 반응률, 효소를 포함하는 반응, 가역 반응, 반응에서의 에너지 전환
물리적인 과정	· 전기	회로, 전기학의 중요부, 전하
	· 힘과 운동	힘과 가속도, 힘과 불균일한 운동
	· 빛과 소리	파동의 성질, 전자기 스펙트럼, 소리와 초음파, 지진파
	· 지구와 우주	태양계와 넓은 우주
	· 에너지 자원과 에너지 이동	에너지 전환, 일, 일률과 에너지, 전자기 효과
	· 방사능	

일본

일본 교육 개혁의 역사는 크게 세 가지로 구분해 볼 수 있다. 첫째는 메이지 유신기의 교육 개혁 (제1차 교육 개혁)이고, 두 번째는 전쟁 후 미국 점령기의 교육 개혁 (제2차 교육 개혁)이며, 세 번째는 1980년대 이후의 교육 개혁이다 (구자억 외, 1999). 여기에서는 1980년대 이후의 일본 과학과 교육과정에 대해 알아보고자 한다.

1980년대의 교육 개혁은 1984년 발족한 「임시교육심의회」를 중심으로 시작되었다. 「임시교육 심의회」는 ❶ 개성 중시의 원칙, ❷ 기초·기본의 중시, ❸ 창조성·사고력·표현력의 육성, ❹ 선택 기회의 확대, ❺ 교육 환경의 인간화, ❻ 평생 학습 체제로의 이행, ❼ 국제화에의 대응, ❽ 정보화에의 대응 등 8항목을 교육 개혁의 기본 방향으로 들었다. 이러한 기본 방향은 현재까지의 교육 개혁의 기저로 계승되어 추진되고 있다.

1990년대 교육 개혁은 80년대에 시작된 교육 개혁의 흐름을 이어오고 있는 것으로 이제까지의 「따라가기식」의 근대화 교육과는 달리 새로운 21세기 사회에 대응한 것으로서, 제14기, 제15기의 「중앙 교육 심의회」를 이어 발족한 제16기 「중앙 교육 심의회」 (1997년 4월)를 중심으로 전개되었다. 교육 개혁의 배경으로는 과학기술의 급속한 발달과 함께 정보화·국제화에 따른 사회적인 변화, 학교 교육의 문제, 가정교육의 공동화 현상을 들 수 있다. 이러한 문제의식에서부터 출발하고 있는 만큼 교육 개혁의 기본 방향은 이제까지 지식과 이해를 중시하는 학력관에서 벗어나, 관심, 의욕, 태도 등을 중시하는 새로운 학력관으로 전환할 것을 특히 강조하였다 (구자억 외, 1999). 이에 따라 「여유」 속에서 「생활력」을 함양하는 교육을 중시하며, 풍부한 인간성 교육과 교육제도의 개혁, 가정·학교·사회의 연대 강화, 국제화·정보화·과학기술의 발전 등 사회 변화에 대응하는 교육을 목표로 추진되고 있다. 여기서 '여유'란 정신적·시간적 여유를 총칭하는 것으로 '학교생활을 즐겁게 보낼 수 있는 여유'의 의미를 포함한다. '생활력'이란 이 교육 개혁에서 가장 중요한 개념으로서 앞으로의 사회에서 요구되는 능력과 자질로서, 첫째, 어떻게 사회가 변해 가더라도 자기 스스로 과제를 발견하고, 자기 스스로 배우며, 자기 스스로 생각하고, 주체적으로 판단하며 행동하고, 문제를 보다 잘 해결하는 자질과 능력을 기르고, 둘째, 스스로를 통제할 줄 알며, 타인과 협력하고, 다른 사람을 배려하는 마음과 감동하는 마음 등 풍부한 인간성, 셋째, 강건하게 살아가기 위한 건강과 체력 등을 의미한다.

교육 개혁의 내용으로는 ❶ 풍부한 인간성 함양을 위한 교육 ❷ 초·중등 교육의 개선 ❸ 교육과정의 개정과 엄선 ❹ 고등학교의 구조적 개혁 ❺ 입시제도의 개선 ❻ 교원 양성 제도의 개선 ❼ 고등교육의 개혁 등을 들 수 있다.

구체적인 제도 개혁으로는 학교 주 6일제에서 「학교 주 5일제」로의 전환, 「중고일관제」 확대 적용, 학교 중도 탈락자나 사회인들을 언제든지 학교 교육에서 수용할 수 있도록 탄력적인 학교 운영을 시도하고 있는 「단위제 학교」, 특성 있는 학교 만들기를 지향한 「종합학과 학교」 설치 등의 중등 개혁이 있다.

1990년대 말에 개편된 일본의 과학과 교육과정에 대해 설명하면 다음과 같다 (최경희, 송성수, 2002). 일본의 과학교과에는 중학교에서는 필수과목 '이과'와 선택과목 '이과'가 있으며 고등학교에서는 선택 과목으로 이과기초, 이과총합A, 이과총합B, 물리Ⅰ・Ⅱ, 화학Ⅰ・Ⅱ, 생물Ⅰ・Ⅱ, 지학Ⅰ・Ⅱ 등의 과학 과목이 있다. 고등학교에서는 선택필수로 이과기초, 이과총합A, 이과총합B, 물리Ⅰ, 화학Ⅰ, 생물Ⅰ, 지학Ⅰ 중 2과목을 필수로 이수하여야 하며, 이과기초, 이과총합A, 이과총합B 중 1과목 이상을 반드시 포함하도록 하고 있다. 중학교 교육과정 편제 및 시간 배당의 경우, 중학교 수업시간 수는 연간 총 시간제를 택하고 있으며, 「표준 시간」적 성격을 지니고 있어 각 학교에서 실정에 맞게 탄력적으로 학교 교육과정을 편성할 수 있도록 하였다. 중학교의 총 수업 시간 수는 1년에 980시간으로 이전의 1,050시간에서 상당히 많이 줄어든 것을 볼 수 있으며, 이는 주 5일제 실시에 따른 결과이다. 과학과목인 '이과'는 필수과목으로 1, 2학년에서는 이전과 변함없이 105시간이나 3학년에서 105~140시간에서 80시간으로 대폭 축소되었음을 볼 수 있다. 주당 수업시간수로 환산하면, 이것은 중학교 1, 2학년은 이전과 변함없이 주당 3시간이나, 3학년은 주당 3~4시간에서 주당 2.3시간으로 줄어든 것이다. 그러나 총 수업 시간 수에 대한 '이과' 과목 수업시간수의 비율을 보면 중학교 3학년의 경우는 10~13%에서 8.2%로 현저히 떨어진 것을 볼 수 있지만 중학교 1, 2학년의 경우는 10%에서 오히려 10.7%로 증가한 것을 볼 수 있다.

고등학교에서 과학교과의 편제와 표준 단위 수는 <표 3.13>과 같다. 고등학교의 과학교과는 선택 과목이지만 필수 선택이 있어 최소 4~5단위를 이수하게 되어 있다. 필수 이수 시간도 이전의 4~8단위보다 줄어들었으며, 이는 새 교육과정의 전체 수업 시수의 감축에 따른 당연한 결과라고 할 수 있다.

일본의 과학 교과의 목표는 교과목별로 총괄 목표로 서술되어 있으며, 중학교의 '이과' 교과목만 총괄목표를 제시한 후, 제1분야 (물상과학), 제2분야 (생물・지구과학)로 나누어 각 분야별로 세부목표를 제시하고 있다. 우리나라와 마찬가지로 지식・이해면, 탐구 능력, 과학적 태도를 기르는 것을 목표로 하고 있으며, 우리나라는 과학・기술・사회와의 관계를 강조한데 비해서 일본은 과학적인 견해와 사고방식, 과학적인 자연관을 갖게 하는 것을

표 3.13 일본의 고등학교 과학교과의 편제와 표준 단위 수

영역	교과목	표준 단위 수*	필수 선택	비고
이과	이과기초	2	2과목	이과기초, 이과총합A, 이과총합B 중 1과목 이상 포함
	이과총합A	2		
	이과총합B	2		
	물리 I, 화학 I, 생물 I, 지학 I	각각 3		
	물리 II, 화학 II, 생물 II, 지학 II	각각 3		

* 주당 1시간(50분)씩 35주 시행하는 수업

표 3.14 일본의 중학교 '이과'의 목표

자연에 대한 관심을 높이고, 목적의식을 가지고 관찰, 실험 등을 행하고, 과학적으로 조사하는 능력과 태도를 기름과 동시에 자연의 사물·현상에 대한 이해를 깊게 하며, 과학적인 견해와 사고방식을 기른다.

[제1 분야]의 목표

• 물질과 에너지에 관한 사물·현상에 대한 관심을 높이고, 그 가운데 문제를 발견하여 의욕적으로 탐구하는 활동을 통하여, 규칙성을 발견하고 과제를 해결하는 방법을 습득하게 한다.

• 물리적인 사물·현상에 대한 관찰, 실험을 행하고, 관찰·실험 기능을 습득하게 하고, 관찰, 실험의 결과를 고찰하여 스스로의 사고를 도출하여 표현하는 능력을 기름과 함께, 주변의 물리현상, 전류와 그 이용, 운동의 규칙성 등에 대하여 이해시키고, 이들 사실과 현상에 대한 과학적인 견해와 사고방식을 기른다.

• 화학적인 사물·현상에 대한 관찰, 실험을 행하고, 관찰·실험 기능을 습득하게 하고, 관찰, 실험의 결과를 고찰하고 스스로의 사고를 도출하여 표현하는 능력을 기름과 함께, 주변의 물질, 화학 변화와 원자, 분자, 물질의 화학 반응의 이용 등에 대해 이해시키고, 이들 사실과 현상에 대한 과학적인 견해와 사고방식을 기른다.

• 물질과 에너지에 관한 사물·현상을 조사하는 활동을 통해서, 일상생활과 관련시켜 과학적으로 생각하는 태도를 기름과 함께, 자연을 총합적으로 보는 것이 가능하도록 한다.

목적으로 하고 있다. 중학교 과학 교과인 '이과'의 목표는 <표 3.14>와 같다. 필수 과목인 중학교 '이과'의 내용은 <표 3.15>에 나타나 있는 바와 같이 우리나라처럼 학년별로 제시되는 것이 아니라, 물상과학 분야를 제1분야, 생물·지구과학 분야를 제2분야로 나누어서 제시하고 있으며, 중학교 3년간을 통하여 양 분야에 대략 같은 정도의 수업 시수를 배당하고 각 학년에서는 양 분야를 모두 취급하도록 하고 있다. 내용도 제시되어 있는 순서를 따르도록 하고 있어 우리나라에 비해 내용의 선정 조직의 자율성이 많다고는 할 수

표 3.15 일본의 중학교 '이과'의 내용

영역	대주제	소주제
제1분야	1. 주변의 물리현상	❶ 빛과 소리 ❷ 힘과 압력
	2. 주변의 물질	❶ 물질의 모양 ❷ 수용액
	3. 전류와 그 이용	❶ 전류 ❷ 전류의 이용
	4. 화학 변화와 원자, 분자	❶ 물질의 성질 ❷ 화학변화와 물질의 질량
	5. 운동의 규칙성	❶ 운동의 규칙성
	6. 물질과 화학반응의 이용	❶ 물질과 화학 반응의 이용
	7. 과학기술과 인간	❶ 에너지 자원 ❷ 과학기술과 인간
제2분야	1. 식물의 생활과 종류	❶ 생물의 관찰 ❷ 식물의 구조와 운동 ❶ 식물의 종류
	2. 대지의 변화	❶ 지층과 과거의 모양 ❷ 화산과 지진
	3. 동물의 생활과 종류	❶ 동물의 구조와 운동 ❷ 동물의 종류
	4. 대기와 그 변화	❶ 기상관측 ❷ 대기의 변화
	5. 생물의 세포와 생식	❶ 생물의 세포 ❷ 생물의 생식 방법
	6. 지구와 우주	❶ 천체의 운동과 지구의 자전, 공전 ❷ 태양계와 행성
	7. 자연과 인간	❶ 자연과 환경 ❷ 자연과 인간

없다. 그러나 제1분야 7의 ❷ '과학기술과 인간', 그리고 제2분야 7의 ❷ '자연과인간'에 대한 내용은 학생과 학교, 지역의 실정에 맞게 하나를 선택하게 하고 있어 우리나라와는 차이가 있다.

▌ 최근 세계의 과학과 교육과정

최근 과학교육계에서는 국제적으로 과학교육 내용표준 및 교육과정에 대한 연구가 활발하게 진행되어, 그 결과가 속속 발표되었다. 예를 들면, 미국의 경우, 국가 수준에서 모든 학생들이 추구해야 하는 과학교육 내용표준을 수준별로 제안하고, 그에 근거하여 각 주 정부는 과학교육표준을 별도로 제시하고 있다.

미국의 새로운 K-12 과학교육 틀(framework)

미국의 경우, 1996년 개발된 국가과학교육표준(NSES) 이후로, 연방정부 차원 또는 주 정부 차원에서 교육과정 및 교육과정의 내용 표준 연구가 활발하게 진행되어 왔다. 그 결과로 국가연구위원회(NRC, 2012)에 의해 K-12 과학교육을 위한 틀(A Framework for K-12 Science Education)이 개발되었다.

이 과학교육 틀에서는 과학과 공학의 실천, 과학과 공학 분야에 통용되는 관통 개념(cross-cutting concepts), 4 학문 분야(물상 과학, 생명과학, 지구와 우주 과학, 공학과 기술과 과학 응용)에서의 핵심 아이디어 등 K-12 과학교육의 세 차원이 제안되었다. 그 구체적인 내용은 <표 3.16>과 같다.

표 3.16 2012 미국 과학교육 틀의 세 가지 차원

---

1. 과학과 공학의 실천(Scientific and Engineering Practices)
   (1) (과학을 위한) 질문을 하고 (공학을 위한) 문제를 정의하기
   (2) 모형을 개발하고 사용하기
   (3) 탐구(investigation)를 계획하고 수행하기
   (4) 데이터를 분석하고 해석하기
   (5) 수학 및 전산적 사고(computational thinking)를 사용하기
   (6) (과학을 위한) 설명을 구성하고 (공학을 위한) 해결책 설계하기
   (7) 증거를 바탕으로 논증(argument)에 참여하기
   (8) 정보를 수집하고, 평가하고, 소통하기(communicating)

2. 관통 개념*(Crosscutting Concepts)
   (1) 유형(patterns)
   (2) 원인과 결과 : 기제(Mechanism)와 설명
   (3) 규모, 비례, 양
   (4) 시스템과 시스템 모형
   (5) 에너지와 물질 : 흐름, 순환, 보존
   (6) 구조와 기능
   (7) 안정성과 변화

3. 학문분야 핵심 아이디어
   • 물상 과학(Physical Sciences)
   -PS1 : 물질과 그의 상호작용
   -PS2 : 운동과 안정성: 힘과 상호작용
   -PS3 : 에너지
   -PS4 : 파동 그리고 정보 전달을 위한 파동의 기술적 응용

---

* 한국과학창의재단(곽영직 역, 2013)의 번역에 따름

- 생명과학(Life Sciences)
  - LS1 : 분자로부터 유기체 (organism)까지 : 구조와 과정
  - LS2 : 생태계 : 상호작용, 에너지, 역동성
  - LS3 : 유전(Heredity) : 형질 (traits)의 유전 (inheritance)과 변이 (variation)
  - LS4 : 생물학적 진화 : 단일성(unity)과 다양성
- 지구와 우주 과학(Earth and Space Sciences)
  - ESS : 우주에서의 지구의 위치
  - ESS2 : 지구계
  - ESS3 : 지구와 인간 활동
- 공학, 기술, 과학의 응용(Engineering, Technology, and Applications of Science)
  - ETS1 : 공학 설계 (engineering design)
  - ETS2 : 공학, 기술, 과학, 그리고 사회의 연계 (link)

그리고 이 과학교육 틀에서는 공학과 기술을 자연과학(물상과학, 생명과학, 지구와 우주과학)과 병행하여 가르치도록 되어 있다. 그 이유를 두 가지로 들고 있는데, 첫 번째 이유는 인간이 만든 세계 (human-built world)에 대한 이해의 중요성을 반추하게 하는 것이며, 두 번째 이유는 과학, 공학, 기술을 잘 통합하여 가르치고 배우는 것의 가치 (the value of better integrating)를 인식시키기 위한 것이라고 밝히고 있다. 그리고 이 틀이 개발되는 데 있어서의 기본 원리는 다음과 같다. 첫째, 아이들은 태어나면서부터 탐구자이다. 둘째, 핵심 아이디어와 실천에 초점을 둔다. 셋째, 이해력은 시간에 따라 발달한다. 넷째, 과학과 공학은 지식과 실천 둘 다 필요로 한다. 다섯째, 학생들의 흥미와 경험을 연결해 준다. 여섯째, 평등성을 증진시킨다.

이들 각 차원에 대해 좀 더 상세히 설명하면 다음과 같다.

실천 (practice)에서는 과학자들과 공학자들이 수행하는 세 가지 공통 범주의 활동을 [그림 3.3]과 같이 제시하고 이 활동들이 교실에서 연결되어 수행하도록 제안하고 있다.

과학교육 틀에서는 일곱 가지 관통 개념 (crosscutting concepts)을 설정하고, 이에 대해서 다음과 같이 설명하고 있다.

- **유형 (pattern)** : 형태와 사건들에 대해 관찰된 유형들은 조직하고 분류하는 데 기반이 되며, 이 유형들은 그들 사이의 관계와 그들에 영향을 주는 요인들에 대한 의문을 가지게 한다.
- **원인과 효과 – 기제와 설명** : 사건들은 원인을 가지며, 때로는 단순하고, 때로는 복잡하

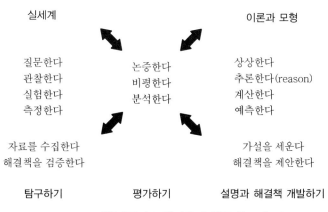

실세계

이론과 모형

질문한다
관찰한다
실험한다
측정한다

논증한다
비평한다
분석한다

상상한다
추론한다(reason)
계산한다
예측한다

자료를 수집한다
해결책을 검증한다

가설을 세운다
해결책을 제안한다

탐구하기   평가하기   설명과 해결책 개발하기

그림 3.3 과학자들과 공학자들이 활동하는 세 범주

다. 과학의 주된 활동은 인과적 관계들과 그 사이에 매개되는 기제를 조사하고 설명하는 것이다. 이러한 기작들은 주어진 상황들을 꿰어 검증될 수 있고 새로운 상황에서의 사건들을 예측하고 설명하는 데 사용될 수 있다.

- **규모, 비례, 양** : 현상을 다루는 데 있어, 무엇이 서로 다른 크기, 시간, 에너지 측정에 적절한지를 인식하는 것과 규모, 비례 또는 양에 있어서의 변화가 어떻게 시스템의 구조 또는 기능(performance)에 영향을 미치는지를 인식하는 것이 중요하다.

- **시스템과 시스템 모형** : 연구 중에 있는 시스템을, 그 경계를 상세화하고 그 모형을 분명하게 하여 정의하는 것은 이해를 위한 그리고 과학과 공학을 통해 적용될 수 있는 아이디어들을 검증하기 위한 도구(tools)를 제공해 준다.

- **에너지와 물질 – 흐름, 순환, 보존** : 시스템으로 출입하거나, 시스템 안에서의 에너지와 물질의 흐름을 추적하는 것은 시스템의 가능성과 한계를 이해하는 데 도움을 준다.

- **구조와 기능** : 한 개체 또는 생물체가 형체를 이루는 방식과 그 하부 구조(substructure)는 그것의 성질과 기능의 많은 부분을 결정한다.

- **안정성과 변화** : 자연적 시스템이든 인공적 시스템이든 둘 다 유사하게, 안정성의 조건들과 시스템의 변화율 또는 진화율 결정요인들(determinants)은 연구에서 결정적인(critical) 요소들이다.

NRC(2012)의 K–12 과학교육 틀의 과학교육 내용에서는 물상과학(physical science) 분야의 핵심 아이디어로 '물질과 그의 상호작용', '운동과 안정성: 힘과 상호작용', '에너지', '파동 그리고 정보 전달을 위한 파동의 기술적 응용'이 제안되었고, 생명과학 분야의 핵심 아이디어로는 '분자로부터 유기체 (organism)까지: 구조와 과정', '생태계: 상호작용, 에너지, 역동성', '유전 (Heredity): 형질 (traits)의 유전 (inheritance)과 변이 (variation)', '생물학적 진화: 단일성 (unity)과 다양성'이 제안 되었으며, 지구와 우주 과학 (Earth and Space Sciences) 분야의 핵심 아이디어로는 '우주에서의 지구의 위치', '지구 시스템', '지구와 인간 활동'이 제안되었고, 공학, 기술, 과학의 응용 (Engineering, Technology, and Applications of Science) 분야의 핵심 아이디어로는 '공학적 디자인', '공학, 기술, 과학, 그리고 사회의 연계 (link)'가 제안되었다. 이 틀에서는 기술, 공학, 과학의 응용에 대해 "기술 (technology)은 인간의 필요와 요구 (need and desires)를 만족시키기 위해 자연 세계에 어떤 수정을 가하는 것이다. 공학 (engineering)은 인간의 필요와 요구 (needs and wants)를 충족시키기 위해 대상 (objects), 과정 (processes) 및 시스템을 설계하는, 체계적이고 반복적인 접근이다. 과학의 응용은 더 많은 과학을 하기 위해서든, 생산물이나 과정, 또는 의학적인 처방을 계획하기 위해서든, 새로운 기술을 개발하기 위해서든, 인간 행동의 영향을 예측하기 위해서든, 어떤 특정한 목적을 위해 과학 지식을 사용하는 것을 말한다."라고 정의하고 있다.

이들 각각에 대해 좀 더 구체적으로 설명하면 <표 3.17>과 같다.

표 3.17 미국 과학교육 틀의 과학교육 내용

물상과학 **(Physical** **Sciences)**	• PS1: 물질과 그 상호작용 −PS1A: 물질의 구조와 성질, PS1B: 화학 반응, PS1C: 핵의 과정들 (nuclear processes) • PS2: 운동과 안전성 −힘과 상호작용 −PS2A: 힘과 운동, PS2B: 상호작용의 종류, PS2C: 물리 시스템에서의 안정성과 불안정성 • PS3: 에너지 −PS3A: 에너지의 정의, PS3B: 에너지의 보존과 에너지 전달, PS3C: 에너지와 힘의 관계, PS3D: 화학적 과정 (chemical processes)과 일상생활에서의 에너지 • PS4: 파동 그리고 정보전달 기술에서의 파동의 응용 −PS4A: 파동의 성질, PS4B: 전자기 복사, PS4C: 정보기술과 계측
생명과학 **(Life Sciences)**	• LS1: 분자로부터 개체 (organism)까지: 구조와 과정 −LS1A: 구조와 기능, LS1B: 개체의 성장과 발달, LS1C: 개체 내에서의 물질과 에너지 흐름을 위한 조직 (organization), LS1D: 정보 처리 및 전달 과정 (information processing)

	• LS2: 생태계: 상호작용, 에너지, 역동성 −LS2A: 생태계 내에서의 상호의존관계, LS2B: 생태계 내에서의 물질의 순환과 에너지 전달, LS2C: 생태계 역동성, 기능, 복원(resilience), LS2D: 사회적 상호작용과 집단행동 • LS3: 유전(Heredity): 형질(traits)의 유전(inheritance)과 변이(variation) −LS3A: 형질의 유전, LS3B: 형질의 변이 • LS4: 생물학적 진화: 단일성(unity)과 다양성 −LS4A: 공통조상(common ancestry)과 다양성의 증거, LS4B: 자연 선택, LS4C: 적응, LS4D: 생물 다양성(biodiversity)과 인간
지구와 우주 과학 (Earth and Space Sciences)	• ESS1: 우주에서의 지구의 위치 −ESS1A: 우주와 별, ESS1B: 지구와 태양계, ESS1C: 지구 행성의 역사 • ESS2: 지구의 시스템(Earth's Systems) −ESS2A: 지구 물질과 지구 시스템, ESS2B: 판구조론과 대규모 계의 상호작용, ESS2C: 지표면 변화과정에서 물의 역할, ESS2D: 날씨와 기후, ESS2E: 생물지질학(biogeology) • ESS3: 지구와 인간 활동 −ESS3A: 자연 자원, ESS3B: 자연 재해, ESS3C: 지구계에 주는 인간의 영향(impact), ESS3D: 지구 기후의 변화
공학, 기술, 과학의 응용 (Engineering, Technology, and Applications of Science)	• ETS1: 공학 설계 −ETS1A: 공학적 문제의 정의 및 한계 극복하기(delimiting), ETS1B: 가능한 해결책 개발, ETS1C: 설계 문제 해결의 최적화 • ETS2: 공학, 기술, 과학, 그리고 사회의 연계(link) −ETS2A: 과학, 공학, 기술의 상호 의존성, ETS2B: 공학, 기술, 과학이 사회와 자연 세계(natural world)에 미치는 영향

NRC (2012)의 K−12 과학교육 틀의 내용 배열 방법은 학년군 구분이 있는 반복 심화형이다. K−12학년을 4개의 학년군으로 구분하고, 각 학년군이 올라감에 따라 핵심 아이디어에 포함된 하위 개념들을 수준을 높여가며 심화시켜 학습시키는 방식으로 배치하였다. 예를 들면, 생물의 구조와 기능의 하위 개념인 구조와 기능, 개체의 생식과 생장, 개체 내에서 물질과 에너지의 흐름, 유전의 하위 개념인 형질의 전달, 형질의 변이, 생태계의 하위 개념인 생태계에서 생물들의 의존적인 상호작용, 생태계에서 물질의 순환과 에너지의 흐름, 생태계의 역동성과 안정성 그리고 복원력, 그리고 진화의 하위 개념인 공통조상과 다양성의 증거, 종 내 유전적 다양성, 자연선택과 적응, 생물학적 다양성과 인간 등의 개념들을 분산하여 배치하는 것이 아니라 모든 개념들을 K에서 12학년을 4개 학년군으로

구분하여 각 학년군에 반복하여 배치하였다. 그리고 생태계의 하위 개념을 제외한 나머지 하위 개념들을 저학년에서는 주로 개체 수준에서 포괄적으로 다루고, 고학년으로 갈수록 세포 수준으로 상세화하는 방식을 통해서 동일 개념을 심화하고 확장하였다.

일본의 최근 과학과 교육과정

일본의 과학과 교육과정 (문부과학성, 2009)의 물리 분야는 에너지를 중심으로 '에너지 분석', '에너지 전환과 보존', '에너지 자원의 지속가능한 이용'의 3가지의 영역으로 구분하고, 그에 해당하는 내용을 학년별로 제시하고 있다. '에너지의 전환과 보존'의 일부 내용인 '다양한 에너지와 그 전환 (열 전달 방법, 에너지 전환 효율 포함)', '에너지 자원 (방사선 포함)'과 '에너지 자원의 지속가능한 이용'의 내용인 '과학기술의 발전', '자연환경의 보전과 과학기술의 이용'은 화학과 연계하여 공통적으로 제시하고 있다.

3-4학년은 주변에서 쉽게 접하는 소재 중심으로, '바람과 고무가 하는 일', '빛의 성질', '자석의 성질', '전기가 지나는 길', '전기가 하는 일'을 다루고 있다. 단순히 현상을 관찰하고 확인하는 수준으로 구성된다. 5-6학년은 소재 중심에서 벗어나, '진자의 운동', '전류가 하는 일', '지렛대의 규칙성', '전기의 이용'의 내용을 주변에서 쉽게 접할 수 있고 이해하기 쉬운 소재들을 이용해 물리적인 원리를 설명한다. 중학교 1-3학년은 '힘과 압력', '빛과 소리', '전류', '전류와 자기장', '운동의 규칙성', '역학적 에너지', '에너지'의 내용으로 구성된다. 이 내용은 우리나라의 중학교 과학교육과정과 크게 다르지 않다. 다만, 중학교 3학년에서 '과학기술의 발전', '자연환경의 보전과 과학기술의 이용'의 내용으로 구체적이며 실질적인 과학, 기술, 사회 (STS)와의 상호작용을 학습하는 데 큰 비중을 둔다.

<표 3.18>은 일본 초·중학교 과학과 교육과정의 물리 내용 중 '에너지'를 중심으로 '에너지 분석', '에너지 전환과 보존', '에너지자원의 지속가능한 이용'의 세 영역으로 나누어 정리한 것이다.

일본의 과학과 교육과정 중 화학 내용 (문부과학성 , 2009)은 <표 3.19>와 같이 입자를 중심으로 입자의 존재, 입자의 결합, 입자의 보존성, 입자가 갖는 에너지의 4가지의 분류 틀로 구분하고, 그에 해당하는 내용을 학년별로 제시하고 있다. '에너지의 전환과 보존'의 일부 내용인 '다양한 에너지와 그 전환 (열 전달 방법, 에너지 전환 효율 포함),' '에너지 자원 (방사선 포함)'과 '에너지 자원의 효과적인 이용'의 내용인 '과학기술의 발전', '자연환경의 보전과 과학기술의 이용'은 물리와 연결하여 공통적으로 제시하고 있다.

표 3.18 일본의 초·중학교 과학, 「물리 기초」에서 「에너지」를 중심으로 한 내용 구성

학교급	학년	에너지		
		에너지 분석	에너지 전환과 보존	에너지 자원의 지속가능한 이용
초등학교	3	**바람과 고무가 하는 일** ·바람의 작용 ·고무의 기능 　　　**빛의 성질** ·빛의 반사·집광 ·빛이 나는 방법과 밝고 따뜻함	**자석의 성질** ·자석에 끌리는 것 ·같은 극과 다른 극 　　**전기가 지나는 길** ·전기가 통하는 연결 방법 ·전기가 통하는 물체	
	4		**전기가 하는 일** ·건전지의 수와 연결 방법 ·광전지의 기능	
	5	**진자의 운동** ·진자의 운동 ☆	**전류가 하는 일** ·철심의 자화, 극의 변화 ·자석의 세기	
	6	**지렛대의 규칙성** ·지렛대 평형, 그리고 무게 ·지렛대 평형의 규칙성 ·지렛대 이용(주변에 있는 지렛대를 이용한 도구)	**전기의 이용** ·발전·축전　　　　　·전기의 전환(빛, 소리, 열 등으로의 전환) ·전기에 의한 발열 ·전기의 이용(주변에 있는 전기를 이용한 도구)	
중학교	1	**힘과 압력** ·힘의 작용(힘과 용수철의 늘어남, 무게와 질량의 차이 포함) ·압력(수압 포함) 　**빛의 소리** ·빛의 반사와 굴절 ·볼록 렌즈의 작용 ·소리의 성질		
	2	**전류** ·회로와 전류·전압　　　·전류·전압과 저항 ·전기와 에너지(전력량, 열량을 포함) ·정전기와 전류(전자 포함) **전류와 자기장** ·전류에 의한 자기장 ·자기장에서 전류가 받는 힘 ·전자기 유도와 발전(교류를 포함)		
	3	**운동의 규칙성** ·힘의 평형(빛의 합성, 분해 포함) ·운동의 속도와 방향 ·힘과 운동 **역학적 에너지** ·일과 에너지(충돌, 일률 포함) ·역학적 에너지의 보존	**에너지** ·다양한 에너지와 그 전환(열 전달 방법, 에너지 전환 효율 포함) ·에너지 자원(방사선 포함)	**과학 기술의 발전** ·과학 기술의 발전☆ **자연환경 보전과 과학기술의 이용** ·자연환경 보전과 과학기술의 이용(제2분야와 공통)

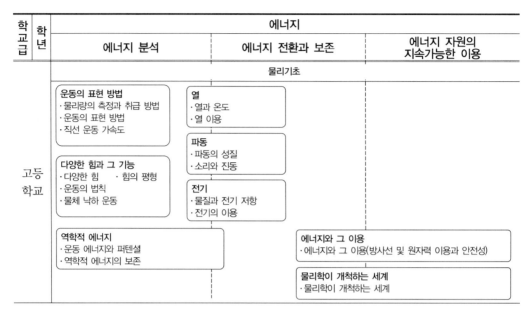

표 3.19 _ 일본의 초·중학교 과학, 「화학 기초」에서 「입자」를 중심으로 한 내용 구성

학교급	학년	입자			
		입자의 존재	입자의 결합	입자의 보존성	입자가 가진 에너지
초등학교	3			**물체와 무게** ·형태와 무게 ·부피와 무게	
	4	**공기와 물의 성질** ·공기 압축 ·물과 압축			**금속, 물, 공기와 온도** ·온도와 부피 변화 ·열이 전달되는 방법의 차이 ·물의 세 가지 상태 변화
	5			**물질이 녹는 방법** ·물질이 물에 녹는 양의 한도 ·물질이 물에 녹는 양의 변화 ·무게의 보존	
	6	**연소 장치** ·연소 장치		**수용액의 성질** ·산성, 알칼리성, 중성 ·기체가 녹아 있는 수용액 ·금속을 변화시키는 수용액	
중학교	1	**물질의 모습** ·수변의 불질과 그 성질 (플라스틱 포함) ·기체의 발생과 성질		**수용액** ·물질 용해 ·용해도와 재결정	**상태 변화** ·상태 변화와 열 ·물질의 녹는점과 끓는점
	2	**물질의 성립** ·물질의 분해 ·원자와 분자	**화학 변화** ·화합물 ·산화와 환원 ·화학 변화와 열	**화학 변화와 물질의 질량** ·화학 변화와 질량 보존 ·질량 변화의 규칙성	

학교급	학년	입자			
		입자의 존재	입자의 결합	입자의 보존성	입자가 가진 에너지
중학교	3	**수용액과 이온** ·수용액의 전기 전도성 ·원자의 성립과 이온 ·화학 변화의 전지 **에너지** ·다양한 에너지와 그 전환(열 전달 방법, 에너지 전환 효율 포함) ·에너지 자원(방사선 포함) **과학 기술의 발전** ·과학 기술의 발전☆ **자연환경 보전과 과학기술의 이용** ·자연환경 보전과 과학기술의 이용(제2분야와 공통)		**산·염기와 이온** ·산과 염기 ·중화와 염	
고등학교		화학 기초			
		물질의 구성 입자 ·원자 구조 ·전자 배치와 주기율표	**화학과 인간 생활과의 관계** ·인간 생활 속의 화학 ·화학과 그 역할 **물질과 화학 결합** ·이온과 이온 결합 ·금속과 금속 결합 ·분자와 공유 결합 **물질의 양과 화학 반응식** ·물질의 양 ·화학 반응식 **화학 반응** ·산·연기 중화 ·산화와 환원		**물질의 탐구** ·단체(홑원소 물질), 화합물, 혼합물 ·열 운동과 물질의 세 가지 상태

3-4학년에서는 입자의 보존성에 대해 다루며, 3학년에서는 무게에 초점을 맞춰 제시하고 4학년에서는 공기, 물, 금속 등 주변에서 쉽게 볼 수 있는 것들의 성질에 대해 다루고 있다. 5학년부터 중학교 1학년까지는 입자의 물질의 반응에 대해 배우며, 5학년에는 용해, 6학년은 연소, 중학교 1학년은 용해도와 재결정, 상태변화에 대해 학습한다. 중학교 2-3학년에서는 미시적 차원의수준으로 원자, 분자에 대해 다루고, 입자의 결합 등 물질들의 화학변화에 따른 성질변화에 대해 다루고 있다.

생물의 경우 '생명'을 중심으로 한 구체적 학습 내용은 <표 3.20>과 같다. 3-6학년까지는 군집과 생태계, 개체와 개체군, 조직과 기관 수준에서 생명의 조직적 구조, 물질대사와 에너지 이용, 환경에 대한 반응과 항상성, 생식과 생장에 대한 내용을 학습한다. 중학교에서는 3-6학년까지의 내용을 반복 심화하면서 3-6학년까지 다루지 않는 세포 이하의 개념과 유전과 진화에 대한 내용을 새롭게 학습한다.

표 3.20 일본의 초·중학교 과학, 「생물 기초」에서 「생물」을 중심으로 한 내용 구성

학교급	학년	생명			
		생명의 구조와 기능	생물 다양성과 공통성	생명의 연속성	생물과 환경의 관계
초등학교	3	**곤충과 식물** ·곤충의 성장과 몸의 구조 ·식물의 성장과 몸의 구조			**일상의 자연 관찰** ·주변의 생물의 모습 ·주변의 생물과 환경과의 관계
	4	**우리 몸의 구조와 운동** ·뼈와 근육 ·뼈와 근육의 기능(관절 기능 포함)	**계절과 생물** ·동물의 활동과 계절 ·식물의 성장과 계절		
	5			**식물의 발아, 성장, 결실** ·씨앗 속 양분 ·발아의 조건 ·성장의 조건 ·식물의 수분과 결실 　**동물의 발생** ·알 속의 성장☆ ·수중의 작은 생물 ·모체 내의 성장 ☆	
	6	**우리 몸의 구조와 기능** ·호흡 ·소화와 흡수 ·혈액 순환 ·주요 장기의 존재(폐, 위, 소장, 대장, 간, 신장, 심장) 　**식물의 양분과 물의 통로** ·녹말 생성 ·물의 통로			**생물과 환경** ·생물과 물, 공기와 관계 ·영양분과 생물의 관계
중학교	1	**식물의 구조와 기능** ·꽃의 구조와 기능 ·잎·줄기·뿌리의 구조와 기능	**식물의 분류** ·종자 식물 ·종자를 만들지 못하는 식물		**생물의 관찰** ·생물의 관찰
	2	**동물의 구조와 기능** ·생명을 유지하는 기능 ·자극과 반응	**생물과 세포** ·생물과 세포 **동물의 분류** ·척추 동물 ·무척추 동물 **생물의 변천과 진화** ·생물의 변천과 진화		
	3			**생물의 성장과 번식** ·세포 분열과 생물의 성장 ·생물의 번식 방법 **유전의 규칙성과 유전자** ·유전의 규칙성과 유전자 (DNA 포함)	**생물과 환경** ·자연계의 균형 ·자연환경 조사와 환경 보전(지구 온난화, 외래종 포함) **자연의 혜택과 재해** ·자연의 혜택과 재해☆ **자연환경 보전과 과학기술의 이용** ·자연환경 보전과 과학기술의 이용(제1분야와 공통)

학교급	학년	생명			
		생명의 구조와 기능	생물 다양성과 공통성	생명의 연속성	생물과 환경의 관계
고등학교		생물 기초			
		생물의 체내 환경 ·체내 환경 ·체내 환경 유지 구조 ·면역	생물의 특징 ·생물의 공통성과 다양성 ·세포와 에너지 식생의 다양성과 분포 ·식생과 천이 ·기후와 생물군계	유전자와 그 기능 ·유전 정보와 DNA ·유전 정보의 분배 ·유전 정보와 단백질 합성	생태계의 보전 ·생태계와 물질 순환 ·생태계의 균형과 보전

일본의 과학과 교육과정 (문부과학성, 2009)은 지구와 우주과학 내용을 지구의 내부, 지구의 표면, 지구의 주변의 3가지의 분류틀로 구분하고, 그에 해당하는 내용을 학년별로 제시하고 있다. '지구의 내부'와 '지구의 표면'의 일부 내용인 '생물과 환경,' '자연의 혜택과 피해'는 생물과 연결하여 공통적으로 제시하고 있으며, '자연환경의 보전과 과학기술의 이용'은 물리, 화학, 생물, 지구과학 모든 영역에서 공통적으로 제시하고 있다.

일본 교육과정 중 구체적인 지구과학 내용은 <표 3.21>과 같다. 3-4학년에서는 지구의 표면과 지구의 주변에 대해서만 다루며, 5학년에 들어와서야 비로소 지구의 내부를 지구의 표면과 함께 다루고 있다.

표 3.21 일본의 초·중학교 과학, 「지구과학 기초」에서 「지구」를 중심으로 한 내용 구성

학교급	학년	지구		
		지구의 내부	지구의 표면	지구의 주변
초등학교	3		태양과 지면의 모습 ·그늘의 위치와 태양의 움직임 ·지면의 따뜻함과 습기의 차이	
	4		날씨의 모습 ·날씨로 인한 하루의 기온의 변화 ·물의 자연 증발과 응결	달과 별 ·달의 모양과 움직임 ·별의 밝기, 색 ·별의 움직임
	5	유수의 작용 ·흐르는 물의 작용(침식, 운반, 퇴적) ·강의 상류·하류와 강가의 돌 ·비의 특징과 증수	날씨의 변화 ·구름과 날씨의 변화 ·날씨의 변화 예상	

학교급	학년	지구		
		지구의 내부	지구의 표면	지구의 주변
	6	**지각의 구조와 변화** ·지각의 구성물과 지층의 확장 ·지층이 만들어지는 방법과 화석 ·화산의 분화나 지진에 따른 지각의 변화☆		**달과 태양** ·달의 위치와 모양, 태양의 위치 ·달 표면 모습
중학교	1	**화산과 지진** ·화산 활동과 화성암 ·지진의 전달 방법과 지구 내부의 기능 **지층의 퇴적과 과거의 모습** ·지층의 퇴적과 과거의 모습		
	2		**기상 관측** ·기상 관측 **날씨의 변화** ·안개와 구름의 발생 ·전선 통과와 날씨 변화 **일본 기상** ·일본 날씨의 특징 ·대기의 움직임과 해양의 영향	
	3	**생물과 환경** ·자연계의 균형 ·자연환경 조사와 환경 보전 (지구 온난화, 외래종 포함) **자연의 혜택과 재해** ·자연의 혜택과 재해☆ **자연환경 보전과 과학기술의 이용** ·자연환경 보전과 과학기술의 이용 (제1분야와 공통)		**천체의 운동과 지구의 자전·공전** ·일주운동과 자전 ·연주운동과 공전 **태양계와 항성** ·태양의 모습 ·달 운동과 모양(일식, 월식 포함) ·행성과 항성(은하계 존재 포함)
고등학교		지구과학 기초		
				우주의 구성 ·우주의 모습 ·태양과 항성
		행성으로서의 지구 · 태양계 속의 지구 · 지구의 모양과 크기 · 지구 내부의 구조		
		활동하는 지구 · 판의 이동 · 화산 활동과 지진 **변화하는 지구** · 지층의 형성과 지질 구조 · 고생물의 변천과 지구 환경	**대기와 해양** · 지구의 열수지 · 대기와 해수의 운동 **지구의 환경** · 지구 환경 과학 · 일본의 자연 환경	

🔷 과학 · 기술 · 공학 · 수학 (STEM) 교육의 세계적 동향

STEM (Science, Technology, Engineering and Mathematics)은 2000년대 초 미국 국립 과학재단 (NSF)에서 과학, 기술, 공학, 수학의 약칭으로 사용되었던 용어를 교육정책이나 교육관련 연구에서 자주 사용하면서 오늘날 과학교육 개혁의 핵심키워드가 되고 있다.

STEM의 국외 동향

과학교육의 선진 국가들은 STEM에 대한 시대적 요구 및 교육적 필요성을 반영하여 학교 교육현장에 적극적으로 적용 · 실천하고 있다.

(1) 미국의 STEM 교육

미국은 21세기의 변화와 도전에 적합한 글로벌 시대의 경쟁력을 확보하기 위해 STEM (과학, 기술, 공학, 수학) 교육을 강조하고 있으며, 국가 발전의 기초로서 과학, 수학의 학교 교육을 강조하고 있다 (U.S. Department of Education, 2007). 미국 STEM 교육은 처음에는 이공계 교과들을 통칭하는 의미로 사용되었으나, 최근 들어서는 과학, 기술, 공학, 수학 등의 교과중심의 통합 교육을 의미하는 것으로도 사용되고 있다. 미국 과학교육 개혁에 있어서 주도적인 역할은 국가과학위원회 (National Science Board, NSB)가 하고 있다. NSB는 1950년 의회에 의해 설치되었으며 국가과학재단 (NSF)을 감독하며 그 정책을 수행할 뿐만 아니라 과학과 공학에 대한 연구 및 교육에 대한 국가적 정책 현안들에 대해 대통령과 의회에 독립적인 자문을 시행한다. NSB는 이런 역할이 국가의 경제적 성공과 안보에 결정적 역할을 한다고 보고 있다. 또한 과학과 기술이 생활에 미치는 영향이 증대 되어감에 따라 모든 국민들이 민주시민으로서의 올바른 선택과 결정을 할 수 있도록 과학적 소양과 관련 지식을 획득하여야 한다고 주장한다. NSB는 특히 21세기의 과학과 공학관련 분야의 요구에 부응하는 인력을 양성하기 위해 STEM 교육을 통한 융합적 사고의 교육을 중요하게 여기고 있다.

미국에서는 2006년에 STEM 교육의 필요성이 주장된 뒤 NSB와 NSF에서는 2010년에 STEM 혁신에 대한 다음 세대 준비 (Preparing the Next Generation of STEM Innovation) 라는 보고서에서 STEM Innovator 양성을 위한 3가지 핵심 권고사항을 다음과 같이 제시하였다 (백윤수 외, 2011).

- **첫째** : STEM 교육을 통한 수월성 교육 제공, 소외지역, 계층에 교육기회 제공, 영재 교육을 위한 국가적 DB 구축
- **둘째** : 다양한 재능에 대해 영재성을 평가받고 기를 수 있도록 기회 확대
- **셋째** : STEM 친화적 교육을 위한 사회적 분위기 고양 및 학교 확보

그 후 2011년에 공표된 과학교육표준틀에는 삼차원적 구조의 하나로 '과학−공학의 실행' (science-engineering practice)이 한 차원으로 들어 있고, 다른 한 차원인 '관통 개념' (crosscutting concept) 속에는 공학적 요소로, 유형 (pattern), 기제와 설명, 시스템, 시스템 모델 등이 들어 있다. 또한 '교과 핵심 아이디어' (Disciplinary Core Ideas)에는 물상과학, 생명과학, 지구와 우주 과학 외에, 공학, 기술, 응용과학, 공학과 설계 (design), 과학· 기술·공학·사회의 관계가 들어 있다.

한편, 미국은 STEM 교육 개혁의 정착 및 발전을 위하여 해결해야 하는 과학교육의 문제점을 다음과 같이 정리하였다.

- **첫째** : 2003년 PISA TEST 과학 분야에서 참여국 중에서 19위의 부진한 성적
- **둘째** : 대학 신입생 중 약 30%의 학생들이 수학과 과학 관련 보충수업을 받는 것과 같은 교육 시스템에 대한 문제
- **셋째** : 각 주들 간의 학교 시스템에 따라 STEM의 내용표준과 개념들에 대한 배열의 차이가 남으로써 성취기준에 생기는 공간적/수평적 문제
- **넷째** : 시간에 따른 종단적 관점에서, 학년에 따라 내용표준과 개념들에 대한 배열로 구성된 교육과정의 문제
- **다섯째** : 소수의 교사만이 STEM 교육을 받았을 뿐, STEM 교사의 전문성 개발의 기회를 위한 동기유발의 지원 시스템과 재원확보의 어려움

그리고 위와 같은 문제를 해결하기 위한 '국가의 STEM 교육 시스템의 통일성을 보장하라는 것'과 'STEM의 전문성 있는 유능한 교사들을 양성하라'는 두 가지의 권고사항을 제안하였다. 미국은 위와 같이 STEM 교육의 중요성을 인식하고, 목표를 달성하기 위한 제도 및 방법론에 대한 연구와 실행에 지속적인 노력을 하고 있다.

(2) 영국의 STEM 교육

영국의 교육 또한 국가경쟁력과 개인의 삶의 질을 높이기 위해 다음과 같은 과정이 진

표 3.22 디자인과 기술의 하위 영역 (백윤수 외, 2011).

① 영역지식	② 제품 및 응용	③ 실제 산출물 과제
제어, 건강 및 안전, 재료 및 구성, 질, 구조	탐색, 분석 및 평가 활동	기능 개발

④ 교과 교육과정의 연계성	⑤ 의사소통기능	⑥ 산업체 파트너십	⑦ 가치
과학, 수학, 정보과학, 환경교육, 경제, 예술	그래프, 모델링, 협동 작업, 구두발표	경제적, 산업화에 대한 이해	기술적, 사회적, 도덕적, 경제적, 미학적 차원과 연계

행되었다. 국가교육과정에서 디자인과 기술 (Design & Technology)을 모든 학년이 이수해야 할 교과로 지정하고, 미래 사회에서 경쟁력의 주축이 될 디자인과 문제해결활동에 적극적인 참여와 경험을 중요시하는 교육 개혁을 시도하고 있다.

초등학교부터 고등학교에 걸쳐 전 교과 영역과 연계되는 디자인과 기술 교육을 강화하였다. 영국의 디자인과 기술협회는 교육과학부 (Department of Education and Science, DES)에서 제시한 교육과정의 내용을 디자인과 기술에 접목하여 각 학년별로 다양한 교육 프로그램을 개발하여 보급하고 있다. 이 디자인과 기술의 특징은 다음과 같다.

- **첫째** : 교육내용은 '디자인하고 제품을 생산하는 것'을 핵심 교육내용으로 설정한다.
- **둘째** : 교육의 목표는 학생들이 우수한 상품을 개발하는 능력을 개발하고, 첨단 기술 중심 사회의 바람직한 시민을 양성하는 것이다.
- **셋째** : 정규 교육과정의 주요 교육내용인 소양 (literacy), 셈하기 (numeracy), 정보통신 기술 (ICT), 시민교육 (citizenship), 지속가능성 (sustainability) 등과 연계하여 제공한다.
- **넷째** : '디자인하고 제품을 생산하는 것'의 7개 하위영역을 제시한다 (<표 3.22>).

영국은 STEMnet (Science, Technology, Engineering and Mathematics Network)을 통해 학생들에게 STEM과 관련된 경험을 갖는 기회를 제공하고, 과학과 기술에 관한 소양을 함양하도록 적극적으로 장려하고 있다.

- **첫째** : STEMnet을 통해 영국의 모든 학급에서 STEM의 활동을 경험하고 학습에 대한 즐거움을 갖도록 함으로써, 지속적으로 STEM 교육과정을 개선한다.
- **둘째** : STEMnet을 통해 STEM 분야에서 교육받은 사람들과 기업 및 기관들을 연계

시킴으로써, 학생들이 장래 희망 직업 분야에 대한 명확한 아이디어를 갖도록 한다.

STEAM

STEAM은 미국 등을 중심으로 이루어지고 있는 STEM 교육에 예술 또는 인문사회 분야를 접목하여 과학수업에 예술적 교육기법을 접목하고자 하는 융합적 교육 방안이다. STEAM은 학생들의 과학기술에 대한 이해·흥미·잠재력을 제고하여 창의성, 직관력, 감성과 예술적 감각의 신장을 목적으로 한다. 미국의 Ohio 주, Florida 주, New York 주는 STEAM 교육을 적극적으로 시도하고 있다 (Platz, 2007).

마에즈 (Maes, 2010)에 의하면, 과학−기술−공학−수학의 융합교육의 결과가 개인의 창의성으로 발현되기 위해서는 반드시 예술과 인문학 (Arts)이 포함되어야 한다고 주장한다. 그는 과학−기술−공학−수학이 빛을 발하기 위해서는 직관, 설계, 감성, 예술이 필요하다고 주장했다.

한편 우리나라 교육과학기술부는 2011년도 과학 분야 업무 계획의 주요 골자를 '교육과 과학의 시너지 창출'로 하고 세계적 수준의 과학기술 인재를 육성하는 기반을 마련할 토대를 제안했다. 이에 따라 초중등 학교 단계에서부터 과학에 대한 흥미와 이해를 높이고 융합적 사고 능력을 키우는 교육의 강화 계획을 발표하였다 (교육과학기술부, 2010).

여기에서는 STEAM 교육을 통해 과학기술에 대한 꿈과 비전을 제시하고, 흥미와 이해를 높임으로써 우리나라 과학기술교육이 가진 문제를 해결하고자 한 것이다.

우리나라 과학과 교육과정의 변천

1945년 해방 이후에 우리나라의 교육과정은 교수요목기 (1946-1954)를 시작으로 제1차 교육과정기 (1954-1963), 제2차 교육과정기 (1963-1973), 제3차 교육과정기 (1973-1981), 제4차 교육과정기 (1981-1987), 제5차 교육과정기 (1987-1992), 제6차 교육과정기 (1992-1997), 제7차 교육과정기 (1997-2007)가 있었으며, 2007 개정, 2009 개정 (2011 개정 포함)을 거쳐 오늘에 이르고 있다.

교수요목기 (1946-1954)

정부가 수립되고 1949년에 교육법이 제정되면서 1949년부터 초등학교 4-6학년에서는 이과라는 과목으로 과학이 가르쳐졌으며, 초급중학교에서는 물상, 생물, 고급중학교 및 공업학교에서는 물리, 화학, 생물이라는 과목으로 가르쳐졌다. 당시의 교육법에는 각급학교에서 진리를 탐구하는 정신, 과학적 사고력을 배양하여 합리적인 생활을 하도록 하는 것을 목표로 과학교육을 시켜야 한다고 규정하고 있다 (정연태, 1984). 교수요목기의 자료는 구하기가 어렵다. '고급 중학교 과학과 교수요목'의 단원명 일부를 보면, 계량과 단위, 물성, 천체, 역, 전자기, 힘과 운동, 광(光) 등이 있다 (문교부, 1986).

제1차 교육과정기 (1954-1963)

1950년에는 6-3-3학제의 각급학교 교육과정 시간 배당 기준령이 제정되었으며, 1955년에 우리나라 최초의 과학과 교육과정이 공포되었다. 중학교에는 물상과 생물을 합하여 구성한 과학이 있었으며, 1, 2, 3학년에서 각각 주당 4, 3, 2시간씩 가르치도록 되어 있었다. 고등학교의 과학과 편제와 단위 수는 물리, 화학, 생물, 지학 네 과목 중에서 두 과목을 선택하여 배우도록 되어 있었으며, 단위 수는 한 과목당 8단위로 책정되어 있었다. 그러므로 전체적으로 과학을 배우는 단위 수는 16단위였다고 볼 수 있다 (정연태, 1984).

이 시기의 중학교 과학과의 목표는 최근과 달리 꽤 상세하게 되어 있었다. 중학교 과학과의 목표는 과학적 지식, 과학적 능력, 과학적 태도로 구분하여 기술되어 있었다. 지식에 있어서는 어떤 지식들을 가르쳐야 할 것인지, 능력에 있어서는 어떤 능력들을 가르쳐야 할 것인지, 태도는 어떤 것들을 길러야 할 것인지에 대해 꽤 상세하게 기술하고 있었다. 특히, 능력과 태도가 다른 어떤 시기의 교육과정보다 상세하게 기술되어 있었으며, 1차 교육과정에서는 지도 내용을 학년별, 단원별로 나누고 단원별 지도 목표와 지도 내용이 기술되어 있다.

이 시기에 제정된 고등학교 과학과의 목표는 "고등학교 과학과는 자연과학에 관한 기초적이며 응용적인 지식과 과학적 능력 및 태도를 체득시켜 합리적인 생활 향상을 도모하는 데 있다"이며, 하위목표는 과학적 지식, 과학적 능력, 과학적 태도로 나누어 과학적 지식에 5개항, 과학적 능력으로 15개항, 과학적 태도로 10개항을 기술하고 있다.

또, 이 당시 개발되었던 중학교 과학 및 고등학교 교과서를 통해 그 당시 고등학교 과학에서 학습한 내용을 알아볼 수 있다. 당시 중학과학 교과서는 단원명이 '천체는 우리 생활과 어떤 관계가 있나?', '불과 열은 우리 생활에 어떻게 이용되나?', '교통은 과학에 의하여 어떻게 발달되어 왔나?', '통신은 어떻게 진보시켰나?', '기계와 연모는 어떻게 일의 능률을 높이나?'와 같이 의문 문장의 형식으로 되어 있으며 학년당 6개의 단원으로 되어 있다 (정연태, 1984). 단원명과 내용으로 볼 때, 이 시기의 교육과정은 교과중심 교육과정, 그리고 생활 중심 교육과정이 강조되었음을 알 수 있다.

제2차 교육과정기 (1963-1973)

1963년도에 개정된 제2차 교육과정은 중학교의 경우는 제1차 교육과정과 마찬가지로 구성되었고 단지 시간 배당에 있어서만 1학년과 2학년은 주당 3–4시간, 3학년은 2–4시간으로 변경되었다. 그러나 고등학교의 경우는 모든 학생들에게 필수로 물리를 부과해야 한다는 입장을 취하고 있었다. 그래서 물리 I 과 물리 II 를 별도로 구성하고, 물리 I 은 6단위로 하여 인문, 직업, 예능계 학생들에게, 물리 II 는 12단위로 하여 자연계 학생들에게 필수로 공부하도록 하였다. 이렇게 만들어진 중학교 과학과의 목표를 보면 다음과 같다: ❶ 자연 사물 현상의 기초가 되는 원리 법칙을 이해하고, 그 응용이 인간 생활의 향상 및 발전에 공헌한 바가 큼을 인식하게 한다. ❷ 자연 사물 현상을 올바르게 관찰 실험하고, 그 속에서 문제를 발견하여 과학적으로 계획하고 처리할 수 있는 능력과 기계, 기구, 약품 등의 취급 및 동식물의 사육 재배를 합리적으로 하는 기능을 기른다. ❸ 자연과학의 기초 지식과 기능을 일상생활에 활용하는 능력과 미지의 것을 탐구하여 새로운 것을 만들어내는 태도를 기른다. ❹ 자연 사물 현상에 대한 관심을 깊게 하고, 자연 환경을 수호, 이용하며, 과학자의 업적을 존중하는 태도를 기른다.

이러한 목표를 바탕으로 하여 개발된 중학교 과학 내용을 보면 1학년에서는 물, 공기, 불, 지표와 그 변화, 주변의 식물, 주변의 동물, 2학년에서는 날씨, 자석과 전기, 산·알칼리·염, 식품과 영양, 인체, 힘과 운동, 3학년에서는 빛, 에너지, 교통과 통신, 화학변화, 위생, 자원의 개발과 관리, 생물의 발달, 태양과 우주 등을 학습하도록 구성되어 있었다.

이상에서 보는 바와 같이 제1차와 다르게 목표에서 내용적 요소가 삭제되고 순수하게 목표로 제시될 수 있는 것들을 원리와 법칙 이해, 탐구능력 신장, 실험 기능, 태도 등으로 구분하여 진술하고 있다. 또, 제1차 교육과정의 과학 내용에 비해 과학에 기초 개념을 위한 내용들이 상당히 들어갔으나 아직도 생활과 관련된 내용이 많이 남아 있었던 것을 볼 수 있다. 그 예로 과학 3학년의 ‘교통과 통신’ 단원의 내용을 보면 교통기관으로 자동차, 기차와 전차, 배, 비행기, 제트기관, 로켓, 교통시설로 도로, 교량, 철도, 비행장, 항만, 유선 통신으로 전신, 전화, 교환, 전파와 라디오로 진공관과 그 작용, 전파, X선, 라디오, 전송사진과 텔레비전 등이 들어 있다 (정연태, 1984).

고등학교의 경우에는 필수 과목인 물리 I 의 목표와 내용을 보면 전체적인 경향을 파악할 수 있다. 물리 I 의 목표는 다음과 같다: ❶ 자연계에서 일어나는 물리 현상에 관한 기본 원리 법칙과 물리량에 관한 개념을 이해시키고 직업 선정에 필요한 지식을 갖게 한다. ❷ 물리 현상에서 나타나는 여러 가지 문제를 실증적으로 해결하는 기능과 이것을 생활에 응용하는 능력을 기른다. ❸ 과학적 방법으로 사물을 처리하고 자연계의 여러 물리 현상을 생활에 활용하고 생활을 향상시키려는 태도를 기른다. ❹ 물리학자의 연구가 인류 문화 향상에 기여함이 큼을 인식시킨다. 물리I의 내용에서는 그 단원명을 보면 힘, 운동과 일, 열, 진동과 파동, 빛, 전기와 자기, 교류와 전파, 전자와 그 응용, 원자와 원자핵 등으로 구성되어 있어서 '교류와 전파' 외에는 제7차 교육과정까지 크게 변하지 않았다. 물리II에서는 단원명은 같지만 자연계로 진출하고자 하는 학생들을 위해 좀 더 심화된 내용을 다루도록 구성되어 있다. 이러한 경향은 다른 과목에서도 마찬가지이다 (문교부, 1986).

제3차 교육과정기 (1973−1981)

우리나라의 제1차 교육과정기이던 1950년대 중반에 미국에서는 대대적인 과학교육 혁신 사업이 벌어지고 있었다. 이렇게 개발된 각종 혁신적인 교육과정들이 1960년대 후반부터 한국에 영향을 미치기 시작하였으며, 급기야 교육과정 개편에 이르게 된다. 이 교육과정에서는 미국과학교사협회 (NSTA)에서 과학적 기본 개념으로 제안한 바 있는 8개의 개념을 바탕으로 과학교육의 기본 개념을 물질, 상호작용, 에너지, 변화, 생명 등 5가지로 선정하게 된다 (정연태, 1984).

1973년에 개정된 제3차 교육과정의 중학교 과학과의 목표를 보면 다음과 같다: ❶ 과학적인 기본 개념을 체계적으로 이해시켜, 자연을 과학적으로 고찰할 수 있게 한다. ❷ 과학적 방법을 체득시켜 자연의 규칙성을 발견하는 능력과 태도를 기른다. ❸ 자연에 대한 과학적인 탐구 과정에서 흥미와 즐거움을 느껴 계속 학습하려는 의욕을 가지게 한다. ❹ 자연에 대한 기본개념은 인간의 사고로 만들어지며, 계속 발전하고 있음을 깨닫게 한다.

이러한 목표를 바탕으로 하여 개발된 중학교 과학 내용을 보면, 1학년에서는 물질의 특성, 물질의 분리, 화합물과 원소, 지구의 물질과 지표의 변화, 생물의 종류 등을 학습하고, 2학년에서는 원자와 분자, 열에너지, 전기에너지, 태양에너지와 일기 변화, 생물과 환경, 자연과 인생 등을 학습하고, 3학년에서는 물질의 변화, 힘과 운동, 에너지의 전환, 태양계와 우주, 지각의 변화와 지구의 역사, 생명의 연속성, 물질대사 등을 학습하도록 되어 있었다 (문교부, 1986).

제3차 과학과 교육과정은 중학교의 경우 제1, 2차 교육과정과 많이 다르다고 할 수 있다. 생활과 관련된 내용은 거의 없고 기초 과학 개념 중심으로 교육과정이 편성되어 있음을 알 수 있다.

고등학교의 경우는 과학의 4과목을 모두 필수로 부과하던 것을, 인문계 학생들에게는 과학 4과목 중 2과목을 선택하여 과목당 8~10 단위씩 학습하도록 하였고 자연계 학생들에게는 4과목을 전부 과목당 8~10 단위씩 필수로 이수하도록 하였다. 목표와 내용의 제시 방식이 4과목 모두 동일하므로, 예시적으로 고등학교 물리 목표를 제시하면 다음과 같다. ❶ 물리 현상에 관한 기본 개념을 이해시켜 올바른 자연관을 가지게 한다. ❷ 과학적 탐구 방법을 통하여 자연의 규칙성을 스스로 발견하는 능력과 태도를 기른다. ❸ 물리 현상에 대한 과학적인 탐구 과정을 통하여 탐구 정신을 함양시키며, 계속 학습하려는 의욕과 흥미를 가지게 한다. ❹ 물리가 과학에서 차지하는 위치와 그 구실을 알게 하고, 국가 발전에 이바지하려는 태도를 기른다. 이러한 목표를 바탕으로 하여 개발된 물리 교과의 내용을 보면 힘과 운동, 에너지와 열, 파동과 빛, 전기와 자기, 원자와 원자핵 등 5개 단원으로 구성되어 있었다 (문교부, 1986).

이상에서 볼 때 우리나라 제3차 과학과 교육과정은 생활중심에서 벗어나 학문중심 교육과정 철학을 바탕으로 구성되었음을 알 수 있다.

▌ 제4차 교육과정기 (1981−1987)

당시 문교부에서 한국교육개발원에 위촉하여 연구 개발한 다음, 심의를 거쳐 1981년에 개정 공포된 제4차 교육과정은 중학교의 경우는 시간 배당뿐만 아니라 내용에 있어서도 거의 변화가 없고, 고등학교의 경우만 제2차 과학교육과정에서와 같이 각 과목을 Ⅰ과 Ⅱ로 나누어 구성되어 있다. 그러나 그 내용구성은 제2차 교육과정의 각 과목 Ⅰ 및 Ⅱ와는 다르다. 중학교 과학, 각 과목 Ⅰ 및 Ⅱ는 모두 목표, 내용, 지도 및 평가상의 유의점 체제로 되어 있으며, 목표에서 전문을 둔 것이 기존의 경우와 다르다 (문교부, 1986).

중학교 과학의 경우, 목표는 다음과 같다: 과학의 지식과 방법을 습득하여 과학적 생활을 할 수 있게 한다. ❶ 자연 현상을 파악하는 데 필요한 기본 개념을 이해하게 한다. ❷ 자연 현상을 과학적으로 탐구하는 능력을 기른다. ❸ 자연의 규칙성에 흥미를 느끼고, 과학을 학습하려는 의욕을 가지게 한다. ❹ 자연 현상과 일상생활에서 일어나는 문제를 과학적으로 해결하려는 태도를 가지게 한다. 중학교 과학의 내용은 1학년에서는 대기와 물의 순환, 주변의 생물, 물질의 특성과 분리, 힘과 운동 등을 학습하고, 2학년에서는 지구의 물질과 변화, 물질 대사, 물질의 입자, 전기 등을 학습하고, 3학년에서는 에너지, 물질의 변화, 지구와 우주, 생명의 연속성, 자연 보존 등을 학습하도록 되어 있었다.

중학교 과학은 3차 교육과정에서와는 달리 지도 내용의 단원수가 18개에서 13개로 줄어든 것을 볼 수 있다. 또, 물리, 화학, 생물, 지구과학의 관련 단원들이 매 학년마다 한 단원씩 병행해서 학습하도록 되어 있는 것도 달라진 점이다. 이것은 3차 교육과정에 비해 통합과학적 접근에서 분과 과학으로 접근한 것 같은 인상을 준다. 또 다른 한 가지는 3차 교육과정에 있었던 열에너지 단원이 축소되어 3학년의 에너지 단원에서 학습하도록 구성된 점이 약간 변화된 것이라 할 수 있다.

고등학교 과학의 경우는 크게 달라졌다. 종전에는 물리, 화학, 생물, 지구과학의 4과목을 자연계에서는 전부 필수로, 인문계에서는 2과목을 8~10단위로 선택하게 되어 있었는데, 선택 경향이 과목 간에 심한 불균형을 나타냈다. 그래서 제4차 교육과정에서는 다시 모든 학생에게 과학의 4과목을 학습시키는 방안이 강구되었다.

물리Ⅰ의 목표는 제3차 과학교육과정과 마찬가지로 물리 현상의 기본 개념의 체계적 이해, 물리 현상을 과학적으로 탐구하는 능력 배양, 물리학 개념들의 계속적인 발전 인식, 물리학 지식을 문제 해결에 활용하려는 태도 함양, 물리학이 인류 사회에 끼치는 영향 인식 등으로 되어 있다. 물리Ⅰ의 내용은 힘과 운동, 전자기, 파동과 빛, 현대 물리, 이렇게 4개 단원으로 구성되어 있었다. 물리Ⅱ는 물리Ⅰ을 학습한 학생들 중에서 자연계열을 선택한 학생들이 학습하도록 되어 있었다. 그러기 때문에 목표 및 내용은 물리Ⅰ과 함께 고려되어야 한다. 물리Ⅱ의 목표는 물리Ⅰ과 거의 마찬가지로 물리 현상의 기본 개념의 체계적 이해, 물리 현상을 과학적으로 탐구하는 능력 배양, 물리학 개념들의 계속적인 발전 인식, 물리학 지식을 문제 해결에 활용하려는 태도 함양이 들어 있고 단지 이 학생들이 계속 물리를 공부할 가능성이 높은 학생들임을 감안하여 물리Ⅰ에 있던 '물리학이 인류 사회에 끼치는 영향 인식' 대신에 '물리학 탐구의 즐거움 및 물리학을 계속 학습하려는 태도 함양' 이 들어 있다. 물리Ⅱ의 내용은 물리Ⅰ에서 학습하지 않은 내용들 중에서 핵심적인 내용들로 구성되었는데, 그 내용을 보면, 운동량과 에너지, 천체의 운동, 분자 운동과 열, 열역학의 법칙, 전자기유도와 전자기파, 원자 모형과 스펙트럼, 원자핵과 기본입자 등이다.

위에서 밝힌 바와 같이 물리, 화학, 생물, 지구과학 4과목 모두 Ⅰ과 Ⅱ를 두고 Ⅰ은 모든 학생이, Ⅱ는 자연계 학생이 이수하도록 되어 있었다. 따라서 인문계 학생들도 물리, 화학, 생물, 지구과학의 Ⅰ은 학습하도록 되어 있었다.

▌제5차 교육과정기 (1987-1992)

제4차 과학교육과정에 대해, 학생의 지적 발달 정도에 대한 내용 수준의 비부합성, 소재가 학생들의 실생활과 유리됨, 분과 과학적 구성으로 인해 종합적 안목을 기르지 못함 등의 문제가 있다는 지적과, 2000년대의 고도 산업 사회 및 정보 산업 사회에 대처할 수 있는 기초 능력 신장이 요구됨에 따라 과학과 교육과정은 다시 개편되어 제5차 교육과정기를 맞게 된다. 제5차 교육과정 개편에서 역점을 둔 방침은 다음과 같다 (한종하 외, 1986).

첫째, 미래 사회에 능동적으로 대처할 수 있도록 과학적으로 사고하고 창의적으로 문제를 해결하는 능력을 신장시킬 수 있는 교육과정을 개발한다. 둘째, 과학과 기술의 관계, 과학이 사회에 미치는 영향, 과학과 진로, 첨단 과학 등의 문제를 교육과정에 반영한다. 셋째, 학생의 특성, 지역의 특성, 학교의 여건에 따라 선택하여 학습할 수 있는 기회를 제공하는 교육과정을 구성한다. 넷째, 초등학교 1-2학년은 교과 구분을 탈피한 통합 활동으로 구성하고, 초등학교 3-6학년과 중학교는 분과 과학의 문제점을 보완할 수 있는 통합 과학이 되도록 구성한다.

제5차 교육과정기의 중학교 과학은 기존 교육과정기에 비해 3학년의 경우 단위수가 3~4단위에서 4~5단위로 1단위 증가시킴으로써 과학교육을 강화하는 양상을 보였다. 중학교의 과학과 목표는 다음과 같다: 자연 현상에 대한 흥미와 호기심을 가지고 과학의 지식과 방법을 습득하여, 과학적으로 사고하고 창의적으로 문제를 해결하는 능력을 기른다. ❶ 과학의 사실, 개념 및 원리를 이해하게 하고, 자연 현상을 설명하는 데 이를 적용하게 한다. ❷ 자연을 탐구하는 과학적 방법을 습득하게 하고, 문제 해결에 이를 활용하게 한다. ❸ 자연 현상과 과학 학습에 흥미와 호기심을 증진하게 하고, 과학적 태도를 기르게 한다. ❹ 자연을 탐구하는 데 필요한 기본적인 실험 및 실습 기능을 기르게 한다. ❺ 과학이 기술의 발달과 사회의 발전에 미치는 영향을 인식하게 한다. 그리고 중학교 과학과 내용을 보면 1학년에서는 대기와 물의 순환, 주변의 식물, 물질의 성질, 힘과 운동 등을 학습하고, 2학년에서는 물질의 구성, 생물체의 구조와 기능, 지각의 변화, 전기 등을 학습하고, 3학년에서는 일과 에너지, 생명의 연속성, 물질의 변화, 지구와 우주, 자연 환경과 우리 생활 등을 학습하도록 되어 있었다.

제5차 고등학교 교육과정의 과학 과목은 과학 I, 과학 II, 물리, 화학, 생물, 지구과학으로 되어 있다. 고등학교 과학과 교육과정은 부분적이긴 하지만 통합을 시도하였다는 점이

제5차 교육과정의 특징이라고 볼 수 있다. 즉, 과학Ⅰ은 생물과 지구과학이, 과학Ⅱ는 물리와 화학이 합해져 구성되어 있다. 부분적인 통합을 시도하였으나 정작 구체적인 내용에 들어가 보면 통합의 모습을 찾아보기 어렵고 실제로는 교과서도 과학Ⅰ(상), 과학Ⅰ(하), 과학Ⅱ(상), 과학Ⅱ(하)로 나누어져 있어 각각 생물, 지구과학, 물리, 화학 내용을 담고 있다.

「과학Ⅰ」은 고등학교 학생이면 누구나 배워야 하는 과목으로 10단위를 부과하도록 되어 있고, 「과학Ⅱ」는 인문계 학생들에게만 필수로 부과되며 8단위를 부과하도록 되어 있고, 물리와 화학 내용이 함께 들어 있기 때문에 실제로 인문계 학생들이 물리를 학습하는 데 사용되는 단위 수는 4단위로 볼 수 있다. 또, 자연계 학생들의 경우는 「과학Ⅰ」(10단위)을 필수로 학습한 뒤에 「과학Ⅱ」는 배우지 않고 바로 물리(8단위)와 화학(8단위)을 필수로 학습해야 하며, 생물(6단위)과 지구과학(6단위) 과목 중에서는 한 과목을 선택하여 배울 수 있도록 되어 있다. 즉, 인문계 학생들은 「과학Ⅰ」과 「과학Ⅱ」가 필수이고, 자연계 학생들은 「과학Ⅰ」, 「물리」, 「화학」이 필수이고 「생물」과 「지구과학」 중에서 한 과목을 선택하는 것이었다.

「과학Ⅰ」 과목의 학습 목표는 다음과 같다: ❶ 생물 및 지구와 우주에 관한 기본 개념을 체계적으로 이해하게 하고, 자연 현상을 설명하는 데 이를 적용하게 한다. ❷ 생물 및 지구와 우주를 과학적으로 탐구하는 능력을 신장시키고, 문제 해결에 이를 활용하게 한다. ❸ 생물 및 지구와 우주에서 일어나는 현상과 과학 학습에 대한 흥미와 호기심을 증진시키고, 과학적 태도를 함양하게 한다. ❹ 생물 및 지구와 우주를 탐구하는 데 필요한 기본적인 실험 및 실습 기능을 신장시킨다. ❺ 생물 및 지구와 우주에 관한 여러 개념들은 계속 발전하고 있음을 깨닫게 한다. ❻ 생물학 및 지구과학이 기술의 발달과 사회의 발전에 미치는 영향을 인식하게 한다. 그리고 과학Ⅰ의 학습 내용은 다음 <표 3.23>과 같다.

「과학Ⅱ」 과목의 학습 목표는 다음과 같다: ❶ 물리와 화학에 관한 기본 개념을 이해하게 한다. ❷ 물리현상과 화학현상을 과학적으로 탐구하는 능력을 신장시키고, 문제 해결에 이를 활용하게 한다. ❸ 물리 현상과 화학 현상 및 과학 학습에 대한 흥미와 호기심을 증진시키고, 과학적 태도를 함양하게 한다. ❹ 물리학과 화학의 여러 개념들은 계속 발전하고 있음을 깨닫게 한다. ❺ 물리학과 화학이 기술의 발달과 사회의 발전에 미치는 영향을 인식하게 한다. 그리고 「과학Ⅱ」의 학습 내용은 다음 <표 3.24>와 같다.

고등학교 「물리」와 「화학」은 자연계 학생들이 필수로 학습하도록 되어 있다. 「물리」와 「화학」의 목표는 물리와 화학의 기본 개념의 체계적 이해와 이를 자연 현상 설명에 활용,

표 3.23 「과학Ⅰ」 내용

구분	내용
1) 생물의 특성	(1) 생물의 탐구 방법 (2) 생물의 특성 (3) **생물체의 유기적 구성**: 세포, 조직, 기관, 개체
2) 생물의 영양	(1) **영양**: 무기영양, 유기영양 (2) **소화**: 소화 과정, 소화된 양분의 흡수 및 이동 (3) **순환**: 혈액의 구성, 혈액의 기능, 혈액 순환 경로 (4) **호흡**: 폐, 폐와 세포에서의 가스 교환 (5) **배설**: 노폐물의 생성과 배출
3) 생물의 항상성	(1) **자극의 수용**: 자극과 반응, 감각기관 (2) **자극의 전달**: 뉴런, 흥분전달, 중추 신경계, 말초 신경계 (3) **호르몬**: 호르몬의 구성 및 특성, 호르몬의 종류와 그 기능 (4) **운동과 행동**: 운동, 행동
4) 생명의 연속성	(1) **세포분열**: 체세포 분열, 생식세포 분열 (2) **생식**: 생식세포의 형성, 사람의 생식 (3) **발생**: 수정, 발생 과정과 분화 (4) **유전**: 멘델의 실험, 연관과 교차, 사람의 유전, 돌연변이
5) 생물과 환경	(1) **개체군과 군집**: 개체군, 인구문제, 군집 (2) **생태계**: 생태계의 구조와 기능, 생태계의 평형 (3) **환경오염**: 쾌적한 환경, 대기오염, 수질오염, 토양오염, 기타 오염 (4) **인간과 자연**: 자연에서의 인간의 위치, 생물자원의 이용, 자연보존
6) 우리의 지구	(1) **지구의 탐구**: 지구과학의 영역과 탐구방법 (2) **지구의 구조**: 모양과 크기, 층상구조, 지구의 구성 물질, 역장 (3) **지구의 에너지**: 태양 복사에너지, 지구의 에너지 평형 (4) **지구의 운동**: 자전과 시간, 공전과 계절, 천체의 위치와 좌표계
7) 지각의 물질과 변화	(1) **지각의 물질**: 광물, 암석, 암석의 상호 관계 (2) **지표의 평탄화 작용**: 풍화, 침식, 운반, 퇴적 (3) **지각 변동**: 화산과 지진, 조륙운동, 조산운동, 맨틀 대류, 지질구조
8) 대기와 해양의 변화	(1) **대기 중의 물**: 수증기, 단열변화, 기층의 안정도, 구름과 강수 (2) **날씨와 기후**: 기압, 바람, 기단과 전선, 일기변화, 기후 (3) **해양과 해류**: 해저지형, 해수의 성분과 성질, 해류
9) 지구의 역사	(1) **지질시대**: 지층과 화석, 지질연대 측정, 지질시대 (2) **과거의 생물**: 지질시대의 환경과 생물, 생물의 진화 (3) **대륙의 변천**: 지질시대의 수륙분포, 지각변동의 역사
10) 지구 밖의 환경	(1) **태양계**: 태양계의 크기와 구성, 행성의 운동, 행성과 위성의 탐사 (2) **태양**: 태양의 기본물리량, 태양의 내부, 광구와 태양대기 (3) **별과 은하**: 별의 거리와 시차, 별의 운동, 별의 광도와 색, 은하계의 구성과 구조, 외부 은하의 종류

표 3.24 「과학Ⅱ」 내용

구분	내용
1) 운동과 에너지	(1) **물체의 운동**: 속도, 가속도, 뉴턴의 운동법칙 (2) **에너지**: 일과 에너지, 에너지 보존
2) 전자기	(1) **전하와 전류**: 전기장, 전류, 전기회로 (2) **전류와 자기장**: 전류의 자기장, 전자기유도
3) 빛과 파동	(1) **빛**: 빛의 진행, 반사, 굴절 (2) **파동**: 파동의 진행, 간섭과 회절 (3) **빛과 물질의 이중성**: 빛의 이중성, 물질파
4) 물질세계의 규칙성	(1) **원자와 주기율**: 원자의 구조, 전자의 배치, 주기율과 주기율표, 원소의 주기적 성질 (2) **물질의 형성**: 이온결합, 공유결합
5) 화학반응	(1) **화학식과 화학식량**: 화학식, 화학식량, 몰과 몰농도, 화학 반응식 (2) **화학반응**: 반응속도, 화학평형
6) 화합물	(1) **무기 화합물**: 알칼리 금속 화합물, 할로겐 화합물, 산화물, 수소 화합물 (2) **탄소 화합물**: 탄화수소, 탄화수소의 유도체

물리와 화학 현상을 과학적으로 탐구하는 능력의 신장 및 이를 문제 해결에 활용, 물리와 화학 현상과 물리와 화학 학습에 대한 흥미와 호기심 증진과 과학적 태도 함양, 물리와 화학 현상을 탐구하는 데 필요한 기본적인 실험 기능 신장, 물리학과 화학의 여러 개념들이 계속 발전하고 있음에 대한 인식, 물리학과 화학이 기술의 발달과 사회 발전에 미치는 영향 인식 등으로 되어 있다.

「물리」의 내용은 물리학의 세계, 힘과 운동(운동의 기술, 힘과 운동의 법칙, 운동량), 에너지와 열(일과 에너지, 열 현상과 분자운동), 전자기(전기장과 전류, 자기장과 전자기유도), 빛과 파동(빛, 파동), 현대 물리(빛과 물질의 이중성, 원자의 구조, 원자핵) 등으로 구성되었으며, '화학'의 내용은 화학-물질의 과학(원자와 분자, 화학식량, 화학반응식), 물질의 상태와 용액(기체, 액체, 고체, 용액), 원자구조와 주기율(원자구조, 주기율), 화학결합(화학결합의 종류, 공유결합과 분자, 분자 간의 힘), 원소와 화합물(금속 화합물과 비금속 화합물, 탄소 화합물), 화학반응(화학반응과 에너지, 화학평형, 산과 염기의 반응, 산화·환원 반응)으로 구성되었다.

고등학교 「생물」과 「지구과학」은 자연계 학생들이 그 중 한 과목을 선택하도록 되어 있다. 생물과 지구과학의 목표는 물리와 화학의 목표와 유사하게 진술되어 있다. 「생물」의 내용은 세포 (원형질, 세포의 구조와 기능), 물질대사 (효소와 산화·환원), 유전 (유전자의 본질, 형질발현, 유전학의 이용), 생물의 진화 (생명의 기원, 진화의 증거, 진화의 요인), 생물의 다양성 (분류의 개요, 분류의 실제) 등으로 구성되었으며, 「지구과학」의 내용은 지각의 진화 (지구의 내부, 움직이는 대륙과 해저, 우리나라의 지질), 대기와 해수의 순환 (대기와 해수의 운동, 대기의 순환, 해수의 순환), 별과 우주의 탐구 (태양계의 특징, 별의 진화, 은하와 우주), 환경과 자원 (인간과 자연환경, 지구의 자원, 미래의 지구) 등으로 구성되었다.

▌ 제6차 교육과정기 (1992−1997)

제6차 과학과 교육과정 개편에서는 중학교 과학의 경우는 거의 변화가 없었던 반면, 고등학교의 경우에는 '공통과학'이라는 과목이 신설되었다. 그리고 교육과정 체제에서 내용 진술에 있어 지식과 탐구를 구분하여 제시했으며, 지나친 학문중심 교육과정보다는 실생활 문제가 가미된 소위 STS적 내용을 포함하도록 시도한 것이 특징이다.

제6차 교육과정기의 고등학교 과학과 교육과정은 제5차 때의 과학Ⅰ, 과학Ⅱ를 더 통합하여 고등학교 학생이면 누구나 배워야 하는 '공통과학' 과목이 신설되었고 물리Ⅰ, 물리Ⅱ, 화학Ⅰ, 화학Ⅱ, 생물Ⅰ, 생물Ⅱ, 지구과학Ⅰ, 지구과학Ⅱ를 선택과목으로 두어 각 영역을 심층적으로 학습하고자 하는 학생들을 위해, 공통과학을 학습한 후에 심층적으로 공부할 수 있도록 하였다. 각 선택과목에서 'Ⅰ'은 주로 인문계 학생들이 선택할 것이 기대되고, 'Ⅱ'는 주로 자연계 학생들이 선택할 것으로 기대하였다. 각 과목에 대한 교육과정 진술 체계는 각 과목의 성격, 목표, 내용 체계, 내용, 지도, 평가 등으로 구분하여 서술되어 있어 기존의 어느 방식과도 체제가 다르게 진술되어 있다.

「공통과학」의 목표는 다음과 같다: ❶ 과학적 탐구 방법을 익혀 자연 현상을 이해하게 하고, 실생활 문제를 과학적으로 해결하는 능력을 신장시킨다. ❷ 탐구 활동을 통하여 기본적인 과학 지식을 종합적으로 이해하게 하고, 창의적으로 문제를 해결하는 데 이를 활용하게 한다. ❸ 자연 현상과 과학 학습에 흥미를 가지고 계속하여 탐구하려는 태도를 기르게 한다. ❹ 과학이 기술의 발달과 사회의 발전에 미치는 영향을 인식하게 한다.

「공통과학」의 내용은 '과학의 탐구'에서 과학 탐구의 본질, 과학자의 특징, 과학이 우리 생활에 미치는 영향을 학습하도록 하였고, '물질'에서는 물질의 반응성, 공통성을 가지는 원소, 발열 반응과 흡열 반응, 반응 속도에 영향을 끼치는 요인, '힘'에서는 운동의 기술,

운동의 법칙, 힘의 법칙, '에너지'에서는 열, 태양에너지, 전기에너지, 화학에너지, 생물에너지, 에너지의 흐름과 보존, '생명'에서는 영양과 건강, 자극과 반응, 생식, 유전, '지구'에서는 지각 물질과 지각 변동, 지질 연대, 해양, 일기와 기후, 태양계 탐사와 별, '환경'에서는 자정 작용, 생물 농축, 산성비, 오존층, 온실 효과, 역전층, 소음, 방사능, '현대 과학과 기술'에서는 신소재, 광통신과 반도체, 생명과학, 우주과학을 학습하도록 하였으며, 각 영역마다 적절한 탐구활동이 들어 있었다.

고등학교 선택과목 중에서 「화학Ⅰ」에 대해 목표와 내용을 소개하면 다음과 같다.

「화학Ⅰ」의 목표는 다음과 같다: ❶ 자연 현상과 주변 사물의 탐구를 통하여 화학에 관한 기본 개념을 이해하게 한다. ❷ 과학적인 탐구 방법을 익혀, 실생활 문제 해결에 이를 활용하게 한다. ❸ 화학 현상과 화학 학습에 흥미를 가지고 계속하여 탐구하려는 태도를 가지게 한다. ❸ 화학 지식의 발전과 역사적 자연관의 변화를 이해하고, 화학 지식은 끊임없이 발전하고 있음을 알게 한다. ❺ 화학이 기술의 발달과 인간 생활에 미치는 영향을 알게 한다. 이러한 목표 구성은 지금까지의 3, 4, 5차 화학의 목표 구성과 크게 다르지 않다.

「화학Ⅰ」 내용은 '물질세계의 규칙성'에서 물질의 성분 원소, 화학식, 화학 반응식, 물질의 구성 입자, 원자의 모형, 원자량, 분자량, 전자배치, 주기율표, 이온 결합, 공유 결합을 학습하도록 하였고, '주변의 화합물'에서는 물과 공기, 금속의 성질과 이용, 황과 질소 화합물의 성질, 고분자 화합물의 특성과 이용, 우리의 생활과 의약품을 학습하도록 하였으며, 각 영역마다 적절한 탐구 활동이 들어 있었다.

제6차 교육과정이 지금까지의 교육과정과 크게 다른 점 중의 하나는 '내용'을 '내용 체계'와 '내용'으로 구분하여 제시한 점이다. 그 각각을 설명하면 다음과 같다.

내용 체계는 지식과 탐구로 나누어 제시되어 있으며, 내용 체계에 제시된 지식과 탐구의 영역과 요소들은 개념이나 활동의 위계나 순서를 의미하지는 않는다. 내용 체계는 각 과목에서 반드시 다루어야 할 지식 영역과 하위 지식 내용 요소와 탐구 활동 요소들을 일목요연하게 나타내기 위해 단순히 이들을 영역으로 구분하여 제시한 것에 불과하다. 그러므로 이들은 실제 교과서로 집필될 때 그대로 단원명이나 소단원명으로 될 필요는 없으며 적절한 명칭이 만들어져야 한다. 또한 내용에 따라서는 위에 제시된 탐구 과정 외에도 여러 가지의 관련된 탐구 과정 요소들이 함께 지도되어야 한다.

각 과목의 'Ⅱ'는 교양 과학의 성격뿐만 아니라 과학 계통의 계속 공부를 위한 준비 과정의 성격도 가지도록 하였다.

▌ 제7차 교육과정기 (1997-2007)

정부수립 후 제7차의 교육과정 개정의 배경 요인은 세계화·정보화·다양화를 지향하는 교육체제의 변화와 급속한 사회 변동, 과학·기술과 학문의 급격한 발전, 경제·산업·취업 구조의 변혁, 교육 수요자의 요구와 필요의 변화, 교육 여건 및 환경의 변화 등 교육을 둘러싸고 있는 내외적인 체제 및 환경, 수요의 대폭적인 변화라고 할 수 있다 (교육부, 1998). 이러한 요구에 부응하기 위하여 개정된 제7차 교육과정의 일반적 특징은 첫째, 국민공통기본교육과정의 편성, 둘째, 교육과정 편제에 교과군 개념의 도입, 셋째, 수준별 교육과정의 도입, 넷째, 재량 시간의 신설 및 확대, 다섯째, 교과별 학습량의 최적화와 수준의 조정, 여섯째, 고등학교 2, 3학년의 학생 선택 중심 교육과정 도입, 일곱째, 질 관리 중심의 교육과정 평가 체제 확립, 여덟째, 정보화 사회에 대비한 창의성, 정보 능력 배양으로 요약할 수 있다.

과학과는 3학년부터 10학년까지 모든 학생을 대상으로 하는 '국민공통기본과정'과 11학년, 12학년을 대상으로 하는 '선택과정'으로 구성되었다. 국민공통기본과정인 '과학'은 6학년부터 10학년까지 기본 교육과정과 심화·보충형 교육과정으로 구성되었으며, 선택과정은 일반 선택인 '생활과 과학'과 심화선택인 '물리 I ', '화학 I ', '생물 I ', '지구과학 I ', '물리II', '화학II', '생물II', '지구과학II'로 구성되었다. 과학과 학습에서 다룰 내용은 주로 과학 지식과 과학적 탐구 과정이며, 과학이 기술의 발달과 사회의 발전에 미치는 영향도 대상이 되었다.

국민공통기본교육과정의 '과학'은 3학년부터 10학년 학생을 대상으로 하는 과목이다. '과학'은 국민의 기본적인 과학적 소양을 기르기 위하여 자연을 과학적으로 탐구하는 능력과 과학의 기본 개념을 습득하고, 과학적인 태도를 함양하기 위한 과목으로 설정되었다. '과학'의 내용은 에너지, 물질, 생명, 지구 등의 지식과 탐구 활동으로 구성되었다. 3학년부터 5학년까지는 기본 과정으로 구성하고, 6학년부터 10학년까지는 기본 과정뿐만 아니라 기본 과정에 근거한 심화·보충과정으로 구성되었다.

'과학'의 목표로 설정된 것은 다음과 같다. ❶ 과학적 탐구 능력을 습득하여 자연 현상을 탐구하고, 일상 생활 문제를 해결한다. ❷ 자연 현상의 탐구를 통하여 과학의 기본 개념을 습득한다. ❸ 자연 현상과 과학 학습에 흥미를 가지고 자기 주위의 문제들을 과학적으로 탐구하고 해결하려는 태도를 갖는다. ❹ 과학이 기술의 발달과 사회에 미치는 영향을 인식한다.

국민공통기본교육과정인 '과학'의 내용 체계는 다음 <표 3.25>와 같다. 여기서 특징적인 것은 10학년(고등학교 1학년) 내용인데, 이 내용은 고등학교 1학년에 과학을 필수로 부과하기 위해 설정된 것으로, 통합과학으로 구성하기 위해 노력했다고 한다.

제7차 교육과정에서 처음 신설된 일반 선택 과목인 '생활과 과학'은 4단위로서 학생들이 교양과목으로 선택하는 성격을 가지도록 하였다. 따라서 학생이 관심과 흥미를 갖고, 생활 속에서 과학의 원리를 이해하고 일상생활에 도움이 되는 내용을 중심으로 구성하였다. 내용은 일상생활과 밀접하게 관련이 있는 건강한 생활, 안전한 생활, 쾌적한 생활, 편리한 생활로 영역을 구분하고, 각 영역에 따라 주제를 개발하였다.

표 3.25 제7차 교육과정 국민공통기본교육과정 '과학' 내용 체계

분야		3학년	4학년	5학년	6학년
지식	에너지	· 자석놀이 · 소리내기 · 그림자 놀이 · 온도재기	· 수평잡기 · 용수철 늘이기 · 열의 이동 · 전구에 불켜기	· 물체의 속력 · 거울과 렌즈 · 전기회로 꾸미기 · 에너지	· 물속에서의 무게와 압력 · 편리한 도구 · 전자석
	물질	· 주변의 물질 알아보기 · 여러 가지 고체의 성질 알아보기 · 물에 가루물질 녹이기 · 고체 혼합물 분리하기	· 여러 가지 액체의 성질 알아보기 · 혼합물 분리하기 · 열에 의한 물체의 온도와 부피 변화 · 모습을 바꾸는 물	· 용액 만들기 · 결정 만들기 · 용액의 성질 알아보기 · 용액의 변화	· 기체의 성질 · 여러 가지 기체 · 촛불 관찰
	생명	· 식물의 줄기 관찰하기 · 여러 가지 잎 조사하기 · 초파리의 한살이 · 어항에 생물 기르기	· 여러 가지 동물의 생김새 · 동물의 생활 관찰하기 · 강낭콩 기르기 · 식물의 뿌리	· 작은 생물 관찰하기 · 환경과 생물 · 꽃과 열매 · 식물의 잎이 하는 일	· 우리 몸의 생김새 · 주변의 생물 · 쾌적한 환경
	지구	· 여러 가지 돌과 흙 · 운반되는 흙 · 둥근 자구, 둥근 달 · 맑은날, 흐린날	· 별자리 찾기 · 강과 바다 · 지층을 찾아서 · 화석을 찾아서	· 날씨 변화 · 물의 여행 · 화산과 암석 · 대양의 기족	· 계절의 변화 · 일기예보 · 흔들리는 땅
탐구	과정 — 관찰, 분류, 측정, 예상, 추리 등	◎	◎	◎	◎
	과정 — 문제인식, 가설 설정, 변인 통제, 자료 변환, 자료해석, 결론 도출, 일반화 등	○	○	○	◎
	활동 — 토의, 실험, 조사, 견학, 과제연구 등	◎	◎	◎	◎

	분야	7학년	8학년	9학년	10학년	
지식	에너지	·힘 ·빛 ·파동	·여러 가지 운동 ·전기	·일과 에너지 ·전류의 작용	·힘과 에너지 ·전기 에너지 ·파동 에너지 ·에너지 전환	탐구 환경
	물질	·물체의 세 가지 상태 ·분자의 운동 ·상태 변화와 에너지	·물질의 특성 ·혼합물의 분리	·물질의 구성 ·물질 변화에서의 규칙성	·전해질과 이온 ·산과 염기의 반응 ·반응 속도	
	생명	·생물의 구성 ·소화와 순환 ·호흡과 배설	·자극과 반응 ·식물의 구조와 기능	·생식과 발생 ·유전과 진화	·물질 대사 ·자극과 반응 ·생식	
	지구	·지구의 구조 ·지각의 물질 ·해수의 성분과 운동	·지구와 우주 ·지구의 역사와 지각 변동	·물의 순환과 날씨 변화 ·태양계의 운동	·지구의 변동 ·대기와 해양 ·태양계와 은하	
탐구	과정: 관찰, 분류, 측정, 예상, 추리 등	◎	◎	◎	◎	
	과정: 문제인식, 가설 설정, 변인 통제, 자료 변환, 자료해석, 결론도출, 일반화 등	◎	◎	◎	◎	
	활동: 토의, 실험, 조사, 견학, 과제연구 등	◎	◎	◎	◎	

심화 선택 과목은 물리Ⅰ, 물리Ⅱ, 화학Ⅰ, 화학Ⅱ, 생물Ⅰ, 생물Ⅱ, 지구과학Ⅰ, 지구과학Ⅱ가 있으며, 물리Ⅰ, 화학Ⅰ, 생물Ⅰ, 지구과학Ⅰ은 4단위이고, 물리Ⅱ, 화학Ⅱ, 생물Ⅱ, 지구과학Ⅱ는 6단위이다. 심화 선택 과목의 이수는 Ⅰ을 이수한 다음에 Ⅱ를 이수하여야 하므로 Ⅰ·Ⅱ는 과목 간의 내용의 수준과 연계성을 고려하여 개발하였다. 따라서 물리Ⅰ, 화학Ⅰ, 생물Ⅰ, 지구과학Ⅰ은 교양과학으로서의 성격을 가질 수 있도록 하기 위하여 국민 공통기본교육과정인 '과학'과의 연계성을 가지도록 하고, 정성적이고 기초적인 내용으로 구성하면서도 학문의 구조를 파악할 수 있도록 하였다. 물리Ⅱ, 화학Ⅱ, 생물Ⅱ, 지구과학 Ⅱ는 물리Ⅰ, 화학Ⅰ, 생물Ⅰ, 지구과학Ⅰ에서 다루지 않으면서 보다 심화된 내용으로 개발하였다. 그리고 이들 과목은 Ⅰ보다 수준이 높게 구성하여 앞으로 상급 학교에 진학하여 이공계 분야에서 더 깊이 공부할 것을 희망하는 학생들이 이수하는 것을 염두에 두고 내용을 구성하였다.

표 3.26 지구과학Ⅰ 내용 체계

영역	내용 요소	탐구
하나뿐인 지구	지구과학의 성격과 영역, 지구과학의 역사, 지구의 탐구방법, 기권, 수권, 암권, 생물권, 각 권의 상호작용, 과거의 지구, 기후변화, 미래의 지구	실험, 조사, 토의, 견학, 과제연구 등
살아있는 지구	변동대, 판의 운동, 수증기, 구름, 비, 기압, 기단, 전선, 날씨, 태풍, 해저 지형, 해수의 성질, 우리나라 부근의 해류, 해양탐사	
신비한 우주	천체 관측 도구, 태양 관측, 천체의 관측, 태양계 탐사 방법, 태양계 탐사 결과, 우주관	

예시로 지구과학Ⅰ의 목표와 내용을 보면 다음과 같다.

지구과학Ⅰ의 목표 : ❶ 지구와 우주 현상의 탐구를 통하여 지구과학의 기본 개념을 이해하고, 실생활에 이를 적용한다. ❷ 지구와 우주를 과학적으로 탐구하는 능력을 기르고, 실생활 문제 해결에 이를 활용한다. ❸ 지구와 우주 및 지구과학 학습에 대한 흥미와 호기심을 가진다. ❹ 지구과학이 기술의 발달과 생활에 미친 영향을 바르게 인식한다. 이러한 목표는 우리나라 제3차~6차 과학과 교육과정 목표와 크게 다르지 않다.

그리고 지구과학Ⅰ의 내용 체계는 <표 3.26>과 같다.

2007 개정 과학과 교육과정

우리나라 과학과 교육과정은 1997년에 개정한 이후 10년 동안 개정되지 않다가 2007년에 개정을 맞게 된다. 그리고 이때부터는 수시 개정 체제로 가기로 하면서 몇 차라는 명명 대신 몇 년도 개정 교육과정 식으로 부르기로 하였다.

2007 개정 교육과정이 수시 개정인 것은 과거의 교육과정처럼 어떤 새로운 쟁점을 포함한 전반적인 개정이 아니고, 제7차 교육과정의 정신과 틀을 그대로 가지고 오면서 부분적인 수정만 하였다는 의미를 포함하는 것이다 (홍미영, 2009).

2007 개정 과학과 교육과정의 특징은 다음과 같다.

첫째, 과학적 소양을 바탕으로 한 창의적 문제해결력을 강조하였다. 이를 위해서, 학습 내용의 중복을 줄여 학습량을 축소하고 핵심 내용을 심도 있게 다룬다. 개념 이해력, 문제 해결력, 과학적 태도의 함양을 위해 탐구 활동을 강조한다. 학생의 흥미를 유발할 수 있는 학습 내용과 소재를 적극적으로 도입하고 개방적 프로젝트 학습 등과 같은 자기주도적 학습의 기회를 제공한다. 또한 평가에서 창의성과 탐구 활동을 강조할 것 등을 제시하고 있다. 둘째, 탐구 수업을 강조하여, 과학 내용을 가르치기 위해 반드시 수행해야 할 탐구 활동을 단원별로 제시, 학년별로 6차시 내외 분량의 '자유 탐구'를 설정하는 등 탐구의 중요성을 강조하였다. 셋째, 과학－기술－사회와 관련된 내용을 강화한다. 과학과 교육과정에서는 학문중심 과학교육의 문제점을 보완하기 위하여 제4차 교육과정에서부터 과학－기술－사회 관련 내용을 다루기 시작하여 제7차 교육과정까지, 그리고 2007 개정 교육과정에서도 그 중요성이 강조되었다. 넷째, 교육과정 내용의 적정화를 위하여 학년 간 내용의 반복을 줄이고 유사한 내용으로 구성된 단원을 통합하였다. 다섯째, 정의적 영역을 강화하기 위한 일환으로 실생활과 관련된 학습 주제를 선정해서 학생의 흥미와 과학에 대한 가치 인식을 높이도록 하였고, 자기 주도적으로 탐구할 수 있도록 학년별로 '자유 탐구'를 신설하였다. 여섯째, 교육과정 편성과 운영에 있어서 현장의 자율성을 확대하였다. 학교와 학생의 여건에 맞추어 교사가 수업 활동이나 소재를 선택할 수 있도록 단원명이나 탐구 활동을 포괄적으로 제시하였다. 일곱째, 내용을 성취기준 형식으로 진술함으로써 교사의 교수·학습 방법을 제한하지 않는 범위 내에서 학생들이 성취하여야 할 지식의 수준과 범위를 구체화하였다. 여덟째, 교수·학습 방법에서 '과학 교수·학습 지도 지원' 항목을 신설하여 과학실, 과학 실험 기자재 등을 확보하기 위한 재원 지원과 질 높은 탐구 활동 수행을 위한 연 차시(block time) 학습 운영 지원 등을 제시하였다.

2007 개정 과학과 교육과정의 내용 체계는 <표 3.27>과 같다. 이 중에서 실제로 교육 현장에 적용된 학년은 3학년에서 9학년까지이며, 10학년 이후의 교육과정은 적용되지 못한 채 2009년에 고등학교 교육과정이 개정되면서 사장되었다.

▌ 2009 개정 과학과 교육과정

2009 개정 과학과 교육과정은 2009년에는 고등학교 교육과정만이 고시되었고, 초·중학교 과학과 교육과정 내용은 2011년 7월에 고시되었다. 2009 개정 교육과정에서 공통교육과정 '과학'은 3학년부터 9학년까지 모든 학생이 필수로 학습하도록 되어 있다.

공통교육과정 '과학'의 목표는 이전 교육과정의 성격에 있던 내용과 목표에 있던 내용을 합하여 진술되어 있다. 즉, 교육과학기술부(2011)에서 제시한 공통 교육과정 '과학'의

표 3.27 2007 개정 과학과 교육과정 내용 체계

영역	3학년	4학년	5학년	6학년	7학년	8학년	9학년	10학년	
운동과 에너지	· 자석의 성질 · 빛의 직진	· 무게 · 열 전달	· 물체의 속력 · 전기 회로	· 빛 · 에너지 · 자기장	· 힘과 운동 · 정전기	· 열에너지 · 빛과 파동	· 일과 에너지 · 전기	· 물체의 운동 · 전자기	자연계에서의 에너지
물질	· 물체와 물질 · 액체와 기체 · 혼합물 분리	· 물의 상태 변화	· 용해와 용액	· 산과 염기 · 여러 가지 기체 · 연소와 소화	· 물질의 세 가지 상태 · 분자의 운동 · 상태 변화와 에너지	· 물질의 구성 · 우리 주위의 화합물	· 물질의 특성 · 전해질과 이온	· 화학 반응에서의 규칙성 · 여러 가지 화학 반응	
생명	· 동물의 한살이 · 동물의 세계	· 식물의 한살이 · 식물의 세계	· 식물의 구조와 기능 · 작은 생물의 세계 · 우리의 몸	· 생태계와 환경	· 생물의 구성과 다양성 · 식물의 영양	· 소화와 순환 · 호흡과 배설	· 자극과 반응 · 생식과 발생	· 유전과 진화 · 생명 과학과 인간의 미래	
지구와 우주	· 날씨와 우리 생활	· 지층과 화석 · 화산과 지진 · 지표의 변화	· 지구와 달 · 태양계와 별	· 날씨의 변화 · 계절의 변화	· 지각의 물질과 변화 · 지각 변동과 판구조론	· 태양계 · 별과 우주	· 대기의 성질과 일기 변화 · 해수의 성분과 운동	· 지구계 · 천체의 운동	

목표는 다음과 같이 진술되어 있다.

공통교육과정의 '과학'은 초등학교 3학년부터 중학교 3학년까지 모든 학생들이 학습하는 교과로서 과학의 기본 개념을 이해하고 과학 탐구 능력과 과학적 태도를 함양하여 창의적이고 합리적으로 문제를 해결하는 데 필요한 과학적 소양을 기르기 위한 교과이다.

'과학'은 초등학교 1, 2학년의 슬기로운 생활과 고등학교 선택 교육과정의 과학, 물리Ⅰ, 화학Ⅰ, 생명과학Ⅰ, 지구과학Ⅰ, 물리Ⅱ, 화학Ⅱ, 생명과학Ⅱ, 지구과학Ⅱ 과목과 연계되도록 구성한다.

'과학'의 내용은 '물질과 에너지'와 '생명과 지구'의 2개 분야로 구성하되, 기본 개념과 탐구 과정이 학년군과 분야 간에 연계되도록 한다. 그리고 과학을 기술, 공학, 예술, 수학 등 다른 교과와 관련지어 통합적이고 창의적으로 사고할 수 있는 능력을 신장시키도록 한다.

'과학'에서는 학생 수준에 따라 관찰, 실험, 조사, 토론 등 다양한 탐구 활동 중심의 학습이 이루어지도록 한다. 개별 활동뿐만 아니라 모둠 활동을 통해 비판성, 개방성, 정직성, 객관성, 협동성 등 과학적 태도와 의사소통 능력을 기르도록 한다.

'과학'의 기본 개념을 학습자의 경험과 친근한 상황 속에서 지도하고, 학습한 지식과 탐구 방법으로 과학적 문제나 사회 문제를 적극적으로 해결하려는 태도를 길러 과학이 기술의 발달과 우리 사회에 영향을 미치며 이들이 상호 관련되어 있음을 인식할 수 있도록 한다.

자연 현상과 사물에 대하여 흥미와 호기심을 가지고 탐구하여 과학의 기본 개념을 이해하고, 과학적 사고력과 창의적 문제 해결력을 길러 일상생활의 문제를 해결할 줄 아는 과학적 소양을 기른다.

- 자연 현상을 탐구하여 과학의 기본 개념을 이해한다.
- 자연 현상을 과학적으로 탐구하는 능력을 기른다.
- 자연 현상에 대한 흥미와 호기심을 갖고, 문제를 과학적으로 해결하려는 태도를 기른다.
- 과학, 기술, 사회의 관계를 인식한다.

또한 2009 과학과 공통교육과정 '과학'의 내용 체계는 <표 3.28>과 같다.

2009 개정 교육과정에서 나타난 커다란 특징은 공통교육과정 '과학'에 성취기준이라는 용어의 도입과 성취기준이 개발되었다는 것과 고등학교의 경우 필수 과목은 지정되지 않고 선택 과목이 확대 되어, 고등학교에서 학년과 계열의 구분 없이, 과학, 물리 I, 물리 II, 화학 I, 화학 II, 생명과학 I, 생명과학 II, 지구과학 I, 지구과학 II 중에서 최소 15단위 이상을 이수하도록 되어 있다는 점이다.[5]

성취기준은 '학년군(학교급)별 성취기준'과 단원 수준의 '학습 내용 성취기준'이 제시되어 있다. 학년군(학교급)별 성취기준을 보면 다음과 같다.

[초등학교 3-4학년군 성취기준]
- 학생들의 발달 단계를 고려한 활동 중심의 과학 수업을 통하여 과학 탐구에 필요한 기초 탐구 능력을 기른다.
- '물질과 에너지' 분야에서는 물체의 무게, 물체와 물질, 액체와 기체, 소리의 성질, 자석의 이용, 혼합물의 분리, 거울과 그림자, 물의 상태 변화의 기초 개념을 이해한다.

---

5. 교육과학기술부 2013년 고시에서는 10단위 이상으로 변경되었다.

표 3.28 2009 개정 과학과 공통교육과정 '과학' 내용 체계 (교육과학기술부, 2011)

분야	초등학교 3-4학년군		초등학교 5-6학년군	
물질과 에너지	· 물체의 무게 · 물체와 물질 · 액체와 기체 · 소리의 성질	· 자석의 이용 · 혼합물의 분리 · 거울과 그림자 · 물의 상태 변화	· 온도와 열 · 용해와 용액 · 산과 염기 · 물체의 빠르기	· 전기의 작용 · 여러 가지 기체 · 렌즈의 이용 · 연소와 소화
생명과 지구	· 지구와 달 · 동물의 한살이 · 동물의 생활 · 지표의 변화	· 식물의 한살이 · 화산과 지진 · 식물의 생활 · 지층과 화석	· 날씨와 우리 생활 · 식물의 구조와 기능 · 태양계와 별 · 우리 몸의 구조와 기능	· 지구와 달의 운동 · 생물과 환경 · 생물과 우리 생활 · 계절의 변화

중학교 1-3학년군

물질과 에너지	과학이란	· 힘과 운동 · 열과 우리 생활 · 분자 운동과 상태 변화	· 물질의 구성 · 빛과 파동 · 물질의 특성 · 일과 에너지 전환	· 전기와 자기 · 화학 반응에서의 규칙성 · 여러 가지 화학 반응	과학과 인류 문명
생명과 지구		· 지구계와 지권의 변화 · 광합성 · 수권의 구성과 순환	· 기권과 우리 생활 · 소화·순환·호흡·배설 · 자극과 반응	· 태양계 · 생식과 발생 · 유전과 진화 · 외권과 우주개발	

- '생명과 지구' 분야에서는 지구와 달, 동물의 한살이, 동물의 생활, 지표의 변화, 식물의 한살이, 화산과 지진, 식물의 생활, 지층과 화석의 기초 개념을 이해한다.

[초등학교 5-6학년군 성취기준]

- 학생들의 발달 단계를 고려한 과학 수업에서 기초 탐구 과정과 함께 통합 탐구 과정이 포함된 활동을 통하여 과학 탐구에 필요한 탐구 능력을 기른다.
- '물질과 에너지' 분야에서는 온도와 열, 용해와 용액, 산과 염기, 물체의 빠르기, 전기의 작용, 여러 가지 기체, 렌즈의 이용, 연소와 소화의 기본 개념을 이해한다.
- '생명과 시구' 분야에서는 날씨와 우리 생활, 식물의 구조와 기능, 태양계와 별, 우리 몸의 구조와 기능, 지구와 달의 운동, 생물과 환경, 생물과 우리 생활, 계절의 변화의 기본 개념을 이해한다.

[중학교 1-3학년군 성취기준]

- 기초 탐구 능력의 바탕 위에 통합 탐구 과정이 포함된 탐구 활동을 통하여 종합적인

과학 탐구 능력을 기른다.

- '과학이란?' 영역을 통하여 과학에 대한 흥미와 호기심을 갖고, 과학을 학습하려는 태도를 기른다.
- '물질과 에너지' 분야에서는 힘과 운동, 열과 우리 생활, 분자 운동과 상태 변화, 물질의 구성, 빛과 파동, 물질의 특성, 일과 에너지 전환, 전기와 자기, 화학 반응에서의 규칙성, 여러 가지 화학 반응으로 물질과 에너지의 주요 과학 개념을 이해한다.
- '생명과 지구' 분야에서는 지구계와 지권의 변화, 광합성, 수권의 구성과 순환, 기권과 우리생활, 소화·순환·호흡·배설, 자극과 반응, 태양계, 생식과 발생, 유전과 진화, 외권과 우주 개발의 주요 과학 개념을 이해한다.
- '과학과 인류 문명' 영역에서는 과학의 발전이 인류에 미치는 영향과 과학 원리가 첨단 과학기술에 응용된 사례를 알고, 과학과 과학 이외의 분야와의 관계를 이해한다.

이 내용을 보면 여기에 제시된 성취기준은 이전 교육과정에서는 학년별 내용을 '물질과 에너지', '생명과 지구' 영역으로 묶어 제시하고, 여기에 '과학이란?'과 '과학과 인류 문명'을 별도로 다루도록 하고 있음을 보여준다.

'학습 내용 성취기준'은 학년군(학교급)별로 좀 더 구체적으로 제시하고 있다. 한 가지 예를 들면 다음과 같다.

[중학교 1–3학년군 학습 내용 성취기준: (2) 지구계와 지권의 변화]

- 지구계의 정의를 알고, 과학 교과에서 다루는 계와 관련된 내용(순환계, 생태계, 소화계 등)을 이해한다.
- 지구계의 구성 요소가 지권, 수권, 기권, 생물권, 외권임을 알고 각 권의 특징과 지구계 내에서 물질과 에너지 순환이 일어남을 안다.
- 지권은 다양한 암석과 광물로 구성되어 있으며, 지권을 이루는 물질은 순환하고 있음을 이해한다.
- 광물과 암석이 우리 생활의 여러 분야에 다양하게 이용되고 있음을 안다.
- 지진파를 이용하여 지구의 내부의 층상 구조를 탐사하는 방법을 알고, 각 층의 특징을 이해한다.
- 판구조론의 발달 과정을 과학사적 관점에서 이해하고, 판의 운동과 지진, 화산 활동을 연계하여 설명한다.
- 지진이나 화산 활동을 포함한 지구 환경의 변화가 우리 생활에 미치는 영향을 이해하고 대책을 안다.

그리고 각 영역은 '학습내용 성취기준'과 '탐구 활동'으로 되어 있으며, '학습내용 성취 기준' 앞에는 해당 영역의 학습 내용의 성격에 대해 진술해 놓고 있다 (교육과학기술부, 2011).

2009 개정 과학과 교육과정의 또 하나의 큰 특징은 고등학교 융합형 '과학'의 개발이다. 자연은 하나이기 때문에 자연을 총체적으로 바라보고 여러 자연 현상들을 연결해주는 기본 원리 (underlying principles)를 이해해야 한다는 관점을 가지고, 고등학교 '과학'이 제안되었다. 고등학교 '과학' 교육과정 성격에서는 이 과목에 대해 "고등학교 선택교육과정의 '과학'은 학생들이 민주주의 사회의 구성원으로서 갖추어야 할 최소한의 과학적 소양을 함양하기 위한 과목이다."라고 소개하고 있다. 내용은 제1부와 제2부로 되어 있으며, 제1부에서는 "우주의 탄생에서부터 태양계의 형성 및 생명체의 출현에 이르는 과정에 관한 주요 과학 개념의 이해를 바탕으로, 이 과정을 밝혀내기 위하여 과학자들이 가졌던 의문과 해결 방안을 탐색하게 함으로써 과학의 본성을 이해하게 한다."라고 성격을 기술하고 있으며, 제2부에서는 "첨단 과학기술을 기반으로 하는 현대 사회에 대한 과학의 기여를 이해하고, 정보통신과 신소재, 인류의 건강과 과학기술, 에너지와 환경 등에 관련된 기초적인 과학 개념을 학습함으로써 올바른 의사소통과 판단능력을 갖추도록 한다."라고 성격을 기술하고 있다. 그리고 이 과목에서는 "물리, 화학, 생명과학, 지구과학의 기본 개념들이 적절하게 균형을 이루면서 자연스럽게 융합되도록 구성하고, 학생들이 과학에 대한 흥미를 느끼고 자연을 통합적으로 이해하는 데 필요하다면 어려운 과학 개념일지라도 적절한 수준에서 소개하며, 이 과목을 통하여 학생들이 심화된 물리, 화학, 생명과학, 지구과학을 학습할 수 있는 의욕을 갖도록 하고, 관찰, 실험, 조사, 토론 등 다양한 활동을 통하여 과학적 탐구방법과 과정을 이해하게 하여, 이를 바탕으로 창의적 문제해결 능력과 시민 사회에서 합리적인 의사결정을 위한 과학적 사고력을 기르도록 구성한다."라고 그 성격을 규정하고 있다. 그리고 이 교육과정에 제시된 고등학교 '과학'의 목표는 다음과 같다: ❶ 우주와 생명, 그리고 현대 문명과 사회를 이해하는 데 필요한 과학 개념을 통합적으로 이해한다. ❷ 자연을 과학적으로 탐구하는 능력을 기르고, 과학 지식과 기술이 형성되고 발전하는 과정을 이해한다. ❸ 자연 현상과 과학 학습에 대한 흥미와 호기심을 기르고, 일상 생활의 문제를 과학적으로 해결하려는 태도를 함양한다. ❹ 과학·기술·사회의 상호 작용을 이해하고, 과학 지식과 탐구 방법을 활용한 합리적 의사 결정 능력을 기른다 (교육과학기술부, 2011). 이 목표에서 보는 바와 같이 고등학교 '과학'이 기존 고등학교 과학과 교육 목표와 다른 점은 '과학 개념을 통합적으로 이해하는 것'과 '과학 지식과 기술이 형성

되고 발전하는 과정을 이해하는 것', 그리고 '합리적 의사 결정 능력을 기르는 것' 등이 목표에 명시되어 있다는 점이다.

2009 개정 과학과 교육과정에서 '고등학교 과학'의 내용 체계는 <표 3.29>와 같다.

표 3.29 2009 개정 과학과 교육과정에서 '고등학교 과학'의 내용 체계

영역			내용 요소
우 주 와 생 명	우주의 기원과 진화	우주의 기원	우주의 팽창, 허블의 법칙, 선스펙트럼, 우주의 나이
		빅뱅과 기본입자	기본입자, 양성자, 중성자, 원자핵의 형성
		원자의 형성	수소와 헬륨 원자, 우주배경복사
		별과 은하	별의 탄생과 진화, 무거운 원소의 합성, 은하의 구조, 성간 화합물, 공유 결합, 반응속도
	태양계와 지구	태양계의 형성	태양계 형성 과정, 태양 에너지, 지구형 행성, 목성형 행성
		태양계의 역학	케플러의 법칙, 뉴턴의 운동법칙, 행성의 운동, 지구와 달의 운동, 자전, 공전
		행성의 대기	탈출속도, 행성 대기의 차이, 분자 구조와 성질
		지구	지구의 진화, 지구계, 지구의 원소 분포, 지자기
	생명의 진화	생명의 탄생	원시 지구, 화학 반응과 화학적 진화, 탄소 화합물, 생명의 기본 요소, DNA, 단백질, 세포막의 구조
		생명의 진화	원시 생명체의 탄생, 광합성과 대기의 산소, 화석, 지질 시대, 원핵세포, 진핵세포, 생물의 다양성
		생명의 연속성	유전자와 염색체, 유전 암호, 세포 분열, 유전자의 복제와 분배, 생식을 통한 유전자 전달
과 학 과 문 명	정보통신과 신소재	정보의 발생과 처리	정보의 발생, 센서, 디지털 정보처리
		정보의 저장과 활용	저장 매체, 디스플레이, 정보 처리의 응용
		반도체와 신소재	반도체 특성, 반도체 소자, 고분자 소재
		광물 자원	광물의 유형, 생성과정, 탐사, 활용
	인류의 건강과 과학기술	식량자원	육종, 비료, 식품 안전, 생태계와 생물 다양성
		과학적 건강관리	영양, 물질대사, 질병과 면역, 물의 소독, 세제, 천연 및 합성 의약품, 건강검진
		첨단 과학과 질병치료	첨단 영상 진단, 암의 발생과 진단, 치료
	에너지와 환경	에너지와 문명	에너지의 종류·보존·전환, 에너지보존 법칙, 에너지 효율, 화석 연료
		탄소 순환과 기후변화	지구 에너지의 균형, 온실 효과와 기후 변화, 탄소 순환, 광합성과 이산화 탄소의 환원
		에너지 문제와 미래	에너지 자원의 생성과 고갈, 신재생에너지, 핵에너지, 지속가능 발전과 에너지

물리Ⅰ, 물리Ⅱ, 화학Ⅰ, 화학Ⅱ, 생명과학Ⅰ, 생명과학Ⅱ, 지구과학Ⅰ, 지구과학Ⅱ의 내용 체계를 보면 다음과 같다 (<표 3.30>~<표 3.33>).

<표 3.30>~<표 3.33>에서 보는 바와 같이 2009 개정 과학과 교육과정의 심화과목 내용에서 '생명과학' 과목과 '지구과학' 과목은 이전 교육과정 내용과 크게 달라지지 않았지만 '물리'와 '화학'은 크게 변화했음을 알 수 있다. 물리에서는 상대성 이론, 블랙홀과 중력렌즈, 에너지띠 이론, 미시세계와 양자 현상, 슈뢰딩거 방정식과 같이 지금까지 고등학교 과정에서 다루지 않았던 현대물리학 내용들과 광센서, 반도체, 태양전지 등과 같이 첨단 과학기술의 내용을 다루고 있고, 화학에서도 스핀, 광합성과 호흡 등과 같이 지금까지 다루지 않았던 내용들과 화학전지, 물의 광분해와 같은 첨단 과학기술 내용들을 다루도록 되어 있다.

표 3.30 2009 개정 교육과정 물리Ⅰ, 물리Ⅱ의 내용 체계

영역			내용 요소
물리 Ⅰ	시공간과 우주	시간, 공간, 운동	시간의 측정과 표준, 길이의 측정과 표준, 뉴턴 운동법칙, 운동량과 충격량, 역학적 에너지 보존 법칙
		시공간의 새로운 이해	중력의 발견, 상대성 이론, 블랙홀과 중력렌즈, 우주 모형, 4가지 상호작용과 기본입자
	물질과 전자기장	전자기장	전기장과 전기력선, 정전기 유도와 유전 분극, 자기장과 자기력선, 유도전류와 패러데이 법칙
		물질의 구조와 성질	에너지 준위와 빛의 방출, 에너지띠 이론, 반도체, 신소재
	정보와 통신	소리와 빛	음파와 초음파, 화음과 소음, 마이크와 전기신호, 광전효과와 광센서, 색채 인식과 영상장치
		정보의 전달과 저장	전자기파의 스펙트럼, 안테나와 무선통신, 광케이블, 교류와 신호조절, 정보저장장치
	에너지	에너지의 발생	기전력, 전기 에너지, 발전기, 핵발전, 핵융합과 태양에너지, 태양전지, 여러 가지 발전
		힘과 에너지의 이용	힘의 전달과 돌림힘, 힘의 평형과 안정성, 유체의 법칙, 열역학 법칙과 열기관, 열전달, 상태변화와 기상현상, 전기에너지 이용
물리 Ⅱ	운동과 에너지	힘과 운동	위치벡터, 힘과 운동법칙, 포물선과 원운동, 운동량 보존, 가속좌표계와 관성력, 단진동
		열에너지	절대온도, 기체운동론, 이상기체 상태방정식, 내부에너지, 열역학 과정, 엔트로피
	전기와 자기	전하와 전기장	전위, 전기쌍극자, 평행판 축전기, 전기용량, 유전체
		전류와 자기장	전류에 의한 자기장, 자기선속과 패러데이 법칙, 로렌츠 힘, 자기쌍극자, 자성체, 상호유도, 자체유도, RLC 회로

물리 II	파동과 빛	파동의 발생과 전달	호이겐스 원리, 정상파와 공명, 굴절과 반사, 회절과 간섭, 도플러 효과와 충격파
		빛의 이용	거울과 렌즈, 광학기기, 엑스선과 감마선, 마이크로파, 레이저, 편광
	미시세계와 양자현상	물질의 이중성	플랑크의 양자설, 빛의 입자성, 드브로이 물질파와 입자의 파동성, 전자현미경
		양자물리	불확정성원리, 슈뢰딩거 방정식, 파동함수, 원자모형, 에너지 준위, 양자터널 효과

표 3.31 2009 개정 교육과정 화학Ⅰ, 화학Ⅱ의 내용 체계

영역			내용 요소
화학 Ⅰ	화학의 언어		원소, 화합물, 원자, 분자, 원자량, 분자량, 몰, 화학 반응식
	개성 있는 원소	원자의 구조	원자의 구성 입자, 보어 모형, 오비탈, 스핀, 에너지 준위
		주기적 성질	주기율표, 전자 배치, 원자 반지름, 이온화 에너지, 전기 음성도
	아름다운 분자 세계	분자 세계의 건축 예술	분자 구조의 다양성, 구조와 기능
		화학 결합	화학 결합, 옥텟 규칙, 쌍극자 모멘트, 결합의 극성
		분자의 구조	전자쌍 반발 이론, 분자 구조, 탄소 화합물
	닮은꼴 화학반응	산화 환원	광합성과 호흡, 철의 제련, 암모니아의 합성, 산화수
		산과 염기	염산, 암모니아, 아미노산, 핵산, 중화 반응
화학 Ⅱ	다양한 모습의 물질	물질의 상태	분자간 상호작용, 기체, 이상 기체 상태 방정식, 액체와 고체, 상변화
		용액	용액의 농도, 증기압, 총괄성
	물질 변화와 에너지	반응열	에너지, 엔탈피, 에너지 보존, 헤스의 법칙
		반응의 자발성	자발성, 엔트로피, 자유 에너지
	화학 평형	평형의 원리	화학 평형, 평형 상수, 평형의 이동, 상평형, 용해 평형, 헨리의 법칙
		평형의 이용	산-염기 평형, 화학 전지, 연료 전지, 전기 분해
	화학 반응 속도	반응 속도	반응 속도식, 반응 차수, 반감기, 에너지 장벽
		촉매	촉매의 종류, 효소, 촉매의 이용
	인류 복지와 화학		의약품 개발, 녹색 화학, 물의 광분해

표 3.32 2009 개정 교육과정 생명과학Ⅰ, 생명과학Ⅱ의 내용 체계

영역			내용 요소
생명과학Ⅰ	생명과학의 이해		생명의 특성(생명체의 구성 체제 포함)
	세포와 생명의 연속성	세포와 세포분열	세포 주기와 세포 분열, 유전자, 염색체
		유전	멘델 법칙, 사람의 유전 형질, 유전 형질의 발현(염색체 이상과 유전자 이상)
	항상성과 건강	생명활동과 에너지	세포의 생명활동, 소화계, 순환계, 호흡계, 배설계의 통합
		항상성과 몸의 조절	신경계의 기능, 흥분의 전도와 전달, 자극과 반응의 경로, 근수축 운동, 체온 조절, 혈당량 조절, 삼투압 조절
		방어 작용	병원체, 항원, 항체, 면역
	자연속의 인간	생태계의 구성과 기능	생물과 환경의 상호 관계, 개체군과 군집, 물질의 순환과 에너지 흐름
		생물의 다양성과 환경	생물 다양성 보전, 생물자원의 이용, 환경과의 연계, 지속가능한 발전
생명과학Ⅱ	세포와 물질대사	세포의 특성	핵, 원핵 세포와 진핵 세포의 비교, 세포질, 세포막, 확산, 삼투, 능동 수송, 효소의 구조와 특성
		세포와 에너지	생체막을 통한 에너지 전환, 발효, ATP, 미토콘드리아의 구조와 기능, 해당 과정, TCA 회로, 전자 전달계, 엽록체의 구조와 기능, 명반응, 암반응
	유전자와 생명공학	유전자와 형질 발현	유전정보의 특성, DNA의 복제, 유전 형질의 발현, 유전자 발현의 조절
		생명 공학	생명 공학의 기술과 이용
	생물의 진화	생명의 기원과 다양성	생명의 기원, 생물 분류 체계
		진화의 원리	변이, 자연선택, 유전적 평형, 종의 분화

표 3.33 2009 개정 교육과정 지구과학Ⅰ, 지구과학Ⅱ의 내용 체계

영역			내용 요소
지구과학Ⅰ	소중한 지구	행성으로서의 지구	생명체를 위한 최적 환경 지구, 지구계의 상호 작용
		지구의 선물	지하자원, 토양자원 대기, 수자원, 자원의 보고로서의 해양 관광자원으로서의 지구 환경, 미래 친환경 에너지
		아름다운 한반도	한반도의 지질과 지형 한반도의 지질 명소
	생동하는 지구	고체 지구의 변화	지진·화산과 판구조론, 풍화 작용, 사태, 지질 재해의 피해와 대응책

영역			내용 요소
		유체 지구의 변화	기상·해양 정보와 생활, 대기·해수의 순환과 기상 현상, 태풍, 황사, 해일, 기타 악기상 등, 기상·해양 재해의 피해와 대응책
	위기의 지구	환경 오염	대기 오염, 해양 오염, 토양 오염, 수질 오염, 우주 쓰레기
		기후 변화	지구 역사 속 기후의 변화, 기후 변화의 원인, 엘니뇨, 온실효과, 지구 온난화, 사막화, 오존홀 등, 지구 환경 변화 해결을 위한 방안
	다가오는 우주	천체 관측	별자리 관측과 계절에 따른 별자리 변화, 천체의 운동과 좌표계, 태양 관측, 태양의 표면과 대기의 특징, 행성 관측과 행성의 운동, 달의 위상변화, 일식과 월식
		우주 탐사	우주 탐사선, 태양계 천체들의 특징, 우주 망원경의 종류와 특징, 외계 행성과 생명체 탐사, 최신 우주 탐사 계획
지구과학 II	지구의 구조와 지각의 물질	지구의 구조	지구의 내부 구조 (지진파), 지구의 중력장, 지구의 자기장
		지각의 물질	조암 광물, 암석의 생성과정과 특징
	지구의 변동과 역사	지구의 변동	지구내부 에너지, 조륙운동과 지각평형설, 판구조론, 지각변동 (지진, 화산, 조산운동), 지질구조
		지구의 역사	지사학의 주요 원리와 적용, 상대연령과 절대연령, 화석, 지질시대
		우리나라의 지질	지질조사와 지질도, 우리나라의 암석, 우리나라의 화석, 한반도의 형성
	대기와 해양의 운동과 상호작용	대기의 운동과 순환	단열변화, 대기의 안정도, 안개와 구름, 정역학 평형, 지균풍, 경도풍, 지상풍, 지구의 에너지 평형과 대기 대순환, 편서풍 파동과 제트류, 전선 저기압의 발생과 이동, 편동풍 파동과 열대 저기압, 태풍
		해수의 운동과 순환	해수의 수온과 염분, 밀도, 용존산소량, 정역학 평형, 해파와 조석, 에크만 수송과 취송류, 지형류, 경계류, 심층 순환과 심층 해류
		대기와 해양의 상호작용	대기의 대순환과 해양의 표층 순환의 관계, 해양의 표층 순환과 대양의 해류, 용승과 침강, 엘니뇨와 라니냐, 남방진동, 해양의 변화에 따른 기후 변화
	천체와 우주	별의 특성	별까지의 거리, 별의 운동, 별의 물리량, H-R도, 별의 에너지원, 별의 내부 구조, 별의 진화
		우리 은하	우리 은하의 구조, 우리 은하의 물리량, 성간 물질의 관측적 특성, 성간 물질의 종류
		은하와 우주	허블의 은하 분류법, 특이은하, 우주의 거대구조 허블 법칙, 우주 배경 복사, 빅뱅 우주(급팽창, 가속팽창 우주), 암흑 물질, 암흑 에너지

2015 개정 과학과 교육과정

　2015년에 고시된 2015 개정 교육과정은 **문과와 이과의 통합형 교육과정**으로, 2015 개정 교육과정의 기본 방향은 모든 학생들이 인문·사회·과학기술에 대한 기초 소양을 함양하여 인문학적 상상력과 과학기술 창조력을 갖춘 창의융합형 인재로 성장할 수 있도록 우리 교육의 근본적인 패러다임 전환, 미래 사회가 요구하는 **핵심 역량**을 기를 수 있는 교과 교육과정 개발, 대학입시 중심으로 운영되어온 고등학교 문·이과 이분화와 수능 과목 중심의 지식 편식 현상을 개선, 새로운 교육과정이 학교 현장에 안착될 수 있도록 교과서, 대입제도, 교원 양성 및 연수 체제 등 교육제도 전반에 걸친 제도 개선 등으로 제시되었다. 그리고 2015 개정 교육과정이 추구하는 인간상은 '자주적인 사람', '창의적인 사람', '교양 있는 사람', '더불어 사는 사람'으로 제시되었다. 또한 2015 개정 교육과정에서는 처음으로 핵심 역량을 제시하였는데, 총론에는 '자기관리 역량', '지식정보처리 역량', '창의적 사고 역량', '심미적 감성 역량', '의사소통 역량', '공동체 역량' 등 6가지를 제시하였고, 교과에는 총론의 역량과 연계하여 교과에 맞는 역량을 제시하였다.

　교육과정에 제시된 **인문학적 소양**이란 세상을 보는 안목과 인간을 이해하는 능력을 말하며, 구체적으로는 인문소양 교육을 통해 학생들은 인간존중의 가치를 실천하고, 다양성을 존중하고 배려하는 사회인으로 기르고, 인문학적 소양 함양을 위해 문학 교육을 이론 위주에서 감성과 소통 중심의 학습으로 전환하며, 연극교육 등을 활성화하며, 교과별로 학습내용에 인문학적 요소를 강화하도록 하였다. 또한 **과학기술적 소양**이란 자연, 인간, 사회와 문명에 대한 과학적 지식을 바탕으로 개인 및 사회적 문제들을 합리적이고 과학적으로 판단하고 해결할 수 있는 능력을 의미하며, 구체적으로는 과학기술 소양을 기르기 위해 과학과 교육과정을 대주제 중심으로 재구조화하여 융합·복합적 사고가 가능한 교육내용으로 구성하며, 특히 고등학교에서는 『통합과학』과 『과학탐구실험』 과목을 통해 실험·탐구 중심 수업으로 운영하도록 하였으며, 과학기술 인력 양성의 중요성을 감안하여, 이공계 진로를 계획하는 학생들이 과학교과의 일반선택 및 진로선택 과목을 충실하게 이수할 수 있도록 편성·운영 모델을 제시하도록 하였다. 또한 창조경제 시대에 필요한 논리적 사고력과 창의력 증진을 위해 컴퓨터를 이용한 문제해결 능력을 함양하는 소프트웨어(SW) 교육을 실시하며, 교육과정은 다양한 문제를 창의적이고 효율적으로 해결하는 컴퓨팅 사고력을 함양하고 협업적 문제해결 과정을 통해 의사소통능력, 공동체 의식을 함양하는 내용으로 구성하고, 소프트웨어의 제작 원리에 대한 이해와 더불

어, 발달 수준에 따른 놀이 중심의 다양한 교수·학습방법과 교육용 도구를 활용한 프로
그래밍 체험을 통해 쉽고 재미있게 학습하도록 구성하였다 (교육부, 2015a). 2015 개정
과학과 교육과정 (교육부, 2015b)의 학교급별 과목 구성은, <표 3.34>와 같이, 보통교과
와 전문교과로 구분되고, 보통교과는 다시 공통과목과 선택과목으로 구분된다. 선택과목
은 일반선택과 진로선택으로 구성된다.

표 3.34 과학과 교과목 구성

학교급	학년	과목			전문교과
		보통교과			
		공통과목	선택과목		
			일반선택	진로선택	
초등학교	3~6	과학			
중학교	1~3	과학			
고등학교	1	· 통합과학 · 과학탐구실험			
	2~3		· 물리학 I · 화학 I · 생명과학 I · 지구과학 I	· 물리학II · 화학II · 생명과학II · 지구과학II · 과학사 · 생활과 과학 · 융합과학	· 고급물리학 · 고급화학 · 고급생명과학 · 고급지구과학 · 물리학실험 · 화학실험 · 생명과학실험 · 지구과학실험 · 융합과학탐구 · 과학과제연구 · 생태와 환경

공통 교육과정 [과학]

[과학]의 성격

2015 개정 과학과 교육과정에 제시된 '과학의 성격'은 다음과 같다. 여기에서는 과학의 성격뿐만 아니라 과학 교과 핵심 역량 요소들이 정의되어 있다.

'과학'은 모든 학생이 과학의 개념을 이해하고 과학적 탐구 능력과 태도를 함양하여 개인과 사회의 문제를 과학적이고 창의적으로 해결할 수 있는 과학적 소양을 기르기 위한 교과이다. '과학'에서는 일상의 경험과 관련이 있는 상황을 통해 과학 지식과 탐구 방법을 즐겁게 학습하고 과학적 소양을 함양하여 과학과 사회의 올바른 상호 관계를 인식하며 바람직한 민주 시민으로 성장할 수 있도록 한다. '과학'의 내용은 '운동과 에너지', '물질', '생명', '지구와 우주' 영역의 핵심 개념을 체계적으로 구성하고, 핵심 개념과 과학 탐구가 학교급과 학년 그리고 영역 간에 연계되도록 한다. 또한 통합 주제로 초등학교에서는 물의 여행, 에너지와 생활을 다루고, 중학교에서는 과학과 나의 미래, 재해 · 재난과 안전, 과학기술과 인류 문명을 다룬다. '과학'에서는 다양한 탐구 중심의 학습이 이루어지도록 한다. 또한 기본 개념의 통합적인 이해 및 탐구 경험을 통하여 과학적 사고력, 과학적 탐구 능력, 과학적 문제 해결력, 과학적 의사소통 능력, 과학적 참여와 평생 학습 능력 등의 과학과 핵심역량을 함양하도록 한다.

과학적 사고력은 과학적 주장과 증거의 관계를 탐색하는 과정에서 필요한 사고이다. 과학적 세계관 및 자연관, 과학의 지식과 방법, 과학적인 증거와 이론을 토대로 합리적이고 논리적으로 추론하는 능력, 추리 과정과 논증에 대해 비판적으로 고찰하는 능력, 다양하고 독창적인 아이디어를 산출하는 능력 등을 포함한다.

과학적 탐구 능력은 과학적 문제 해결을 위해 실험, 조사, 토론 등 다양한 방법으로 증거를 수집, 해석, 평가하여 새로운 과학 지식을 얻거나 의미를 구성해 가는 능력을 말한다. 과학적 탐구를 위해서는 과학 탐구 기능과 지식을 통합하여 적용하고 활용하는 능력이 필요하며 과학적 사고력이 이 과정에 기초가 된다.

과학적 문제 해결력은 과학적 지식과 과학적 사고를 활용하여 개인적 혹은 공적 문제를 해결하는 능력이다. 일상생활의 문제를 해결하기 위해 문제와 관련 있는 과학적 사실, 개념, 원리 등의 지식을 생각해 내고 활용하며 다양한 정보와 자료를 수집, 분석, 평가, 선택, 조직하여 가능한 해결 방안을 제시하고 실행하는 능력이 필요하다. 문제 해결력은 문제 해결 과정에 대한 반성적 사고 능력과 문제 해결 과정에서의 합리적 의사 결정 능력도 포함한다. 과학적 의사소통 능력은 과학적 문제 해결 과정과 결과를 공동체 내에서 공유하고 발전시키기 위해 자신의 생각을 주장하고 타인의 생각을 이해하며 조정하는 능력을 말한다. 말, 글, 그림, 기호 등 다양한 양식의 의사소통 방법과 컴퓨터, 시청각 기기 등 다양한 매체를 통하여 제시되는 과학기술 정보를 이해하고 표현하는 능력, 증거에 근거하여 논증 활동을 하는 능력 등을 포함한다.

과학적 참여와 평생 학습 능력은 사회에서 공동체의 일원으로 합리적이고 책임 있게 행동하기 위해 과학기술의 사회적 문제에 대한 관심을 가지고 의사 결정 과정에 참여하며 새로운 과학기술 환경에 적응하기 위해 스스로 지속적으로 학습해 나가는 능력을 가리킨다.

[과학]의 목표

2015 개정 과학과 교육과정의 목표는 '자연 현상과 사물에 대하여 흥미와 호기심을 가지고, 과학의 핵심 개념에 대한 이해와 탐구 능력의 함양을 통하여, 개인과 사회의 문제를 과학적이고 창의적으로 해결하기 위한 과학적 소양을 기른다.'이다.

과학과의 하위 목표는 다음과 같다.

❶ 자연 현상에 대한 흥미와 호기심을 갖고, 문제를 과학적으로 해결하려는 태도를 기른다.
❷ 자연현상 및 일상생활의 문제를 과학적으로 탐구하는 능력을 기른다.
❸ 자연현상을 탐구하여 과학의 핵심 개념을 이해한다.
❹ 과학과 기술 및 사회의 상호 관계를 인식하고, 이를 바탕으로 민주시민으로서의 소양을 기른다.
❺ 과학 학습의 즐거움과 과학의 유용성을 인식하여 평생 학습 능력을 기른다.

[과학]의 내용체계

<표 3.35>는 초등학교와 중학교 과학과의 내용체계 (교육부, 2015b)이다. <표 3.35>에서 보는 바와 같이 내용 체계의 구성은 영역, 핵심 개념, 일반화된 지식, 내용 요소, 기능으로 되어 있으며, 내용 요소 속에는 초등학교와 중학교 내용 요소들이 함께 제시되어 있다.

표 3.35 2015 개정 과학과 교육과정에서의 초등학교와 중학교 내용체계

영역	핵심 개념	일반화된 지식	내용 요소			기능
			초등학교		중학교	
			3~4학년	5~6학년	1~3학년	
힘과 운동	시공간과 운동	물체의 운동 변화는 뉴턴 운동 법칙으로 설명된다.		· 속력 · 속력과 안전	· 등속 운동 · 자유 낙하 운동	· 문제 인식 · 탐구 설계와 수행 · 자료의 수집·분석 및 해석 · 수학적 사고와 컴퓨터 활용 · 모형의 개발과 사용 · 증거에 기초한 토론과 논증 · 결론 도출 및 평가 · 의사소통
	힘	물체 사이에는 여러 가지 힘이 작용한다.	· 무게 · 수평 잡기 · 용수철저울의 원리		· 중력 · 마찰력 · 탄성력 · 부력	
	역학적 에너지	마찰이 없는 계에서 역학적 에너지는 보존된다.			· 중력에 의한 위치 에너지 · 운동 에너지 · 역학적 에너지 보존	
전기와 자기	전기	두 전하 사이에는 전기력이 작용한다.			· 전기력 · 원자 모형 · 대전 · 정전기 유도	
		전기 회로에서는 기전력에 의해 전류가 형성된다.		· 전기 회로 · 전기 절약 · 전기 안전	· 전기 회로 · 전압 · 전류 · 저항	
	자기	전류는 자기장을 형성한다.		· 전자석	· 자기장 · 전동기 · 발전	
		물질은 자기적 성질에 따라 자성체와 비자성체로 구분된다.	· 자기력 · 자석의 성질			
열과 에너지	열평형	온도가 다른 물체가 접촉하면 온도가 같아진다.		· 온도 · 전도, 대류 · 단열	· 온도 · 열의 이동 방식 · 열평형	

영역	핵심 개념	일반화된 지식	내용 요소			기능
			초등학교		중학교	
			3~4학년	5~6학년	1~3학년	
열과 에너지	열평형	물질의 종류에 따라 열적 성질이 다르다.			· 비열 · 열팽창	
	열역학 법칙	에너지는 전환되는 과정에서 소모되거나 생성되지 않는다.			· 소비 전력	
	에너지 전환	에너지는 다양한 형태로 존재하며, 다른 형태로 전환될 수 있다.			· 일 · 에너지 전환	
파동	파동의 종류	음파는 매질을 통해 전달되는 파동이다.	· 소리의 발생 · 소리의 세기 · 소리의 높낮이 · 소리의 전달		· 횡파, 종파 · 진폭 · 진동수 · 파형	
		빛을 비롯한 전자기파는 전자기 진동이 공간으로 퍼져나가는 파동이다.	· 빛의 직진 · 그림자			
	파동의 성질	파동은 반사, 굴절, 간섭, 회절의 성질을 가진다.	· 평면거울 · 빛의 반사	· 프리즘 · 빛의 굴절 · 볼록 렌즈	· 빛의 합성 · 빛의 삼원색 · 평면거울의 상	
물질의 구조	물질의 구성 입자	물질은 입자로 구성되어 있다.			· 원소 · 원자 · 분자 · 원소 기호 · 이온 · 이온식	

영역	핵심 개념	일반화된 지식	내용 요소			기능
			초등학교		중학교	
			3~4학년	5~6학년	1~3학년	
물질의 성질	물리적 성질과 화학적 성질	물질은 고유한 성질을 가지고 있다.	· 물체와 물질 · 물질의 성질 · 물체의 기능 · 물질의 변화	· 용해 · 용액 · 용질의 종류 · 용질의 녹는 양 · 용액의 진하기 · 용액의 성질 · 용액의 분류 · 지시약 · 산성 용액 · 염기성 용액	· 밀도 · 용해도 · 녹는점 · 어는점 · 끓는점	
		혼합물은 여러 가지 순물질로 구성되어 있다.	· 혼합물	· 공기	· 순물질과 혼합물	
		물질의 고유한 성질을 이용하여 혼합물을 분리할 수 있다.	· 혼합물의 분리 · 거름 · 증발		· 증류, 밀도 차를 이용한 분리 · 재결정 · 크로마토그래피	
물질의 상태	물질은 여러 가지 상태로 존재한다.	· 고체, 액체, 기체 · 기체의 무게	· 산소 · 이산화 탄소			
		물질은 상태에 따라 물리적 성질이 달라진다.		· 온도에 따른 기체 부피 · 압력에 따른 기체 부피		
		물질의 상태는 구성하는 입자의 운동에 따라 달라진다.			· 입자의 운동 · 기체의 압력 · 기체의 압력과 부피의 관계 · 기체의 온도와 부피의 관계	

영역	핵심 개념	일반화된 지식	내용 요소			기능
			초등학교		중학교	
			3~4학년	5~6학년	1~3학년	
물질의 변화	물질의 상태 변화	물질은 온도와 압력에 따라 상태가 변화한다.	· 물의 상태 변화 · 증발 · 끓음 · 응결		· 세 가지 상태와 입자 배열 · 상태 변화	
		물질은 상태 변화 시 에너지 출입이 있다.			· 상태 변화와 열에너지 출입	
	화학 반응	물질은 화학 반응을 통해 다른 물질로 변한다.		· 연소 현상 · 연소 조건 · 연소 생성물 · 소화 방법	· 물리 변화 · 화학 변화	
		화학 반응에서 규칙성이 발견된다.			· 화학 반응식 · 질량 보존 법칙 · 일정 성분비 법칙 · 기체 반응 법칙	
		화학과 우리 생활이 밀접한 관련이 있다.		· 화재 시 안전 대책		
	에너지 출입	물질의 변화에는 에너지 출입이 수반된다.			· 화학 반응에서의 에너지 출입	
생명 과학과 인간의 생활	생명 공학 기술	생명공학 기술은 질병 치료, 식량 생산 등 인간의 삶에 기여한다.	· 생활 속 동·식물 모방 사례	· 균류, 원생생물, 세균의 이용 · 첨단 생명과학과 우리 생활		

영역	핵심 개념	일반화된 지식	내용 요소			기능
			초등학교		중학교	
			3~4학년	5~6학년	1~3학년	
생물의 구조와 에너지	생명의 구성 단위	생명체는 세포로 구성되어 있다.		· 현미경 사용법 · 세포		
		세포는 세포막으로 둘러싸여 있고 세포 소기관을 가진다.		· 핵 · 세포막 · 세포벽	· 생물의 구성 단계	
	동물의 구조와 기능	뼈와 근육은 몸을 지탱하거나 움직이는 기능을 한다.		· 뼈와 근육의 구조와 기능		
		소화 기관을 통해 영양소를 흡수하고 배설 기관을 통해 노폐물을 배출한다.		· 소화·순환· 호흡·배설 기관의 구조와 기능	· 영양소 · 소화 효소 · 소화계, 배설계의 구조와 기능	
		호흡 기관과 순환 기관을 통해 산소와 이산화 탄소를 교환한다.			· 순환계, 호흡계의 구조와 기능 · 소화·순환· 호흡·배설의 관계	
	식물의 구조와 기능	식물은 뿌리, 줄기, 잎으로 구성되어 있다.		· 뿌리, 줄기, 잎의 기능		
		뿌리에서 흡수된 물은 줄기를 통해 잎으로 이동한다.		· 증산 작용	· 물의 이동과 증산 작용	
		잎에서 만들어진 양분은 줄기를 통해 식물체의 각 부분으로 이동하고 저장된다.			· 광합성 산물의 생성, 저장, 사용 과정	

영역	핵심 개념	일반화된 지식	내용 요소			기능
			초등학교		중학교	
			3~4학년	5~6학년	1~3학년	
생물의 구조와 에너지	광합성과 호흡	광합성을 통해 빛에너지가 화학 에너지로 전환된다.		· 광합성	· 광합성에 필요한 물질 · 광합성 산물 · 광합성에 영향을 미치는 요인	
		호흡을 통해 생명 활동에 필요한 에너지를 얻는다.			· 식물의 호흡과 광합성의 관계	
항상성과 몸의 조절	자극과 반응	감각 기관과 신경계의 작용으로 다양한 자극에 반응한다.		· 감각 기관의 종류와 역할 · 자극 전달 과정	· 눈, 귀, 코, 혀의 구조와 기능 · 피부 감각과 감각점 · 뉴런과 신경계의 구조와 기능 · 중추 신경계와 말초 신경계 · 자극에서 반응하기까지의 경로	
		내분비계와 신경계의 작용으로 항상성을 유지한다.			· 자극에 대한 반응에 관여하는 호르몬의 역할	
생명의 연속성	생식	생물은 유성 생식 또는 무성 생식을 통해 종족을 유지한다.	· 동물의 한살이 · 완전·불완전 탈바꿈 · 식물의 한살이 · 씨가 싹트는 조건	· 씨가 퍼지는 방법	· 생식 · 염색체 · 체세포 분열 · 생식 세포 형성 과정	

영역	핵심 개념	일반화된 지식	내용 요소			기능
			초등학교		중학교	
			3~4학년	5~6학년	1~3학년	
생명의 연속성	생식	다세포 생물은 배우자를 생성하고 수정과 발생 과정을 거쳐 개체를 만든다.	· 동물의 암·수 · 동물의 암·수 역할		· 동물의 발생 과정	
	유전	생물의 형질은 유전 원리에 의해 자손에게 전달된다.			· 멘델 유전 실험의 의의 · 멘델 유전 원리	
		생물의 형질은 유전자에 저장된 정보가 발현되어 나타난다.			· 사람의 유전 형질 · 가계도 조사 방법	
	진화와 다양성	생물은 환경 변화에 적응하여 진화한다.	· 다양한 환경에 사는 동물과 식물 · 동물과 식물의 생김새	· 균류, 원생생물, 세균의 특징과 사는 곳	· 생물다양성의 중요성	
		진화를 통해 다양한 생물이 출현한다.			· 변이	
		다양한 생물은 분류 체계에 따라 분류한다.	· 특징에 따른 동물 분류 · 특징에 따른 식물 분류		· 생물 분류 목적과 방법 · 종의 개념과 분류 체계	
환경과 생태계	생태계와 상호작용	생태계의 구성 요소는 서로 밀접한 관계를 맺고 있으며 서로 영향을 주고받는다.		· 생물 요소와 비생물 요소 · 환경 요인이 생물에 미치는 영향		
		생태계 내에서 물질은 순환하고, 에너지는 흐른다.		· 생태계의 구조와 기능 · 환경 오염이 생물에 미치는 영향		

영역	핵심 개념	일반화된 지식	내용 요소			기능
			초등학교		중학교	
			3~4학년	5~6학년	1~3학년	
				· 생태계 보전을 위한 노력 · 먹이 사슬과 먹이 그물 · 생태계 평형		
고체지구	지구계와 역장	지구계는 지권, 수권, 기권, 생물권, 외권으로 구성되고, 각 권은 상호 작용한다.	· 지구의 환경		· 지구계의 구성 요소	
		지구 내부의 구조와 상태는 지진파, 중력, 자기장 연구를 통해 알아낸다.			· 지권의 층상 구조 · 지각 · 맨틀 · 핵	
	판구조론	지구의 표면은 여러 개의 판으로 구성되어 있고 판의 경계에서 화산과 지진 등 다양한 지각 변동이 발생한다.	· 화산 활동 · 지진 · 지진 대처 방법		· 지진대 · 화산대 · 진도와 규모 · 판 · 베게너의 대륙이동설	
	지구 구성 물질	지각은 다양한 광물과 암석으로 구성되어 있고, 이 중 일부는 자원으로 활용된다.	· 흙의 생성과 보존 · 풍화와 침식 · 화강암과 현무암 · 퇴적암		· 광물 · 암석 · 암석의 순환 · 풍화 작용 · 토양	
	지구의 역사	지구의 역사는 지층의 기록을 통해 연구한다.	· 지층의 형성과 특성			
		지질 시대를 통해 지구의 환경과 생물은 끊임없이 변해왔다.	· 화석의 생성 · 과거 생물과 환경			

영역	핵심 개념	일반화된 지식	내용 요소			기능
			초등학교		중학교	
			3~4학년	5~6학년	1~3학년	
대기와 해양	해수의 성질과 순환	수권은 해수와 담수로 구성되며, 수온과 염분 등에 따라 해수의 성질이 달라진다.	· 바다의 특징 · 물의 순환		· 수권 · 해수의 층상 구조 · 염분비 일정 법칙	
		해수는 바람, 밀도 차 등 다양한 요인들에 의해 운동하고 순환한다.			· 우리나라 주변 해류 · 조석 현상	
	대기의 운동과 순환	기권은 성층구조를 이루고 있으며, 위도에 따른 열수지 차이로 인해 대기의 순환이 일어난다.			· 기권의 층상 구조 · 복사 평형 · 온실 효과 · 지구 온난화	
		대기의 온도, 습도, 기압 차 등에 의해 다양한 기상 현상이 나타난다.		· 습도 · 이슬과 구름 · 저기압과 고기압 · 계절별 날씨	· 상대 습도 · 단열 팽창 · 강수 과정 · 기압과 바람 · 기단과 전선 · 저기압과 고기압 · 일기도	
우주	태양계의 구성과 운동	태양계는 태양, 행성, 위성 등 다양한 천체로 구성되어 있다.	· 지구와 달의 모양 · 지구의 대기 · 달의 환경	· 태양 · 태양계 행성 · 행성의 크기와 거리	· 지구와 달의 크기 · 지구형 행성과 목성형 행성 · 태양 활동	
		태양계 천체들의 운동으로 인해 다양한 현상이 나타난다.		· 낮과 밤 · 계절별 별자리 · 달의 위상 · 태양 고도의 일변화	· 지구의 자전과 공전 · 달의 위상 변화 · 일식과 월식	

영역	핵심 개념	일반화된 지식	내용 요소			기능
			초등학교		중학교	
			3~4학년	5~6학년	1~3학년	
우주	별의 특성과 진화	우주에는 수많은 별이 존재하며, 표면온도, 밝기 등과 같은 물리량에 따라 분류된다.		· 별의 정의 · 북쪽 하늘 별자리	· 연주 시차 · 별의 등급 · 별의 표면 온도	
	우주의 구조와 진화	우리은하는 별, 성간 물질 등으로 구성된다.			· 우리은하의 모양과 구성 천체	
		우주는 다양한 은하로 구성되며 팽창하고 있다.			· 우주 팽창 · 우주 탐사 성과와 의의	

<표 3.35>에서 보는 바와 같이 2009 개정 교육과정과는 달리 핵심 개념과 일반화된 지식이 제시되어 있고, 탐구 기능이 아니라 '기능'이 제시되어 있으며 기능의 요소로는 문제 인식, 탐구 설계와 수행, 자료의 수집·분석 및 해석, 수학적 사고와 컴퓨터 활용, 모형의 개발과 사용, 증거에 기초한 토론과 논증, 결론 도출 및 평가, 의사소통 등이 제시되어 있어, 교과 핵심 역량과 관련되어 있음을 알 수 있다.

내용 체계 표 뒤에는 각 단원별로 학습 내용과 성취 기준, 탐구 활동이 제시되고, 좀 더 구체적으로 학습 요소, 성취기준 해설, 교수·학습 방법 및 유의사항, 평가 방법 및 유의사항 등이 제시되어 있다. 한 단원의 예를 들면 [그림 3.1]과 같다.

(2) 여러 가지 힘

이 단원에서는 물질세계에 존재하는 여러 가지 힘 중에서 중력, 탄성력, 마찰력, 부력을 이해하고 이러한 힘의 특징과 힘이 작용하여 나타나는 현상에 대하여 호기심과 흥미를 갖도록 한다. 질량과 무게를 구분하도록 하고, 일상생활에서 탄성을 이용하는 사례를 조사하여 탄성력의 특징을 이해하도록 한다. 또한 마찰력의 크기를 비교하고, 부력의 크기를 측정하도록 한다.

[9과02-01] 무게가 중력의 크기임을 알고, 질량과 무게를 구별할 수 있다.
[9과02-02] 일상생활에서 물체의 탄성을 이용하는 예를 조사하고, 그 예를 통하여 탄성력의 특징을 설명할 수 있다.
[9과02-03] 물체의 운동을 방해하는 원인으로써 마찰력을 알고, 빗면 실험을 통해 마찰력의 크기를 정성적으로 비교할 수 있다.
[9과02-04] 기체나 액체 속에 있는 물체에 부력이 작용함을 알고 용수철저울을 사용하여 부력의 크기를 측정할 수 있다.

〈탐구 활동〉

- 용수철을 이용하여 물체의 무게 측정하기
- 빗면의 기울기를 이용하여 물체의 마찰력 비교하기
- 액체 속에서 물체의 부력 측정하기

(가) 학습 요소

- 중력, 질량, 마찰력, 탄성력, 부력

(나) 성취기준 해설

- [9과02-03] 마찰 계수는 다루지 않으며 빗면의 기울기를 증가시켰을 때 빗면에 놓인 물체가 더 이상 빗면에 정지해 있지 못하는 현상을 이용하여 마찰력의 크기를 정성적으로 비교하도록 한다.

(다) 교수·학습 방법 및 유의 사항

- 무게와 질량을 비교하기 위해 우주 정거장에서 무게와 질량을 비교한 동영상을 활용할 수 있다.
- 이 단원은 초등학교 3~4 학년군의 '물체의 무게', 5~6학년군의 '물체의 운동', 고등학교 '통합과학의 '역학적 시스템', '물리학 I'의 '역학과 에너지'와 연계된다.

(라) 평가 방법 및 유의 사항

- 여러 가지 힘에 관한 실험에서 학생들이 실험하고 토의하는 과정을 관찰하거나 힘의 개념을 다양한 형태로 표현하도록 하여 개념 이해 여부를 평가할 수 있다.

그림 3.1 각 단원에 제시된 성취기준 예시

▍공통 교육과정 – 공통과목 [통합과학]

[통합과학]의 성격

2015 개정 과학과 교육과정에 제시된 '[통합과학]의 성격'은 다음과 같다. 여기에서는 통합과학의 성격뿐만 아니라 통합과학 교과 핵심 역량 요소들이 정의되어 있다.

'통합과학'은 자연 현상을 통합적으로 이해하고, 이를 기반으로 자연 현상과 인간의 관계에 대한 이해, 과학기술의 발달에 따른 미래 생활 예측과 적응, 사회 문제에 대한 합리적 판단 능력 등 미래 사회에 필요한 과학적 소양 함양을 위한 과목이다. '통합과학'의 초점은 우리 주변의 자연 현상과 현대사회의 문제에 대한 통합적 이해를 추구하고 합리적 판단을 할 수 있는 민주 시민으로서의 기초 소양을 기르는 데 둔다.

'통합과학'은 기존 과학과의 구성 영역인 운동과 에너지, 물질, 생명, 지구와 우주 등을 통폐합하거나 융합하여 다시 물질과 규칙성, 시스템과 상호 작용, 변화와 다양성 및 환경과 에너지의 영역으로 재구성한다. 예컨대 물질과 규칙성이라는 영역은 기존의 물질 영역을 중심으로 하되, 물질의 형성과 결합 원리 등을 뒷받침하기 위해 운동과 에너지, 생명, 지구와 우주 등의 영역에서 관련된 부분을 연계하는 형태로 구성된다. 각 영역은 다시 다양한 핵심 개념들(Big Ideas)로 구성된다.

'통합과학'에서는 다양한 탐구 중심의 학습이 이루어지도록 한다. 또한 기본 개념의 통합적인 이해 및 탐구 경험을 통하여 과학적 사고력, 과학적 탐구 능력, 과학적 문제 해결력, 과학적 의사소통 능력, 과학적 참여와 평생 학습 능력 등의 과학과 핵심 역량을 함양하도록 한다.

여기에 제시된 과학과 핵심 역량은 공통교육과정 [과학]에 제시된 핵심역량과 같다.

[통합과학]의 목표

통합과학의 목표는 공통교육과정 [과학]에 제시된 목표와 같다.

[통합과학]의 내용체계

<표 3.36>은 [통합과학]의 내용체계(교육부, 2015b)이다. <표 3.36>에서 보는 바와 같이 내용 체계의 구성은 공통교육과정 [과학]에서와 같이 영역, 핵심 개념, 일반화된 지식,

내용 요소, 기능으로 되어 있다.

표 3.36 2015 개정 과학과 교육과정에서의 [통합과학] 내용체계

영역	핵심 개념	일반화된 지식	내용 요소 통합과학	기능
물질 과 규칙 성	물질의 규칙성 과 결합	지구 구성 물질의 원소는 빅뱅과 별의 진화 과정을 통해 만들어졌으며, 원자에서 방출되는 전자기파를 활용하여 자연 현상에 대한 다양한 정보를 수집한다.	· 우주 초기의 원소(생성) · 태양계에서 원소 생성 · 지구의 고체 물질 형성	· 문제 인식 · 탐구 설계와 수행 · 자료의 수집·분석 및 해석 · 수학적 사고와 컴퓨터 활용 · 모형의 개발과 사용 · 증거에 기초한 토론과 논증 · 결론 도출 및 평가 · 의사소통
		원소의 주기율 등을 통해 자연의 규칙성을 확인한다.	· 금속과 비금속 · 최외각 전자	
		원소는 이온 결합과 공유 결합을 통해 다양한 화합물을 형성한다.	· 이온 결합 · 공유 결합	
	자연의 구성 물질	생명체와 지각을 구성하는 단백질, 광물 등의 물질은 원소들 간의 규칙적인 화학 결합을 통해 만들어지며, 기존 물질의 물리적 성질을 변화시켜 다양한 신소재가 개발된다.	· 지각과 생명체 구성 물질의 규칙성 · 생명체 주요 구성 물질 · 신소재의 활용 · 전자기적 성질	
시스 템과 상호 작용	역학적 시스템	지구 시스템은 역학적 상호 작용에 의해 유지된다.	· 중력 · 자유 낙하 · 운동량 · 충격량	
	지구 시스템	지구 시스템은 지권, 수권, 기권, 생물권, 외권으로 구성되고, 각 권은 상호 작용한다.	· 지구 시스템의 에너지와 물질 순환 · 기권과 수권의 상호 작용	
	생명 시스템	세포 등과 같은 시스템에서 이루어지는 물질의 순환과 에너지의 흐름의 결과로 다양한 (자연) 현상이 나타난다.	· 세포막의 기능 · 세포 소기관 · 물질대사, 효소 · 유전자(DNA)와 단백질	
변화 와 다양 성	화학 변화	물질 사이에서 일어나는 대표적인 화학 반응인 산화·환원 반응은 전자의 이동으로 일어난다.	· 산화와 환원	
		중화 반응은 산성 물질과 염기성 물질이 반응할 때 일어나며, 생명현상을 가능케 하는 물질들이 끊임없는 화학 반응을 통해 다양한 기능들을 수행한다.	· 산성과 염기성 · 중화 반응	

영역	핵심 개념	일반화된 지식	내용 요소 통합과학	기능
변화 와 다양 성	생물다 양성과 유지	지구의 환경은 지질 시대를 통해 변해 왔으며, 생물은 환경에 적응하여 진화해 왔다.	· 지질 시대 · 화석, 대멸종 · 진화와 생물다양성	
환경 과 에너 지	생태계 와 환경	생태계의 구성 요소는 서로 밀접한 관계를 맺고 있으며, 지구 환경 변화는 인간 생활에 다양한 영향을 미친다.	· 생태계 구성요소와 환경 · 생태계 평형 · 지구 온난화와 지구 환경 변화	
		환경문제를 해결하기 위해 에너지의 효율적 활용이 필요하다.	· 에너지 전환과 보존 · 열효율	
	발전과 신재생 에너지	발전기를 이용하여 생산된 전기 에너지가 가정에 공급된다.	· 발전기 · 전기 에너지 · 전력 수송	
		화석 연료를 대체하기 위하여 다양한 신재생 에너지를 개발하고 있다.	· 태양 에너지 · 핵발전 · 태양광 발전 · 신재생 에너지	

〈**탐구 주제 및 활동(예시)**〉

• 분광기로 선스펙트럼과 연속 스펙트럼을 관찰하고 우주 전역에서 수소의 선스펙트럼이 관찰되는 까닭 토론하기
• 빅뱅 우주론이 확립되는 과정에서 쟁점이 되었던 문제나 관측 증거를 조사하고 토론하기
• 지구의 원소 분포, 원소의 성질, 용도 등을 바탕으로 창의적인 주기율표 만들기
• 원소의 주기적 성질을 이해하기 위해 알칼리 금속과 할로젠의 반응성을 확인하고 실생활에서의 역할 토의하기
• 이온 결합과 공유 결합을 모형으로 표현함으로써 원자들이 화학 결합을 통하여 지구 시스템과 생명 시스템을 형성하고 생명 현상을 나타내는 원리 탐구하기
• 겨울철 제설에 사용하는 염화 칼슘을 대체할 수 있는 친환경적 물질을 찾아 그 유용성 토의하기

그림 3.2 '물질의 규칙성과 결합' 단원의 탐구 주제 및 활동

내용 체계 표 뒤에는 공통교육과정 [과학]에서와 유사하게 각 단원별로 학습 내용과 성취 기준, 탐구주제 및 활동(예시)이 제시되고, 좀 더 구체적으로 학습 요소, 성취기준 해설, 교수·학습 방법 및 유의사항, 평가 방법 및 유의사항 등이 제시되어 있다. 탐구 주제 및 활동이 [과학]에서보다는 많이 예시적으로 제시되어 있는데, '물질의 규칙성과 결합' 단원의 예를 들면 [그림 3.2]와 같다.

▍공통 교육과정 – 공통과목 [과학탐구실험]

2015 개정 교육과정에서의 특징 중 하나는 공통과목으로 [과학탐구실험]이 설정되었다는 점이다.

[과학탐구실험]의 성격

고등학교 '과학탐구실험'은 9학년까지의 '과학'을 학습한 학생들을 대상으로 하여 과학 탐구 능력 및 핵심 역량을 향상시키기 위해 과학 탐구 활동과 체험 그리고 산출물 공유의 경험을 제공하는 과목이다. 고등학교 '과학탐구실험'은 학생들이 즐겁게 실험 활동을 할 수 있도록 워크북 형태로 구성하여 성취감, 즐거움, 흥미 등을 느낄 수 있게 한다. 기존 '과학' 수업을 통해 학습한 것을 일상생활이나 사회 또는 전(全)지구적 문제의 발견과 해결에 활용할 수 있는 기회를 제공함으로써 과학의 가치뿐만 아니라 과학 탐구가 사회 및 과학기술 발전에 미치는 영향을 인식할 수 있도록 한다. 과학 개념이나 원리를 검증하기 위한 실험 활동뿐만 아니라 과학 탐구 과정과 기능을 활용할 기회를 제공하고, 과학이 일상생활에서 실제로 어떻게 활용되는지를 체험하게 한다. 생활 주변에서 과학과 관련된 문제를 찾고, 이를 창의적으로 해결하기 위해 과학의 기본 개념과 탐구 활동을 활용하는 능력을 기르는 데 초점을 둔다. 전통적인 과학 탐구 활동 이외에도, 문제의 발견과 해결을 포괄하는 프로젝트 형태의 과학 탐구 활동 및 창의적 설계와 공학적 도구 제작을 경험할 수 있도록 한다. 고등학교 '과학탐구실험'의 영역은 역사 속의 과학 탐구, 생활 속의 과학 탐구 및 첨단 과학 탐구로 구성된다. 이는 기존 '과학'과 구성 영역인 운동과 에너지, 물질, 생명, 지구와 우주 등을 구성하는 핵심 개념을 역사, 생활 및 첨단 과학 상황에서의 탐구 활동에 적용하려는 것이다. 또한 '과학탐구실험'을 통하여 과학적 사고력, 과학적 탐구 능력, 과학적 문제 해결력, 과학적 의사소통 능력, 과학적 참여와 평생 학습 능력 등의 과학과 핵심 역량을 함양하도록 한다.

[과학탐구실험]의 성격 속에 포함되어 있는 과학과 핵심 역량은 [과학] 및 [통합과학]에 제시된 내용과 같다.

[과학탐구실험]의 목표

과학탐구실험의 목표는 공통교육과정 [과학]에 제시된 목표와 같다.

[과학탐구실험]의 내용체계

<표 3.37>은 [과학탐구실험]의 내용체계(교육부, 2015b)이다. <표 3.37>에서 보는 바와 같이 내용 체계의 구성은 공통교육과정 [과학]에서와 같이 영역, 핵심 개념, 일반화된 지식, 내용 요소, 기능으로 되어 있다. 다만 내용 요소가 과학탐구실험으로 되어 있는 것이 [과학]이나 [통합과학]과 다른 점이다.

표 3.37 2015 개정 과학과 교육과정에서의 [과학탐구실험] 내용체계

영역	핵심 개념	일반화된 지식	내용 요소 과학탐구실험	기능
역사 속의 과학 탐구	과학의 본성	과학자들의 탐구실험에서 과학의 다양한 본성이 발견되며, 과학 탐구 수행 과정에서 과학의 본성을 경험한다.	· 우연한 발견 · 사고실험 · 패러다임의 전환을 가져온 결정적 실험	· 문제 인식 · 탐구 설계와 수행 · 자료의 수집·분석 및 해석 · 수학적 사고와 컴퓨터 활용 · 모형의 개발과 사용 · 증거에 기초한 토론과 논증 · 결론 도출 및 평가 · 의사소통
	과학자의 탐구 방법	주제에 따라 다양한 과학 탐구 방법이 활용된다.	· 귀납적 탐구 · 연역적 탐구	
생활 속의 과학 탐구	과학적 태도	과학 탐구와 실험을 통해 과학에 대한 흥미와 호기심, 즐거움 등을 함양한다.	· 제품 속 과학 · 놀이 속 과학 · 스포츠 속 과학 · 문화예술 속 과학	
		과학 탐구는 흥미와 호기심, 협력, 증거에 근거한 결과 해석 등 다양한 과학적 태도가 필요하다.	· 흥미와 호기심 · 끈기 · 공동 탐구	
		과학 탐구에는 준수해야 할 생명 존중, 연구 진실성, 지식 재산권 존중 등과 같은 연구 윤리와 함께 안전 사항이 있다.	· 연구 윤리 · 안전 사항	

영역	핵심 개념	일반화된 지식	내용 요소 과학탐구실험	기능
생활 속의 과학 탐구	과학 탐구의 과정	탐구 문제 및 상황 특성에 따라 탐구 활동 계획을 다양하게 수립한다.	· 문제 인식 · 탐구 계획 수립	
		과학 탐구 활동은 문제 발견, 탐구 활동 계획 수립, 탐구 수행, 결과 표상 등의 과정으로 진행된다.	· 탐구 수행 · 정성적, 정량적 데이터 수집 및 분석 · 문제 해결 · 공학적·창의적 설계 및 도구 제작 · 결과 표상	
첨단 과학 탐구	과학의 응용	과학 탐구를 통해 생활 및 다양한 상황 속에 과학 지식을 적용한다.	· 첨단 과학 기술 · 탐구 산출물 · 선조들의 첨단 과학	
		과학 탐구의 산출물은 첨단 과학 기술 등 다양한 분야에 공유 및 확산된다.		

내용 체계 표 뒤에는 공통교육과정 [과학]에서와 같이 각 단원별로 학습 내용과 성취기준, 탐구 활동이 제시되고, 좀 더 구체적으로 학습 요소, 성취기준 해설, 교수·학습 방법 및 유의사항, 평가 방법 및 유의사항 등이 제시되어 있다.

선택 중심 교육과정
– 일반·진로 선택 과목 [물리학I]과 [물리학II]

2015 개정 과학과 교육과정(교육부, 2015b)에 제시된 [물리학I]과 [물리학II]의 성격과 목표는 다음과 같다.

[물리학I]의 성격과 목표

성격: 물리학은 모든 자연과학의 기반이 되는 개념을 제공하고, 자연 세계에 대한 본질적 이해를 추구하는 학문이다. '물리학 I'은 '역학과 에너지', '물질과 전자기장', '파동과 정

보통신' 단원으로 구성된다. 각 단원의 내용은 첨단 과학기술과 실생활 관련 주제를 중심으로 물리학의 기본 개념들을 이해하고 적용할 수 있도록 구성되었으며, 단원의 내용을 학습하는 과정을 통하여 21세기를 살아가는데 필요한 과학적 사고력, 과학적 탐구 능력, 과학적 문제 해결력, 과학적 의사소통 능력, 과학적 참여와 평생 학습 능력 등의 과학과 핵심역량을 함양하도록 한다.

[물리학I]의 성격 속에 포함되어 있는 과학과 핵심 역량은 공통 교육과정 [과학]에 제시된 내용과 같다.

[물리학I]의 목표는 [그림 3.3]에 제시된 것과 같다.

자연과 일상생활의 다양한 현상에 대하여 호기심과 흥미를 가지고, **물리학**의 핵심 개념에 대한 이해와 탐구 능력의 함양을 통하여 개인과 사회의 문제를 과학적이고 창의적으로 해결하기 위한 과학적 소양을 기른다.

가. 자연 현상에 대한 호기심과 흥미를 갖고, 문제를 과학적으로 해결하려는 태도를 기른다.
나. 자연과 일상생활의 문제를 과학적으로 탐구하는 능력을 기른다.
다. 자연 현상을 탐구하여 물리학의 핵심 개념을 이해한다.
라. **물리학**과 기술 및 사회의 상호 관계를 인식하고, 이를 바탕으로 민주 시민으로서의 소양을 기른다.
마. **물리학** 학습의 즐거움과 과학의 유용성을 인식하여 평생 학습 능력을 기른다.

그림 3.3 [물리학]의 목표

[그림 3.3]에서 보는 바와 같이 전문과 세부 목표에 있어 공통교육과정 [과학]과 다른 점은 '과학'이 '물리학'으로 바뀐 것뿐이다.

[물리학II]의 성격과 목표

성격: '물리학II'는 과학기술과 관련된 분야의 진로를 선택하는 학생을 대상으로 하며, '물리학I'에서 학습한 개념을 기초로 심화된 물리 개념과 다양한 탐구 방법을 적용하여 물리 현상과 관련된 기본적인 문제를 해결하는 능력을 기르기 위한 과목이다. '물리학II' 교과의 내용은 '역학적 상호 작용', '전자기장', '파동과 물질의 성질' 단원으로 구성된다. 각 단원에서는 과학, 기술, 사회의 유기적 관계를 다루어 물리학의 개념과 탐구 방법이 첨

단 과학기술의 탐구와 발전에 기여함을 알게 한다. 이를 통해 물리학의 기초 개념을 정량적으로 활용할 수 있으며, 과학기술 분야의 진로를 선택하였을 때 전공 분야의 지식을 습득하기 위한 기초 역량을 갖추게 한다. '물리학Ⅱ'에서는 다양한 탐구 중심의 학습이 이루어지도록 한다. 또한 기본 개념의 통합적인 이해 및 과학의 탐구 경험을 통하여 과학적 사고력, 과학적 탐구 능력, 과학적 문제 해결력, 과학적 의사소통 능력, 과학적 참여와 평생학습 능력 등의 과학과 핵심역량을 함양하도록 한다.

[물리학I]의 성격 속에 포함되어 있는 과학과 핵심 역량은 공통 교육과정 [과학]에 제시된 내용과 같다.

[물리학II]의 목표는 [그림 3.4]에 제시된 것과 같다.

자연과 일상생활의 다양한 현상에 대하여 호기심과 흥미를 가지고, 물리학의 핵심 개념에 대한 이해와 탐구 능력의 함양을 통하여 **과학기술 분야의 전문가가 되는데 필요한 물리학적 기초 역량을 기른다.**

가. 자연 현상에 대한 호기심과 흥미를 갖고, 문제를 과학적으로 해결하려는 태도를 기른다.
나. 자연과 일상생활의 문제를 과학적으로 탐구하는 능력을 기른다.
다. 자연 현상을 탐구하여 물리학의 **핵심 개념을 정량적으로** 이해한다.
라. 물리학과 기술 및 사회의 상호 관계를 인식하고, 이를 바탕으로 민주 시민으로서의 소양을 기른다.
마. 물리학 학습의 즐거움과 과학의 유용성을 인식하여 평생 학습 능력을 기른다.

그림 3.4 [물리학II]의 목표

[그림 3.4]에서 보는 바와 같이 전문과 세부 목표에 있어 선택중심교육과정 [물리학I]과 다른 점은 '과학 기술 분야의 전문가가 되는데 필요한 물리학적 기초 역량을 기른다.'와 '핵심 개념을 정량적으로 이해한다.'이다.

[물리학I]과 [물리학II]의 내용체계

[물리학I]의 내용 체계는 <표 3.38>과 같다.

표 3.38 2015 개정 과학과 교육과정에서 [물리학]의 내용 체계

영역	핵심 개념	일반화된 지식	내용 요소 물리학 I	기능
힘과 운동	시공간과 운동	시공간의 측정은 상대성이 있다.	· 동시성 · 질량-에너지 등가성	· 문제 인식 · 탐구 설계와 수행 · 자료의 수집·분석 및 해석 · 수학적 사고와 컴퓨터 활용 · 모형의 개발과 사용 · 증거에 기초한 토론과 논증 · 결론 도출 및 평가 · 의사소통
	힘	물체의 운동은 뉴턴 운동 법칙으로 설명된다.	· 뉴턴 운동 법칙	
		운동량은 물체의 충돌 전후에 보존된다.	· 운동량 보존 · 충격량	
	역학적 에너지	마찰이 없는 계에서 역학적 에너지는 보존된다.	· 역학적 에너지 보존	
전기와 자기	전기	두 전하 사이에는 전기력이 작용한다.	· 원자와 전기력 · 에너지 준위	
		물질은 전기적 성질에 따라 도체, 부도체, 반도체로 구분된다.	· 고체의 에너지띠 · 전기 전도성	
	자기	전류는 자기장을 형성한다.	· 전류에 의한 자기장	
		물질은 자기적 성질에 따라 자성체와 비자성체로 구분된다.	· 물질의 자성	
		자기장의 변화는 전기 회로에 기전력을 발생시킨다.	· 전자기 유도	
열과 에너지	에너지 전환	에너지는 전환되는 과정에서 소모되거나 생성되지 않는다.	· 내부 에너지	
		열이 모두 일로 전환되지는 않는다.	· 열효율	
파동	파동의 성질	파동은 반사, 굴절, 간섭, 회절의 성질을 가진다.	· 파동의 요소 · 파동의 간섭	
		파동은 정보를 전달할 수 있다.	· 광통신	
현대 물리	빛과 물질의 이중성	빛과 물질은 입자와 파동의 성질을 모두 가진다.	· 빛의 이중성 · 물질의 이중성	

 내용 체계 표 뒤에는 공통교육과정 [과학]에서와 같이 각 단원별로 학습 내용과 성취기준, 탐구 활동이 제시되고, 좀 더 구체적으로 학습 요소, 성취기준 해설, 교수·학습 방법 및 유의사항, 평가 방법 및 유의사항 등이 제시되어 있다.

[물리학II]의 내용 체계는 <표 3.39>와 같다.

표 3.39 2015 개정 과학과 교육과정에서 [물리학II]의 내용 체계

영역	핵심 개념	일반화된 지식	내용 요소 물리학II	기능
힘과 운동	시공간 과 운동	시공간의 측정은 상대성이 있다.	· 등가 원리 · 중력 렌즈 효과 · 블랙홀 · 가속 좌표계	· 문제 인식 · 탐구 설계와 수행 · 자료의 수집· 분석 및 해석 · 수학적 사고와 컴퓨터 활용 · 모형의 개발과 사용 · 증거에 기초한 토론과 논증 · 결론 도출 및 평가 · 의사소통
		물체의 운동 변화는 뉴턴 운동 법칙으로 설명된다.	· 등가속도 운동 · 포물선 운동 · 단진자 운동 · 천체의 운동	
	힘	물체 사이에는 여러 가지 힘이 작용한다.	· 힘의 합성과 분해 · 물체의 평형	
전기와 자기	전기	두 전하 사이에는 전기력이 작용한다.	· 전하와 전기장 · 전기력선 · 정전기 유도 · 유전 분극	
		물질은 전기적 성질에 따라 도체, 부도체, 반도체로 구분된다.	· 전기 저항	
	자기	전류는 자기장을 형성한다.	· 전류에 의한 자기장 · 자기력선	
		자기장의 변화는 전기 회로에 기전력을 발생시킨다.	· 유도 기전력	
열과 에너지	에너지 전환	에너지는 다양한 형태로 존재하며, 다른 형태로 전환될 수 있다.	· 열의 일당량	
파동	파동의 성질	파동은 반사, 굴절, 간섭, 회절의 성질을 가진다.	· 파동의 굴절과 간섭	
		파동은 정보를 전달할 수 있다.	· 전자기파	
현대 물리	빛과 물질의 이중성	빛과 물질은 입자와 파동의 성질을 모두 가진다.	· 빛의 입자성 · 입자의 파동성	
	미시 세계의 운동	미시 세계에는 운동량과 위치를 동시에 정확하게 측정할 수 없다.	· 불확정성 원리	

내용 체계 표 뒤에는 공통교육과정 [과학]에서와 같이 각 단원별로 학습 내용과 성취 기준, 탐구 활동이 제시되고, 좀 더 구체적으로 학습 요소, 성취기준 해설, 교수·학습 방법 및 유의사항, 평가 방법 및 유의사항 등이 제시되어 있다.

선택 중심 교육과정
– 일반 · 진로 선택 과목 [화학I]과 [화학II]

2015 개정 과학과 교육과정(교육부, 2015)에 제시된 [화학I]과 [화학II]의 성격과 목표, 그리고 내용체계는 다음과 같다.

[화학I]의 성격과 목표

〈성격〉

'화학 I'은 자연 현상 또는 일상의 경험과 관련 있는 상황을 통해 화학 개념과 탐구 방법을 즐겁게 학습하고 현대 지식 기반 사회의 민주 시민으로서 화학에 대한 기초 소양을 갖추도록 하기 위한 과목이다. '화학 I'에서는 다양한 탐구 중심의 학습이 이루어지도록 한다. 또한 기본 개념의 통합적인 이해 및 과학의 탐구 경험을 통하여 과학적 사고력, 과학적 탐구 능력, 과학적 문제 해결력, 과학적 의사소통 능력, 과학적 참여와 평생 학습 능력 등의 과학과 핵심역량을 함양하도록 한다.

[화학I]의 성격 속에 포함되어 있는 과학과 핵심 역량은 공통 교육과정 [과학]에 제시된 내용과 같다.

[화학I]의 목표는 [그림 3.5]에 제시된 것과 같다.

물질 및 자연 현상에 대한 호기심과 흥미를 가지고, **화학**의 핵심 개념에 대한 이해와 탐구 능력의 함양을 통하여, 개인과 사회의 문제를 과학적이고 창의적으로 해결하기 위한 과학적 소양을 기른다.

가. **물질 현상**에 대한 호기심과 흥미를 가지고, **과학적으로 생각하고 판단하는** 태도를 기른다.
나. 자연 현상 및 일상생활의 문제를 과학적으로 탐구하는 능력을 기른다.
다. 자연 현상 및 일상생활을 탐구하여 **화학**의 핵심 개념을 이해한다.
라. 과학과 기술 및 사회의 상호 관계를 인식하고, 이를 바탕으로 민주 시민으로서의 소양을 기른다.
마. **화학** 학습의 즐거움과 화학의 유용성을 인식하여 평생 학습 능력을 기른다.

그림 3.5 [화학]의 목표

[그림 3.5]에서 보는 바와 같이 전문과 세부 목표에 있어 선택교육과정 [물리학I]과 다른 점은 '물리학'이 '화학'으로, '자연현상'이 '물질 현상'으로, '문제를 과학적으로 해결하려는 태도'가 '과학적으로 생각하고 판단하는 태도'로 바뀐 것뿐이다.

[화학II]의 성격과 목표

〈성격〉

'화학II'는 '화학 I'에서 다루는 개념을 기초로 심화된 화학 개념과 다양한 탐구 방법을 즐겁게 학습하고 현대 지식 기반 사회의 민주 시민으로서 화학에 대한 기초 전문 지식을 갖추기 위한 과목이다. '화학II'의 내용은 '통합과학', '과학탐구실험', '화학 I'에 포함된 화학 개념과 긴밀한 연계를 가질 수 있도록 구성한다. '화학II'에서는 다양한 탐구 중심의 학습이 이루어지도록 한다. 또한 기본 개념의 통합적인 이해 및 과학의 탐구 경험을 통하여 과학적 사고력, 과학적 탐구 능력, 과학적 문제 해결력, 과학적 의사소통 능력, 과학적 참여와 평생 학습 능력 등의 과학과 핵심역량을 함양하도록 한다.

[화학I]의 성격 속에 포함되어 있는 과학과 핵심 역량은 공통 교육과정 [과학]에 제시된 내용과 같다.

[화학II]의 목표는 [그림 3-6]에 제시된 것과 같다.

물질 및 자연 현상에 대한 호기심과 흥미를 가지고, 화학의 핵심 개념에 대한 이해와 탐구 능력의 함양을 통하여, 개인과 사회의 문제를 과학적이고 창의적으로 해결하기 위한 과학적 소양을 기른다.

가. 물질 현상에 대한 호기심과 흥미를 가지고, 과학적으로 생각하고 판단하는 태도를 기른다.
나. 자연 현상 및 일상생활의 문제를 과학적으로 탐구하는 능력을 기른다.
다. 자연 현상 및 일상생활을 탐구하여 화학의 핵심 개념을 이해한다.
라. 과학과 기술 및 사회의 상호 관계를 인식하고, 이를 바탕으로 민주 시민으로서의 소양을 기른다.
마. 화학 학습의 즐거움과 화학의 유용성을 인식하여 평생 학습 능력을 기른다.

그림 3.6 [화학II]의 목표

[그림 3.6]에서 보는 바와 같이 [화학II]의 전문과 세부 목표는 [화학I]과 같다.

[화학I]과 [화학II]의 내용체계

[화학I]의 내용 체계는 <표 3.40>과 같다.

표 3.40 2015 개정 과학과 교육과정에서 [화학]의 내용 체계

영역	핵심 개념	일반화된 지식	내용 요소 화학 I	기능
물질의 구조	물질의 구성 입자	물질은 입자로 구성되어 있다.	· 양성자 · 중성자 · 전자	· 문제 인식 · 탐구 설계와 수행 · 자료의 수집·분석 및 해석 · 수학적 사고와 컴퓨터 활용 · 모형의 개발과 사용 · 증거에 기초한 토론과 논증 · 결론 도출 및 평가 · 의사소통
		입자를 세는 기본 단위는 몰이다.	· 몰 · 화학 반응식 · 몰 농도	
		원소는 주기성을 갖는다.	· 양자수 · 오비탈 · 전자 배치 · 주기율표 · 유효 핵전하·원자 반지름·이온화 에너지의 주기성	

영역	핵심 개념	일반화된 지식	내용 요소 화학 I	기능
물질 의 구조	화학 결합	원소는 화학 결합을 하여 다양한 화합물을 형성한다.	· 이온 결합 · 공유 결합 · 금속 결합 · 전기 음성도 · 쌍극자 모멘트 · 결합의 극성 · 전자점식 · 전자쌍 반발 이론 · 분자 구조	
물질 의 변화	화학 반응	물질은 화학 반응을 통해 다른 물질로 변한다.	· 산화 · 환원 · 산화수	
		물질은 가역 반응에서 동적 평형 상태를 이룬다.	· 가역 반응 · 동적 평형 · pH	
		화학 반응에서 규칙성이 발견된다.	· 중화 반응의 양적 관계	
		화학과 우리 생활이 밀접한 관련이 있다.	· 화학의 유용성 · 탄소 화합물의 유용성	
	에너지 출입	물질의 변화에는 에너지 출입이 수반된다.	· 발열 반응 · 흡열 반응	

내용 체계 표 뒤에는 공통교육과정 [과학]에서와 같이 각 단원별로 학습 내용과 성취 기준, 탐구 활동이 제시되고, 좀 더 구체적으로 학습 요소, 성취기준 해설, 교수·학습 방법 및 유의사항, 평가 방법 및 유의사항 등이 제시되어 있다.

[화학II]의 내용 체계는 <표 3.41>과 같다.

표 3.41 2015 개정 과학과 교육과정에서 [화학II]의 내용 체계

영역	핵심 개념	일반화된 지식	내용 요소 화학 II	기능
물질 의 성질	물질의 상태	물질은 여러 가지 상태로 존재한다.	· 고체의 결정 구조	

표 3.41   2015 개정 과학과 교육과정에서 [화학II]의 내용 체계

영역	핵심 개념	일반화된 지식	내용 요소 화학II	기능
물질 의 성질	물질의 상태	물질은 상태에 따라 물리적 성질이 달라진다.	· 분자 간 상호 작용 · 액체의 성질 · 용액의 농도 · 묽은 용액의 총괄성	
		물질의 상태는 구성하는 입자의 운동에 따라 달라진다.	· 보일 법칙 · 샤를 법칙 · 아보가드로 법칙 · 이상 기체 방정식 · 분압	
물질 의 변화	화학 반응	물질은 가역 반응에서 동적 평형 상태를 이룬다.	· 화학 평형 · 르샤틀리에 원리 · 상평형 그림 · 이온화 상수 · 염의 가수 분해 · 완충 용액	· 문제 인식 · 탐구 설계와 수행 · 자료의 수집·분석 및 해석 · 수학적 사고와 컴퓨터 활용 · 모형의 개발과 사용 · 증거에 기초한 토론과 논증 · 결론 도출 및 평가 · 의사소통
		물질이 변화하는 속도는 화학 반응마다 다르다.	· 반응 속도 · 반응 속도식 · 반감기 · 활성화 에너지 · 반응 속도에 영향을 미치는 요인	
		화학과 우리 생활이 밀접한 관련이 있다.	· 촉매 · 효소	
	에너지 출입	물질의 변화에는 에너지의 출입이 수반된다.	· 엔탈피 · 열화학 반응식 · 헤스 법칙	
		물질의 화학 에너지는 화학 반응을 통해 다른 에너지로 전환될 수 있다.	· 화학 전지 · 전기 분해 · 수소 연료 전지	

내용 체계 표 뒤에는 공통교육과정 [과학]에서와 같이 각 단원별로 학습 내용과 성취 기준, 탐구 활동이 제시되고, 좀 더 구체적으로 학습 요소, 성취기준 해설, 교수·학습 방법 및 유의사항, 평가 방법 및 유의사항 등이 제시되어 있다.

선택 중심 교육과정
– 일반·진로 선택 과목 [생명과학I]과 [생명과학II]

2015 개정 과학과 교육과정(교육부, 2015b)에 제시된 [생명과학I]과 [생명과학II]의 성격과 목표, 그리고 내용체계는 다음과 같다.

[생명과학I]의 성격과 목표

〈성격〉

'생명과학 I'은 사람의 몸을 중심으로 나타나는 생명 현상에 대한 이해를 통해, 생활 속에서 나타나는 다양한 의문점들을 창의적으로 해결할 수 있도록 생명과학의 기초 소양을 기르는 과목이다. '생명과학 I'은 '통합과학', '과학탐구실험', '생명과학II'에 포함된 생명과학 개념과 긴밀한 연계를 가질 수 있도록 구성한다. '생명과학 I'에서는 기본 개념에 대한 이해와 더불어 다양한 탐구 중심의 학습이 이루어지도록 하며, 이를 통하여 과학적 사고력, 과학적 탐구 능력, 과학적 문제 해결력, 과학적 의사소통 능력, 과학적 참여와 평생 학습 능력 등의 과학과 핵심역량을 함양하도록 구성한다.

[생명과학I]의 성격 속에 포함되어 있는 과학과 핵심 역량은 공통 교육과정 [과학]에 제시된 내용과 같다.

[생명과학I]의 목표는 [그림 3.7]에 제시된 것과 같다.

인간을 중심으로 한 생물의 특성에 대하여 호기심과 흥미를 가지고, 생명과학의 핵심 개념에 대한 이해와 탐구 능력의 함양을 통하여, 개인과 사회의 문제를 창의적으로 해결하기 위한 과학적 소양을 기른다.

가. 생명 현상에 대한 호기신과 흥미를 갖고, 문제를 과학적으로 해결하려는 태도를 기른다.
나. 생명 현상과 일상생활의 문제를 과학적으로 탐구하는 능력을 기른다.
다. 생명 현상을 탐구하여 생명과학의 핵심 개념을 이해한다.
라. 생명과학과 기술 및 사회의 상호 관계를 인식하고, 이를 바탕으로 민주 시민으로서의 소양을 기른다.
마. 생명과학 학습의 즐거움과 과학의 유용성을 인식하여 평생 학습 능력을 기른다.

그림 3.7 [생명과학]의 목표

[그림 3.7]에서 보는 바와 같이 전문과 세부 목표에 있어 선택교육과정 [물리학I]과 다른 점은 '물리학'이 '생명과학'으로, '자연현상'이 '생명 현상'으로 바뀐 것뿐이다.

[생명과학II]의 성격과 목표

〈성격〉

'생명과학Ⅱ'는 '생명과학Ⅰ'의 심화과정으로 생명과학과 관련된 진로나 진학을 계획하는 학생들에게 생명 현상 전반에 대한 심도 있는 내용과 관련 핵심 개념을 이해하도록 하는 과목이다. '생명과학Ⅱ'는 '통합과학', '과학탐구실험', '생명과학Ⅰ'에 포함된 생명과학 개념과 긴밀한 연계를 가지도록 하며, 이를 심화하여 구성한다. '생명과학Ⅱ'에서는 기본 개념의 통합적 이해와 더불어 다양한 탐구 중심의 학습이 이루어지도록 하며, 이를 통하여 과학적 사고력, 과학적 탐구 능력, 과학적 문제 해결력, 과학적 의사소통 능력, 과학적 참여와 평생 학습 능력 등의 과학과 핵심역량을 함양하도록 구성한다.

[생명과학II]의 성격 속에 포함되어 있는 과학과 핵심 역량은 공통 교육과정 [과학]에 제시된 내용과 같다.

[생명과학II]의 목표는 [그림 3.8]에 제시된 것과 같다.

생명과학의 핵심 개념에 대한 이해를 바탕으로 생명과학에 대한 학문적 호기심과 흥미를 가지고, **생명과학 관련 전공으로 진학하는데** 필요한 기초 소양을 함양하고, **생명과학** 관련 개인과 사회의 문제를 창의적으로 해결할 수 있는 능력을 기른다.

가. **생명 현상**에 대한 호기심과 흥미를 갖고, 문제를 과학적으로 해결하려는 태도를 기른다.
나. 생명 현상과 일상생활의 문제를 과학적으로 탐구하는 능력을 기른다.
다. 생명 현상을 탐구하여 생명과학의 핵심 개념을 이해한다.
라. **생명과학**과 기술 및 사회의 상호 관계를 인식하고, 이를 바탕으로 민주 시민으로서의 소양을 기른다.
마. **생명과학** 학습의 즐거움과 과학의 유용성을 인식하여 평생 학습 능력을 기른다.

그림 3.8 [생명과학II]의 목표

[그림 3.8]에서 보는 바와 같이 [생명과학II]의 전문과 세부 목표는 [생명과학II]와 비교해 볼 때 전문에서 약간의 차이가 있다.

[생명과학I]과 [생명과학II]의 내용체계

[생명과학I]의 내용 체계는 <표 3.42>와 같다.

표 3.42 2015 개정 과학과 교육과정에서 [생명과학]의 내용 체계

영역	핵심 개념	일반화된 지식	내용 요소 생명과학 I		기능
생명 과학과 인간의 생활	생명과 학의 특성과 발달과 정	생명과학은 생명체의 탄생, 유지, 변화를 이해하는 학문이다.	· 생물의 특성		· 문제 인식 · 탐구 설계와 수행 · 자료의 수집· 분석 및 해석 · 수학적 사고와 컴퓨터 활용 · 모형의 개발과 사용 · 증거에 기초한 토론과 논증 · 결론 도출 및 평가 · 의사소통
		생명과학은 다양한 탐구 방법에 의해 인류 역사와 함께 발전해 왔다.	· 귀납적 탐구 방법 · 연역적 탐구 방법 · 변인 통제 · 대조 실험		
생물의 구조와 에너지	동물의 구조와 기능	뼈와 근육은 몸을 지탱하거나 움직이는 기능을 한다.	· 근수축		
		소화 기관을 통해 영양소를 흡수하고 배설 기관을 통해 노폐물을 배출한다.	· 물질대사 · ATP · 노폐물의 배설 과정	· 소화·호흡· 순환·배설 · 대사성 질환	
		호흡 기관과 순환 기관을 통해 산소와 이산화 탄소를 교환한다.	· 세포 호흡		
항상성 과 몸의 조절	자극과 반응	감각 기관과 신경계의 작용으로 다양한 자극에 반응한다.	· 뉴런의 종류 · 활동 전위 · 흥분의 전도와 전달 · 시냅스 · 중추 신경계와 말초 신경계		
		내분비계와 신경계의 작용으로 항상성을 유지한다.	· 항상성 · 내분비계와 호르몬의 특성 · 신경계 질환 · 호르몬 질환		
	방어 작용	인간에게 질병을 일으키는 다양한 원인이 있다.	· 질병의 원인		
		우리 몸은 병원체에 대항하여 방어 작용을 한다.	· 특이적 방어 작용 · 비특이적 방어 작용 · 백신의 작용 원리 · 항원 항체 반응		

영역	핵심 개념	일반화된 지식	내용 요소 생명과학 I	기능
생명의 연속성	생식	다세포 생물은 배우자를 생성하고 수정과 발생 과정을 거쳐 개체를 만든다.	· 생식 세포의 다양성	
	유전	생물의 형질은 유전 원리에 의해 자손에게 전달된다.	· 염색체 구조 · DNA와 유전자 · 유전체 · 염색체 조합	
		생물의 형질은 유전자에 저장된 정보가 발현되어 나타난다.	· 상염색체 유전 · 성염색체 유전 · 가계도 분석 · 유전병의 종류와 특징	
	진화와 다양성	생물은 환경 변화에 적응하여 진화한다.	· 생물다양성의 의미와 중요성	
환경과 생태계	생태계와 상호 작용	생태계의 구성 요소는 서로 밀접한 관계를 맺고 있으며 서로 영향을 주고받는다.	· 생태계의 구성 · 군집의 특성 · 개체군의 특성 · 군집 조사 방법 · 천이	
		생태계 내에서 물질은 순환하고, 에너지는 흐른다.	· 생태계 평형 · 에너지 흐름 · 물질 순환	

내용 체계 표 뒤에는 공통교육과정 [과학]에서와 같이 각 단원별로 학습 내용과 성취기준, 탐구 활동이 제시되고, 좀 더 구체적으로 학습 요소, 성취기준 해설, 교수·학습 방법 및 유의사항, 평가 방법 및 유의사항 등이 제시되어 있다.

[생명과학II]의 내용 체계는 <표 3.43>과 같다.

표 3.43 2015 개정 과학과 교육과정에서 [생명과학II]의 내용 체계

영역	핵심 개념	일반화된 지식	내용 요소 생명과학II	기능
생명 과학과 인간의 생활	생명 과학의 특성과 발달과정	생명과학은 다양한 탐구 방법에 의해 인류 역사와 함께 발전해 왔다.	· 생명과학의 발달 과정 · 생명과학의 연구 방법	· 문제 인식 · 탐구 설계와 수행 · 자료의 수집·분석 및 해석 · 수학적 사고와 컴퓨터 활용 · 모형의 개발과 사용 · 증거에 기초한 토론과 논증 · 결론 도출 및 평가 · 의사소통
	생명 공학 기술	생명공학 기술은 질병 치료, 식량 생산 등 인간의 삶에 기여한다.	· 생명공학 기술의 원리와 사례 · 생명공학 기술의 영향 · 생명 윤리	
생물의 구조와 에너지	생명의 화학적 기초	생명체는 탄소 화합물로 구성되어 있다.	· 탄수화물 · 지질 · 단백질 · 핵산	
		생명 현상은 다양한 화학 반응에 의해 나타난다.	· 효소의 작용 · 활성화 에너지 · 기질 특이성	
	생명의 구성 단위	생명체는 세포로 구성되어 있다.	· 생명체의 유기적 구성 · 원핵세포와 진핵세포의 차이	
		세포는 세포막으로 둘러싸여 있고 세포 소기관을 가진다.	· 세포 소기관의 유기적 관계 · 물질 수송	
	광합성 과 호흡	광합성을 통해 빛에너지가 화학 에너지로 전환된다.	· 엽록체의 구조와 기능 · 광계를 통한 명반응 · 광합성의 탄소 고정 반응	
		호흡을 통해 생명 활동에 필요한 에너지를 얻는다.	· 미토콘드리아 · 산화적 인산화 · 화학 삼투 · 산소 호흡과 발효 · 전자 전달계	
생명의 연속성	생식	다세포 생물은 배우자를 생성하고 수정과 발생 과정을 거쳐 개체를 만든다.	· 유전자 발현과 발생	

영역	핵심 개념	일반화된 지식	내용 요소 생명과학Ⅱ	기능
생명의 연속성	유전	생물의 형질은 유전자에 저장된 정보가 발현되어 나타난다.	· 유전체 구성과 유전자 구조 · 반보존적 DNA복제 · 전사와 번역 · 유전자 발현과 조절 · 원핵세포와 진핵세포의 전사 조절	
	진화와 다양성	생물은 환경 변화에 적응하여 진화한다.	· 막 형성의 중요성 · 단세포에서 다세포로의 진화	
		진화를 통해 다양한 생물이 출현한다.	· 진화의 증거와 원리 · 종 분화	
		다양한 생물은 분류 체계에 따라 분류한다.	· 3역 6계 · 동물과 식물의 분류 체계 · 생물 계통수	

내용 체계 표 뒤에는 공통교육과정 [과학]에서와 같이 각 단원별로 학습 내용과 성취 기준, 탐구 활동이 제시되고, 좀 더 구체적으로 학습 요소, 성취기준 해설, 교수·학습 방법 및 유의사항, 평가 방법 및 유의사항 등이 제시되어 있다.

▍선택 중심 교육과정
– 일반·진로 선택 과목 [지구과학I]과 [지구과학II]

2015 개정 과학과 교육과정(교육부, 2015)에 제시된 [지구과학I]과 [지구과학II]의 성격 과 목표, 그리고 내용체계는 다음과 같다.

[지구과학I]의 성격과 목표

〈성격〉

'지구과학 I'은 지구와 우주에 대한 통합적인 이해를 바탕으로 현대 지식 기반 사회의 시민이 갖추어야 할 지구과학에 대한 기초 소양을 함양하기 위한 과목이다. '지구과학Ⅰ' 의 내용은 학생이 지구와 우주에 대하여 관심과 흥미를 가지고 학습할 수 있도록 고체 지 구 영역에서는 지구의 변동 및 지구의 역사를 주제로 구성하고, 유체 지구 영역에서는 유 체 지구의 변화 및 대기와 해양의 상호 작용을 주제로 구성하고, 천체 영역에서는 별과 외 계 행성계 및 은하의 종류와 우주 팽창을 주제로 구성한다. '지구과학Ⅰ'에서는 기본 개념 의 통합적인 이해 및 과학의 탐구 경험을 통하여 과학적 사고력, 과학적 탐구 능력, 과학 적 문제 해결력, 과학적 의사소통 능력, 과학적 참여와 평생 학습 능력 등의 과학과 핵심 역량을 함양하도록 한다.

[지구과학Ⅰ]의 성격 속에 포함되어 있는 과학과 핵심 역량은 공통 교육과정 [과학]에 제 시된 내용과 같다.

[지구과학Ⅰ]의 목표는 [그림 3.9]에 제시된 것과 같다.

지구와 우주에 대하여 흥미와 호기심을 가지고 탐구하여 **지구의 소중함과 아름다움을 인식하 고**, 지구과학의 기본 개념을 이해하며, 과학적 사고력과 창의적 문제 해결력을 길러, **지구과학과 관련된 다양한 문제를** 과학적으로 이해하고 해결하는 데 필요한 능동적인 태도와 과학적 소양을 기른다. 또한 **지구과학의 탐구 방법을** 이해하고 이를 활용하여 실제로 일상생활에서 지구과학 관 련 문제를 탐구할 수 있는 능력과 과학과 핵심역량을 함양한다.

가. **지구와 우주의 소중함과 아름다움을 인식하고**, 흥미와 호기심을 가지고, 지구와 우주에 관한 문제를 과학적으로 해결하고 **실천에 옮기는 태도를** 기른다.
나. **지구와 우주를** 과학적으로 탐구하는 능력을 기르고, **지구과학과 관련된 전 지구적** 및 일상생 활의 문제를 과학적으로 탐구하고 해결하는 능력을 기른다.
다. **지구와 우주에 관한** 지구과학의 핵심 개념을 이해한다.
라. 과학·기술·사회의 상호 관계를 인식하고, 이를 바탕으로 민주 시민으로서의 소양을 기른다.
마. **지구과학 학습의** 즐거움과 지구과학의 유용성을 인식하여 평생 학습 능력을 기른다.

그림 3.9 [지구과학Ⅰ]의 목표

[그림 3.9]에서 보는 바와 같이 전문과 세부 목표에 있어 선택교육과정의 다른 과학 과 목들과 약간의 차이가 있다. 대상이 지구와 우주에 대한 것뿐만 아니라 지구의 소중함과 아름다움에 대한 인식, 지구과학의 탐구방법 이해, 실천에 옮기는 태도 등이 추가되어 있 다.

[지구과학II]의 성격과 목표

〈성격〉

'지구과학II'는 지구와 우주에 대해 흥미가 많은 학생과 이공계 진학자를 위한 과목이다. '지구과학II'의 내용은 지구와 우주에 관한 현상을 체계적으로 이해할 수 있도록 지구의 형성과 역장, 지구 구성 물질과 자원, 한반도의 지질, 해수의 운동과 순환, 대기의 운동과 순환, 행성의 운동, 우리은하와 우주의 구조 등에 대한 내용으로 구성한다. '지구과학II'에서는 기본 개념의 통합적인 이해 및 과학의 탐구 경험을 통하여 과학적 사고력, 과학적 탐구 능력, 과학적 문제 해결력, 과학적 의사소통 능력, 과학적 참여와 평생 학습 능력 등의 과학과 핵심 역량을 함양하도록 한다.

[지구과학II]의 성격 속에 포함되어 있는 과학과 핵심 역량은 공통 교육과정 [과학]에 제시된 내용과 같다.

[지구과학II]의 목표는 [그림 3.10]에 제시된 것과 같다.

지구와 우주에 대하여 흥미와 호기심을 가지고 탐구하여 지구의 소중함과 아름다움을 인식하고, 지구과학의 기본 개념을 이해하며, 과학적 사고력과 창의적 문제 해결력을 길러, 지구과학과 관련된 다양한 문제를 과학적으로 이해하고 해결하는 데 필요한 능동적인 태도와 과학적 소양을 기른다. 또한 지구과학의 탐구 방법을 이해하고 이를 활용하여 실제로 일상생활에서 지구과학 관련 문제를 탐구할 수 있는 능력과 과학과 핵심 역량을 함양한다.

가. 지구와 우주의 소중함과 아름다움을 인식하고, 흥미와 호기심을 가지고, 지구와 우주에 관한 문제를 과학적으로 해결하고 **지속적으로 탐구하려는 태도**를 기른다.
나. 지구와 우주를 과학적으로 탐구하는 능력을 기르고, 지구과학과 관련된 지구적 및 일상생활의 문제를 과학적으로 탐구하고 해결하는 능력을 기른다.
다. 지구와 우주에 관한 지구과학의 핵심 개념을 체계적으로 이해한다.
라. 과학·기술·사회의 상호 관계를 인식하고, 이를 바탕으로 민주 시민으로서의 소양을 기른다.
마. 지구과학 학습의 즐거움과 지구과학의 유용성을 인식하며 평생 학습 능력을 기른다.

그림 3.10 [지구과학II]의 목표

[그림 3.10]에서 보는 바와 같이 [지구과학II]의 목표 전문은 [지구과학I]과 같으며, 세부 목표는 '실천에 옮기는 태도'가 '지속적으로 탐구하는 태도'로 바뀌었다.

[지구과학I]과 [지구과학II]의 내용체계

[지구과학I]의 내용 체계는 <표 3.44>와 같다.

표 3.44 2015 개정 과학과 교육과정에서 [지구과학I]의 내용 체계

영역	핵심 개념	일반화된 지식	내용 요소	기능
			지구과학 I	
고체 지구	판구 조론	지구의 표면은 여러 개의 판으로 구성되어 있고 판의 경계에서 화산과 지진 등 다양한 지각 변동이 발생한다.	· 대륙 이동과 판구조론 · 지질 시대와 대륙 분포	· 문제 인식 · 탐구 설계와 수행 · 자료의 수집·분석 및 해석 · 수학적 사고와 컴퓨터 활용 · 모형의 개발과 사용 · 증거에 기초한 토론과 논증 · 결론 도출 및 평가 · 의사소통
		지구 내부 에너지의 순환이 판을 움직이는 원동력이다.	· 맨틀 대류와 플룸구조론	
	지구 구성 물질	지각은 다양한 광물과 암석으로 구성되어 있고, 이 중 일부는 자원으로 활용된다.	· 변동대 화성암의 종류 · 퇴적 구조와 환경	
	지구의 역사	지구의 역사는 지층의 기록을 통해 연구한다.	· 지질 구조 · 지사 해석 방법	
		지질 시대를 통해 지구의 환경과 생물은 끊임없이 변해왔다.	· 상대 연령과 절대 연령 · 지질 시대의 환경과 생물	
대기 와 해양	해수의 성질과 순환	수권은 해수와 담수로 구성되며, 수온과 염분 등에 따라 해수의 성질이 달라진다.	· 해수의 성질 · 수온 염분도	
		해수는 바람, 밀도 차 등 다양한 요인들에 의해 운동하고 순환한다.	· 표층 순환 · 심층 순환	
	대기의 운동과 순환	대기의 온도, 습도, 기압 차 등에 의해 다양한 기상 현상이 나타난다.	· 저기압과 고기압 · 온대 저기압 · 태풍 · 악기상	
	대기와 해양의 상호 작용	대기와 해양의 상호 작용으로 다양한 기후 변동이 나타난다.	· 대기 대순환 · 엘니뇨와 라니냐 · 남방진동 · 지구 온난화	
		기후 변화는 인위적 요인과 자연적 요인으로 설명된다.	· 고기후 · 기후 변화 요인 · 기후 변화의 영향	

영역	핵심 개념	일반화된 지식	내용 요소	기능
			지구과학Ⅰ	
우주	별의 특성과 진화	우주에는 수많은 별들이 존재하며, 표면 온도, 밝기 등과 같은 물리량에 따라 분류된다.	· 별의 물리량 · 외계 행성계 · 생명가능 지대	
		별의 질량에 따라 내부 구조 및 진화 경로가 달라진다.	· H-R도 · 별의 진화	
	우주의 구조와 진화	우주는 다양한 은하로 구성되며 팽창하고 있다.	· 은하 분류 · 빅뱅(대폭발) 우주	

내용 체계 표 뒤에는 공통교육과정 [과학]에서와 같이 각 단원별로 학습 내용과 성취기준, 탐구 활동이 제시되고, 좀 더 구체적으로 학습 요소, 성취기준 해설, 교수·학습 방법 및 유의사항, 평가 방법 및 유의사항 등이 제시되어 있다.

[지구과학Ⅱ]의 내용 체계는 <표 3.45>와 같다.

표 3.45 2015 개정 과학과 교육과정에서 [지구과학Ⅱ]의 내용 체계

영역	핵심 개념	일반화된 지식	내용 요소	기능
			지구과학Ⅱ	
고체 지구	지구계와 역장	지구계는 지권, 수권, 기권, 생물권, 외권으로 구성되고, 각 권은 상호 작용한다.	· 원시 지구의 형성 · 지구 내부 에너지	· 문제 인식 · 탐구 설계와 수행 · 자료의 수집·분석 및 해석 · 수학적 사고와 컴퓨터 활용 · 모형의 개발과 사용 · 증거에 기초한 토론과 논증 · 결론 도출 및 평가 · 의사소통
		지구 내부의 구조와 상태는 지진파, 중력, 자기장 연구를 통해 알아낸다.	· 지진파, 지구 내부 구조 · 지구 중력 분포 · 지구 자기장	
	판구조론	지구의 표면은 여러 개의 판으로 구성되어 있고 판의 경계에서 화산과 지진 등 다양한 지각 변동이 발생한다.	· 지질도의 기본 요소 · 한반도의 지사 · 한반도의 판구조 환경	
	지구 구성 물질	지각은 다양한 광물과 암석으로 구성되어 있고, 이 중 일부는 자원으로 활용된다.	· 규산염 광물 · 광물 식별 · 암석의 조직 · 광상	

표 3.45 2015 개정 과학과 교육과정에서 [지구과학ll]의 내용 체계

영역	핵심 개념	일반화된 지식	내용 요소 지구과학Ⅱ	기능
			· 자원 탐사 · 지구의 자원 · 변성암	
대기 와 해양	해수의 성질과 순환	해수는 바람, 밀도 차 등 다양한 요인들에 의해 운동하고 순환한다.	· 정역학 평형 · 지형류 · 천해파와 심해파 · 조석 · 해일 · 쓰나미	
	대기의 운동과 순환	대기의 온도, 습도, 기압 차 등에 의해 다양한 기상 현상이 나타난다.	· 단열 변화 · 편서풍 파동	
		기온의 연직 분포에 따라 대기 안정도가 변화하며, 대기에 작용하는 여러 가지 힘에 의해 지균풍, 경도풍, 지상풍 등이 발생한다.	· 대기 안정도 · 대기의 정역학 · 지균풍 · 경도풍 · 지상풍	
우주	태양계의 구성과 운동	태양계 천체들의 운동으로 인해 다양한 현상이 나타난다.	· 좌표계 · 우주관의 변천 · 케플러의 세 가지 법칙	
	별의 특성과 진화	우주에는 수많은 별이 존재하며, 표면온도, 밝기 등과 같은 물리량에 따라 분류된다.	· 천체의 거리 · 쌍성계의 질량	
	우주의 구조와 진화	우리은하는 별, 성간 물질 등으로 구성된다.	· 우리은하의 구조 · 우리은하의 질량 분포 · 성간 물질	

내용 체계 표 뒤에는 공통교육과정 [과학]에서와 같이 각 단원별로 학습 내용과 성취 기준, 탐구 활동이 제시되고, 좀 더 구체적으로 학습 요소, 성취기준 해설, 교수·학습 방법 및 유의사항, 평가 방법 및 유의사항 등이 제시되어 있다.

과학과 교육과정의 재구성

중앙 집중식 교육과정 체제는 모든 학생으로 하여금 최소한의 내용을 공통적으로 학습하도록 함으로써 국가가 지향하는 국민으로서의 자질을 함양시키는 데 효과적인 장점이 있으나, 중앙 집중성으로 말미암아 지역이나 학교, 학생의 특성을 고려하지 않은 채 운영되어 교육과정 구조의 획일성, 교육과정 내용의 부정합성 및 교육과정 목표 달성의 비효율성 문제를 야기한다는 비판이 있다.

우리나라는 지역적 특성을 반영한 교육과정 운영에 대해서 제5차 교육과정부터 반영되기 시작하였다. "교육과정과 교과용 도서는 지역사회 및 각급 학교의 실정과 학생 수준에 알맞게 재구성하여 활용할 수 있다."는 진술이 보여주는 바와 같이 제5차 교육과정에서부터 교육과정의 다양성을 수용하기 시작하였다. 교육과정의 지역화에 대한 시도는 제6차 교육과정을 통해 국가 수준인 교육부 외에 시·도교육청 및 단위학교 간의 적절한 역할 배분을 통한 교육과정 의사 결정의 분권화를 시도함으로써 교육과정 지역화가 교육과정 구성의 중요한 항목으로 자리 잡았다. 제6차 교육과정 체제는 학교 교육과정 편성 및 운영에 있어 단위학교의 구성원들이 주체적이고, 창의적이며, 자율적으로 참여할 수 있는 기회를 확대함으로써, 학교의 여건을 고려하여 학습자의 요구에 신축적으로 대응하여 교육을 수행할 수 있도록 열어놓았다. 즉, 단위학교 구성원들이 교육과정 재구성을 통해 좀 더 효과적인 수업을 할 수 있도록 한 것이다.

교육과정 재구성의 의미

교육과정 재구성의 의미는 교육과정을 어떻게 이해하는가에 따라 달라질 수 있다. 즉, 교육과정을 국가 수준에서 개발하여 공포하는 교육과정 문서에 담긴 내용으로 생각하는 경우 교육과정의 재구성은 교육과정 문서에 담긴 내용을 바꾸는 것으로 이해할 것이고, 교육과정을 학교에서 가르치는 교육 내용 특히 교과서의 내용으로 생각하는 경우는 교과서 내용을 어떤 원칙에 의해서 다시 조직하는 것을 교육과정의 재구성으로 생각할 것이다 (김대현, 이영만, 1999). 그런데 국가는 교과서에 의한 교육이 아닌 교육과정에 의한 교육을 표방하고 있고, 따라서 교육과정의 재구성이란 단순히 교과서 내용을 다시 조직하는 것만을 의미하지 않음을 알 수 있다. 이는 학교 교육과정 운영에서 "교과와 특별 활동의 내용의 배열은 반드시 순서를 의미하는 것이 아닌 예시적인 성격을 지니고 있으므로, 필요한 경우에 지역의 특수성, 계절 및 학교의 실정, 학생의 요구, 교사의 필요에 따라 각 교과목의 학년별 목표에 대한 지도 내용의 순서와 비중, 방법 등을 조정하여 운영할 수 있다."(교육인적자원부, 2007)라는 서술에서 교육과정 재구성에 대한 의미를 제공하고 있다고 할 수 있다.

교육과정 재구성의 범위와 한계

일반적으로 교육과정 재구성은 단기간의 수업계획에 비해 비교적 장기간에 걸친 교육활동을 계획하는 일이며, 특정 학급의 어떤 교사가 아니라 학교 교육에 관여하는 비교적 많은 사람들이 참여하게 되는 교육활동의 계획 변경이라는 점에서 수업 계획의 변경과 구별된다. 물론 학급 수준의 교육과정 재구성을 위하여 동 학년의 여러 교사가 모여서 비교적 장기간에 걸친 교육활동에 관한 계획을 변경하는 것은 교사의 개인 차원이 아닌 학교 차원에서 이루어지므로 학교 수준의 교육과정 재구성에 포함된다. 이런 점에서 교육과정 재구성은 교육청과 학교의 두 가지 수준에서 일어난다고 볼 수 있다. 그러나 교사들은 일반적으로 교과서 체제 변경, 내용 첨삭, 단원 순서나 단원 내에서 내용 순서 전개 변화, 지도서에 제시된 방법과 다른 방식으로의 변화 등을 모두 교육과정 재구성으로 보고 있는 것으로 나타났다. 즉, 국가 교육과정 개발자들이 의도한대로 교육과정 재구성이 이루어지지 않고 있다는 것이다. 이는 교사를 비롯한 교육과정 담당자들이 교육과정 재구성 작업에 필요한 기술들을 충분히 터득하고 있지 않음을 의미한다 (김대현, 이영만, 1995). 이 밖에도 교육과정을 재구성할 때 교사들에 의해서 결정되는 영역으로 교육과정을 전달하는 수단들인 교재, 자료, 교수방식, 교재의 내용 등과 교실 내에서의 시간의 사용, 학습 공간의 이용, 자원의 이용, 교수기술과 지식, 교수행동과 방법 등이 제시되어 있다.

▌ 우리나라의 지역과 학생을 고려한 교육과정의 재구성 내용

지역적 특성을 고려한 교육과정 편성 및 운영에 대해서 2009년 개정된 교육과정 (교육과학기술부, 2011)에서 제시한 내용은 다음과 같다. 교육과정 재구성과 직접적으로 관련된 내용만 발췌하였다.

- 학교는 이 교육과정을 바탕으로 학교 실정에 알맞은 학교 교육과정을 편성·운영한다.
- 학교는 학교 교육과정 편성·운영 계획을 바탕으로 학년 및 교과목별 교육과정을 편성할 수 있다.
- 교육과정의 합리적 편성과 효율적 운영을 위하여 교원, 교육과정 (교과 교육) 전문가, 학부모 등이 참여하는 학교 교육과정 위원회를 구성하여 운영하며, 이 위원회는 학교장의 교육과정 운영 및 의사 결정에 관한 자문의 역할을 담당한다.
- 학교 교육과정을 편성·운영함에 있어서는 교원의 조직, 학생의 실태, 학부모의 요구, 지역 사회의 실정 및 교육 시설·설비 등 교육 여건과 환경이 충분히 반영되도록 노력한다.
- 학교가 종교 과목을 개설할 때에는 종교 이외의 과목을 포함, 복수로 과목을 편성하여 학생에게 선택의 기회를 주어야 한다.
- 공통 교육과정에서는 학생의 능력과 적성, 진로를 고려하여 교육 내용과 방법을 다양화 한다. 특히 국어, 수학, 사회, 과학, 영어 교과에서는 수준별 수업을 권장한다.
- 학교는 창의적 체험활동이 실질적 체험학습이 되도록 지역사회의 유관기관과 적극적으로 연계·협력해서 프로그램을 운영해야 한다.
- 교과와 창의적 체험활동의 내용 배열은 반드시 학습의 순서를 의미하는 것이 아닌 예시적인 성격을 지니고 있으므로, 필요한 경우에 지역의 특수성, 계절 및 학교의 실정과 학생의 요구, 교사의 필요에 따라 각 교과목의 학년별 목표에 대한 지도 내용의

순서와 비중, 방법 등을 조정하여 운영할 수 있다.

- 심신 장애 학생을 위한 특수 학급을 설치, 운영하는 경우, 학생의 장애 정두와 능력을 고려하여 이 교육과정을 조정·운영하거나, 특수학교 교육과정 및 교수·학습 자료를 활용할 수 있다.

- 학교에서는 교육과정에 제시되지 않은 사회 현안에 대해 학생들의 올바른 이해를 돕기 위하여 계기 교육을 실시할 수 있으며, 이 경우 계기 교육 지침에 따른다.

4장

과학 탐구와 창의성

이 장에서는 과학에서의 탐구와 창의성을 다룬다. 과학이 근대 이후의 인류문명사에 많은 것을 이룩하고 인류에 커다란 영향을 미치게 된 이유 중의 하나는 과학적 방법이라고 한다. 이러한 과학적 방법은 과학자들의 연구 활동을 관찰하고 공통점을 추출해서 만든 탐구 과정이다. 그러므로 학생들에게 탐구 과정을 가르치는 것은 과학을 학습하고 과학적 방법을 경험하는 데 있어서 의미가 있다.

우리나라 과학과 교육과정에서도 탐구능력의 신장을 중요한 목표로 제시하고 있다. 이 장에서는 탐구가 나오게 된 역사적 배경과 탐구의 특징을 먼저 살펴보고, 여러 학자들이 제안한 탐구 모형을 소개할 것이다. 그리고 탐구를 수행하기 위해 필요한 탐구 기능과 과정에 대해 알아본 다음, 여러 가지 탐구 활동을 소개할 것이다.

과학적 창의성에 관해서는 일반 창의성과 구분하여 과학적 창의성을 구성하고 있는 요인들을 살펴보고, 과학적 창의성을 신장시키기 위한 방법과 수업 모형을 소개하고자 한다.

과학 탐구의 의미

탐구의 개념적 정의

탐구(探究)의 사전적 의미는 '진리(眞理)나 학문(學問)이나 원리(原理) 등을 파고들어 깊이 연구하는 것'이며, 탐구심은 '깊이 살피어 사리(事理)를 밝히려는 마음'이다 (국립국어연구원, 1999). 영어의 탐구를 나타내는 inquiry (또는 enquiry)는 어떤 정보를 얻기 위해 하는 질문과 그에 대한 해결책을 연구하는 것으로 통용된다. 김범기 외 (1994)는 탐구를 '지식을 발견하고 창조해 나가는 과정이며, 활동이나 이론, 가설검증을 통하여 새로운 과학적 사실을 얻어내는 과정'이라고 정의하였다. 콜레트와 치아페타 (Collette & Chiappetta, 1989)는 탐구를 '지식이나 이해를 얻기 위해 질문이나 해결책을 찾아내는 과정'이라고 보고 있다.

역사적으로 살펴보면, 과학을 말할 때 생산된 결과로서의 지식으로 강조하여 오다가 과학의 독특한 방법론이 강조되어 과정으로서의 지식이 나타나면서 과학의 과정이 무엇인지에 대해 관심을 기울이게 되었다. 듀이 (Dewey, 1910)는 '과학은 배워야 할 지식의 합 이상의 것이다. 과학에는 지식뿐만 아니라 배워야 할 과정이나 방법도 있다'고 하였다. 이러한 배경에는 낱개의 지식들은 시간이 지나면서 그 효용 가치가 없어지는 경우가 많고, 20세기 들어 과학지식의 양이 폭발적으로 증가하면서 결과로서의 지식을 가르치는 것에 대한 어려움과 회의가 생겼기 때문이다.

한편, 과정으로서의 지식을 학생들이 학습하게 되면 이런 과정(또는 방법)을 사용하여, 만나는 문제 상황에서 필요한 지식을 만들어 낼 수 있을 것이기에 효용성이 높다는 생각이 인정받게 되었다. 이러한 생각은 현대에 와서 지식을 선언적 지식 (declarative knowledge) 과 절차적 지식 (procedural knowledge) 등으로 구분하게 되는 결과를 가져오면서 확고히 자리를 잡게 되었다. 우리 속담인 '사랑하는 자녀에게 고기를 제공하기보다, 고기를 잡는 방법을 가르쳐 주라'에서도 과정(또는 방법)의 중요성을 강조하고 있다.

1960년대에 들어와 새로운 교육과정에서는 과학자를 양성하는 것을 과학교육의 중요한 목표로 삼았다. 과학자들이 과학을 하는 과정을 분석하여 학생들에게 가르치면 과학자와 유사한 사고 및 방법을 학습하게 될 것이라는 생각에서 과학자들의 연구과정을 분석하여 그것을 탐구 과정이라 하였다. 과학적 탐구를 과학자들이 자연 세계를 연구하고 연구에서 얻어진 증거를 기반으로 하는 설명이라고 보았다 (NRC, 1996). 한편, 스와브 (Schwab, 1960, 1966)는 '교사는 과학을 탐구로 소개해야 하며 학생은 과학을 배우기 위해 탐구를 사용해야 한다.'고 주장하였다.

이러한 탐구 과정에서 사용되는 기능들을 추출하여 과학의 지식을 만들어내는 과정에 필요한 기능을 과정기능 (process skill)이라고 한다. 과정기능에는 <표 4.1>에서 보듯이 관찰, 측정, 분류, 예측, 추리, 문제인식, 가설설정, 변인통제, 결론도출 등이 제안되고 있다. 서치맨 (Suchman, 1962)의 탐구 훈련 모형 (inquiry training model)은 과학자들이 하는 일의 축소판으로 과정기능이 강조된 것이다. 이때 시작된 학문 중심 교육과정에서 알파벳으로 표현되는 여러 교육과정에 탐구가 크게 기여하였다. 예를 들면, BSCS (Biological Sciences Curriculum Study)는 완성된 내용의 전달이 아닌 학생들의 탐구를 매우 강조하였으며, SAPA (Science: A Process Approach)와 같이 과정기능 중심으로 구성된 교육과정도 나타났다. 특히, BSCS 생물 교사 핸드북(1970)은 이전의 전통적인 방식의 교과서가 결론을 서술식 (rhetoric)으로 진술하고 있어 학생들에게 과학은 완전하고 변치 않는 진리로 받아들이도록 하는 잘못을 범할 수가 있고, 뿐만 아니라 과학지식이 질문이나 문제, 자료, 실험이나 생각에서 나온다는 것을 깨닫지 못하며, 심지어 과학자들도 오류를 범할 수 있다는 것을 알 수 없도록 기술하고 있다고 지적하였다.

20세기 말에 나타난 미국의 국가과학교육표준 (NRC, 1996)에서도 탐구로서의 과학을 내용표준의 8가지 범주 중 하나로 제시할 정도로 중요하게 다루고 있다. 내용표준에 의하면, 탐구로서의 과학은 과학교육의 기초이며, 학생들의 활동을 선택하고 조직하는 궁극적

표 4.1 과학적 탐구에 포함되는 내용 (Grandy & Duschl, 2007)

질문하기	질문 다듬기	질문 평가하기
실험 설계하기	실험 개선하기	실험 해석하기
관찰하기	자료 수집	자료 표현
자료 분석	자료를 가설/모형/이론과 관련짓기	가설 만들기
이론 배우기	모델 배우기	이론 다듬기
모델 다듬기	자료와 다른 이론/모델 비교하기	설명하기
모델/이론에 대해 논증하기	대안 모델을 비교하기	예측하기
자료 기록	자료 조직	자료 논의하기
이론/모델을 논의하기	이론/모델을 설명하기	자료에 관해 글쓰기
이론/모형에 관해 글쓰기	자료에 관해 읽기	이론/모델에 관해 읽기

원리라고 주장한다.

우리나라 교육과정의 경우, 제1차 교육과정에서부터 과학적 지식, 과학적 태도와 습관과 구별하여 과학적 능력을 강조하였다. 여기서의 과학적 능력은 사고처리 능력과 기술적 능력을 포함한다. '과학적 탐구 방법'이라는 용어는 1973년부터 시작된 제3차 교육과정에 가서야 비로소 등장하였다. 그리고 그 이후부터 지금까지 과학적 탐구는 과학 교과에서 다루는 중요한 목표로 자리 잡고 있다.

탐구의 특징

탐구가 과학교육에 처음 도입된 이후 그 의미는 학자나 나라에 따라 다양하게 사용하게 되었다. 전통적으로 탐구를 과학적 주제에 관해 추리하는 데 사용되는 개념적 구조와 인지적 과정이라고 좁게 정의하였는데, 학생의 개념 구조와 인지 과정은 강조하고 관찰과 이론의 특성이나 과학의 개념 구조에서 모델의 역할을 소홀히 했다는 지적이 있었다. 즉, 전통적 방법은 과학적 추리에 관여하는 인지 구조의 개념을 축소하고, 인식론적 개념틀이나 사회적 과정을 무시하는 경향이 있었다. 그랜디와 두슐 (Grandy & Duschl, 2007)은 과학적 탐구에 포함되는 내용을 <표 4.1>과 같이 정리하였다.

탐구에 대한 정의도 쉽지 않지만, 흔히 사용되고 있는 발견이나 문제해결과의 구분도 간단하지는 않다. 영국의 APU (Assessment of Performance)는 탐구를 '학생들이 즉시 답을 알거나 답을 찾기 위한 전형적 방법을 기억할 수 없는 경우에 답을 찾아가는 것'이라고 정의한다. 이와 같이 탐구를 문제해결과 유사하게 정의한 것에서 알 수 있듯이, 다양하게 사용되고 있는 것이 현실이다. 그러나, 세 용어가 가지는 특징을 중심으로 다음과 같이 구분하는 것이 가능하다.

첫째, 탐구는 연구 (investigation)라는 의미의 일반적인 개념에서부터 시작하여 과학자들의 활동에서 추출한 과정기능을 강조하고 있는 것으로 특징지을 수 있다. 과학교육에서는 이러한 과정기능을 습득하는 수업을 탐구수업이라고 한다. 솔로몬 외 (Solomon et al., 1995)는 단순한 기술 테스트, 원리나 법칙의 확인, 발견하는 실험과 같은 것은 탐구가 아니라고 하였다. 그들에 의하면, 탐구는 과학적 지식과 이론을 새로운 상황에 적용해보는 것이며, 우연한 발견은 과학에서 자주 기대할 수 있는 것이 아니기 때문에 탐구가 아니라고 하였다. 이런 의미에서 필요한 과학 개념이나 이론을 가르친 다음에 그것을 바탕으로 하는 탐구를 실시해야 한다는 것이다. 물론 이 주장은 학습한 내용에 대한 확인 실험을 의미하는 것은 아니다.

둘째, 발견 (discovery)은 탐구적 접근의 종합적 부분이고, 학습심리학자들이 주로 사용하는 용어이다. 그들은 적극적으로 지식을 추구하는 과정으로 설명, 질문하기, 문제해결, 연역적 추리, 창안, 이름 붙이기, 발견을 들고 있다. 탐구와 발견을 비교해 보면, 탐구는 실증주의에, 발견은 경험주의에 그 이론적 근거를 두고 있으며, 탐구는 서치맨 (Suchman)이, 발견은 브루너 (Bruner)가 주로 주장하였다 (한국과학교육학회, 2005). 브루너 (Bruner, 1961)는 발견을 증거의 재배열과 변환을 통해 증거를 넘어서는 새로운 통찰을 얻는 것이라고 하였고, 발견학습의 장점으로 미래 학습에 대한 자신감을 제공하는 등 지적 잠재력의 증진, 외적 보상에서 내적 보상으로 전환, 발견법 (heuristics)의 체득, 자료를 자신의 인지구조에 통합시키게 되면 인출이 더 쉬워서 기억에 유익하다는 점 등을 들었다. 그는 수업을 설명적 방식과 가설적 방식으로 구분하고, '만약 ... 하다면 (as ... if)' 식의 질문을 많이 사용하면 발견이 잘 일어날 것이라고 하였다.

그러나, 완전한 발견을 기대하기에는 시간이 많이 걸리고 교사가 수업을 관리하기가 힘들다는 문제점이 있다. 그래서 나온 것이 안내된 발견수업이다. 안내된 발견 (guided discovery)은 교사가 최소한 개입하여 해결책의 발견을 돕는 수업 방법을 말한다 (Schwab, 1960). 혜론 (Herron, 1971)은 교사의 개입정도에 따라 발견수업의 수준을 <표 4.2>에서와 같이 네 가지로 나누었다.

0수준은 발견의 결과를 교사가 미리 가르쳐 준 상황에서 교사가 제시하는 문제를 미리 주어진 방법을 통해 답을 찾아가는 방식으로 확인식 또는 검증식 (confirmation/verification) 수업이라고 한다. I 수준은 문제를 교사 또는 학생들이 제시하고, 정해진 방법으로

표 4.2 발견수업의 수준

구분	0수준	I 수준	II수준	III수준
문제	교사	교사	교사	학생
방법	교사	교사	학생	학생
해결책	교사	학생	학생	학생

해결해 나가는 방식으로 구조화된 (structured) 발견수업이라고 한다. II수준은 문제를 교사 또는 학생들이 제시하고, 학생들이 고안한 방법으로 해결책을 찾아가는 방식으로 안내된 (guided) 발견수업이라 한다. III수준은 학생들이 만든 문제를 학생들이 고안한 방법을 사용하여 해결책을 찾아가는 방식으로 열린 (open) 발견수업이라 한다.

위와 같이 학생들이 스스로 무언가를 하게 되면 그것을 오래 기억하며, 제대로 이해하고 있어서 다른 상황에 적용되는 정도도 좋을 것이고, 자기주도적 학습능력도 신장되고, 스스로 발견하는 과정에서 배우는 기쁨을 얻을 수 있다는 장점이 있다. 그러나, 학생들이 스스로 무언가를 발견하기 위해서는 발견에 필요한 사전 지식과 탐구기능이 있어야 하며, 과제에 대한 집중력도 필요하고, 시설이나 시간도 충분히 주어져야 한다. 따라서 교사는 발견식 수업을 진행하기 위하여서는 실험을 미리 정선하고 자료 선별 등과 같은 여러 가지 측면에서 폭넓게 수업을 준비해야 한다.

문제해결을 요구하는 예 : 가설 형성을 강조한 비타민 결핍

과학자들은 현미를 도정하여 흰쌀을 주로 먹인 닭이 근육 협응이 잘 안 되는 병에 걸린다는 점을 알게 되었다. 그러나 밥찌꺼기, 다른 곡물과 함께 흰쌀을 먹인 닭들은 건강하였다. 이상의 자료에서 신경-근육병의 원인에 관한 가설 두 개를 만들어 보시오.

−BSCS (1970) 탐구에의 초대 12 중에서

셋째, 문제해결 (problem solving)은 탐색 경험이 일어나게 하는 방법으로, 주어진 상황의 문제가 즉시 해결이 안 되는 경우에 알고 있는 지식과 기능을 동원하여 해결책을 찾아내는 것을 말한다. 문제해결 연구는 주로 해결과정에 관심이 있다.

탐구 과정의 효과 및 적용

학생들에게 탐구를 경험하도록 하면, 주위의 현상이나 대상에 대해 합리적 관점을 갖게 되고, 스스로 자신의 지식을 개발하게 되고, 과학은 과학자들만 하는 것이 아니라 자신도 할 수 있는 것으로 인식한다 (Collette & Chiappetta, 1989). 학생들은 탐구를 통해 과학 개념의 이해, 과학적 과정에 대한 이해, 과학의 본성에 대한 이해, 탐구기능, 그것을 사용하려는 태도를 얻게 된다 (NRC, 1996). 탐구 과정은 과학자가 되어 과학연구에서도 사용될 수 있지만, 일상생활에서 어떤 결정을 내리기 전에 활용하면 보다 합리적인 결정을 내릴 수 있다는 장점도 있다. 우리의 일상생활에서 미신이나 잘못된 습관을 타파하거나, 해결책이 필요한 경우에 적용할 수 있다.

탐구기능을 향상시키기 위해 탐구수업을 하려면 학생들에게 탐구에 필요한 지식이 어느 정도 갖추어져 있어야 하고, 탐구 과정에 대한 이해가 있어야 하며, 과정기능을 수행할 수 있는 사고력과 수공능력이 필요하다. 또 일반적으로 수용학습에 비해 탐구학습은 시간이 많이 걸리며, 수업에 필요한 시설이나 재료들도 필요하여 비용이 더 많이 든다. 게다가 탐구학습을 잘 지도하기 위해서는 교사들의 훈련도 필요하며, 시험점수의 향상을 원하는 학교체제도 탐구학습을 방해하는 요인이다 (Collette & Chiappetta, 1989). 그러나 결과지식보다 과정기능이 적용가능성이 더 크므로, 시간을 할애하여 교육해야 하며 수행평가 등을 통해 평가에도 반영하여야 한다.

과학 탐구 과정 모형

여기서는 서치맨 (Suchman)의 탐구 훈련 모형 (inquiry training model), 스와브 (Schwab)의 과학 탐구 모형 (science inquiry model), 허명의 탐구 과정 모형을 제시하였다.

서치맨 (Suchman)의 탐구 훈련 모형

서치맨 (Suchman)의 탐구 모형은 다음과 같이 요약할 수 있다 (Suchman, 1962). 학생들은 문제에 부딪치면 자연스럽게 그것을 탐구하게 되고, 사고전략을 의식하고 분석하는 것을 배운다. 새로운 전략은 가르칠 수 있고, 추가될 수도 있다. 협동적 탐구가 학생들의 사고를 증진시키고 지식이 잠정적 창발적인 특성을 가짐을 알게 하고 대안적 설명이 있음을 알게 한다. 그는 위와 같은 점에 바탕을 두고 다음과 같은 탐구 과정을 제시하였다.

- **문제의 직면** : 탐구 절차 설명, 해결되지 않는 사건의 제시
- **자료 확인 - 검증 (verification)** : 목표와 조건의 특성을 입증, 문제 상황의 발생을 입증
- **자료 수집 - 실험** : 관련 변인의 추출, 인과적 관계의 가설 설정
- **조직, 형성, 설명** : 규칙의 형성이나 설명
- **탐구 과정의 분석** : 탐구 전략의 분석과 더 효과적인 방법의 개발

서치맨 (Suchman)의 탐구 훈련 모형은 고도로 구조화되어 있어, 교사가 상호작용을 통제하고 탐구절차를 처방할 수 있다. 그러나 탐구의 규준은 협동, 지적 자유, 동등성에 있어 학생 간의 상호작용은 격려되어야 하고, 지적 환경은 모든 관련 아이디어에 개방되어 있고, 교사와 학생들은 아이디어의 위치에 관해서 대등하게 참여한다. 이런 수업을 통해서 학생들은 과정기능 (process skill), 적극적이고 자율적인 학습, 언어적 표현, 모호성에 대한 인내와 끈기, 논리적 사고, 모든 지식은 잠정적이라는 태도를 습득할 수 있다. 특히 관찰, 수집, 조직, 변인의 확인과 통제, 가설의 형성과 검증, 설명, 추론과 같은 과정기능을 획득하는 데 도움이 된다.

스와브 (Schwab)의 과학 탐구 모형

BSCS 교육과정에 과학 탐구 모형을 도입한 스와브 (Schwab)는 탐구로서의 과학을 강조하는 6가지 방법을 다음과 같이 제시하였다 (Collette & Chiappetta, 1989, 재인용).

❶ 과학의 불확정성과 불완전성을 강조하여 진술해야 한다(예 : '우리는 모른다', '어떻게 이렇게 되는지 알지 못한다', '현재 선호하는 이론은 다음과 같다' 등).

❷ 교과서는 자료수집에서 실험, 해석을 통해서 지식이 형성되는 과정을 기술하는 탐구 형식으로 기술되어야 한다.

❸ 실험은 탐색적이어야 한다. 즉, 교과서의 실험은 해결책이 즉각적으로 제시되지 않으며 문제를 해결하기 위해서 학생들이 자료를 수집해야 한다.

❹ 집중적인 탐색이 가능한 실험이어야 한다. 예를 들면, 현실문제에 집중하여 새로운 지식을 발견하기 위해 6주 정도의 집중 작업을 허용할 수 있다.

❺ 탐구 과정에서 서로 다른 요소들을 다루어야 한다. 이를 통해 내용을 학습하게 될 뿐만 아니라, 탐색과정의 여러 측면들을 수행할 수 있게 돕는다.

❻ 질문, 문제제기, 자료제시 등을 통해 탐구를 돕는다 (BSCS, 1970).

BSCS 교육과정(1970)에 나타난 그의 탐구 모형을 소개하면 다음과 같다.

- 탐구할 영역을 학생들에게 제시하기
- 문제를 구조화하기
- 문제를 탐색하기
- 문제해결과정의 장애 (constraints)를 제거하기 위한 방법을 모색하기

이러한 탐구 모형은 과학자들의 연구 활동을 요약한 것으로, 학생들에게 이 모형을 적용·연습시키면 장차 과학자로의 준비가 될 수 있다는 생각을 기반으로 하고 있다. 한편, 서치맨 (Suchman, 1966)은 탐구수업에서 유의해야 할 6가지 규칙을 제시하였다.

❶ 학생들은 질문을 하고 그것에 대해 '예, 아니오'로 표현하도록 격려해야 한다. 이렇게 하면 교사가 개념을 설명하지 않게 되고 학생들이 스스로 정보를 찾게 된다.
❷ 학생들이 질문을 하게 하려면 가능한 한 많이 질문할 수 있는 학습환경을 제공해야 한다. 질문하기를 통해 학생들은 많은 정보를 모으는 기회를 갖게 된다.
❸ 학생들이 문제에 대해 작업한 것이나 설명의 정확도에 대해 평가를 하지 말아야 한다. 학생들이 스스로 자료로부터 자신들의 아이디어를 평가하도록 해야 하며 학생들의 추리력을 평가하면 안 된다.
❹ 학생들이 언제든지 자신의 생각을 검증해 보도록 해야 한다. 제공되는 아이디어나 이론은 누구나 검증해 볼 수 있어야 한다.
❺ 학생들끼리의 상호작용이나 토의를 권장해야 한다. 이것은 자신의 아이디어를 발표하고 거기에 참여하는 기회를 제공해 준다.
❻ 학생들이 여러 활동 재료들로 주위를 어지럽히는 것을 허용해 주어야 한다. 실험실에 있는 여러 재료들을 사용하여 아이디어를 검증해 볼 수 있게 해야 한다.

허명의 탐구 과정 모형

탐구 과정에 대한 전통적인 견해는 문제인식, 가설 설정, 검증방법 선택, 방법 적용, 결론 도출로 되어 있다. 이러한 접근은 지식의 축적과정을 보여주지만, 새로운 결과에 의해 이전 지식이 변화되는 과정을 보여주지 못한다는 점이 문제로 지적되었다. 이러한 문제점

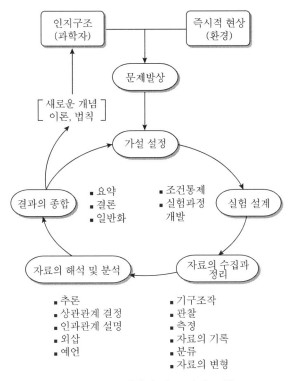

그림 4.1 허명의 탐구 과정 모형

을 보완하기 위해 허명 (1984)은 [그림 4.1]과 같은 탐구 과정 모형을 제안하였다.

이 모형에 의하면, 관련 개념과 탐구능력을 가지고 있는 과학자가 환경으로부터 즉시적 현상을 인식하여 인지구조에 불균형 상태가 생기게 되는데, 이를 문제의 발상이라고 한다. 이 불균형 상태를 해결하기 위해 임시적 해답(가설)을 만들고 그것을 검증하기 위해 조건 통제와 실험과정 개발을 통해 실험을 설계하게 된다. 문제의 발상과 가설 설정 단계에서 창의력이 가장 많이 필요하다고 한다. 실험설계가 끝나면, 실험을 수행하여 필요한 자료를 수집하고 정리하는데, 이 단계에서는 여러 가지 과정기능들이 필요하다. 그 다음으로는 정 리된 자료를 해석하고 분석하여 새로운 정보(결과)를 산출하고, 그것을 바탕으로 더 넓은 범위의 설명을 할 수 있는 결론을 내리게 된다. 이렇게 하여 새로운 이론이나 개념이 만들 어지게 되면, 과학자의 인지구조에 자리를 잡게 되어 또 다른 탐구의 바탕이 된다.

이 모형은 탐구 과정에서 필요한 탐구기능을 포함시켰고, 과학자나 학생이 문제를 만들 어가는 과정을 부각시켰으며, 새로운 결과에 의해 가설이 변경되거나 학생의 인지구조가 변화되는 과정을 포함하고 있다 (허명, 1984).

과학 탐구 과정기능

　미국과학진흥협회 (AAAS)가 개발한 SAPA 교육과정에서는 과학 탐구 과정기능 (process skill)을 8개의 기초 탐구기능과 6개의 통합 탐구기능으로 나누어 제시하고, 이들을 단원 구성의 뼈대로 활용하였다. 이러한 시도는 기존 대부분의 교재 구성의 틀이 개념중심이었던 것에 비하면 획기적인 것이었기 때문에 다른 과학교육 교재의 구성에 상당한 영향을 주게 되었다. SAPA에서 제시된 탐구 과정기능의 요소와 이들 요소에 대한 정의를 간략하게 소개하면 <표 4.3>과 같다. 여기서는 위의 과정기능 중 몇 가지에 대하여 구체적으로 설명을 해보겠다.

　추리 (inferring)는 보통 관찰한 것을 설명하기 위해 사용한다. 예를 들면, 창밖에서 번쩍하는 섬광이 있었을 때, 이것이 무엇 때문에 일어난 것인지 추리할 수 있다. 그 결과, 먼 곳에서 번개가 쳤다고 할 수도 있고, 누군가가 플래시를 터트리며 사진을 찍는다고 추리할 수도 있다.

　마개가 병 속에 있는 관에서의 물의 상승에 관한 예에서 추리를 생각해보자 (한안진, 1987). [그림 4.2]와 같이 마개가 있는 같은 병(부피 24 ㎖)에 같은 크기의 관을 꽂았다.

　마개는 공기가 통하지 않도록 닫혀 있고, 관의 끝은 열려 있다. 병 A에는 16 ㎖의 물이 들어있고, 병 B에는 8 ㎖의 물이 들어 있다. 두 병을 70℃의 물이 담긴 비커 속에 그림과 같이 놓고 30초 후에 살펴보니, 관 A에 있는 물은 수면이 3 ㎝ 상승하였고, 관 B에 있는 물은 6 ㎝ 상승하였다고 하자. 이 관찰을 통해 학생들은 다음과 같이 추리하였다.

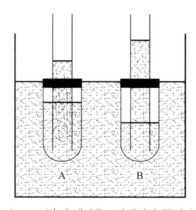

그림 4.2 병 속에 있는 관에서의 물의 상승

표 4.3 SAPA의 탐구 과정기능(Padilla, 1990)

구분	과정기능	정의와 예
기초(단순) 탐구기능	관찰 (observing)	감각을 사용하여 사물이나 사상에 관한 정보를 수집하기 (연필이 노랗다고 기술하기)
	분류 (classifying)	어떤 특성이나 준거에 따라 사물, 사상을 구분하거나 나열하기 (크기나 경도에 따라 암석을 구분하기)
	시공간 관계 사용 (using space / time relationships)	방향, 공간적 배열, 운동과 속도, 대칭, 변화 속도 등을 식별하고 기술하기 (상대편의 입장에서 시간에 따라 변하는 나의 위치를 기술하기)
	수사용 (using numbers)	수나 식을 적용하여 양을 결정하거나 기본적인 측정에서 관계 결정하기 (머리카락의 밝기를 1에서 10까지의 수로 표현하기)
	의사소통 (communicating)	언어나 시각 부호를 사용하여 행동, 대상, 사상을 표현하기 (시간이 지남에 따른 나무의 크기 변화를 글이나 그래프로 나타내기)
	측정 (measuring)	표준적이거나 비표준적 측정을 사용하여 대상이나 현상의 크기를 나타내기 (자를 사용하여 실험대 길이를 재기)
	예측 (predicting)	현재의 증거를 바탕으로 미래의 사상을 말하기 (지난 4주간의 성장 그래프를 사용하여 2주 후 식물의 크기 예측하기)
	추리 (inferring)	사전에 수집한 자료나 정보에 기초하여 논리를 사용하여 대상이나 사상에 관해 추측하기 (연필을 쓰는 사람은 지우개가 다 닳으면 실수를 많이 한다고 말하기)
통합(복합) 탐구기능	변인통제 (controlling variables)	실험 결과에 영향을 주는 변인을 알아내어 독립변인만 조작하는 동안에 다른 변인들을 일정하게 유지하기 (유기물의 추가가 콩의 성장에 영향을 주는지를 알기 위해서 빛과 물의 양을 통제해야 함을 알기)
	조작적 정의 (defining operationally)	실험에서 변인을 어떻게 측정할지 정하기 (콩의 성장을 매주 센티미터 단위로 측정하기)
	가설 설정 (formulating hypotheses)	실험에서 예상되는 결론을 말하기 (유기물이 많아지면 콩의 성장이 빨라진다)
	실험 (experimenting)	도구를 사용하여 실험과정을 수행하기 (유기물의 추가가 콩의 성장에 영향을 주는지를 알기 위한 실험 수행하기)
	자료해석 (interpreting data)	자료를 조직하고 그로부터 결론을 도출하기 (측정결과를 표로 만들고, 경향성을 찾아 결론을 내리기)
	모델설정 (formulating models)	과정이나 사상에 관한 심리적, 구체적 모델 만들기 (물의 순환에서 증발과 응결 과정의 관련성을 보여주는 모델)

- **추리 1** : 물은 열을 가하면 팽창하고, 물을 데우는 데 걸리는 시간은 얼마의 열을 가하느냐에 달려 있다. 물이 많을수록 데우는 시간이 오래 걸린다. 병 A의 물이 병 B의 물의 2배이므로, 물이 반밖에 상승하지 않았다.

- **추리 2** : 공기는 열을 가하면 팽창한다. 팽창하는 공기가 관 속의 물을 밀어 올렸다. 16 ㎖의 물이 들어 있는 병 A에는 공기가 조금 들어 있었고, 8 ㎖의 물이 들어 있는 병 B에는 공기가 많이 들어 있었다. 따라서, 8 ㎖의 물이 들어 있는 관 B 속의 물이 16 ㎖의 물이 들어 있는 관 A 속의 물보다 2배 더 상승한 것이다.

이 두 추리 중에서 어느 것이 옳은지를 어떻게 알 수 있을까? 새로운 관찰이나 보충 실험을 통해 어느 추리가 옳은지를 확인해 볼 수 있다.

조작적 정의(operational definition)란 실험이나 조사에서 어떤 변인의 수준을 알아보기 위해서 측정을 해야 하는데, 측정이 가능한 방식으로 그 변인을 정의하는 것을 말한다. 예를 들어 사람의 관심이 식물의 성장에 영향을 미치는 지를 알아보는 경우에, 사람의 관심이나 식물의 성장을 알아볼 수 있는 방법은 매우 많은데, '사람의 관심은 식물을 쓰다듬어 주는 것'으로, '식물의 성장을 식물의 키'로 하기로 정의하면 측정이 가능해지는데, 이러한 정의를 조작적 정의라고 한다.

가설은 잠정적인 결론으로 하나의 문제에 대해 여러 가지 가설이 가능하다. 가설에는 변인(독립, 종속 변인)들이 제시되어야 하고, 조작이나 측정이 가능한 형태로 표현되는 것이 좋다. 이처럼 조작적 가설(manipulative hypothesis) 또는 현상적 가설(pheonomenal hypothesis)과 달리, 구체적 조작이나 측정이 어려운 경우의 가설을 이론적 가설(theoretical hypothesis)이라고 한다. 이론적 가설은 생물학에서 직접 관찰하거나 조작할 수 없는 진화적 속성이 포함되는 경우에 볼 수 있다 (권용주 외, 2011).

대체적으로 기초(단순) 탐구 과정에 제시된 과정기능 요소는 초등학교 저학년에서부터 적용이 가능한 초보적인 과정기능이며, 통합(복합) 탐구 과정에 제시된 과정기능 요소는 초등학교보다는 중학교 이상에 적합한 고급 과정기능이라고 할 수 있다.

이러한 기초 과정기능의 학습방법으로는 구체적인 단서를 주어 예측하기, 연필과 종이를 사용한 연습을 통한 그래프 그리기, 설명과 체험활동, 토의와 피드백을 복합적으로 연습하기를 제안하고 있으며, SCIS나 SAPA와 같이 과정기능의 향상을 목표로 만들어진 교육과정을 사용하는 것도 도움이 된다.

한편, 통합 과정기능은 인지발달 수준과 상관이 높은 것으로 나와 있으며, 단기간의 훈련으로는 습득하기가 쉽지 않다. 따라서, 다양한 내용과 맥락에서 여러 번의 연습기회를 갖는 것이 통합 과정기능의 습득에 도움이 된다 (Padilla, 1990).

SAPA에서 제시된 탐구 과정기능은 우리나라 과학교육과정에 상당한 영향을 주었다. 제7차 과학과 교육과정을 보면, 비록 내용에서 탐구 과정 요소에 대한 언급이나 어떤 탐구 과정기능을 어떻게 지도해야 하는 지에 대한 언급은 찾아보기 어렵지만 교육과정 '내용 체계' 표에는 SAPA에서 제시된 과정기능과 유사한 탐구 과정과 활용 정도에 대한 언급을 찾아볼 수 있다 (교육부, 1998). <표 4.4>를 보면, 기초 탐구 과정을 바탕으로 하여, 학년이 높아짐에 따라 통합 탐구 과정을 점차 많이 사용하도록 권장하고 있다.

기초 탐구 과정은 관찰, 분류, 측정, 예상, 추리 등이 있다. 관찰에는 어떤 대상이나 현상을 오감을 통해 인지하는 단순 관찰과 거기에 어떤 처치를 하여 그에 따른 현상을 인지하는 조작 관찰로 나누어지는데, 이 둘은 다시 정성 관찰과 결과를 수량화시키는 정량 관찰로 각각 나누어진다. 이러한 관찰은 다시 고정된 상태를 관찰하는 것과 변화하는 모습을 관찰하는 것으로 나누어지기도 하며, 어떤 비교대상과 비교하며 관찰할 수도 있고, 비교대상이 없이 관찰할 수도 있다 (권용주 외, 2011). 예상은 SAPA의 예측 (prediction)과 동일한 것이다.

통합탐구에서는 문제인식, 자료변환, 결론 도출, 일반화 등이 있는데, 먼저 문제인식 (problem identification)은 탐구를 하기 위해 탐구할 문제가 무엇인지를 확인하는 것이고, 자료 변환 (data transformation)은 표나 그래프와 같은 자료를 서로 다른 형태의 자료로 바꾸는 것을 말하고, 자료 해석 (data interpretation)은 자료가 말하고 있는 의미를 도출하는 것이며, 결론 도출 (draw a conclusion)은 탐구를 수행하여 얻은 결과에서 오차 분석이나 다른 연구의 결론들을 종합하여 최종적인 진술을 하는 것이고, 일반화 (generalization)는 하나의 탐구에서 얻은 결론을 다른 탐구에로 확장하여 적용하는 것을 말한다. 문제인식에 관해 이혜정 외 (2004)는 초등학생들과 초등예비교사들을 관찰한 결과를 바탕으로 그

표 4.4 제 7차 과학과 교육과정 내용 체계표에 제시된 탐구 과정의 빈도

분야		학년							
		3	4	5	6	7	8	9	10
탐구과정	관찰, 분류, 측정, 예상, 추리 등	◎	◎	◎	◎	◎	◎	◎	◎
	문제 인식, 가설 설정, 변인 통제, 자료 변환, 자료 해석, 결론 도출, 일반화 등		◎		◎	◎	◎	◎	◎

※ ◎의 개수는 학습 활동 시 활용 빈도를 나타냄.

표 4.5 과학적 의문의 종류

종류	의미	예
추측적 의문	대상 자체의 개념, 성분, 구조, 기능 등에 대한 의문	암석 표면에 은빛 가루는 무엇일까?
인과적 의문	관찰 사실을 근거로 한 어떤 원인에 대한 의문	양초를 거꾸로 해도 불꽃의 방향은 위로 향하는 이유는?
예측적 의문	변인을 조작하였을 때 나타날 결과에 대한 의문	식물의 어린 정도에 따라 액체의 흡수는 다를까?
방법적 의문	현재의 관찰 사실을 해결하기 위한 새 방법에 대한 의문	촛불의 크기를 크거나 작게 할 수는 없을까?
적용적 의문	다른 장면에 적용시킬 수 있는지에 대한 의문	이 돌로 보석을 만들 수 있을까?

들이 만들어낸 과학적 의문을 추측적 의문, 인과적 의문, 예측적 의문, 방법적 의문, 적용적 의문으로 분류하기도 하였는데, 각각의 의미와 질문의 예를 <표 4.5>에 간략하게 나타내었다.

우리나라 교육과정에 나오는 통합 탐구 과정들이 SAPA와 달리 탐구단계에 해당하는 내용들을 포함시키고 있어 구분이 필요하다. 한편, 우종옥 외 (1998)는 탐구 단계별로 필요한 탐구기능을 초등과 중등으로 나누어 <표 4.6>과 같이 제시하였다.

이들 가운데서 사고 관련 탐구기능들은 대체로 충실하게 소개되었으나, 기구조작과 같은 수공기능 (manual skill)에 대해서는 근래에 오면서 소홀히 다루어져 왔다. 과학 분야의

표 4.6 탐구 단계별 탐구능력 (우종옥 외, 1998)

탐구단계	초등	중등
1. 문제인식 및 가설설정	문제인식, 가설설정	문제인식, 가설설정
2. 탐구 설계	변인통제, 실험 설계	변인통제, 실험 설계, 실험과정 개발
3. 탐구 수행	기구 조작, 관찰, 측정, 분류	기구 조작, 관찰, 측정, 분류, 자료변형
4. 자료의 해석	추리, 예측	추리, 예측(내삽, 외연), 상관관계, 인과관계
5. 결론 도출 및 평가	결론도출	결론도출, 일반화, 평가

표 4.7 과학에서 분야별로 대표적인 수공기능 (조희형, 박승재, 1995)

분야	수공기능	
일반과학	평형저울 눈금 읽기, 평형저울을 이용한 질량 측정 측정치의 정확도 결정	온도계를 이용한 온도 측정, 실린더에 의한 부피 측정
물리학	납땜, 회로 연결, 전자측정기 사용, 시간 측정, 무게 측정, 전류계, 전압계 연결, 눈금 읽기	초점 잡기, 거울 사용, 간단 망원경 제작, 분광기 제작, 사이펀 설치
화학	유리 자르기, 구부리기, 비이커에 물 끓이기, 필터 사용 시험관에 액체 가열, 액체 붓기, 분석저울 사용	부식성 액체 처리, 분말과 결정 처리. 화학물질 냄새 맡기, 여러 가지 농도의 액체 만들기, 뷰렛에 의한 검정, 매스실린더, 시험관 눈금 읽기
생명과학	동물 해부, 현미경 사용, 보고 그리기, 조직 절편, 프레파라트 제작 크로마토그래피 사용	맥박 측정, 기자재의 살균, 희석액의 조제, 발아, 박테리아 수 세기
지구과학	결정체 성장, 콤파스에 의한 지도 읽기, 지형지도 제작, 읽기 측면도 제작, 풍력계 읽기	암석의 분류표 읽기 화석 분류, 토양 분석 아네로이드, 수은 기압계 읽기 태양 궤도 그리기

대표적인 수공기능을 <표 4.7>과 같이 정리하였다.

과학교육 목표로서의 탐구 과정

클로퍼 (Klopfer)의 탐구

초창기에 과학교육목표를 6개의 영역으로 나누고 그 가운데 탐구 과정을 4개(관찰과 측정, 문제 발견과 해결책 모색, 자료의 해석과 일반화, 이론적 모델형성과 검증 및 수정)로 구분하였던 클로퍼 (Klopfer)는 나중에 탐구기능만을 다음과 같이 5개로 세분하여 발표하였다 (Klopfer, 1990).

A. 실험실 활동을 통해 과학적 정보를 수집하는 능력

- A1 : 사물이나 현상을 관찰하기
- A2 : 적절한 언어로 관찰을 기술하기
- A3 : 사물이나 변화를 측정하기
- A4 : 적절한 측정도구 선택하기
- A5 : 실험 자료와 관찰 자료를 처리하기
- A6 : 실험실과 야외에서 사용하는 일반적 도구를 사용하는 기능 개발하기
- A7 : 일반적인 실험기술을 조심스럽고 안전하게 수행하기

B. 적절한 과학적 질문을 하고, 실험을 통해 답을 하기 위해 무엇이 포함되는지를 아는 능력

- B1 : 문제 인식하기
- B2 : 가설 만들기
- B3 : 가설 검증방법 선택하기
- B4 : 검증 실험을 하기 위한 절차 설계하기

C. 실험에서 얻은 관찰과 자료를 조직화하고, 해석하고 의사소통하는 능력

- C1 : 자료와 관찰을 조직하기
- C2 : 자료를 함수관계로 제시하기
- C3 : 외삽(외연)과 내삽하기
- C4 : 자료와 관찰을 해석하기

D. 자료와 관찰, 실험으로부터 추론하거나 결론을 이끌어내는 능력

- D1 : 관찰과 실험 자료에 의해 검증하려는 가설 평가하기
- D2 : 발견된 관계로부터 정당화될 수 있는 일반화, 경험법칙이나 원리 형성하기

E. 과학 이론의 발달에서 관찰과 실험의 역할을 아는 능력

- E1 : 현상이나 경험 법칙, 원리를 관련시키기 위해 이론이 필요함을 인식하기
- E2 : 알려진 현상이나 원리들을 조절하기 위해 이론을 형성하기
- E3 : 이론을 만족하거나 이론에 의해 설명되는 현상이나 원리들을 찾기
- E4 : 실험이나 관찰로 이론을 검증할 수 있는 새 가설 연역해 내기
- E5 : 이론을 검증하기 위해 실험결과를 해석하고 평가하기

- E6 : 새 관찰과 해석에 의해 지지받을 수 있다면, 수정되고 세련된 확장 이론을 만들기

(박종원 외, 2001에서 재인용)

미국 국가과학교육표준의 과학 탐구

미국의 과학교육과정에 큰 영향을 준 '국가과학교육표준(National Science Education Standards, NSES)'에는 탐구를 '과학적 탐구 수행에 필요한 능력'과 '과학적 탐구에 대한 이해'로 나누고, 학교급별로 탐구수행에 필요한 능력을 제시하고 있는데 <표 4.8>에 정리하였다 (NRC, 1996).

국가과학교육표준에 제시된 과학적 탐구수행에 필요한 능력은 전통적으로 얘기되던 탐구 과정기능과는 약간 다른 의미로 사용되고 있다. 즉, '탐구수행에 필요한 능력'은 학생들이 과학을 이해하기 위하여 논리적 사고와 비판적 사고를 사용하면서 탐구 과정기능과 과학적 지식을 조화시키는 것을 의미한다 (NRC, 2000).

미국 국립연구위원회 (National Research Council, 2012)의 'Conceptual Framework for New K-12 Science Education Standards'는 과학교육표준의 틀을 '과학-공학의 실행 (Science-Engineering practice)', '관통 개념 (Cross Cutting Concept)', '학문적 핵심 내용 (Disciplinary Core Ideas)'의 삼차원 구조로 제시하였는데, 과학적 탐구에 공학적 설계 과정을 추가하여 다음과 같은 과학-공학의 실행을 강조하였다. ❶ 문제를 발견하고 인식하여(과학), 문제에 대한 정의(공학)를 내린다. ❷ 문제해결에 필요한 모델을 개발하여 사용한다. ❸ 문제를 해결하기 위한 조사 계획을 세워 실행하며 자료를 수집한다. ❹ 자료를 분석하고 해석한다. ❺ 수학적 적용과 전산적 사고(computational thinking)를 한다. ❻ 설명을 구성하고(과학), 해결책을 설계한다(공학). ❼ 증거에 근거하여 논쟁하고 토론한다. ❽ 정보를 얻고 평가하는 동안에 의사소통을 한다.

영국 국가 과학 교육과정의 과학 탐구

영국의 경우 국가 과학 교육과정 (National Science Curriculum)에서는 주요단계 (Key Stage)별로 주요 개념, 주요 과정, 내용, 도달 목표를 제시하고 있다. 그 중에서 주요단계 3 (Key Stage 3, 7-9학년)에서는 주요 개념으로 과학적 사고, 과학의 적용의 의미, 문화적 이해, 협력을 제시하고 있고, 주요 과정으로는 실제적 탐구기능, 증거에 대한 명확한 이해, 의사소통을 들고 있으며, 내용으로는 에너지/전기/힘, 화합물/물질의 행동, 개체/행동/건

표 4.8 미국 국가과학교육표준에 제시된 과학적 탐구수행에 필요한 능력(NRC, 1996)

능력 / 단계	K-4	5-8	9-12
과학적 탐구 수행에 필요한 능력	· 주변 환경 내의 물체, 생물, 사건에 관한 문제 제기 · 간단한 탐구의 설계와 수행 · 자료를 수집하고 감각을 확장하기 위한 간단한 장비와 기구의 사용 · 자료를 이용한 합리적인 설명의 구성 · 탐구와 설명에 관한 의사소통	· 과학적 탐구를 통해 답할 수 있는 문제의 확인 · 과학적 탐구의 설계와 수행 · 적절한 도구와 기법을 사용한 자료의 수집, 분석, 해석 · 증거를 이용한 기술, 설명, 예측, 모형의 구성 · 비판적, 논리적 사고를 통한 증거와 설명 사이의 관계 형성 · 대안적인 설명과 예측에 대한 인식 및 분석 · 과학적인 절차와 설명에 관한 의사소통 · 수학을 사용한 탐구의 수행	· 과학적 탐구를 유도하는 문제와 개념의 확인 · 과학적 탐구의 설계와 수행 · 탐구의 개선과 원활한 의사소통을 위한 과학기술 및 수학의 사용 · 논리와 증거를 이용한 과학적 설명 및 모형의 구성과 수정 · 대안적인 설명 및 모형에 대한 인식과 분석 · 과학적인 주장의 전달과 변론
과학적 탐구에 대한 이해	· 과학적 탐구는 문제를 제기하고 해답을 찾고 그 해답을 알고 있는 것과 비교 · 과학자들은 답하려는 문제에 따라 서로 다른 종류의 탐구를 수행 · 확대경, 온도계, 자와 같은 간단한 도구들은 감각을 통하여 얻는 것보다 많은 정보 제공 · 관찰과 지식을 이용하여 설명을 구성 · 자신의 탐구결과 공개 · 다른 과학자들의 결과를 검토하고 질문	· 문제가 다르면 탐구도 달라짐 · 현재의 지식과 이해가 과학적 탐구를 인도함 · 수학은 과학적 탐구의 모든 과정에서 중요한 역할을 함 · 과학기술은 자료의 정확성을 높이고 결과를 분석할 수 있게 해줌 · 과학적 설명은 증거를 중시, 논리적으로 일관된 논증, 과학적 원리·모형·이론을 사용 · 합리적인 회의를 통해 진보 · 탐구가 새 아이디어와 현상을 때때로 일러줌	· 과학자들은 물리계, 생물계, 인공계가 어떻게 작동하고 있는지를 탐구하는데, 지식이 탐구 설계와 해석에 영향을 줌 · 과학자들이 탐구하는 이유는 매우 다양함 · 과학자들은 자료의 수집 및 처리의 질을 향상시키기 위하여 과학기술을 사용함 · 수학은 과학 탐구에 필수적임 · 새로운 지식이나 방법은 여러 유형의 탐구와 과학자들 간의 의사소통을 통해 얻어짐

표 4.9 영국 국가 과학 교육과정의 주요단계 3 (Key Stage 3)과 주요단계 4 (Key Stage 4)에서의 탐구 과정

단계 탐구	주요단계 3 (Key Stage 3)	주요단계 4 (Key Stage 4)
실제적 탐구 기능	· 과학적 방법과 기법을 개발하고 아이디어를 검증하고 설명하기 · 실험실, 야외, 일터에서 위험을 감지하고 안전하게 일하기 · 실제적이고 탐색적 활동을 개인이나 모둠별로 계획하고 실천하기	· 과학적 아이디어를 검증하고 과학적 질문에 답하고, 과학적 문제를 해결할 계획하기 · 1차, 2차 원천에서 데이터 수집하기 · 본인과 다른 사람에 대해 안전하게 정확하게 데이터를 수집하기 · 데이터 수집방법을 평가하고 증거의 타당성과 신뢰성을 고려하기
증거의 명확한 이해	· 다양한 1차, 2차 원천에서 데이터를 획득, 기록, 분석하기 · 과학적 설명을 위해 발견사실을 증거로 제시하기 · 과학적 증거와 작용하는 방법을 평가하기	
의사 소통	· 과학 정보를 전하기 위해 적절한 방법을 사용하기 · 과학적 쟁점에 관해 토의하기	· 과학적 정보나 아이디어를 재생하고, 분석하고, 해석하고, 적용하고, 질문하기 · 양적 질적 접근을 모두 사용하기 · 과학적 기술적 수학적 언어를 사용해서 정보를 제시하고 논쟁을 하고, 결론을 내리기
데이터, 증거, 이론, 설명		· 과학적 데이터를 수집하고 분석하기 · 창의력을 발휘하여 데이터의 해석을 통해 아이디어의 검증이나 이론의 개발에 증거를 제공하기 · 과학적 이론, 모형, 아이디어를 사용하여 많은 현상들을 설명하기 · 과학이 답하지 못하는 것과 과학이 대답할 수 없는 질문이 있음을 알기

강, 환경/지구/우주를 다루고 있고, 도달목표로는 과학의 작용, 개체/행동/환경, 물질/특성/지구, 에너지/힘/우주의 4개 영역별로 학년별 수준을 영재수준까지 포함하여 진술하고 있다. 주요단계 4 (Key Stage 4, 10−12학년)에서는 주요 과정으로 실제적 탐구기능, 의사소통, 데이터/증거/이론/설명을 다루고 있다. 그 가운데서 탐구 과정에 해당하는 것만 <표 4.9>에 정리하였다.

탐구활동 분석틀 및 과학적 탐구 내용 표준

김시영 외 (2012)는 삼차원의 탐구활동 분석틀을 만들면서 탐구 과정, 탐구유형, 탐구상황으로 나누었다. 탐구 과정에는 문제인식 단계에 문제인식, 가설설정을, 탐구설계 단계에 변인통제, 실험설계를, 탐구수행 단계에 기구조작, 관찰, 조사, 측정, 분류, 기록전달, 자료변형을, 자료해석 단계에 추리예상, 관계설명을, 결론도출 단계에 토론토의, 결론일반화, 평가를 포함시켰다. 탐구유형으로는 생각해보기, 해보기, 실험하기로 분류하였고, 탐구상황으로는 순수과학적 상황, 자연환경적 상황, 일상적 상황, 기술사회적 상황을 제시하였다.

박현주 외 (2012)는 과학적 탐구에 관한 내용 표준을 탐구 과정별, 학년군별로 제시하였다 (<표 4.10>).

탐구 과정에서는 문제발견 및 가설형성, 탐구계획의 수립, 탐구의 수행, 결론도출 및 논증, 결과 사용 및 응용 단계별로 필요한 과정기능에 대한 탐구 내용을 제시하였는데, 3−4학년군에서는 서술적 탐구에 해당하는 내용을, 5−6학년군에서는 서술적 탐구와 구체적 원인을 갖는 인과적 탐구를 병행한 내용을, 7−9학년군에서는 추상적 원인을 갖는 인과적 탐구에 해당하는 내용을 배치하였다.

표 4.10 과학적 탐구 내용 표준 (박현주 외, 2012)

학년군 탐구		3−4	5−6	7−9
문제발견 및 가설형성	관찰 및 측정	· 사물이나 현상에 대해 오감을 이용하여 관찰하거나 간단한 도구를 이용하여 측정한다. (예: 소나무 잎은 바늘 모양이다. 떨어진 은행나무 잎은 노란색이다.)	· 사물이나 현상에 대해 조작하여 나타나는 현상을 오감으로 관찰하거나 복잡한 도구를 이용하여 측정한다. (예: 화단에서 자란 강낭콩의 줄기의 길이는 20 ㎝이고, 담 밑에서 자란 강낭콩은 12 ㎝이다.) · 다양한 매체를 통하여 자연 현상을 간접적으로 관찰하거나 정보를 얻는다. (예: 인터넷이나 신문 기사를 읽는다.)	· 사물이나 현상에 대해 도구를 이용하여 반복적으로 측정하고, 측정값의 평균을 구한다. (예: 감자즙을 묻힌 거름종이가 떠오르는 데 걸리는 시간은 평균 11.23초이다.) · 다양한 매체를 통하여 자연 현상을 간접적으로 관찰하거나 정보를 얻는다. (예: 인터넷이나 신문 기사를 읽는다.)
	문제발견	· 관찰한 자연 현상에 대해서 서술적 문제를 제기한다. (예: 식물의 잎은 어떤 기준으로 분류	· 관찰한 자연 현상이나 매체를 통해 얻은 과학 정보에 대해서 인과적인 문제를 제기한다. (예: 왜 화단에서 자	· 관찰한 자연 현상이나 매체를 통해 얻은 과학 정보에 대해서 인과적인 문제를 제기한다. (예: 왜 과산화수소

탐구 \ 학년군		3-4	5-6	7-9
		할 수 있을까?	란 강낭콩의 줄기가 담 밑에서 자란 것보다 더 길까?)	수에 감자즙을 묻힌 거름종이를 넣으면 다시 떠오를까?)
	가설형성		· 눈에 보이는 구체적인 원인으로 사물이나 현상을 설명할 수 있는 가설을 만든다. (예: 화단에서 자란 강낭콩이 담 밑에서 자란 것보다 빛을 많이 받았기 때문에 줄기가 더 길다.) · 다양한 매체를 이용하여 제기한 문제에 대한 임시적인 답을 만든다.	· 눈에 보이지 않는 추상적인 원인으로 사물이나 현상을 설명할 수 있는 가설을 만든다. (예: 감자즙의 효소가 과산화수소수를 물과 산소로 분해하여 발생한 산소가 거름종이를 뜨게 했을 것이다.) · 다양한 매체를 이용하여 제기한 문제에 대한 임시적인 답을 만든다.
	변인확인		· 가설에 포함된 조작변인과 종속변인을 구분하고 통제변인을 확인한다. (예: 조작변인은 빛의 양이고 종속변인은 강낭콩이 자란 정도이다. 그리고 통제변인은 물의 양, 화분의 모양과 크기, 흙의 양 등이다.)	· 가설에 포함된 조작변인과 종속변인을 구분하고 통제변인을 확인한다. (예: 조작변인은 과산화수소수의 농도이고 종속변인은 거름종이가 떠오르는 시간이다. 그리고 통제변인은 온도, 과산화수소수의 양, 비커의 크기 등이다.)
탐구계획 수립	탐구설계	· 발견한 문제를 해결하기 위한 탐구 계획을 수립한다. (예: 10종류 이상의 식물 잎을 모아서 돋보기를 이용하여 잎의 모양을 자세히 관찰하여 그림으로 그린다.)	· 조작변인을 2단계로 구분하여 가설을 검증할 수 있는 탐구 방법을 설계한다. (예: 모양과 크기가 같은 화분 10개에 크기가 같은 강낭콩을 각각 심어서 준비한다. 이 중 5개를 빛이 차단된 공간에서 100와트 전등 3개를 비추어 기르고, 나머지 5개는 빛이 차단된 다른 공간에서 10와트 전등 1개를 비추어 기른다. 단, 주는 물의 양 등 나머지 조건은 모두 같게 한다.) · 다양한 매체에서 탐구 설계에 필요한 정보를 얻어서 탐구 방법을 정교화 한다. · 다양한 매체에서 정보를 얻어 가설을 검증할 수 있는 방법을 설계한다.	· 조작변인을 5단계 이상으로 구분하여 가설을 검증할 수 있는 탐구 방법을 설계한다. (예: 과산화수소수의 농도를 6단계 즉, 0%, 5%, 10%, 15%, 20%, 25%로 다르게 하여 같은 양을 크기가 같은 비커에 넣는다. 각각의 비커에 같은 크기의 거름종이를 감자즙에 묻혀서 넣고 떠오르는 시간을 5회 반복 측정한다.) · 다양한 매체에서 탐구 설계에 필요한 정보를 얻어서 탐구 방법을 정교화 한다. · 다양한 매체에서 정보를 얻어 가설을 검증할 수 있는 방법을 설계한다.

학년군 탐구		3-4	5-6	7-9
탐구계획 수립	결과예상	· 설계한 탐구 방법에 따라 수행했을 때 얻게 될 결과를 예상한다. (예: 식물은 잎맥의 모양에 따라 분류될 것이다.)	· 설계한 탐구 방법에 따라 수행했을 때 얻게 될 결과를 예상한다. (예: 100와트 전등 3개를 비추어준 강낭콩이 10와트 전등 1개를 비추어준 강낭콩보다 많이 자랄 것이다.)	· 설계한 탐구 방법에 따라 수행했을 때 얻게 될 결과를 예상한다. (예: 농도가 25%인 과산화수소수에서 거름종이가 가장 빨리 떠오를 것이다.)
탐구수행	탐구수행 및 기록	· 탐구 계획에 따라 탐구를 수행하고 그 결과를 기록한다. (예: A식물의 잎맥이 서로 평행한 모양으로 배열되어 있다. B식물의 잎맥은 그물모양으로 서로 얽혀 있다. C식물의 잎맥은……D식물의……)	· 탐구 계획에 따라 탐구를 수행하고 그 결과를 기록한다. (예: 계획에 따라 실험을 수행하고 주기를 측정하여 기록한다.)	· 탐구 계획에 따라 탐구를 수행하고 그 결과를 기록한다. (예: 계획에 따라 실험을 수행하고 떠오르는 시간을 측정하여 기록한다.)
	자료변환	· 기록한 자료를 탐구 목적에 따라 표로 변환한다. (예: 나란한 잎맥을 가진 나뭇잎 목록 작성, 그물모양 잎맥을 가진 나뭇잎 목록 작성)	· 기록한 자료를 탐구 목적에 따라 표, 막대그래프 등으로 변환한다. (예: 100와트 전등 3개 조건과 10와트 전등 1개 조건에서 강낭콩이 자란 길이를 막대그래프로 나타낸다.)	· 기록한 자료를 탐구 목적에 따라 표, 막대그래프, 선그래프 등으로 변환한다. (예: 과산화수소수의 농도에 따라 거름종이가 떠오르는 시간을 선그래프로 나타낸다.)
결론도출 및 논증	결론도출	· 사물이나 현상의 관찰 결과에서 규칙성을 찾는다. (예: A, C, D, E, F, K식물의 잎맥은 나란하다. 그리고 B, G, H, J식물의 잎맥은 그물모양이다.)	· 예상한 결과와 탐구의 수행으로 얻은 결과를 비교하여 탐구 결과가 가설을 지지하는지 진술한다. (예: 예상과 같이 100와트 전등 3개 조건의 강낭콩이 10와트 전등 1개 조건의 강낭콩보다 많이 자랐다. 따라서 이 실험 결과는 가설을 지지한다.)	· 예상한 결과와 탐구의 수행으로 얻은 결과를 비교하여 탐구 결과가 가설을 지지하는지 진술한다. (예: 예상과 같이 농도가 25%인 과산화수소수에서 거름종이가 가장 빨리 떠올랐기 때문에 이 실험 결과는 가설을 지지한다.)
	논증	· 탐구 결과 발표, 설득, 수용 등의 논의 과정을 통해서 탐구 과정 및 결론의 타당성과 신뢰도를 판단한다.	· 탐구 결과 발표, 설득, 수용 등의 논의 과정을 통해서 탐구 과정 및 결론의 타당성과 신뢰도를 판단한다.	· 탐구 결과 발표, 설득, 수용 등의 논의 과정을 통해서 탐구 과정 및 결론의 타당성과 신뢰도를 판단한다. · 다양한 매체를 활용하여 탐구 결론을 지지하는 사례나 반증하는 사례를 탐색한다.

학년군 탐구		3-4	5-6	7-9
	결 과 사 용	· 탐구를 통해 얻은 규칙성에 근거하여 새로운 현상을 예상한다. (예: 다른 나뭇잎들도 잎맥에 따라 분류할 수 있을 것이다.)	· 탐구를 통해 얻은 결론을 근거로 새로운 현상을 설명한다. (예: 비오는 날이 많은 여름에 농작물의 수확량이 감소하는 것은 식물이 충분한 양의 빛을 받지 못했기 때문이다.)	· 탐구를 통해 얻은 결론을 근거로 새로운 현상을 설명한다. (예: 과산화수소수를 상처가 난 피부에 바르면 거품이 나는 것은 혈액에 과산화수소에 반응하는 효소가 들어있기 때문이다.)
	응 용	· 탐구를 통해 얻은 규칙성을 다른 상황에 응용한다. (예: 10가지 이외의 나뭇잎을 잎맥에 따라 분류하자.)	· 탐구를 통해 얻은 결론을 다른 상황에 응용한다. (예: 식물을 빠르게 성장시키는 방법을 고안해보자.)	· 탐구를 통해 얻은 결론을 다른 상황에 응용한다. (예: 거름종이가 떠오르는 시간을 변화시킬 수 있는 과산화수소수 농도 이외의 다른 요인을 생각하여 탐구를 수행해 보자.)

▌탐구활동

왓슨 외(Watson et al., 1997)는 영국의 과학 교과서에 나오는 탐색활동의 유형을 공정한 검사, 분류하고 확인하기, 유형 찾기, 관찰하기, 모델 탐색, 제작하기로 분류하였다. 이에 대한 설명과 예시는 다음 <표 4.11>과 같다.

우리나라에서는 7차 교육과정에서 탐구활동의 종류로 토의, 실험, 조사, 견학, 과제연구를 명시하여 사용해 오고 있다(교육부, 1998; 조희형, 최경희, 2001).

- **토의** : 토의는 학생들이 어떤 주제에 관해 서로의 아이디어를 공유하고, 자료를 찾으면서 그 주제를 해결해 가는 활동이다. 토의를 통해 탐구를 시키기 위해서는, 어떤 자료나 강의 후에 모둠을 통해 탐구할 문제를 찾게 할 수 있고, 토의를 통해 탐구를 수행하게 할 수도 있다. 토의는 집단 구성원들 간에 상호작용과 의견교환이 활발하게 일어날수록 좋다. 따라서 집단의 크기와 역할, 토의에 임하는 자세, 산출물, 허용시간 등을 세심하게 고려하여야 한다.

- **실험** : 선정한 독립변인의 수준을 바꾸어가면서 종속변인에 나타나는 효과를 측정하여 어떤 현상의 원인을 찾아내는 활동이다. 실험을 통해 탐구를 할 수도 있고, 어떤

이론이 그렇게 되는지 확인할 수도 있다. 탐구할 문제가 정해지면, 그에 관한 선행연

표 4.11 탐색활동의 유형(Watson et al., 1997)

유형	설명	예시
공정한 검사 (fair test)	변인 간의 관계를 관찰하고 탐색	설탕의 용해도에 영향을 주는 것은?
분류하고 확인하기 (classifying and identifying)	대상이나 현상을 어떤 집합으로 배치하기	무척추 동물을 어떻게 분류할 수 있을까?
유형 찾기 (pattern seeking)	대상이나 현상을 관찰하여 유형을 찾기	다리가 긴 사람이 더 높이 뛸 수 있을까?
관찰하기 (exploring)	대상이나 현상에서 오랜 시간에 걸쳐 일어나는 현상을 관찰하기	개구리 알은 시간이 지나면 어떻게 변하는가?
모델 탐색 (investigation models)	증거를 모아서 모델이 맞는지 탐색하기	물질이 연소하면 질량이 증가하는지, 감소하는지?
제작하기 (making things)	어떤 필요를 충족하기 위해 구체물을 만들기	고무줄로 체중계 만들기

구들을 조사하여 원인이 되는 여러 변인들에 관해 미리 알고, 독립변인 외에 나머지 변인에 대해서는 통제하는 것이 중요하다. 비교집단이 있다면, 독립변인 외에 나머지 환경을 실험집단과 동일하게 해야 한다.

- **조사** : 탐구를 수행하기 위해서 필요한 자료를 획득하는 활동을 말한다. 이러한 자료는 인쇄물이나 전문가나 일반인, 인터넷 검색 등을 통하여 획득할 수 있다. 조사를 하기 전에 계획을 세우고, 조사를 실시한 다음에는 조사결과에 바탕을 두고 결론을 도출한다. 앞에서 말한 실험과 달리 독립변인에 관한 처치를 하지 않고 있는 그대로의 자료를 획득하는 것이 조사의 특징이다.

- **견학** : 학교 밖 시설을 방문하여 그곳에서 하고 있는 일들을 소개받고, 여러 가지 질문에 대한 답을 알아가는 활동으로, 학교라는 인위적 상황에서 벗어나 학교 밖의 실제 상황을 통해 원하는 수업목표를 달성하고자 할 때 사용한다. 견학장소를 선택하고 무엇을 견학할 것인지를 정한 다음에, 학생들에게 견학전, 견학중, 견학후 활동을 각각 실시하여 효과를 극대화한다.

- **과제연구(project)** : 개인 또는 모둠별로 주어지거나 자신들이 정한 연구과제를 수행해 나가는 활동이다. 보통, 과제연구는 실험보다 규모가 크고 시간도 긴 과제를 다룬다. 과제연구의 장점으로는 ❶ 한 주제에 대한 탐구 과정에 몰입하게 하고, ❷ 지식이나

경험을 공유하는 의사소통 기능을 길러주며, ❸ 개인별 흥미, 학습방식, 지능, 경험 등에 맞게 진행되며, ❹ 내적 동기를 유발하며, ❺ 자율학습 기능을 계발하며, ❻ 쓰기 기술과 고등사고기능을 길러준다 (Callahan et al., 2002).

한편 이러한 탐구활동은 협동학습의 형태로 진행될 때 탐구학습이 잘 일어난다. 구체적으로는 3~4명씩의 모둠을 만들고, 각 모둠에 구체적인 탐구과제를 주거나 탐구목록을 주어 선택하게 한다. 참여와 생산성을 높이기 위해서 모둠에 있는 개인별로 역할을 정해준다. 예를 들면, 주어진 질문에 답을 작성하기, 준비물을 챙기기, 절차를 수행하기, 데이터를 모으기, 데이터를 분석하기, 보고서를 쓰기, 발표하기, 다른 모둠의 발표 평가하기 등이 있다. 마지막으로 각 모둠별로 자신들의 결과를 전체 학급에 발표하게 한다 (Collette & Chiappetta, 1989).

▌탐구 지도

미국의 과학교육표준 (NSES) 탐구해설서 (NRC, 2000)는 과학 탐구 지도의 특징으로 학습자는 과학적 문제를 다루고, 증거를 우선시하며, 증거로부터 설명을 하고, 자신의 설명을 평가하고, 의사소통을 하는 다섯 가지로 정리하였다. 미국의 과학교육표준 (NRC, 1996)은 탐구를 촉진하기 위한 수업에서의 강조점의 변화를 <표 4.12>와 같이 제시하고 있다.

탐구 과정기능의 신장은 과학과의 목표에도 명시되어 있는 중요한 일이다. 탐구기능에 관한 학교 현장에서의 수업에 대한 지금까지의 연구를 보면, 탐구단계 중에서 문제 인식이나 가설 설정 단계는 생략되고 탐구 수행, 결과 해석, 결론 도출 단계에 주로 집중하고 있다고 보고되고 있다. 따라서, 과학수업에서 문제 인식, 가설 검정, 실험 설계와 같은 단계가 소홀히 되지 않도록 노력해야 한다.

표 4.12   미국 국가과학교육표준이 말하는 탐구수업(NRC, 1996)

삼가야 할 내용	강조해야 할 내용
· 과학 내용을 확인하고 검증하기 위한 활동	· 과학적 의문을 탐색하고 분석하는 활동
· 한 차시 내에서만 이루어지는 탐구	· 여러 차시에 걸친 탐구
· 상황을 고려하지 않는 과정기능	· 상황을 고려한 과정기능
· 관찰, 추론과 같은 과정기능에 대한 강조	· 다양한 과정기능(조작적, 인지적, 절차적 기능)의 사용
· 정답찾기	· 설명을 구성하고 수정하기 위해 증거와 전략 사용
· 조사와 실험으로서의 과학	· 논증과 설명으로서의 과학
· 과학내용에 대한 질문에 정답 제공	· 과학적 설명에 대한 의견 교환
· 결론에 대해 묻고 답하는 과정을 거치지 않고 자료를 분석하고 종합하기	· 결론에 대해 묻고 답하는 과정을 거친 후에 자료를 분석하고 종합하기
· 많은 분량을 소화하기 위한 시간이 부족하여 몇 가지 탐구만을 수행함	· 탐구에 대한 이해/능력/가치를 계발하고 지식을 습득하기 위해 더 많은 탐구 수행
· 실험결과를 얻으면 탐구를 끝냄	· 실험결과를 과학적 논증과 설명에 적용
· 재료와 장비를 잘 다룸	· 아이디어와 정보를 잘 다룸
· 학생들의 아이디어와 결론에 대해 교사가 사적으로 이야기 함	· 학생들의 아이디어와 학습활동에 대해 교사가 공적으로 이야기 함

과학적 창의성

▌과학적 창의성의 정의

창의성에 관한 정의는 학자에 따라 매우 다양하다. 루바트 (Lubart, 1994)는 창의성을 '무엇인가 새롭고, 문제상황에 적절한 것을 만들어 낼 수 있는 능력'으로 정의하였다. 어반 (Urban, 1997)은 '주어진 문제나 감지된 문제로부터 통찰력을 동원하여 새롭고 신기하고 독창적인 산출물을 만들어내는 능력'으로 정의하여 개인의 인지적, 인성적 요인들이 상호 작용하는 구조를 제안하였다. 즉, 창의성은 창의적으로 해결해야 할 '문제 (problem)'와 문제에서 산출물을 만드는 '과정 (process)', 창의성을 드러내는 '산출물 (product)', 창의성을 발휘하는 '개인 (person)', 그리고 창의성이 발휘되는 데 필요한 외적조건으로서 '환경 (environment)'이 상호작용하는 것으로 설명하였다. 또한 칙센미하이 (Csikszentmihalyi, 1988)는 창의적 산물이 유전과 경험에 의한 '개인 (person)', 문화적 체계의 영향을 받는 '영역 (domain)', 사회적 체계의 영향을 받는 '분야 (field)'의 상호작용으로 이루어진다고 하여 내용영역에 따른 창의성을 주장한 바 있다.

임선하 (1993)는 창의성을 성향 (disposition), 경험 (experience), 기능 (skill), 지식 (knowledge) 등의 상호관계로 나타난다고 하였다. 첫째, 성향은 호기심, 탐구심, 자신감, 정직성, 개방성, 독자성, 집중성 등을 포함한다. 둘째, 경험은 경험의 반성, 자신의 미래 생각, 주변에서 창의적인 것 찾기, 자신의 창의성 자극하기, 경험에서 창의적 아이디어 얻기 등을 포함한다. 셋째, 기능은 민감성, 유추성, 유창성, 융통성, 독창성, 정교성, 상상력을 의미한다,

셋째, 지식은 의지에 대한 이론, 창의적 사고과정, 두뇌기능과 사고의 관계, 감성과 사고의 관계로 나타난다.

그 중 유창성 (fluency)은 '가능한 많은 아이디어를 산출해 내는 것'으로, 예를 들어 '두 개의 동그라미를 이용하여 가능한 한 많은 물건을 생각하라'고 지시하여 생각해 낸 물건의 개수를 세는 것 등이 전형적으로 유창성을 측정하는 방법이다. 융통성 (flexibility)은 '전형적인 사고방식이나 관점을 바꾸어 다양한 해결책을 찾아내는 능력'으로 '볼펜을 필기구 외에 다른 용도로 사용하라'고 지시하여 생각해 낸 방법을 세는 것 등이 전형적인 융통성 측정 방법이다. 독창성 (originality)은 '다른 사람들과는 다른 독특한 아이디어를 산출해 내는 능력'으로, 주어지는 문제에 대해 다른 사람이 생각해 내지 못한 아이디어에 높은 점수를 부여하는 방식 등으로 측정한다. 정교성 (elaboration)은 '아이디어를 보다 자세하게 발전시키는 능력'으로 주로 산출물을 만들 때에 활용된다. 민감성 (sensitivity)은 '지각하는 정보에 대해 세심한 관심을 보여 탐색해 나가는 능력'으로 새로운 아이디어를 생성해 내는 단계에서 필요하다.

아마빌 (Amabile, 1996)은 창의성은 여러 요소들이 모인 결과라고 하여 영역 관련 지식, 영역 관련 전문 기능으로 구성된 영역 관련 기능 (domain-specific skills), 인지양식, 발견적 지식, 노력과 끈기, 성격을 포함하는 창의성 관련 기능 (creativity-relevant skills), 그리고 과제를 향한 태도와 동기를 포함하는 과제 동기부여를 제시하였다. 이는 스턴버그와 루바트 (Sternberg & Lubart, 1996)의 지적능력과 지식, 사고방식과 성격, 동기와 환경과도 잘 부합된다.

아마빌 (Amabile, 1996)이 제안한 창의성 모형은 [그림 4.3]과 같이 다섯 단계로 구성된다. 창의적 과정은 문제를 확인하거나 과제가 제시될 때 시작되어 그 문제에 관련된 정보를 기억 안에서 활성화하는데, 어떤 발견적 방법을 사용해서 새로운 방법을 고안해 내어야 한다. 3단계에서는 기억과 환경에서 관련된 정보를 탐색하여 반응하고, 4단계에서는 그 반응을 평가하고 다른 사람에게 전달한다. 그 결과 문제를 해결할 수 있는데, 부적절하면 처음부터 다시 과정을 시작할 수도 있고 포기할 수도 있다.

아마빌은 내적으로 동기부여가 될 때 창의적 결과가 가장 일어나기 쉽다고하며, 창의성 관련 과정으로 복잡성을 다루고 관행 (set)을 깨는 인지양식, 새로운 아이디어를 생산하기 위한 발견적 방법, 그리고 창의적 생산에 이바지하는 장시간 집중 능력, 진전이 없는 문제를 보류해 두는 능력, 자발성과 높은 생산성과 같은 작업 양식을 들고 있다.

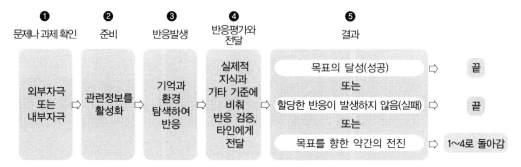

그림 4.3 아마빌(Amabile, 1996)이 제안한 창의성 요소 모형

한편, 과학적 영역에서의 창의성을 규명하기 위하여 저명한 과학자들의 성격 특성을 연구한 파이스트(Feist, 1993)는 높은 생산성, 내적 동기부여, 경쟁적 또는 적대적, 목표를 스스로 설정하는 것이 과학자들의 특성임을 알아내었다. 파이스트(Feist, 1999)는 창의적 과학자들이 그렇지 않은 사람에 비해 개방적이고, 사고의 유연성이 높았으며, 목표 수준이 높았고, 사람들 가운데서 지배적이고, 거만하며, 적대적이며, 자신감이 높았고, 자율적이며 내성적이고 독립적이라고 보고하였다.

메도(Meador, 2003)도 탁월한 창의성을 발휘한 과학자들은 그렇지 못한 과학자들에 비해 몇 가지 특징이 있음을 보고하였다. 첫째, 규칙에서 벗어나 자유롭고 융통성 있게 사고한다. 둘째, 새로운 경험을 즐기면서 정교하게 문제에 접근한다. 셋째, 노력을 집중적으로 기울여야 하는 시기를 알고, 무엇이 중요한 쟁점인지를 안다.

미칼코(Michalko, 1998)도 뛰어난 과학자들의 사고유형을 아래와 같이 정리하였다.

- 문제에 대한 해결책으로 가능한 모든 대안을 모색한다.
- 자신의 아이디어를 시각화한다.
- 생산량이 많다.
- 독창적 연결능력을 발휘한다.
- 서로 다른 것들을 연결시킨다.
- 서로 반대되는 점을 동시에 생각한다.
- 비유적으로 사고한다.
- 새로운 기회를 적극적으로 준비한다.

시몬톤(Simonton, 2004)은 메타과학(meta-science)의 주요 분야인 과학사, 과학철학, 과학사회학, 과학심리학에서부터 과학적 창의성을 보는 관점을 우연, 논리성, 시대정신, 천재성이라는 네 가지로 제시하였다.

첫째, 우연은 세렌디피티 (serendipity, 뜻밖의 운 좋은 발견)와 유사한 의미로 과학에서 창의성이 나타나는데 어떤 인과관계로 설명할 수 없는 부분이 매우 많음을 의미한다.

둘째, 논리성은 조합과정에 관여하는 아이디어를 제한하거나, 관련성을 지어주며, 평가 기준을 제공한다. 그러나 대단히 창의적인 아이디어는 이러한 논리성의 영향을 거스르며 미학적 원리에 의해 나타나기도 한다.

셋째, 시대정신은 무엇이 합리적이고 비합리적인지를 결정한다. 학문적 시대정신은 학문의 영향을 구성하는 아이디어에 의해 정의되는데 모든 발견이나 발명에 대한 필수 기반이 된다. 사회문화적 시대정신은 과학에 영향을 끼치는 정치, 경제, 사회문화적 요인으로 구성되는데 과학 창의성에 대해 우호적인 요인도 있고 억압적인 요인도 있다.

넷째, 천재성에는 창의적인 과학자가 보이는 지능, 성격 특질, 발달 경험이 있는데, 성격 특질에는 초점이 흐린 집중 (defocused attention), 참신성, 다양성, 복잡성, 경험에의 개방성과 같은 특성을 말한다. 발달 경험으로는 가정환경, 교육 및 훈련을 들 수 있는데, 비범하고 풍부하고 다양한 경험들은 창의적 잠재력을 활성화시킨다.

그 외에도 여러 연구 활동들을 동시에 수행하기, 다양한 전문적 활동에 관여하기, 다양한 오락 활동에 활발하게 참여하는 특징을 보이고 있다. 그는 이들을 각각으로 분리하여 볼 것이 아니라, 통합적 관점으로 보아야 한다고 주장하였다. 예를 들어 논리 관점인 과학 심리학과 천재성 관점인 과학 심리학이 서로 별도로 존재해서는 과학 창의성에 대해 완전한 이해가 불가능하다고 하였다.

시몬톤 (Simonton, 2004)은 발달과 성향 요인의 상호작용을 알아보기 위해 개인의 창의성 유형을 결정하는 발달과 성향 변수를 [그림 4.4]와 같이 나타내었다. 이 그림에서는 왼쪽에 제약을 가하는 특성을, 오른쪽에는 우연의 역할을 허용하는 특성을, 아래쪽에는 제약과 우연의 비율을 나타내는 정도에 따라 창의성 유형을 배열하고 있다.

임성만 외 (2009)는 여러 문헌을 분석한 결과, 영역특수적인 입장에서 과학적 창의성의 구성요인으로 정의적 요인, 인지적 요인, 환경적 요인을 지적한 바가 있다. 정의적 요인에는 일반적 창의성에서의 정의적 요인과 별 차이가 없었고, 인지적 요인에서는 일반적 창의성에서와 달리 과학 지식과 과학적 탐구기능, 과학 문제해결력이 크게 작용하며, 유창성, 융통성, 정교성, 독창성과 같은 창의적 사고도 중요한 구성요소라고 하였다. 끝으로 환경적 요인으로는 학생의 사고를 열어줄 수 있는 열린 환경이 중요하다고 하였다.

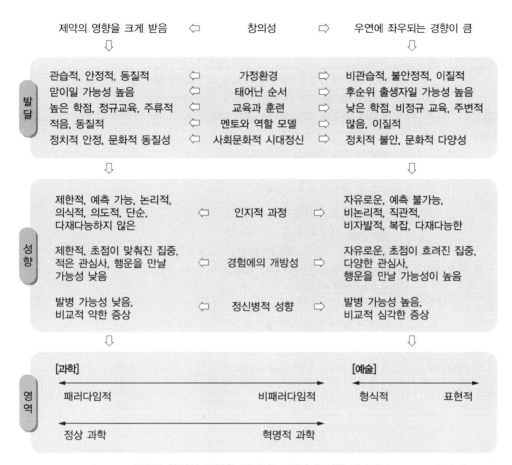

그림 4.4 개인의 창의성 유형을 결정하는 발달과 성향 변수(Simonton, 2004)

과학적 창의성의 교수 학습

일반적 창의성의 교수 학습의 원리를 창의적 사고기능, 창의적 사고태도, 창의적 메타인지 기능으로 나누어 각각 <표 4.13>과 같이 제안할 수 있다(김영채, 2013).

창의성을 교육하기 위한 기법으로는 브레인스토밍, 브레인라이팅, 체크리스트법, DeBono의 사고기법, 연상법, 속성열거법, 희망점과 결점 연결법, 형태분석법, 시네틱스 (synetics), 연화법(lotus blossom), SCAMPER 등 여러 가지가 있다. 여기서는 지면의 제한으로 자세히 다루지는 않겠으나, 여러 가지 기법을 익혀두는 것이 창의성 지도에 도움이 된다. 한편, 트레핑거 외(Treffinger et al., 1982)는 창의적 문제해결 모형으로 다음과 같은 6단계를 제안하였다.

표 4.13 일반적 창의성 교수 학습 원리

구분	교수 학습의 원리
창의적 사고기능	· 수업이나 평가에서 창의적 사고를 요구해야 한다. · 창의적 사고를 할 수 있는 시간을 허용해야 한다. · 창의적 활동과 아이디어를 격려한다. · 창의적 인물을 재료로 이용한다. · 창의적 협동 활동을 격려한다. · 바른 질문과 좋은 대답을 격려한다. · 문제를 분석하고 재 정의하는 기회를 준다.
창의적 사고태도	· 창의적 사고의 모범을 보인다. · 자신감을 가지게 한다. · 분별 있는 모험을 격려한다. · 애매한 상황을 인내하도록 격려한다. · 실수를 허용한다. · 장애를 확인하고 극복한다. · 다른 사람의 입장에서 생각해 보도록 한다.
창의적 메타인지 기능	· 자기 책임을 알게 한다. · 자기 점검하는 능력을 격려한다. · 즉시 만족을 지연시킬 줄 알게 한다. · 환경과 기회를 찾고 선택하기를 격려한다.

- **곤란 상태** : 상황, 목표, 관심을 기술
- **사실 발견** : 상황에 관련된 자료를 발견, 문제 상황에서 가장 중요한 사실 추출
- **문제 발견** : 사실과 자료를 활용, 탐색하려는 문제의 진술
- **아이디어 발견** : 브레인스토밍, 아이디어 선정
- **해결안 발견** : 아이디어 평가
- **수용안 발견** : 남은 문제 극복, 실행방법 선정, 단계별 활동 계획

그들은 창의적 사고가 발현되는 수준을 세 단계로 정하고 각각의 수준별로 활용해야 할 창의적 사고 기법들을 <표 4.14>와 같이 정리하였다.

스콧 외 (Scott et al., 2004)는 156개의 창의성 훈련 프로그램을 분석하여 11개 유형 (비유훈련, 개방적 아이디어 산출 훈련, 상호작용적 아이디어 산출 훈련, 창의적 과정 훈련, 연상 훈련, 컴퓨터 기반 산출 훈련, 구조화된 아이디어 산출 훈련, 분석 훈련, 비판적 창의적 사고 훈련, 상황적 아이디어 산출 훈련, 개념조합 훈련)으로 나누었고, 핵심 과정으로 8개

표 4.14 창의적 문제해결 학습 모형의 수준별 과정(Treffinger et al., 1982)

중심과제	대표적 과정	활용 기법
1. 여러 새로운 아이디어에 개방적이고 다양한 가능성과 대안들을 찾기	· 인지적: 유창성, 융통성, 독창성, 정교성, · 정의적: 호기심, 모험, 개방성, 자발성, 민감성, 관용성, 자신감	워밍업, 개방적 사고, 브레인스토밍, 체크리스트법, 속성열거법, 관련성 관찰
2. 복합 상황에서 아이디어 활용하기, 복합적인 느낌이나 갈등을 처리하기, 사고와 감정 과정의 활용 훈련	· 인지적: 적용, 분석, 종합, 평가, 연구기능, 비유와 유추 · 정의적: 인식 개발, 개방성, 가치개발, 긴장이완, 심리적 안정감	형태분석법, 가치 명료화, 역할놀이, 시네틱스, 창의적 문제해결,
3. 창의적 사고와 정서 과정의 실제적 적용	· 인지적: 개별학습, 자율성, 자료관리, 산출물 개발 · 정의적: 가치 내면화, 자아실현	개인연구, 창의적 문제해결, 3부 심화모형

(문제발견, 정보 수집, 개념 선택, 개념 조합, 아이디어 생성, 아이디어 평가, 실행 계획, 해답 모니터링)를 추출하였으며, 기법으로 17개(발산적 사고, 수렴적 사고, 비판적 사고, 메타인지, 상상하기(ideation), 정교화, 조명(illumination), 장애물 찾기, 강점과 약점 찾기, 특성 비교, 특성 열거, 비유(analogies), 체크리스트, 브레인스토밍, 연상법, 은유(metaphors), 표현활동(expressive activities)을 확인하였고, 방법으로는 10가지(강의, 비디오나 오디오 테이프, 컴퓨터, 개별 코치, 프로그램 수업, 토의, 사회적 모델링, 행동 수정, 협동학습, 사례기반 수업)가 사용되고 있다고 보고하였다.

오스본(Osborn)과 파네스(Parnes)는 문제 이해(목표의 발견, 데이터의 발견, 문제의 발견), 아이디어의 일반화, 행동계획(해결방안 발견, 해결)이라는 5단계의 오스본－파네스 창의적 문제해결 모형(Osborn-Parnes Creative Problem Solving Process, CPS) 이론을 발표하였다. 아이삭센 외(Isaksen et al., 2000)는 이를 변형하여 [그림 4.5]와 같은 CPS 모형을 제안하였다. 이 모형을 보면, 크게 도전 이해, 아이디어 생성, 해결 준비의 3가지 과정요소와 그 아래의 6단계로 이루어져 있으나, 수시로 과제평가를 통해 문제 해결 과정을 설계하는 접근 계획을 하는 것으로 되어 있다.

작은 단계로 보면 6단계로 되어 있는데, 1단계는 문제해결의 출발점을 찾기 위해 중요하게 생각하는 기회마련 단계이다. 여기서는 목표와 관심영역을 발견하는 것(mess-finding)으로, 관심영역이란 광범위하고 포괄적이며 정의가 잘 되어 있지 않은 장면을 말한다. 이

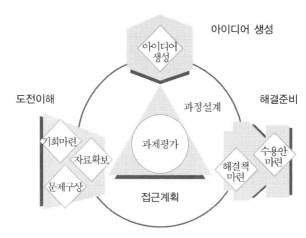

그림 4.5 CPS 모형(Isaksen et al., 2000)

단계의 기본 목적은 목표나 출발지점을 확인하고 선택하는 데 있다.

2단계는 관심영역을 파악하기 위해 정보를 수집하고 분석하는 자료확보(data-finding) 단계이다. 창의적 문제 해결을 위해서는 문제를 파악하는 데 필요한 여러 가지 정보나 자료를 수집하여 문제를 바르게 진술하도록 도와야 한다. 이 단계에서 학생들은 문제가 있다는 것과 그것을 해결해야 한다는 책임을 느끼게 되어 문제해결을 위해 노력하게 된다.

3단계는 문제를 정의하는 문제구상(problem-finding) 단계이다. 이 단계에서는 조작이 가능하고 구체적인 방식으로 문제를 진술하게 된다. 잘 정의된 문제와 정확히 결정된 문제는 문제해결의 통로를 제공해주고 생산적인 아이디어를 생각해 내는 데 도움을 준다. 그리고 다양한 하위 문제들을 정의해 보고, 우선순위를 결정하고 의미 있게 다룰 수 있는 문제들을 찾아보게 된다. 이 과정에서 학생들은 자신의 의견을 제시하고 주위 사람들은 그 의견을 최대한 수용해야 한다.

4단계는 아이디어 생성(idea-finding) 단계이다. 진술된 문제를 해결할 다양한 아이디어를 많이 생각해 내는 단계이다. 그런 다음 이 가운데서 유망한 아이디어 몇 가지를 선택한다.

5단계는 생각해낸 아이디어를 평가하고 최선의 아이디어를 선정하는 해결책 마련(solution-finding) 단계이다. 유망한 아이디어들을 체계적으로 음미하고 발전시키는 기회를 가진다.

그리고 6단계는 선정한 아이디어를 실천에 옮기는 행동 계획을 수립하는 수용안 마련(acceptance-finding) 단계이다. 수용단계에서는 좋은 아이디어가 유용하게 쓰일 수 있는지 검토하는 단계라 할 수 있다.

표 4.15 크로플리와 어반(Cropley & Urban, 2000)의 모형

단계	과정	결과	동기	개인적 성향
준비 단계	· 문제 확인 · 목적 확립 · 확산적 사고력	· 활동을 주도적으로 제시 · 일반지식 · 영역지식	· 문제해결(내적동기) · 성공에 대한 기대 (외적동기)	· 비판적 태도 · 긍정적 사고
정보 수집 단계	· 인식하기 · 학습하기 · 기억하기 · 수렴적 사고하기	· 영역지식 · 풍부한 인지요소	· 호기심 · 복잡성 · 적극성 · 성공에 대한 기대	· 풍부한 지식 · 판단과 선택의 적극성
부화 단계	· 확산적 사고하기 · 연결 만들기 · 두 개 영역 연결하기 · 연결망 만들기	· 배열	· 저해요소의 영향을 받지 않는 자유 · 모호성에 대한 인내	· 안정감 · 환상의 허용 · 비추종성 · 도전성
조명 단계	· 새 구도 인식하기	· 새로운 배열	· 직관 · 긴장 완화	· 민감성 · 개방성 · 유연성
검증 단계	· 새 구도의 연관성, 효율성 검증하기	· 적절한 해결책 · 연관성 효율성 제시	· 결론에 도달하려는 욕구 · 성취 욕구	· 현실에 대한 민감성 · 자기 비판력
전달 단계	· 결론에 도달하기 · 피드백을 구하기	· 작동가능한 산물 · 실현가능한 산출물 · 사람들에게 알리기	· 내적으로 만족스러운 산물에 대한 욕구 · 외적 보상을 받으려는 욕구	· 자신감 · 자율성 · 확신을 가지는 용기
실현화 단계	· 연관성, 효율성을 판단하기	· 교사에게서 평가받은 산출물	· 칭찬 받으려는 욕구 · 완벽함에 대한 욕구	· 강인성 · 유연성

　기존의 모형들을 확장한 크로플리와 어반(Cropley & Urban, 2000)의 모형을 살펴보면 <표 4.15>와 같다. 이 모형에서는 준비, 정보수집, 부화, 조명, 검증, 전달, 실현화 단계별로 과정, 결과, 동기, 개인적 성향이 각각 정리되어 있다.

　박종원(2011)은 자발적 창의성 활동(Activity), 안내된 과학적 창의성 활동(Guide), 새로운 상황에서의 적용 활동(Activity Again)으로 구성된 AGA² 모형을 제안하였는데, 이 모형을 적용한 구체적 과학적 창의성 활동 목록은 <표 4.16>과 같다. 이 모형은 창의적

표 4.16 박종원(2011)의 AGA²모형에 따른 과학적 창의성 활동

구분	내용
과학적 상황에서 창의적 사고하기	1. 과학적으로 다양한 용도 제안하기 2. 비일상적 상황에서 과학적 예측하기 3. 과학적 상황에서 '만일, …이라면' 게임하기 4. 창의적으로 모순 인식하기 5. 창의적으로 과학 개념도 그리기 6. 여러 가지 그림/상황/데이터로 창의적 이야기 만들기 7. 창의적으로 과학개념 연결시키기 8. 과학이론과 현상을 창의적으로 연결하기 9. 창의적으로 비유 제안하기
창의적으로 과학적 탐구 수행하기	1. 창의적으로 과학적 관찰하기 2. 창의적으로 숨겨진 과학적 규칙성 찾기 3. 창의적으로 과학적 탐구문제 제안하기 4. 창의적으로 과학적 가설 제안하기 5. 창의적으로 과학적 실험설계, 개선하기 6. 창의적으로 측정방법 고안하기 7. 창의적으로 과학적 실험결과 해석하기 8. 과학논문 발표를 위한 프리젠테이션 자료 만들기
창의적으로 과학개념 이해와 적용하기	1. 새로운 과학적 아이디어나 산출물에 이름붙이기 2. 과학개념 바꾸어 생각하기 3. 과학적 설명에서 부족한 부분 찾기 4. 과학적 아이디어/개념/설명을 시각화하기 5. 과학적 삽화/내용/설명을 창의적으로 요약하기 6. 창의적으로 과학문제를 다양하게 해결하기 7. 창의적으로 과학문제의 다양한 해를 찾기 8. 실험결과를 새로운 상황에 적용하기 9. 소크라테스식 질문을 통해 개념을 비판적으로 이해하기 10. 메타인지를 이용해 개념을 반추적으로 이해하기

활동이 과학적 상황에서 과학지식과 탐구 과정을 활용하도록 하였고, 창의적인 사고방법의 연습기회를 제공하였고, 과학 창의성활동을 유형화하였고, 확장이 가능하다는 특징이 있다.

과학 수업에서의 과학 창의성 신장

창의적 사고기능 향상을 위해 임선하(2001)는 DESK 이론에 바탕을 두고 교사가 하는

표 4.17 창의적 사고기능 향상을 위한 교사의 발문

기능	교사의 발문
1. 유창성	· 특정한 사물과 관련된 것을 자유롭게 떠올리게 하는 발문 · 대상에 대한 관점을 의도적으로 바꿔서 생각해 보게 하는 발문 · 어떤 대상이나 현상들로부터 가능한 한 많은 것을 연상하게 하는 발문 · 특정한 상황에서 가능한 해결 방안을 될 수 있는 대로 많이 제시하기
2. 융통성	· 대상에 대한 시점을 변화시켜 숨겨진 면을 파악하게 하는 발문 · 특정한 것을 생각하면서 다른 것을 함께 떠올리게 하는 발문 · 관계없는 사물이나 현상들 간의 관련성을 찾게 하는 발문 · 사물이나 현상의 속성별로 생각하게 하는 발문 · 어떤 대상이나 현상들을 상징화하여 표현하게 하는 발문 · 결과로부터 거꾸로 생각하게 하는 발문
3. 독창성	· 다른 사람과 같지 않은 생각을 하게 하는 발문 · 기존의 생각이나 사물의 가치를 부정하고 생각해 보게 하는 발문 · 기존의 생각을 새로운 상황에 적용하여 생각해 보게 하는 발문
4. 정교성	· 주변의 사물을 분류하고 결합해 보게 하는 발문 · 은연중에 떠오르는 거친 수준의 생각을 구체화시키는 발문 · 생각이나 아이디어의 형성 과정을 상세하게 나타내게 하는 발문
5. 민감성	· 자명한 듯한 현상에도 문제를 찾아내는 발문 · 주변의 변화를 파악하게 하는 발문 · 애매한 상황 속에 숨어 있는 사물을 찾는 발문 · 친밀한 것을 이상한 것으로 생각해 보게 하는 발문
6. 상상력	· 시각적 또는 청각적 이미지를 과장하여 떠올리게 하는 발문 · 과거의 생각을 과장하거나 꿈속의 이야기를 현실화시키는 발문 · 있는 것을 없는 것으로, 없는 것을 있는 것으로 생각하게 하는 발문 · 현재 존재하는 것을 축소하거나 위치를 바꾸어 생각하게 하는 발문 · 특정한 대상을 의인화하여 생각하게 하는 발문 · 일반적인 생성과적에서 벗어나 생각하게 하는 발문
7. 유추성	· 특정한 대상을 보면서 형태나 원리가 유사한 것을 함께 떠올리기 · 특정한 대상을 보고 속성을 떠올리게 하는 발문 · 주어진 상황에서 규칙이나 원리를 찾아내는 발문 · 별개로 존재하는 사물들에 일관성을 부여하는 발문 · 원인과 결과를 추리하거나 예측하게 하는 발문

발문에 대한 원칙을 개발하였다(<표 4.17>). 여기에는 유창성, 융통성 등 창의적 사고기능별로 필요한 교사의 발문을 제시하고 있다.

과학수업을 하면서 창의성을 신장시키는 방법은 다음과 같다.

첫째, 학습하고 있는 주제에 관한 것이나 전혀 새로운 현상을 보여주면서 어떤 것을 알아보고 싶은지를 물어보고 그것을 탐구문제로 진술하게 한다. 개인별로 탐구문제를 적은 다음에, 모둠에서 다른 친구들과 토의를 거쳐서 모둠의 탐구문제를 정하게 한다. 교사는 가능한 시간이나 시설 등을 고려하여 수업시간에 수행이 가능하지 않는 문제를 지적해 준다. 그래서 한 모둠에서 한 개씩 연구문제를 선정하게 한다.

둘째, 선정된 연구문제를 가지고 가설설정을 하게 한다. 각자가 가설을 적은 다음에, 모둠에서 다른 친구들과 토의를 거쳐서 모둠의 가설을 정하게 한다. 교사는 가능한 시간이나 시설 등을 고려하여 수업시간에 수행이 가능하지 않는 가설을 지적해 준다. 그래서 한 모둠에서 한 개의 가설을 선정하게 한다.

셋째, 실험설계 단계에서는 위에서 정한 가설을 검증하기 위한 실험을 고안한다. 먼저 각자가 실험방법을 적은 다음에, 모둠에서 다른 친구들과 토의를 거쳐서 모둠의 실험방법을 정하게 한다. 교사는 가능한 시간이나 시설 등을 고려하여 수업시간에 수행이 가능하지 않은 방법 등을 지적해 준다. 그래서 한 모둠에서 한 개의 실험방법을 정하게 한다. 이상의 활동에서 학생들은 과학적 창의성에 필요한 여러 가지 구성요소들을 사용하게 된다. 즉, 문제인식 단계에서는 이미 알고 있는 과학 지식을 바탕으로 민감성, 유추성, 정교성 들이 발휘될 것이며, 유창성이나 독창성도 평가가 가능하므로 이를 통하여 학생들의 유창성이나 독창성을 신장시킬 수 있을 것이다. 가설 설정 단계나 실험 설계 단계에서도 이러한 과학적 창의성을 구성하고 있는 요소들은 계속해서 사용되고 평가가 가능하다. 각 단계마다 아이디어의 확산과 수렴을 통해서 산출물을 만들어 낼 수 있는 점도 과학적 창의성 수업에 도움이 된다.

이러한 절차를 거쳐 만들어진 실험방법대로 실험을 실시하여 결론을 내린다. 각 단계마다 교사의 개입을 최소화하여 학생들이 각 단계를 주도적으로 수행해 나갈 수 있도록 도와준다.

✎ 활동

» 우리나라 교육과정 과학과에서 '탐구'라는 용어가 최초로 등장한 것은 언제인지 알아보자.

» 현재 사용되고 있는 과학 교과서에서 실험 하나를 골라 그 실험에서 요구하는 과정기능이 어떤 것이 있는지 분석해 보자.

» 탐구를 강조한 발견식 수업에 어떤 문제점이 있는지 알아보고 대책을 마련해 보자.

» 창의성의 구성요소인 유창성, 독창성을 평가하는 방법에 대해 알아보자.

» 창의성을 높이는 기법 중 한 가지에 대해 공부하고 다른 사람에게 소개해 보자.

5장

과학 교수 학습 이론

교수와 학습은 교육의 목표를 도달하는 데 핵심적이며 가장 중요한 과정이다. 교수와 학습에 대한 정의는 관점에 따라 다양하지만 (Bush, 2006), 일반적으로 교수는 '가르치는 것'을, 학습은 '배우는 것'을 의미한다. 이와 같이 교수와 학습은 서로 구분되지만, 학습자가 학습의 목표를 달성하는 과정에서 교수와 학습은 상호 협력적이며 보완적이다.

교수 이론과 학습 이론은 과학적 방법을 통해 얻어진 연구 결과로서, 교수 이론은 효과적으로 가르치기 위한 전략 및 방법에 대한 것이며, 학습 이론은 교육의 목표를 달성하기 위한 효과적인 학습 활동에 대한 것이다.

이 장에서는 교수와 학습의 정의와 과학교육에서 유용한 다양한 학습 이론에 대하여 살펴보고자 한다.

교수와 학습의 정의

교수는 학습이 일어날 수 있도록 학습자의 환경을 의도적이고 계획적으로 관리하는 전체 과정이다. 교수는 교사가 수업을 하기 위한 계획, 실행, 평가 등을 포함하는 모든 활동이며, 교사와 학생 모두가 교수와 학습 활동에 대한 최소한의 인식을 공유하는 것(Moore, 1974)을 전제로 한다. 즉, 교사가 학생의 학습을 위한 교육적 책임의식을 가지고, 학생이 무언가를 배워야 한다는 최소한의 자기의식을 가질 때 교수가 성립할 수 있다. 따라서 교수는 교사가 학생의 학습이 발생할 수 있도록 도움을 주기 위해 의도적으로 계획하는 모든 활동(Corey, 1971; Reigeluth, 1983)으로, 학생의 지적 성숙성(intellectual integrity)과 판단 능력을 존중하는 형태로 실행되어야 한다(Scheffler, 1973).

학습은 일반적으로 '배우는 것'이라고 정의된다. 그러나 사람들에 따라서는 이것을 다른 뜻으로 받아들이고 있는 경우가 많으며, 학자들 또한 학습에 대하여 다양한 정의를 내리고 있다.

첫째, 넓은 의미의 학습은 '유기체가 그를 둘러싸고 있는 환경과 상호작용을 통해 그 유기체의 행동에 변화가 일어난 경우'라고 규정한다. 넓은 의미의 학습은 학습의 주체를 사람뿐만 아니라 동물까지 포함하고, 제공된 학습의 조건도 비의도적인 것과 의도적인 것을 모두 포함한다. 행동의 변화도 언제나 바람직한 것에만 국한하는 것이 아니라 바람직하지 않은 행동의 변화까지 포함하여 학습의 성격을 규정한다.

둘째, 좁은 의미의 학습은 '학습자가 정해진 학습목표를 달성시키려는 상황에 참여하여 의도한 학습목표를 성취하는 활동'이라고 의미를 제한한다. 좁은 의미의 학습은 학습주체,

학습상황, 행동변화 등이 넓은 의미의 학습과는 다르다. '학습주체'는 교육적 기능을 가진 제도적 기관에서 '교육을 받는 자'로 학습자를 한정한다. '학습상황'이나 활동은 의도적으로 제공되는 것을 의미한다. 예를 들면, 공교육 기관이나 학교는 각각 설정한 교육의 목표를 추구하기 위한 프로그램이나 학습의 조건을 의도적으로 계획하고 학생들을 참여시켜 여러 가지 활동을 하도록 한다. 학습을 통한 '행동변화'는 학생들의 바람직한 행동의 변화를 전제로 한다. 즉, 변화된 행동은 사회의 규범에 비추어 볼 때 정당하며 지지를 받을 수 있는 가치 있는 것이어야 한다.

이 장의 학습은 좁은 의미의 학습을 의미하며, 학생들이 학습목표를 성취하도록 제공된 학습의 조건이나 학습 환경과 상호작용하는 과정으로 정의할 수 있다. 이 때 상호작용이란 제공된 학습의 상황에서 듣고, 실행하고, 느끼고, 말하는 등의 활동을 모두 포함한다.

한편 학습은 다음과 같은 기준에 의해 특정 지을 수 있다.

첫째, 학생의 행동변화 또는 행동을 위한 역량의 변화이다. 행동주의 학습 이론의 관점에 의하면, 인간이 무언가 다르게 행동하는 것을 관찰할 수 있을 때 학습이 일어난다고 한다. 반면, 인지주의 학습 이론의 관점의 학습은 추론에 의한 것이라고 볼 수 있다. 즉, 학습은 그 자체를 관찰하는 것이 아니라 학습의 결과물인, 학생이 말한 것, 기록한 것, 행한 것들을 의미한다.

둘째, 행동변화 또는 변화된 역량이 일정 기간 동안 지속된다. 학습의 결과는 영원히 지속되지 않을 수도 있다. 그러나 학습된 것으로 분류되기 위해서 그러한 변화들이 어느 정도 지속되어야 한다.

셋째, 학습은 연습이나 경험들을 통해 발생한다. 그러므로 성숙과 같이 발달에 따른 변화나 유전에 의한 행동변화는 학습의 범주에 포함되지 않는다.

▌학습 이론의 정의와 기능

학습 이론은 학습이 무엇이라는 것을 규명하는 것이다. 학습이 중요하다는 사실에 대하여 모든 사람들이 동의하지만, 학습의 원인과 과정, 결과에 대해서 이론가들이나 연구자들, 실천가들은 다양한 견해를 가지고 있다. 학습은 다양한 정신과정, 사회적 상호작용, 주변 환경과 정보 간의 상호작용 등과 관계가 있고, 인지적 관점과 학습에 영향을 주는 핵심적인 기준들에 따라 정의된다. 그러나 이러한 모든 요인들을 적절히 설명할 수 있는 보편적 또는 단일한 학습 이론은 없다 (Shuell, 1986). 따라서 각 학습 이론들은 이론가들이 정의하는 학습의 주요 특징을 기술하고, 그러한 특징들을 유도해 낼 수 있는 요인들을 확인하는 데 초점을 맞춘다.

학습 이론 특징 중의 하나는 학습 및 지식을 형성하는 과정에 잠재하고 있는 심리적 역동성을 다룬다는 것이다. 그러므로 학습 이론은 형식적, 비형식적 상황에서 학습과 관련된 사태의 함축성을 이해할 수 있는 메카니즘 (mechanism)을 제공한다. 따라서 교사들은 교수를 위해 이러한 내용들을 수업 계획 속에 포함시켜 고려해 볼 필요가 있다.

학습의 발생에 대한 설명은 학습 이론에 따라 다르다. 행동주의와 인지주의 학습 이론은 학습자들 간에 그리고 환경의 차이들이 학습에 영향을 미칠 수 있다는 데에 동의한다. 그러나 어느 요인을 더 강조하는가에 있어서는 두 이론의 주장이 다르다. 행동주의 학습 이론에 의하면, 학습은 자극과 반응의 연합 형성을 수반하고 관찰 가능한 현상이라고 한다. 이 이론은 학습을 설명할 때 사고, 신념, 감정 등과 같은 내적 요소들을 포함할 필요가 없다고 주장한다. 왜냐하면, 그것들은 직접 관찰할 수 없고, 그 결과로 나타난 요소들만을 관찰할 수 있다고 보기 때문이다. 그러므로 행동주의 학습 이론은 환경의 역할, 특히 자극을 어떻게 조직하여 제시하는가와 반응들이 어떻게 강화되는가를 강조한다.

행동주의 학습 이론은 학습자의 차이에 대해 관심을 두지 않으며, 두 가지 학습자 변인인 강화사 (reinforcement history, 개인이 동일하거나 비슷한 행동을 수행할 수 있도록 과거에 강화된 정도)와 발달 상태 (developmental status, 개인이 현재의 발달 수준에서 행할 수 있는 것)를 중요시한다. 이 이론은 환경적인 조건이 학습에 영향을 미치는 것으로 본다. 개념에 관한 교사들의 설명과 시범은 학습자들을 위한 환경적 주입 (inputs)으로서의 역할을 하고, 연습과 피드백을 통하여 학습을 증진시킨다.

한편, 인지주의 학습 이론은 교수 요인들만으로는 학습자들의 학습이 완전히 설명되지 않는다고 주장한다 (Pintrich et al., 1986). 인지주의 학습 이론은 지식과 기능의 습득, 정신적 구조의 형성, 정보와 신념의 처리 과정을 강조한다. 학습은 인간이 이야기하고 행동하는 것으로부터 추론되는 내적인 정신 현상이므로 핵심적인 논제는 구인 (construct), 습득, 조직, 부호화, 시연, 기억 속의 저장과 인출, 망각 등과 같은 정보의 정신적 처리 과정이다. 학습자들이 정보를 처리하는 방식은 학습한 내용을 무엇으로 사용하려 하는 것뿐만 아니라 무엇을, 언제, 어떻게 학습하는가를 결정한다. 따라서 인지주의 학습 이론은 학습자들의 사고, 신념, 태도, 가치의 역할을 강조한다. 학습자들이 학습한 내용이 "왜 중요한가?" 또는 "얼마나 잘하고 있는가?" 등과 같은 학습자의 생각들은 학습에 영향을 줄 수 있다는 것이다.

학습 이론들은 교육 현장에 중요한 시사점을 제공한다. 행동주의 학습 이론은 학생들이 자극에 적절히 반응할 수 있도록 교사가 수업 환경을 기획하고 제공해야 한다는 것을 시사한다. 반면, 인지주의 학습 이론은 지식을 유의미하게 만들어야 하며, 학생들이 자신 및 학습 환경에 대해 어떻게 지각하고 있는지 고려해야 한다. 그러므로 교사는 학습을 하는 동안 교수 및 교수전략이 학생의 학습과정이나 사고에 어떻게 영향을 미치는지를 지속적으로 모니터링해야 한다.

학습 이론은 교수 학습 과정에서 다음과 같은 네 가지의 기능을 한다.

- **첫째** : 교사의 교수설계를 위한 지침으로 사용할 수 있다.
- **둘째** : 수업 결과로 나타난 다양한 산출물을 평가하는 데 유용하다.
- **셋째** : 교실수업에서 발생할 수 있는 문제를 진단하고 해결하는 데 유용하다.
- **넷째** : 학습 이론은 학습과 관련된 연구를 평가하는 데 유용하다.

▍학습 이론의 변화와 이 장의 구성

학습 이론의 변화는 1950년에서 현재까지 세 시기로 나누어 설명할 수 있다.

첫 번째 시기는 1950년에서 약 1975년까지의 기간으로, 실험실에서 학습에 대한 연구를 진행하던 것에서 실질적으로 수업과 관련된 연구로 전환된 시기이다. 이 시기는 교수심리학 (instructional psychology)이 등장하고 (Gagne, 1962), 스키너 (B. Skinner)의 행동주의의 영향을 받았다 (Gilgen, 1982).

두 번째 시기는 1970년대 중반에서 약 1990년까지의 기간으로 인지심리학의 부흥기이다. 학습심리학의 기본 주제로 기초 과학의 기본 개념인 정보 (information)라는 용어가 자리를 잡게 되었다.

세 번째 시기는 1980년대 중반부터 현재까지로, 구성주의와 사회적 구성주의 영향으로, 학습에서의 사회적, 문화적, 개인적 요소가 주목받게 된 시기이다 (Gredler, 2005).

각각의 학습 이론이 중요한 것은 각 이론들이 가진 서로 다른 전제들이 다른 이론에서 설명하고 있지 않은 것에 대한 통찰력을 제공해 주기 때문이다. 특정한 이론에만 의존함으로써 나타날 수 있는 단점을 보완하기 위해 여러 이론을 이해할 필요가 있다.

이 장에서는 행동주의 이론을 간단하게 살펴본 후, 교육학과 과학교육학, 심리학, 언어학 분야 등에 영향을 준 인지심리학과 구성주의심리학의 대표적인 과학교육의 교수 학습 이론을 중심으로 설명하고자 한다. 피아제 (J. Piaget)의 인지발달, 브루너 (J. Bruner)의 발견학습, 오수벨 (D. Ausubel)의 유의미학습, 구성주의 학습, 개념변화 학습, 사회적 구성주의, 상황학습 이론 등을 포함한다.

행동주의 학습 이론

20세기 전반부에 나타난 행동주의 학습 이론은 학습 심리학에 크게 영향을 끼쳤다. 행동주의 학습 이론은 학습을 훈련이나 연습을 통하여 학생에게 일어나는 지속적인 행동변화로 규정하고, 적절한 학습 환경을 제공하면 모든 학생이 동일하게 학습과제를 이해할 수 있다고 설명한다. 즉, 개인이 특정 행동을 습득하고 지속하며 일반화하는 과정은, 인간의 사고 과정이 아니라, 관찰과 측정이 가능한 행동에 초점을 맞춤으로써 설명이 가능하다는 것이다.

행동주의 심리학에서는, 인지주의 심리학에서 기본적으로 가정한 인간의 고유한 인지를 거의 고려하지 않는다. 행동주의 심리학에 의하면 인간의 학습 능력은 고등동물로서 보다 정교하게 되었을 뿐이지, 동물의 학습 능력과 크게 다르지 않다고 가정한다. 파블로프가 수행한 개의 종 실험이나, 쥐의 미로 실험, 원숭이의 학습능력 실험 등은 주로 행동주의 심리학에서 학습에 대한 이해를 돕기 위한 접근 방법이다.

대표적인 행동주의 학습 이론은 손다이크 (Thorndike, 1923), 파블로프 (Pavlov, 1927), 스키너 (Skinner, 1950) 등이 있다. 각 이론은 서로 다소의 차이는 있지만, 기본적으로 학습은 '자극과 반응 간의 연합을 형성하는 과정'이며, 사고와 행동의 복잡성은 개별 사건들 간의 단순한 결합으로 환원될 수 있다고 가정한다.

손다이크는 행위와 관련된 연합 학습 연구에 관심을 가지고, 상자 안에 고양이를 가두고 상자 밖에 먹이를 놓아둔 채로 고양이가 상자를 탈출하는 방법을 관찰하였다. 이 실험 결과를 기초로 하여, 손다이크는 학습은 자극과 반응 사이의 결합으로 이루어지는데, 시행착오적 반응 자체만으로는 학습이 일어나기 어렵기 때문에 먹이와 같은 강화조건이 존재해야 학습이 일어날 수 있다는 결론을 내렸다.

파블로프는 개에게 종소리를 들려주면서 먹이를 제공하는 과정을 반복하여 훈련함으로써, 먹이를 제공하지 않고 종소리만 들려주어도 개의 침이 분비된다는 사실을 확인하였다. 파블로프는 이 실험을 통하여 한 가지의 자극이 다른 자극과 연관되어 반응을 이끌어내는 조건 형성에 대하여 설명하였다. 즉, 주어진 자극에 대해 반응하는 과정은 조건화의 성립이며, 이러한 과정이 학습이라는 것이다. 왓슨은 파블로프의 모형이 다양한 학습 형태의 연구에 확장하여 적용될 수 있음을 보여주었다.

스키너 (Skinner)의 학습 이론

스키너는 체계화된 학습 이론인 조작적(작동적) 조건화 또는 조건형성이론을 제시하였다. 스키너는 모든 행동은 기본적 개념과 원리들의 복잡한 관계를 분석하여 해석할 수 있다는 관점에서, 복잡한 행동에 대한 실험적 분석을 추구하였다. 그는 어떤 행동의 출발점부터 행위자의 행동을 어떻게 예측하고 통제할 수 있는가를 아는 것이 그 행동에 대한 올바른 이해라고 보았다. 그리고 이러한 행동을 분석하기 위해 여러 동물들을 대상으로 실험을 하였고, 이를 근거로 하여 인간행동을 분석하고자 하였다 (강정구, 1996).

스키너의 이론에 따르면, 유기체가 특정 상황의 보상을 얻기 위한 행동은 능동적인 것이다. 그리고 기대하는 유기체의 반응이 나타나지 않거나 또는 나타날 때까지 유기체는 보상을 받지 못하거나 벌을 받아야 한다는 의미에서 '조작적'이라고 명명하였다. 고전적 조건화는 유기체에 무조건 또는 조건 자극을 제공하여, 그에 따른 어떤 후속 반응의 발생이 일어나도록 한다. 이때 나타나는 유기체의 반응은 자극에 의한 수동적인 반응이다. 그러나 스키너의 조작적 조건화는 유기체가 어떤 자극에 대하여 능동적 반응을 먼저 보이고, 이에 따른 강화나 벌을 제공함으로써 유기체의 반응을 증가시키거나 감소시킬 수 있다는 것이다. 즉, 어떤 반응에 대해 선택적으로 보상함으로써 그 반응이 일어날 확률을 증가시키거나 감소시키는 것이다.

강화는 기대하는 행동을 증가시키기 위한 것으로, 정적 강화와 부적 강화로 구분할 수 있다. 첫째, 정적 강화는 어떤 반응이 발생한 후에 긍정적인 자극을 제공해 줌으로써 앞으로 의도한 반응이 나타날 확률을 더 증가시키는 것을 의미한다. 둘째, 부적 강화는 어떤 반응을 한 후에 불쾌한 자극을 제거해줌으로써 의도한 반응이 나타날 확률을 더 증가시키는 것을 의미한다.

학생에게 가해지는 벌은 행동을 감소시키거나 저지하기 위해 사용된다. 벌의 제1유형은 '적극적인 벌'로 싫어하는 것(불쾌, 고통 등)을 제공하여 문제행동을 감소시키는 것이다. 예를 들면, 실험실 청소 등이다. 제2유형은 '소극적인 벌'로 좋아하는 것을 빼앗음으로써 문제 행동을 감소시키는 방법이다. 예를 들면, 쉬는 시간의 단축 등이다. 벌과 부적 강화의 차이는 그것이 행동에 대해서 갖는 결과에 따라 구별된다. 즉, 벌은 그에 선행하는 반응을 감소 또는 저지하는 결과를 가져오지만 부적 강화는 그에 선행하는 반응을 증가시킨다.

인지학자들은 스키너의 조작적 조건화가 조건형성 과정과 학습과정에서 인간의 인지 과정을 배제하였기 때문에 불완전한 이론이라고 비판한다. 그리고 언어학자와 언어심리학자들은 언어학습이 언어가 인간의 인지적 구조에 의해서 영향을 받는다는 주장으로 스키너의 이론을 비판한다. 즉, 자극과 강화는 인간의 학습과정을 어느 정도 설명할 수는 있지만 학습을 이해하기 위해서는 인간의 생각, 믿음, 감정 등을 고려해야 하기 때문이라는 것이다.

그러나 이론적인 관점에 따른 비판과 상관없이 행동주의적 방법들은 학습을 촉진하고 학업성취를 향상시키는 데 사용할 수 있다.

가네 (Gagne)의 학습 이론

가네에 의하면, 학습 이론에 있어서 가장 중요한 점은 인간 학습의 복잡성을 설명하는 요소를 밝히는 것이다. 다른 이론가들은 학습과정에 대해 설명을 하고 난 다음, 그 과정을 인간 학습에 맞추어 이해하고자 노력한 반면, 가네는 인간이 수행하는 다양한 기능들을 분석하고 나서 그 다양성에 대해 설명하고자 하였다. 가네의 학습 개념에는 여러 요소들이 포함되어 있다. 그 가운데 가장 핵심이 되는 요소는 학습과 발달의 관계, 그리고 인간 학습의 다양성이다.

가네는 환경의 자극과 학습자의 인지 과정으로부터 획득되는 학습력이라는 용어로 학습을 정의하였다. 그에 의하면, 학습은 새로운 능력을 획득하기 위해 요구되는 정보처리 단계로, 환경의 자극을 변형시키는 인지 과정의 집합이라는 것이다. 즉, 가네는 학습을 '인간의 성향이나 능력의 변화가 일정 기간 지속적으로 유지되는 상태를 말하며, 단순히 성장의 과정에 따른 행동 변화는 포함하지 않는다.'라고 정의한다.

누가적 학습 모형

인간 발달에 있어서 학습의 중요성은 다음 두 가지 특징으로 강조된다. 하나는 개개의 학습이 다양한 상황으로 '일반화' 된다는 점이며, 또 다른 특징은 그것이 '누가적'이라는 것이다. 가네가 기본적으로 가정하는 누가적 학습은 학습의 심리 과정이 다른 기능들의 학습이나 새로운 문제들의 해결을 통해 전이되어 일반화된 모든 지적 기능으로 규정한다.

인간 발달에 미치는 학습의 역할에 대해 가네의 '성숙된 준비도 모형'은 피아제의 '인지 발달 모형'과 다른 견해를 가지고 있다. 가네는 학습에 우선적인 역할을 부여하여 학습이 개개인의 발달에 중요한 인과적 요인임을 강조하면서, 인간의 행동 발달은 학습의 누가적 효과로부터 생겨나는 것이라고 정의한다.

가네는 학습의 결과로 학습자가 지닐 수 있는 능력을 언어적 정보(verbal information), 지적 기술(intellectual skills), 인지적 전략(cognitive strategies), 운동 기능 및 태도로 구분하여 학습의 유형을 제시한다. 이와 같이 학습된 능력들은 학습자들의 수행면이나 이러한 능력들을 학습하는 데 요구되는 적절한 학습의 조건들에서 다르다.

학습의 조건(conditions of learning)

학습의 조건은 인간의 학습을 가능하게 하는 요인으로 내적 조건과 외적 조건으로 구분된다. 첫째, 내적 조건은 특정 학습을 위해서 필요한 학습의 내적 상태와 학습과정에서 일어나는 일련의 인지 과정으로 나뉜다. 학습의 내적 상태는 본질적인 내적 상태와 보조적인 내적 상태의 두 가지 유형이 있다. 본질적인 내적 상태는 선수 학습을 획득한 상태이며, 보조적인 내적 상태는 동기와 같은 것이다. 둘째, 외적 조건은 학습자의 인지적 과정을 도와주는 환경적 자극으로, 수업의 사태(events of instruction)와 같은 교수 전략이다.

수업의 사태(event of instruction)

수업의 사태는 가네가 제시하는 교수 전략 혹은 대표적인 교수모형으로 학습의 내적 과정에 대응하는 외적인 조건들로 구성된다. 교수 절차는 주의 집중, 수업 목표의 제시, 선수학습의 회상, 자극 자료의 제시, 학습 안내의 제시, 수행 유도, 피드백 제공, 평가, 파지와 전이 증진과 같은 9가지의 단계이다 (변영계, 2005).

가네의 학습 유형과 내용, 목표별 수업의 원리는 <표 5.1>과 같다.

표 5.1 가네의 학습 유형, 내용, 목표별 수업의 원리

학습 유형	내용	목표별 수업의 원리	학습된 능력	성취 행동	예
운동 기능	반복적 연습을 통하여 학습	① 하위적 기능을 수업 ② 운동기능의 모범적인 시범 관찰의 기회를 제공	신체적 움직임의 수행 능력 및 실행 계획	신체적 계열이나 행위 시범	실험기구 조작 시범
언어적 정보	① 사물 이름 단순한 사실, 원리, 일반화, 조직된 정보 ② 학교교과의 대부분을 차지하며 내적 계속적 학습을 위해 필요 ③ 언어적 정보의 학습은 포괄적으로 조직된 맥락 속에서 정보를 제시하는 것이 효과적	① 배울 내용의 제시보다 선행하여 제시 ② 이름과 명칭의 기호화 ③ 낮은 연령일수록 효과적 ④ 재생과 일반화: 기억의 재처리에 필요한 단서를 제공	저장된 정보의 재생 (사실, 명칭, 강연)	정보를 진술 또는 전달	누는점의 정의 제시
지적 기능	① '무엇을 할 수 있다'는 자세 ② 지적 기능을 소지하면 주위환경을 나름대로 개념화하며 반응 ③ 식별력, 개념, 원리, 복합원리 구성 ④ 지적 기능을 위해서 내적 준비가 더욱 중요 문제해결은 구체적 원리의 학습이, 개념학습은 사물의 식별과 학습없이 선행으로 요청됨	다음 위계순서로 학습 ① 신호학습 ② 자극반응연결학습 ③ 운동연쇄학습 ④ 언어적 연결학습 ⑤ 식별학습, ⑥ 개념학습 ⑦ 원리학습, ⑧ 문제해결학습	개인 환경을 개념화하는데 반응하도록 하는 정신적 조작	상징을 사용하여 환경과 상호작용	밀도 계산
인지 전략	① 학습자 자신의 내재적 정보처리 과정으로, 내적 으로 조직된 통제과정으로 하습방법, 사고방법, 독서방법 등과 같이 독자적으로 개발하는 사고 전략 ② 운동기능과 분명히 구분되지만, 학습자 내부에서 생긴 자극으로부터 조직적 원리를 도출한다는 점에서 운동 기능과 공통점이 있음. 따라서 연습이 중요한 학습 원리	생산적 사고로를 위해 운동기능과 마찬가지로 연습의 기회를 많이 제공	학습자의 사고와 학습을 지배하는 통제 과정	기억, 사고하습의 효율성 관리	실험을 수행하기 위해 실험 과정 카드 개발
태도	개인의 선택행동을 수정하는 역할	직접적인 태도 수업과 간접적인 태도 수업 방법: 간접적인 태도 수업 방법 이는 대리적 강화(모범적 시범 보이기 등)	사람, 대상, 사건에 대하여 가까이 하거나 멀리 하려는 개인적 행위의 경향	사람, 대상, 사건에 대해 긍정적 또는 부정적인 행위 선택	미리 실험을 하려는 태도 선택

수업 원리

가네는 '수업 효과에 차이를 가져오는 요인은 무엇인가?' 하는 관점에서 인간 학습에 영향을 주는 조건들을 분석했다. 가네의 수업 이론에서 주된 수업 원리는 목표 영역별 수업의 원리로 압축된다. 학교 학습과제를 분석하여 얻어진 구체적 수업목표가 있을 때, 이것이 학습 유형 중 어느 것에 해당하는가에 따라 다른 수업원리를 적용해야 한다 (진위교 외, 1998). 즉, 교실 수업의 학습 단계는 교수 절차(수업 사태)의 아홉 단계 각각을 도와주는 측면에서 이루어진다 (<표 5.2>).

표 5.2   교실 수업에 따른 학습 단계

교실 수업	학습 단계	수업 사태
학습을 위한 준비	주의 기대 작용기억에 재생	학습자의 주의를 집중시키기 학습자에게 학습 목표를 제시하기 선수학습의 회상을 통해 자극하기
습득과 수행	선택적 지각 의미의 부호화 반응 강화	학습과제에 내재한 자극을 제시하기 학습을 안내하기 성취 행동을 유도하기 피드백을 제공하기
회상과 전이	회상 단서 일반화	성취 행동을 평가하기 파지 및 전이를 높이기

피아제(J. Piaget)의 인지발달 이론

인지주의 심리학은 인간만이 고유한 학습인지를 가지고 있다고 가정하기 때문에 인간만을 대상으로 한 연구를 수행하는 경향이 있다. 피아제의 인지발달 이론은 경험을 통하여 인간에게 일어나는 인지의 변화를 학습으로 규정하는 인지주의 관점에서 제안되었다. 피아제는 지식의 기원과 발생 즉, 인간이 태어나서 성장하는 동안 어떻게 지식을 구성하는가에 대한 메커니즘을 인지발달 이론으로 설명하고자 하였다. 그의 이론은 인간의 출생부터 성인이 될 때까지 발달하는 선천적 사고에 초점을 두고 있다 (Piaget, 1970a).

피아제의 인지발달 이론은 학습자가 외부의 지식을 내부로 표상하여 경험적 해석을 통해 구성해가는 과정을 학습으로 규정하는 구성주의 학습 이론의 기초가 된다. 그는 도식과 인지구조, 적응과 조직화, 동화와 조절, 그리고 평형화라는 용어를 사용하여 인지구조와 환경이 상호작용하는 본질적 특성을 이야기한다.

▎ 배경과 기본 가정

피아제 인지발달 이론은 인간의 지능과 생물학적 유기체는 서로 비슷한 기능을 하며, 지능은 생물적 적응의 '특수한 사례'로 가정한다. 생물학적 유기체는 유전 발달에서 수동적 행위자가 아니라, 생물들이 환경에 적응하기 위하여 끊임없이 변화한다는 것이다. 이와 마찬가지로, 인간의 지능도 고정되어 변하지 않는 것이 아니라 환경과 끊임없이 상호작용하며 환경에 적응하기 위해 필요한 구조를 구성한다 (Piaget & Bringuier, 1980). 즉, 생물학적 유기체의 구조처럼, 인간의 지능도 환경에 적응하는 과정에서 필요한 인지구조를 구성한다 (Piaget, 1967).

인지발달은 유기체의 인지구조와 환경 자극과의 구성 및 통합의 결과이다. 인지구조는 생물학적 유기체처럼 조직된 기관으로서 환경과 꾸준히 상호작용하고 환경에 적응하여 새로운 구조를 만들고, 변화와 성장이 이루어지는 동안 일정한 상태를 유지한다. 따라서 인지구조는 계속 변화하며, 지식은 학생의 활동에 의해 지속적으로 생성된다.

인지발달 이론은 한 단계의 추론 및 사고 수준에서 보다 높은 단계의 추론과 사고 수준으로의 진보를 설명하는 과정에 초점이 있다. 이것은 조작적 사고의 심리적 특성과 환경과 상호작용할 때 전개되는 기본 과정이다. 피아제는 인지발달 이론을 '구조화', '인지발달의 과정', '발달단계'로서 설명한다 (변영계, 2005).

구조화: 인지구조와 도식, 적응과 조직화

인지구조 (cognitive structure)

피아제는 인간의 모든 지적인 활동을 인지발달에 바탕을 두고, 이를 가능하게 하는 인지구조가 있다고 가정한다. 이 인지구조는 여러 요소들이 상호 관련되어 조직을 이룸으로써 보다 안정되고 광범위한 지적 능력을 발휘할 수 있는 체계를 의미한다. 개인의 인지구조는 직접 관찰되지는 않지만 개인의 지적 행동을 통해 그 특징을 추론할 수 있다. 피아제에 의하면, 학습은 통찰에 의한 인지구조의 변화이다. 이때의 인지구조는 부분들의 단순한 산술적 총합이 아니라 조직된 전체를 의미한다.

도식 (schema)

도식은 인지구조의 기본 단위로써 인간이 세상을 이해하고 사고하는 틀이다. 또한 도식은 조직화되어 규칙적으로 나타내는 행동양식이다. '새는 날아다니는 물체이다'라는 도식을 가진 어린이는 날아다니는 물체는 모두 '새'라고 인지하고, 새 도식을 이용하여 세상을 이해한다. 인간은 태어나면서부터 유전적 요인과 환경의 영향에 의하여 도식이 양적과 질적으로 확장되는데, 이 과정이 인지발달이다. 도식이 발달해 가는 메커니즘에서 동화와 조절이 사용된다 (Piaget & Inhelder, 1969).

적응 (adaptation)과 조직화 (organization)

적응은 환경과의 직접적인 상호작용을 통해 도식이 변화하는 과정을 말한다. 적응은 인간뿐만 아니라 다른 동물 그리고 식물에게서도 흔히 찾을 수 있다. 인간의 경우, 지적 환경에 적응하는 것은 새로운 도식을 만들거나 기존의 도식을 변화시키는 것을 의미한다. 적응은 동화와 조절의 상호보완적인 과정을 통해 이루어진다.

조직화는 서로 분리된 체제나 구조를 보다 고차원적인 체제나 구조로 통합시키려는 경향성을 의미한다. 조직화는 유기체가 일관성 있는 체계를 형성하도록 통합하는 기능으로, 현재의 도식을 새롭고 복잡한 구조로 재구성하는 것이다. 예를 들면, 새와 비행기를 구분하게 된 어린이는 이제 날아다니는 대상의 하위 범주로 새와 비행기를 조직하게 된다. 이런 식으로 조직화를 거듭함으로써 인지적인 발달이 이루어지는 것이다.

조직화가 일어나면 행동 양식에서 특정 규칙성을 띠게 되며, 이처럼 조직화되어 규칙적으로 나타내는 행동양식을 '도식'이라고 한다. 도식들은 적응과 조직화를 통하여 보다 큰 규모의 단위 구조를 형성하는데, 이것을 인지구조라고 한다.

▌ 인지발달의 과정: 동화와 조절, 평형화

동화 (assimilation)와 조절 (accommodation)

모든 유기체들의 인지구조는 동화와 조절을 통하여 환경에 적응하려는 경향을 나타낸다. 동화는 기존의 도식에 맞추어서 새로운 경험을 일반화하는 과정을 말한다. 새로운 경험을 현재의 도식에 맞추어 보는 것을 의미하는데, 만약 새로운 경험이 기존의 도식에 맞는다면 유기체는 인지적으로 평형 상태가 된다. 동화란 환경의 자극을 통해 인지구조 자체가 풍부해지도록 하는 것이다 (Piaget & Inhelder, 1969). 예를 들면, 귀가 쫑긋하고, 다리가 네 개이고, 고양이보다는 크며, 친근하고 코가 촉촉한 동물을 '개'라고 알고 있는 어린이는 소를 보고, '커다란 개'라고 한다.

조절은 개인의 내적 인지구조를 수정하는 것이다. 만약 새로운 경험이 기존에 가지고 있던 도식에 맞지 않을 때 유기체는 비평형의 상태를 겪게 되는데, 이 상태에서 평형의 상

그림 5.1 인지구조의 동화와 조절 (Wadsworth, 1971)

태로 돌아가기 위해 기존에 가지고 있던 도식을 변경하거나 새롭게 만들게 된다. [그림 5.1]과 같이 여자 어린이가 새롭게 본 동물을 보고, 현재 자신이 가지고 있는 개 도식과 비교하여, 개 도식일까? 고양이 도식일까? 말 도식일까? 를 비교하여, 자신의 도식을 환경에 맞추는 과정은 조절의 과정으로 설명가능하다. 새로운 동물을 새롭게 도식에 추가하게 되어 인지구조가 변화하면 조절이다.

동화와 조절은 모든 인지기능 수행단계에서 환경과 접촉할 때 함께 기능한다. 이와 비슷하게 과학자와 과학의 이론은 다양한 상황에 적응하는 동화이며, 조절이다 (Piaget & Bringuier, 1980).

평형화 (equilibration)

인지구조가 연속적 변화를 겪으면서 일정한 상태를 유지하는 과정을 평형화라고 한다. 그러나 평형화는 사고나 행동을 계속 동화하고 조절하는 복잡하고 역동적인 과정이다. 동화와 조절은 환경과 상호작용할 때 기본과정인 반면, 평형화는 성장과 변화가 이루어지는 동안 일정한 상태를 유지한다.

인지적 장애물이 나타닌 비평형화의 상황에서 학습자는 알파반응, 베타반응, 감마반응을 나타낼 수 있다 (Piaget, 1985). 알파반응은 장애물을 무시하거나 제거하는 것 또는 무시하고 새로운 정보를 왜곡해서 자신의 핵심 도식을 유지하는 것이다 (Vosniadou & Brewer, 1992). 베타반응은 사고를 수정해서 장애물에 적응하는 것이다. 그러나 다른 변화를 사전에 예측할 수 있는 새로운 인지구조가 구성되지 않았다. 감마반응은 가능한 장애물을 미리 예상해서 새로운 인지구조로 변형하거나 구성하는 것이다. 아동은 감마반응을 보일 때 현재상태의 사고를 보다 논리적 구조로 재구성하는데, 이 과정을 반성적 추상이 라고 한다.

발달단계: 조작과 발달단계

조작(operations)

'조작'은 정보의 전환을 이해하는 논리적 정신능력의 기본단위로, 특별한 종류의 인지활 동이다 (Gredler, 2005; Piaget, 1928, 1970b). 조작은 암묵적 행동이나 사고를 통제하고 조 절하기 때문에 내적 활동으로 규정할 수 있다 (Bybee & Sund, 1982).

조작적 사고는 구체적 사물에 대한 인지적 조작을 통해 가역적인 정신 활동이 가능한 '구체적 조작'과 논리적 사고로 문제 해결을 하는 '형식적 조작'으로 구분된다 (<표 5.3>).

발달단계

피아제 (1967, 1970a, 1970b)가 초기에 실시한 연구는 그의 사고과정에 대한 분석의 준 거가 되었다. 이 준거는 감각운동기, 전조작기, 구체적 조작기, 형식적 조작기 등의 인지발 달 단계로 구분된다 (<표 5.4>). 각 단계들은 아동이 특정 발달 단계에서 다룰 수 있는 논

표 5.3 조작적 사고의 예시

구분	구체적 조작 사고	형식적 조작 사고
추상적 사고	"해가 떠 있을 때 건초를 만들라"와 같은 추상적인 아이디어의 의미를 "낮 동안에 건초를 거두어 들여야 한다."로 결론짓는 것과 같이 의미를 글자에 나타난 그대로 이해한다.	"해가 떠 있을 때 건초를 만들라"와 같은 추상적인 아이디어의 의미를 "기회가 주어 졌을 때 그 기회를 살려라"와 같이 연결 지을 수 있다.
체계적 사고	길이, 질량, 진폭이 단진동의 진동수에 미칠 수 있는 가능한 변인들을 한 번에 한 가지 변인만을 변화시키면서 조사한 다음 종합하지 못한다.	길이, 질량, 진폭이 단진동의 진동수에 미칠 수 있는 가능한 요인들을 동시에 여러 개의 변인들을 조합하여 체계적으로 검토 한다.
가설적 연역적 사고	어떤 현상에 영향을 주는 변인을 선택하여 가설을 설정하고, 그를 검증하는 사고가 어렵다.	어떤 현상에 영향을 주는 변인을 선택하여 가설을 설정하고, 그를 검증하는 것이 가 능하다.

표 5.4 인지발달 단계별 특징

단계	특징
감각 운동기	· 모방, 기억, 사고의 시작 · 대상 영속성 인식 · 단순반사 행동에서 목적을 가진 행동으로 발전
전조작기	· 언어가 점차적으로 발달하고 상징적인 형태로 사고 · 일방적인 관점의 사고 · 사고와 언어가 자기중심적
구체적 조작기	· 논리적으로 구체적인 문제 해결 · 보존의 개념을 이해, 유목화, 서열화 · 가역성을 습득
형식적 조작기	· 논리적으로 추상적인 문제 해결 · 사고가 점차적으로 과학적이 됨 · 복잡한 언어과제나 가설－연역적 문제 해결

리적 사고능력을 보여준다. 4단계의 인지발달은 개인의 지능이나 사회 환경에 따라 각 단계에 도달하는 개인 간 연령의 차이는 있을 수 있으나, 발달 순서는 뒤바뀌지 않는다고 가정한다. 또한 각 단계는 주요 행동양식으로 설명될 수 있는 전체적인 심리구조로 특징 지워진다.

각 단계는 전단계의 심리적 구조가 통합된 것이며, 다음 단계의 심리적 구조로 통합될 준비과정이기도 하다. 각 단계의 사고과정은 서로 다르며 시간이 경과함에 따라 더욱 복잡하고, 객관적이고, 타인의 관점을 생각하는 방향으로 발전하게 된다.

감각운동기 (Sensorimotor Period)

일반적으로 출생해서 약 2세까지의 시기이다. 감각운동기의 영아는 우는 것, 손가락을 입에 넣고 빠는 등의 감각운동을 통해서 자신의 주변 세계에서 새로운 정보를 얻는다. 즉, 이 시기의 영아는 새로운 경험을 찾기 위해 자신의 감각운동 능력을 사용하는 시기로, 다음과 같이 간단한 지각 능력이나 운동 능력이 이 시기에 발달한다.

• 주변의 여러 대상물로부터 자신을 분리시키기
• 빛과 소리 자극에 반응하기
• 흥미 있는 일을 계속하기
• 조작을 통한 물체의 속성 알기

• 대상 영속성의 개념 획득하기

대상 영속성(object permanence)은 감각운동기의 대표적인 행동으로, 어떤 대상이 사라져서 감각적으로 인지하지 못하더라도 그 대상은 계속 존재한다는 사실을 이해하는 것이다. 예를 들면, 생후 4개월된 유아는 바로 눈앞에 있는 장난감이라도 천이나 종이로 가려 눈에 보이지 않게 되면, 장난감이 없어져버린 것처럼 장난감에 대한 흥미를 잃고 찾으려고 하지 않는다. 그러나 10개월 정도의 유아는 대상이 천이나 종이로 가려 눈에 보이지 않더라도 그것을 능동적으로 찾으려고 한다. 이러한 현상은 유아가 대상이 눈에 보이지 않더라도 계속 존재한다는 사실을 알고 있다는 것을 반영한다.

전조작기| (Pre-operational Period)

2-7세까지의 연령에 해당하는 시기이다. 피아제는 이 단계를 전개념기(2-4세)와 직관적 사고기(4-7세)로 다시 구분하고 있다. 첫째, 전개념기의 유아는 개념발달을 위해서 다양한 언어활동과 신체활동에 참여하는 시기이다. 이 시기 유아들의 개념획득에 가장 결정적인 것은 다양한 언어활동과 신체적 활동을 통한 경험이다. 전개념기에 있는 유아들은 다음과 같은 특징을 갖는다.

• 자기중심적이며, 다른 사람의 관점에서 사물을 이해할 수 없다. 이것은 유아의 자기중심성으로 표현되고, 모든 사물을 자신의 입장에서만 보기 때문에 다른 사람의 관점을 이해하지 못하는 것을 말한다.
• 눈에 똑똑히 보이는 한 가지의 사실에만 기초하여 사물을 분류할 수 있다.
• 중심화의 특징을 갖는다. 대상들을 여러 관점에서 보지 못하고 한 가지 방식으로만 보는 것을 말한다. 즉, 하나의 준거에 의해서만 물체를 수집할 수 있다. 예를 들면, 나뭇잎을 모양으로 구분할 수 있지만, 모양과 색깔을 모두 고려하여 구분할 수 없다.
• 사물을 단계별로 배열할 수 있다. 그러나 직접 보지 않는 사물을 추리해서 배열할 수는 없다. 예를 들면, 시험관의 길이가 긴 순서로 배열할 수는 있다. 그러나 'a는 b보다 길고, b는 c보다 길다. 그러니까 a는 c보다 길다'라고 추리할 수는 없다.
• 물활론적 사고를 한다. 즉, 유아는 사물이 모두 살아 있고 각자의 의지에 따라 움직인다고 믿는다는 것이다. 전조작기의 후기로 가면서 움직이는 것들이 살아 있는 것으로 생각한다.

둘째, 직관적 사고기 유아의 판단은 언어화되지 않는 모호한 인상이나 지각적인 판단에 의존한다. 언어가 개입되지 않은 직관에 의존하기 때문에 이 시기 유아의 사물에 대한 판단은 잘못된 것이 많다. 예를 들면, 마주하고 있는 교사가 "오른손을 드세요" 하면서 오른손을 들면, 유아는 눈에 보이는 대로 자신의 왼손을 들곤 한다. 이 시기 유아들의 특징을 요약하면 다음과 같다.

- 사물을 분류할 수 있다. 그러나 반드시 그것을 이해하고 하는 행위는 아니다.
- 논리적 관계를 이해하기 시작한다.
- 수의 개념을 사용하기 시작한다.
- 보존성의 원리를 어렴풋이 이해하기 시작한다. 보존성이란 물체가 모양에 따라 그 양이나 수가 변하지 않음을 말한다.

구체적 조작기 (Concrete Operational Period)

6, 7세에서 11, 12세까지에 해당하는 시기이다. 이 단계는 구체적인 문제에 대한 논리적 사고가 가능한 시기이다. 이 시기는 양, 무게, 부피의 보존 개념을 확실하게 획득할 수 있다. 보존개념을 획득한다는 것은 상보성, 가역성의 원리를 충분히 이해한다는 뜻과 같다. 그리고 특정 사실에 따라 사물을 분류할 수 있게 된다. 따라서 이 시기의 아동은 사물을 위계에 따라 분류하는 것이 가능하다. 예를 들면, 이 시기 아동은 숫자를 크기에 따라 분류하고, 이것들의 포괄성을 충분히 이해할 수 있게 된다. 그러나 그것은 실제로 그와 관련된 구체적인 사물을 경험하였을 때만 가능하다.

전조작기의 자기중심적 사고는 이 시기에 와서 탈중심적 사고로 바뀌게 된다. 구체적 조작기의 아동은 다음과 같은 인지적 특성이 발달한다.

- 보존 개념은 '수 → 질량 → 무게 → 부피'의 순서로 획득한다.
- 분류 조작은 분류가 가능하며, 동시에 여러 개의 기준을 관련시켜 사물들을 분류할 수 있는 다중 분류 조작도 가능하다.
- 서열 조작은 서로 관련되는 각각의 정보를 단계적으로 비교할 수 있게 되어, 어떠한 기준에 따라 순서를 매기는 관계 또는 연속하여 배치하는 것이 가능하다.
- 탈중심화가 나타난다. 언어의 사용에 있어서 자기중심적인 경향이 줄어들고, 의사소통에서 사회 지향적인 특성을 보인다.

전조작기 사고를 하는 아동은, 구체적 조작기 사고를 하는 아동과 달리, 양, 무게, 부피에 대한 양적 개념을 막연한 크기의 개념으로 이해한다 (Smith, 1991). 또한 순환 추론을 하고 기준을 일관성 없이 적용하여 자기의 대답을 정당화한다. 예를 들어, 꽃들을 구분할 때, 전조작기 아동은 한 번에 한 특징만 초점을 맞출 수 있기 때문에 붉은 장미를 찾으라고 하면, 꽃의 종류에 상관없이 붉은색을 띤 모든 꽃을 선택하거나 또는 색깔을 고려하지 않은 채 장미를 선택할 것이다. 그러나 구체적 조작기 아동은 붉은 장미, 붉은 카네이션, 흰 장미, 흰 카네이션 등의 두 개의 요소로 분류를 할 수 있다.

구체적 조작 사고를 하는 아동은 어떤 설명을 할 때 경험적 자료에서만 추론할 수 있고, 두 개씩 짝을 짓는 것이 가능하다. 그러나 이 단계의 아동은 변수가 혼합될 수 있는 가능성을 고려하지 않는 특징을 갖는다.

형식적 조작기 (formal operational period)

이 시기는 12세 이후에 나타난다. 형식적 조작기에서는 추상적인 사고가 가능하다. 추상적 사고는 융통성 있는 사고, 효율적인 사고, 논리적 사고, 복잡한 추리, 가설을 세워 검증하는 일, 문제해결을 위한 종합적 사고 등을 포함한다. 피아제는 고전 물리학의 '추의 진동'에 관한 실험을 고안하여 형식적 조작의 사고가 가능한지 조사하였다. 추의 진동과 관련된 실험은 실의 길이, 질량, 진폭 등의 상대적 효과를 모두 고려해야 하기 때문에 형식적 조작의 사고가 가능한 청소년들은 효과적인 실험을 설계하고, 이를 올바로 관찰하여 타당한 결론을 끌어낼 수 있었다는 것이다.

형식적 조작 사고에 대한 핵심적 특성은 다음과 같다. 첫째, 현실은 가능성에 종속되어 있다. 여기서의 가능성은 개인이 생성할 수 있는 모든 가능성을 의미한다. 둘째, 각 가설은 몇 가지 가능한 경우를 조합하여 진술한 것이다 (Müller, 1999). 따라서 그들은 논리적 조작에 대응하는 명제적 조작이다. 셋째, 가설은 각기 다른 조합 체계에 연관되어 있다. 피아제는 16개의 가능성을 생각해 낼 수 있는 능력을 구체적으로 '조합적 조작'이라고 한다. 이 능력은 많은 요인이 있는 상황에서 관계를 분석하는 데 필요하기 때문에 형식적 조작 사고를 할 때 반드시 갖추어야 하는 능력이다. 형식적 조작 사고를 하는 아동은 어떤 복잡한 상황에 직면하면 조합표를 실제로 만들지 않고, 처음에 일부 가능한 조합을 개념화해서 가설을 체계적으로 검증하는 과정을 통하여 정확한 설명을 한다.

형식적 조작과 구체적 조작이 구분되는 중요한 특징은 어떤 관계를 포함하고 가설화된 관계를 검증하는 이론적 종합능력이다. 형식적 조작 사고를 하는 청소년들은 구체적인 사물을 이용하지 않더라도 추상적으로 종합할 수 있기 때문에 많은 요인이 있는 상황을 해결할 수 있고, 가설화된 관계를 체계적으로 검증할 수 있다. 이 사고를 하는 청소년들은 다양한 요인의 문제 상황을 해결할 수 있고, 이러한 과정에서 경험하는 것들을 개념화할 수 있다.

형식적 조작기가 되면 청소년들은 도덕적, 정치적, 철학적, 그리고 가치문제 등을 이해하기 시작한다. 타인의 사고과정을 이해하고, 다른 사람들은 문제를 어떻게 보고, 어떻게 생각할까 등의 문제에도 관심을 갖게 된다.

그러나 이 시기에 해당하는 모든 청소년과 성인이 문제해결을 위해 형식적 조작을 사용하는 것은 아니다.

인지발달에 영향을 주는 주요 요인

인지발달에 영향을 주는 주요 요인은 경험, 성숙, 사회적 상호작용, 평형화이다 (Piaget, 1977). 인간은 환경과 상호작용하여 새로운 지식을 구성하기 때문에 물리적 환경으로부터의 경험은 매우 중요하다. 사고의 성숙은 물리적 경험으로부터 최대한 지식을 얻는 것을 가능하게 한다. 학습자의 경험은 인지발달 속도에 영향을 준다. 사회적 상호작용은 언어와 교육의 역할, 특히 타인과의 상호작용을 강조한다. 피아제 (1928)는 "아동이 다른 사람의 생각에 접촉해서 자기 생각을 비추어보려는 노력을 하지 않는다면, 결코 스스로의 생각을 인식하지 못할 것이다"라고 하였다. 물리적 경험처럼 사회적 경험의 차이에 따라 인지발달이 빨라지거나 늦어질 수 있다 (Inhelder et al., 1974).

피아제는 경험, 성숙, 사회적 상호작용만으로는 새로운 형태의 사고를 설명할 수 없다고 주장하였다 (Chapman, 1988). 평형화도 인지발달에 영향을 주는 핵심 요인이다. 평형화는 환경에 따라 인지구조가 일정한 상태를 유지하는 일련의 과정이다. 즉, 인간은 환경과 상호작용할 때 평형을 유지하고, 이 평형화 과정으로 인하여 인지발달이 일관성 있고 지속적으로 이루어진다.

교육적 가치와 비판

피아제의 인지발달 이론은 아동이 세상에 대해서 사고하고 문제를 해결하는 것에 대한 가장 포괄적인 이론이다. 그러나 피아제의 이론은 개인 인지발달의 실제 모습이라기보다, 하나의 이상적 표현으로 보는 편이 더 타당할 것이다.

피아제의 인지발달 이론은 주로 수학적, 과학적, 논리적 사고와 관련된 발달에 대한 것으로, 문학, 예술, 음악 등의 정서성이 포함된 인지적 측면들은 언급하지 않고 있다. 따라서 그의 이론을 통해서는 아동들이 느끼는 공포, 불안, 흥분 등을 이해하기 어렵다. 오늘날의 많은 학자들은 학습에 있어서 학습자의 정서발달의 중요성을 인식하고 인지발달과 정서발달의 상호관계성의 규명이 필요하다고 주장한다. 왜냐하면 어떤 아동의 경우, 그의 흥미와 능력, 또는 환경적 요인이 피아제가 설명할 수 없는 방식으로 인지발달에 영향을 줄 수 있기 때문이다.

그러나 이러한 약점에도 불구하고 피아제의 인지발달 이론의 교육적 가치는 매우 크다.

첫째, 인지발달은 동화와 조절이라는 적응의 과정을 통해 인지구조를 재구성함으로써 진행된다. 인간은 지식을 추구하고 경험하는 능동적인 존재이며, 환경에 대한 적응 과정의 결과로 새로운 정보와 인지구조를 형성한다. 따라서 진정한 학습이란 교사에 의해 주어지는 것이 아니라 학습자 자신으로부터 나오는 '능동적인 발견의 과정'이다 (Crain, 1980).

둘째, 인지발달 단계의 특징들은 교육의 적절한 출발점을 발견하는 데 도움을 준다. 몇몇 연구의 결과에 의하면, 우리나라 중등학교 학생들의 실제 인지발달 수준과 교과서의 개념이나 사고과정의 이해를 위해서 요구되는 인지발달 수준 사이에 차이가 있다. 이 차이가 학생들이 과학을 어려워한다는 논의가 있다. 따라서 학생의 인지발달 수준을 고려한, 계획하고 실행하는 교육에 대한 구체적인 고민이 필요하다.

셋째, 인지발달은 자발적으로 이루어지므로, 학습은 누군가를 가르치는 것이 아니고 잘 발달하도록 도와주는 것이다. 여기서 교사의 역할과 학생의 역할을 다시 생각할 수 있다. 교사가 안내자, 촉진자, 도우미의 역할을 훌륭하게 수행할 수 있는 방법에 대한 실질적인 전략이 필요하다.

넷째, 교육에 있어서 사회적 상호작용은 중요하다. 바람직한 상호작용은 흔히 자기 또래들과 어울리면서 일어나듯이 기본적인 동등성을 느낄 수 있는 것이다. 집단 속에서 다른 아동들과 같이 대화하는 아동은 자기와 다른 관점들을 자신의 사고에 대한 도전 자극으로 받아들여 자기와 다른 관점을 비교할 좋은 기회를 얻게 된다.

피아제의 인지발달 이론의 학습에 대한 실질적인 제언은 '발달 단계에 맞는 학습 내용과 경험을 제공해야 한다.'는 것이다. 많은 학생들은 화학평형을 배웠음에도 불구하고 화학반응의 동적 평형상태를 이해하는 데 어려움을 느낀다고 한다. 화학반응의 동적 평형상태를 이해하기 위해서는 화학평형이 분자 수준에서 일어나는 추상적 현상이므로 형식적 조작기의 사고 수준이 요구된다. 따라서 이 문제를 어려워하는 이유는 학생의 인지발달 수준과 과제가 요구하는 인지 수준이 다르기 때문으로 해석할 수 있다.

그러나 동일한 연령과 특징의 학생들이라도 각기 다른 영역에서 각기 다른 단계에 있는 경우가 종종 있기 (Piaget, 1969; 서봉연 & 울리히 한, 1980) 때문에, 발달 단계에 적합한 교육적 경험을 찾기란 그리 쉬운 일은 아니다.

이러한 괴리를 줄이는 방안들은 교사, 학습내용, 학습 환경이나 교재(또는 교과서)의 관점에서 강구해 볼 수 있다.

첫째, 교사는 학생에게 학습의 경험을 제공할 때, 학생들의 인지구조를 충분히 고려하여 학습내용, 교재, 언어 등을 재구성하여 교육해야 한다. 교육에 있어서 가장 중요한 것은 교사의 민감성과 융통성이다. 따라서 교사는 학생의 행동을 관찰하고 더불어 배우고자 하며, 학생들의 흥미와 관심에 동반하고자 하는 능동적인 자세가 필요하다. 교사는 학생들이 다양한 물리적 경험과 사회적 경험을 할 수 있도록 많은 기회를 제공해 주어야 하며, 또한 학생 스스로 학습의 경험을 선택할 수 있도록 허용해야 한다. 이에 대한 많은 고민과 지속적인 노력이 필요하다.

둘째, 학습내용은 인지발달의 관점에서 학생들의 인지수준과 교육과정의 학습내용을 검토하여 수정한다.

셋째, 발달이 충분히 이루어지도록 각 단계의 시기를 충분히 경험할 수 있는 학습 환경을 제공한다. 또한 교재 또는 교과서는 학습내용을 인지 수준을 고려하여 기획하고 구성하여 개발해야 한다.

04

브루너(J. Bruner)의 발견학습 이론

브루너는 저서 『교육의 연관성(The Relevance of Education, 1972)』에서 지식의 구조를 가르치는 것은 '물리학에 대한 지식들을 가르치는 것이 아니라 물리학자가 학문을 하는 사고방식으로 가르치는 것'이라고 주장하였다. 그리하여 그는 학습자에게 물리학자와 동일한 지적 활동을 가르치고 이를 학습하도록 하는 방법으로 발견학습(Discovery Learning)을 제안하였다.

대표적 인지주의 학습 이론의 하나인 발견학습은 학문중심 교육과정의 교육과 피아제의 인지발달 이론에 기반을 둔 탐구적 학습전략이다. 발견학습은 교사의 지시를 최소화하는 대신, 학습자들의 학습하려는 경향성을 강조한다. 본질적인 지식의 구조를 지식의 결과로서 중시하여 그 지식의 구조를 학습자 스스로 획득 또는 발견하도록 하는 것이다(Bruner, 1961). 즉, 발견학습은 학습자가 탐구하여 지식의 구조를 스스로 찾아내는 발견의 과정과 그로부터 얻어지는 지식의 구조를 의미한다.

> 발견은 준비된 마음(mind)을 선호한다. 학령기의 학생이 스스로 무엇인가를 행하는 행위와 과학자가 자기 분야에서 연구하는 행위에 있어서, 발견의 핵심은 기존의 증거를 뛰어넘는 방법으로 증거를 재배열하거나 변형시켜서 부가적인 새로운 관점을 재정립하는 것이다(p. 22).

발견학습에서의 발견은 학습자가 개별 사례나 예제를 학습하여 일반적 규칙성, 개념,

법칙들을 형성해 가는 것이기 때문에 귀납적 추리 방법이다.

브루너는 발견학습 이론을 위한 학습 내용과 관련하여 지식의 구조, 학습과제의 계열성을 통해 제시하고, 실질적인 교수를 위한 이론의 원리와 조건, 특징, 수업전략 등을 제시하였다.

배경 및 기본 가정

브루너 (Bruner, 1979)는 "After John Dewey, What?"에서 전통적인 형식주의 교육이 학습자들의 직접 경험이나 사회적 활동을 강조한 것은 정당하지만, 이를 지나치게 강조한다고 비판한다. 브루너는 듀이가 주장한 '학교 교육은 생활이며, 성장이며, 또한 사회적 과정이며 경험의 재구성 과정'이라는 것에 동의한다. 그러나 지역 사회나 일상생활과의 관련 이외에 객관적인 인류의 경험, 문화유산의 전달과 지성의 계발도 학교가 추구해야 할 주요 임무임을 강조한다.

발견학습의 기본 가정은 전문 분야의 학자들의 지적 활동과 학생들의 지적 활동은 근본적으로 동일하며 스스로의 능동적인 활동을 통해 지식을 만들어간다는 것과 학습의 준비성 측면에서 볼 때 학습자의 인지발달 단계에 제한하지 않고 교사가 효과적으로 가르칠 수 있다는 것이다. 발견은 문제해결의 한 유형으로 (Klahr & Simon, 1999), 역사적으로 많은 과학적 사건들의 발견은 일반적으로 발견자의 논리적 질문에 대한 답을 찾는 과정에서 자연적인 결과로 나타났다. 따라서 발견학습의 발견은 교사가 제시하는 것을 학습자가 단순히 읽거나 듣는 것이 아니라, 학습자 스스로 문제를 인식하여 가정을 세우고 검증하는 과정과 관련되므로 복잡한 형태의 인지 학습을 하는 데 중요하다. 브루너의 이론에 의하면, 피아제와는 달리, 학습 내용의 표현을 달리하면 학습자의 발달 단계나 인지 수준에 관계없이 어떤 발달 단계에 있는 학습자에게도 효과적으로 가르칠 수 있다고 대담한 가설을 제시하였다.

지식의 구조와 표현 양식

브루너는 지식의 기능이나 용도가 아닌 '지식의 구조'의 중요성에 대하여 강조한다. 구조는 전체를 구성하는 요소, 전체와 요소와의 관계, 요소들 간의 관계 등의 복잡한 현상을 단순화하여 파악하게 한다. 지식의 구조는 그 학문 분야의 핵심을 이루는 기본 개념이나 지식, 원리 등을 의미한다. 그것은 어떤 현상에 대한 '관련된' 사실들을 인지하도록 해주는 일반적이고 기본적인 '아이디어', '개념', '원리' 등을 말한다 (Bruner, 1960). 지식의 구조는 학습과제를 학습자의 발달 단계나 능력 수준에 관계없이 어떤 발달 단계에 있는 학습자에 게도 효과적으로 가르칠 수 있다. 따라서 교육은 학습자가 한 영역의 지식을 쉽게 이해할 수 있도록 표현해야 한다.

지식의 구조는 표현양식, 경제성, 생성력의 세 가지 특징을 갖는다.

첫째, 표현양식은 모든 지식을 세 가지 방식으로 표현할 수 있다. 어떤 결과를 얻는 데 적절한 동작이나 행위를 통해서 나타내는 작동적 표현 (enactive representation), 개념을 영상이나 도표를 통해서 개념을 이해하도록 하는 영상적 표현 (iconic representation), 상 징적 또는 논리적 명제를 제시함으로써 주어진 개념을 학습하도록 하는 상징적 표현 (symbolic representation)이 있다.

둘째, 경제성은 학습자가 지식의 구조를 학습하면, 그 학문 분야의 핵심 개념을 학습하 기 때문에 학습자의 머릿속에 기억하고 있는 정보의 양이 적지만 핵심적인 구조를 가지고 있으므로 보조 개념들을 연결하기 쉬운 상태에 있음을 의미한다. 즉, 지식의 구조는 각 학 문의 핵심 개념을 학습하는 것이기에 경제적이고 기억하기도 좋다.

셋째, 생성력은 지식의 구조를 이용해 여러 가지 문제를 해결하는 데 쓰일 수 있는 것 을 의미한다. 이것은 학습자가 문제해결을 위해 정보를 이용할 때 주어진 사실을 확장하 여 생각할 수 있게 하는 정도를 가리킨다. 대체로 경제성이 큰 표현양식이 보다 큰 생성력 을 갖는 경향이 있다 (권재술 외, 2013).

▎학습의 계열성

학습의 계열성은 교육과정을 설계하는 데 중요한 시사점을 제공한다. 즉, 학습의 계열 성은 학습자들이 학습 내용을 이해, 변형, 전이하는 데 도움이 될 수 있도록 학습 과제를 순서대로 조직하여 제시하는 것을 의미한다. 첫째, 모든 학습자에게 적용될 수 있는 보편 적인 최적의 학습 계열은 없지만, 일반적으로 작동적, 영상적, 상징적 표현의 순서를 따라 학습과제가 제시되는 것이 바람직하다. 둘째, 학습자 경험의 발달 단계에 따라 최적의 계열이 달라진다. 셋째, 학습 과제의 계열성을 위해서 선행 학습, 발달 단계, 자료의 성격 및 개인차 등을 고려한다. 넷째, 수업 이론은 학습되어야 할 자료가 어떤 계열로 제시되어야 하는가를 명백히 시사해 줄 수 있어야 한다. 예를 들면, 표현의 경제성과 생성력이 낮은 내용을 먼저 제시한 다음, 경제성과 생성력이 높은 내용을 순차적으로 제시하는 것을 장려한다.

나선형 교육과정은 '학습의 계열성'에 따라 '지식의 구조'를 가르치기 위해 교육과정을 조직한 형태이다. 지식의 구조와 관련된 중요한 가정에 따르면, 어떤 지식이라도 그 성격에 충실한 형태로 학생의 발달 단계에 제한받지 않고 효과적으로 가르칠 수 있다. 이것은 교육내용으로서의 지식의 구조는 교육의 수준에 관계없이 그 성격에 있어서 동일하다. 따라서 이 동일한 성격의 내용이 학년 수준이 높아짐에 따라 더 폭넓고, 또한 깊이 있게 가르쳐져야 한다는 것이다. 이와 같이 조직된 교육과정이 마치 '나선형' 모양과 같다고 하여 나선형 교육과정이라고 부른다 (서울대학교 교육연구소, 1994). 동일한 교육내용을 학습자의 수준에 맞게 가르치는 방법의 하나로서 작동적, 영상적, 추상적이라는 표현 양식 개념이 사용된다.

▎발견학습의 원리와 조건

발견학습의 핵심은 과학적 사실들 간에 내재되어 있는 원리를 학습자 스스로 발견하도록 하는 것이다. 발견학습은 학습자들이 여러 문제를 해결할 수 있는 기술을 습득하고 활용이 가능한 지식을 학습하고, 또한 학습하는 방법을 학습하도록 한다. 이것은 지식의 기본 개념이나 원리를 의미 있게 이해하는 데 도움이 되며 탐구 정신과 탐구 기능을 학습하도록 함으로써, 궁극적으로 자아 발견과 자아실현의 방법까지 터득할 수 있다는 교육적 의의를 갖는다.

발견학습은 자료와 사실들을 분석, 조작하며, 탐구와 실험을 하고, 그것들에 내재된 일반적 규칙성과 원리를 발견하는 귀납적 학습방법이다. 교사는 문제 상황을 제시하여 학습자들로 하여금 의문을 제기하고 탐구하며 실험하도록 한다. 이를 위해 교사는 관찰이 가능한 자료와 실례들의 자료를 제공하고, 학습자들이 자료들의 상호 관계, 주제의 구조, 일반화된 개념을 발견한다

[그림 5.2]와 같이 교사의 언어적 설명이나 문자에 의존하지 않고, 학습자 스스로 실험

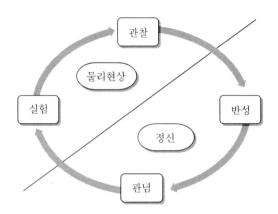

그림 5.2 발견학습 과정 (출처: Learning Model at Ocean Life Discovery)

하고 (experiment), 관찰하여 (observe), 반성하고 (reflect), 관념화하는 (abstract) 과정을 통하여 스스로 교육내용을 도출한다는 점에서 학습의 자발성을 유도할 수 있다. 실험과 관찰은 학습자의 정신 세계 밖에서 발생하는 물리현상이고, 반성과 관념화는 학습자의 정신 세계를 의미한다. 학습자는 물리현상을 정신 세계로 받아들여 스스로 개념을 발견하게 되는 것이다.

발견학습의 조건은 학습태도, 요구 상태, 관련 정보의 학습, 연습의 다양성 등이다. 첫째, 학습태도란 학습자가 학습상황에서 보이는 내적 경향성을 말한다. 이것은 교수 방법에 따라 수정될 수 있다. 교재의 구성 내용을 바로 제시하여 또는 구성 내용 간의 관계를 찾게 하여 학습태도를 나타내게 할 수도 있다. 따라서 발견학습을 촉진시키기 위해서는 발견하도록 하는 자료 또는 상황을 자주 제공하여 학생 스스로 발견할 기회를 충분히 갖도록 해야 한다. 둘째, 요구 상태는 학습자의 학습 동기 수준의 정도를 말한다. 셋째, 관련 정보의 학습은 학습자가 관련된 구체적 정보를 알고 있는 정도이다. 브루너에 의하면, 발견은 개인이 구체적 정보를 가지고 있을 때 잘 일어나며, 전혀 뜻밖의 우연한 것이 아니다. 이는 많은 법칙과 원리의 학습이 발견하는 능력을 기르는 수단이 됨을 말해준다. 넷째, 연습의 다양성은 같은 정보라 하더라도 그 정보에 접촉하는 상황이 다양할수록 그 정보를 조직할 수 있는 분류 체계의 계발이 용이해진다는 것이다.

발견학습의 특징

발견학습은 과학 내용을 가르치되, 그 내용이 학습자에게 이해될 수 있도록 가르쳐야 한다는 관점이다. 이것은 학문의 지식의 구조가 학습자가 가지고 있는 심리적 구조와 일치하도록 제안한 교수 학습 방법에 관한 이론으로써, 학습자가 지식의 습득(know about)보다 지식을 얻는 방법(know how to)을 학습하도록 한다. 즉, 학습자에게 지식을 최종적인 형태로 제공하는 것이 아니라 학습자 스스로 조직하도록 하는 학습이다. 과학자와 동일한 지적 활동을 함으로써 과학적 사고 과정과 개념을 스스로 깨우치도록 한다.

발견학습의 일반적 특징은 다음과 같다. 첫째, 스스로 생각하는 학습자의 주체적 학습을 강조한다. 둘째, 핵심 개념과 기본 요소로 구성된 교재의 기본 구조에 대한 철저한 학습을 요구한다. 셋째, 급격하게 증가하는 지식 양과 기술을 모두 학습할 수 없으므로 학습 효과의 전이를 강조한다. 넷째, 학습의 과정이 곧 지식의 생성과정이므로 학습의 결과보다는 방법을 중요시한다. 다섯째, 직관적 사고의 중요성을 강조한다.

발견학습에서는 일반적인 원리의 이해와 동시에 그 영역의 학습과 탐구, 추측과 예견, 자신의 문제 해결력 등에 관한 일반적 태도를 형성하고, 학습 내용에 대한 내적인 흥미 증가와 발견의 지적 희열을 경험하는 것을 강조한다.

▌ 학습의욕과 강화

상벌은 학생들에게 지금까지 그들의 학습활동이 어떤 결과를 가져왔는가를 알려주며, 그 결과에 비추어 장차 학습활동을 방향 짓도록 해주는 데 필요하다. 브루너의 발견학습 이론에 의하면, 상벌이 처방적 정보로서 가지는 가장 좋은 경로는 내적 보상으로, 학습자 스스로가 자기 학습의 결과를 확인하고 만족이나 불만족을 맛보도록 하는 것이다.

브루너가 가장 중요시한 강화는 학습결과에 대한 지식이다. 즉, 가장 효과적인 학습은 스스로 학습의 결과를 확인하고 거기서 만족을 맛보는 내적 강화가 이루어졌을 때라는 것이다. 내적 보상을 받는 수업 방식은 발견학습이나 탐구학습을 통해 발견의 기쁨을 경험하는 것이다. 따라서 교사는 제시된 문제의 해결책을 알고 있다 하더라도 그것을 전달하거나 설명하지 않고 학습자가 스스로 노력하여 해답을 찾도록 유도하거나 탐구하게 해야 한다. 학습자의 학습 의욕은 학습이나 문제를 해결하는 욕구에 관련된 가능성을 탐색하는 경향을 의미한다. 학습 의욕을 극대화하기 위해서 '가능성을 탐색하는 것을 자극', '그 경향을 지속적으로 유지', '가능성의 탐색에 대한 방향성 제시' 등의 조건이 마련되어야 한다. 예를 들면, 가능성을 자극하기 위해서 학습 과제가 적절한 수준의 불확실성을 가져야 하며, 탐구나 발견하는 행동을 지속하기 위해서 탐색해서 얻는 희열이나 이득이 그 실패에서 오는 위험 부담보다 더욱 큰 학습 환경이 제공되어야 한다.

▌교육적 가치와 비판

브루너의 발견학습 이론은 1950년대 말부터 1960년대 초에 걸쳐 미국에서 일어난 과학교육 개혁운동 및 소련의 인공위성 발사 사건과 맞물려 전 세계의 과학교육 전반에 커다란 영향을 미쳤다. 이 시기의 과학교육 개혁은 과학자들이 참여하여 과학의 학문적 본질에 입각하여 질적으로 우수하고 지적 성취를 이룰 수 있는 방향으로 과학과 교육과정이 개발되었다. 지식의 구조와 발견학습을 강조한 브루너의 이론은 그러한 개혁 방향과 일치하였고, 그뿐만 아니라 교육개혁운동을 이론적으로 뒷받침 해주는 역할을 하게 되었다.

브루너의 이론은 경험중심 교육사상에 바탕을 둔 교육의 문제점을 비판하면서 발생한 학문중심 교육사상의 기반이 되는 이론이었다. 학문중심 교육사상은 학문의 핵심 즉, 그 학문을 이루는 지식의 구조와 그 지식을 만들어 내는 과정을 학생들에게 가르치는 것을 강조하였다. 브루너는 학문의 '기본 구조'에 대한 철저한 학습을 강조하고, 그로부터의 전이를 중요시한다. 또한 학습의 결과보다 과정과 방법을 중요시하고 학습자 스스로의 주체적인 발견학습을 강조한다. 따라서 기본적인 과학 개념과 그들 사이의 상호 관련성을 나타내는 개념체계를 중시하고, 발견이나 탐구를 통하여 학습하도록 하였다. ESS와 SAPA (Science: A Process Approach), 중학 과학 교육과정의 화학 CBA (Chemical Bond Approach), 생물 BSCS (Biological Science Curriculum Study) 등이 대표적인 교육과정 및 프로그램이다.

발견학습은 수업과정에서 교사의 지시를 최소한으로 줄이고 학습자의 자발적인 학습을 이끌어내어 학습의 목표를 달성하게 하는 학습형태이다. 그러나 학교 교육에서 이상적인 발견 학습은 활동이나 수업 내용의 관리 측면에서 현실적 제한이 있기 때문에 종종 '안내된 발견 (guided discovery)'이 더욱 효과적일 수 있다. 안내된 발견에서 교사는 일정한 방향을 제시하는 질문이나 자료를 제공하고 학생들이 이를 관찰하고 가설을 세워 해답을 검증한다. 따라서 교사는 학습자들이 정보를 찾고 처리하며 탐구하고 연구할 수 있도록 학습 자료와 활동들을 제시하고, 학습자들은 그 자료와 활동 등에 포함된 새로운 지식과 규칙성을 형성하고, 가설을 검증하고, 정보를 수집하는 등과 같은 학습 활동을 하면서 일반적인 문제해결 기능들을 학습한다 (Bruner, 1961).

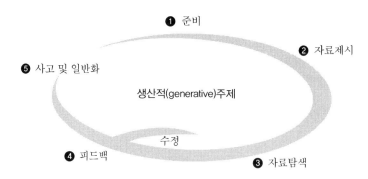

그림 5.3   발견학습을 위한 수업 과정

(출처: Bruner's Learning Spiral at http://educ6040fall10.wikispaces.com/Constructivism)

발견학습을 위한 수업의 과정은 [그림 5.3]과 같이 준비, 자료제시, 자료탐색, 피드백, 사고 및 일반화의 단계로 제시한다. '준비'는 교사가 발견학습의 수업을 준비하는 단계이다. 이 단계에서 교사는 학습자가 발견을 할 수 있도록 다양한 자료를 준비한다. '자료제시'는 교사가 준비단계에서 준비한 자료를 학습자들에게 제시하는 단계이다. '자료탐색'은 자료제시단계에서 교사가 제시한 자료를 가지고 학습자가 스스로 탐색하는 단계이다. '피드백'은 자료를 탐색한 결과에 대하여 평가하고 피드백을 제공하는 단계이다. 이때 자료탐색 결과를 수정할 수 있다. '사고 및 일반화'는 자료를 탐색한 결과에 대하여 논의하고 일반화를 이끌어내는 단계이다. 교사는 이러한 단계에 따라 수업을 진행함으로써 학습자들의 발견학습을 기대할 수 있다.

브루너의 이론과 학문중심 교육사상은 우리나라의 과학교육에도 큰 영향을 주었다. 1973년의 제3차 과학과 교육과정에 따른 교과서는 과학의 기본 개념과 개념체계를 중시하고, 발견과 탐구 중심의 학습을 강조하였다. 그러한 영향은 20여 년이 지난 지금까지도 지속되고 있다. 그러나 이 이론은 다음과 같은 관점에서 비판을 받고 있다.

첫째, 교육에서 과학이나 수학과 같은 특정 교과에 우선 순위를 둠으로써 여러 교과 전반의 균형을 유지하기가 어렵다. 둘째, 지나치게 학문적이고 지적인 교육에 치중하여 학습자의 정서적 성장, 덕성교육과 생활교육 등에 소홀하게 된다. 셋째, 학습능력이 상위권에 있는 학습자에게 유리한 소수를 위한 교육이다. 넷째, 학문의 구조라는 핵심 지식을 강조함으로써 학교 밖의 실생활과 유리되어 실용성이 적다. 다섯째, 학생들이 경험하는 사회적 문제를 고려하지 않고 추상적 지식에 치중하기 때문에 훌륭한 시민교육에는 부적합하다.

오수벨(D. Ausubel)의 유의미학습 이론

사람은 누구나 현상을 바라보면서 떠오르는 무언가를 느낀다. 그것은 바로 현상 속에서 사물을 표상하면서 개인의 인지구조 속에 내재된 지식 정보를 회상했기 때문이다. 이와 같이, 눈으로 볼 수는 없으나 사고의 진행이 순식간에 일어나는 것을 인지처리 과정이라고 부른다. 이러한 인지(cognition) 처리에 대해 교육학과 심리학, 언어학 분야 등이 관심을 가지며, 이를 주로 다루는 심리학을 인지심리학이라고 한다. 학교 교육 분야에서 인지를 다룬 대표적인 교수 학습 이론은 브루너의 발견학습과 오수벨의 유의미학습 이론이다.

오수벨에 있어서의 학습은 새로운 학습과제가 이미 존재하는 학습자의 인지구조와 상호작용하여 그 안으로 포섭(subsumption)되는 것을 말한다. 즉, 유의미한 학습은 새로운 학습과제가 학습자의 인지구조에 실질적으로 관련되어 의미 있는 관계를 맺을 때 일어나는 것이다.

오수벨은 브루너와 같이 인지심리학적 배경을 가지면서도 효과적인 학습 방법과 학습 계열에 대한 설명에 대해서는 다른 견해를 갖고 있다. 즉, 브루너의 학습 이론을 발견학습(discovery learning)의 원리로 특정 짓는다면, 오수벨의 학습 이론은 설명학습(expository learning) 또는 유의미학습(meaningful learning)으로 특징지을 수 있다.

배경 및 기본 가정

오수벨 (Ausubel, 1963)은 발견학습으로 학습이 이루어져야 한다는 그 당시의 교수 학습 전문가들과 달리, 설명식 수업이 곧 암기 학습을 의미하는 것은 근거 없는 신념이라고 하였다. 특히 발견학습만이 유일한 대안이라는 관점에 대해 반대하였다. 오수벨은 발견학습도 기계적으로 이루어질 수 있으며, 수용학습도 유의미하게 이루어질 수 있다고 하였다. 그에 의하면, 설명학습이 기계적 학습이 되는 것은 설명학습 자체가 갖는 문제점이라기보다는 그것을 잘못 실시한 데서 기인한다는 것이다. 그러므로 설명학습도 교수전략에 따라 얼마든지 유의미한 학습으로 이끌 수 있다는 것이다. 오수벨은 교사가 많은 양의 정보를 의미 있고 효율적으로 전달하는 방법에 관심을 두었다. 이를 위해 인지적 교수 학습의 과정에 기초한 설명식 교수 이론을 제시하였다 (Ausubel, 1963).

오수벨은 학습자의 인지구조에 변화를 가져오는 학습이 진정한 학습이며, 이를 위해 유의미한 설명식 교수 (meaningful expository teaching)가 필요하다고 주장하였다. 수업의 진정한 가치는 이해를 통한 학습이고, 교사가 학습자의 인지구조를 파악하여 알맞은 과제를 제시하고 학습자의 사고를 활성화하는 분위기를 이끌어내어, 학습자가 내적 긴장, 관심과 흥미를 가짐으로써 학습에 능동적이 된다. 이렇게 내적인 인지구조가 활성화되고, 관심이 고조되었을 때, 새로운 학습 내용이 인지구조 안으로 스며들기가 용이하다. 여기서 학습자는 인지구조 내에 들어 있는 이전에 학습된 내용을 현재의 학습을 위해 사용하게 된다. 그리고 학습 내용의 포괄적이며 일반적 수준 등에 의해 정교하게 재조직된다. 이것이 바로 포섭 (subsumption)이다. 이처럼 학습 내용이 내면화되어 학습자의 인지구조에 변화를 일으키며 포섭되는 것을 '유의미학습 (meaningful learning)' 또는 '의미 (meaning)'라는 개념으로 소개되었다.

오수벨 이론의 특징은 과학의 학습목표를 직접적으로 다루었다는 점이다. 그의 이론은 다음의 세 가지 부분에 대한 내용을 포함한다. 첫째, 교육과정 내용, 인지구조는 무엇인가? 둘째, 학습, 인지구조는 어떻게 새로운 정보를 처리하는가? 셋째, 교수, 교사는 학생들에게 어떻게 새로운 요소를 부여하며, 반영할 수 있는가?

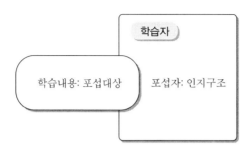

그림 5.4 학습내용이 학습자의 인지구조 안으로 포섭: 유의미학습

유의미학습의 정의

가르친다는 것은 곧 어느 특정 분야의 고유한 지식의 구조를 학습자의 인지구조 속에 의미 있게 수용되어 통합시켜서, 그 지식의 구조가 그 학습자 자신의 것이 되고 자유로이 처리하고 활용할 수 있도록 하는 것이다. 여기서 중요한 것은 의미 있게 수용한다는 학습의 유의미성 개념이다.

오수벨이 사용하고 있는 '의미'라는 개념은 두 가지 종류의 의미가 있다. 하나는 현상학적 의미(phenomenological meaning)이고, 다른 하나는 잠재적 의미(potential meaning) 이다. 첫째, 현상학적 의미는 유의미한 학습 과정의 산물로 생성되는 그 학습자 개인의 독특한 현상을 나타낸다. 즉, 그 학습자의 내부 인지구조 속에서 그 학습자에게 특유하게 형성되는 심리적인 의미이다. 둘째, 잠재적 의미는 학습이 되기 이전에 그 학습과제 속에 본래부터 존재하고 있었던 논리적인 의미를 뜻한다. 이렇게 볼 때, 유의미학습(meaningful learning)은 외부 세계의 잠재적이고 논리적 의미가 학습자의 인지구조 속에 수용되고 병합되어 개별화된 심리적 의미 상태로 전환되는 것을 말한다.

유의미학습은 언어적인 정보 또는 관념들이 이미 존재하는 학습자의 인지구조와 상호작용하여 그 안으로 포섭되는 것을 말한다. 즉, 유의미학습은 새로운 학습과제가 학습자의 인지구조에 실제적으로 관련되어 의미 있는 관계를 맺을 때 일어난다. 학습은 새로운 내용이 장기기억 속에 저장되어 있는 적합한 개념과 체계적으로 연관될 때 의미가 있다. 새로운 내용은 기억 속에서 정보를 확장, 수정, 정교화한다. 또한 의미화는 나이, 배경적 경험, 사회적 경제적 지위, 교육적 배경들과 같은 개인 변수에 의존하기도 한다. 선행 경험은 학습자가 학습을 의미 있게 받아들이는지를 결정한다. 그러므로 유의미학습이 이루어지려면 논리적으로 의미 있는 학습 자료가 학습자의 인지구조 속에 영속적으로 안정성 있게 실체적으로 제시되어야 한다. 여기서 '영속적으로 안정성 있게 실체적으로 제시되어야 한다.'라는 뜻은 새로이 학습된 자료가 학습자의 현재 인지구조 속에 있는 기존 개념들과 여러 가지 관계를 맺게 된다는 의미이다. 따라서 유의미학습은 새로운 정보를 기억 속 지식과 연계함으로써 아이디어와 개념, 법칙을 학습하는 것으로 정의할 수 있다 (Ausubel, 1963, 1977; Faw & Waller, 1976).

오수벨의 유의미학습은 연역적 추리를 지지한다. 일반적 개념을 먼저 가르치고 특정 내용들이 따라온다. 이 이론에서 교사는 학습자들의 생각을 작고 관련 있는 내용들로 분류하고 새로운 생각을 기억 속의 유사 내용과 연계시키도록 도와주어야 한다. 정보처리 이론의 관점에서 볼 때, 이 모형은 선언적 네크워크 (prepositional networks)에 지식을 추가, 확장시키고 네트워크 간의 고리를 연결시키는 데 목적이 있다.

▌유의미학습의 조건

유의미학습이 일어나기 위한 세 조건은 논리적 유의미성, 잠재적 유의미성, 심리적 유의미성이다. 논리적 유의미는 학습과제에 대한 조건이며, 잠재적 유의미성은 인지구조에 대한 조건이고, 그리고 심리적 유의미성은 학습자의 학습의욕에 대한 조건이다 ([그림 5.5]).

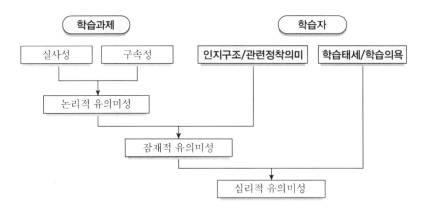

그림 5.5 학습과제 변인과 학습자 변인의 유의미학습의 조건

학습과제

학습과제가 논리적으로 의미를 가지려면 실사성(substantiveness)과 구속성(non-arbitrariness)을 지녀야 한다. 첫째, 실사성은 그 구조를 어떻게 표현하더라도 그 의미와 본성이 변하지 않는 불변적이고 절대적인 특성을 의미한다. 즉, 실사성은 어떤 부호나 기호를 사용하더라도 그 의미가 변화지 않는 표상, 개념, 명제 등에 내재된 본질적인 속성을 다룬다. 표현하고자 하는 본질적 속성이 같은 것을 실사성이 내재된 명제로 본다. 둘째, 구속성은 일단 임의적으로 맺어진 관계가 시간이 지남에 따라 하나의 관습으로 굳어진 후에는 그 의미가 쉽게 변하지 않는 것을 뜻한다. 이것은 학습자의 인지구조에 관련을 맺기 위해서 얼마나 익숙한 내용으로 과제를 구성하였는가에 따라 구속성의 수준이 결정된다. 구속성이 있는 과제는 학습하고자 하는 개념이 분명하다. 구속성은 새로운 학습과제가 인지구조 내의 기존개념과의 관계를 확립하기 위해 합당한 근거가 제공될 경우에 성립된다.

학습과제는 실사성과 구속성이라는 두 가지 특성을 지니고 있을 때 학습자의 인지구조에 의미 있게 관련될 수 있고 이때 비로소 그 학습과제는 논리적 유의미성을 지니게 된다.

인지구조

오수벨은 인지구조(cognitive structure)를 학습자 의식의 내부에 존재하는 조직화된 개념이나 아이디어 집합체로서 위계적 구조라고 정의한다. 즉, 인지구조는 가장 높은 수준에 가장 일반적이고 포괄적이며 추상적인 것이 위치하며, 아래로 내려갈수록 일반성, 포괄성, 추상적 수준이 낮아져서 최하부에는 가장 낮은 수준의 개별 사건들로 이루어진다. 학습자의 인지구조는 과거의 동화 과정이나 경험의 산물로서 생겨났으며, 이렇게 형성된 현재의 인지구조는 새로운 학습과 파지에 결정적인 영향을 주게 된다. 이 새로운 학습 결과는 다시 인지구조에 변화를 가져오는 방식으로 학습과 인지구조가 상호작용적 관계에 놓여 있는 것이다. 이러한 인지구조는 새로운 학습과제를 기존의 인지구조에 포섭하는 매개 기능을 하는데 오수벨은 이 과정을 포섭 이론으로 설명하고 있다.

유의미학습이 일어나려면 학습과제가 논리적 유의미성을 가지고 학습자의 인지구조 속에 들어있는 정착 의미와 관련될 수 있어야 한다. 논리적 유의미성을 과진 과제가 인지구조내의 새로운 명제와 정보들과 관련되어 정착지식을 가지면 잠재적 유의미성을 갖게 된다. 학습과제가 논리적으로 유의미하더라도 그 유의미성은 학습자의 인지구조와의 관계를 통해 잠재적 유의미성으로 나타난다.

학습태세

학습태세 (learning set)는 학습자가 학습하려는 의욕, 동기, 성향을 가졌을 때 학습자의 인지구조인 정착지식에 포섭이 이루어지는 것을 의미한다. 학습과제가 잠재적인 유의미성을 지니고 있더라도 학습자가 학습과제에 대하여 학습태세를 갖추고 있지 못하면 유의미학습이 일어나기 어렵다. 유의미학습태세 (meaningful learning set)는 인지구조에 새 학습과제를 실질적으로 관련시키는 것으로 심리적 유의미성을 의미한다. 그러나 학습자의 학습하려는 동기가 유발되어 학습태세가 의미 있을지라도, 만일 학습과제가 무의미하거나 인지구조에 정착되지 못할 때에는 그 과정이나 결과가 무의미하게 될 것이다.

▌ 포섭, 점진적 분화, 통합적 조정

포섭은 학습과제를 기존 인지구조에 통합하는 것으로, 학습되는 과정을 의미한다. 새로운 학습과제가 인지구조에 포섭되기 위해서는 인지구조 속에 이용 가능한 관련 정착 의미가 있어야 하며, 이때 유의미학습이 일어날 수 있다. 즉, 포섭은 기존의 정착 지식 또는 선행 학습한 명제, 개념, 표상 안에 새로운 학습내용을 연관 짓는 것을 말한다.

포섭은 새로운 학습내용과 학습자의 인지구조와의 포괄적 관계에 따라서, 종속적, 상위적, 병렬적으로 구분된다.

첫째, 종속적 포섭은 포괄성이 낮은 학습내용이 포괄성이 높은 인지구조 속으로 포섭되는 것을 의미한다 ([그림 5.6]). 예를 들면, 사각형의 정의를 알고 있는 학습자에게 마름모의 정의에 대한 과제가 주어질 때 이를 이해하게 되는 경우이다. 종속적 포섭은 파생적 포섭과 상관적 포섭 두 가지 유형이 있다. 파생적 포섭 (derivative subsumption)은 기존에 가지고 있는 개념이나 아이디어에 새로운 개념이나 아이디어를 단순하게 추가하는 방식이며, 상관적 포섭 (correlative subsumption)은 기존 개념이나 아이디어를 수정, 확대, 정교화하는 방식을 말한다.

둘째, 상위적 포섭은 학습자의 인지구조에 들어 있는 아이디어를 종합하여 새롭고 포괄성이 높은 명제나 개념을 학습하는 것을 의미한다.

셋째, 병렬적 포섭은 새로운 학습내용과 인지구조 속의 관련정착의미가 서로 수평적 관계를 유지하면서 포섭되는 것을 의미한다.

그림 5.6 종속적 포섭

학습과제가 인지구조 내에 효과적으로 포섭되고 그 의미성을 갖기 위해서는 점진적 분화(progressive differentiation)와 통합적 조정(integrative reconciliation)의 원리에 따라야 한다. 첫째, 점진적 분화의 원리란 가장 일반적이고 포괄적인 개념을 먼저 제시한 후, 점차 구체화함으로 상위 개념이 하위 개념을 포섭한다는 것이다. 이것은 유의미학습을 위한 중요한 수업의 원리가 되고 있다. 이 원리의 근거는 인간의 인지구조와 같이 학습과제도 위계적으로 조직되어야 포괄적인 것이 하부개념을 포섭한다는 데 기인한다. 둘째, 통합적 조정은 중요한 유사점이나 차이점이 인식되고 불일치점이 조정되도록 개념을 상호 관련짓는 점진적 분화가 이루어질 경우 자연적으로 발생한다.

학습종류와 학습유형

학습종류

오수벨은 학습 내용을 학습자가 자신의 인지구조에 통합시키는 방식과 학습자가 지식을 획득하는 방식에 따라 학습을 구분한다([그림 5.7]). 인지구조와 무관한 개념들을 단순하게 암기할 경우는 기계적 학습(rote learning)과 제시된 개념 간의 관련성에 유념하여 이해할 경우를 유의미학습으로 나뉘고, 학습자가 수동적으로 지식을 획득하는 수용학습(reception learning)과 능동적으로 스스로 발견하여 학습하는 발견학습(discovery learning)으로 구분된다.

학습유형

(1) 명명학습 (representational learning)

유의미학습의 가장 기본적인 유형으로 사물이나 낱말의 의미를 학습하는 것이다. 단일의 상징이나 단어들의 의미를 이해하는 학습으로 기계적 학습과 경계가 된다. 예를 들어,

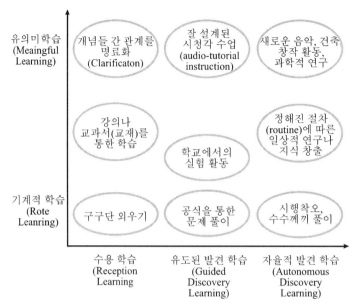

그림 5.7   학습종류(Novak & Canas, 2014)

(출처 : http://cmap.ihmc.us/publications/researchpapers/theorycmaps/
theoryunderlyingconceptmaps.htm)

'개'(dog)라는 단어의 의미를 학습할 때 처음에는 그 단어가 나타내는 소리(sound)나 어떤 순간 학습자가 인지한 특정 개로 지명되나 차차 그 자신의 인지구조에 관련 내용과 같은 명명적 명제와 비교적 실사적, 구속적 양식으로 능동적으로 관련된다.

(2) 개념학습 (concept learning)

개념학습은 한 무리의 사물이 공통적으로 갖는 속성을 학습하는 것이다. 즉, 한 부류의 개념요소들이 타 부류의 요소들과 구별되는 특성인 준거 속성(criteria attributes)을 귀납적으로 발견해감에 따라 개념을 형성하게 되는 것이다. 이것이 완전히 이루어지면 하나의 개념이 획득된 것이다. 그러나 이때 귀납적으로 발견된 준거 속성은 논리적 의미를 규정하는 준거 속성과 차이가 나는데 그 양자를 연결하는 것이 명명학습이며 이 과정을 통해 단어의 부호가 갖는 의미와 그 표상적 영상의 의미가 같음을 지각한다. 이처럼 모든 개념학습은 개념형성과 개념명칭의 획득단계를 거친다.

(3) 명제학습 (proposition learning)

명제학습은 문장으로 구성된 한 집단의 낱말들이 나타내는 의미를 학습하는 것으로 주로 포섭에 의해 이루어진다. 여기서 중요한 것은 문장의 복합적 의미를 아는 것으로 이를 위해선 우선 개개의 용어를 이해하며 이를 통해 문장의 구조를 이해한 후 언어적 부호에 의해 생긴 각각의 상들을 표상적 상으로 변형시켜야 한다. 이 과정에서 명제의 의미와 인지구조 내의 관련정착의미가 포섭관계를 맺는 것이다.

(4) 발견학습 (discovery learning)

발견학습은 최종형태로 제시된 과제를 수용하는 것이 아니라 주어진 자료의 재정리·재조직·변형과 같은 일련의 부가적 사고활동을 통해서 학습되는 것을 의미하며 문제해결과 창의력이 요구된다. 문제해결은 주어진 문제의 의미파악과 그것을 관련정착의미에 결합하는 것이며 창의력은 새로운 것의 산출을 의미한다.

선행조직자

선행조직자 (Advance Organizer)는 수업 전이나 수업 초반에 제공되는 것으로, 학습과제보다 추상적, 일반적, 포괄적이며, 학습과제와 연결할 수 있는 인지구조 내의 정착지식과 관련된 교수학습 자료를 의미한다. 이 선행조직자는 학습자가 학습과제에 대해 사전에 알고 있는 지식을 포함하고 있는 유형 또는 무형의 자료로써, 배울 내용을 미리 공부하는 예습자료와는 다르다. 선행조직자는 새로운 학습과제를 배울 때 인지구조에 관련 정착지식 (relevant anchoring idea)이 관련을 맺기 위하여 제공된다. 정착지식이란 학습자의 인지구조 안에서 새로운 정보와 연결하기 위해 출발점을 제공하는 상세하고 적절하게 위계적으로 조직된 관련 개념이다.

선행조직자를 사용하는 목적은 수업에서 제시하는 자료의 중요한 부분에 주의를 기울이게 하고, 학습 개념들 간의 관계를 부각시키며, 이미 가지고 있는 정보 중에서 적절한 정보를 일깨워주기 위함이다 (Woolfolk, 1990).

선행조직자는 조직자의 질과 그것을 어떻게 사용하는지에 따라 그 효과가 다르다. 첫째, 선행조직자가 효과적이기 위해서는 학생들이 스스로 그 선행조직자를 이해해야 한다. 예를 들면, 학생들에게 선행조직자를 부연하여 설명하도록 했더니 실제적인 학습의 효과가 증가하였다 (Dinnel & Glover, 1985). 둘째, 선행조직자는 실제로 조직하는 기능을 해야 한다. 즉, 앞으로 사용될 기초적인 개념들과 용어들 간의 관계를 구체적으로 나타나게 해

주어야 한다.

선행조직자는 수업 전이나 수업 초반에 제시되는 일반적인 내용들로 새로운 내용이 이전의 학습된 내용과 연결되는 것을 도와준다. 조직자는 학습자의 주의를 학습될 내용의 중요 개념에 집중하도록 하고, 제시된 개념들의 상호 관련성을 부각시키며, 새로운 내용과 학습자가 알고 있는 내용을 연결시켜 준다 (Faw & Waller, 1976). 조직자는 개념들을 나타내는 지도 (map)일 수도 있다 (Verdi & Kulhavy, 2002).

선행조직자는 설명 (expository), 비교 (comparative), 서술 (narrative), 정보 검색 (skimming for information), 비언어적 표현 (nonlingustic representation)이 있다 ([그림 5.8]). 설명과 비교는 선행조직자의 주된 역할이다.

선행조직자는 설명 (expository)하거나 비교 (comparative)하는 역할로 구분한다. 설명 선행조직자는 학생들에게 친숙하지 않은 학습과제를 제시할 때 주로 사용되는데, 학습자가 수업을 이해하는 데 필요한 새로운 지식을 제공하고, 개념의 정의와 일반화를 포함한다. 개념 정의는 개념과 상위 개념, 개념의 특성을 포함하여 진술한다. 일반화는 가정이나 특정 생각의 일반적 법칙에 관한 광범위한 진술이다. 예를 들면, 토양 연구에 관한 일반화의 예로 '고지일수록 식물이 덜 자란다.'는 것을 들 수 있다. 교사는 일반화의 예를 제시하고 학습자들에게 다른 예를 생각하도록 요구할 수 있다.

비교 선행조직자는 상대적으로 친숙한 학습과제를 학습할 때, 기존 개념과 새로운 개념

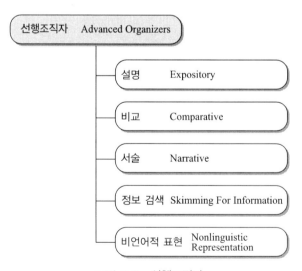

그림 5.8 선행조직자

(출처 : Advance Organizers, Bethany Johnston Instructional Techniques)

간의 유사성으로 인한 혼동을 줄여 주기 위하여 개념 간의 유사점과 차이점을 밝히기 위해 사용된다. 즉, 비교 선행조직자는 익숙한 내용과의 비교를 통해 새로운 내용을 소개하고, 장기억 네트워크를 활성화하여, 그것을 연계시킨다. 만약 교사가 물레방아와 같은 수력기계의 체계를 공부한 학습자에게 열기관에 관한 단원을 가르칠 경우, 교사는 열기관에서의 높은 온도, 낮은 온도, 열의 흐름을 수력기계에서의 높은 위치의 물, 낮은 위치의 물, 물의 흐름과 같은 대응되는 개념과 연계시켜 유추(비유추론)하게 할 수 있다. 비교 선행조직자가 효과적이기 위해서는 학습자가 비교 또는 비유에 쓰인 내용에 대해 어느 정도의 이해를 가지고 있어야 한다. 또한 학습자는 유사 관계를 쉽게 이해할 수 있어야 한다. 만약 학습자가 유사 관계를 제대로 파악하지 못하면 학습이 제대로 이루어지지 못하고, 경우에 따라서는 학습을 방해할 수도 있다 (Duit, 1991).

선행조직자는 내용 사이에 유추가 적절하다는 가정 하에서 어려운 학습 내용을 지도하는 데 효과적이며 (Faw & Waller, 1976), 전이를 도와주며 (Verdi & Kulhavy, 2002), 개념들이 서로 어떻게 연관되는지를 학습하기 위한 수업에서 효과적이다 (Mayer, 1984). 선행조직자를 사용한 학습이 그렇지 않은 경우에 비교하여 상대적으로 학습을 향상시킨다 (Ausubel, 1978). 그러나 선행조직자는 실제 수업에 적용하는 것이 어렵고, 학생들이 이해하지 못하여 학습과제와 연결하지 못하는 경우도 있어서 유의미학습이 어려울 수도 있다.

교육적 가치와 비판

오수벨의 유의미학습 이론은 다음과 같은 장점을 갖는다. 첫째, 학습이 이루어지는 과정과 학습이 효율적으로 일어나기 위한 조건을 고려하여 과학 교육과정과 학습지도 전략 및 자료 개발을 위한 준거로 사용할 수 있다. 둘째, 학습자의 선행지식은 새로운 내용의 학습에 결정적 영향을 미치므로, 이에 따라 교수 내용을 순차적으로 조직한다. 셋째, 학생들의 선행지식과 경험과 학습내용을 연결하는 설명식 수업에 유용하다. 특히 한 학급당 학생 수가 많은 경우의 설명식 수업에서 선행조직자를 포함한 핵심아이디어가 학습자의 기존 지식에 연결되면 학습자의 이해가 커질 수 있다. 넷째, 다양한 예시의 사용, 유사성과 차이점 강조, 선행조직자, 개념도 (concept map), 브이 발견법 (Vee heuristic) 등의 다양한 학습활동을 통해 개념 간의 관계를 학습할 수 있다. 다섯째, 선행조직자로 사용된 자료는 학습자의 학습과제에 대한 호기심과 학습동기를 이끌 수 있다.

   그러나 오수벨의 이론은 교수 학습 이론적 측면이나 교수 전략적 측면에서 다음과 같은 단점도 갖고 있다. 첫째, 오수벨의 이론은 기존의 인지구조를 바탕으로 새로운 의미를 구성하는 학습의 과정만을 강조하고, 학생들이 가지고 있는 오개념이나 기존의 개념을 바꿔주는 과정에 대해서 충분히 설명하지 못하고 있다. 둘째, 과정적 지식을 고려하지 않고 있다. 셋째, 유의미학습의 과학수업에 있어서 포괄적이며 학습태세를 갖출 수 있는 선행조직자의 선별과 제공이 어렵다. 넷째, 강의 중심의 수업이 될 수 있다는 단점이 있다.

구성주의 학습 이론

구성주의라는 용어는 철학, 사회학, 교육학적 논의에 많이 등장한다. 그러나 다양한 학문들과 그 학문 내의 여러 학파들은 구성주의라는 용어를 여러 가지 상황에 따라 다르게 정의한다 (Bredo, 2000). 최근 구성주의는 크게 두 가지 영역으로 나누어 설명할 수 있다. 첫째, 인식론으로, 역사적으로 축적되어 온 인간 지식의 학문 분야나 학문 조직의 성격을 가진다. 둘째, 교육적 구성주의로, 교육적 실천에 대한 신념에 관한 것이다 (Phillips, 2000). 즉, 구성주의는 인식론 (epistemology) 또는 학습의 본질에 대한 철학적 해석 (Simpson, 2002) 으로 볼 수 있다.

구성주의는 수동적이며 전달식 교육이 지닌 한계와 문제점을 해결하려는 대안적 교육으로 그 의미가 크다. 구성주의는 교육 문제 전반에 대하여 과거와는 다른 시각적 접근을 가능하게 하는 비판적인 성찰 도구로 이용할 수 있다.

한편 학습 이론은 학습에 관한 과학적으로 타당한 설명으로 가설들을 세우고 검증하는 것을 가능하게 한다. 그러나 구성주의는 학습원리가 존재하여 밝혀지고 검증될 수 있는 것이 아니며, 학습자 스스로만이 학습을 구성한다고 주장한다. 그럼에도 불구하고, 일반적으로 '구성주의 학습 이론'이라고 지칭하는 것은, 여러 견해들에서 보이는 일관성 때문이며, 구성주의가 조작하고 검증 가능한 예측들을 개괄적으로 제시하고 있기 때문이다 (Schunk, 2004).

구성주의는 미국과학교육표준 (NSES, 1996)과 같은 과학교육 표준안 설정 및 교수, 교과 과정의 설계뿐만 아니라 실질적인 과학수업 전략에 많은 영향을 미쳤다.

▌구성주의와 지식의 구성

과학교육에서의 구성주의는 과학적 지식의 구성, 아동 지식의 발달, 그리고 지식과 현실의 관계와 같은 문제들을 설명하기 위해 여러 수준에서 사용된다.

구성주의에서 보는 '지식'의 개념은 객관주의에서 가정하는 '지식'의 개념과 많이 다르다. 구성주의는 '실재'를 '관찰자가 자신의 현실에서 경험과 인지적 활동을 통하여 구성하는 것'으로 보았다. 구성주의의 지식은 인간의 개별적 인지 작용의 결과이기 때문에 학습자에게 '개별적이며, 지속적으로' 구성과 재구성을 반복하면서 변화한다는 전제에서 출발한다. 즉, 지식은 주관적이고 각자가 구성해 나가는 것이다. 따라서 구성주의에서의 학습은 자기조절(self-regulation)이고, 자기 조직적이며, 자율적(autonomous)인 학습 환경에서 학습자 스스로 지식을 형성해 나가는 것이다.

구성주의자들은 지식을 진리(truth)로 규정하기보다는 작동 가설(working hypothesis)로 해석한다. 그러므로 지식은 인간의 외부에서 부여되는 것이 아니라 내부에서 형성된다. 인간은 자신의 신념과 경험을 바탕으로 지식을 구성하기 때문에 모든 지식/개념은 주관적이고 개인적이며 인식의 산물인 것이다(Simpson, 2002).

개인이 구성한 지식과 개념은 다음과 같은 특징이 있다(Driver et al., 1985). 첫째, 개인의 개념은 개인 특유의 것임과 동시에 일반적인 공통점이 있다. 학습자들은 자신의 경험으로부터 구성한 개념을 이용하여 현상을 관찰하거나 결과를 해석하여 개인의 개념을 구성하기 때문에 개인 특유의 것이라고 할 수 있다. 그러나 그러한 개념들은 매우 유사한 특성을 가지고 있기 때문에 또한 일반적인 공통점을 갖는다는 특징이 있다. 둘째, 개인의 개념은 상황 의존적이다. 학습자들은 동일한 현상에 대해서 상황에 따라 다르게 설명하고 해석한다. 셋째, 개인의 개념은 안정적이고 변화에 저항적이다. 자연 현상에 대한 학생의 개념은 자신의 경험에 바탕을 두고 구성된 것이기 때문에 일종의 신념에 가깝다. 따라서 학생의 생각과 대립되는 실험적 증거를 관찰해도 자신의 생각을 쉽게 바꾸지 않는다는 특징이 있다. 그리고 현재 학생들이 가지고 있는 개념이 과거의 과학자들이 가지고 있었던 개념과 유사하다. 이것은 과학사를 이용한 개념변화 수업의 필요성을 시사해준다.

오개념 (misconception) 또는 대안적 개념 (alternative conception)

학습자들은 과학 수업 이전에도 환경과의 상호작용을 통해 자연 현상에 대해 나름대로의 생각을 지니고 있다. 이러한 학생들의 생각은 과학적 개념과 일치하기도 하지만, 많은 경우 현저한 차이를 나타낸다. 과학적 개념과 일치하지 않는 학습자의 직관적 아이디어나 관념 (intuitive idea)은 오개념 또는 오인 (misconception), 학생의 개념 (student's conception), 잘못된 생각 (erroneous idea), 선개념 (preconception), 대안적 개념 (alternative conception) 등으로 다양하게 불린다. 이러한 개념들은 과학적 개념과는 다르지만, 학습자가 겪은 경험과 일치하는 개인적 개념이나 아이디어이다. 학습자의 오개념은 선행 지식이나 인지구조와 정합적이고 논리적인 관계를 맺고 있으므로, 자연현상을 이해하고 해석하는 기본적 틀 (framework)의 역할을 한다.

오개념은 과학의 영역에 따라 다양하지만, 많은 학습자에게서 공통적으로 나타나는 일반적인 특징이 있다 (Driver et al., 1985).

첫째, 현상 중심적 사고로서, 관찰 가능한 특징이나 현상에 주목하여 추론하는 경향이 있다. 예를 들면, 설탕이 녹으면 눈에 보이지 않기 때문에 작은 입자로 존재한다고 생각하기보다는 단순히 설탕이 없어졌다고 생각한다.

둘째, 현상의 제한된 측면에만 주목하는 경향이 있다. 그러므로 물이 담긴 밀폐된 플라스크 내에서 인을 연소시킨 후의 질량에 대한 예측에서, 학습자들은 인의 연소로 발생한 연기가 물에 녹아 사라지는 것에만 초점을 두기 때문에 흔히 질량이 감소한다고 생각한다.

셋째, 정적인 상태보다는 동적인 상황에 주목한다. 그러므로 학습자들은 주사기의 피스톤을 누르거나 피스톤이 밀려나올 때에만 주사기 속의 기체 분자가 운동한다고 생각한다. 또는 화학 평형 상태와 같이 시간에 따른 변화를 볼 수 없는 경우 그 현상을 설명할 필요성을 느끼지 못한다.

넷째, 어떤 변화를 설명할 때 단순한 인과 관계로 설명하려는 경향이 있다. 그러므로 학습자들은 고체가 에너지를 흡수해서 액체로 변하는 것은 이해하지만, 액체가 고체로 될 때 에너지를 방출한다는 것을 이해하는 데에는 어려움을 겪는다.

다섯째, 학습자들이 사용하는 개념은 과학자들의 개념에 비해 미분화되어 단순하며, 포괄적인 경향이 있다. 또한 현상이나 개념을 명확하게 구분하지 못한다. 예를 들면, 학습자들이 사용하는 '무게'라는 개념 속에는 질량, 밀도, 압력, 힘 등의 개념이 포함되어 있는 경우가 많다.

여섯째, 학습자들은 동일한 개념을 상황에 따라 다르게 해석하거나 적용하는 경향이 있다. 예를 들면, 에너지가 과학적 상황과 일상적 상황에서 서로 다른 의미를 지니는 것과 같다. 특히 자전거가 녹스는 현상과 같이 우리의 일상생활에서 흔히 접할 수 있는 문제 상황에 대해서는 과학적인 개념을 적용하기보다는 일상적인 경험에 비추어 응답하는 경향이 있다.

오개념의 형성 요인은 다양한 관점에서 찾아볼 수 있다. 첫째, 오개념 형성의 원인을 인지적인 부분과 환경적인 부분 등에서 살펴볼 수 있다. 학습자의 개념은 인지구조와 환경과의 상호작용의 결과로서 기존의 인지구조가 강화되거나 변화되어 형성된다. 따라서 오개념의 형성은 학습자의 기존 인지구조 또는 인지 과정의 결함에서 비롯된다고 할 수 있다.

둘째, 학습자의 오개념은 물리적 환경, 사회적 환경, 교육 환경의 영향이라고 볼 수 있다. 학습자의 개념 형성은 학생이 물리적 환경, 사회적 환경, 교육 환경과의 상호작용의 결과이기 때문에 이러한 환경들은 학생의 개념 형성에 영향을 준다.

셋째, 오개념 형성의 요인은 학습자의 지각 특성 또는 논리적 추론 특성과 관련된 내적 요인과 교사, 교과서, 언어문화 등과 관련된 외적 요인으로 구분할 수 있다.

구성주의 학습의 가정

구성주의에서는 기능과 지식을 습득하고 그것을 정교화하는 데 있어 개인과 상황과의 상호작용이 중요하다고 강조한다. 구성주의 학습에 의하면, 기본적으로 사람은 적극적인 학습자이며, 스스로 원리나 지식을 구성해야 한다 (Geary, 1995). 따라서 교사가 학습자들에게 가르침을 전달하듯이 전통적인 방식으로 가르쳐서는 안 된다. 그것보다는 학습자들이 직접 다루어보고 상호작용을 통해 학습 내용에 적극적으로 몰입할 수 있는 학습 환경을 제공해야 한다. 학습자들은 자기 규제 방법을 배워 스스로의 목표를 세우고 학습과정을 점검하고 평가하고, 관심 분야를 탐구하는 등 학습에 능동적으로 임하게 된다 (Bruning et al., 1999; Geary, 1995).

구성주의 학습의 기본 가정은 다음과 같다.

첫째, 지식은 인식의 주체에 의해 구성된다. 세상에 대한 객관적인 지식은 없으며, 모든 지식은 인식의 주체자인 개인에 의해 주관적으로 구성된다. 둘째, 지식은 구체적인 상황을 중심으로 한 맥락적인 것이다. 따라서 지식은 항상 구체적인 상황 속에서 실제적 성격의 과제를 다루어야 하며, 그러한 지식이 제공되는 맥락이 중요하다. 셋째, 지식은 협동적인 과정을 통해 형성된다. 지식의 습득과 형성은 개인적인 인지적 작용만으로 이루어지는 것이 아니고, 개인이 속한 사회문화적 배경과의 상호작용을 전제로 한다.

구성주의 수업의 원리

구성주의 학습 이론은 교육적 패러다임에 많은 영향을 미쳤고 교수 학습 과정에 중요한 원칙을 제공하고 있다. 구성주의 학습 이론에서 주장하는 수업에 관한 중요한 원리를 살펴보면 다음과 같다.

학습자 중심의 수업

구성주의의 기본 가정은 '학습은 학습자의 경험에 기초하여 학습자의 머릿속에서 구성된다.'는 것이다. 따라서 인간을 떠난 객관적인 실재는 존재하지 않는다. 이러한 구성주의 입장에서 학습자는 학습에 대한 주인 의식을 가지고 인식의 주체로서 능동적이며 적극적으로 학습 과정에 참여하여야 한다.

구체적 과제와 맥락 강조

학습과제는 구체적인 상황을 전제로 실제적인 맥락 속에서 이루어져야 한다. 그동안 학교에서는 지식이 사용되는 맥락이나 상황과는 분리된 추상적이고 순수한 지식 자체를 가르쳐 왔다. 그렇기 때문에 전이가 어려웠다. 따라서 학습은 과제를 수행하는 데 필요한 실제적인 맥락 안에서 이루어져야 한다.

한편, 이러한 학습 환경은 최근 첨단 매체가 지원하는 다양한 체제로 그 가능성이 현실화 되고 있다.

협동학습 강조

협동학습은 실제 상황에서 혼자 문제를 해결하기보다는 여러 사람의 공동 참여와 작업을 통해 문제를 해결함으로써 개인에게 주어진 인지적 부담을 덜어준다는 의미가 있다. 뿐만 아니라, 협동학습은 다른 사람들의 다양한 생각과 견해를 배우고 다차원적인 사고력을 길러줄 수 있는 기회가 되기도 한다. 학습자들은 다른 동료나 교사, 또는 부모와의 상호작용을 기초하여 영역을 넓혀 가며, 학습 환경과 서로 간의 수평적인 의사소통을 통해 다양한 시각을 학습하는 분위기를 만들어 나갈 수 있다.

교사 역할의 변화

교사는 학습자를 인식의 주체로서 생각해야 해야 한다. 그리고 교사는 학습자가 능동적이고 창의적으로 문제를 해결하고 지식을 구성할 수 있는 학습 환경을 제공해 주어야 한다. 학습자가 학습에 적극적으로 참여하여 스스로 의미를 만들어 나갈 수 있도록 교사는 인내를 가지고 도와주어야 한다. 그러므로 구성주의적 사고를 가진 교사는 학습자에게 항상 귀를 기울이고 듣기를 즐겨하는 자 및 지지자의 역할을 해야 한다. 또한 교사는 계획한 학습 경험의 세계로 학습자를 안내하되, 학습자 스스로 탐구할 수 있도록 도와주는 안내자, 조력자의 역할도 해야 한다. 더불어 학습자 스스로의 힘으로 문제를 해결할 수 있도록 하는 촉매 역할을 해야 한다. 궁극적으로 구성주의 학습 환경의 교사는 학습자의 학습을 돕는 도우미의 역할을 하며, 한편으로는 배움을 같이 하는 동료 학습자이다.

교육적 가치

구성주의는 상대주의 인식론에 기반을 두고 지식의 형성과 습득을 개인의 인지작용과 사회적 상호작용의 관점에서 설명하고 있다. 구성주의는 교사 중심의 교육에서 학생 중심의 교육으로, 단편적 지식을 암기하는 방법에서 맥락적 지식을 구성하는 방법으로, 획일적 학습 환경에서 다양한 학습 환경으로의 변화를 위한 새로운 교육 패러다임을 제안한다.

평가에 있어서는 평가를 위해 제공되는 과제를 수행하는 것이 아니라, 실제 또는 참(authentic) 과제를 수행하는 학습 과정 속에서 자연스럽고 지속적으로 이루어지는 평가가 강조된다.

개념변화 학습 이론

학습자의 개념은 지난 40여 년 동안 국내·외 과학교육 연구에서 중요하게 다루어졌다. 자연 현상에 대한 개념을 구성하는 방식과 내용을 이해하려면, 학습자들이 지닌 해석적 관점과 학습 방식에 대한 탐색이 선행되어야 하기 때문이다. 자연현상에 대한 학습자의 개념에 대한 연구결과에 따르면, 학생들이 상당한 기간 동안 과학을 배우더라도 여전히 많은 비과학적 생각을 가지고 있고, 이러한 개념은 변화시키기가 쉽지 않다는 것이다. 포스너 외 (Posner et al., 1982)는 쿤 (T. Kuhn)과 라카토스 (I. Lakatos)의 과학사와 과학철학적 토대 위에 학습자의 개념을 과학적 개념으로 변화시키기 위한 개념변화 학습 이론을 제안하였다.

구성주의에 기초를 둔 개념변화 학습 (Learning of Conceptual Change)은 개인의 자연현상에 대한 과학적 지식의 형성과정에서 어떻게 개념이 형성되고 변형되는가를 설명한다. 개념변화 학습은 학습자가 과학수업에 임할 때 백지상태가 아니고 과학적 현상에 대하여 스스로 개념을 갖춘 상태이며, 학습이란 이미 파지하고 있는 개념과 새로 배우게 될 개념과의 상호작용에 의해 이루어지며, 학습자 스스로가 의미를 구성해 나아가는 능동적 과정이라는 것을 전제로 한다.

▌ 학습자 오개념/선개념의 특징

과학학습에 있어서 학습자들의 오개념/선개념 즉, 수업 전 개념틀 (conceptual framework)들의 역할에 대한 많은 연구가 지난 30여 년 동안 수행되어 왔다. 이러한 연구들은 학습자들의 오개념을 과학적 개념으로 이끌어 가는 데 빈번하게 실패한다는 것을 보여준다. 이러한 안타까운 상황은 오늘날 과학교육에 있어서 주요한 난제들 중 하나이다.

과학교육에서의 선개념 연구는 지난 70년대 이후로 지속적으로 이루어져왔다. 초창기 선개념 연구의 주안점은 힘, 열, 빛, 에너지, 연소, 화학반응, 광합성 및 유전 등과 같은 과학 주제들 (topics)에 대한 학생들의 개념을 조사하는 것이었다. 이러한 연구들의 상당수는 주제 자체에 대한 분석이었다. 이후 수업 동안의 개념변화, 개념변화를 유발하기 위해서 특별히 고안된 수업의 효과에 대한 연구들이 뒤따랐다. 이러한 연구와 개발 활동들은 학생들의 수업 전 과학 주제들에 대한 개념 (conception)이 학생들의 과학 학습을 주로 이끌어 간다는 가정에 기초하고 있다.

학습자들은 과학 수업에 스스로의 자연 세계에 대한 개인적인 이론과 모델을 가지고 들어오고, 그와 함께 형식 교육을 받기 시작한다. 학습자들은 수업에서 배운 사실들을 암기하고, 시험에서 그것들을 적용하고, 한편으로 학교 밖 상황에서는 그들의 개인적인 이론과 모델들을 계속 이용한다. 학습자들이 가지고 있는 오개념/선개념들의 역할에 대해 알아낸 연구 결과는 다음의 다섯 가지로 정리된다.

첫째, 학습자의 개념들은 관찰의 결과들을 좌우한다. 즉, '보는 대로 믿는 것이 아니라, 믿는 대로 본다'는 것이다.

둘째, 실험·관찰에 의한 증거는 반드시 학습자들이 가진 개념이 부적절하다는 것을 그들에게 납득시키지는 못한다. 모순된 경험적 실험·관찰에 의한 증거를 사용함으로써 인지 갈등을 일으키게 하는 것은 과학교사들 사이에서 매우 인기 있는 전략이다. 그러나 학습자들은 특수한 상황들에 관한 다양한 논의를 함으로써 이러한 예상 밖의 실험적 증거를 받아들이려고 하지 않고 제거하려고 노력한다.

이와 유사한 행동들이 과학사에서도 잘 알려져 있다는 것은 매우 흥미롭다. 단 하나의 반증은 일반적으로 습득된 과학 패러다임에 영향을 주지 못한다 (Kuhn, 1970). 따라서 과학학습에 경험할 수 있는 많은 증거들과 새로운 개념들들은 학습자의 개념적 변화를 유발하는 데 필수적이다.

셋째, 학생들은 단지 자신의 견해를 지지하는 실험의 측면만을 '관찰'하려는 경향이 있다. 대개 인간은 자신의 주장을 지지하는 증거는 받아들이지만 반증은 거부하거나 또는 그저 무시하는 경향이 있다.

넷째, 학습자들의 개념들은 교사, 교과서 등에 의해서 제공된 정보를 좌우한다. 제공된 정보에 대한 이해는 학습자들이 가지고 있는 개념들에 의해서 좌우되거나 심지어 결정된다. 예를 들면, 생물교사는 과일에 관한 이야기를 하면서 씨를 가진 식물을 의미하였지만, 학생들은 과일이란 단어를 들을 때 그와는 다른 어떤 것을 떠올릴 수 있다. 아마도 바나나를 생각할지도 모른다.

일상생활에서의 쓰임과는 다른 의미를 갖는 과학적 용어의 의미에 의해서 유발되는 '오해'에 대해서 보고한 논문이 많이 있다. 따라서 교사들은 교사나 교과서 등에서 제공하는 정보가 의도한 대로 학습자들에 의해서 해석된다고 가정해서는 안 된다.

다섯째, 과학수업은 학습자들이 자신의 잘못된 개념들로부터 과학적 개념으로 변화시키는 데 번번이 실패한다. 그리고 제공된 상황이 어렵다거나 현상이나 과정들이 학습자에게 생소한 것이라면 학습자들은 학습된 그들의 과학 지식에 의지하지 않고 일상적인 개념을 이용하여 설명한다. 즉, 깊이 없이 피상적으로 학습된 과학 지식으로는 학생들의 수업 전 개념들이 대부분 변화되지 않는 것은 분명하다.

과학적 관점들을 진정으로 받아들이는 것이 아니라, 교사를 기쁘게 하거나 시험에 통과하기 위해서 과학적 지식을 단지 암기하는 경우도 있다. 뿐만 아니라, 학습자들은 현상들이나 과정들을 설명할 때 과학 지식이 유용하다는 확신을 가지고 있지 않다. 그러나 학습자들은 과학 개념들과 원리들이 과학 수업에서 다루었던 것과 유사한 상황에서는 그 과학 개념들을 사용하는 경향이 있다.

▌개념변화 학습

개념변화 학습은 새로 제시되는 과학 개념이 현재 자신이 가진 개념과 대치되었을 때, 학습자는 새로운 개념을 수용하기 위하여 현재의 개념 상태가 불완전함을 스스로 인지하여야 한다. 개념변화 학습 이론에서는 학습자 스스로의 학습 및 과정에 대한 반성적 사고가 강조된 메타인지의 중요성을 강조한다. 이 과정을 통해서 학습자 스스로 개념에 대한 상태를 판단할 수 있기 때문이다.

개념변화의 유형

개념변화에는 여러 유형이 존재하는데 (Hewson, 1981, 1982; Hewson et al., 1994; Park,

1997; Pines & West, 1986; Thorley, 1990), 그 중에서 개념 포착, 개념 재구성, 개념 교환이 중요하다. 개념 포착 (Conceptual capture)이란 학습자에게 존재히는 개념들과 새로운 개념 사이에서 충돌이 없을 때 나타난다. 학습자의 개념들이 불완전하거나 단순하여 새로운 개념과 통합되고, 정교화되고, 확장되어 인지구조 내부에서 새로운 개념으로 동화되는 과정이다. 개념 재구성 (Conceptual restructuring)이란 학습자가 변칙적 자료 (anomalous data) 때문에 갈등을 겪음으로써, 새로운 개념을 받아들이기 위해 자신의 인지구조에 존재하는 개념을 개조/수정 혹은 변별할 때 나타난다. 개념 교환 (Conceptual exchange)이란 학습자가 인지구조상 존재하는 개념을 버리고 새로운 개념으로 바꾸는 과정이다. 이는 학습자 시각에서 개념이 자신의 과학적 지식과 비교하여 가치가 없고, 일관성이 없다는 것이 분명해질 때 발생된다.

개념변화 학습 이론에 의하면, 학습자가 개념변화 학습을 경험하기 위해서는 두 가지 주된 요인인 개념지위와 개념생태를 총체적으로 고려해야 한다.

웨스트와 파인즈 인지갈등

웨스트와 파인즈 (West & Pines, 1985)는 학습자가 자신의 환경과의 상호작용을 통해 획득한 지식과 학교 교육을 통해 학습한 지식의 두 종류를 갖는다고 하였다. 그들은, 이 두 종류의 지식을 자신의 개념으로 구성하는 것이 학습이며, 이 과정을 포도나무의 덩굴처럼 엉키는 것에 비유하여 포도덩굴로 나타냈다. 학습자가 학교 교육과 상관없이 자발적으로 구성한 선개념과 학교에서 배운 지식 (또는 개념)과 일치하지 않고 상충되는 경우에 갈등 상황이 발생한다. 이러한 갈등 상황에서 개념변화는 가장 효과적으로 이루어질 수 있다 ([그림 5.9]).

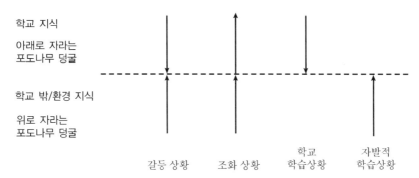

그림 5.9 웨스트와 파인즈 (West & Pines, 1985)의 인지갈등

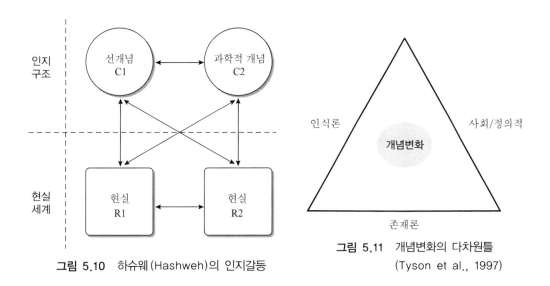

그림 5.10 하슈웨(Hashweh)의 인지갈등

그림 5.11 개념변화의 다차원틀
(Tyson et al., 1997)

하슈웨의 인지갈등

하슈웨 (Hashweh, 1986)는 사고 세계와 현실 세계로 구분하고, 학습자의 선개념과 그것에 대응하는 과학적 개념과의 비평형으로 나타날 수 있는 갈등을 제시하였다 (그림 5.10). 이 모형에 의하면, 학습자의 선개념 (C1)으로 이해할 수 있는 현상 (R1)에서는 갈등이 발생하지 않지만, 선개념 (C1)으로 이해할 수 없는 현상 (R2)이 제시되면 학습자의 인지 내에서 갈등을 유발하게 된다. 또한 선개념 (C1)과 과학적 개념 (C2)은 동일한 자연 현상을 서로 다르게 설명하고 있으므로 갈등을 나타내게 된다. 즉, 학습자는 선개념 (C1)과 학습 내용과 관련된 현상 (R2)과의 사이와 선개념 (C1)과 새로운 과학적 개념 (C2)과의 사이에 발생하는 두 가지의 갈등을 가질 수 있다.

개념변화는 인식론 (epistemology), 존재론 (ontology), 사회/정의적 (social/affective)의 다차원틀 관점에서 이해할 수 있다 (Tyson et al., 1997) (그림 5.11). 학습자의 개념은 과학 수업 이후에 반드시 학습주제인 과학적 개념으로 변화하는 것이 아니며, 각각의 관점에서 개념들이 그럴 듯 하게 설명된다면, 두 개념이 공존할 수도 있다. 따라서 과학적 개념으로의 변화를위해서는 다차원적 관점을 고려하여 수업의 경험을 제공해야 한다.

개념변화 학습의 조건: 개념지위와 개념생태

개념지위

학습자의 선개념을 과학적 개념으로 변화시키기 위해서는 개념지위(status of conception)와 개념생태(conceptual ecology)라는 두 가지 조건(conditions)을 만족해야 한다.

개념지위는 개념적 상황에서 학습이 일어날 때를 가정하고, 새로운 과학적 개념은 학습자가 이미 가지고 있던 개념에 의해서 이해되고 평가되는 것을 의미한다. 즉, 학습자의 선개념과 과학적 개념과의 상대적 지위에 관련된 내용으로써, 불만족(dissatisfaction), 이해(intelligibility), 개연성(plausibility), 유용성(fruitfulness)을 나타낸다. 이해, 개연성, 유용성은 새로이 제시된 과학적 개념에 관련된 지위/상태로, 학습자가 과학적 개념을 이해하고 그 개념이 '참'임을 믿고, 다른 상황에 활용할 수 있을 때 개념변화를 이루게 된다. 불만족은 학습자의 현재의 개념과 관련되어 개념변화를 하는 과정에서 스스로의 개념에 상대적인 불만족을 느끼게 되는 것을 의미한다. 개념지위/상태를 정리하면 다음과 같다.

- **첫째** : 자신의 현재개념과 생각에 대해 불만족을 가져야 한다(불만족).
- **둘째** : 새로이 학습할 과학적 개념은 이해할 만 해야 한다(이해).
- **셋째** : 새로운 과학적 개념은 그럴듯하여 '참'이라고 받아들일 수 있어야 한다(개연성/그럴듯함).
- **넷째** : 새로운 과학적 개념은 유용한 설명력과 예측력을 가지고 있어야 한다(유용성).

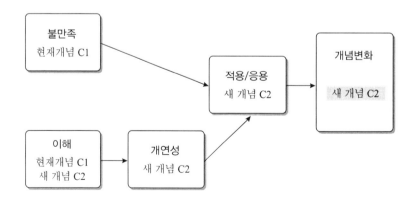

그림 5.12 개념과 개념지위와의 관계

개념생태

개념생태는, 개념변화를 이해하기 위해 도입한 생물분야의 용어와 개념으로, 학습자의 개념변화에 영향을 주는 '지적 환경'으로 정의된다. 학습자의 인지구조를 생태계로 비유한다면, 인지구조 속에 존재하는 개념은 생태계의 종으로 비유할 수 있다. 따라서 생태계 내 종이 생태적 지위를 가지듯이, 학습자의 개념생태 내의 개념도 생태적 지위를 가질 수 있다. 학습자는 새로운 과학 지식이나 정보가 전달되는 과정에서 새로운 개념을 받아들이는 결정을 하게 된다. 따라서 개념변화의 과정은 개인의 개념생태에서 일어나는 것이며, 개인이 지닌 세상과 지식, 논리, 과학적인 분류, 문화 그리고 언어 등의 영향을 받는다.

개념생태란 용어는 툴민 (Toulmin, 1972)이 그의 저서 『Human Understanding』에서 처음으로 사용하였다. 그는 지식의 구조와 지식이 발달되는 것을 생물학의 생태계로 비유하였다. 즉, 과학적 개념들을 개념생태 안의 적절한 장소에 위치한 것으로 나타냄으로써, 개념생태를 개념들과 지적 환경과의 역동적인 상호작용을 하는 관계로 비유하고 있다. 자연 생태계에서 식물이나 동물들은 번창할 수 있는 환경 (음식, 물, 기후 변동, 적의 존재나 부재, 기질의 형태, 그리고 특별 환경 등)의 영향을 받는 것과 유사하게, 개념은 독립적으로 존재하는 것이 아니라 개념생태의 지적 환경하에 놓여 생태 지위를 차지한다는 것이다.

개념생태는 개념들이 개념생태에서 발전하기 때문에 중요하다. 학습자가 새로운 개념을 받아들이기 위해서는 현재의 개념이 심각한 어려움을 가지고 있음을 인지하고, 이해되고 수긍이 가는 새로운 과학적 개념들이 이 어려움을 해결할 수 있다고 믿어야 된다. 학습자는 현재의 개념과 개인적 경험으로부터 도출된 몇 가지 불만족을 가지고 새로운 개념을 보아야 한다. 개념을 이해한다는 것은 우리가 그 새로운 개념을 '최소한 이해'해야 한다는 것이며, 주어진 개념생태 내에서 개념에 대한 적소를 찾는 것을 나타낸다.

최소한의 이해를 위한 두 가지 준비 요건은 다음과 같다.

첫째, 새로운 개념이 위치할 준거 (framework)를 구성하는 것이 필요하다. 예를 들면, 은유와 비유는 학습자로 하여금 다른 상황으로부터 준거를 가져올 수 있게 할 것이다. 또한 발전된 이미지 (images)는 학습자로 하여금 최소한의 이해를 위한 가시적인 준거를 구성한다.

둘째로, 그 준거를 적어도 기본형으로써 세상에 적용시키는 것이 필요하다. 실례들은 준거가 적용되는 기본의 경우라 할 수 있다. 새로운 과학적 개념과 개념생태 사이의 적합성 여부는, 학습자가 그 새로운 개념을 수긍하느냐에 달려 있다. 개념생태의 모든 구성 요소들은 한 개념의 수긍 여부에 대하여 영향을 준다. 인지구조 내의 수긍은 새로운 개념을 기존의 개념생태에 적합하게 하는 기대치라 할 수 있다. 다음은 학습자가 새로운 과학적 개념을 내적으로 수긍할 수 있는 요점이다.

- **첫째**: 과학적 개념은 개인의 형이상학적 믿음이나 자신의 개념에 대한 확신 근거와 같은 학습자의 기본적인 가정들과 일치해야 한다.
- **둘째**: 과학적 개념은 다른 이론이나 지식과 일관성이 있어야 한다.
- **셋째**: 과학적 개념은 학습자의 경험들과 일치해야 한다.
- **넷째**: 과학적 개념은 학습자가 지닌 세상에 대한 사상과 같아야 한다.
- **다섯째**: 과학적 개념은 문제들을 해결할 수 있어야 한다.

학습자가 어떤 과학적 현상 또는 개념에 대해 수긍한다는 것은 다양하게 나타난다. 다양화의 근원은 각기 다른 개인들이 어떻게 세상을 바라보는가에 달려 있다. 자신의 개념에 대한 인식론적 확신 근거에 따라, 한 개인에게는 한 과학적 현상이 수긍이 되지만, 다른 이에게는 전혀 그렇지 않게 보일 수 있다. 한 생각에 대한 수긍 여부는, 그것이 한 개인에 의해 왜 채택되거나 될 수 없는가를 이해하는 것에 결정적인 단서가 된다. 다시 말하면, 개념 변화는 그 인간을 둘러싸고 있는 인간의 지적 환경, 개념생태에 의존하고 있다.

개념생태는 개개인이 세상을 바라보는 관점, 인식론적 믿음, 형이상학적 신념, 개념, 경험, 사례, 비유, 은유 등과 같은 다양한 요소들로 구성되며 이러한 요소들은 상호적으로 영향을 받는다 (Hewson & Hewson 1988, 1989; Park, 2010; Posner et al., 1982). 학습자의 개념과 과학적 개념은 학습자의 개념생태에 의해 이해되고 평가된다. 따라서 개념생태는 개념변화가 일어나는 개념환경으로서 기본적인 요소들을 포함하며 변화과정을 제어하고 조절하는 역할을 한다. 또한 개념생태는 개념변화 학습에 있어서, 학습자가 개념들의 선택을 위한 기본적인 근거와 제한점을 제공한다. 개념생태가 과학학습에 주는 시사점은 다음과 같다.

첫째, 개념생태는 교사에게 과학학습을 위해 고려해야 할 학습자의 인지적 인공물과 개념, 그리고 그와 관련된 과학학습 장애물에 대한 정보를 제공해 준다. 학습자의 개념이 변화하기 어려운 이유는 그 개념이 학습자 또는 학습자의 개념생태 맥락에서 '참'으로 인식되기 때문이다. 그러므로 학습자의 개념변화를 위해서는 그 개념이 생성되고 유지되는 과정에 영향을 주는 개념생태의 요소를 찾아야 한다 (Park, 1997, 2007). 둘째, 과학적 개념과 학습자의 개념 및 오개념은 개념생태의 일부이며, 이러한 개념생계의 구성요소는 서로 상호작용하면서 변화하고 발달한다. 이에 대한 심층적인 이해는 학습자의 개념변화 학습을 촉진시키기 위해 교사가 제공해야 할 학습경험 및 수업자료에 대한 실질적인 정보를 제공해 준다(Hewson & Hewson 1989; Beeth & Hewson, 1999; Park, 2007). 셋째, 개념변화 학습을 인지적, 사회정의적, 존재론 등의 다양한 관점에서 함께 고려해야 할 것이다(Tyson et al., 1997).

개념변화 학습에 영향을 주는 동기적 요인과 인지적 요인

개념변화 학습에 영향을 주는 요인은 수업맥락적, 동기적, 인지적 요인 등으로 구분된다(<표 5.5>). 첫째, 수업맥락적 요인은 수업의 맥락적 상황과 관련된 것으로, 과제 구조, 권위 구조, 평가 구조, 수업 관리, 교사 모델링, 교사 스캐폴딩(비계) 등이다. 둘째, 동기적 요인은 개인의 학습동기에 영향을 주는 것으로, 성취 목표, 인식론적 믿음, 개인적 흥미와

표 5.5 개념변화를 위한 수업상황, 동기적, 인지적 요인(Pintrich et al., 1993)

수업 맥락	동기적 요인	인지적 요인	개념변화 조건
과제 구조 참/실제	성취 목표	선택적 집중	불만족
도전	인식론적 믿음	선행지식 촉진/활성화	이해
권위 구조 선별적 선택	개인적 흥미/선호도	심화과정 확장	개연성/그럴듯함
선별적 도전	유용한 가치	조직화	활용
평가 구조 향상 긍정적인 시행착오	중요도	문제 발견과 해결	
수업 관리 시간 사용 참여	자아 효능감	메타인지적 평가와 조절/제어	
교사 모델링 과학적 사고 과학적 성향	신념 조절/제어	자발적 의욕과 통제	
교사 스캐폴딩 인지 동기			

선호도, 유용한 가치, 중요도, 자아 효능감, 신념 조절과 제어 등이다. 셋째, 인지적 요인은 학습자가 경험하는 인지적 접근으로, 선택적 집중, 선행지식 촉진이나 활성화, 심화 과정, 문제 발견과 해결, 메타인지 평가와 조절/제어 등이다. 넷째, 이러한 요인과 관련된 개념 변화 조건은 불만족, 이해, 개연성/그럴듯함, 활용 등이다.

교육적 가치와 실행

개념변화는 진행이 느리고 어려운 과정이며, 학습자들은 스스로의 개념 및 이해를 지속적으로 시험하고 평가해야 한다. 그를 통하여 과학적 개념을 재구성하고 새로운 관련성을 형성한다. 또한 새로운 과학적 개념을 다양한 상황에 적용해 보는 경험을 하게 된다. 따라서 과학교사는 학습자들이 스스로 과학적 개념이나 모델을 구성할 수 있도록 도와야 한다. 개념변화 학습 이론은 학습자가 과학적 개념을 구성 또는 재구성하는 과정을 제시한다. 스스로 개념변화를 경험하는 학습활동은 학습자의 개념과 신념, 주어진 현상에 대한 학습자의 인식 체계를 드러나게 하여 앞으로의 과학학습 방향을 결정하는 데 중요한 정보를 제공한다 (Johnson-Laird, 1983).

그러나 개념변화 학습을 위한 전략이 효과를 거두지 못하는 이유 중의 하나는 학습자 스스로 과학 개념이 이전 개념보다 훨씬 더 효과적이라는 것을 납득시키지 못하는 것이다. 학습자들은 현재의 개념에 상당히 만족한다. 뿐만 아니라 새로운 개념이 기존의 것보다 훨씬 더 효과적임을 분명하게 알지 못한다. 실제로도 과학개념은 학습자들의 개념보다 일반적으로 훨씬 더 추상적이고 복잡하다.

효과적인 과학교육은 교사가 가르쳐야 할 내용과 더불어 학습자에게 초점을 둘 때 이루어진다. 학습자는 개념생태의 형태에 따라 영향을 받기 때문에, 교사는 구성주의에 입각하여 학습자에 대하여 단순히 이해하기보다는 개념생태를 통한 더 깊이 있는 이해가 필요하다.

학습자들의 개념생태는 여러 가지 구성 요소로 형성되어 있고 과학 학습과 문제 풀이에 있어서 제한적인 요소 (a negative constraint)나 동기 유발적인 요소 (a positive constraint)로 작용한다. 예를 들면, 학습자들이 지닌 학교, 과학 수업, 또는 과학교사가 무엇을 원하는가, 원하는 답이 무엇인가에 대한 추측이 과학을 배우는 데 있어서 영향을 끼친다. 학습자는 과학적 지식에 대한 본인 스스로의 개념에 대한 믿음보다는 과학교사의 지식에 더

의존하고 학습 여부를 본인 스스로의 인식 (own epistemological clarity)의 명확성에 의해서라기보다는 성적에 의거한다. 또한 학습자들의 과학 현상에 대한 나름대로의 개념이 있을지라도 문제에 대한 답을 찾는 데 과학교사나 교과서에 제시된 이론들에 의존한다. 그리고 학교에서 배우지 않은 것은 몰라도 된다는 등의 여러 형태의 개념생태는 문제 해결이나 과학 학습에 큰 영향을 끼치는 것으로 나타났다.

개념생태를 바탕으로 하는 학습자의 연구에 의하면, 권위적인 지식 전수자로서의 교사는 학생들에게 학습 효과를 기대할 수 없는 것으로 나타났다. 그러므로 구성주의에 입각한 학습에 초점을 맞추고, 학습자의 개념생태를 파악하여 과학교육의 효과를 증가시켜야 한다. 학습자가 학습의 주체이며, 스스로 주체라는 사실을 느낄 수 있도록 장려하고 고무시켜야 한다. 예를 들면, '정의적 영역 (affective domain)'을 통한 동기 유발로 학습자가 자신감을 가지고 스스로 학습의 주체가 되도록 해야 한다. 과학적 현상 및 지식에 대해서 교사나 교과서 내의 지식이라는 '권위'로 사실의 정확성 여부를 결정하는 것이 아니라, 학습자의 과학적 지식과 태도와 비판력을 통해 판단할 수 있도록 올바른 개념과 개념생태를 구성해 나가도록 하여야 한다. 따라서 보다 효과적이며 과학적인 개념변화 학습을 위해서는 학습자의 개념생태 파악에 기초를 둔 과학 수업을 발현할 수 있는 교사의 전문성 계발을 위한 구체적인 전략도 필요하다.

비고츠키(L. Vygotsky)의 사회적 구성주의 학습 이론

1980년대 초부터 교육 전반에 걸쳐 꾸준히 영향을 주고 있는 비고츠키의 사회적 구성주의 학습 이론은 지식의 본질에 대한 것으로, 학습자의 지식 생산에 있어서 사회적 과정의 중요성을 강조한다 (Phillips, 1997). 사회적 구성주의를 지향하는 교육자들은 과학과 수학에 대해 집중적으로 논의하며, 그 중에서도 과학에 더 초점을 맞추고 있다 (Phillips, 2000).

비고츠키의 사회적 구성주의에 대한 연구는 1924년부터 1934년에 걸친 짧은 기간 동안 이루어졌다. 비고츠키의 핵심 개념 중 사회적 상호작용은 인간의 행동에 대한 이해는 무엇보다도 물리적, 사회적, 문화적 측면을 포함한 환경에 대한 총체적인 이해에 기반을 두고 있다는 점이다.

학습자들 사이의 상호작용 과정에서 발생한 갈등과 불안이 내면화됨으로 인하여 학습자의 발달이 지연되거나 뒤로 미루어 둔 상태로서 잠재적인 수준에 머물게 된다. 이런 학습자에게 자신의 친구와 상호 협력하여 갈등문제를 해결할 수 있도록 기회를 주면, 수업의 효과성은 물론, 사회적 상호작용을 통해 정서함양과 타인을 배려하는 마음까지도 갖게 만들어준다. 실제로 몇몇 연구에서 또래 친구의 사회적 상호교수가 단순한 결과를 훨씬 뛰어넘는 탁월한 향상을 가져왔다고 보고하고 있다 (Salomon et al., 1989).

비고츠키 (1987)는 교육문제에 대해 광범위하게 기술하면서 '교육적 심리학'이라는 용어를 사용하였다. 비고츠키의 이론은 사회적이고 문화적 요인들이 개인의 발달에 어떠한 영향을 미치는가를 이해하고자 하였다. 이러한 관점에서 그가 가졌던 기본 가정은 개개인의 고등정신기능의 발달을 이해하기 위해서는 그 개인이 속해 있는 사회·문화적 요인들과 인류의 진화적·역사적 요인들을 함께 고려해야 한다는 것이다. 즉, 비고츠키는 학습과 인지발달이라는 인간의 정신적 과정은 생물학적 유기체로서의 발달과정을 넘어서는 사회적 환경과의 관계를 형성하는 것으로 보았다. 그리고 학습과 발달에 있어서 환경 내에서 유의미한 타인(성인 및 또래)에 의한 영향의 중요성을 강조한다.

▌사회적 구성주의

사회적 구성주의자들은 지식은 사회적으로 구성되고 공동참여자간에 분배되어 구성된다고 주장한다. 사회적 구성주의는 지식의 정의, 학습의 정의, 학습의 소재 등의 관점에서 다소 차이가 있다. 사회적 구성주의자에 의하면, 교실문화는 지식을 개발하는 과제의 책임을 맡고 있는 사회이며 공동체이다. 이와 같이 사회적 구성주의자들은 지식과 지식을 생산하는 활동을 분리해서 생각하지 않는다 (Bredo, 1994; Dewey & Bently, 1949). 그러므로 지식은 교류적 (transactional)이다. 그런 상황에서 학습자의 역할은 스스로 발전하는 실행 (practices) 시스템에 참여하는 것이다 (Cobb & Bowers, 1999). 예를 들어, 수학은 객관적인 지식으로 간주되는 것이 아니라, 개인이 다른 사람들과 공유하는 적극적인 구성으로 간주된다 (Wood et al., 1995). 그러므로 교실 학습은 학습자가 속한 공동체 내에서 스스로 발전하는 수학적 실행의 순서에 따라야 한다.

사회적 구성주의는 개인과 공동체의 구체적인 관계, 학습 목표의 성격, 그리고 언어의 역할 등을 어떻게 보느냐에 따라 그 형태가 다양하다. 첫 번째 관점은 학습을 사회적 상황과 개인적 상황을 모두 고려하여 사회적(집단적) 관점과 개인적 관점으로 분석한다. 이것은 개인적 구성주의 이론과 사회적 구성주의 이론의 협응으로 (Cobb, 1994), 교실의 사회적 상황 속에서 발생하는 학생들의 발달을 설명하기 위해 제안되었다 (Yackel & Cobb, 1996). 이 관점은 교실에서의 과학 학습과 교수를 이해하기 위해서는 인지적 과정이나 사회적 과정 모두 고려되어야 한다는 것이다 (Wood et al., 1995). 즉, 학습은 인지적 활동에 대한 설명과 사회적 과정에 대한 분석을 독립적으로 생각할 수 없다는 것이다. 과학 학습과 교수는 학습자가 속한 사회적이나 문화적 과정에 영향을 받기 때문에 인지과정 이상의 것이다. 따라서 과학 학습/교육은 사회적, 문화적 과정에 의해 영향을 받는 인지적 활동일 뿐만 아니라, 적극적으로 학습자의 공동체에 의해 구성되는 사회적 현상으로 보아야 한다.

두 번째 관점은 도제로서, 안다는 것은 실천자들 간의 관계 속에 참여를 통해 이루어진다는 것이다. 이 관점의 지지자들은 비록 전형적이면서 단순한 기능을 다루는 도제 상황일지라도, 특별히 설계된 사회적 활동을 통해 학습자는 특정 영역의 지식을 구성할 수 있다고 주장한다.

사회적 구성주의자는 자신들의 접근을 교실 수업에 적용하면 발견학습의 대안이 될 수 있다고 주장한다 (Wood et al., 1995). 발견학습과 사회적 구성주의 수업과의 한 가지 차이점은 구성주의 과학교사는 각기 다른 개념적 수준에 있는 학습자들에게 개인적으로 의미 있는 상황들을 제공한다는 것이다. 학습자들은 동료나 모둠 활동을 진행하면서 문제를 해결하는 자신만의 방법을 개발한다. 이러한 수업 상황에서 학습자들은 특정한 문제에 대하여 자신의 접근을 설명하고 정당화하고, 다른 사람들의 설명을 이해하려고 노력하고, 다른 사람들의 설명에 대해 동의하거나 동의하지 않는지 혹은 이해하거나 이해하지 못하는지를 자신의 언어로 표현하기 등의 활동을 한다 (Ball & Bass, 2000). 이런 방법으로 학습자들은 주어진 과학학습에 대한 공동 사회의 과학적 실행에 참여하고 공헌하게 된다.

사회적 구성주의는 과학의 성격에 대해 어떤 관점을 가지고 있느냐에 따라 세 가지로 분류된다 (Latour, 1992). 첫째, 보수적 관점에서 보면 과학은 사회로부터 자유롭지만, 여전히 사회적 요소가 과학에 스며들고 있으며 과학의 발달에 영향을 미치고 있다. 둘째, 이와 반대로, 진보적 관점을 갖는 연구자들은 사회적 관계를 통해 지식을 '일부' 구성하지만 결국 자연스럽게 '스며든다'(Latour, 1992; Phillips, 2000)고 말한다. 셋째, 이 두 관점과 달리, 가장 논쟁을 불러일으키고 있는 과학 및 과학교육의 성격에 중요한 시사점을 제시하고 있는 관점은 급진적 사회적 구성주의이다 (Phillips, 1997, 2000; Slezak, 2000).

▌ 비고츠키의 인지발달 원리

비고츠키는 개념을 자발적 개념과 과학적 개념으로 구분한다 (Vygotsky, 1986). 자발적 개념은 일상 경험에 의한 개념이고, 과학적 개념은 학교 교육의 산물이다. 비고츠키의 인지발달에 영향을 주는 요인으로 학습(learning to learn), 대화, 어른을 제시한다.

비고츠키 이론의 원리는 다음과 같다. 첫째, 인지발달은 문화의 상징체계에 숙달하는 것과 문화적 추리 형식을 개발하는 것을 포함한다. 둘째, 발생적 발달 법칙에 의하면, 모든 복잡한 기능은 사람들 간의 사회적 상호작용으로 시작해서 점차적으로 의미를 획득하고 학습자에 의해 내면화된다. 그러므로 성인이 학습자와 함께 사용하던 행동을 학습자가 연습하는 것이 필요하다. 셋째, 언어와 다른 인위적 상징이 우선적인 의사소통의 형식으로 습득되고, 그 후에 아동의 사고를 구성하고 관리하는 도구의 과정을 학습한다. 예를 들면, 아동은 단어들을 기억하는 단서로써 그림을 사용할 줄 모른다. 그러나 성인은 종종 기억을 하기 위한 도구로써 그림이나 언어적 관계를 사용한다. 인위적인 상징으로 자신의 사고를 표현하는 것을 학습하는 것은 장시간에 걸쳐 점차적으로 이루어진다. 이것은 개인의 사고를 돕기 위해 상징을 구성하는 능력을 학습하는 것으로부터 시작한다. 이 과정을 부호 사용의 자연적인 법칙이라고 한다. 언어 사용은 아동기 전반에 걸쳐 변하고, 사고에 있어서 상징의 사용과 마찬가지로 네 가지 단계를 따른다. 이 단계는 전지적 단계, 순수한 (naively) 심리적인 단계, 외적 부호 사용의 지배적인 단계, 내면화 단계이다.

인지발달의 구성요소와 과정

비고츠키는 인지발달이 항상 사회적으로 매개되며 현재와 과거의 상호작용에 영향을 받는다고 주장했다. 또한 그는 물리적 환경과 사회적 상호작용이 모두 개인의 인지발달에 필요하다고 믿었다. 비고츠키에 의하면, 학습자는 사회적 상호작용을 통하여 물체의 특성 가운데 무엇이 중요한 것이며, 무엇을 주시해야 하는지를 배운다. 그리고 물리적 환경과 사회적 관계 속에서 학습자는 매개체를 활용하여 사고를 형성해 가고 내면화된다고 하면서 두 측면의 중요성을 강조하였다.

비고츠키는 인지발달의 과정을 기초 기능에서 보다 높은 정신기능으로의 발달과정으로 설명하였다. <표 5.6>과 같이, 기초 기능은 인간뿐만 아니라 다른 고등동물에게서도 나타나는 것으로 감각, 반응적 주의집중, 감각 동작 등이 포함된다. 고등정신기능은 인간만이 독특하게 지니고 있는 것으로, 인지구조에 매개되고 내면화된 행동들이다. 발달이 이루어지는 동안 고등정신기능은 낮은 정신기능을 체계적으로 재조직해 나간다. 이러한 과정은 사회적 관계들 속에서 발생한다. 비고츠키는 이와 같은 개인간 정신기능이 개인내 정신기능으로 변화하는 과정을 내면화와 근접발달영역 이론으로 설명한다.

근접발달영역 (The Zone of Proximal Development, ZDP)

비고츠키의 근접발달영역은 자신의 이론을 실제 교육 현장에 적용하려는 시도로 학습과 인지발달 사이의 관계를 개념화해 놓은 것이다. 그는 아동의 발달 수준을 실제 또는 완

표 5.6 비고츠키(Vygotsky)가 제시한 인지발달 과정

구분	기초기능	고등정신기능
과정	단순한 지각, 자연적인 기억, 비자발적인 주의집중	범주적 지각, 논리적 기억, 개념적 사고, 자기 조정적 주의집중
통제의 원천	환경으로부터의 자극	개인이 자신의 행동을 숙달하고 통제하기 위해 사용하는 목표 자극과 수단 자극
역학	두 자극이 동시 발생	개인이 자극을 인위적으로 통합함으로써 새로운 연결을 생성
특징	즉시성, 구체적 경험에 의해 결속	(과정에 대한) 의식적 자각, 추상, 통제
사고와 추론	자연적 기억에 의해 결정 기존의 실재적 상황만을 재생산	추상적, 개념적, 논리적 관계와 일반화사용
기원	생물학적 요소	문화－역사적 발달

성된 발달 수준과 근접발달 영역으로 나눈다. 첫째, 실제 발달수준은 아동이 독립적으로 해결하는 문제 해결 능력은 아동의 실제 발달수준을 나타낸다. 비고츠키는 현재의 실제 정신 연령과 미래 학습과 발달에 대한 예언의 측정이라는 문제를 해결하기 위해서 근접발달영역이라는 개념을 개발하였다. 또한 근접발달영역을 고려한 수업이란 실제적 발달수준을 앞선 수준 즉, 잠재적 발달수준의 선상에서 이루어져야 한다.

비고츠키는 사회적 상호작용의 중요성을 근접발달영역을 통해서 설명한다. 근접발달영역이란 아동이 스스로 문제를 해결할 수는 없지만, 성인이나 높은 수준의 동료와 함께 학습하면 성공할 수 있는 영역을 의미한다. 따라서 인지발달은 아동과 어른 혹은 더 능력 있는 동료들과의 상호작용을 통해 이루어진다. 이러한 관점에서 학습자의 기존 지식은 언어를 매개로 한 상호작용과 대화를 통하여 근접발달영역 내에서의 공유된 인식과정을 내면화함으로써 확장된다 (Hennessy, 1993). 대화는 학습자를 근접발달영역에서 잠재적 발달수준으로 이끈다 (Taylor, 1993). 따라서 학습에 있어서 대화가 매우 중요하고, 언어를 사용하여 의미를 창조하는 합의의 과정은 사회적이며, 그러한 과정을 통하여 모든 지식이 구성된다 (Gergen, 1995).

비고츠키가 '영역'이라는 용어를 사용한 이유는 가까운 장래에 발달할 행동들에 의해서 이 영역의 범위가 정해지기 때문이다. '근접'은 어떤 연령의 아이들한테 궁극적으로 나타나는 모든 발달 가능한 행동을 의미하는 것이 아니라, 앞으로 나타날 행동에 가장 가까운

행동들을 말하는 것이다. 그러므로 개인의 근접발달영역에서 적절한 수업을 받으면 그 영역의 경계는 발달하게 된다.

비고츠키는 '발달'이란 일시적 측정에 의한 어떤 값으로 표현되는 것이 아닌 행동의 연속체라고 주장한다. 그가 말하는 학습과 발달은 주로 타인과의 상호작용을 통해서 이루어진다. 따라서 발달을 고려할 때는 실제적 발달 수준과 잠재적 발달수준을 모두 고려해야 한다. 아동이 어른 또는 타인의 도움이나 안내를 통해서 이룰 수 있는 잠재적 발달은 내면화(internalization)의 메커니즘을 통해서 현실적으로 이룰 수 있는 실제적 발달수준이 될 수 있다. 아동이 더 능력 있는 타인의 도움으로 문제를 해결할 때, 그 문제 해결은 외적 조작으로 남는다. 이후에 외적 조작은 재구성이 되고 내적으로 발생하기 시작한다. 타인의 도움에 의해서만 수행될 수 있는 활동을 수행하는 학습을 통해 잠재적 발달 수준을 실제적 발달수준으로 변형시킬 수 있다는 것이다.

비고츠키의 이론에 비추어볼 때 교수(teaching)는 아동의 근접발달영역에서 그 아동에 비해 보다 유능한 타인 즉, 부모나 교사, 능력 있는 또래가 그 아동의 학습을 돕는 것으로부터 출발한다. 사회문화적 유산인 아동의 고등정신기능은 사회적으로부터 개인적으로, 개인간 정신(intermental)으로부터 개인내 정신(intramental)으로, 사회적 조절(social regulation)로부터 자기 조절(self regulation)로 전환된다. 어떤 개인에게 있어 수행 능력(performance capacity)이 발달한다는 것은 자기 조절 능력이 점차 증가해가면서 타인의 도움을 덜 필요로 한다는 것을 의미한다. 아동의 근접발달영역를 통한 발달은 타인의 도움을 받는 수행으로부터 타인의 도움 없이 자기 조절에 의한 수행으로 나아가는 것인데, 이는 점진적으로 이루어지게 되는 것이다. 아동의 근접발달영역에서의 발달을 세분화하면 다음과 같다 (Tharp & Gallimore, 1989).

첫째, 유능한 다른 사람의 도움을 받아 수행하는 단계이다. 이 단계는 아동이 독립적인 수행을 하기 이전에 성인이나 유능한 또래에게 의존해 있는 단계이다. 아동에게 필요한 타인 조절(other-regulation)의 종류와 양은 과제의 성격과 아동의 연령에 따라 다르게 된다. 근접발달영역의 초반에 아동은 과제, 상황, 달성해야 할 목표에 대한 이해가 매우 제한적일 수 있다. 그러므로 부모, 교사, 보다 유능한 또래가 지시를 주거나 시범을 보이게 되는데 이 때 아동의 반응은 묵묵히 따르거나 또는 모방적이게 된다. 아동은 점차 어떤 활동의 부분들이 서로 어떻게 관련되는지를 이해하게 되고 수행의 의미를 이해하게 된다. 이러한 이해는 과제를 수행하는 동안, 상대적으로 유능한 타인들과 함께 이루어지는 대화를 통해 발달하는데 이 대화 속에는 질문이나 피드백 등을 포함한다. 1단계의 전환은 과제 수행에 대한 책무감이 유능한 타인으로부터 아동에게 넘겨지면서 점진적으로 이루어지게 된다.

둘째, 자기 자신에 의해 수행하는 단계이다. 전환이 이루어지고 있는 동안의 아동은 개인간 정신에서 문제해결을 위해 참여하다가, 점차로 개인내 정신에서 과제를 수행하는 것으로 변화됨을 볼 수 있다. 이 단계에서 아동은 다른 사람들의 도움 없이 과제를 수행한다. 그러나 이것은 아동의 과제 수행이 완전히 발달하거나 자동화되었음을 의미하지는 않는다. 성인으로부터 받았던 조절이 아동 자신에게로 넘어와 자기 조절 (self-regulation)을 하게 되는데, 이 때 자기 조절은 자기 지향적 언어 (self-directed speech)의 형태를 띤 분명한 언어적 표출로 이루어진다. 자기 지향적 언어가 나타나는 현상은 매우 의미 있는 발달이 일어나고 있음을 반영한다. 아동에게 있어 자기 지향적 언어의 주 기능은 자기 안내 (self-guidance)이다. 자기 지향적 언어는 비단 아동에게만 나타나는 현상이 아니라 특수한 수행 능력을 획득하려 하는 성인들에게서도 나타난다. 이 단계에 있는 성인들은 자기 자신에게 스스로 말하고, 모든 가능한 방법을 이용하여 스스로 돕는다는 사실을 보여준다 (Gallimore et al., 1986; Tharp et al., 1984; Watson & Tharp, 1988).

셋째, 내면화되고, 자동화되어 수행하는 단계이다. 자기조절이 사라지면서 아동은 근접발달영역으로부터 벗어나게 나오게 된다. 과제 수행은 보다 원활해지고 통합되며 자동화된다. 성인이나 자기 자신으로부터의 도움도 더 이상 필요하지 않게 된다. 만약 이 단계에서 타인의 도움이 계속된다면 아동은 혼란스럽게 된다. 심지어 자아의식 (self-conciousness)조차 과제 요소들을 원활하게 통합하는 데 방해될 수 있다. 이 단계에서는 자기 통제 및 사회적 통제를 넘어서면 더 이상 발달하지 않는다. 그 이유는 이미 발달했기 때문이다. 비고츠키는 이것을 발달의 '과실'이라 일컫는다. 그러나 이것은 사회적, 정신적 변화의 힘과는 거리가 있는 것으로서 '화석화된 (fossilized)' 것으로 묘사되기도 한다.

넷째, 근접발달영역을 통한 회귀로 탈자동화가 이루어지는 단계이다. 어떤 개인에게 있어서 일생에 걸친 학습은 근접발달영역의 연속체로 이루어지게 된다. 즉, 타인의 도움으로부터 자기 자신에 의한 도움으로, 그리고 새로운 능력의 발달을 위해 다시 근접발달영역으로 회귀하게 된다. 모든 사람에게는 타인조절, 자기조절, 자동화 과정이 혼재해 있다. 어떤 퍼즐을 푸는 데 익숙한 아동이 읽기에 있어서는 여전히 근접발달영역에 있을 수 있다. 예를 들면, 인지 전략 훈련에서 강조해야 할 것 중의 하나는 문제를 해결하는 과정에서 어려움에 부딪혔을 때 내적 중재(조절)자를 구하는 것이다. 즉, 개인 스스로에 의한 도움에만 의존하지 않고 보다 유능한 타인으로부터 언어적인 통제(지시)를 구하는 행위이다.

성인들도 잊어버린 정보를 회상하는 노력은 다른 이의 도움을 받을 수 있다. 이때 과제 수행에서의 자기 조절과 타인 조절의 요소들은 다시 부모와 아동 관계에서 나타나는 조절 요소들과 유사하다. 능력 있는 성인들도 과제의 수행을 계속 유지하고 그것을 더욱 향상시키는 데, 타인 조절 및 자기 조절들로부터 도움을 얻을 수 있다. 이때 중요하게 고려해야 할 것은 탈자동화와 회귀가 규칙적으로 일어나서 그것들이 정상적인 발달과정의 네 번째 단계를 이룬다는 점이다. 수행 능력을 회복하는 데 때때로 자기 조절이 충분치 않는 경우가 있는데 이때는 더 많은 회귀 즉, 타인 조절로 대체되는 것이 필요하다. 회귀 수준이 무엇이든 간에 목표는 도움받은 수행을 통해 자기 조절로, 그리고 근접발달영역를 벗어나서 자동화로 나아가는 것이다.

비고츠키는 '지금 학생이 어디에 있는가'에 초점을 두면서 잠재적 성장을 측정하고자 하였다. 발달된 능력은 학생이 스스로 할 수 있는 것이고, 발달하는 능력은 다른 사람의 도움으로 할 수 있는 것이다. 비고츠키는 발달하는 능력은 현재의 수준과 다를 수 있기 때문에 잠재적 발달 수준의 측정이 필수적이라고 하였다. 비고츠키는 이미 완수한 발달에 맞추어 학습목표를 정하는 교육에 대해 비판하였다. 그에 의하면, 그러한 교수는 새로운 단계를 학습의 목적으로 하지 않고, 오히려 기대하는 단계의 뒤에서 꾸물거리고(또는 역행하고) 있다는 점을 지적하였다. 근접발달영역은 우리로 하여금 발달을 주도하는 '좋은 학습 방안'을 제안한다. 학습은 발달을 주도하고 미래 지향적으로 앞설 때 좋은 학습이 되는 것이다.

┃ 근접발달영역과 스캐폴딩(비계)

아동이 근접발달영역의 더 높은 수준에서 학습 활동을 할 수 있도록 돕는 것으로 스캐폴딩 (Scaffold, 비계)이 있다 (Wood et al., 1976). 스캐폴딩의 사전적 의미는 건축현장에서 1층과 2층을 연결하는 발판이다. 교육에서의 스캐폴딩은 성인이 도움을 줄 때 아동의 요구에 맞게 그 높이를 조절함으로써 아동의 노력을 지원하는 하나의 체계를 의미한다. 따라서 근접발달영역 내에서 아동의 학습이 효과적으로 발생하게 하는 것은 스캐폴딩이다. 스캐폴딩이란 어떤 작업을 수행하는 학습자들을 도와주는 단순한 역할이 아니라 학습자 스스로 할 수 없는 작업을 수행해 내도록 도와주거나, 학습자 스스로 어떤 작업을 완성시킬 수 있도록 이끌어주는 것이다. 그런 의미에서 단순한 도움과 차이가 있다.

교육적 상황 내에서 스캐폴딩을 처음으로 연구한 우드(Wood)는 이를 근접발달영역에서 특정한 교사 행동을 표상하는 은유로서 사용하였다(Berk & Winsler, 1995). 스캐폴딩의 특징은 다음과 같다(Schetz & Stremmel, 1994).

- **첫째** : 흥미 유발(recruitment): 학습자의 흥미에 대해 주목하고 과제가 요구하는 초점에 아동을 몰입시키는 것
- **둘째** : 자유도의 감소(reduction in degrees of freedom): 학습자가 문제해결에 도달하도록 하기 위해 다른 불필요한 행동을 줄이도록 안내하고 과제를 단순화시키는 것
- **셋째** : 학습목표 유지(direction maintenance): 학습자가 목표를 추구할 수 있도록 지지하는 것
- **넷째** : 과제의 중요 특성 표시(marking critical features): 학습자의 것과 올바른 것 사이의 불일치를 표시해 주는 것
- **다섯째** : 좌절 통제(frustration control): 문제해결과정에서 과제가 주는 좌절을 줄여 주는 것으로 학습자가 계속해서 문제를 해결하도록 힌트 또는 도움을 주는 것
- **여섯째** : 시범(demonstration): 과제 해결에 대한 모델이 되거나 시범을 보여주는 것

스캐폴딩의 범주는 인지적 스캐폴딩(cognitive scaffolding)과 정의적 스캐폴딩(affective scaffolding)의 두 가지로 나눌 수 있다(Shetz, 1994). 첫째, 인지적 스캐폴딩은 '학습 내적인 도움주기'로, 과제의 특성을 표시해주기, 좌절 통제, 시범 등이 있다. 이것은 학습내용에 직접적인 관련을 가지고 지도하는 형태를 의미한다. 인지적 스캐폴딩은 상호작용을 하는 구성원들이 서로 새로운 정보를 제공하고 그들의 토론을 통해 문제를 최선의 해결을 위한 결론을 도출한다.

둘째, 정의적 스캐폴딩은 '학습 외적인 도움주기'로, 흥미 갖기, 멋대로 하려는 태도 줄이기, 학습목표 유지하기, 불안이나 갈등 축소하기 등이다. 정의적 스캐폴딩은 과제에 대한 학습자의 자발적이고 도전적인 욕구와 참여를 확대하기 위한 것으로, 구성원 간의 따뜻하고 배려 깊은 언어적 격려에 의해 학습자의 과제 참여가 촉진될 수 있다(전성연 외, 2007)

효과적인 스캐폴딩은 <표 5.7>과 같은 구성요소와 목표를 가지고 있다(Robert & Langer, 1991, 정미례 2002 재인용). 과학수업에서의 스캐폴딩의 예는 <표 5.8>과 같다.

표 5.7 효과적인 스캐폴딩의 구성요소와 목표

요소	목표
초점 맞추기	학생들의 반응을 정선하여 구체적인 방향을 제시하고 과제를 단순화하는 것과 같이 관련 분야를 좁혀가는 도움주기
수정하기	다른 말을 사용하거나 어떤 것을 부가함으로써 학생들의 아이디어를 수정하여 도움 주기
힌트주기	아이디어나 대답의 형태로 제공한 도움 주기
요약하기	아이디어를 재검토하거나 재진술하는 요약을 통해 도움주기
진술하기	정보의 직접적이고 명시적인 진술을 통한 도움주기

표 5.8 과학수업에서의 스캐폴딩의 예

유형	예시
모델링하기	학생들이 새로운 실험기구를 사용하기 전, 교사가 먼저 새로운 실험기구의 사용하는 시범을 보여 준다.
소리 내어 생각하기	화학반응식을 구하는 과정을 과학교사가 소리 내어 설명한다.
질문하기	교사가 문제를 해결하는 중요한 시점에서 관련 질문을 던짐으로써 학생들이 문제를 보다 구체적으로 이해할 수 있도록 한다.
수업자료 조정하기	수업의 난이도에 따라 처음에는 쉬운 학습과제나 문제를 제공하고 점차로 그것의 난이도를 높여 간다.
조언과 단서 제공하기	학생들의 과제 수행을 지원하기 위해 과제 수행에 필요한 조언이나 단서를 제공한다.

교육적 가치와 비판

비고츠키가 발달과정에 있어서 수업과 학교의 중요한 측면을 고려했기 때문에 근접발달영역이라는 개념의 적용은 발달적일 뿐 아니라 교육적인 면에서 중요한 개념이다. 근접발달영역은 과학 교수 학습 과정에 중요한 시사점을 제공한다. 아동은 성인의 도움뿐만 아니라, 발달 수준이 비슷한 또래나 짝, 또는 발달 수준이 다른 유아들과의 상호작용을 통해서 근접발달영역의 한계 내에서 활동을 수행할 수 있다는 것이다. 처음에 아동은 다른 사람의 도움을 받아서 과제를 수행하지만, 점차 아동 혼자서 수행하게 되고, 아동의 능력은 그만큼 확장된다고 볼 수 있다. 따라서 가장 효과적인 수업이란 높은 수준의 근접발달

영역의 상한선을 수업의 목표로 설정하는 것이다.

비고츠키의 이론에 의한 수업원리는 학습자들의 근접발달영역에 알맞은 상호작용을 수행할 수 있도록 도와주는 것이다. 그렇게 함으로써 학습자들은 수업을 통하여 자신의 잠재적 발달영역 내의 인지 기능에 도전을 받게 되고, 이를 해결하기 위한 전략과 방법을 모방과 교수를 통해 습득하면서 새로운 발달을 형성해 나가게 된다.

비고츠키 이론에 기초한 수업이 효과적으로 이루어지기 위한 조건들은 다음과 같다. 첫째, 근접발달 수준에 알맞은 학습조건을 제공한다. 학교에는 실제 발달수준은 동등하지만 잠재적 발달수준에는 차이가 있는 학생들이 동시에 존재한다. 따라서 효율적인 교수 학습은 학습자들의 근접발달영역을 분석하여 파악하는 것이 중요하다. 그리하여 근접발달영역 수준에 상응하는 개개인의 수준별 수업을 강조하는 것이 바람직하다.

둘째, 학습자와 교사 간의 적극적 대화를 강조한다. 학습이 학습자의 근접발달영역 내에서 또는 근접발달영역에 상응하여 이루어지기 위해서는 학습자와 교사의 교육적 대화라는 적극적인 상호작용이 진행되어야 한다.

셋째, 학습자들이 적극적으로 참여하는 교수 학습 환경을 제공한다. 교수활동에서 지시적이며 감독적 요소와 교사라는 지위의 권위는 지양되고, 반대로 교사와 학습자 간 또는 학습자와 학습자 간의 상호작용을 교수 학습 환경의 기본 원리로 설정한다. 그리하여 학습자들의 적극적인 참여를 통한 상호작용의 기회를 확대한다. 학습자와 교사의 교육적 대화 기회를 극대화하는 학습환경을 설정함으로써 효율적인 학습을 기대할 수 있다.

그러나 학습자들의 상호작용을 통해 지식을 구성하는 사회적 구성주의적 수업에 대한 비판은 다음과 같다. 첫째, 학습자 스스로 모든 개념을 학습하는 것은 어렵다. 협력학습 (collaborative learning)은 일정한 개념의 습득을 해야 하는 학습과제에는 부적절하다 (Howe & Berv, 2000). 교사의 전문적 지식을 전달하는 과정 없이, 학습자들에게 복잡한 개념적 스키마의 지식을 스스로 구성하도록 한다는 것은 매우 어렵다 (Matthews, 1997). 잠재적 에너지, 돌연변이, 원자 등과 같은 추상적이며 과학자들이 현상을 설명하기 위하여 구성한 개념을 교사의 직접적이고 논리적인 설명 없이 학생들이 스스로 구성하기는 어렵다는 것이다.

둘째, 사회적이며 능동적인 의미 구성은 능력이 부족한 학습자나 다른 문화에서 온 학습자들에게 어려움이 있다. 왜냐하면 그 학습자들의 지식과 기술의 부족함, 또는 문화의 차이는 집단 학습의 참여에 장벽이 될 수 있다 (Cobb & Bowers, 1999; Delpt, 1988). 뿐만 아니라, 참 (authentic) 과제에 의존하는 것은 학습에 어려움이 있는 학습자의 인지적 능력에 부담이 될 수 있다 (Foorman et al., 1998).

셋째, 사회적 구성주의적 교수 전략이 교사들에게 부담이다 (Windschitl & Sahl, 2002). 교사에게 발생할 수 있는 네 가지 갈등이 있다. 첫째, 구성주의 철학 및 기초에 대한 개념적 이해에 대한 갈등이다. 둘째, 학문적 체계의 교수에 충실하면서 스스로 의미를 구성하고자 하는 학습자의 노력에 가치를 부여하는 교수전략적 갈등이다. 셋째, 구성주의에 따라 신념과 실천을 전달하면서 각 학생의 지식과 경험을 활용하는 문화적 갈등이다. 넷째, 교사의 책무성, 문제와 이해를 위한 수업과 타협하는 정치적 갈등이다. 이러한 갈등을 해소하기 위하여 교사는 수업에서 학습자의 개념 구성과 효율적인 이해 간의 균형을 추구하고, 학습자의 활동에 개입할 여부와 시기를 매순간 민감하게 판단할 수 있는 과학교사로서의 전문성을 갖추어야 한다 (Palinscar, 1998; Perkins, 1999).

상황학습 이론

상황학습은 일종의 지식 획득에 관한 이론이다. 상황학습 이론에서 볼 때 지식은 상황적이고 그 지식이 사용될 행동과 문화 안에서 생성되는 것이지 결코 독립되어 존재하는 것이 아니다. 그리고 지식을 개발하고 전개하는 행동은 학습과 인지의 필수적인 부분이다. 따라서 지식이란 독립적으로 존재하기보다는 현실에서 활용될 수 있는 도구 즉, 능동적 지식일 때 진정한 지식으로 평가된다.

구성주의의 대두와 함께 인지 활동에 대한 맥락적 요소들의 역할이 강조되면서 상황학습 이론 (situated learning theory)에 대한 관심이 증가하였다. 상황학습 이론은 기본적으로 인간의 사고는 그 사고가 발생하는 맥락에 의해 제한된다는 사실의 인식으로부터 출발한다. 최근 인지 과정에 대한 인류학적 연구들은 기존의 연구들과는 달리, 사고를 물리적, 사회적 상황과 개인 간의 상호작용으로 본다 (Greeno, 1989). 이 연구들의 결과는 개인은 일상적인 환경과 통제된 환경에서 매우 다르게 사고하고 행동함을 보여주고 있다. 예를 들면, 기억 검사에서 어려움을 경험한 어린 학생이라도 집에서는 부모들이 숨겨 놓은 물체의 장소를 정확하게 기억해 내는 것을 볼 수 있다. 또한 시험 상황에서는 논리적인 문제나 의사소통 문제에서 나쁜 성적을 보인 학생이 종종 친숙한 상황에서는 정확하게 사고하고 설득력 있게 의사소통을 한다 (Rogoff, 1984). 이러한 연구들은 상징의 조작보다는 인지적 작동체 (cognitive operant)와 그것이 작동하는 상황 간의 상호작용의 과정에 초점을 두며, 학습이나 인지적 활동은 상황과 분리된 것이 아니라 상황 내에서 이루어진다는 것을 강조한다. 따라서 지식은 학습이 일어나는 상황의 외부에 존재하는 것이 아니라 학습이 일어나고 지식이 개발되는 상황 내에 통합된 부분이다 (Brown & Palincsar, 1989).

▌상황의 정의

상황 (situation)의 국어사전적 의미는 '일이 되어가는 과정이나 형편 (국립국어연구원, 1999)'으로 '특정한 시간에 주체가 벌이거나 주체가 당하는 일과 관련된 주변 전체의 장면'이다. 영어에서 'situation (상황)'이나 'situated (상황화된)'은 모두 'situate (상황화하다)'라는 동사의 의미를 기본으로 하고 있으며, 'situated'의 뜻은 맥락 안에 두다 (put in context)이다. 이와 같이 '상황'이라는 말은 복잡한 대상에 연결된 전·후 '맥락들'을 포함하는 장과 여러 맥락들이 혼재한 삶의 종적이자 횡적인 모습을 담는 장을 뜻한다. 그러나 복합적이고 다차원적이며 정의하기가 결코 쉽지 않은 상황 또는 맥락의 모호함으로 인해 상황을 '매우 악명 높은 개념'이라고 말하고 있다 (이주섭, 2001).

근래에 와서 학습과제에 나타나는 상황의 성격이 학습 결과에 중대한 영향을 미친다는 인지적 편견 (cognitive biases)의 근원으로서 상황의 역할에 주목하고 있다 (Cavemi et al., 1990).

교수 학습적 관점에서 살펴볼 때, 풍부한 상황은 학습자들에게 큰 의미를 부여해 줄 수 있다. 학습자들은 자기와 무관해 보이는 추상적인 과학개념을 접할 때보다는 주변의 현실적이고 구체적인 상황을 담고 있는 과학교육의 내용을 접할 때, 그 개념에 대해 자기문제화 및 주인의식 (ownership)을 가지고 친숙하게 다가갈 수 있기 때문이다. 왜냐하면 과학 내용에서 제시된 특정한 상황은 학습자들에게 자신의 아이디어나 경험을 떠올리며 자신의 삶과 연결고리를 찾게 하고 그러한 연결고리는 결국 과학 학습에 있어 더욱 능동적인 자세와 태도를 갖출 수 있는 기회를 모색해 주기 때문이다.

▌상황학습

상황학습에서는 인지와 지식구성이 상황에 특정한 것이기 때문에 학습은 반드시 특정한 시간과 장소에서 개인의 특수한 능력과 필요에 의해 상황적으로 이루어져야 한다. 다시 말해, 지식을 필요로 하게 되는 상황, 지식을 구성하는 상황, 지식을 활용하는 실용적 상황을 통해 학습이 이루어져야 한다는 것이다. 상황학습은 그러한 실용적 학습 상황을 '도제 제도'를 바탕으로 구체화하고 있는 것이다.

상황학습 이론에 따르면, 교육은 어떤 형태이든 간에 필연적으로 어떤 맥락이나 문화에 근거해야 한다 (Brown & Duguid, 1994). 그러한 맥락이나 문화는 교육에 효과적인 것이어야 하며, 이를 위해서는 교육자들이 해당 맥락이나 문화에 대해 잘 이해하고 있어야 한다. 상황학습 이론에 근거하여 학습을 설계할 때에는 도제제도를 도입하여 실제 상황과 유사한 상황에서 학습할 수 있도록 해야 하며, 학습자가 의미 있는 지식을 구축해 나갈 수 있도록, 문제를 제기하거나 의문을 가질 수 있도록 학습자를 유도하는 방향으로 상황이 설계되고 제공되어야 한다.

상황학습은 학습과 지식 구성에 대해서 다음과 같이 정리한다. 첫째, 지식은 습득 (acquisition)의 처리과정에 따라 얻어지는 것이 아니라 활동의 산출물이다. 둘째, 학습은 현실 사회로의 문화적 동화과정이다. 그러므로 과학을 학습한다는 것은 과학문화에 동화되는 것을 뜻하며, 학습자도 '생활 속에서 과학을 탐구하는 자'로서의 활동을 해야 한다. 셋째, 학습은 현실 사회의 일원으로서 정체성을 계발해 가는 과정이다 (Lave & Wenger, 1991). 따라서 지식과 기술이 증가한다는 것은 한 사회의 구성원으로서 개인의 정체성이 강화된다는 것을 의미한다. 이러한 정체성의 형성과 개발은 광범위한 사회적 타협을 통해 성취된다 (Orr, 1990). 넷째, 과학 지식은 과학의 문화와 언어에 기반을 둔 '의미 (meaning)'로 타협 (negotiation)을 통해 사회적으로 구성된다.

▌ 상황학습과 과학교육

과학교육에 중요한 영향을 미치는 상황 도입의 필요성을 정리하면 다음과 같다.

첫째, 학습자들은 실제 생활에서 사고하는 것과 통제된 환경에서 사고하는 것이 다르다. 통제된 환경에서는 논리적이지 못하고 전달 방식에 문제가 있는 학습자라도 자신과 친숙한 상황에서는 명확하고 논리적인 사실을 전달하는 경우가 있다. 그것은 학습자들이 그 지식과 기술을 실제 상황이나 맥락 속에서 언제 어떻게 활용해야 하는지를 알고 있기 때문이다.

둘째, 실제적인 과제가 문제의 중심이 될 때 학습자들은 무엇을 배워야 하고 배운 지식을 어떻게 활용해야 하는지에 관해 제대로 판단할 수 있다. 어떤 특별한 방법이나 전략이 실제 상황에 적합할 때, 학습자들은 그들의 경험에 기초하여 더 효과적으로 학습할 수 있다.

셋째, 실제적인 상황은 학생들에게 동기 부여의 측면이 강하다. 학습자들에게 매일 일어나는 실제 활동에서 문제를 해결하는 기회가 제공되면 자기주도적인 활동을 하게 된다. 실제적인 맥락 상황은 학생들에게 무엇을 배워야 하고 배운 것을 어떻게 사용해야 하는지를 잘 파악할 수 있게 한다 (Brown et al., 1989).

넷째, 상황의 참모습은 실제 상황뿐 아니라 학습자 자신이 갖고 있는 지식에도 존재한다. 그러므로 효과적인 과학학습을 위해서는 교사가 학습자에게 적절한 상황을 제공함으로써 학습자가 기존에 갖고 있던 지식과 새로운 지식을 재구성할 수 있는 기회를 충분히 주어야 한다. 예를 들면, 과학 학습은 일상생활에서부터 과학연구에 이르기까지 다양한 맥락에서 이루어져야 한다 (백윤수 외, 2011). 이를 통해 학습자는 학습과제를 왜 학습하는지를 이해할 수 있고, 자신의 문제를 수행하는 과정을 통해 학습하며, 실제 상황에서 어떤 방법이 적합한지를 탐구하게 된다. 따라서 실제 생활을 단순화시켜 가르치기보다는 실제 맥락의 다양하고 복잡한 상황들에서 학습이 이루어져야 한다.

백윤수 외 (2011)는 과학교육에서의 상황을 학습자들에게 심리적 거리가 가까운 곳에서부터 먼 곳으로의 네 범주로 구분하여 제시하였다 (<표 5.9>). 즉, 과학교육의 상황은 일상생활 및 여가, 사건 및 역사적 사례, 일 또는 직업, 과학 연구 등으로 구분할 수 있다. 상황은 학생들이 현실 세계와의 연결성만이 아니라 마음속에서 무언가를 상상할 수 있는 상황 또는 문제 상황을 제시하는 것을 뜻하며, 여러 경험을 혼합해서 상상력을 불러일으킬 수 있다. 또한 단순한 일상생활이 아니라 체험가능하고 감정이입이 될 수 있는 상황을 모두 포함한다.

▎교육적 가치와 비판

상황학습 이론은 전통적인 학교 교육의 문제점을 해결할 수 있는 잠재력을 가지고 있다는 점에서 관심이 집중되고 있다. 학교 교육의 가장 큰 문제점 중의 하나는 학생들이 학교에서 배운 지식을 일상적인 상황에 적용하는 데 어려움을 겪는다는 것이다. 이러한 문제는 공교육의 비맥락화된 학습 경험 즉, 사실의 학습이 그 사실에 의미를 부여하는 상황에서 분리된 학습의 경험에서 비롯된다 (Bransford et al., 1989)는 것이다. 공교육 환경에서는 과학적 지식과 기술이 과학자나 전문가들이 실제로 그것들을 사용하는 상황 및 방법

표 5.9 과학교육의 상황(백윤수 외, 2011; 박현주 외, 2012)

유형	의미	예
일상생활 및 여가	흔히 일상생활에서 일어나는 상황	기본활동(잠, 식사, 옷입기 등), 가사활동(요리하기, 아기 돌보기, 화단정리 등), 여가활동(운동, 등산, 게임 등), 학습활동(책읽기, 학습보조 기구 사용, 인터넷 자료조사 등)
사건 및 역사적 사례	뉴스 특별한 상황 (과거, 현재, 미래)	현재의 사건(구제역, 영동지방의 폭설, 걸그룹의 인기폭발, 아프리카에 구호품 보내기 등), 역사적 사건(공룡의 멸종, 체르노빌 사건, 임진왜란, 아메리카 대륙발견 등)
일 또는 직업	일상생활과 반대되는 공적인 직업상황	생산직(농업, 어업, 광업 등), 제조 관련 직(건설, 기계, 재료 등), 사무 관련 직(교육, 연구 등), 서비스 관련 직(공익, 봉사 등), 의료 관련직(보건 등), 예술 관련 직(문화, 스포츠 등)
과학 연구	전문적 과학 연구 상황 (과학 연구는 일 또는 직업에서 분리하여 별도의 분류)	연구주제 찾기, 연구 방법 결정하기, 자료수집하기, 실험실에서 실험하기, 야외에서 조사하기, 연구에 대하여 토론하기, 논문쓰기, 연구 결과 발표하기 등

과 다르게 취급되고 학습된다. 비맥락화되고 단순화된 지식은 불완전하고, 부족한 이해를 초래한다. 그 결과, 학습자들은 그 개념을 학습하고 시험에 통과할지라도 동일한 지식을 일상 환경에 적용하는 것은 제한적이다.

상황학습 이론의 교육적 가치는 다음과 같이 정리된다.

첫째, '참'의 실제성(authenticity)이다. 실제성은 중요한 동기부여적인 잠재력을 지닌다. 전통적인 교실에서 학습자들은 주로 학습과제와 거의 관계가 없을 뿐만 아니라, 또한 무의미한 문제나 과제를 수행하도록 요구된다(Newmann, 1991). 그러한 과제들은 학습자들의 경험과 분리되어 있고, 교사나 학부모들의 요구를 충족하지도 못하며, 학습자들에게 명백한 개인적인 의미도 제공하지 못한다. 그러나 실제적인 과제는 학습동기 유발을 위한 잠재력을 지니는, 그리고 매일의 학습자의 상황에서 일어나는 일상적인 활동이다. 실제적인 과제는 학습자에게 자기 주도적이며 목적지향적인 경향을 지닌다. 실제적인 과제는 종종 문제지향적이기 때문에 학습자들이 무엇을 학습하며 어떻게 그것을 사용해야 하는지를 쉽게 간파할 수 있다(Collins et al., 1989).

둘째, 학습내용의 전이(transfer)이다. 지식과 인지적 기능은 그것이 획득되는 상황에 의존적이다. 지식 또는 기능의 전이는 사회적 분위기, 물리적 특성과 속성, 초기 학습에 제시되는 중개자(agents)와 같은 상황적 요소들에 의해 영향을 받는다. 성공적인 전이는 개인이 새로운 환경의 유사성에 따라 참고하고 적용하는 일반적인 상징적 스키마 (general symbolic schemata)를 획득할 때 발생한다. 추상적인 지식이 성공적인 전이를 촉진하지 못하는 경우가 많고, 또한 분야 전문적인 지식도 전혀 다른 상황에 전이되는 것이 어렵다. 전이는 연결된 구체적인 사례를 활용함으로써 촉진될 수 있다. 즉, 전이 가능한 지식은 학문분야의 전문적인 지식과 밀접하게 연결되어 있다 (Larkin, 1989).

셋째, 도구로서의 지식이다. 지식과 기능이 그것이 사용되는 환경으로부터 유리되어 가르쳐질 때 그 지식과 기능의 전이는 제한적일 것이다 (Winn, 1993). 학생들은 학교의 물리학 문제를 푸는 데 요구되는 계산 능력과 기능을 획득하지만, 일상적인 유사한 현상에 직면하고 그 지식이나 기능을 적용하는 데는 실패를 거듭하게 된다 (DiSessa, 1982; McDermott, 1984). 그러나 학습내용이 유의미한 상황에서 획득되었을 때는 상황이 그것을 사용할 수 있도록 보조해 주기 때문에 보다 전이가 가능하게 된다 (Collins, 1988). 학생들이 실제 문제를 다룰 때는 그들의 개인적인 경험과 자아, 그리고 상황을 계속적으로 비교하고 참고함으로써 개발된 전략을 이용하게 된다. 따라서 학습자들은 일상적인 상황뿐만 아니라 새로운 상황에서 도구를 다루는 것처럼 그들의 지식을 융통성 있게 사용하는 법을 배우게 되는 것이다.

넷째, 상황 정착적 교수 (Anchored instruction)이다. 상황 정착점 (anchors)은 지식의 활용에 대한 탐색과 이해를 촉진하기 위해 문제 환경 내에 내포되어 있다 (Cognition and Technology Group at Vanderbilt, 1992). 상황 정착적 교수는 고유한 상황 안에서 지식과 기능이 자연스럽게 내재되어 있는 현실적 환경을 제공한다. 상황 정착적 교수는 모든 교육과정에 걸쳐 교수를 교과내용에 정착시킬 수 있는 '거시적 상황 (macro contexts)'을 제안함으로써 인지적 도제 제도의 개념을 확장한다 (Young, 1993).

상황 정착적 교수는 상황 학습 환경의 설계에 몇 가지의 중요한 시사점을 제공한다. 첫째, 정착점은 실제적 과제와 목적을 강조한다. 실제적 과제 (authentic tasks)는 두 가지 수준을 가진다. 즉, 환경에서의 사물과 자료의 실제성과 문제 상황의 실제성이다. 둘째, 상황 정착적 교수로 제공된 수업은 상당한 양의 내포된 자료들 (embedded data)을 포함한다. 상황 정착적 교수는 학생들이 해결할 문제를 만들고, 그 이야기 상황 내에서 관련된 정보를 찾도록 요구한다.

6장

과학 수업 모형과 방법

좁은 의미에서 수업은 단위 시간에 이루어지는 교수와 학습의 과정만으로 한정할 수 있다. 그러나 넓은 의미로 볼 때, 수업은 수업 목표를 설정하는 것부터 시작하여, 수업 목표를 효과적으로 달성하기 위해서 수업을 설계하고, 수업을 수행하며, 그 결과를 평가하는 과정을 모두 포함한다. 이 수업에서 수업 모형, 방법, 전략 등은 수업의 핵심적인 요소이다. 우리나라에 본격적으로 수업 모형 (model of teaching)이라는 개념이 도입된 것은 1960년대 이후이다. 그러나 아직까지도 교육학자들이나 교육자들 사이에 수업 모형이 무엇인지 일치하는 정의가 없다. 콜과 챈 (Cole & Chan, 1987)은 수업 모형이란 수업의 실제를 표현하기 위하여 수업 과정에서 일어날 수 있는 주요 특징을 요약해 놓은 설계도 또는 계획이라고 정의했다. 그리고 권낙원 (1989)은 특정한 학습 이론에 바탕을 두고 수업 현상에서 나타나는 중요한 특징들을 체계적으로 간추려 놓은 것이라고 정의했으며, 김한호 (1995)는 수업 목표를 달성하기 위해서 교수·학습 과정의 효율성을 높일 수 있도록 계획한 수업 설계도, 청사진 혹은 수업 지침이라고 말했다. 본질적인 의미로 볼 때, '모형'은 그것이 보여주고자 하는 실물이나 원형 자체는 아니다. 모형은 실물이나 원형이 가지고 있는 특징 중에서 중요한 요소만을 부각시킨다. 따라서 수업 모형은 수업의 실재 (reality) 그 자체는 아니며 수업의 본질 중 특징적인 요소를 표현한 형식적 절차라고 할 수 있다. 수업 방법 (teaching methods)이란 용어는 흔히 교수법, 학습 지도법, 교수·학습 방법과 같은 뜻으로 쓰인다. 수업은 교사의 교수 활동과 학생의 학습 활동을 모두 포함한다. 수업 방법은 교사의 활동 측면에서 보면 교수 방법이라고 말할 수 있고, 학생의 활동 측면에서 보면 학습 방법이라고 할 수 있다. 따라서 수업 방법은 교사와 학생이 학습 목표를 달성하기 위해서 수업 중에 어떻게 활동하는가를 보여준다. 한편, 수업 방법은 교육 방법이나 교육과정과는 의미가 다르다. 교육 방법은 수업 방법뿐만 아니라 목표 달성을 위해 필요한 학생의 조직, 교사의 조직, 수업 절차, 교육에 필요한 자원의 마련과 활용 등과 같이 포괄적인 수준에서 이루어지는 교육 활동을 모두 포함한다. 그리고 교육과정이 무엇을 가르칠 것인가를 다룬다면, 교육 방법은 어떻게 가르칠 것인가를 다룬다는 것으로 서로 의미가 구별된다.

전략(strategy)은 본래 군사와 관련하여 쓰이는 낱말로, 특정한 군사적 목표를 수행하기 위해 마련한 행동 계획을 가리킨다. 군사 전략은 교전의 수행에 관련한 전술(military tactics)과는 구별한다. 전략은 각기 다른 교전을 어떻게 연결시킬지에 관련되어 있다. 이러한 의미에서 수업 전략은 특정한 교수·학습 목표를 달성하기 위해 수립한 교사와 학생의 행동 계획을 가리키며, 하나의 수업 전략은 다른 수업 전략과 유기적으로 연결되어 있다. 따라서 수업 목표를 달성하기 위해서 교사와 학생이 수행하는 활동의 유형을 규정하는 수업 방법이나, 수업의 특징적인 요소를 절차적으로 제시한 수업 모형과는 구별된다.

이 장에서는 과학교육 현장에서 많이 쓰이고 있는 발견학습 모형, 가설검증 학습 모형, 순환 학습 모형, POE 모형, 발생학습 모형, 개념변화 모형, STS 수업 모형, 협동 학습 모형 등의 과학 수업 모형들을 예시와 함께 소개한다. 그리고 강의, 토론, 실험, 야외조사, 자유 탐구, 역할놀이 등과 같은 과학 수업 방법을 소개한다. 또한 발문, 시범실험, 개념도 활용, V도 활용, 비유 활용, 과학사 활용 등의 수업 전략도 소개한다.

▍ 발견학습 모형

발견학습 모형은 브루너가 제안한 학습 이론을 바탕으로 개발되었다. 브루너는 피아제의 인지발달 이론을 근거로 1960년대의 학문중심 교육과정의 기초가 되는 탐구적 학습지도를 위해 발견학습 이론을 제안했다. 그는 학생이 과학자처럼 스스로 규칙성을 발견할 수 있다고 가정하고, 과학 학습이 학생 스스로 자연 현상을 관찰하여 규칙성을 찾고 일반화하는 절차에 따라 이루어져야 한다고 주장했다 (Bruner, 1960). 또한 그는 과학 수업에서 발견학습을 적용해야 하는 이유를 다음과 같이 네 가지로 설명했다.

첫째, 발견학습은 학생의 지적 능력을 향상시켜주기 때문에 장차 당면하게 될 실제적인 문제를 해결할 수 있는 능력을 길러준다. 둘째, 발견학습은 외재적 동기보다는 내재적 동기를 강화시킨다. 즉, 학생은 발견 과정을 경험하며 지적 희열을 느끼고 이를 통해 내적 보상을 맛보는 것을 반복함으로써 내재적 동기가 강화된다. 셋째, 발견학습은 새로운 문제를 발견하는 능력을 키워준다. 학생은 발견학습에서 관련된 변인을 인식하고 그 변인들을 과학적으로 해결할 수 있는 형태로 그 변인들을 조직함으로써 새롭고 의미 있는 문제를 생성할 수 있게 된다. 넷째, 스스로 발견한 지식은 인지구조에 의미 있게 파지되기 때문에 발견학습을 통해서 학습한 지식은 오랫동안 기억된다 (Bruner, 1960).

한편, 발견학습 이론을 바탕으로 개발된 발견학습 모형은 다음과 같은 특징이 있다 (김찬종 외, 2007). 첫째, 수업 과정에서 학생은 자연 현상을 관찰하고 규칙성을 발견하여 개념을 형성하는 경험을 한다. 이 때 학생은 관찰 결과 수집한 자료를 분석하여 스스로 개념이나 법칙을 이끌어 내야 한다. 둘째, 학생 스스로 과학의 과정을 경험한다. 즉, 학생은 추리와 예상, 분류 등과 같은 탐구 과정에 직접 참여하며 학습한다. 셋째, 교사는 학습 지도에서 계획의 중요성을 인식하고 구체적으로 준비해야 한다. 특히 교사는 이 모형에 적절한 학습 자료를 유의하여 선택해야 한다. 학습 자료는 학생이 과학 개념을 이끌어 낼 수 있는 기초 자료이므로 매우 중요하다. 다양한 자료를 접할 때 학생은 보다 뚜렷한 규칙성을 찾아 과학 개념을 명확하게 확립할 수 있다. 넷째, 교사는 질문을 활용하여 학생의 적극적인 참여를 유도해야 한다.

발견학습 모형에서는 관찰과 측정, 분류, 일반화와 같은 귀납적 탐구 과정이 중요하다. 그리고 이 모형을 수업에 적용할 때에는 학생의 나이나 학년 이외에도 학습할 내용의 특성을 고려하는 것이 중요하다. 인과적으로 원인을 밝히는 탐구 과정을 경험하게 하는 것이 수업의 목적이라면 이 모형은 그 수업에 적절하지 않다. 발견학습 모형은 귀납적 사고를 통해서 과학 법칙이나 원리를 발견하고 학습할 때 적절하다.

발견학습 모형은 비교적 다양한 형태로 제안되어 과학교육에 적용되어 왔다. 예를 들어 카우책과 에겐 (Kauchak & Eggen, 1980)은 7단계 모형을 제시하였는데, 이 모형은 '자료 제시', '자료 관찰', '추가 자료 제시', '추가 관찰', '일반화', '정리', '발전'의 과정으로 되어 있다. 이범홍과 김영민 (1983)은 '탐색 및 문제 파악', '자료 제시 및 관찰 탐색', '추가 자료 제시 및 관찰 탐색', '규칙성 발견 및 개념 정리', '적용 및 응용'의 5단계로 발견학습 모형의 과정을 제시하였다. 이 모형의 각 단계를 간략하게 설명하면 <표 6.1>과 같다. '탐색 및 문제 파악' 단계는 학생이 학습 자료를 탐색하고 문제를 파악하는 단계이다. 이 때 교사는 학생들이 주어진 학습 자료를 관찰하며 문제를 파악할 수 있도록 도와준다. 교사가 제시하는 자료는 귀납적 탐구에 적절하고 학생에게 친숙하며 흥미를 불러일으킬 수 있는 것이 좋다.

이 단계에서 학생은 학습 자료를 다양한 방법으로 관찰하는 과정에서 자연스럽게 떠오르는 여러 가지 의문 중 귀납적 탐구에 직절한 의문을 선택하여 팀구 문제를 만든다. 그러나 귀납적 탐구를 유도하는 서술적 의문은 인과적 의문과 다르게 학생이 쉽게 인식하기 어렵다. 따라서 교사의 의도적인 계획과 도움이 필요한 경우가 많다. 예를 들어, 곤충의 특징을 학습하는 수업에서 교사는 임의의 작은 동물을 학생에게 보여주고 곤충인지 아닌지 알아맞히는 활동을 하게 함으로써 탐색 및 문제 파악 단계를 시작할 수 있다. 이 활동에서 교사는 학생이 곤충인지 아닌지 말한 후 단지 정답 여부만을 말할 뿐 곤충의 특징을

표 6.1 발견학습 모형의 단계별 교수·학습 내용

탐색 및 문제 파악	· 학생은 학습 자료를 탐색하여 문제를 파악한다. · 교사는 학생에게 학습 자료를 제시하고, 가능하면 스스로 문제를 파악하도록 도와준다.
자료 제시 및 관찰 탐색	· 학생은 제시된 자료를 자유롭게 탐색하여 관찰하고, 문제 해결을 위한 규칙성을 부분적으로 발견한다. · 교사는 학생에게 문제 해결에 필요한 자료들을 제시하고, 다양한 측면에서 관찰을 수행하도록 격려한다. 이때 관찰의 이론의존성 때문에 학생의 지적 배경에 따라 관찰 결과가 제한될 수 있다는 점을 고려해야 한다.
추가 자료 제시 및 관찰 탐색	· 학생은 귀납적인 사고를 통해서 관찰한 사실에서 규칙성을 발견한다. 그리고 추가로 제시된 자료 중 지금까지 발견한 규칙성에 맞지 않는 것이 있다는 것을 발견한다. · 교사는 학생이 자료의 공통성, 경향성, 분류 기준 등을 발견할 수 있도록 도와준다. 그리고 경우에 따라 발견한 규칙성에 맞지 않은 자료를 제시함으로써 학생이 발견한 규칙성을 명확하게 인식할 수 있도록 한다.
규칙성 발견 및 개념 정리	· 학생은 발견한 규칙성을 발표한다. · 교사는 학생이 발표한 추상적인 개념을 과학적 용어로 표현할 수 있도록 도와준다. 그리고 필요하면 다른 예나 정의를 통해서 개념을 명확하게 설명하고 개념 이해를 도울 수 있는 보충자료를 제시한다.
적용 및 응용	· 학생은 발견한 개념을 다른 상황에 응용한다. 이 과정에서 학생은 교실에서 얻은 지식을 실생활에 관련짓는 기회를 가질 수 있다. · 교사는 이 과정에서 학생이 스스로 발견한 과학 개념을 얼마나 잘 이해하고 있는지 평가할 수도 있다.

말해주지 않는다. 이렇게 반복되는 곤충 알아맞히기 활동에서 학생은 곤충의 특징이 무엇인지 궁금해질 수 있다. 이러한 궁금증은 학생들의 탐구 문제로 연결될 수 있다.

'자료 제시 및 관찰 탐색'은 교사가 학생의 탐구 문제를 해결하는 데 적절한 자료를 제시하고 학생은 탐구 문제를 해결하기 위해서 그 자료를 자유롭게 관찰하여 탐색하는 단계이다. 이 때 교사는 학생이 가능한 한 다양하고 많은 관찰을 하도록 격려해야 한다. 그러나 관찰은 이론의존적이기 때문에 학생의 지적 배경에 따라 상당히 제한적일 수 있다는 것을 고려해서 지도해야 한다. 한편, 교사가 학습 자료를 제시하는 방식은 수업의 목적이나 상황에 따라서 달라질 수 있다. 즉, 수업이 학생의 개별적 탐구 능력 신장을 목표로 한다면 학생 각자에게 자료를 주는 것이 좋으나, 협동학습을 통한 상호작용에 강조점을 두는 수업이라면 모둠별로 자료를 제시하는 것이 효과적이다. 또한 복잡한 자연 현상에서 규칙성을 찾아가는 것을 목표로 한다면 야외에 나가 직접 자연 현상을 관찰하게 할 수도 있다.

'추가 자료 제시 및 관찰 탐색' 단계에서 학생은 관찰한 사실에서 귀납적인 사고를 통해서 규칙성을 발견한다. 교사는 학생이 관찰한 사실에서 공통성 발견, 경향성 발견, 분류 등의 귀납적 탐구를 수행할 수 있도록 도와준다. 그리고 처음 자료의 관찰에서 얻은 사실들과 추가 자료에서 얻은 관찰 사실 사이의 유사점과 차이점을 구분하게 함으로써 발견한 규칙성을 명확하게 인식할 수 있도록 돕는다. 예를 들어, 교사가 곤충의 개념을 학생이 학습하는 것을 돕기 위해서 먼저 곤충의 범주에 들어가는 작은 생물들을 관찰하게 하여 공통성을 발견하게 하고, 이어 곤충이 아닌 동물도 추가로 제시함으로써 곤충 개념을 정교화 할 수 있게 도울 수도 있다.

'규칙성 발견 및 개념 정리' 단계는 학생이 관찰된 규칙성을 일반화하는 단계이다. 이때 교사는 학생이 일반화를 통해 개념을 찾아낸 다음에 학생이 과학 개념을 정확한 용어를 사용하여 말로 나타내도록 도와서 개념을 정리해준다. 그리고 필요하면 다른 예나 정의를 통해서 개념을 명확하게 설명하거나 보충자료를 더 제시할 수도 있다.

이 과정에서 학생이 단 한 번에 개념을 정확하게 형성하기는 어렵다. 의미가 같을지라도 표현이 다를 수도 있고 학생들이 형성한 개념이 일치하지 않을 수도 있다. 그러므로 한 개념에 대한 여러 가지 표현을 하나로 정리하는 일을 해야 한다. 그 한 가지 방법으로 학생들이 발표한 규칙성을 칠판에 기록하게 하고 이에 대해 토론을 하게함으로써 의견을 수렴하는 것이다. 이 단계에서 학생들이 규칙성을 발견하지 못하거나 개념 형성을 하지 못하면 교사는 피드백 과정과 추가적인 자료 제시 및 탐색을 통해 학습 목표에 도달할 수 있도록 학생들을 도와야 한다.

'적용 및 응용' 단계는 학습한 개념을 확장시키거나 응용하는 단계이다. 즉, 학생이 앞에서 발견한 규칙성이나 형성된 개념을 이제까지 접하지 않았던 새로운 현상에 적용함으로써 개념의 활용 범위를 넓혀 가는 단계이다. 이 과정에서 교사는 계획한 교수·학습 내용을 학생들이 얼마나 잘 학습했는지 평가할 수도 있다. 특히 이 단계에는 다양한 심화 또는 보충 학습 활동이 진행될 수 있는데, '그래프 그리기', '만화 그림 그리기', '낱말 퍼즐', '마인드 맵 완성하기', 'NIE 학습자료 활용하기', '문장 완성하기', '이야기 꾸미기' 등이 그 예이다.

발견학습 모형에 따라 곤충 개념을 학습하는 과정을 보여주는 지도안을 예시로 <표 6.2>에 제시하였다.

표 6.2 발견학습 모형 예시 지도안

단계	교사 활동 (교사의 언어 중심)	학생 활동 (활동 결과 중심)
탐색 및 문제 파악	여러 가지 종류의 곤충을 포함한 작은 생물 모형을 모둠별로 나누어주고 곤충의 특징에 관한 탐구 문제를 파악하게 한다.	곤충을 구별하는 활동을 통해 곤충의 특징이 무엇인지 의문을 갖고, 탐구 문제를 파악한다.
	"안녕하세요? 오늘은 곤충을 모형으로 관찰해볼 것인데요 그 전에 6명씩 4모둠으로 나누어 볼까요?"	"네!"
	-교사가 '비단벌레 모형, 노린재 모형, 세리우스사슴벌레 모형, 폭탄먼지벌레 모형, 큰홍노리제 모형, 전갈 모형, 쥐며느리 모형, 벼룩 모형, 참게 모형'을 각 조에 나누어 준다. 또한 학습지도 각 조당 한 장씩 나누어준다.	-조별로 나뉜 학생들은 각 모형을 받는다.
	"각 조에 나누어준 모형들 중에서 곤충인 것과, 곤충이 아닌 것, 두 가지로 분류해볼 수 있는데요 각 모형들을 자세히 관찰해보고 10분 뒤에 각각의 모형들이 곤충인지 아닌지 함께 맞추어 보도록 합시다."	"이건 곤충이야." "이건 곤충이 아니야." -학생끼리의 토론이 이루어진다. 각 곤충 모형에 대한 진위 여부가 가려진다.
	"자, 이 모형(비단벌레 모형)은 곤충일까요 곤충이 아닐까요?" "아니에요 이 모형(비단벌레 모형)은 곤충이에요."	"곤충이 아니에요"
	"자, 이 모형(노린재 모형)은 곤충일까요 곤충이 아닐까요?" "네, 맞아요 이 모형(노린재 모형)은 곤충이에요."	"곤충이에요."
	"자, 이 모형(참게 모형)은 곤충일까요 곤충이 아닐까요?" "네, 맞아요 이 모형(참게 모형)은 곤충이 아닙니다."	"곤충이 아니에요."
	"자, 이 모형(세리우스사슴벌레 모형)은 곤충일까요 곤충이 아닐까요?"	"곤충이에요."

단계	교사 활동 (교사의 언어 중심)	학생 활동 (활동 결과 중심)
	"네, 맞아요. 이 모형(세리우스사슴벌레 모형)은 곤충이에요."	
	"자, 이 모형(큰홍노리제 모형)은 곤충일까요 곤충이 아닐까요?" "네, 맞아요. 이 모형(큰홍노리제 모형)은 곤충이에요.	"곤충이에요."
	"여러분 여러 개의 모형이 곤충인지 아닌지 구분해 보았죠. 여러분, 구분하는 데 어려운 점은 없었나요?"	"선생님! 그런데, 곤충의 특징에 대해 잘 모르기 때문에 정확하게 구분할 수 없어요. 도대체 어떤 특징으로 곤충인 것과 아닌 것을 구분할 수 있나요? 곤충의 특징은 무엇인가요?"
자료 제시 및 관찰 탐색	곤충 모형들을 모둠별로 나누어주고 관찰하게 하여 곤충의 특징을 탐색하게 한다. -잠자리 모형, 메뚜기 모형, 매미 모형을 각 모둠에 나누어준다. "지금 선생님이 나누어준 모형들은 모두 곤충 모형입니다. 각 모둠별로 나누어준 모형들을 가지고 15분 동안 자유롭게 특징을 관찰하고 관찰 결과를 학습지에 기록합시다." -교사는 학생들의 활동을 돌아다니면서 확인하고 돕는다. "각 모형별로 관찰한 특징들 중 공통적으로 있는 특징들을 방금 쓴 관찰결과에 동그라미 해서 표시해 봅시다."	곤충 모형들을 관찰하게 하여 곤충의 특징을 탐색한다. "네." (학습지에 기록한 내용 예시) -잠자리 : 날개가 있다. 그리고 날개에 줄무늬가 있다. 머리가 둥글다. 꼬리가 빨간색이다. 다리가 3쌍이다. 날개가 2쌍이다. 몸이 삼등분으로 나누어진다. -매미 : 둥근 눈이 두 개가 있다. 날개에 무늬가 있다. 배에 줄무늬가 있다. 다리가 3쌍이다. 날개가 2쌍이다. 몸이 삼등분으로 나누어진다. -메뚜기 : 초록색이다. 날개에 그물 무늬가 있다. 배에 줄무늬가 있다. 뒷다리가 길다. 더듬이가 있다. 다리가 3쌍이다. 날개가 2쌍이다. 몸이 삼등분으로 나누어진다. "네."

단계	교사 활동 (교사의 언어 중심)	학생 활동 (활동 결과 중심)
	—교사는 학생들이 표시했는지 돌아다니면서 확인한다.	—잠자리 : 다리가 3쌍이다. 날개가 2쌍이다. 몸이 삼등분으로 나누어진다. —메뚜기 : 다리가 3쌍이다. 날개가 2쌍이다. 몸이 삼등분으로 나누어진다. —매미 : 다리가 3쌍이다. 날개가 2쌍이다. 몸이 삼등분으로 나누어진다.
추가 자료 제시 및 관찰 탐색	다른 곤충들과 거미 모형을 모둠별로 추가하여 나누어주고 관찰하게 하여 곤충과 거미의 차이점을 발견하게 한다. —거미 모형, 벌 모형, 나비 모형 제시 "자, 이제 3가지의 모형을 더 줄 텐데요. 어떤 것은 곤충이고 어떤 것은 곤충이 아니에요. 관찰한 특징들 중에 공통되지 않는 특징을 찾고, 그 특징을 어떤 모형이 가지고 있는지를 기록해 보아요." —교사는 학생들이 작성하였는지 돌아다니면서 확인한다.	추가하여 제시된 모형들을 관찰하여 곤충과 거미의 차이점을 발견한다. "네." (학습지에 기록한 내용) —거미 : 다리가 8개이다. 몸과 다리에 털이 많다. 머리보다 배가 크다. 몸이 이등분으로 나누어진다. 눈이 2개다. 날개가 없다 —벌 : 날개에 무늬가 있다. 머리에 털이 있다. 배에 줄무늬가 있다. 다리가 3쌍이다. 날개가 2쌍이다. 몸이 삼등분으로 나누어진다. —나비 : 날개에 무늬가 있다. 배에 줄무늬가 있다. 입이 길다. 다리가 3쌍이다. 날개가 2쌍이다. 몸이 삼등분으로 나누어진다. —(정리)거미는 다른 표본들과 달리 다리가 8개이고 날개가 없다. 또 몸통이 2부분으로 나누어져 있다.

▌가설검증 학습 모형

가설검증 학습 모형의 이론적 배경은 실증주의 혹은 반증주의 과학철학과 그에 바탕을 둔 학문중심 교육사상에 있다. 실증주의는 사실들의 귀납을 통해 지식이 만들어진다는 경험주의의 인식론을 거부하고 가설을 확증하거나 입증함으로써 새로운 과학 지식이 만들어

진다고 주장하였다. 이와 같은 실증주의가 제시한 과학적 방법을 가설−연역적 방법이라
고 한다. 그러나 가설이 참임을 연역적 과정을 통해 확증하거나 입증할 수 없음을 인식한
반증주의는 가설−연역적 방법을 가설을 반증하는 방법론으로 적용할 수 있다고 주장하였
으며, 이는 논리적으로 모순이 없다고 인정되고 있다.

과학교육에서 가설−연역적 방법은 학생들에게 가설을 만들어 검증하는 과정을 경험하
게 하고 과학의 본성을 체득시키기 위해 학문중심 교육사상에 적용되었다. 이 과정은 크
게 문제 인식, 가설 설정, 실험 설계, 자료 해석, 결론 도출 등의 절차로 세분하여 탐구학
습 과정으로 구체화되었다.

가설검증 학습 모형의 수업 과정은 학자들에 따라 다양하게 제시되었다. 예를 들어 스
와브 (Schwab, 1966)는 가설을 검증하는 탐구 과정을 '문제 발견 및 인식', '가설 설정', '실
험 설계', '자료 수집 및 처리', '자료 해석 및 검증', '일반화' 등의 단계로 구분하였다. 허명
(Hur, 1984)의 탐구 과정 모형은 '즉시적 현상', '문제 발생', '가설 설정', '실험 설계', '자
료의 수집과 정리', '자료의 해석 및 분석', '결과의 종합' 단계로 제시하였다. 한편, 이범홍
과 김영민 (1983)은 여러 가지 모형들을 종합하여 <표 6.3>과 같이 '탐색 및 문제 파악',
'가설 설정', '실험 설계', '실험', '가설 검증', '적용 및 새로운 문제 발견'의 과정으로 가설
검증 학습 모형을 제안하였다.

'탐색 및 문제 파악' 단계는 학생이 자유로운 탐색을 통하여 문제를 파악하는 단계이다.

과학 탐구가 의미 있게 진행되기 위해서는 학생이 문제를 정확히 파악해야 하며 그 문
제가 학생에게 흥미로워야 한다. 탐구 문제는 탐구의 수준과 방향을 결정하며 학생이 흥
미를 가지고 탐구에 몰입하게 하는 원동력이 된다. 따라서 학생 스스로 탐구 문제를 파악
했다면 가장 이상적인 탐구 학습이 이루어질 가능성이 높아진다. 그러나 학생이 스스로
문제를 발견하지 못하는 경우에 교사는 유사한 예를 들거나 시범 활동을 통하여 문제를
발견할 수 있도록 안내해야 한다. 경우에 따라서는 교사가 탐구 문제를 직접 제시하거나
질문을 통해 문제를 인식하게 할 수도 있다.

과학 담구의 문제는 기존에 알고 있는 시식의 연역 과성에서 발견될 수도 있지만, 학교
과학교육에서는 대부분 현상이나 사물을 관찰하는 과정에서 발견된다. 예를 들어서 감자
즙을 묻힌 거름종이 조각을 과산화수소수에 넣었을 때 거름종이가 떠오르는 현상을 관찰
한 학생이 "왜 거름종이가 떠오를까?"라고 인과적 의문을 제기한다면 이것이 탐구 문제가
될 수 있다. 그러나 그 이유를 이미 알고 있는 학생이 있다면 그것은 의미 있는 문제가 될
수 없을 것이다. 이런 경우 관찰 상황에서 학생은 또 다른 사실을 관찰하고 그 사실에 '왜'

표 6.3 가설검증 학습 모형의 단계별 교수·학습 내용

탐색 및 문제 파악	· 학생은 자유로운 탐색을 통하여 문제를 파악한다. · 학생이 문제를 스스로 발견하기 어려운 경우에는 교사가 시범 실험 등을 통해서 문제 파악을 도와줄 수 있다.
가설 설정	· 학생이 탐구 문제에 대한 잠정적인 해답인 가설을 만든다. 가설은 검증 가능한 진술이어야 한다. · 엄밀한 의미에서 가설은 현상에 대한 인과론적 또는 모형적 설명을 의미하나 학생의 수준에 따라 현상에 대한 서술적인 진술(일종의 예상)도 포함할 수 있다. · 교사는 학생들이 가설과 관련된 배경 가정들을 명확하게 인식할 수 있도록 돕는다.
실험 설계	· 학생은 가설을 검증하기 위하여 변인을 확인하고 통제하는 방법을 생각해내고 실험에 사용할 기구를 선정하여 구체적인 실험 계획을 설계한다. · 교사는 학생의 실험 설계가 논리적이고 엄밀한지 살펴보고 수준에 따라 적절한 안내를 제공한다.
실험	· 학생은 변인을 통제하여 실제로 실험하고 관찰이나 측정 등을 통하여 실험 결과 자료를 수집한다. · 교사는 실험에서 유의할 점이나 실험 안전에 관련된 내용을 학생이 숙지하고 있는지 확인하고, 정확하고 객관적인 자료를 수집할 수 있도록 돕는다.
가설 검증	· 학생은 실험에서 얻은 자료를 표나 그래프로 정리하고 해석하여 가설을 수용하거나 수정 또는 기각한다. · 실험 결과 얻은 자료가 가설 검증에 타당하고 신뢰로운지 평가한다. · 증거에 문제가 발견되면 관련된 앞의 단계로 되돌아간다.
적용 및 새로운 문제 발견	· 학생은 앞에서 얻은 과학 지식을 바탕으로 새로운 상황을 예상하거나 그 지식을 실제 상황에 적용하고 응용한다. · 이 과정에서 새로운 문제를 발견하게 되면 앞의 가설 설정 단계로 돌아간다.

라는 의문사를 붙임으로써 문제를 만들어내야 할 것이다.

'가설 설정' 단계는 학생이 탐구 문제에 대해 잠정적인 해답을 만드는 단계이다. 이 때 가설은 검증 가능한 일반적인 진술로 제시해야 한다. 엄밀한 의미에서 가설은 현상에 대한 인과론적 또는 모형적 설명을 의미한다. 그러나 학생의 수준에 따라 확인되지 않은 규칙성이나 나타날 현상을 미리 짐작한 예상과 같은 서술적 진술도 가설로 인정하여 탐구를 진행할 수 있다. 가설은 막연한 추정이 아니라 배경 지식을 바탕으로 근거 있게 만들어져야 한다. 경우에 따라서는 과학적으로 타당하지 않은 가설이 세워질 수도 있다. 이러한 경우에도 그 가설을 받아들여 그 가설을 검증하기 위한 실험 설계의 과정으로 나아가는 것

이 좋다. 왜냐하면 가설이 옳지 않았다는 것을 알아내는 과정에서 학생이 과학적 탐구 기능과 과학의 본성을 학습할 수 있는 기회를 가질 수 있기 때문이다.

가설 설정 과정에서 가장 중요한 사고 유형은 귀추적 사고이다. 현재 의문을 갖게 한 현상과 유사한 경험 현상을 떠올리고, 그 경험 현상을 원인적으로 설명했던 지식을 생각해내고, 그 지식을 차용하여 현재의 의문 현상을 설명할 때 가설이 만들어진다. 예를 들어서 "왜 거름종이가 떠오를까?"라는 의문에 대해서 가설을 만들 때, 학생이 다음과 같은 사고 과정을 경험할 수 있다. 먼저, 학생이 물 위에 스티로폼이 떠올랐던 경험 현상을 생각해내고, 스티로폼 속에 들어 있는 공기가 원인이 되어 스티로폼이 떠오를 수 있었다는 것을 생각했다면, 이 학생은 경험 현상의 원인인 '공기'를 차용하여 거름종이가 떠오른 현상의 원인을 설명할 수 있다. 즉, 이 학생은 거름종이 주변의 공기방울 때문에 거름종이가 떠올랐다는 가설을 만들어 낼 수 있을 것이다.

'실험 설계' 단계는 학생이 가설을 검증하기 위하여 변인을 확인하고 통제하는 방법을 생각하고, 실험에 사용할 기구를 선정하여 계획을 세우는 단계이다. 교사는 학생이 공정한 검증을 할 수 있는 실험을 설계할 수 있도록 안내할 수 있다. 즉, 교사는 학생이 가설에 포함된 조작 변인과 종속 변인, 그리고 통제 변인을 파악하는 것뿐만 아니라 각각의 변인들을 조작하고 관찰할 세부적인 방법을 설계하는 과정에서 학생을 도와줄 수 있다.

이 때 설계한 탐구 방법은 가설과 논리적으로 모순이 없어야 하고, 변인들이 정확하게 정의되고 조작되어야 한다. 때때로 학생 수준에서 지금까지 경험하지 못한 새로운 방법을 고안해야 하는 경우도 있기 때문에 창의력과 아이디어가 요구된다. 이 과정에서 교사는 학생이 구체적인 방법을 고안하기 위해 노력하기 이전에 조작 변인, 종속 변인, 통제 변인 등을 정확하게 인식할 수 있도록 도와야 한다. 그리고 변인들이 확인되면 각각의 변인을 조작할 수 있는 구체적인 방법을 고안할 수 있도록 안내해야 한다. 만약, 학생 수준에서 생각해낼 수 없는 실험 방법이나 도구가 필요하다면 교사가 직접 제시해줄 수도 있다.

'실험' 단계는 학생이 변인을 통제하여 실제로 실험하고 관찰이나 측정 등을 통하여 자료를 수집하는 단계이다. 이 과징에서 교사는 실험에서 유의할 점이나 실험 안전에 관련된 내용을 학생이 숙지하고 있는지 확인하고, 정확한 자료를 수집할 수 있도록 돕는다. 때때로 실험을 수행하지 않고 자료를 수집하는 방식으로 진행되는 수업에서는 실험 설계 및 실험 단계 대신 자료를 수집하는 방법을 계획하고 자료를 수집하는 단계를 거친다. 이러한 수업에서는 학생은 직접 도서관을 방문하거나 인터넷을 이용하여 필요한 자료를 수집할 수도 있고, 가정에 있는 신문이나 잡지 등을 통해서 자료를 얻을 수도 있으며, 때로는 교사에게 질문하여 데이터를 수집할 수도 있다.

'가설 검증' 단계는 학생이 실험에서 얻은 자료를 표나 그래프로 정리하고 해석하여 가설을 수용하거나 수정 또는 기각하는 단계이다. 이 단계에서 중요한 것은 먼저, 실험에서 얻은 자료가 신뢰로운지 확인하는 것이다. 실험 결과 얻은 자료를 정리하여 도표나 그래프 등으로 나타내어 조직화하고 이를 해석함으로써 가설의 수용 또는 기각 여부를 판단할 수 있는 근거가 마련되었는지 점검해야 한다. 한편, 이 과정에서 학생은 독특한 기호나 논리적 체계를 고안하여 사용할 수 있다. 그래프를 그려 자료의 특성을 규명한다든지, 실험에서 얻은 측정량의 특성을 수식으로 나타낼 수도 있다. 이 과정에서 최종적으로는 얻은 자료가 문제의 잠정적인 해답 즉, 가설을 지지하는지 판단해야 한다.

'적용 및 새로운 문제 발견' 단계는 학생이 앞에서 얻은 지식을 바탕으로 새로운 상황을 예상하거나 실제 상황에 적용하고 응용하는 단계이다. 즉, 앞에서 얻은 개념과 지식을 실생활 또는 새로운 상황에 적용해 보는 발전 또는 심화 단계이다. 이 과정에서 새로운 문제를 발견하게 되면 다시 맨 앞의 단계로 돌아가서 가설 설정, 실험 설계 등의 가설 검증 과정을 거치면서 탐구활동을 계속할 수 있다. 따라서 가설검증 학습 모형을 적용한 수업은 1~2 차시에 종료될 수도 있으나 경우에 따라서는 여러 차시에 걸쳐 계속될 수도 있다. <표 6.4>는 가설검증 학습 모형을 적용한 수업을 예시적으로 보여준다.

표 6.4 가설검증 학습 모형 예시 지도안

단계	교사 활동 (교사의 언어 중심)	학생 활동 (활동 결과 중심)
탐색 및 문제 파악	삼각플라스크에 설탕과 효모를 넣고 입구에 풍선을 씌웠을 때 나타나는 현상을 제시한다. ー삼각플라스크에 설탕과 효모, 그리고 38℃ 정도의 물을 넣고 입구에 풍선을 씌운 후 풍선이 부풀어 오르는 동영상을 보여준다. "선생님이 수업을 시작하기 전에 동영상을 하나 보여 줄게요. 동영상의 내용이 무엇인지 말해보고 궁금한 점을 발표해봅시다."	삼각플라스크에 설탕과 효모를 넣고 입구에 풍선을 씌웠을 때 나타나는 현상을 관찰하고 인과적 의문을 생성한다. "설탕, 효모, 따뜻한 물을 넣은 플라스크에 씌운 풍선이 부풀어 올랐어요. 왜 설탕, 효모, 따뜻한 물을 넣은 플라스크에 씌운 풍선이 부풀어 오르나요."

단계	교사 활동 (교사의 언어 중심)	학생 활동 (활동 결과 중심)
가설 설정	풍선이 부풀어 오른 이유를 설명하게 한다. "왜 설탕, 효모, 따뜻한 물을 넣은 플라스크에 씌운 풍선이 부풀어 오를까요? 왜 그런지 모둠별로 가설을 만들어 보고 발표해 봅시다." "우리 반 대표 가설을 토론을 통해 정해 봅시다." "우리 반 대표 가설은 모둠 1의 '설탕을 이용하여 효모가 발효를 하기 때문에 이산화 탄소를 생성하여 풍선이 부풀어 오른다.'로 정했어요."	풍선이 부풀어 오른 이유에 대한 임시적인 답을 만든다. - 모둠 1 : 설탕을 이용하여 효모가 호흡을 하기 때문에 이산화 탄소를 생성하여 풍선이 부풀어 오른다. - 모둠 2 : 따뜻한 물의 수증기 때문에 풍선이 부풀어 오른다. - 모둠 3 : 효모가 따뜻한 물에 녹아서 기체가 생성돼서 풍선이 부풀어 오른다. - 각 모둠의 가설에 대해서 논리적으로 토론 한 후 대표 가설을 정한다.
실험 설계	조작 변인, 종속 변인, 통제 변인을 확인시킨 후 구체적인 실험을 설계하게 한다. "우리 반 대표가설인 '설탕을 이용하여 효모가 발효를 하기 때문에 이산화 탄소를 생성하여 풍선이 부풀어 오른다.'를 검증하기 위해서는 어떤 실험을 해야 할까요?" "그러면 효모가 설탕을 이용해서 발효를 통해 이산화 탄소를 생성하는지를 알아보려면 무엇을 다르게 해주어야 할까요? 그리고 무엇을 관찰해야 할까요?" "그렇다면, 똑같이 해줘야 할 통제변인은 어떤 것이 있을까요?" "잘 말해주었어요. 조작 변인과 통제 변인을 고려하여 모둠별로 구체적인 실험 방법을 계획해봅시다."	교사의 도움을 받아 변인들을 확인하고 실험을 설계한다. "효모가 설탕을 이용해서 발효를 통해 이산화 탄소를 생성하는지 확인하는 실험을 설계해요." "설탕이 있는 것과 없는 것으로 나누어서 실험해요. 그리고 어떤 것에서 풍선이 부풀어 오르는지 관찰해요." "효모의 양, 물의 온도, 물의 양, 플라스크 크기, 풍선의 종류 등이 있어요." (실험 설계 예시) 준비물 : 삼각플라스크, 고무풍선, 설탕, 효모, 38℃의 물

단계	교사 활동 (교사의 언어 중심)	학생 활동 (활동 결과 중심)
		조작변인: 설탕의 유무 종속변인: 풍선의 부풀어 오름 통제변인: 효모의 양, 물의 온도, 물의 양, 플라스크 크기, 풍선의 종류 1. 2개의 삼각플라스크에 효모 2g, 38℃의 　물 50mL를 넣는다. 2. 하나의 삼각플라스크에는 설탕 20g을 넣 　고, 다른 하나에는 넣지 않는다. 3. 2개의 삼각플라스크의 입구에 고무풍선 　을 씌운다. 4. 10분마다 고무풍선의 변화를 관찰한다. 5. 풍선이 부풀어 오르면 풍선 속의 기체를 　석회수에 통과시켜 색의 변화를 관찰한다.
실험	실험 설계에 따라 실험을 수행하고 결과를 수 집하게 한다. "지금부터 여러분이 실험을 설계한 대로 실 험을 해봅시다. 실험 도구를 깨지 않도록 조 심하여 다루기 바랍니다." "실험을 다 하였나요? 실험결과를 활동지에 적고 발표해봅시다. "실험이 끝났으면 실험 결과를 발표해봅시다."	실험 설계에 따라 실험을 수행하고 결과를 수집하여 기록한다. (실험 결과 예시) 설탕을 넣은 것 : 풍선이 부풀어 올랐고, 석 회수가 뿌옇게 변했다. 설탕을 넣지 않은 것 : 풍선이 부풀어 오르 지 않았고, 석회수도 뿌옇게 흐려지지 않았 다. "설탕을 넣은 플라스크는 풍선이 부풀어 오르고 석회수에 그 풍선의 기체를 통과시 켰더니 석회수가 뿌옇게 색이 변하였어요. 설탕을 넣지 않은 플라스크는 풍선이 부풀 어 오르지 않았어요."
가설 검증	실험 결과를 토대로 가설이 지지되는지 판단 하게 한다. "여러분의 실험 결과는 우리 반 대표 가설인 '설탕을 이용하여 효모가 발효를 하기 때문 에 이산화 탄소를 생성하여 풍선이 부풀어 오른다.'를 지지하나요?" "왜 그렇게 생각하는지 실험 결과를 토대로	실험 결과를 토대로 가설의 지지여부를 판 단한다. "지지합니다. 네. 지지해요."

단계	교사 활동(교사의 언어 중심)	학생 활동(활동 결과 중심)
	설명해 보세요."	"설탕을 넣은 플라스크는 효모가 설탕을 이용해서 발효한 결과로 석회수를 뿌옇게 흐리는 이산화 탄소를 내었지만, 설탕을 넣지 않은 플라스크에는 설탕이 없으므로 효모가 발효를 하지 못해서 풍선이 부풀어 오르지 않았기 때문입니다."
	"네, 잘 말해주었어요. 여러분이 만든 가설처럼 효모는 설탕을 이용해 발효를 하여 생성된 이산화 탄소가 풍선을 부풀린 것이었어요."	
적용 및 새로운 문제 발견	효모에 의한 발효의 예를 일상생활에서 찾아 발표하게 한다.	효모에 의한 발효의 예를 일상생활에서 찾아 발표한다.
	"일상생활에서 효모의 발효 작용을 이용한 예를 찾아 발표해봅시다."	"식빵의 제조 과정이 그 예가 될 것 같습니다. 효모를 넣어 만든 식빵을 먹을 때 보이는 구멍은 식빵을 굽는 과정에서 효모가 발효하여 낸 이산화 탄소에 의해서 생긴 구멍이라고 생각합니다."
	"와, 잘 말해주었어요. 식빵을 굽는 과정에서 효모가 발효하여 낸 이산화 탄소에 의해서 생긴 구멍이에요. 오늘 배운 것에 대해 궁금한 점이 있나요?"	
		"효모는 설탕으로만 발효하나요?"
	"좋은 질문을 해주었어요. 다음 시간에는 효모는 설탕으로만 발효하는지에 대해서 탐구해봅시다."	"네, 감사합니다."

순환학습 모형

순환학습은 'learning cycle'을 번역한 것으로 학습의 과정이나 단계가 순환적으로 이루어지는 것을 의미한다. 순환학습 모형은 20세기 초 헤르바르트 (Herbart)의 학습 모형과 듀이 (Dewey)가 제안한 학습 모형에서 기원을 찾아볼 수 있다 (Bybee et al., 2006). 헤르바르트의 모형은 준비 (preparation), 제시 (presentation), 일반화 (generalization), 적용 (application)의 단계로 구성된다. 듀이의 모형은 혼란스런 상황 관찰하기 (sensing perplexing situations), 문제를 명료화하기 (clarifying the problem), 잠정적 가설 형성하기 (formulating a tentative hypothesis), 가설 검증하기 (testing the hypothesis), 검증 결과 확인하기 (revising rigorous tests), 결론 진술하기 (acting on the solution)로 수업을 진행한다 (Bybee et al., 2006).

1960년대 순환학습 모형은 카플러스와 티어 (Karplus & Thier, 1967), 그리고 안톤 로슨 (A. E. Lawson)의 부친인 체스터 로슨 (C. A. Lawson, 1958)에 의하여 용어는 조금씩 다르나 유사한 세 단계의 형태로 발전해오다가 카플러스, 아트킨, 로슨 등을 중심으로 연구 개발된 SCIS (Science Curriculum Improvement Study) 프로그램에 도입되어 정착되었다 (SCIS, 1970). SCIS 프로그램에 적용된 순환학습 모형의 탐색 (exploration) 단계에서 학생은 교사가 제시한 인지적 갈등 상황에 적응하기 위한 조절 기능 즉, 평형화 과정을 통해 새로운 개념을 획득한다. 창안 (invention) 단계는 탐색 단계에서 찾아낸 개념이나 원리가 정리되어 도입됨으로 학생의 인지적 갈등이 해소되어 새로운 평형 상태가 형성된다. 발견 (discovery) 단계는 습득한 새로운 개념을 새로운 상황과 문제에 적용한다 (정완호 외, 1996).

1977년 이후에 순환학습 모형의 탐색, 창안, 발견의 세 단계를 나타내는 용어는 Karplus 등 (1977)이 탐색 (exploration), 개념 도입 (concept introduction), 개념 적용 (concept application)으로 수정하여 사용하기 시작했고, 1980년대에 로슨은 이 용어들을 각각 탐색 (exploration), 용어 도입 (term introduction), 개념 적용 (concept application)으로 수정하여 사용했으나 순환학습 모형의 근본적인 내용은 크게 변화하지 않았다 (Bybee et al., 2006). 한편, 1980년대 중반에 BSCS는 초등학교 과학과 보건 교육을 위한 교육과정 개발 과정에서 5E 모형 (5E Instructional Model)을 고안하여 적용한 이후 BSCS의 가장 중요한 수업 모형으로 5E 모형을 이용하고 있다. 5E 모형은 교수·학습 과정을 참여 (engagement), 탐색 (exploration), 설명 (explanation), 정교화 (elaboration), 평가(evaluation)의 5단계로 구분하였다. 이것은 SCIS의 순환학습 모형에 참여 단계와 평가 단계를 추가한 형식이다 (Bybee et al., 2006).

피아제의 인지발달 이론을 배경으로 한 순환학습 모형은 다음과 같이 가정한다 (Lawson et al., 1989). 첫째, 학생이 자연 현상에 대해 형성해 가는 개념들은 과학 지식과 일치하는 경우도 있으나 그렇지 않은 경우도 있다. 둘째, 학습 전 개념은 새로운 과학 개념을 형성하는 데 방해가 될 수 있다. 셋째, 학생 스스로 자신이 가지고 있는 오개념과 과학적 개념 사이에 차이를 인식할 때 잘못된 개념을 수정할 수 있다. 넷째, 지적 갈등을 경험하고 그 갈등을 해소하기 위해서 스스로 노력할 때 사고력은 발달한다. 다섯째, 학습 과정에서 사

표 6.5 로슨의 순환학습 모형의 단계별 교수·학습 내용

탐색	· 학생은 이미 알고 있는 과학 개념 혹은 사고 양식으로 해결할 수 없는 문제나 인지적 갈등을 경험하고 이를 해결하는 과정에서 새로운 과학 지식을 구성한다. · 학생은 개인 또는 모둠별 활동을 통해 다양한 관점과 질문을 경험한다. · 교사는 학생의 탐색을 간접적인 방법으로 도와준다.
용어 도입	· 학생은 탐색 단계에서 발견한 새로운 과학 지식을 자신의 언어를 사용하여 설명한다. · 교사는 언어, 교과서, 시청각 매체 등을 이용하여 학생들이 탐색 단계에서 발견한 과학 지식을 용어를 도입하여 설명한다. · 교사가 용어를 도입하여 개념을 설명할 때 이 개념을 탐색 단계에서 학생 스스로 발견한 지식과 직접적으로 관련지어야 한다.
개념 적용	· 교사는 학생에게 습득한 과학 지식을 새로운 상황과 문제에 적용시켜 일반화할 수 있는 기회를 제공한다. 많은 학생들이 구체적인 사례로부터 그것을 추상화하거나 다른 상황에 그것을 일반화하기 어려워한다. · 개념을 다른 상황에 적용하는 활동은 개념 습득이 비교적 천천히 일어나는 학생이나 교사의 설명을 자신의 경험에 적절하게 관련짓지 못한 학생에게 도움을 준다.

고의 내면화를 위해서는 논쟁이 필요하다.

이제 로슨의 순환학습 모형과 BSCS의 5E 모형의 단계별 내용을 조금 더 자세히 살펴보자.

로슨의 순환학습 모형

로슨(1995)의 순환학습 모형은 탐색(exploration), 용어 도입(term introduction), 개념 적용(concept application)으로 교수·학습 과정을 구분한다. <표 6.5>는 순환학습 모형의 세 단계에서 일어나는 교수·학습 내용을 요약한 것이다. 첫째, 탐색 단계에서 학생은 자연 현상이나 사물을 관찰하여 발견한 문제나 교사가 제시한 문제를 인식하고 그 문제를 해결하는 과정을 경험한다. 학생은 이 과정에서 인지적 갈등을 경험할 수도 있는데, 이 때 이를 해결하기 위한 자발적인 평형화 과정이 일어나고, 평형화 과정의 결과로 새로운 과학 개념을 획득하게 된다. 교사는 인지적 갈등을 일으킬 수 있는 상황뿐만 아니라 인지적 갈등을 해결하는 데 필요한 다양하고 구체적인 자료도 제공해야 한다. 특히 교사의 적절한 질문은 학생들이 새로운 경험을 자신의 기존 지식에 관련시키는 것을 도울 수 있다. 그

리고 토론과 소그룹 활동은 활발한 상호작용을 이끌어서 학생들에게 서로 다른 다양한 견해가 존재한다는 것을 인식시킬 수 있을 뿐만 아니라, 학생 개개인이 자신의 생각을 알게하는 데 도움이 된다. 학습 활동은 학생 스스로에 의하여 이루어지고 교사는 단지 학습의 안내자로서 생각이나 토의를 촉진시키는 허용적인 학습 분위기를 조성하여야 한다.

둘째, 용어 도입 단계에서 학생은 탐색 단계에서 발견한 새로운 과학 지식을 자신의 언어를 사용하여 설명하고 교사는 이를 과학 용어를 도입하여 설명한다. 즉, 학생은 탐색 단계에서 자연 현상을 관찰하고 탐색함으로써 스스로 발견한 규칙성이나 인과적 설명을 자신의 언어로 정리하여 발표하고, 교사는 새롭고 적절한 과학 용어를 도입하여 학생들이 탐색하여 발견한 과학 개념을 정리하여 설명한다. 교사는 필요한 과학 용어를 도입하기에 앞서서 가능한 한 학생들이 새로운 규칙성이나 설명을 충분히 확인하도록 격려해야 한다. 교사는 언어, 교과서, 시청각 매체 등을 이용하여 학생들이 탐색 단계에서 발견한 과학 지식을 용어를 도입하여 설명한다.

교사가 설명하는 개념들은 탐색 단계에서 학생 스스로 발견한 지식과 직접적으로 관련된 것이어야 한다. 그리고 설명하는 개념은 학생의 선행 인지 구조에 유의미하게 포섭될 수 있는 것이어야 한다. 특히 구체적 조작 수준에 있는 학생들의 경우에 교사가 일방적으로 개념을 주입할 경우, 학생이 새로 도입된 개념이나 사고 양식을 즉각적으로 조정하는 데 실패하여 인지적인 비평형 상태가 지속될 수도 있다.

셋째, 개념 적용 단계는 학습한 과학 개념을 새로운 상황과 문제에 적용함으로써 그 개념을 인지 구조에 정착시키는 단계이다. 교사는 학생에게 습득한 과학 지식을 새로운 상황과 문제에 적용시켜 일반화할 수 있는 기회를 제공한다. 많은 학생들의 경우, 개념을 학습한 후 여러 번에 걸쳐 서로 다른 다양한 상황에 적용하거나 이용하는 경험을 하지 않으면 학습한 개념의 의미를 다양한 상황에 응용할 수 없고, 구체적인 사례로부터 그것을 추상화하거나 다른 상황에 그것을 일반화하기 어려워할 수 있다.

개념 적용 방법으로는 개념이 적용되어야 해결할 수 있는 문제를 부여하거나, 학습한 개념이 일상 현상에서 어떻게 적용될 수 있는지 다양한 예들을 찾아보고 토론하게 하는 방법 등이 활용될 수 있다. 이러한 학습 활동에서는 가능하면 소집단 토론 형태를 적용해서 다른 학생들이 제기하는 문제들이나 그 문제들에 대한 서로 다른 해석들을 비교하게 함으로써 학생 개개인이 자신의 사고를 정교화 하도록 돕는 사회적 상호작용 환경을 마련하여 주는 것이 좋다.

로슨 (1995)은 탐색 단계에서 학생이 경험하는 탐구 유형에 따라 순환학습 모형의 유형을 서술적 순환학습 모형 (descriptive learning cycle), 경험 귀추적 순환학습 모형 (empirical abductive learning cycle), 가설 연역적 순환학습 모형 (hypothctical deductive learning cycle)으로 나누어 구체적인 탐구 수업 전략을 제시하였다.

먼저, 서술적 순환학습 모형은 학생이 자연 현상이나 사물을 관찰하고 그 속에서 규칙성을 발견하며 그것을 명명하도록 고안되어 있다. 이 형태는 단지 서술적 사고 기능을 요구하기 때문에 인지적 갈등을 거의 일으키지 못하는 경우가 많다. 이 모형의 탐색 단계에서 학생은 교사의 시범 실험이나 직접 실행하는 실험 활동을 통해 사물과 현상을 관찰하고 서술적 의문을 제기한다. 그리고 이 의문을 해결하기 위한 구체적인 관찰이나 실험, 조사 등의 탐구 계획을 수립하고 수행하여 자료를 수집한다. 그리고 수집한 관찰 사실에서 공통성, 경향성, 분류, 위계와 같은 규칙성을 찾아 서술적 의문의 답을 찾아간다. 다음 <표 6.6>은 서술적 순환학습 모형을 적용하여 작성한 교수·학습 과정안이다.

표 6.6 서술적 순환학습 모형을 적용한 교수·학습 과정안

단계	교사 활동 (교사의 언어 중심)	학생 활동 (활동 결과 중심)
탐색	다양한 종류의 식물 잎을 학생에게 나누어주고, 잎의 종류에 관한 의문을 갖게 한 후, 잎의 종류를 분류할 수 있는 기준을 찾게 한다. "안녕하세요? 오늘은 식물의 잎에 대해서 공부하려고 합니다. 수업에 들어가기 전에 모둠별로 2명씩 앞으로 나와서 식물의 잎을 칠판에 그려봅시다." "모두들 잘 그렸습니다. 그렇죠? 여러분들이 다양하게 그려준 잎처럼 실제 식물의 잎도 다양한 형태를 가지고 있답니다." ㅡ강아지풀, 벼, 보리, 옥수수, 단풍잎, 명아주, 아카시아, 냉이 등의 잎을 조별로 나누어 준다. "지금 나눠준 잎들을 보면 모두 다양한 것	다양한 종류의 식물 잎을 관찰하고, 잎의 종류에 관한 의문을 갖고, 잎의 종류를 분류할 수 있는 기준을 찾는다. ㅡ칠판에 각자 잎을 그린다. "선생님, 잎들이 다양한 모양을 하고 있어요." "네, 선생님, 그런데 저렇게 다양한 잎을 형

단계	교사 활동 (교사의 언어 중심)	학생 활동 (활동 결과 중심)
	을 볼 수 있죠?"	태에 따라서 어떻게 분류할 수 있나요?"

	"아주 좋은 질문이에요. 먼저, 모둠별로 선생님이 나눠준 잎들을 분류할 수 있는 기준을 찾아 분류해볼까요?"	—모둠별로 분류한 내용을 칠판에 기록한다. (모둠별 분류 예시)
		
		—모둠 1(잎의 크기에 따라)
		  큰 잎 : 옥수수, 벼, 밀, 보리
		  작은 잎 : 강아지풀, 단풍잎, 명아주, 냉이, 민들레, 아카시아
		
		—모둠 2(잎의 선 모양에 따라)
		  1자 모양 : 강아지풀, 벼, 밀, 보리, 옥수수
		  거미줄 모양 : 단풍잎, 민들레, 명아주, 아카시아, 냉이
		
		—모둠 3(잎의 선 모양에 따라)
		  줄 모양 : 강아지풀, 벼, 밀, 보리, 옥수수
		  그물 모양 : 단풍잎, 민들레, 명아주, 아카시아, 냉이

	"모두들 아주 잘 분류했습니다. 각각 조별로 어떻게 분류를 하였는지 분류 기준을 발표해 보는 시간을 가져볼까요?"	—모둠 1 "저희는 잎을 크기에 따라 분류했어요. 크기가 큰 잎과 작은 잎으로 나눠서 이러한 결과가 나왔습니다." —모둠 2 "저희는 잎 안의 선 모양을 보고 분류했어요. 1자 모양을 가지고 있는 잎과 거미줄 모양을 가지고 있는 잎으로 분류를 하였습니다." —모둠 3 "저희도 2조와 동일한 생각을 가지고 분류했는데요. 잎 안의 선 모양이 줄 모양인 것과 그물 모양인 것으로 분류했습니다." "선생님 그런데 모둠 1이 작은 잎으로 분류한 강아지풀 잎은 제 생각에는 큰 잎으로 가는 게 맞는 것 같아요." "모둠 1의 기준은 불명확하다고 생각돼요." "잎 안에 있는 줄 모양으로 나누면 명확하게 나눌 수 있으니까 모둠 2와 3의 생각이 맞는 것 같아요."
용어 도입	나란히맥과 그물맥 용어를 도입하여 그 의미를 설명한다. "탐색 단계에서 여러분이 탐구한 결과를 요약해서 발표해봅시다."	나란히맥과 그물맥 차이를 인식한다. "다양한 식물의 잎을 잎 안의 선모양이 줄 모양인 것과 그물 모양인 것으로 분류할 수 있었습니다."

단계	교사 활동 (교사의 언어 중심)	학생 활동 (활동 결과 중심)
	"여러분들의 다양한 의견 잘 들었습니다. 여러분들이 열심히 분류하고 발표한 것과 같이 식물의 잎은 잎에 있는 선 즉, 잎맥의 모양에 따라서 분류할 수 있어요. 여러분들이 말한 1자 모양 또는 줄 모양의 잎맥을 가진 잎을 '나란히맥'이라고 하고, 거미줄 모양 또는 그물 모양의 잎맥을 가진 잎을 '그물맥'이라고 합니다."	
개념 적용	여러 가지 잎을 나란히맥과 그물맥으로 구분함으로써 학습한 개념을 적용하게 한다. −무궁화, 동백나무, 버즘나무, 억새풀, 갈대, 은행나무 잎과 표가 그려진 활동지를 모둠별로 나누어준다. "그럼 방금 우리가 함께 학습한 내용을 토대로 6개의 잎을 각각 분류하여 표에 집어넣어볼까요? "모두들 잘 했습니다. 오늘 수업을 마치겠습니다."	여러 가지 잎을 나란히맥과 그물맥으로 구분함으로써 학습한 개념을 적용한다. (학생 분류 예시) 그물맥 : 무궁화, 동백나무, 버즘나무 나란히맥 : 억새풀, 갈대, 은행나무 "감사합니다."

다음으로, 경험 귀추적 순환학습 모형은 현상의 원인을 탐구하게 하는 수업에 적절하다. 이 모형은 특히 진화론과 같이 원인을 통제하여 연역적으로 검증할 수 없는 과학 지식을 생성하는 탐구 과정을 학생이 경험할 수 있는 기회를 준다.

경험 귀추적 순환학습 모형의 탐색 단계에서 학생은 자연 현상 또는 사물의 원인을 인과적으로 설명한다. 이 과정에서 학생의 개념적 오류가 표출되고, 논쟁 혹은 지적 갈등이 발생되며, 형식적 사고 유형의 발달이 자극된다. 학생은 이 모형의 탐색 단계에서 주어진 현상을 관찰하여 서술적 의문을 제기한다. 그리고 실험 수행, 관찰, 자료 수집 및 분석, 관찰 결과 정리, 규칙성 발견 등을 통해서 서술적 의문에 대한 해답인 규칙성을 찾아낸다. 그리고 규칙성에 대해 새롭게 인과적 의문을 떠올리고, 이를 설명하는 잠정적인 답인 가설을 귀추적 과정을 통해서 생성한다. 마지막으로 그 가설이 서술적 탐구 과정을 통해서 얻은 규칙성들을 설명할 수 있는지 확인하여 결론을 도출한다 (<표 6.7>).

표 6.7 경험 귀추적 순환학습 모형을 적용한 교수·학습 과정안

단계	교사 활동 (교사의 언어 중심)	학생 활동 (활동 결과 중심)
탐색	'아우렐리아'와 '카우다툼'을 단독 배양할 때와 공동 배양할 때 나타나는 개체수 변화 그래프를 제시하여 학생들이 '관찰 → 서술적 의문 생성 → 서술적 탐구 → 인과적 의문 생성 → 가설 생성 → 가설 확인' 과정의 탐구를 수행하도록 돕는다. "지난 시간에 배운 생태적 지위에 대해 설명해봅시다." "오늘은 생태적 지위가 같은 아우렐리아와 카우다툼의 개체 수 변화에 대해서 공부할 거예요. 생태적 지위가 같은 아우렐리아와 카우다툼을 같은 환경에서 단독 배양했을 때 시간이 지날수록 개체 수는 어떻게 변할까요?" "제시한 그래프는 아우렐리아와 카우다툼을 단독 배양했을 때의 개체 수 그래프예요. 그래프가 보여주는 개체 수 변화는 어떠한가요?" <그림 1> 단독 배양 "그래요, 잘 해석했습니다. 아우렐리아와 카우다툼이 생태적 지위가 같다는 점과 관련하여 궁금한 점을 말해봅시다.	교사가 제시한 '아우렐리아'와 '카우다툼'을 단독 배양할 때와 공동 배양할 때 나타나는 개체 수 변화 그래프를 대상으로 '관찰 → 서술적 의문 생성 → 서술적 탐구 → 인과적 의문 생성 → 가설 생성 → 가설 확인' 과정의 탐구를 수행한다. "생물 군집 내에서 차지하는 공간적 위치와 먹이연쇄에서의 위치를 개체군의 생태적 지위라고 합니다." "시간이 지날수록 증식해서 개체 수가 증가할 것 같아요." "두 종류 모두 시간이 지날수록 점점 증가하다가 일정하게 유지되었어요." "아우렐리아와 카우다툼을 함께 배양하면 어떻게 되나요?"

단계	교사 활동 (교사의 언어 중심)	학생 활동 (활동 결과 중심)
	"아우렐리아와 카우다툼을 함께 배양하면 어떻게 되는지 궁금하다고 하였어요. 선생님이 아우렐리아와 카우다툼을 함께 배양했을 때의 개체 수 변화를 그래프로 보여줄게요. 그래프를 보고 아우렐리아와 카우다툼의 개체 수 변화는 어떻게 변하였는지 그 변화를 말해봅시다." <그림 2> 공동 배양 	
		"처음에는 아우렐리아와 카우다툼이 모두 증가해요." "카우다툼은 4시 이후 개체 수가 점점 줄어들다가 16시 이후에 매우 작은 수준에서 일정하게 돼요." "아우렐리아는 6시까지 급격하게 증가하다가 증가 정도가 감소하여 16시 이후에는 일정하게 유지되는 것으로 보여요. 그러나 전체적인 모양은 단독 배양할 때와 비슷하지만 정확하게 일치하지는 않아요."
	"이 실험결과에 대해 궁금한 점이 있으면 발표해봅시다." "아우렐리아의 개체 수는 점점 증가하는데 왜 카우다툼의 개체 수는 점점 줄어드는지에 대해서 모둠별로 가설 설정을 해봅시다."	"왜 카우다툼의 개체 수가 점점 줄어드나요?" ㅡ모둠 1 : 아우렐리아가 카우다툼을 잡아먹어서 카우타툼의 개체 수가 줄어든다. ㅡ모둠 2 : 아우렐리아와 카우다툼이 서로 같은 먹이를 두고 먹으려고 경쟁하여 아우렐리아가 이겨서 카우다툼의 개체 수가 줄어든다.
	"두 가지 가설이 나왔네요. 토론을 통해서 이 그래프를 더 잘 설명할 수 있는 가설을 정해봅시다." "어떤 조의 가설이 채택되었나요? "여러분의 가설은 '아우렐리아와 카우다툼이 서로 같은 먹이를 두고 먹으려고 경쟁하여 아우렐리아가 이겨서 카우다툼의 개체 수가	"토론을 통해 모둠 2의 가설인 '아우렐리아와 카우다툼이 서로 같은 먹이를 두고 먹으려고 경쟁하여 아우렐리아가 이겨서 카우다툼의 개체 수가 줄어든다.'가 채택되었어요."

단계	교사 활동 (교사의 언어 중심)	학생 활동 (활동 결과 중심)
	줄어든다.'이군요. 이 가설은 공동 배양할 때 나타나는 현상을 잘 설명할 수 있나요?" "잘 말해주었어요. 여러분의 가설은 위 그래프에 나타난 현상들을 모두 설명할 수 있는 성공적인 가설이라고 판단되네요."	"예, 4시까지는 배양액 속의 아우렐리아와 카우다툼이 모두 먹을 수 있을 만큼 충분한 양의 먹이가 있어서 두 종류 모두 개체 수가 증가했다고 할 수 있어요. 그러나 4시 이후에는 서로 같은 먹이를 두고 먹으려고 경쟁하게 됩니다. 이때 아우렐리아가 경쟁에서 카우다툼을 이기고 계속적으로 개체 수가 증가한 것으로 보여요. 그러나 카우다툼은 경쟁에서 승리하지 못하고 개체 수가 계속적으로 줄어든 것으로 설명할 수 있습니다." "우리가 세운 가설은 공동 배양에서 나타나는 현상들을 모두 잘 설명할 수 있어요."
용어 도입	아우렐리아와 카우다툼을 공동 배양할 때 나타나는 현상에 대한 학생들의 설명을 토대로 '경쟁 배타의 원리'라는 용어를 도입하고 이를 설명한다. "지금까지 했던 활동을 통해서 알게 된 것은 무엇인가요?" "아우렐리아와 카우다툼처럼 같은 장소에 살고 비슷한 먹이를 먹을 때 둘은 생태적 지위가 중복된다고 하는데, 이처럼 생태적 지위가 중복되면 같은 장소에서 살 수 없게 되요. 한 쪽이 경쟁에서 질 수도 있거든요. 이러한 것을 '경쟁 배타의 원리'라고 해요."	탐색 단계에서 탐구한 아우렐리아와 카우다툼을 공동 배양할 때 나타나는 현상을 정리하여 설명하고, 교사가 제시하는 과학적 용어와 개념을 학습한다. "아우렐리아와 카우다툼을 같이 키우면 서로 먹이를 먹으려고 싸우다가 아우렐리아가 이겨서 카우다툼은 개체 수가 줄어들고 아우렐리아는 개체 수가 증가함을 알 수 있었어요."
개념 적용	고랑따개비와 조무래기따개비의 경쟁 관계를 제시하여 학습한 경쟁 배타의 원리를 적용할 수 있게 한다. "앞을 볼까요? 사진에 보면 생태적 지위가 같은 고랑따개비와 조무래기따개비가 있어요. 이 고랑따개비와 조무래기따개비가 같은	교사가 제시한 고랑따개비와 조무래기따개비의 경쟁 관계를 경쟁 배타의 원리를 적용하여 설명한다.

단계	교사 활동 (교사의 언어 중심)	학생 활동 (활동 결과 중심)
	암석에 살고 있어요. 시간이 지나면 이 고랑따개비와 조무래기따개비는 어떻게 될까요?"	
		"둘이 서로 경쟁을 해요. 그래서 고랑따개비와 조무래기따개비 중 경쟁을 해서 이긴 쪽은 살아남고 진 쪽은 개체 수가 점점 줄어들어요."
	"잘 말해주었어요. 고랑따개비와 조무래기따개비는 서로 생태적 지위가 같기 때문에 경쟁을 한답니다. 여기서 고랑따개비가 조무래기따개비보다 그 환경조건에서 유리하다면 어떻게 될까요?"	
		"그렇구나!! 고랑따개비가 유리하다면 조무래기따개비와의 경쟁에서 이겨 조무래기따개비는 개체 수가 점점 줄어들고 고랑따개비의 개체 수가 점점 증가할 것 같아요."
	"잘 말해주었어요. 실제로 고랑따개비는 조무래기따개비와의 경쟁에서 이겨 조무래기따개비보다 개체 수가 훨씬 많아진답니다. 이러한 현상을 어떤 원리로 설명할 수 있죠? 또 왜 그렇게 생각하나요?"	
		"앞에서 배운 경쟁 배타의 원리요! 동일한 생태적 지위를 가지므로 같은 암석에 살게 되면 경쟁하기 때문이에요.
	"그럼 다음시간에는 공생에 대해서 배워봅시다."	
		"네!! 감사합니다."

마지막으로, 가설 연역적 순환학습 모형은 자연 현상을 인과적으로 설명하는 가설을 제안하고 이를 연역적 방법으로 검증하는 과정을 학생들이 경험할 수 있도록 안내하는 수업 모형이다. 학생은 제시된 현상이나 상황에서 원인을 알고 싶어 하는 인과적 의문을 제기한다. 그리고 인과적 의문에 답하기 위하여 대안적 가설을 귀추적 사고를 통해서 생성한다. 연역적 사고를 통해 생성한 가설을 검증하기 위한 실험 방법을 설계하고 가설이 옳다고 가정했을 때의 실험 결과도 예측한다. 실험 설계에 따라 실험을 수행하여 결과를 얻고, 그 결과가 예측한 결과와 일치하는지 비교하여 가설의 수용 또는 기각 여부를 결정한다. 만약 가설이 기각되었을 경우 새로운 대안적 가설을 설정하여 과정을 반복하고, 가설이 수용되었을 경우에는 인과적 의문에 대한 결론을 내림으로써 탐색 단계를 마무리한다. 이와 같이 가설 연역적 순환학습 모형은 즉각적이고 명료한 대안 개념 또는 가설을 제안하도록 유도하고, 그 가설을 검증할 수 있는 방법을 고안하게 하며, 자료를 수집하고 해석하는 절차를 통해 가설의 기각 여부도 결정하게 한다 (<표 6.8>).

표 6.8 가설 연역적 순환학습 모형을 적용한 교수·학습 과정안

단계	교사 활동(교사의 언어 중심)	학생 활동(활동 결과 중심)
	현상 제시 "여러분~, 모두 지난 수업을 너무 잘해줘서 오늘은 수업을 시작하기 전에 사탕을 하나씩 나눠드릴게요."(학생들에게 사탕을 나눠준다.) "다들 받았죠? 지금 사탕을 먹게 해주는 대신에 조건이 있어요. 한쪽 볼로만 먹어야 합니다." (2분 정도 후) "자 여러분! 사탕을 한쪽으로만 먹으니까 어떤가요?"	인과적 의문 생성 "와아~"(사탕을 하나씩 받고 입에 넣는다.) "네~" (갸우뚱거리면서 일단 시키는 대로 한다.) "입 안이 오돌토돌해졌어요. 왜 이런 현상이 나타나요?"
탐색	가설 생성 안내 "자, 그러면 모둠별로 사탕을 입에 물고 있으면 왜 입 안이 오돌토돌해지는지 이유를 생각해봅시다." (몇 분 후) "그럼 조별로 왜 그런지 대답해 볼까요?" "좋습니다. 다들 잘 답했어요. 여러분들의 생각 중 가장 그럴듯한 것이 무엇인지 토론해봅시다." "그럼 모둠 4의 의견을 바탕으로 우리 생각이 맞는지 실험을 해봅시다. 여기서 가설이	가설 생성 (조별로 모여 토의를 한다.) "사탕이 너무 달아서 그런 것 같긴 한데⋯⋯ 잘 모르겠습니다." "사탕을 물고 있으면 볼 안에 있던 침이 계속 빠져나와서 입 안 피부가 쪼그라드는 거예요." "사탕이 너무 다니까 볼이 얼얼해져서 두드러기 같은 게 난 것 같아요." "사탕이 너무 달아서 입 안쪽에서 물이 빠져나와서 그런 것 같습니다." (모둠 4의 가설이 지지를 받는다.)

단계	교사 활동(교사의 언어 중심)	학생 활동(활동 결과 중심)
	무엇인지 확실히 정하고 넘어가야겠죠? 가설이 무엇인가요?"	"사탕이 너무 달면 입 안쪽의 조직에서 물이 빠져나와 오돌토돌해진다는 것입니다."
	실험 설계 안내 "자, 실험 준비물로 뭐가 필요할까요?" "입 안 세포 대신 무엇을 사용하면 좋을까요?" "네, 생고기도 괜찮겠네요. 또 뭐가 있을까요?" "오, 좋은 생각입니다. 그럼 어떤 풀로 하는 게 좋을까요?" "여러 의견이 나왔는데요, 선생님 생각에는 수분이 많이 들어 있는 것이 물이 빠져나가는 것을 관찰하기 좋을 것 같아요." "네, 배추가 좋겠네요. 그럼 실험 방법은 배추 위에 사탕을 올려놓으면 될까요?" "그럼 어떻게 하면 좋을까요?" "그렇군요. 사탕을 빻을 필요 없이 설탕을 쓰면 되겠네요. 그럼 이렇게 배추에 설탕을 뿌리면 입 안에서 사탕이 녹는 것과 똑같은 환경이 될까요?" "잘 생각해보세요." "좋은 생각입니다. 그럼 침과 같은 역할을 하게 하려면 어떻게 해야 좋을까요?"	실험 설계 "일단 사탕이 있어야 되요." "입 안 세포를 대신할 것도 필요해요." "생고기로 대신하면 되지 않을까요?" "풀이 더 낫지 않을까요? 물이 더 빨리 빠져나오잖아요." "학교 화단에 있는 풀이요~" "시금치요~" "배추요~" "그럼 배추요! 배추가 제일 잎이 도톰해서 수분이 많이 들어 있을 것 같아요." "아니요. 배추랑 사탕이 닿는 부분이 너무 작아요." "사탕을 빻아서 가루로 만들면 어떨까요?" "그럴 거면 그냥 설탕을 뿌리면 되지 않나요?" "음 ……." "아니요. 사탕이 녹을 때는 침이 있어서 사탕이 녹았는데 여기에는 설탕을 뿌리기만 하면 침의 역할을 하는 것이 없어요." "그러면 선생님, 설탕물을 이용하면 되지 않을까요?" "그래서 배추를 설탕물에 담궈요!!" "선생님, 그런데 비교할 수 있게 그냥 물에

단계	교사 활동 (교사의 언어 중심)	학생 활동 (활동 결과 중심)
		배춧잎을 담그는 실험도 같이 하면 좋지 않을까요?"
	"대조군을 설정하자는 얘기군요. 좋은 의견입니다. 그럼 지금까지 토의한 내용을 바탕으로 조별로 실험을 설계해봅시다. 실험에 필요한 준비물과 실험 과정에 대해서 상세하게 적어야 합니다. 10분 안에 완성해서 기록해보세요."	
		"네~" (조별로 실험 과정을 설계한다.)
	(10분 뒤 종이를 걷는다.) "거의 비슷하게 설계했군요. 우리 모두 똑같은 방법으로 실험해야 하기 때문에 실험 방법을 통일하도록 할게요. 먼저 준비물에 다들 배춧잎, 설탕물, 물을 적어주었는데, 양을 다 다르게 적었네요. 배춧잎은 두 장이 필요하다고 적은 조도 있고 가로 세로 5cm라고 쓴 조도 있군요."	
		"배추 한 장은 너무 클 것 같아요. 가로, 세로 5cm가 적당할 것 같아요."
	"네, 그렇게 하죠. 설탕물과 물은 대체로 300mL에서 400mL라고 적었네요. 그럼 300mL로 통일하겠습니다. 이 밖에도 핀셋, 비커 등도 꼼꼼히 적은 조도 있군요. 잘했습니다. 실험을 위해서는 이런 도구들도 있어야겠죠?"	
		"아~ 그렇구나."
	"실험 과정은 거의 비슷하게 적었네요. 설탕물과 물에 각각 배춧잎을 넣고 10분에서 20분 정도 기다린 뒤 관찰한다는 내용이네요. 시간은 몇 분이면 될 것 같나요, 여러분?"	"10분?" "20분?" "30분이요~"
	"그럼 다수결로 결정하겠습니다." (다수결로 결정한다.) "20분이 가장 많으므로 20분으로 하겠습니다. 그럼 여러분들이 설계한 내용을 정리해봅시다." (칠판에 준비물과 실험과정을 적는다.)	
	실험 결과 예측 안내 "만약에 여러분이 설정한 가설이 맞다면 실험 결과가 어떻게 나올지 예측해볼까요? 설탕물에 넣은 배춧잎은 어떻게 될까요?"	실험 결과 예측 "배춧잎 안에 있던 물이 빠져나와서 쪼그라

단계	교사 활동(교사의 언어 중심)	학생 활동(활동 결과 중심)
	"그럼 그냥 물에 넣은 배춧잎은요?" "그렇습니다. 이제 실제 실험을 통해 여러분들이 예상한 결과가 나오는지 확인해봐야겠죠?"	들어요." "물이 빠져나오지 않으니까 처음 그대로여야 해요."
	실험 안내 "모두 설계한 대로 실험을 해보도록 합시다." (실험 준비물을 준비한다.)	실험 수행 (학생들이 실험을 진행한다.) (학생들의 실험 결과) 물에 넣은 배춧잎은 그대로지만, 설탕물에 넣은 배춧잎은 쪼그라든다.
	가설 검증 안내 "실험결과가 어떻게 나왔나요?" "잘 관찰했어요. 그럼 관찰 결과가 사탕 용액의 농도가 입 안 세포의 농도보다 높아서 세포 안의 수분이 밖으로 빠져나왔다는 가설을 지지하나요?"	가설 검증 "물에 넣은 배춧잎은 그대로인데, 설탕물에 넣은 배춧잎은 쪼그라들었어요." "네~"
용어 도입	삼투 용어를 도입하고 설명한다. "탐구를 통해서 알아낸 것을 간단하게 설명해봅시다." "반투막을 사이에 두고 농도가 낮은 용액의 용매가 농도가 높은 용액 쪽으로 이동하는 것을 삼투라고 합니다. 사탕을 입에 물었을 때 입 안 세포에서 물이 빠져나온 이유도 이 삼투 개념을 활용하면 잘 설명할 수 있지요."	탐구 결과를 발표하고 삼투 개념을 용어와 함께 배운다. "탐구를 통해서 사탕 용액의 농도가 입 안 세포의 농도보다 높아서 세포 안의 수분이 밖으로 빠져나왔다는 것을 알아냈습니다."
개념 적용	삼투 개념을 다른 상황에 적용하게 한다. "그럼 생각해봅시다. 김장할 때 씻은 배추에 소금을 뿌려서 절이는 것을 많이 보셨죠? 이건 어떤 원리인지 아시겠어요?" "네, 잘 대답했습니다. 오늘 수업은 여기서 마치겠습니다. 다들 수고하셨습니다."	삼투 개념을 배추 절이는 현상에 적용한다. "배추에 소금을 뿌리면 배추 바깥의 농도가 높아져서 물이 빠져나오는 거예요!" "네, 감사합니다."

5E 모형

BSCS의 5E 모형은 참여 (engagement), 탐색 (exploration), 설명 (explanation), 정교화 (elaboration), 평가 (evaluation)로 교수·학습 과정을 구분한다. 이 모형은 SCIS의 탐색, 창안, 발견의 3단계 순환학습 모형을 5단계로 변형시킨 것이다 (Bybee et al., 2006). 참여 단계는 교사가 제공하는 학습 상황을 통해서 학생들의 사전 지식이 드러나고 인지적인 갈등이 유발되는 단계이고, 탐색 단계는 학생들이 갈등 해소를 위해서 다양한 학습 활동을 수행하여 새로운 아이디어를 생성하는 단계이다. 설명 단계는 학생들이 탐색 단계에서 발견한 아이디어를 발표하고 교사가 그 아이디어에 관련하여 과학적인 용어와 개념으로 설명하는 단계이다. 정교화 단계는 학습한 개념을 적용하는 단계이며, 평가 단계는 학생과 교사가 학습 목표 달성 정도를 점검하는 단계이다 (Bybee et al., 2006).

첫째, 참여 단계에서 교사는 학생들의 호기심과 사전 지식을 끌어낼 수 있는 간단한 활동을 제공하여 학습자의 사전 지식에 접근하고 새로운 개념 학습에 학생들이 개입할 수 있도록 돕는다. 교사가 제공하는 활동은 학생의 과거 경험과 현재의 학습 경험을 연결시켜줄 수 있어야 하며, 선 개념을 노출시키고 학습할 내용으로 학생의 생각을 유도할 수 있어야 한다.

이 단계에서 학생은 어떤 사건이나 질문에 대해 흥미와 호기심이 생기고, 이미 알고 있는 것과 학습할 내용을 연관시킨다. 의문을 생성하거나 문제를 정의하는 것, 모순되는 사건을 관찰하는 것, 그리고 의문의 여지가 있는 상황은 학생이 학습 과제에 집중할 수 있게 한다. 이 단계가 효과적으로 적용되면 학생이 새롭게 학습할 개념은 과거 경험과 연결되고 때로는 관련된 오개념이 드러난다. 또한 학생은 인지적으로 혼란을 겪게 되고 학습 활동의 동기가 일어난다.

둘째, 탐색 활동의 목적은 다음 단계에서 교사와 학생이 개념이나 탐구 과정과 기능을 도입하고 토의하는 데 필요한 구체적인 경험을 갖게 하는 것이다. 이를 위해서 학생들이 가지고 있는 개념, 탐구 과정, 탐구 기능 등이 개선되고 변할 수 있는 학습 활동이 주어지고, 학습 활동에 참여한 학생은 새로운 아이디어를 탐색한다. 이 단계에서 교사는 현재의 개념, 과정, 기능 등이 확인되고 개념 변화가 촉진될 수 있는 활동을 학생에게 제공해야 한다. 이 활동을 통해서 학생들은 새로운 아이디어의 생성, 의문과 가설의 탐색, 기초적인 연구의 설계 등을 경험한다. 일반적으로 이 단계의 학습 활동은 소집단을 바탕으로 수행되며, 새로운 개념을 형성하거나 탐구 과정 기능을 학습할 수 있도록 일상적이고 구체적

표 6.9 5E 모형의 단계별 교수·학습 내용

참여(개입)	· 교시는 학생의 호기심과 사전 지식을 끌어낼 수 있는 활동을 제공하여 학생의 사전 지식을 탐색하고, 새로운 개념 학습에 학생이 개입할 수 있도록 돕는다. · 교사가 제공하는 활동은 학생의 과거 경험과 현재의 학습 경험을 연결시켜줄 수 있어야 한다.
탐색	· 교사는 학생이 가지고 있는 현재의 개념, 탐구 과정, 탐구 기능 등을 확인한 후, 개념 변화를 촉진할 수 있는 활동을 학생에게 제공한다. · 학생은 실험 활동을 완결한다. 이 과정에서 학생은 새로운 아이디어의 생성, 의문과 가설의 탐색, 기초적인 연구의 설계 등을 경험한다.
설명	· 학생은 탐색 과정에서 획득한 개념, 탐구 과정, 탐구 기능, 또는 기술 등을 요약 정리하여 발표한다. · 교사는 직접적으로 학생들이 학습할 개념, 과정, 기능 등을 설명한다. · 교사의 설명은 학생들이 보다 심도 있게 개념을 이해할 수 있도록 도와야 한다.
정교화	· 교사는 학생이 학습한 개념이나 기능이 인지 구조에 정착될 수 있도록 새로운 경험을 제공해야 한다. · 새로운 경험을 통해서 학생은 학습한 개념과 기능을 보다 심화시키고 확장시킨다. · 학생은 학습한 개념을 추가적인 활동에 적용한다.
평가	· 학생은 자신의 개념, 탐구 과정, 탐구 기능 등을 평가한다. · 교사는 학생의 향상을 평가한다.

인 경험으로 구성되어야 한다. 참여 단계에서 학생들이 인지적 비평형을 경험했다면 탐색 단계에서는 인지적인 평형으로 회복되는 단계이기 때문에 학습 활동은 구체적이고 조작적이어야 한다.

이 단계에서 학생은 활동에 행동적으로 그리고 정신적으로 참여함으로써 자연 현상의 관련성, 규칙성, 관련 변인, 의문 등을 만들게 된다. 이 때 학생은 대상, 사건, 상황들을 탐색할 수 있는 시간을 충분히 가져야 하고 자율적인 탐색을 수행해야 한다. 탐색 단계에서 교사는 학생들의 활동을 단지 안내하거나 촉진해주는 역할을 한다. 교사는 활동을 시작하게 하고 학생 스스로의 아이디어로 대상과 상황들을 탐색할 수 있도록 시간과 기회를 제공해야 한다.

셋째, 설명 단계에서 학생들은 새로 학습하는 개념, 탐구 과정, 탐구 기능을 명확하게 이해하는 단계이다. 교사는 학생들이 탐색 과정의 경험들에 주목하게 하고, 탐색 단계에서 획득한 개념, 과정, 기능, 또는 기술 등을 발표할 수 있는 기회를 준다. 교사는 용어를 도입하여 직접적으로 학생들이 학습할 개념, 과정, 기능 등을 명확하게 설명한다. 교사의 설

명은 탐색 단계의 학생 경험과 관련 있어야 하며 심도 있게 개념을 이해할 수 있도록 학생을 안내해야 한다.

이 단계에서 가장 중요한 것은 교사가 언어나 시청각 자료 등을 이용하여 과학 개념, 탐구 과정, 탐구 기능을 간단하고 단순하며 명확하게 설명해주는 것이다. 이 단계를 통해서 학생은 탐색한 경험을 정확한 과학 용어를 사용하여 설명할 수 있게 되어야 한다.

넷째, 정교화 단계에서 학생은 설명 단계까지 학습한 과학 개념, 탐구 과정, 탐구 기능을 새로운 경험으로 확장한다. 즉, 이 단계는 학생에게 새로운 경험을 제공하여 학습한 개념과 기능을 보다 심화시키고 확장시키는 단계이다. 교사는 학생이 이해한 개념이나 기능이 인지구조에 정착될 수 있도록 새로운 상황을 제시하여 사고를 촉진해야 한다. 어떤 경우에, 학생들은 아직도 오개념을 가지고 있을 수도 있고, 아니면 아직도 학습할 개념을 정확하게 이해하지 못하고 있을 수도 있다. 이러한 학생들도 이 단계에서 토론과 상호작용을 통해 수준이 비슷한 학생들로부터 학습 내용에 대해서 친밀한 설명을 들을 수 있는 기회를 다시 가질 수 있다. 이 단계에서 학생들은 학습한 개념을 다양한 상황에 적용함으로써 결국 과학 개념, 탐구 과정, 탐구 기능을 일반화할 수 있게 된다.

다섯째, 평가 단계에서 학생은 학습한 개념, 탐구 과정, 기능을 스스로 평가해볼 수 있는 기회를 갖는다. 그리고 교사는 학생의 학습 결과와 향상 정도를 확인하여 교수·학습 성취결과를 평가할 수 있는 기회를 갖는다.

표 6.10 5E 모형 예시 지도안

단계	교사 활동 (교사의 언어 중심)	학생 활동 (활동 결과 중심)
개입 (참여)	동공 크기가 다른 눈 사진을 제시하여 흥미를 갖게 하고 의문을 생성하게 한다. 두 개의 사진을 보여주면서 "이 사진은 같은 사람의 눈이에요."	제시한 동공 크기가 다른 눈 사진을 보고 의문을 생성한다. "같은 사람의 눈인데 왜 동공의 크기가 서로 달라요?"
탐색	빛의 밝기에 따라 동공의 크기가 달라진다는	빛의 밝기에 따라 동공의 크기가 달라진다는

단계	교사 활동(교사의 언어 중심)	학생 활동(활동 결과 중심)
	것을 탐색하게 도와준다. "그러면, 왜 그렇게 차이가 나는지 모둠별로 토론하고, 5분 뒤에 발표해봅시다." "지나치게 밝지 않은 손전등을 각 모둠에 나누어주겠습니다." "빛의 밝기 변화와 눈을 뜨는 것에 따라서 동공의 크기가 어떻게 변하는지 10분간 관찰해보세요."	깃을 탐색한다. −모둠 1 : "어두운 곳에서는 동공이 커집니다." −모둠 2 : "눈을 크게 뜨면 동공이 커집니다." 10분 뒤에 각 모둠별로 실험 결과를 발표한다. −모둠 1 : "빛을 비추니 동공이 작아졌어요." −모둠 2 : "눈을 작게 떠도 동공이 작아 지지 않았어요."
설명	탐색 단계에서 알아낸 것을 발표하게 하고 이를 토대로 빛의 밝기, 홍채, 동공의 크기, 눈 안으로 들어오는 빛의 양의 관계를 설명한다. "탐색을 통해서 알아낸 것을 발표해봅시다." "잘 말해주었습니다." "동공 주위에는 도넛 모양의 홍채라는 근육이 있습니다. 홍채가 이완하면 동공이 작아지고, 홍채가 수축하면 동공이 커집니다. 우리가 밝은 곳에 가면 자동적으로 홍채가 이완하고 이에 따라 동공이 작아집니다. 결국 눈으로 들어오는 빛의 양을 줄여주어 적당량의 빛이 눈으로 들어오게 해주는 것이지요. 물론 어두운 곳에서는 반대로 홍채가 수축하여 동공을 크게 해줍니다."	탐색 단계에서 알아낸 것을 발표하고 교사가 설명하는 빛의 밝기, 홍채, 동공의 크기, 눈 안으로 들어오는 빛의 양의 관계를 학습한다. "사람의 눈은 빛의 세기에 따라서 동공의 크기가 달라지는데, 빛의 세기가 강해지면 동공이 작아지고 빛의 세기가 약해지면 동공이 커진다는 것을 알아냈어요." "아! 그렇구나!"
정교화	학생이 학습한 개념을 다른 상황에 적용할 수 있도록 새로운 상황을 제시한다. "동물 중 고양이의 동공은 빛의 세기에 따라 가늘고 길게 좁혀지거나 동그랗게 커질 수 있어요. 고양이 눈 사진 중 밤이나 낮에 해당	교사가 제시한 새로운 상황에 학습한 개념을 적용한다.

단계	교사 활동 (교사의 언어 중심)	학생 활동 (활동 결과 중심)
	하는 것은 각각 어떤 것일까요? 그렇게 생각한 이유도 함께 말해주세요" "네, 잘했습니다."	"가늘고 길 때는 빛의 세기가 강할 때이므로 낮이고, 동그랗게 될 때에는 빛의 세기가 약할 때이므로 밤이라고 생각합니다."
평가	동공 크기 변화에 대한 학습 내용을 평가한다. "그러면 앞에서 배운 내용을 토대로 쪽지 시험을 보겠습니다." (문제 예시) − 사진기와 눈의 구조를 비교한 그림을 보고 빛의 양을 조절하는 구조에 대해서 설명하시오 물체 볼록렌즈 ─── ─── 조리개 셔트 ─── 어둠상자 ─── "자! 그러면 오늘은 여기서 수업을 마치겠습니다."	동공 크기 변화에 대한 학습 내용을 평가한다. 앞에서 배운 내용을 토대로 쪽지시험을 작성한다.

POE 모형

POE (prediction-observation-explanation) 모형은 학생의 선개념이 무엇인지, 그리고 그 선개념이 자연 현상을 설명할 때 어떻게 적용되는지 알아보기 위해서 개발되었다. 그러나 지금은 학생의 선개념 파악뿐만 아니라 과학 개념 학습, 개념 적용 능력 평가 등과 같이 여러 가지 목적으로 이용되고 있다.

POE 모형의 가장 큰 특징은 자연 현상을 직접 관찰하기 전에 나타날 현상을 예측해보는 단계가 있다는 점이다. 이 예측 활동에서 학생은 미래의 일을 막연히 짐작하는 것이 아니라 이유와 근거가 되는 선개념을 토대로 예측하게 된다. 따라서 예측 과정에서 일반적

표 6.11 POE 모형의 단계별 교수·학습 내용

예측	· 교시는 학생이 실험 상황을 충분히 이해할 수 있도록 설명하고, 학생은 교사가 제시한 상황으로부터 나타날 현상을 예측한다. · 학생은 자신의 예측을 정당화할 수 있는 근거를 제시하여 설명한다. · 학생은 자신의 사고를 정교화할 수 있도록 예측 및 예측에 대한 근거를 글로 표현하는 것이 좋다.
관찰	· 교사는 실험 활동을 안내하고 학생은 나타나는 현상을 관찰한다. · 교사는 관찰 결과를 기록하게 하여 학생의 다양한 반응을 파악한다. · 관찰 결과를 즉시 기록하지 않으면, 다른 학생의 말을 듣고 관찰 내용을 바꿀 수도 있다.
설명	· 예측한 것과 관찰한 것 사이의 갈등이나 모순을 해결하는 단계이다. · 실험 결과와 예측이 일치하면 근거를 들어 설명하고, 일치하지 않는다면 그 이유를 자세히 설명하여 학생의 개념이 수정될 수 있게 해야 한다.

으로 학생의 선개념이나 배경 지식이 드러난다.

예측 활동에 이어 학생은 예측한 현상을 직접 관찰한다. 예측과 관찰 결과가 불일치하는 경우에 학생은 인지적 비평형 혹은 갈등 상태를 경험한다. 이러한 인지적 갈등은 학생의 개념 변화를 촉발하는 원동력이 된다. 이러한 측면에서 학생의 잘못된 선개념을 과학적 개념으로 변화시키기 위해 POE 모형을 적용하는 것은 효과적이다. <표 6.11>는 POE 모형의 각 단계에서 이루어지는 활동 내용을 요약한 것이다. 첫째, 예측 단계에서 교사는 학생이 실험 상황을 충분히 이해할 수 있도록 설명해야 한다. 제시하는 상황의 수준은 학생이 충분히 이해할 수 있을 정도로 쉬워야 한다. 제시하는 상황이 지나치게 어렵거나 복잡하면 학생은 가지고 있는 선개념을 근거로 추론하여 나타날 현상을 예측하는 것이 아니라 막연히 짐작하는 수준에서 예측하는 경향을 보인다. 학생에게 친숙한 상황일수록 부담이 적고 흥미를 가질 수 있다.

이 단계에서 교사는 학생이 단순히 짐작하는 것이 아니라 근거를 가지고 예측하도록 안내해야 한다. 이와 같이 결과가 제시되지 않은 상황에서 일어날 현상을 미리 예측하는 경험은 학생에게 자신의 인지 구조에 자리 잡고 있는 여러 가지 지식 중 가장 적절한 것을 선택해서 적용해 볼 기회를 갖게 한다. 예측 활동에서 예측과 그 근거를 활동지에 글로 쓰게 하는 것이 좋다. 글을 쓰는 과정에서 학생은 보다 깊이 있는 사고를 할 수 있고, 그 결과는 교사에게 학생의 선개념을 이해할 수 있는 좋은 자료로 활용될 수 있다(최병순 외, 2009).

둘째, 관찰 단계에서 교사는 실험 활동을 안내하고 학생은 나타나는 현상을 관찰한다. 교사는 관찰 결과를 기록하게 하여 학생의 다양한 반응을 파악한다. 이 때 학생들은 자신의 기존 생각과 모순되는 현상을 접할 경우에 그 현상을 무시하거나 자기 생각을 지지하는 증거로 왜곡하여 기록할 가능성도 있다 (Chinn & Brewer, 1993). 따라서 교사는 학생이 객관적인 입장에서 관찰하도록 안내하고 가능하면 관찰 현상이 분명한 것을 제시하는 것이 좋다. 그리고 자신의 관찰 내용과 다른 학생의 관찰 내용이 다를 경우 관찰 내용을 바꾸어 기록하는 경향이 있기 때문에 관찰 결과를 즉시 기록하게 해야 한다.

셋째, 설명 단계에서 학생은 예측한 현상과 관찰 결과를 비교하며 결론을 이끌어내는 추론 과정을 경험한다. 예측과 실험 결과가 일치하면 예측할 때 생각했던 근거가 지지를 받게 되고, 일치하지 않는다면 새로운 근거가 필요하게 된다.

개념 이해를 위한 수업에 POE를 적용할 경우, 설명 단계를 토론으로 진행하는 것도 효과적이다. 교사는 학생이 자신의 생각을 적극적으로 발표할 수 있도록 의사소통 기능을 활성화시켜야 한다. 학생 자신과 타인의 견해 차이를 비판적인 관점으로 반성할 수 있어야하며, 자기의 선개념을 검토하고 필요한 경우 자신의 개념을 변화시키는 기회가 되어야 한다 (고한중 외, 2003).

표 6.12 POE 모형 예시 지도안

단계	교사 활동 (교사의 언어 중심)	학생 활동 (활동 결과 중심)
예측	전시 학습 내용을 확인 후 본시 학습 목표를 읽게 한다. "지난 시간에는 광합성에 대해서 배웠죠?"	전시 학습 내용과 본시 학습 목표를 확인한다.
	그 내용을 한번 발표해볼까요?" "잘 알고 있네요. 학습 목표를 한번 읽어봅시다."	"식물은 빛 에너지를 이용하여 스스로 양분을 만들 수 있는데 이를 광합성이라 합니다." "광합성으로 생성되는 물질에 대해 설명할 수 있다." "실험결과를 예측하고 결과에 대해 말할 수 있다."
	실험 과정에 대해 설명한 후, 아이오딘-아이오딘화 칼륨 용액을 떨어뜨렸을 때 나타나는 반응을 예측하게 한다. "식물 잎의 일부분을 알루미늄박으로 가리	실험 과정을 충분히 이해한 후 빛에 따라 식물 잎에서 나타나는 아이오딘-아이오딘화 칼륨 용액 반응 결과를 예측한다.

단계	교사 활동 (교사의 언어 중심)	학생 활동 (활동 결과 중심)
예측	고 햇빛을 충분히 받게 한 후, 그 잎을 따서 알코올로 엽록소를 추출해봅시다. 그리고 아이오딘-아이오딘화 칼륨 용액을 떨어뜨렸을 때 잎의 각 부분은 어떻게 될까 예측해서 기록하고 발표해봅시다." 예측 결과에 대한 이유를 설명하게 한다. "각자 아이오딘-아이오딘화 칼륨 반응 결과를 예측에 대한 이유를 기록하고 발표해봅시다."	"잎의 색이 다 청남색으로 변할 것 같습니다." "빛을 받지 않는 부분은 변하지 않고 받은 부분만 변할 것 같습니다." 예측 결과에 대한 이유를 기록하고 발표한다. "식물의 잎에는 녹말이 많이 들어 있기 때문에 잎의 전체 부분이 모두 청남색이 될 것 같습니다." "빛을 받지 못한 부분은 광합성을 못해서 녹말이 없고, 따라서 청남색으로 변하지 않을 것 같습니다."
관찰	실험 방법에 따라 실험을 수행하고 나타나는 결과를 관찰하게 한다. "잎에서 엽록소를 추출하고, 아이오딘-아이오딘화 칼륨 용액을 떨어뜨린 후 나타나는 결과를 관찰해봅시다."	교사가 제시한 방법에 따라 실험을 수행하고 나타나는 결과를 관찰한다. "빛이 차단된 부분은 청남색으로 변하지 않았고, 빛이 비친 부분은 청남색으로 변했습니다."
설명	실험 결과가 나타난 이유를 학생이 설명하게 하고, 교사가 정리하여 설명한다. "왜 그런 현상이 나타났는지 발표해볼까요?" "잘했네요. 추가설명을 하자면 식물은 광합성을 통해 양분을 스스로 만들어 내요. 광합성에 의해 처음으로 만들어지는 물질은 포도당이지만 이 포도당은 곧 녹말로 바뀌어 엽록체 속에 저장됩니다. 이러한 사실은 실험에서 빛을 받은 잎에 아이오딘-아이오딘화 칼륨용액을 떨어뜨렸을 때 색이 변하는 것으로 확인할 수 있어요."	실험 결과가 나타난 이유를 설명하게 하고, 교사가 정리하여 설명하는 내용을 학습한다. "뿌리에서 무기염류와 물을 이용해 양분을 합성하여 위로 전달하는 것이 아니라 빛을 받은 부분에서만 녹말이 생성되는 것 같아요." "처음 생각처럼 빛을 받은 부분에서 색이 변했어요. 왜냐하면..." "잘 알았습니다."

▌발생학습 모형

발생학습 모형은 구성주의 심리학에 이론적 토대를 두고 있다 (김영민 외, 2005; Harlen & Osborne, 1985; Osborne & Wittrock, 1985). 구성주의 입장에서 학습은 학생이 수동적으로 정보를 수용하는 과정이 아니라 능동적으로 새로운 의미를 구성하는 과정이다. 학생은 교사가 제시한 정보를 수동적으로 받아들이는 수용자가 아니라 이미 가지고 있는 경험과 지식을 바탕으로 새로운 정보를 적극적으로 받아들여 새로운 인지 구조를 생성하는 (generation) 주체이다.

발생학습 모형은 다음 몇 가지를 가정한다 (Osborne & Wittrock, 1985). 첫째, 학생의 선개념은 외부 정보 지각에 영향을 미친다. 학생은 외부 정보를 선택적으로 지각하고 수용할 뿐 아니라 이미 수용한 정보도 자신의 방식으로 인식한다. 따라서 교사가 가르치는 내용을 학생에 따라 다른 의미로 해석할 수 있다. 둘째, 학생은 자신의 방식으로 지각하여 선택한 정보를 장기 기억의 일부와 관련지어 능동적으로 의미를 구성한다. 따라서 학생이 학습하는 내용을 인지 구조에 부적절하게 연결하거나 잘못된 의미로 구성할 수도 있다. 셋째, 학습자가 구성하는 의미는 장기 기억에 담긴 정보와 감각적 경험에 비추어 평가되며 포섭된다. 새로운 생각은 기존의 생각에 포섭되고 때로는 새로운 개념이 포섭될 수 있도록 기존 생각을 재조직하거나 경험을 재해석하기도 한다. 넷째, 인지적 연결 혹은 포섭은 학습자의 인지적 노력에 의해 이루어진다. 즉, 개념의 재구성 및 개념변화가 일어나기 위해서는 학생의 능동적인 노력이 필요하다.

발생학습 모형은 학생의 선개념을 과학 개념으로 바꾸어주는 데 효과적이다. 수업 과정에서 학생은 자신의 선개념을 명료하게 표현하고, 이 선개념의 모순점을 깨닫게 되어 이를 과학 개념으로 변화시키고, 마지막으로 학습한 과학 개념을 정교화시키는 경험을 한다. 예비 단계 (preliminary phase), 초점 단계 (focusing phase), 도전 단계 (challenging phase), 적용 단계 (application phase)로 구성된 발생학습 모형의 단계별 특징을 요약하면 <표 6.13>과 같다.

첫째, 예비 단계에서 교사는 가르칠 과학 개념, 교사 자신의 개념, 학생의 선개념 등을 확인하여 다음 단계의 수업을 위해서 준비해야 한다. 우선, 교사는 가르칠 내용의 정확한 과학 개념을 확인해야 한다. 이 과정에서 만약 과학 개념과 교사 자신이 가지고 있는 개념에 차이가 있다면 교사 스스로 개념 변화를 경험해야 한다. 즉, 교사 스스로 자신의 개념을 과학 개념으로 수정해야 한다. 다음으로 교사는 가르칠 내용과 관련해서 학생들이 가

표 6.13 발생학습 모형의 단계별 교수·학습 내용

예비 단계	· 교사가 수업을 준비하는 단계이다. · 교사는 가르칠 과학 개념을 이해하고 자신의 과학 개념을 확인한다. · 가르칠 내용과 관련해서 학생의 지배적인 선개념이 무엇인지 조사한다. · 학생의 개념을 과학 개념으로 변화시킬 수 있는 구체적인 수업 활동 및 교수 전략을 계획한다.
초점 단계	· 교사가 상황을 제공하여 학생의 생각을 이끌어 내는 단계로서 학생은 자신의 생각을 명료하게 인식한다. · 교사가 제시하는 상황은 학생에게 흥미 있으면서도 도전적이어서 학생의 학습 동기를 유발하고 사고를 자극할 수 있는 것이 바람직하다. · 학생은 교사가 제시한 상황에서 직접 활동에 참여하여 학습할 과학 개념에 관련된 자신의 생각을 확인한다. · 교사는 학생이 자신의 생각을 명료하게 인식하도록 도와주고 학생의 반응을 해석하여 그 의미를 분명히 파악한다.
도전 단계	· 학생의 선개념이 과학 개념으로 변화되는 단계이다. · 학생은 자신의 생각을 소집단이나 학생 전체에게 발표하고 토론하여 생각의 차이를 인식한다. · 학생들은 누구의 생각이 제시된 현상을 설명하는 데 보다 효과적인지를 논의한다. · 교사는 학생들이 제기한 서로 다른 견해 중 어떤 것이 옳은지 검증할 수 있는 방법을 학생들이 직접 고안해 보도록 격려할 수 있다. · 교사는 가능하면 과학 개념을 지지하는 증거를 학생들이 스스로 찾아보도록 안내해야 하지만 과학 개념을 직접 도입할 수도 있다.
적용 단계	· 학습한 과학 개념을 사용하여 문제를 해결하거나 새로운 상황에 그 개념을 적용해 보는 단계이다. · 교사는 학생의 생각을 진단하고, 학생이 새로운 해결 방법을 모색하도록 격려한다. · 교사는 학생이 제시된 현상을 새로운 관점에서 생각해 보도록 자극하고, 자신의 생각을 재고하도록 하는 등의 역할을 수행한다.

지고 있는 지배적인 선개념이 무엇인지 조사해야 한다. 학생들이 학습 내용에 대하여 어떤 개념들을 가지고 있으며, 그 중 지배적인 개념들이 무엇인지 설문지나 개념도 작성, 질문, 또는 문헌 연구를 통하여 조사한다. 또한 학생의 선개념을 과학 개념으로 변화시킬 수 있는 구체적인 수업 활동 및 교수 전략을 계획해야 한다.

둘째, 초점 단계는 활발한 질문과 대답을 통하여 학생이 스스로의 개념에 대하여 명료하게 인식하는 단계이다. 교사가 제시하는 상황은 학생에게 흥미 있으면서도 도전적이어서 학생의 학습 동기를 유발하고 사고를 자극할 수 있는 것이 바람직하다. 학생은 교사가 제시한 상황에서 직접 활동에 참여하여 자신의 선개념을 확인한다. 이때, 학생은 자신의 생각을 말, 글, 그림 등으로 나타내거나 표현해본다면 자신의 생각을 보다 명료하게 인식할 수 있다.

셋째, 도전 단계는 학생이 자신의 선개념을 포기하고 새로운 과학 개념을 받아들이는 단계이다. 우선 학생은 자신의 생각을 소집단이나 학생 전체에게 발표하고 토론하면서 학생들의 생각이 서로 차이가 있다는 것을 인식해야 한다. 학생들은 자신의 생각을 발표하는 과정에서 자신의 생각이 다른 학생들의 생각과 어떻게 다른지 비교하게 되고, 누구의 생각이 제시된 현상을 설명하는 데 보다 효과적인지를 논의하게 된다. 이때 교사는 학생들이 제기한 서로 다른 견해 중 어떤 것이 옳은지 검증할 수 있는 방법을 학생들이 직접 고안해 보도록 격려할 수 있다. 학생은 다른 학생들의 생각과 자신의 생각을 비교함으로써, 자신의 견해를 제고하게 되며 개념의 변화를 추구하게 된다. 이 단계에서 교사의 역할이 학습 결과에 결정적인 영향을 미칠 수 있다. 교사는 가능하면 과학 개념을 지지하는 증거를 학생들이 스스로 찾아보도록 안내하는 것이 좋지만, 상황에 따라 개념을 직접 설명할 수도 있다.

넷째, 적용 단계는 학습한 과학 개념을 이용하여 문제를 해결하거나 새로운 상황에 그 개념을 적용해 보는 단계이다. 교사는 학습한 과학 개념으로 해결할 수 있는 문제들을 쉬운 것들로부터 점점 어려운 것들을 제시하여 학생이 학습한 새로운 개념을 더욱 명확히 이해하도록 도와주고 더욱 확실하게 학생의 인지구조에 개념이 정착될 수 있게 안내한다. 그리고 교사는 학생의 생각을 진단하고, 학생이 새로운 해결 방법을 모색하도록 격려한다.

발생학습 모형에서 학생의 개념이 효과적으로 변화되기 위해서 교사가 유의해야 할 점들은 다음과 같다 (Osborne & Freyberg, 1985). 첫째, 교사는 가르치는 과학 개념뿐만 아니라 이와 관련된 자신의 개념, 그리고 학생이 이미 가지고 있는 개념을 잘 이해하고 있어야 한다. 둘째, 학생의 학습 동기 유발과 학습 내용에 대한 가치를 인식시키기 위해서 학습 내용을 학생의 실생활과 관련된 상황으로 도입해야 한다. 셋째, 학습 과정에서 학생이 학습 내용과 관련된 자신의 생각을 명료하게 인식할 수 있도록 기회를 주고, 자신의 생각이 다른 학생의 생각과 어떻게 다른지 비교하게 하며, 자신의 생각과 다른 학생들의 생각이 제시된 현상을 설명하는 데 어떠한 차이점이 있는지 토론하는 시간을 갖게 해야 한다. 넷째, 학생이 새로운 과학 개념을 받아들인 후 이 개념을 정교화하고 인지구조에 정착시킬 수 있는 기회를 주어야 한다.

표 6.14 발생학습 모형을 적용한 교수·학습 과정안

단계	교사 활동(교사의 언어 중심)	학생 활동(활동 결과 중심)
예비	설문지 조사를 통해 혀에서 맛을 느끼는 부위에 대해서 학생들이 어떠한 생각을 가지고 있는지 확인한다. -혀의 맛 감각에 대한 설문지를 통해서 학생들의 선개념을 파악한다. "혀 사진 위에 단맛, 쓴맛, 신맛, 짠맛을 느끼는 부위를 표시할 수 있는 설문지를 나누어 주겠습니다. 이 설문지를 작성합시다."	혀에서 맛을 느끼는 부위에 대한 설문지를 작성한다. -설문지에 자기가 생각하는 맛을 느끼는 부위를 각각 표시한다. (단맛/짠맛/신맛/쓴맛을 느끼는 부위는 정해져 있다.)
초점	활동지에 혀 그림을 제시 후 학생들에게 맛(단맛, 짠맛, 신맛, 쓴맛)을 느끼는 부위를 표시하게 한다. "활동지에 그려진 혀 그림에 단맛, 짠맛, 신맛, 쓴맛을 느끼는 부위를 표시해보세요."	활동지에 혀 그림에 맛의 위치를 그린다. -학생은 활동지에 맛의 위치를 그린다. -많은 학생들이 단맛은 혀 앞쪽, 짠맛은 혀 중간, 신맛은 혀의 옆쪽, 쓴맛은 혀 뒤쪽에서 느끼는 그림을 그린다.
도전	실험을 통해서 혀에서 맛의 위치를 확인하게 한다. "2명씩 짝을 지어서 한 사람은 안대를 착용하고, 다른 한 사람은 단맛의 액체를 안대를 착용한 사람 혀의 여러 부분에 찍어줍시다. 안대를 쓴 사람이 맛을 어떻게 느끼는지 말해봅시다." "여러분, 어떤 결과가 나왔나요?" "그렇다면 왜 그런 결과가 나왔을지 토론해보세요!"	실험을 통해서 혀에서 맛의 위치를 탐색한다. -학생들이 단맛을 느낀다고 생각한 혀끝뿐만 아니라 다른 부분에서도 단맛을 느낄 수 있다는 것을 알게 된다(인지갈등). "우리가 생각했던 혀끝 이외에서도 맛을 느낄 수 있었어요." -토론 결과 혀의 특정 부위가 특정한 맛을 감각한다는 생각이 잘못되었고, 모든 부위가 모든 맛을 골고루 맛을 느낄 수 있다는 것을 알게 된다.

단계	교사 활동 (교사의 언어 중심)	학생 활동 (활동 결과 중심)
	"그럼 실제로 그런지 한번 실험으로 확인해 봅시다." －실험 : 단맛, 쓴맛, 신맛, 짠맛의 용액을 스포이트를 이용하여 혀의 각 부분별로 맛본다. "자, 어떤 실험 결과가 나왔죠?" "네, 맞았어요. 혀는 단맛, 쓴맛, 신맛, 짠맛을 느끼는 부위가 나뉘어 있는 것이 아니에요. 단지, 그런 맛들을 잘 느낄 수 있는 부위가 있을 뿐이에요."	 "어떤 맛이든지 혀의 모든 부분에서 맛을 느낄 수 있었어요."
적용	학습한 개념을 새로운 상황에 적용하게 한다. "그렇다면, 여러분들이 잘 배웠는지 알아볼까요? 레몬 맛 사탕(신맛, 단맛)을 먹고 혀의 어느 부위에서 맛을 느끼는지 색칠해봅시다."	학습한 개념을 새로운 상황에 적용한다. －신맛과 단맛을 느끼는 부분을 혀 전부라고 표시하고 추가로 혀의 양쪽과 앞쪽을 진하게 색칠한다.

▌ 개념변화 모형 (드라이버의 모형)

　　개념변화 모형은 학습이란 학생의 직관적 생각을 과학 개념으로 변화시키는 것이라는 구성주의 관점을 바탕으로 한 모형이다. 학습에 관한 연구에서 구성주의는 매우 중요한 역할을 하고 있으며, 특히 개념변화 학습과 관련된 연구는 대부분 구성주의에 바탕을 두고 있다. 구성주의 관점에서 볼 때 학습자는 능동적으로 사고과정을 경험하며 개념을 형성한다. 개념을 외부에서 주입할 수 있는 것이 아니라 학습자가 스스로 주체적으로 개념을 구성해 나간다는 것이다. 이러한 관점에서 피아제 (Piaget)는 인지적 비평형을 해소하는 것을 학습이라고 보았으며, 인지적인 비평형 상태는 곧 인지 갈등 상태에 해당한다고 볼 수 있다. 이 관점에서 개념이란 어떤 독립된 개체가 아니라 인지구조 그 자체이며, 개념변화란 교과서나 교사가 가지고 있는 개념을 학습자의 인지구조 속에 첨가하는 일이 아니라 학습자 스스로 자신의 인지구조를 능동적으로 재조직화 하는 과정을 뜻한다 (권재술 외, 2003).

　　1980년대 이후 학생들이 학습 전에 가지고 있는 개념에 대한 연구들은 학생들의 선개

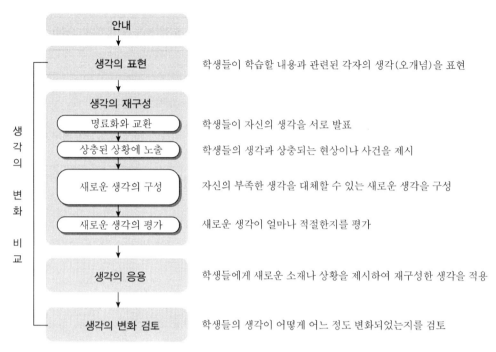

그림 6.1   드라이버의 개념 변화 모형

넘이 교과서에 기술된 과학 지식 즉, 과학자나 과학교사의 과학지식과 크게 다르며, 한두 번의 학습에 의해서 쉽게 과학 개념으로 대체되거나 변화되지 않는다는 것을 보여주었다. 또한 학생의 선개념이 변화되기 위해서는 인지적 갈등을 일으키는 자료만으로 충분하지 않고, 과학개념을 다양하게 제시할 수 있는 전략이 적용되어야 한다는 것도 알게 되었다. 이것은 지금과 같은 과학 수업으로는 쉽게 선개념이 대체되거나 변화되지 않으므로 특수 한 수업 모형이 필요하다는 것을 의미하며, 이를 위해 여러 과학 교수 학습 모형이 개발되 었다. 이러한 수업 모형을 가리켜서 개념변화 모형이라고 부른다.

개념변화 모형에는 반성적 모형 (Cosgrove & Osborne, 1985), 인지갈등 학습 모형 (권재술, 1989), 구성주의 학습 모형 (Driver & Oldham, 1986) 등이 있으며, 여기에서는 드라이버의 구성주의 학습 모형을 중심으로 살펴보도록 한다. 이 모형은 [그림 6.1]과 같이 학습자가 자신의 생각을 표현하고, 그 생각을 재구성하며, 재구성된 생각을 응용하고 검토하는 등의 단계로 구성된다 (Driver & Oldham, 1986).

드라이버의 개념변화 모형에서 '안내'는 교사가 학습 주제를 간단하게 소개하는 도입단계이다. 이어지는 '생각의 표현' 단계는 학생이 자신의 생각을 표현하는 단계이다. 이 단계에서 교사는 학습 내용과 관련된 상황이나 현상을 제시하고, 학생들은 이것을 관찰하여 자신의 언어로 설명한다. 이 과정에서 학생의 생각, 특히 오개념이 자연스럽게 드러나게 된다.

'생각의 재구성' 단계에서는 자신의 생각을 명료화하고 상충된 현상에 노출됨으로써 새로운 생각을 구성하는 과정이다. 생각의 재구성 단계는 네 개의 하위 단계로 세분된다. 첫 번째 하위 단계인 '명료화와 교환'에서 학생은 자신의 생각을 서로 발표한다. 이 과정에서 다른 학생들의 생각과 자신의 생각을 비교함으로써 자기 생각의 의미를 명료화한다. 또한 서로 다른 생각의 장점과 단점을 비교한다. 두 번째, '상충된 상황에 노출' 단계에서 교사는 학생의 생각으로 설명할 수 없는 상충되는 현상이나 사건을 제시한다. 학생은 자신의 생각으로 교사가 제시한 현상을 잘 설명할 수 없다는 것을 깨닫는다. 상충된 상황은 학생에게 생각을 바꾸려는 동기를 제공한다. 세 번째, '새로운 생각의 구성' 단계에서 학생은 불만족스러운 생각을 대체할 수 있는 새로운 생각을 구성한다. 교사는 학생이 스스로 새로운 과학적 개념을 구성할 수 있도록 안내한다. 그러나 학생이 스스로 구성하기 어려운 과학 개념은 교사가 제시해 줄 수도 있다. 네 번째, '새로운 생각의 평가' 단계는 새로운 생각이 구성된 후, 학생이 그 생각을 평가하는 과정이다. 이 평가는 학생의 성취를 평가하는 것이 아니라 새로 구성한 생각이 얼마나 타당한지를 학생 스스로 확인하는 평가이다. 새로운 생각의 평가 단계를 통해서 학생은 새로운 생각이 적절하다는 것을 충분히 경험해야 한다.

'생각의 응용' 단계에서 교사는 학생에게 새로운 소재와 상황을 제시하여 새로 재구성한 생각을 응용하게 한다. 이 과정에서 학생은 새로운 생각이 얼마나 활용 기능성이 많은지를 인식하게 된다.

'생각의 변화 검토' 단계에서는 새로 구성된 생각을 처음 생각과 비교하여 생각이 어떻게 어느 정도 변화되었는지 검토한다.

드라이버의 개념변화 모형은 과학의 모든 내용을 학습할 때 효과적인 것은 아니다. 이 모형은 비교적 많은 학생들이 오개념을 가지고 있는 내용을 가르칠 때 사용해야 한다. 또한 학생의 오개념과 교수·학습 내용 사이의 상호작용은 구체적으로 보여주지 못한다. 따라서 이 모형을 적용할 때에는 포스너 외 (Ponser et al., 1982)가 제시한 다음의 개념변화를 위한 4가지 조건에 유의해야 한다.

- **첫째** : 자신의 선개념과 생각에 대해 불만족을 가져야 한다 (불만족).

- **둘째** : 새로이 학습할 과학적 개념은 이해할 만 해야 하다 (이해).
- **셋째** : 새로운 과학적 개념은 그럴듯하여 '참'이라고 받아들일 수 있어야 한다 (개연성 /그럴듯함).
- **넷째** : 새로운 과학적 개념은 유용한 설명력과 예측력을 가지고 있어야 한다 (유용성).

오개념이 과학 개념으로 효과적으로 바뀌기 위해서는 먼저 학생들이 기존에 가지고 있던 개념에 대한 불만족을 느껴야 한다. 그리고 새롭게 학습하는 개념이 이해될 만한 것이어야 한다. 또한 이 개념이 선개념으로 해결할 수 없었던 문제를 해결할 수 있어야 한다. 마지막으로 학습하는 개념이 지금의 문제뿐만 아니라 다른 문제 해결에도 활용 가능성이 많아야 한다.

표 6.15 개념변화 모형을 적용한 교수·학습 과정안

단계		교사 활동 (교사의 언어 중심)	학생 활동 (활동 결과 중심)
안내		전시학습 확인 "안녕하세요, 이번 시간에는 세포에 대하여 배울 것입니다. 지난 시간에 간단하게 언급했는데 세포가 뭐였죠?"	인사 및 전시학습 확인 "세포는 생물체를 구성하는 기본단위에요."
생각의 표현		학생이 세포 크기에 관련된 각자의 생각을 표현하도록 유도한다. "모든 생물은 세포로 구성되어 있어요. 그렇다면 모든 동물의 세포의 크기는 같을까요?"	학생이 세포 크기에 관련된 각자의 생각(오개념 포함)을 표현한다. · 학생 A: "음⋯⋯ 아니요. 큰 동물의 세포는 크기가 크고 작은 동물의 세포의 크기는 작아요." · 학생 B: "그렇지 않아요. 큰 동물이나 작은 동물이나 모두 세포의 크기가 같을 것 같습니다."
생각의 재구성	명료화와 교환	학생이 세포 크기에 대한 오개념을 명확하게 드러내고 토론할 수 있도록 안내한다. "코끼리와 쥐는 세포의 크기가 같을까요? 다를까요? "그렇다면 왜 그렇게 생각하는지 한번 각자의 생각을 말해볼까요?"	학생이 세포 크기에 대한 오개념을 발표하고 토론한다. · 학생 A: "코끼리의 세포가 쥐의 세포보다 크다고 생각합니다." · 학생 B: "코끼리의 세포와 쥐의 세포의 크기는 같다고 생각합니다." · 학생 A: "저는 귤을 먹다가 큰 귤의 알맹이가 작은 귤보다 큰 것을 보았기 때문에

			큰 동물의 세포도 작은 동물의 세포보다 클 것이라고 생각합니다."
			· 학생 B: "저는 반대 의견입니다. 저의 생각은 물병이 다른 것이지 그 물병에 담기는 물 분자의 크기가 같은 것처럼 큰 동물의 경우도 큰 그릇에 해당한다고 생각합니다. 따라서 세포의 크기는 같을 것이라고 생각합니다."
			· 학생 A: "아닙니다. 물은 살아 있는 생물이 아니니까 생물과 비교할 수 없다고 생각합니다. 생물의 경우에는 몸집이 크다면 세포의 크기도 크다고 생각합니다."
		"의견들이 분분하네요. 다들 논리적으로 각자의 의견을 말하고 있는데 현미경 사진을 통해서 세포의 크기를 확인해볼까요?"	"네."
상충된 상황에 노출		코끼리와 쥐의 세포가 같은 크기라는 것을 보여준다. －쥐와 코끼리의 상피세포를 현미경으로 촬영한 사진을 제시한다. －교사는 미리 세포의 크기를 비교한 사진자료를 PPT로 준비해서 학생들의 발표 후 보여준다. "여러분들, 현미경으로 쥐와 코끼리의 상피세포를 보았나요? 어떤가요?"	코끼리와 쥐의 세포가 같은 크기라는 것을 확인한다. "어? 크기가 차이가 크게 없네? 크기가 같은데?"
새로운 생각의 구성		생물의 크기에 상관없이 세포의 크기가 비슷하다는 것을 학생이 받아들일 수 있도록 과학적 개념을 도입해서 새로운 생각을 제시한다. "여러분, 결과를 보니 어떤가요?" "크기가 같죠?" "그럼 세포의 크기가 같은데 개체의 크기가 큰 동물과 작은 동물은 왜 차이가 나는 걸까요?" "차이가 나는 이유는 개체의 생장은 세포의 성장보다 세포의 분열에 의한 세포 수의 증가 때문이랍니다. 세포의 크기 성장은 표면	세포의 크기에 대한 새로운 생각을 학습한다. "두 동물의 세포크기는 똑같아요." "네." "왜 차이가 나지? 세포의 크기는 같은데?"

		적과 연관되어 클 수 있는 한계가 있어요, 그래서 세포는 분열을 하는 거랍니다."	"아 그렇구나!" "세포의 크기보단 세포의 분열에 의한 것이구나! 큰 동물은 표면적이 커서 세포가 더 많이 분열할 수 있어서 덩치가 큰 거구나!"
	새로운 생각의 평가	세포 크기에 대해 학습한 내용이 그럴듯한지 평가하게 한다. "코끼리와 쥐의 체적의 비는 곧 세포 수의 비와 비슷하다는 생각은 그럴듯한가요?"	생물의 크기에 상관없이 세포 크기가 비슷하다는 생각을 평가한다. "네! 세포의 크기가 같다면, 체적의 크기는 곧 세포수와 비례한다고 생각하는 것이 타당하다고 생각합니다. 코끼리와 쥐가 모두 1개의 세포에서 시작했기 때문에 코끼리가 훨씬 많이 세포 분열했다고 보는 것도 옳다고 생각해요."
생각의 응용		세포 크기에 대해 학습한 내용을 식물에 적용하게 한다. "여러분 그렇다면 저기 밖에 보이는 잔디와 그 옆에 보이는 큰 소나무의 세포 크기는 어떨까요?" "왜 그렇게 생각해요?"	세포 크기에 대해 학습한 내용을 식물에 적용한다. "비슷하다고 생각합니다." "식물도 마찬가지로 세포로 구성되어 있기 때문에 눈으로 보이는 크기만 다를 뿐 세포의 크기는 같고 큰 나무는 세포 분열을 많이 했을 거에요!"
생각의 변화 검토		세포 크기에 대한 처음 생각과 나중 생각을 비교하게 한다. "여러분 오늘 선생님과 세포에 대해 배웠는데 수업 전에는 어떻게 생각했었죠?" "이제 수업 후에는 큰 동물과 작은 동물의 세포의 크기는 어떠하다고 생각하나요?"	세포 크기에 대한 처음 생각과 나중 생각을 비교한다. "수업을 하기 전에는 큰 동물의 세포와 작은 동물의 세포가 차이가 있을 것이라고 생각했어요." "수업 후에는 개체의 크기는 세포의 크기가 아닌 세포 분열을 통한 세포 수와 관련된다는 것을 알게 되었습니다!"

STS 수업 모형

STS란 과학 (Science), 기술 (Technology), 사회 (Society)의 앞 글자를 따서 합성한 용어로서 자이먼 (Ziman, 1980)이 그의 저서 『Teaching and Learning About Science Society』에서 처음으로 사용하였다. 과학 교육자들은 STS 교육을 다양한 측면에서 정의하고 있지만, 일반적으로 소수의 우수한 학생을 과학자로 길러내는 교육이 아니라 대다수의 학생들을 대상으로 과학과 기술과 사회의 상호작용에 관하여 이해시키며 과학적·기술적 소양을 함양하게 하여 과학과 기술에 관련된 문제에 대하여 현명하게 대처할 수 있는 민주시민을 양성하는 교육이라는 것에 동의한다 (Waks, 1987; 최경희, 1996).

1957년의 스푸트닉 사건 이후, 1960년대에 주로 개발된 학문 중심 교육과정이 학교에 적용되면서 과학교육이 지나치게 개념과 이론 중심으로 흘러가게 되었으며, 교육과정 개발자나 교사들의 기대와 달리 학생들의 과학에 대한 흥미도와 탐구능력은 여전히 낮게 나타나는 문제가 지속되었다. 한편, 현대 사회에서 과학기술의 영향력이 크게 증대되고 일상생활과 밀접한 관계를 갖게 되었다. 그리고 과학에 대한 지식을 이해하는 것 이상으로 과학과 기술과 사회의 관계를 이해하고 이들 사이에서 발생하는 문제를 해결하는 능력과 의사 결정력이 필요한 시대가 된 것으로 인식되면서, 과학-기술-사회의 상호작용에 대한 이해가 과학교육에서 다루어야 할 중요한 목표가 되었으며, 동시에 과학교육의 한 가지 방법론으로 대두되었다. 이와 같이 과학교육 전반에 대한 비판과 반성의 분위기를 배경으로 학생의 일상적·사회적 경험과 관련이 있는 문제를 중심으로 과학을 가르치고, 이에 대한 학생의 의사결정력과 문제 해결력을 향상시키는 것을 강조하는 STS 교육이 대두되었다 (Yager & Roy, 1993)

상대주의적 구성주의에 그 이론적 배경을 두고 있는 STS 교육은 학생들이 당면할 미래 사회에서 유용하게 활용할 수 있는 경험을 미리 쌓게 하는 방식으로 진행된다. 구성주의에서 학습이란 어떤 환경에서 개인이 능동적으로 경험하고 그 경험을 통해 스스로 지식을 발전시켜 나가는 과정이다. 따라서 STS 교육은 학생들이 능동적으로 수업에 참여하고 활발한 의사소통을 유발할 수 있는 토론, 역할놀이, 문제 해결, 조사 등과 같은 수업 방법을 적용한다. 이러한 측면에서 STS 과학교육은 다음과 같이 전통적 과학교육과 차별화된 특징을 나타낸다 (Yager & Roy, 1993).

첫째, 전통적 과학교육에서 수업은 과학 개념 습득을 위해서 이루어지며 개념은 교수의 결과로 얻어지는 것이라고 인식한다. 학생은 학습한 개념을 장기간 기억하기 어렵고 단지 시험을 잘 보기 위해서 공부하는 경향이 있다. 그러나 STS 과학교육에서 개념 학습은 활동을 통해서 얻어지는 결과물이며 문제 해결을 위해서 필요한 것이다. 학생은 학습한 개념을 새로운 상황에 적절하게 적용할 수 있게 된다.

둘째, 전통적 과학교육에서 탐구 과정은 과학자들에게 필요한 능력으로 인식되는 경향이 있다. 학생은 교사가 가르쳐주는 탐구 과정을 단순히 수행하고 교과서에서 요구하는 대로 실행하는 것으로 인식한다. 그러나 STS 과학교육에서 탐구 과정은 과학 수업의 핵심적인 내용으로 인식되며 학생은 과학 탐구 기능이 일상생활에 필요한 것으로 인식하여 스스로 발전시키기 위해서 노력한다.

셋째, 전통적인 과학교육에서 학생의 과학에 대한 흥미와 태도는 학년이 올라갈수록 감소하는 경향이 있다. 학생은 과학을 단지 배워야 할 개념들의 집합으로 생각하고 교사를 과학 지식의 전달자로만 본다. 그러나 STS 과학교육에서 학생의 과학에 대한 흥미는 학년이 올라갈수록 증가하는 경향을 보이며 과학을 문제해결 과정으로 인식하고, 교사를 문제해결 과정의 안내자로 생각한다.

넷째, 전통적인 과학교육에서 학생의 질문은 교육과정과 일치하지 않을 경우 무시당하는 경향이 있어서 학생은 독창적인 질문을 거의 하지 않는다. 그러나 STS 과학교육에서는 학생이 많은 질문을 하는 것이 장려되고 학생의 질문이 수업 활동이나 자료 개발에 연결되는 경우도 많다. 따라서 학생은 독창적인 질문을 자주하고 그 질문에 대한 잠정적인 답을 제안하는 데 능숙하다.

다섯째, 전통적인 과학교육에서는 과학 시간에 배운 과학 지식의 가치를 알기 어렵고 생활에 이용하지 못한다. 학생은 배운 정보를 단순히 암기할 뿐 새로운 문제 상황에 응용하기 어려워한다. 그러나 STS 과학교육에서 수업 시간에 배운 내용은 일상생활과 쉽게 접목된다. 특히 사회적 문제를 과학적으로 해결하는 데 과학 수업을 통해 학습한 내용들은 매우 효과적으로 이용될 수 있다. 학생은 과학 개념의 중요성과 그 개념과 과학 기술의 관련성을 충분히 이해한다.

1980년대 이후 미국, 영국 등에서는 독립직으로 과학－기술－사회의 상호작용에 초점을 맞춘 새로운 교재와 STS 교육을 실제 교수·학습에 적용시킬 현장 교사 교육을 위한 프로그램을 개발해 왔다. 대표적 STS 교육과정으로는 미국의 Project 2061, CHEMCOM (Chemistry in the community), 영국의 SISCON (Science in an Social Context), SATIS (Science and technology in Society), Salter's Chemistry 등이 있다. 우리나라에서는 제5차 과학과 교육과정에서 처음으로 STS가 교육목표 항목 중의 하나로 설정되었고, 특히 제7차 교육과정에서는 초등학교 과학 교과서의 거의 모든 단원에 STS 요소를 도입하였으며, 이후의 교육과정에서도 STS는 과학교육의 중요한 목표로 기술되어 있다.

외국에서 개발된 STS 교육 프로그램 중 미국 Iowa 대학에서 개발한 Iowa Chautauqua Program (ICP)이 가장 널리 소개되었다. 이 프로그램은 NSF (National Science Foundation)의 지원을 받아 NSTA (National Science Teachers Association)가 설계하고 Iowa 대학에서 1983년 시작한 것으로, 유치원에서 고등학교에 이르는 다양한 학년의 교육과정 개선을 위한 프로그램을 포함하고 있다 (Yager & Tamir, 1993). ICP에서 제시하는 수업의 기본 절차는 문제로의 초대 (invitation), 탐색 (exploration), 설명과 해결 방안 제시 (explanation and proposing solution), 실행 (taking action)의 4개 단계로 이루어져 있으며 각 단계별 특징은 <표 6.16>과 같다.

표 6.16 STS 수업 모형의 단계별 교수학습 내용

문제로의 초대	· 과학－기술－사회와 관련된 사회적 문제를 제기하는 단계이다. · 교사는 STS 주제에 대하여 학생이 관심과 흥미를 가지도록 자극을 준다. 이를 위해서 학생이 관심 있어 하는 사회적 문제나 쟁점을 교사가 직접 제기할 수도 있고, 이러한 내용을 담고 있는 신문, 잡지, 비디오 자료, 인터넷, 과학도서 등을 제시할 수도 있다. · 학생은 교사가 제시한 자료에 흥미와 호기심을 가지고 의문을 제기한다.
탐색	· 학생은 문제를 보다 명확하게 이해하기 위해 여러 가지 자료와 정보를 수집하고 정리하며 분석한다. · 문제 해결을 위한 조사 방법이나 실험 계획을 세우고, 조사 방법과 범위, 내용을 설정하고 수행한다. · 적절한 자료를 근거로 다른 학생들과 토의하여 해결 방안을 모색한다.
설명과 해결 방안 제시	· 전 단계에서 수집한 정보와 실험 결과를 토대로 문제에 대한 설명을 제시하고, 이에 대한 구체적인 해결 방안을 검토하고 토론하여 결정한다. · 이 과정에서 모델을 구축하여 설명하기도 하고, 문제의 해결 방안을 검토하고, 그 장단점에 대해 분석한다. 그리고 문제 해결 방안에 대해서 다른 사람의 의견을 반영하여 여러 가지 방안을 종합적으로 결합하고, 기존의 지식과 경험에 비추어 해결 방안을 제시하고 결정을 내린다.
실행	· 해결 방안을 직접 실천에 옮기거나, 또는 실행과 관련이 있는 사람들에게 영향력을 행사한다. · 문제 해결을 위한 결정을 내린 다음 그 방안이 실현될 수 있도록 바람직한 행동을 실행에 옮긴다. · 교사는 이 과정에서 학생이 과학과 기술에 관한 바른 인식과 함께 과학·기술 관련 직업에 대해 긍정적 태도를 가지도록 격려한다.

첫째, '문제로의 초대' 단계는 학생 혹은 교사가 과학－기술－사회와 관련된 사회적 문제를 제기하는 단계이다. 학생우 과학과 관련된 일상생활이나 사회 문제를 제기하고, 문제의 심각성을 인식한다. 사회적 문제로 학생들을 초대하기 위해서 교사는 학생이 관심 있어 하는 사회적 문제나 쟁점을 직접 제기할 수도 있고, 이러한 내용을 담고 있는 신문, 잡지, 비디오 자료, 인터넷, 과학도서 등을 제시할 수도 있다. 이 단계에서 학생들이 하나 또는 그 이상의 문제나 의문에 대해서 호기심을 가지고 학습에 참여한다는 느낌을 갖게 된다.

둘째, '탐색' 단계에서 학생은 여러 가지 자료와 정보를 수집하고 정리·분석하여 문제에 대한 이해를 심화하고 해결방안을 모색한다. 문제 해결을 위한 조사 방법이나 실험 계획을 세우고, 조사 방법과 범위, 내용을 설정하고 수행하여 적절한 답을 내어놓는 단계이다. 학생들은 그들이 얻은 자료를 비교해 보고, 그들의 생각을 검증해 보고, 의미를 찾으려 노력하고, 적절한 자료를 근거로 다른 학생들과 토론하여 해결 방안을 모색한다. 이 때 모든 학생이 같은 문제를 가지고 동일한 자료 수집이나 실험 활동을 실행할 필요는 없다. 학생들의 상호작용이 장려되어야 하며, 학교 학습을 통해 얻을 수 있는 과학 지식 영역이나 과학 과정의 영역을 벗어나 창의적인 영역으로 들어가는 것도 허용되어야 한다. 이 단계에서 학생들이 관심과 흥미를 가지고 문제를 해결하는 데에 열중할 수 있는 환경이 마련되는 것이 중요하다.

셋째, '설명 및 해결 방안 제시' 단계는 학생이 전 단계에서 수집한 정보와 실험 결과를 토대로 문제에 대한 설명을 제시하고, 이에 대한 구체적인 해결 방안을 제안하는 단계이다. 주로 동료들과 토론을 통해서 여러 가지 대안들 중에서 가장 좋은 대안을 공동으로 모색한다. 이 과정에서 모델을 구축하여 설명하기도 하고, 문제의 해결 방안을 검토하고, 그 장단점에 대해 분석하기도 한다. 그리고 문제 해결 방안에 대해서 다른 사람의 의견을 반영하여 여러 가지 방안을 종합적으로 결합하고, 기존의 지식과 경험에 비추어 해결 방안을 제시하고 결정을 내린다. 이 때 학생들은 자신들이 이미 가지고 있었던 과학지식을 수정하거나 대체할 수도 있다.

넷째, '실행' 단계는 학생들이 해결 방안을 직접 실천에 옮기거나, 또는 실행과 관련이 있는 사람들에게 영향력을 행사하는 단계이다. 문제 해결을 위한 방안을 최종적으로 결정하고 그 방안이 실현될 수 있도록 실행에 옮긴다. 교사는 이 과정에서 학생이 과학과 기술에 관한 바른 인식과 함께 과학·기술 관련 직업에 대해 긍정적 태도를 가지도록 격려한다.

STS 수업 모형을 적용할 때 유의할 점은 다음과 같다 (최병순 외, 2009).

첫째, STS 수업 모형에서 이용할 수 있는 교수 방법과 전략은 매우 다양하다. 예를 들어 강의법은 물론이고, 시범 실험, 질문법, 문제해결법, 야외 실습, 실험실 실험, 모의실험, 역할놀이, 논쟁 또는 토론, 협동 학습, 사회적 활동 등 여러 가지 방법을 통해서 수업을 진행할 수 있다. 이 때 중요한 것은 구성주의적 입장에서 학생 스스로 수업을 이끌어 가며 학생 간의 상호작용이 활발하게 일어날 수 있도록 자율성과 능동성을 최대한 보장해야 한다.

둘째, 학습의 주제는 학생의 흥미를 유발할 수 있는 것이어야 하며, 교육과정의 과학 내용과 관련되어 있는 최신 제품이나 사회적으로 논쟁이 되고 있는 문제점들을 사용하는 것이 좋다. 사회적 문제를 선정할 때, 학생들에게 비교적 친숙한 내용과 소재를 이용하는 것이 좋으며, 학생들의 지적 수준이나 나이를 신중히 고려해야 한다.

셋째, 수업은 전반적으로 학생 주도적인 분위기가 될 수 있도록 유도해야 한다. 학생이 스스로 생각해 볼 수 있는 시간을 충분히 주어야 하며, 학생들이 질문을 생각하고 활동 결과를 정리하며, 합리적인 문제 해결 방안을 찾아 갈 수 있도록 세심하게 안내해야 한다. 학생들이 능동적으로 상호작용하며 적극적으로 토론에 참여할 수 있도록 도와야 하며, 토론 과정에서 자신의 생각이 분명하게 드러나고 다른 학생의 주장을 경청하여 이해할 수 있도록 수업 분위기를 조성해야 한다.

표 6.17 STS 수업 모형을 적용한 교수·학습 과정안

단계	교사 활동 (교사의 언어 중심)	학생 활동 (활동 결과 중심)
문제 로의 초대	발췌해 온 신문 기사를 보여주어 간접흡연의 문제를 인식하게 한다. -김모씨... 평생 담배를 쥐어보지도 않았는데 폐암에 걸려 죽었다. 원인을 알아보니 배우자는 흡연자!! (간접흡연을 통한 여러 질병 발병률에 관한 통계자료제시) "여러분이 방금 본 기사뿐 아니라 실제로도 이렇듯 담배를 직접 피우지 않은 사람들이 배우자나 다른 흡연자에 의해 간접적인 흡연을 하여 폐암에 걸리는 사례들이 많이 있답니다."	신문 기사를 읽고 간접흡연의 문제를 인식한다. "왜 간접흡연으로 인해 여러 질병이 나타나게 되는 거지요?"
탐색	간접흡연의 피해와 원인을 조사하게 한다. "왜 비흡연자가 간접흡연을 통해 여러 질병에 걸릴 수 있는지 다 같이 알아볼까요? 책	간접흡연의 피해와 원인을 조사한다.

단계	교사 활동 (교사의 언어 중심)	학생 활동 (활동 결과 중심)
	이나 신문, 인터넷을 통해 한번 알아보도록 합시다."	―책, 신문, 인터넷을 통해 비흡연자가 왜 폐암에 걸릴 수 있는지 이유를 조사한다.
	"모두 조사해 보았나요?"	"네."(담배연기의 구성성분 때문이라고 발표한다.)
	"그럼 비흡연자가 왜 간접흡연을 통해 여러 질병에 걸렸는지 발표해보도록 합시다."	"타르, 일산화탄소, 비소, 청산가리 등 유해성분이 담배 연기에 많이 들어있는데, 간접흡연을 통해서 이 유해 성분들이 비흡연자의 몸에 들어갈 수 있습니다."
설명 및 해결 방안 제시	담배에 들어 있는 유해 성분이 인체에 미치는 영향에 대해 조사하고 발표하게 한다. "그렇다면 어떻게 이러한 성분들이 각종 질병을 유발하나요? 조사하여 발표해봅시다."	담배에 들어 있는 유해 성분이 인체에 미치는 영향에 대해 조사하고 발표한다. ―타르 : 담배의 대표적인 유해성분으로 발암물질/ 담배연기를 입에 넣었다가 흰 종이에 내뿜을 때 나타나는 미립자가 농축된 흑갈색의 진한 액체/ 일반적으로 담해진이라고 하는 독한물질/ 소량으로도 웬만한 곤충은 다 죽일 수 있으며, 수십 종의 발암물질과 독성물질이 들어 있어 인체에 각종 암을 일으키는 역할. ―일산화탄소 : 기체성분 속에서 가장 해로운 성분으로, 담배를 피우는 것은 마치 소량의 무연탄 냄새를 계속 맡고 있는 것과 같아서 만성 저산소증 현상이 일어 물질 대사에 장애를 주고 조기 노화현상을 일으키며 맑은 정신을 유지하기 어렵게 함. ―다이옥신 : 1g으로 약 100만 명을 오염/ 암을 일으킴/ 학습장애와 운동능력의 저하/ 남성 호르몬의 감소/당뇨/면역체계를 무너뜨림/남성의 정자 수 감소, 여성에게는 자궁내막염을 일으킴. ―니트로사민, 비닐크로라이드 : 발암제
	"네. 모두 잘 설명하였어요. 그렇다면 간접흡연을 통한 질병 유발을 막을 수 있는 방법은 어떤 것들이 있을까요?"	"공공장소에서는 흡연을 금지하는 금연구역을 많이 만들고 이를 어길 경우 벌금을 부과

단계	교사 활동 (교사의 언어 중심)	학생 활동 (활동 결과 중심)
		하는 법을 만들어요. 실제로 지금도 많이 하고는 있지만 벌금제가 확실하게 지켜지고 있지 않아서 흡연하는 사람이 많이 있으므로 좀 더 철저하게 시행을 하도록 요구해요." "담배 값을 인상하여 담배 소비율을 줄일 수 있도록 해요." "외국에서 시행되고 있는 담배 케이스에 질병 사진을 삽입하여 판매하도록 하는 제도를 우리나라에서도 시행하게 해요. 여러 담배회사가 일괄적으로 모두 동일한 질병 사진 담배 케이스를 사용하게 하는 거죠!"
실행	간접흡연의 피해를 줄일 수 있는 방안을 마련하여 실천하게 한다. "맞아요. 이렇게 다양한 방법들이 있어요. 그렇다면 이런 다양한 방법들 중에서 우리가 실천할 수 있는 방법은 어떤 것이 있을까요?" "네 맞아요. 우리가 할 수 있는 일들도 많이 있답니다. 오늘 배운 것들을 잘 기억하고 여러분들이 말한 방법들을 실천합시다."	간접흡연의 피해를 줄일 수 있는 방안을 마련하여 실천한다. "피시방이나 당구장 같이 담배연기가 자욱하게 있는 공간에 가지 않아요." "비흡연자와 흡연자가 함께 있을 때 흡연자에게 담배를 피우지 못하도록 해요." "담배 피우는 것을 시작하지 않아요."

▌협동학습 모형

협동 (cooperation)이란 집단 구성원들이 공동 목표를 달성하기 위해서 함께 행동하는 것이다. 협동이라는 말의 의미는 협동적 행동, 협동적 인센티브 구조, 협동적 과제 구조, 협동적 동기 등과 같은 4가지 요소를 포함하고 있다 (Slavin, 1983). 따라서 협동학습 (cooperative learning)이란 소집단의 학생들이 공동 목표를 성취하기 위해서 동료들과 함께 구조화된 체계적인 방법에 따라 학습하는 것을 말한다 (Slavin, 1991). 교사의 입장에서 협동학습은 학생들의 학습을 최적화시키기 위해 소집단을 활용하는 구조화된 수업 방법이다. 협동학습 모형이란 복잡한 협동학습이 이루어지는 수업 현상이나 수업 사태를 그 특징적 사태를 중심으로 단순화시킨 학습 모형이다.

협동학습은 전통적인 교과 지식 전달 위주의 주입식·강의식 수업과 개별적이고 경쟁적인 학교 수업에 대한 대안으로 활용되는 경우가 많다. 협동학습 수업에서 학생들은 소집단으로 나뉘어져 구성원들과 협동적으로 학습에 참여함으로써 주체적이고 자발적으로 학습한다. 이러한 방식은 학생에게 학습에 대한 동기를 부여할 수 있고 학생의 흥미 유발은 물론 학습 참여의 기회를 확대시켜 사고력과 문제 해결 능력의 증진을 가져온다. 또한, 협동학습은 전통적 교수 환경에서 학습자들이 느끼는 소외감이나 적대감을 감소시키는 데 큰 역할을 할 수 있는 방법으로 간주되고 있다 (김여상 외, 2006).

협동학습은 보통 학생들이 소집단으로 무리를 지어 협동적으로 활동하며 어떤 공동의 문제와 과제를 함께 해결하고, 각 학생들이 아는 것과 생각을 말로 표현함으로써 의사소통하고, 집단 구성원들의 다각적인 견해를 숙고하여 토론하고, 문제 해결에 필요한 데이터를 함께 수집하고, 어려운 문제에 집단으로 대처하는 것 등의 방식으로 나타난다. 이와 같이 협동학습은 학생들이 같은 책상에 앉아 단지 소집단을 구성하는 것으로 끝나는 것이 아니고, 과제를 먼저 수행한 학생이 늦은 학생을 개별적으로 돕는 것만도 아니며, 시험 전에 교재를 공유해서 학습하는 것만을 의미하는 것이 아니다. 협동학습 (cooperative learning)은 학생들이 서로 돕고 힘을 모아 함께 공부하는 과정에 필요한 모든 사회적 특성을 중요시한다 (Johnson & Johnson, 1997; 1999).

협동학습은 학생들이 공동적 사고와 협동을 통해 문제나 과제를 해결하게 하여 학생들의 협동심을 고양하고, 인간관계를 증진하며, 민주시민 정신을 육성하는 것을 중요하게 생각하며, 학생들의 높은 성취도, 높은 학습동기 유발, 사회적 기능의 신장, 다양한 역할 수행, 책임감 있는 행동의 실행, 가치관의 계발 등에 목적을 둔다. 이런 목적은 다른 학생을 존중하고, 맡은 역할을 책임지고 수행해야 효과적으로 달성될 수 있다. 이러한 협동학습의 지향점은 학생들이 점수를 얻기 위하여 경쟁하는 경쟁 학습 (competitive learning)이나 학생들이 단독으로 학습하는 개별 학습 (individualized)과는 구별된다. 그리고 협동학습은 소규모의 팀으로 이루어진다는 점에서 전통적인 학습에서 흔히 사용되는 소집단 학습과 유사하지만 협동학습은 조원들간의 긍정적 상호의존성, 장려적인 대면적 상호작용, 개별적 책무성, 사회적 기술, 집단 과정 등을 강조한다는 측면에서 전통적 소집단 학습과 구별된다 (김여상 외, 2006). 다음은 전통적 소집단 학습과 차별화된 협동학습의 특징을 정리한 것이다 (Johnson & Johnson, 1997).

• 구성원 모두의 성취 목표가 구조화되어 긍정적 상호 의존성이 존재한다.

- 구성원의 명확한 개별 책무성이 존재한다.
- 집단을 이루는 구성원의 개인적 특성이 이질적이다.
- 집단 구성원 모두가 리더가 될 수 있고, 리더십에 대한 책임을 공유한다.
- 구성원들은 목표를 달성하기 위해서 서로 도와주고 격려하며 서로가 책임을 진다.
- 학습 성취를 최대화하고 구성원끼리 좋은 협력 관계를 유지한다.
- 협동적으로 학습하기 위해서 필요한 리더십, 의사소통 능력, 신뢰, 갈등 조정 능력 등과 같은 사회적 기능을 직접 배운다.
- 교사는 팀을 관찰하고, 학생들이 협동하는 과정을 분석하고, 팀 과제를 조정하는 방식 등에 대하여 적절히 피드백을 제공한다.

협동학습의 이론적 배경 중 하나는 듀이의 교육철학사상이다. 듀이는 교사의 중요한 역할이 민주적 절차와 과학적 과정을 중심으로 한 사회적 학습 환경을 조성하는 것이라고 주장했다. 그가 말하는 학습 환경이란 민주적 원리를 습득하기 위해서 소집단 내의 상호작용과 집단에 의한 문제해결 과정이 진행되는 사회적 환경을 말한다 (서울대학교 교육연구소, 1994). 또한 협동학습 이론에 미친 비고츠키 (L. Vygotsky)의 사회-역사적 (socio-historic) 이론의 영향도 간과할 수 없다. 사회-문화적 (socio-cultural) 이론으로 일컬어지기도 하는 사회-역사적 이론은 학급에서 구성된 모둠에서 그 구성원들 사이뿐만 아니라 컴퓨터를 이용한 전산망에서의 상호작용과 협력의 과정에서 나타나는 학습 현상도 효과적으로 설명할 수 있다.

한편, 협동학습에서 나타나는 구성원들의 사회적 특성은 과학의 사회적 특성을 강조한 현대의 과학철학적 관점과 학습의 사회적 특성을 주장하는 구성주의의 심리학적 견해와도 일치한다 (Bybee et al., 2008). 현대 과학철학으로서의 구성주의에 따르면, 과학 지식은 다양한 사회 구성원 사이의 토론을 통한 민주적 합의의 결과이다. 이러한 관점에서 과학교육은 협동학습을 적용하기에 적절한 특징을 가지고 있다고 할 수 있다. 특히, 과학 탐구의 협동적 특성과 과학 수업의 협동적 특성의 유사성에서 그러하다. 과학 학습에서 협동학습을 적용하는 것의 당위성에 대한 근거를 과학 학술 논문의 저자 수에 나타난 과학 탐구의 협동적 성격과 구체적인 과학교육 활동이 이루어지는 대부분의 과학교실에서 이미 학생들이 2명 이상의 소집단으로 활동하는 것이 비슷하다는 점에서도 찾을 수도 있다 (Blosser, 1993). AAAS (American Association for the Advancement of Science, 1999)도 '모든 미국인을 위한 과학 (Science for all American)'을 위해서 학생들의 불안감을 줄여주고, 자신감이 없는 학생에게 성공의 기회를 줌으로써 학습 동기를 높여줄 수 있는 소집단 협동학습을 과학 수업에 적극적으로 도입할 것을 강조하였다. 또한 STS 교수-학습, 과학의 윤리적 특성 교수-학습, 의사결정력의 신장 등에 목적을 둔 과학 수업에는 협동학습 방법이 어느 교수-학습 방법보다도 효과적이라는 주장이 많다 (Cheek, 1992).

이외에도 과학 수업에서 협동학습을 도입하는 것은 여러 가지 측면에서 유익하다. 먼저, 과학적 문제 해결과정에서 확산적 사고를 촉진하는 데 효과적이다. 그리고 제한된 과학기자재를 공동으로 활용할 수 있다는 장점이 있다. 성공의 기회를 갖게 함으로써 학습 동기를 높여주고 성취도를 향상시킬 수 있다. 사회 문화적 배경이 다른 학생들이 긍정적 상호의존성 (positive interdependence)을 바탕으로 학습 활동에 참여한다. 학생의 인지적 참여와 집단 참여를 통해서 상호작용 기능을 발달시킨다. 질서를 유지하고 학생의 학습 활동을 촉진함으로써 주의 집중에 대한 교사의 스트레스를 어느 정도 완화시킨다. 교사는 협동학습 방법을 교실, 실험실, 운동장, 야외 등 다양한 공간에서 적용할 수 있다. 학생들이 학습에서뿐만 아니라 다른 일상생활에서도 집단 활동에 대해 더 긍정적인 태도를 갖게 된다. 그리고 학생들의 자신감을 증진시킨다 (Jones & Steinbrink, 1991; Slavin, 1995).

협동학습은 1970년대 후반에 들어서야 과학교육에 도입되었다 (Lazarowitz & Hertz-Lazarowiz, 1998). 협동학습의 본질적 요소로 여러 가지가 제시되고 있지만, 협동적 과제 구조(공동목표), 협동적 보상구조(공동보상), 개별 책무성, 이질 집단 구성의 4가지로 압축할 수 있다 (Watson, 1992). 이들 요소는 협동학습 기법에 따라 약간 차이가 있을 수 있으나 팀 학습이 이러한 4가지 요소를 가지면 협동학습이라 할 수 있다 (김찬종 외, 2007).

한편, 협동학습의 5가지 기본 원리에는 긍정적 상호의존성 (positive interdependence), 대면적 상호작용 (face-to-face interaction), 개별 책무성 (individual accountability), 사회적 기술 (social skills), 집단 과정 (group processing)이 있다 (Johnson & Johnson, 1999).

첫째, 긍정적 상호의존성은 집단의 성공을 위해서 자신뿐만 아니라 집단 구성원 모두의 성공이 필요하기 때문에 서로 도움을 주는 관계를 갖게 되는 것을 의미한다. 따라서 협동학습에는 집단 목표기 명시되어야 하고, 그 목표를 달성하기 위해서 서로 자료를 공유하고, 서로 상호의존적인 역할을 분담하여 실행해야 한다. 상호의존성은 목표 상호의존성, 과제 상호의존성, 자원 상호의존성, 역할 상호의존성, 보상 상호의존성 등의 형태로 나타난다.

둘째, 대면적 상호작용은 집단 구성원들이 집단의 목표를 성취하기 위해 서로 도와주는 것을 의미한다. 즉, 각자가 다른 구성원들의 노력을 직접적으로 격려 또는 촉진시켜 주는 것을 말한다. 학생들은 서로에게 학습 내용을 설명해주기도 하고 토론과 같은 적극적인 상호작용을 통해 서로의 학습을 도와준다. 교사는 이러한 상호작용이 일어날 수 있도록 충분한 시간을 제공하고, 자유로운 분위기를 유지하고, 상호작용이 활발하게 일어날 수 있도록 자리배치 등에도 세심한 주의를 기울여야 한다.

셋째, 개별 책무성은 학습 과제에 대한 책임이 각 학생들에게 있다는 것을 의미한다. 집단의 구성원으로서 각 학생들이 학습 수행에 대한 평가 결과가 그 학생뿐만 아니라 그가 속해 있는 집단에게 적용될 때 개별 책무성이 존재하게 된다. 이러한 개별 책무성을 통해 집단 학습 활동에 적극적으로 참여하지 않은 학생이 다른 학생들이 이루어 놓은 성취를 공유하게 되는 '무임승객 효과(free-rider effect)'와 우수한 학생이 자신의 노력이 다른 학습자에게 불공정하게 돌아간다고 인식하면서 학습에 능동적으로 참여하지 않는 현상인 이른바 '봉 효과(sucker effect)'를 방지할 수 있다.

넷째, 사회적 기술이란 집단 내에서의 협동적 노력이 성공하기 위해 필요한 학생들의 상호작용 기술이다. 협동 학습 과정에서 학생들의 갈등 관리, 의사결정, 효과적 리더십, 능동적 청취 등과 같은 사회적 기술을 적극적으로 가르칠 필요가 있다.

마지막으로, 집단 과정이란 특정한 집단의 목표 달성 과정을 평가하는 과정을 의미한다. 집단 구성원들 각자가 자신에게 부여된 목표를 얼마나 잘 성취하고 공동의 목표를 달성하기 위해 각자가 얼마나 노력하고 기여했는지, 그리고 얼마나 적극적으로 협력했는지 등에 대한 토론과 평가가 필요하다. 또한 집단 목표 달성에 집단 구성원의 어떤 행위가 유익하고 무익한지, 어떤 행동이 계속되는 것이 좋은지, 또 어떤 행동은 변화되어야 하는지에 대해 토론하고 의사 결정하는 과정이 필요하다.

협동학습 모형은 매우 다양한 형태로 개발되었다. 드브리스와 에드워즈(DeVries & Edwards, 1973)가 개발한 TGT(Teams-Game-Tournaments), 슬래빈(Slavin, 1978)이 개발한 STAD(Student Teams Achievement Division), 데이비드 존슨과 로저 존슨(David Johnson & Roger Johnson, 1975)의 LT(Learning Together Model)와 Jigsaw, 샤란(Sharan, 1990)의 GI(Group Investigation) 등이 있다. STAD와 Jigsaw는 일반적 지식과 기능을 중요시하는 결과 지향인 데 비해, GI는 결과도 관심을 두지만 과정을 강조한다고 하였다. 또한 STAD는 동료 간 지도(peer tutoring) 구조를 강조하는 데 비해 GI는 팀 산출물(product)을 함께 만들어 발표하는 것 즉, 공동 목표 달성을 강조하며, JigsawⅡ는 보상 구조가 강조되고, JigsawⅠ, GI는 과제 구조가 강조되어 있다(Kagan, 1985). 이 절에서는 여러 가지 모형 중 STAD, LT, Jigsaw, GI에 대해서 자세히 알아보고자 한다.

학생모둠성취분담(Student Teams Achievement Division, STAD) 모형

슬래빈(Slavin, 1995)이 개발한 학생모둠성취분담(Student Teams Achievement Division, STAD) 모형은 성별이나 성취도 수준 등이 이질적인 4~5명으로 구성된 모둠을 구성한다. 모둠 전체의 학업 성취도는 모둠 구성원 각자의 학업 성취도에 의해 영향을 받게 함으로써 모둠 구성원 간의 협동을 촉진하는 학습 형태이다. 이 모형에는 발견학습 모형, 개념획득 모형, 순환학습 모형 등 일반 교수·학습 모형의 절차와 자료가 그대로 적용될 수 있다. 그리고 이 방법은 초등학교뿐만 아니라 대학교의 수업에서도 효과적으로 활용할 수 있으며, 과학적 사실과 개념, 과학적 탐구 과정 등의 교수·학습에도 효과적이다(Eggen & Kauchak, 2006).

STAD는 자료, 학습 모둠, 성취도 검사, 개인 성취 점수, 모둠, 게시의 여섯 가지 요소로 구성되어 있으며, 대표적인 보상 중심 협동학습 수업 모형으로 독특한 보상 체제가 가장 큰 특징이다. 이 모형의 과정은 전체 학생을 대상으로 교사의 안내에 따라 진행되는 학습이 끝난 다음 자료가 제시되면, 학생들은 각 모둠 단위로 함께 학습하고, 개별적으로 평가를 받으며, 개인별 점수의 향상 정도에 따라 개인과 집단을 평가하여 보상하는 절차로 구성되어 있다. 이 과정은 향상 점수제를 통하여 모둠 성취도를 극대화시키는 전략을 포함하고 있다.

향상 점수제란 학생들의 성적 향상 폭을 계산하여 향상 점수를 부여하고, 개인의 향상 점수를 합산하여 모둠 점수로 부여하는 방식을 말한다. 향상 점수제는 기존의 절대평가 방식이나 상대평가 방식과는 다른 평가 방식이다. 절대평가는 학습 목표 도달 여부가 초점이고 상대평가는 다른 사람과의 상대적인 우위 여부에 초점이 있으나 향상 점수제는 개인이 평균을 기준으로 해서 어느 정도 향상되었느냐가 중요하다. 그렇기 때문에 STAD 모형은 다른 사람과의 경쟁이 아니라 자신과의 경쟁을 통하여 학습 수준을 올릴 수 있도록 동기를 부여한다(김여상 외, 2006).

한편, STAD에 포함된 협동적 보상 구조는 공동 목표를 성공적으로 달성하고자 하는 긍정적 상호 의존성을 최대화한다. 즉, 개개인의 향상 점수가 집단의 점수에 영향을 주는 경우 개별 책무성은 더욱 강조되며, 집단 성취에 대한 집단 보상이라는 동기가 모둠 구성원들이 자신의 학습뿐만 아니라 다른 구성원을 격려하고 돕게 하며, 구성원들 모두 학습에 균등하게 참여하게 함으로써 구성원의 상호작용을 강화시켜준다(Slavin, 1978).

STAD는 협동학습 방법 중에서 가장 간단한 방법으로 다인수 학급에서 협동학습을 처음 적용하려는 교사가 사용하기 좋은 모형이다. 그러나 모둠 간 경쟁이 심화되었을 때, 교사의 운영 기술이나 학생들의 협동 기능이 부족할 때에는 수업이 잘 진행되지 않는다 (Bellanca & Forgaty, 1991). 그리고 외적 동기인 점수 계산에 치우친 나머지 학습 내용이나 활동이 가진 내적 동기를 잃어버릴 수 있고 모둠 간의 경쟁 과열 등이 발생할 수도 있다. 따라서 모형의 장단점을 잘 이해하여 적절하게 수업에 적용하는 노력이 필요하다 (김여상 외, 2006).

STAD 모형의 단계별 교수·학습 내용을 요약하면 다음과 같다.

(1) 교사의 수업 안내

- 교사는 전체 학생을 대상으로 하여 도입 (opening), 전개 (development), 연습 (guided practice)의 순서에 따라 학습 내용과 방법을 안내한다.
- 수업에 필요한 선수 지식 및 기능과 함께 수업에서 무엇을 배워야 하는지 설명해준다.
- 평가할 목표를 분명히 제시하고, 학습 내용의 단순한 파지보다는 의미 이해를 강조한다.
- 학생들이 과제 수행 연습을 한다.

(2) 소집단 학습

- 성별, 성적, 성격 등을 고려하여 최대한 이질적인 학생 4~5명으로 한 모둠을 구성한다.
- 수업 내용, 구성원의 특징에 따라 각자의 역할을 정하며, 역할에는 모둠 리더, 기록 담당, 자료 담당 등이 포함된다.
- 모둠이 구성되면 교사는 모둠 학습의 의미가 무엇인지를 설명해 주고 규칙을 정해준다.
- 모둠의 구성원들은 모둠별로 교사가 나누어준 1~2부의 문제나 다른 자료들을 이용하여 동료들과 함께 공부한다.
- 과제를 모두 해결한 후에 교사로부터 정답지를 얻어 결과를 확인하고, 왜 정답인지 아닌지를 서로 토론하여 모둠별 학습을 마친다.

(3) 형성평가

- 소집단 활동이 끝난 후에 학생들은 퀴즈 문제를 통해 개별적으로 형성평가를 받게 된다.
- 학생들은 개별적인 문제를 풀어야 하므로 팀 구성원끼리 서로 돕지 못하며 개인 점수로 계산된다.

(4) 소집단 점수의 게시와 보상

- 단원의 수업이 끝나면 즉시 모둠 점수와 개인 점수를 게시하고 우수한 개인이나 모둠을 보상한다. 보상은 칭찬이나 스티커, 사탕 등을 주는 방법을 사용할 수 있다. 그리고 그 결과를 성적에 반영할 수도 있다.

STAD는 '교사의 수업 안내', '소집단 학습', '형성 평가', '소집단 점수의 게시와 보상'의 단계에 따라 수업이 진행된다. 먼저, 수업이 시작되면 교사는 단원의 개요를 설명함으로써 학생들이 전체 학습 내용의 대강을 파악하고 학습 활동의 기본 방향을 이해할 수 있도록 도와준다. 이 과정에서 교사가 직접 강의를 할 수도 있고, 컴퓨터 등의 시청각 자료를 활용하여 수업을 진행할 수도 있다. 협동학습은 전통적인 방법 이외에 다양한 학습 자료가 이용되는 것을 지향한다. 따라서 이 단계에서 다양한 매체를 동원하는 것이 바람직하다 (전성연 외, 2007). 이 단계에서 학생들은 자신이 해야 할 학습 활동의 방향과 모둠 활동 이후에 치를 퀴즈 시험의 힌트를 얻을 수 있기 때문에 수업에 주의를 집중해야 한다.

이 단계는 교사가 전체 학급을 대상으로 주로 도입 (opening), 전개 (development), 안내된 연습 (guided practice)의 순서에 따라 수업을 진행한다. 도입에서 교사는 수업에 필요한 선수 지식 및 기능과 함께 수업에서 무엇을 배워야 하는지 설명해준다. 전개에서는 평가할 목표를 분명하게 제시해야 하며 단순히 지식을 기억하기보다는 의미의 이해를 강조해야 한다. 그리고 가능하면 다양한 시청각 기재를 사용하고 질문을 통하여 교사의 설명을 이해했는지 확인하여 학생의 대답이 맞고 틀렸을 때 그 이유를 분명하게 설명한다. 이 과정에서 수업의 방해물이 있을 경우에는 빠르고 정확하게 제거하여 수업의 추진력을 확보한다. 마지막으로 연습에서 교사는 모든 학생들이 과제 수행 연습을 하게 해야 하나 시간을 너무 많이 할애하지 않는 것이 좋다.

두 번째, 소집단 학습 단계에서 성별, 성적, 성격 등을 고려하여 최대한 이질적인 학생 4~5명으로 한 모둠을 구성한다. 수업내용과 구성원의 특징에 따라 각자의 역할을 정하며, 역할에는 모둠 리더, 기록 담담, 자료 담당 등이 포함된다. 모둠이 구성되면 교사는 모둠 학습의 의미가 무엇인지를 설명해 주고 규칙을 정해준다. 학생들의 규칙에는 과제 해결 과정에서 학생 개개인의 책임, 모둠 활동의 종결 시기, 교사에게 질문할 수 있는 조건, 다른 모둠과의 관계 등에 대한 내용이 포함될 수 있다. 이러한 조건에서 모둠의 학생들은 교사가 만든 문제나 다른 자료들을 동료들과 함께 공부한다. 학생들은 모둠의 다른 학생들과 공부하고, 문제를 집단적으로 토의하며, 답을 비교하면서 문제를 함께 해결한다. 이 과정에서 학생들은 자료를 학습하기 위해 필요한 전략들을 사용하고 서로의 개념을 확인하고 정정한다. 학생들은 자신들의 과제가 정답을 찾는 것이 아니라 개념을 배우는 것임을 인식해야 한다 (전성연 외, 2007).

세 번째, 형성평가 단계에서 학생들은 개별적으로 형성평가를 받게 된다. 교사는 약 20~30분 정도 실시할 간단한 퀴즈 문제나 검사지를 사용할 수도 있다. 이때 학생들은 개별적으로 문제를 풀어야 하므로 팀 구성원끼리 서로 돕지 못하며 개인 점수로 계산된다. 학생들에게 향상 점수의 계산 방법을 충분히 설명해 주어 학생 개개인이 모둠 점수 향상에 기여하도록 한다. 이것은 학습의 개별 책무성을 강화한다. 모둠의 향상 점수는 팀원의 개별 향상 점수 총합의 평균점수를 말한다. 이 점수를 산출하는 과정에서 기본 점수는 이전에 치른 여러 번의 퀴즈 점수의 평균값이다. 개인의 향상 점수는 기본 점수와 비교하여 이번 수업의 퀴즈 점수가 어느 정도 향상되었는가를 나타내는 점수다. 모둠 점수는 구성원들의 향상 점수의 합을 산술 평균한 값이다. 즉, 구성원들의 향상 점수의 총합에 팀 구성원수를 나눈 점수다.

마지막으로 소집단 점수의 게시와 보상 단계는 교사가 단원의 수업이 끝난 후 모둠 점수와 개인 점수를 게시하고 우수한 개인이나 소집단을 보상하는 단계이다. 보상은 칭찬이나 스티커, 사탕 등을 주는 방법을 사용할 수 있다. 그리고 그 결과를 성적에 반영할 수도 있다.

협력학습 (Learning Together, LT) 모형

협력학습 (Learning Together, LT) 모형은 존슨 형제가 1975년에 협동학습의 한 방법으로 제시한 것이다 (Johnson & Johnson, 1999). LT모형에서 5~6명의 이질적인 학생으로 모둠을 구성하여 주어진 과제를 협동적으로 수행한다. 모둠별로 과제를 부여하고 시험은 개별적으로 시행하나 성적은 소속된 집단의 평균 점수를 계산하여 산출하고 보상도 모둠별로 한다. 자신이 속한 모둠 내에 다른 학생들의 성취 정도가 개인의 성적과 보상에 영향을 준다. 때로는 모둠 평균 대신에 모둠 내 모든 구성원이 정해진 수준 이상에 도달했을 때 각 모둠 구성원들에게 보너스 점수를 주기도 한다.

LT 모형은 특히 협동적 행위에 대해 보상을 줌으로써 협동을 격려한다. 그리고 협동학습의 5가지 본질적 요소인 긍정적 상호의존성, 개별 책무성, 대면적 상호작용, 사회적 기술, 집단 과정은 교실에서의 협동적 활동을 확보하는 데 필수적인 요소로 고려되고 있다.

이 모형은 구체적 절차가 세부적으로 제시되어 있지 않기 때문에 처방전 또는 워크북 형태의 수업을 좋아하지 않는 교사에게 적합하며, 다른 수업 전략이나 기능을 가미하기가 쉽다. 그리고 협동적 팀을 활용한 경험이 있는 교사에게 협동학습의 방법을 안내한다 (Bellanca & Forgathy, 1991).

그러나 이 모형은 구체적인 절차를 포함하고 있지 않기 때문에 단계별 수업 진행에 익숙한 교사에게 별도의 수업 설계 시간과 노력을 요구한다. 교사는 모형을 학습하고 필요한 기능과 전략을 발달시키고 수업을 설계하는 것을 배워야 한다. 또한 사회적 기능을 가르치고 팀의 협동적 기능을 평가하는 데 소요되는 시간이 많아서 내용 학습에 필요한 시간이 부족하기 쉽다. 그리고 낮은 수준의 기억을 요구하는 과제는 우수 학생에게 성장하는 기회를 박탈하여 우수 학생에게 손해를 끼칠 수 있다.

LT 모형은 다음과 같은 18단계의 절차를 포함하지만, 이 절차는 수업의 과정이라기보다는 일종의 수업의 원리이다 (Johnson & Johnson, 1994).

(1) 수업 목표의 구체화

교사는 수업 전에 학습 목표와 협동 기술 목표를 구체화해야 한다. 학습 목표는 개념적 분석과 과제 분석을 통해 내용과 수준이 구체적으로 나타나야 한다. 또한 교사는 수업 중에 강조해야 할 협동 기술을 하나의 목표로 구체화해야 한다.

(2) 소집단 크기의 결정

수업 목표가 명확해지면 교사는 모둠의 크기를 결정해야 한다. 일반적으로 협동학습에 적절한 모둠의 크기는 2~6명이다. 모둠이 크기가 클수록 과제 수행에 필요한 지식을 가진 학생이 많아진다. 그러나 모둠이 클수록 구성원들 간의 활동을 조정하는 일, 합의를 도출하는 일, 학습 자료를 정교화하는 일, 모든 구성원이 과제에 집중하는 일 등에 능숙한 기술이 필요하다. 교사가 협동학습을 처음 활용할 때는 2~3명으로 시작하는 것이 좋다. 학생들이 소집단 활동에 익숙해질 때 소집단의 크기를 크게 할 수 있다. 대부분의 학교에서 협동학습 집단의 최대 인원은 6명이고, 이보다 많은 경우는 진정한 소집단 활동이 이루어지기 힘들다. 협동학습에서의 소집단은 모둠 구성원 모두가 집단 목표를 달성하는 과정에서 상호 토론에 참여할 수 있을 만큼 작아야 한다. 보다 작은 모둠에서는 정보를 조직할 시간이 적어지고 더 빠르게 조작할 수 있기 때문에 수업 시간이 짧을수록 모둠의 크기는 작아야 한다.

(3) 학생의 소집단 배치

협동학습에서 동질적인 모둠은 특정 기능을 숙달하거나 특정 수업 목표를 달성하는 데 이용될 때가 있다. 하지만 협동학습은 일반적으로 이질적인 학생들로 모둠을 편성하는 것이 효과적이다. 이질적인 모둠에서 학생들이 서로에게 설명하는 일이 보다 빈번해지고, 토론 과정에서 보다 다양한 관점을 가질 수 있고, 그 결과 학생들의 이해가 깊어지고, 사고가 보다 정교화되고, 합리적 사고의 질이 향상되는 경향이 있다. 그리고 비과제 지향적 학생들을 과제에 몰두하도록 하기 위해서는 과제 지향적 학생들과 함께 협동학습의 소집단에 배치하는 것이 도움이 된다. 또한 학생들 스스로 자신의 모둠원을 선택하게 하는 방법은 그렇게 바람직하지 않다. 유용한 방법 중 하나는 학생들로 하여금 함께 학습하길 원하는 학생들을 적게 한 다음, 교사가 선택한 몇몇 학생들과 학생들이 선택한 학생을 소집단에 배치하는 것이다.

(4) 교실 구성

교사는 모든 모둠에 쉽게 갈 수 있도록 교실 공간을 구성해야 한다. 모둠 내에서 학생들은 과제와 관련된 자료를 쉽게 볼 수 있어야 하고 구성원 간에 서로 마주 볼 수 있어야 한다. 또한 목소리를 높이지 않아도 서로 대화할 수 있어야 하고, 편안한 분위기에서 서로의 생각을 공유하고 토론할 수 있어야 한다. 그러나 모둠 간에는 서로의 학습을 방해하지 않을 정도로 충분히 거리를 두면 좋다.

(5) 상호의존성을 촉진할 수 있는 수업 계획

협동학습 경험이 많거나 혹은 집단 구성원들이 협동적으로 기능을 잘 발휘하고 있을 때는 수업 자료를 구조화할 필요가 없다. 하지만 처음으로 협동학습을 하거나 집단 구성원들이 협동적 기능에 익숙하지 않을 때는 교사는 효과적인 학습과 긍정적 상호의존성을 이끌 수 있도록 수업 자료를 구조화해야 한다. 이 방법 중에 하나는 자료 상호의존성(materials interdependence)을 높이는 방법이다. 예를 들어 모둠에 하나의 자료만을 제공한다면 학생들은 집단의 성공을 위해 함께 학습해야 할 것이다. 그리고 정보 상호의존성(information interdependence)을 높이는 방법도 있다. 이 방법은 각각의 학생에게 과제 완성에 필요한 자료의 일부분을 갖게 하고 나중에 각각의 자료들을 종합함으로써 전체 과제를 퍼즐처럼 완성하게 하는 방법이다. 그리고 다른 소집단과의 상호의존성(interdependence with other groups)을 높이는 방법으로 집단 간 경쟁을 위해 자신이 속한 집단 구성원들끼리 준비하게 하는 방법도 모둠 구성원들의 상호의존성을 높일 수 있는 방법이다.

(6) 상호의존성을 조직화하기 위한 역할 분담

모둠 활동이 성공적으로 이루어지기 위해서는 집단 구성원들 간에 상호보완적이고 연계된 역할 분담이 필요하다. 예를 들어서 모둠에서 학습해야 할 자료를 모든 구성원들이 이해할 수 있도록 안내하는 학생, 모둠에서 필요한 자료를 수집하고 교사나 다른 모둠과 의사소통하는 학생, 모둠의 토의나 의사결정 내용을 기록하고 보고서를 작성하는 학생, 모둠 학생들이 활동에 기여할 수 있도록 격려하고 독려하는 학생, 모둠의 구성원들이 얼마나 잘 협력하는지를 기록 관찰하는 학생 등이 필요하다. 이러한 역할 분담은 학생들에게 협력적 기능을 가르치는 효과적인 방법이다.

(7) 학습 과제에 대한 설명

학생들의 역할 분담이 이루어지고 적절한 자료가 준비되면, 교사는 학급 전체에 수업 과제와 협동 목표 구조를 설명해야 한다. 학생들에게 과제를 배분할 때 교사가 고려해야 할 것들이 몇 가지 있다. 먼저 학생들이 과제를 수행하면서 겪을 수 있는 실패를 줄이기 위해서는 과제에 대해 명확하게 설명해 주어야 한다. 그리고 학습을 통해서 달성할 목표를 제시함으로써 학생들이 수업을 통해 학습할 내용에 집중할 수 있도록 도와주어야 한다. 또한 이전 수업과 현재 수업의 관련성과 차이점을 인식시키고 관련 개념의 정의와 수업 절차에 대해 학생들이 이해할 수 있도록 도와주어야 한다. 마지막으로 구체적인 질문을 통해서 학생들이 과제에 대해 정확하게 이해하고 있는지 점검하고 과제를 완성할 준비가 되었는지를 확인해야 한다.

(8) 긍정적 목표 상호의존성의 구조화

교사는 학생들에게 자신이 속한 모둠에 집단목표가 있다는 것과 그 모둠 내에서 협력으로 학습해야 한다는 것을 강조해야 한다. 학생들은 집단 목표를 달성하기 위해서는 자기에게 주어진 분담 자료를 학습하는 것뿐만 아니라 다른 구성원들에게 각각 주어진 분담 자료를 학습할 수 있도록 도와야 한다는 것을 인식해야 한다. 이를 위해 교사가 학생들에게 모둠별로 하나의 결과물만을 요구하는 방법을 이용할 수 있다. 또는 모둠별 평가를 통해 집단 보상을 제공하는 방법을 이용할 수도 있다. 이러한 상황에서 학생들은 "우리의 성공은 각자 자신의 학습 결과에 달려 있다"는 생각과 "각자의 학습을 위해 우리는 어떻게 도와줄 수 있는가?"라는 생각을 갖게 된다.

(9) 개별 책무성의 구조화

협동학습의 목적은 모둠을 구성하는 각각의 학생들의 학습을 촉진하는 데 있다. 교사는 이를 위해 협동학습 과정에서 개별 책무성을 조직화하는 방법을 적용해야 한다. 예를 들어, 각각의 학생들을 대상으로 개별적으로 시험을 치르는 것, 무작위로 학생들을 선정하여 구두시험을 치르는 것, 모둠 내에서 개별 학생들이 집단의 학습에 기여한 빈도를 기록하는 것, 모둠 내의 한 학생에게 이해도 검사자의 역할을 부여하는 것, 학생들에게 자신이 학습한 것을 다른 동료에게 가르치게 하는 것, 모둠 학생들에게 서로의 학습을 교정하도록 하는 것, 학생들에게 관련된 문제를 해결하기 위해 그들이 학습한 것을 활용하도록 하는 것 등의 방법을 적용할 수 있다.

(10) 집단 간 협동의 구조화

협동학습 모둠 내에서 발견되는 긍정적 상호작용은 집단 간 협동을 구조화함으로써 전체 학급까지 확장할 수 있다. 이를 위해서 한 학급의 구성원 전체가 특정 기준 이상으로 도달한다면 보너스 점수를 주는 방법을 적용할 수도 있다. 이러한 학습 상황에서 한 모둠이 자신들의 학습을 마쳤을 때는 다른 모둠의 학습 활동을 도와줄 수 있게 된다.

(11) 성공 기준에 대한 설명

수업 초에 교사는 학생들에게 평가 방법과 성공의 기준을 명확하게 제시해야 한다. 기준은 모둠 구성원 모두에게 도전적이고 실제적일 수 있도록 설정되어야 한다. 교사들은 각 모둠과 그 모둠 구성원들의 수행 정도를 꾸준히 관찰함으로써 전체 학급이 달성해야 할 기준을 적절하게 설정해야 한다.

(12) 바람직한 행동의 구체화

교사는 모둠 학습 활동에 적합하고 바람직한 행동이 무엇인지 구체적으로 제시해주어야 한다. 예를 들어, 기초적으로는 자신이 속한 모둠 내에 머무르면서 교실을 돌아다니지 않기, 조용한 목소리로 말하기, 다른 학생들의 말에 주의 깊게 경청하기, 차례 기다리기, 동료들의 이름을 부르기, 또한 과제 해결 과정에서는 해결책을 어떻게 찾았는지 생각하기, 이전 학습내용과 새로운 학습내용의 관련성 찾기, 모둠 구성 학생들 모두가 자료를 이해하고 스스로 마련한 해결책에 동의하는지 점검하기, 모둠 구성원들이 집단 활동에 참여할 수 있도록 독려하기, 강압적인 방법이 아니라 논리로 설득하기, 사람에 대해서가 아니라 생각에 대해서 조심스럽게 비판하기 등과 같은 바람직한 행동을 상세하게 구체화하여 제시해야 한다.

(13) 학생의 행동을 모니터하기

교사가 학생들을 모둠에 배치하고 협동학습 활동을 시작하라고 했다고 해서 항상 협동 활동이 기대와 같이 이루어지는 것은 아니다. 따라서 교사는 학생들의 협동 활동 과정을 통해서 모둠 구성원들이 과제를 완성하는 과정에서 어떤 문제가 있는지, 문제를 스스로 해결해가고 있는지, 교사의 개입과 적절한 도움이 필요한지 등에 대해서 체계적으로 관찰하는 것이 바람직하다.

(14) 과제 지원하기

교사는 모둠 활동을 관찰하면서 학생들이 과제를 완성하는 데 필요한 중요한 절차와 전략에 대해 지도한다. 특히, 학습해야 할 개념과 정보에 대해 토론할 때, 교사는 정확한 용어나 언어를 사용해야 한다. 또한 교사는 학생들이 초인지적 수준에서 자신의 행동을 분석할 수 있는 기회를 주어야 한다. 예를 들어 "왜 그것을 하고 있니?" "그것이 너희에게 어떤 도움을 주니?"와 같은 질문을 함으로써 활동의 이유와 목적 등에 대해서 반추할 수 있는 기회를 주어야 한다.

(15) 협동 기술을 가르치기 위해 개입하기

모둠 활동을 모니터할 때 교사는 학습하는 데 필요한 효과적인 전략뿐 아니라 협동학습에 학생들이 적극적으로 참여할 수 있도록 도와야 한다. 하지만 교사는 모둠 활동에 개입하는 것을 최소화하도록 주의해야 한다. 많은 경우 교사가 조금만 인내심을 가지고 활동 내용을 지켜보면, 모둠 내에서 학생 스스로 자신의 문제를 해결할 수 있고 미래에 유사한 문제에 대한 해결 방법도 획득할 수 있다.

(16) 수업의 종결

학생들은 수업이 종결될 때 학습한 내용을 요약해서 말할 수 있어야 한다. 그리고 그 내용을 다음 수업에서 어떻게 활용할 것인지도 알 수 있어야 한다. 교사는 학생들로 하여금 자신이 학습한 것을 큰 소리로 설명하게 함으로써 학습 내용을 공식화하고 개념적으로 조직하고 요약하도록 요구한다. 일반적으로 학습의 종결은 외부로부터가 아니라 학생 스스로 능동적인 과정을 통해서 결정되는 것이 바람직하다.

(17) 학생의 학습에 대한 양적 및 질적 평가

평가를 위해서 모둠별로 하나의 보고서나 해결책을 제출하게 하는 방법, 개별 시험을 실시하는 방법, 특정 기준에 도달한 구성원의 수를 세는 방법 등 다양한 방법을 적용할 수 있다. 그러나 평가 방법이 어떠하든 학생들의 학습 결과는 절대평가를 통해서 평가되어야 한다. 그리고 학습 결과와 함께 모둠 구성원들이 얼마나 효과적으로 협동했는지도 평가해야 한다.

(18) 소집단 활동에 대해 평가

모둠 활동 자체에 대한 평가는 매일 심도 있게 이루어질 필요는 없다. 그러나 가끔씩 모둠 활동에서 무엇을 수행했는지, 어떤 면이 향상되었는지에 대해 토론할 필요가 있다. 이러한 평가에는 교사의 피드백 혹은 학생 스스로의 관찰이 포함될 수 있다. 모둠 활동에 대한 평가는 각 구성원들이 모둠 학습에 얼마나 기여하고 있는지, 그리고 구성원들 간에 효과적인 공동 활동이 잘 이루어지고 있는지에 대해 초점을 맞추어야 한다.

과제분담 (Jigsaw) 모형

과제분담 (Jigsaw) 모형은 수업방식이 퍼즐과 비슷하다고 해서 붙여진 이름이다. 원래는 학업 성취보다 인종 간, 문화 간의 교우 관계와 같은 정의적 측면의 향상이 이 모형의 일차적 목표였으나 지금은 구성원의 상호의존적 활동을 요구하는 과제 지향적 협동학습 모형으로 주로 사용되고 있다.

Jigsaw I 모형에서 모둠은 5~6명의 이질적 학생들로 구성된다. 학습 과제는 모둠 구성원의 수에 맞도록 동일 수로 나누어서 각각의 학생이 담당하게 한다. 각 부분을 담당한 학생들은 같은 내용을 맡은 학생들끼리 따로 모여 전문가 모둠을 형성하고 그 내용을 함께 토의하고 학습한다. 전문가 모둠의 학습이 끝나면 각 학생들은 제각기 처음 모둠으로 되돌아가 학습한 내용을 모둠 구성원들에게 가르친다 (Hassard, 2005).

예를 들면, 소화기관계의 구조와 기능에 대해서 학습할 경우, 5명으로 구성된 모둠원 각자에게 입, 위, 소장, 대장, 간에 대한 정보를 각각 제공한다. 소화기관계의 각 기관을 담당한 구성원들, 예를 들어 '위'를 담당한 구성원은 다른 모둠에서 동일하게 '위'를 담당한 학생들과 모여서 전문가 모둠을 구성하고 담당한 '위'에 대해서 학습한다. 전문가 모둠의 학습이 마무리되면 학생들은 처음에 구성한 모둠으로 돌아가 각자가 전문적으로 학습한 내용을 다른 모둠원에게 가르친다.

학습 과제를 성공적으로 완성하기 위해서는 각각의 구성원이 다른 구성원들의 자원이 필요하기 때문에 모둠 구성원들 사이에 긍정적 자원 상호의존성이 생겨나고, 각각의 구성원들은 성공하기 위해 자신이 속한 모둠에 헌신적으로 참여하게 된다. 그러나 평가에서 개인의 점수만 사용하고 집단 점수를 반영하지 않기 때문에 모둠 구성원간의 과제 해결의 상호의존성은 높으나 보상의 상호의존성은 낮다 (한상길 외, 2011). 즉, Jigsaw I 은 보상 구조를 통해서가 아니라 학습 과제의 분담을 통해서 모둠 구성원들이 서로 의존하고 협동하도록 하는 모형이다.

Jigsaw I 모형은 다음의 절차에 따라 수업이 진행된다 (Jacobs et al., 2002).

❶ **모둠 구성** : 모둠은 서로 이질적인 5~6명의 학생으로 구성한다.

❷ **개인별 전문 과제 부과** : 전체 학습 내용을 모둠 구성원의 수와 동일한 수로 나누어 각 소주제의 내용을 전문 과제로 각각의 학생에게 부과한다.

❸ **전문 과제별 모임 및 전문가 모둠에서의 협동 학습** : 전문 과제를 하나씩 맡은 학생들은 각자 원 소속 모둠에서 나와 전문 과제의 주제가 같은 다른 모둠의 구성원들과 함께 소위 전문가 모둠을 형성한다. 그리고 학생들은 전문가 모둠에서 과제 해결을 위해 협동 학습 활동을 한다.

❹ **원 소속 모둠에서의 협동 학습** : 전문가 모둠에서 협동 학습이 끝나면 자신의 원 소속 모둠으로 돌아가 동료들에게 전문가 모둠에서 학습한 내용을 가르치고 설명한다.

❺ **개별 평가** : 학생들은 학습 과제에 대해 개인별 평가를 받는다.

❻ **개인별 점수 산출** : 각 학생의 개인별 점수만 계산될 뿐 향상 점수나 모둠 점수는 계산하지 않고 모둠 보상 또한 없다.

슬래빈 (Slavin, 1980)은 기존의 Jigsaw I 모형으로는 협동학습의 진정한 효과를 기대하기 어렵다고 주장하면서 보상 구조와 성공 기회의 균등을 보완하여 Jigsaw II 모형을 개발하였다. Jigsaw II 모형은 STAD와 Jigsaw I 을 결합한 것으로 학습할 내용 전체를 모든 학습자에게 제공한다는 점과 학급 전체를 대상으로 학습 내용 전체를 평가한다는 점에서

Jigsaw I 과는 다르다. 즉, Jigsaw II 에서는 집단의 모든 구성원들이 전체 학습 과제를 접할 수 있기 때문에 학생들 간의 상호의존성은 약화된다. 하지만 기존의 일반적인 학습 과제를 활용하기 때문에 Jigsaw I 보다는 실용적이고 경제적이라고 할 수 있다. 그리고 STAD 와 마찬가지로 기본 점수, 향상 점수, 집단 점수, 개별 보상 및 집단 보상을 활용한다. 또한 Jigsaw I 에서는 일반적으로 5~6명으로 집단이 구성되지만, Jigsaw II 에서는 4명으로 집단을 구성한다.

Jigsaw II 모형의 수업 절차는 다음과 같다 (Steinbrink & Stahl, 1994).

❶ **모둠 구성** : 이질적인 학생 4명으로 한 모둠을 구성한다.

❷ **개인별 전문 과제 부과** : 학습 과제를 모둠 구성원의 수만큼 나누어 소주제로 구분하고 개별 학생에게 각각 부과한다. 그러나 Jigsaw I 과는 다르게 각각의 학생들은 자신에게 부과되지 않은 소주제도 접할 수 있다.

❸ **전문 과제별 모임 및 전문가 모둠에서의 협동 학습** : 전문 과제를 하나씩 맡은 학생들은 각자 원 소속 모둠에서 나와 전문 과제의 주제가 같은 다른 집단의 구성원들과 함께 전문가 모둠을 형성한다. 그리고 학생들은 전문가 모둠에서 과제 해결을 위해 협동 학습 활동을 한다.

❹ **원 소속 모둠에서의 협동 학습** : 전문가 모둠에서 협동 학습이 끝나면 자신의 원 소속 모둠으로 돌아가 동료들에게 전문가 모둠에서 학습한 내용을 가르치고 설명한다.

❺ **개별 평가** : 학생들은 학습 과제에 대해 개인별 평가를 받는다.

❻ **개인별 점수, 향상 점수, 집단 점수 산출** : 각 학생의 개인별 점수뿐만 아니라 STAD 모형에서처럼 향상 점수와 모둠 점수가 산출된다.

❼ **개별 보상 및 모둠 보상** : 교사는 STAD 방식으로 개인과 모둠을 보상한다.

Jigsaw II 가 Jigsaw I 이 가지고 있는 단점들을 극복할 수 있게 되었지만 Jigsaw II 에서도 Jigsaw I 에서와 같이 학생들이 원 소속 모둠으로 돌아가서 학습한 후 즉시 평가를 받기 때문에 평가에 대비하여 학습 정리를 할 시간적 여유가 없다는 점이 지적되면서 이를 개선하기 위해서 Jigsaw III 모형이 개발되었다. Jigsaw III 모형은 학생들에게 수업을 통해 학습한 것을 정리할 수 있는 시간을 주기 위해서 평가 유예기를 두고 원 소속 모둠에서 평가를 준비할 수 있는 과정을 추가하였다.

Jigsaw III 모형의 수업 절차는 다음과 같다 (Steinbrink & Stahl, 1994).

❶ **집단 구성** : 서로 이질적인 4~5명의 학생으로 한 모둠을 구성한다.

❷ **개인별 전문 과제 부과** : 전체 학습 과제를 모둠 구성원의 수만큼 나누어 각각의 소주제 학습 과제를 각각의 학생에게 부과한다. Jigsaw Ⅱ와 같이 각각의 학생들은 자신에게 부과되지 않은 소주제도 접할 수 있다.

❸ **전문 과제별 모임 및 전문가 모둠에서의 협동 학습** : 전문 과제를 하나씩 맡은 학생들은 각자 원 소속모둠에서 나와 전문 과제의 주제가 같은 다른 모둠의 구성원들과 함께 전문가 모둠을 형성한다. 그리고 학생들은 전문가 모둠에서 협동 학습 활동을 통해 과제를 해결한다.

❹ **원 소속 모둠에서의 협동 학습** : 전문가 모둠에서 협동 학습이 끝나면 자신의 원 소속 모둠으로 돌아가 동료들에게 전문가 모둠에서 학습한 내용을 가르치고 설명한다.

❺ **평가 유예기** : 수업이 끝나고 즉시 평가를 하지 않고 일정 기간 평가 유예기를 둔다. 이는 학생에게 수업을 통해 학습한 것을 정리할 수 있는 시간을 주기 위해서 설정해 둔 시기다.

❻ **원 소속 모둠에서의 평가 준비** : 평가를 며칠 앞두고 다시 원 소속 모둠에서의 협동 학습 활동을 한다.

❼ **개별 평가** : 학생들은 학습 과제에 대해 개인별 평가를 받는다.

❽ **개인별 점수, 향상 점수, 모둠 점수 산출** : 각 학생의 개인별 점수뿐만 아니라 STAD 모형에서처럼 향상 점수와 집단 점수가 산출된다.

❾ **개별 보상 및 모둠 보상** : 교사는 STAD 방식으로 개인과 모둠을 보상한다.

과학 학습에서 Jigsaw는 탐구 기능의 신장보다는 개념의 획득에 목적을 둔 교수·학습에 더 효과적이다. Jigsaw의 효과는 각 집단의 구성원 사이의 상호의존성에 달려 있으며, 집단을 STAD에서처럼 이질적으로 구성할수록 높아진다 (한국과학교육학회, 2005).

그러나 학습 수준이 낮은 학생들이 자기에게 주어진 과제를 잘 수행하지 못할 경우에 같은 모둠에서 학습하고자 하는 다른 학생들에게도 부정적인 영향을 미칠 수도 있다. 또한, 시간을 비효율적으로 활용하여 학습이 충분히 이루어지지 않을 수도 있다. 그리고 학생들이 무질서하게 행동하여 학습 분위기를 망칠 가능성도 있다. 따라서 Jigsaw 모형을 적용하기 위해서는 몇 가지 주의할 점이 있다 (김여상 외, 2006).

먼저, 과제 내용이 분담 학습이 가능하도록 분절될 수 있어야 한다. 만약에 분담한 과제가 서로 관련성이 높고 위계적이거나 인과적인 관계에 있는 내용이라면, 다시 말하면 학습의 순서가 명확한 내용이라면 뒤에 배워야 할 내용을 담당한 학생들이 학습 내용 이해에 어려움이 생길 것이고 이러한 특성은 수업을 실패로 이끌 가능성을 높인다. 따라서 Jigsaw 모형을 적용할 때 학습 과제는 서로 독립적이고 분절적인 내용으로 구성된 것이어야 한다. 그리고 학습 내용의 수준이 학생들의 학습 능력에 적절해야 한다. 예를 들어 학습 내용의 수준이 중 이상의 학생들에게 맞추어져 있다면 하 수준 학생들이 수업 활동에 어려움을 겪을 것이고, 그 내용을 다른 학생들에게 설명하는 것은 더욱 힘들어질 것이다. 그러므로 학습 내용의 수준이 하 수준 학생들도 무난히 학습할 수 있는 정도에서 맞추어지는 것이 중요하다. 마지막으로 다른 학습 모형과 병행하여 활용함으로써 Jigsaw 모형이 가지고 있는 단점을 최소화하는 것이 바람직하다.

모둠탐구 (Group Investigation, GI) 모형

모둠탐구 (Group Investigation) 모형은 학생들이 집단 프로젝트를 수행하면서 고차적인 인지 기능을 학습하게 하는 것에 초점을 둔다. 전체 학습 주제를 선정한 후 그것을 몇 개의 하위 과제로 나누고, 학생들은 흥미에 따라 하위 과제 중 하나를 선택하여 하위 과제별로 2~6명의 학생으로 구성된 모둠을 형성한다. 모둠별로 선택한 하위 과제를 실행하고, 집단의 보고서를 작성하며, 보고서를 학급 전체에 발표한다. 이 모형은 여러 명이 함께 자료를 수집, 분석, 통합하는 복잡한 문제의 교수·학습에 특히 적절하다.

이스라엘 텔아비브 대학교의 슐로모 샤란과 예일 샤란 (Shlomo Sharan & Yael Sharan, 1976)이 20세기 초의 철학, 윤리학, 심리학에 이론적 바탕을 두고 GI 모형을 개발하였다 (Slavin, 1995). 특히 듀이 (Dewey)와 테렌 (Thelen)의 이론은 이 모형의 개발에 직접적으로 영향을 주었다.

존 듀이 (J. Dewey, 1919)는 학교를 통해 민주 시민이 양성되어야 한다고 주장했다. 그는 작은 민주 사회인 학교에서 학생들이 복잡한 사회적 문제를 해결하는 과정을 경험하며 타인을 배려하고 의견을 존중하는 능력을 신장시킴으로써 건전한 민주 시민이 양성될 수 있다고 생각하였다. 그리고 참된 학습은 학생이 새로운 지식이 생성되는 과정과 방법을 경험할 수 있도록 안내하는 과학 탐구의 과정을 거치면서 이루어진다고 하였다. 잘 고려된 주제를 탐구할 때 과학 탐구의 정신과 방법을 획득할 수 있으며 궁극적으로는 학습 하는 방법도 배울 수 있다고 주장하였다.

특히, 테렌 (Thelen, 1960)은 과학 탐구가 집단으로 이루어지는 것이 중요하다고 강조하였다. 어떤 집단이 쉽게 해결할 수 없는 혼란스러운 문제에 직면하게 되면 집단 구성원들이 다양한 반응을 하게 된다. 이러한 상황에서 구성원들 간의 서로 다른 견해차를 해소하고 합의점에 이르는 과정이 요구된다. 이것이 집단 탐구의 과정이다. 구성원들 간의 상호작용을 통해 획득하는 새로운 정보는 문제 해결의 열쇠가 될 수 있고, 이 과정이 구성원들의 자기 이해와 호기심을 자극하는 기능을 함으로써 경험의 폭을 확장시켜준다 (Joyce & Weil, 1996). 더 나아가, 집단 탐구의 과정은 감정 이입이나 배려, 그리고 상호 존중과 협동심과 같은 공동체 의식을 갖게 한다. 따라서 집단 탐구는 고차적인 인지 능력을 향상시킬 뿐만 아니라 민주 시민에게 필요한 공동체 의식을 갖도록 하는 효과적인 방법이다 (전성연 외, 2007).

GI 모형이 적용된 수업이 시작될 때 교사가 포괄적인 탐구 문제를 제안하면 학생들은 그 문제와 관련된 구체적인 질문을 한다. 이렇게 학생들이 제기한 질문들을 검토하여 교사와 학생들은 몇 가지 하위 학습 주제를 선정한다. 학생들은 자신의 흥미와 관심에 따라 자율적으로 자신이 탐구할 하위 학습 주제를 선택하고, 동일한 하위 주제를 선택한 학생들이 모여 자연스럽게 모둠들을 구성한다. 모둠이 구성되면 각 모둠에서 구성원들은 역할을 분담하고 협력하여 탐구 활동을 하게 된다. 모둠별로 일정한 기간의 탐구 활동을 수행한 후 탐구 결과를 발표할 준비를 한다. 마지막으로 전체 학급을 대상으로 탐구 결과를 발표하고 평가함으로써 수업이 마무리된다 (전성연 외, 2007).

이와 같이 집단탐구 협동학습은 일반적으로 '주제 선정 및 모둠 구성', '계획 수립 및 역할 분담', '탐구 활동', '발표 준비', '발표', '평가'의 절차를 통해 이루어진다 (정성연 외, 2007).

(1) 주제 선정 및 모둠 구성

이 과정에서 교사는 교육과정이나 학생들의 관심에 따라 포괄적인 주제를 학생들에게 제시하고, 학생들은 이와 관련된 하위 탐구 문제를 제기한 후 흥미와 관심에 따라 하위 탐구 문제를 선택함으로써 모둠을 구성한다.

교사는 학생들이 다양한 측면에서 검토하고 해결해 볼 수 있는 포괄적인 수준의 탐구 주제를 본 학습이 이루어지기 1~2주일 전에 게시한다. 학생들이 탐구 주제와 관련된 다양한 자료를 접할 수 있는 기회를 주고 필요하다면 주제와 관련된 기초적인 개념도 학습하게 도와준다. 학생들은 탐구 주제와 관련된 다양한 자료의 탐색과 기본 개념에 대한 이해를 바탕으로 자신들이 알고 있는 것은 무엇이고, 더 알고 싶은 것이 무엇인지 생각함으로써 하위 탐구 문제를 도출한다. 교사는 학생들이 도출하여 발표한 하위 탐구 문제들을 칠판에 모두 기록한 다음 학생들과 함께 유사한 내용을 묶어 모둠의 수를 고려하여 범주화시킨다. 이렇게 결정한 범주는 각 모둠에서 탐구할 하위 주제가 된다. 이제 하위 탐구 주제의 제목을 정하고 학생들이 자신의 관심과 흥미에 따라 하위 주제를 선택함으로써 모둠을 구성한다. 특정한 하위 주제를 탐구하고자 하는 학생이 많을 경우는 동일 주제에 2~3개의 모둠을 구성할 수 있으나 탐구 수행은 독립적으로 이루어진다는 것을 전제한다.

(2) 계획 수립 및 역할 분담

교사는 모둠별로 모둠의 이름, 모둠의 장, 기록자, 발표자 등의 기초적인 역할을 학생들이 스스로 정해질 수 있도록 안내하고, 학생들은 선택한 하위 탐구 주제의 내용, 탐구 범위, 방법 등을 토론을 통하여 결정한다. 학생들은 자신의 흥미와 선호도에 따라 탐구 문제에 대한 문헌 분석, 인터넷 자료 검색, 관련인 인터뷰, 야외 조사, 사진 촬영, 자료 정리 등의 역할을 담당하게 된다. 모둠별로 구체적인 탐구 계획이 수립되고 각자의 역할이 정해지면 이 내용을 포스터 등을 통해서 학급 게시판에 게시함으로써 전체 학생들이 그 내용을 공유할 수 있게 한다.

이 단계에서 교사는 모둠을 순회하면서 탐구 계획과 역할 분담에 필요한 자원을 제공하고 그 내용이 적절한지 살펴보아야 한다. 그리고 이 과정이 충분한 토론과 합의를 통해서 이루어지고, 모든 학생이 자신의 역할에 만족스러워하는지, 모둠 내에서 소외되거나 무임 승차하는 학생은 없는지 등도 살펴보아야 한다.

(3) 탐구 활동

탐구 활동은 집단 탐구의 핵심적인 과정이다. 학생들은 개별적으로나 모둠원들이 협력하여 맡은 역할을 수행하여 탐구 문제 해결에 필요한 정보를 수집, 분석, 통합한다. 학생들은 맡은 역할에 따라 다양한 자원으로부터 정보를 수집하고 수집한 자료를 모둠 내 동료들에게 보고하거나 그들과 토론하는 과정에서 모둠이 선택한 하위 탐구 주제를 탐구한다. 이 과정에서 교사는 정보 제공자나 촉진자의 역할을 한다. 탐구 능력이 부족한 학생들에게 적절한 자료를 제공할 뿐만 아니라 학생들이 자신의 역할에 능동적으로 참여하고 모둠 내에서 심도 있는 토론이 이루어질 수 있도록 격려해야 한다.

(4) 발표 준비

이 과정은 모둠별로 이루어진 탐구 결과를 전체 학생들에게 발표할 준비를 하는 과정이다. 학생들은 스스로 발표 방법을 선택하고, 탐구 활동 수행의 핵심 내용을 선택하며 요약해야하며, 재미있고 효과적으로 그 결과를 발표할 수 있는 방법도 궁리해야 한다. 이 과정에서 교사는 발표를 통해 탐구의 주제와 결론이 강조될 수 있도록 준비하게 하고, 자료의 수집 방법과 출처, 많은 학생이 동참할 수 있는 기회 제공, 발표에 필요한 장비와 자료 준비 등이 발표 전에 충분히 검토될 수 있도록 학생들의 활동을 도와야 한다.

(5) 발표

학생들은 모둠별로 앉아서 발표 과정에 참여한다. 발표 시간은 모둠별로 차이 없이 공평하게 부여하고 시간이 부족하지 않게 확보되어야 한다. 교사는 학생들과 함께 발표 내용을 평가할 수 있도록 평가지를 미리 마련한다. 평가 항목에는 발표 내용의 명확성과 논리성, 적절한 자료의 활용, 발표의 독창성 등이 포함될 수 있다. 교사는 모둠의 발표가 끝날 때마다 그 내용에 대해 토론할 수 있는 시간을 짧게 제공한다. 이 때 학생들이 지나치게 비판적이거나 인신 공격적인 토론이 되지 않도록 주의를 기울여야 한다. 모든 발표가 끝나면 교사는 각 집단에서 탐구한 내용과 일반적인 탐구 주제 간의 관련성을 고려해서 종합토론을 유도한다.

(6) 평가

다른 협동학습과 마찬가지로 모둠탐구 활동에 대한 평가도 여러 가지 측면에서 이루어질 수 있다. 발표 과정에서 학생들이 평가한 결과를 활용할 수 있으며, 각 과정별로 집단을 순회하면서 관찰한 학생의 수행, 협동심, 참여도 등을 평가할 수 있다. 뿐만 아니라 탐구 결과로 알게 된 새로운 지식에 대해 평가할 수도 있다. 이 때 교사와 학생은 함께 평가 문항을 제작할 수 있다. 예를 들어, 각 모둠에서는 자신들이 탐구한 하위 주제와 관련해서 중요한 사항을 2~3개의 문제로 만들어 제출하고 교사는 이 문항에 첨삭을 하여 평가 문항을 완성한 후 일정 시간 동안 공개한 다음 평가할 수 있다. 이 때 학생들은 각 집단에서 수집한 자료나 발표한 보고서를 공유함으로써 평가를 준비할 수 있다.

강의

강의 (lecture)란 교수자의 해설을 중심으로 진행되는 수업 방법이다. 즉, 주로 언어를 이용하여 교수 내용을 설명과 해설로 학생들에게 이해시키는 교수 방법이다. 이 방법은 학교 형식 교육에서 가장 먼저 보편화되었으며, 교수법이라고 말하면 의례히 강의를 연상할 만큼 많은 사람들에게 익숙해져 있다. 고대에는 책이 많지 않아 교사만 책을 가지고 있는 경우가 대부분이어서 강의법이 널리 활용되었던 것으로 생각된다. 그러나 대부분의 학생들에게 교과서가 보급된 오늘날에도 강의법은 학교 수업에서 많이 활용되고 있다 (조승제, 2007).

과학교육에서도 실험이나 다른 어떤 수업 방법보다도 강의가 많이 이용되고 있다. 그리고 대부분의 경우 타당한 이유를 생각해보지도 않은 채 과학 수업을 강의법 위주로 이끌어가고 있는 경우가 많다. 따라서 강의의 특징, 장점과 단점뿐만 아니라 효과적으로 강의를 진행하는 전략이나 방법을 이해하려는 노력이 필요하다.

강의는 주로 학생에게 분명한 사실, 아이디어, 개념, 지식 등에 관한 정보를 제공할 때 이용되는데, 조승제 (2007)가 제시한 강의의 특징을 살펴보면 다음과 같다.

첫째, 주로 해설이나 설명 중심으로 수업이 이루어지며, 교사와 학생은 주로 언어를 통해 상호작용한다. 교사 중심의 강의에서 학생은 수업 시간의 대부분을 교사에게 주의 집중하면서 학습한다. 강의에서 주의할 점은 수업 시간의 많은 부분을 단순한 정보를 전달하고 암송하는 데 그치지 말고, 학습자가 창의적으로 사고하도록 내용을 구성해야 한다는 것이다. 강의가 효과적으로 이루어지기 위해서는 교사와 학생의 상호작용이 일방통행이 아닌 쌍방통행의 의사소통을 통해 이루어져야 한다.

둘째, 강의에서 기계적인 학습이 일어날 가능성이 있다. 학생이 능동적으로 참여하지 않는 강의는 맹목적인 기계적 학습으로 흐를 가능성이 높다. 그러므로 교사는 강의법의 본질적인 특성을 이해하고, 제반 교수－학습 과정의 요소를 적절히 활용하여 유의미한 학습이 일어날 수 있도록 주의해야 한다.

셋째, 교사가 지닌 지식이나 정보 등을 학생에게 효과적으로 전달할 수 있다. 교사가 학생의 인식 능력에 맞는 적합한 어휘, 속도, 몸짓 등을 사용한다면, 학생이 교사가 가지고 있는 지식이나 기술을 빠른 시간에 효율적으로 학습할 수 있다.

이러한 특징을 가진 강의법의 장점과 단점을 정리하면 다음과 같다 (김순택 외, 1999; 윤광보 외, 2008; 조승제, 2007; 진위교 외, 1998)

▶ **장점**
- 짧은 시간에 학습자의 수에 크게 영향을 받지 않고 대부분의 학습 내용을 효과적으로 가르칠 수 있다.
- 학생들의 즉각적인 인지 변화를 목적으로 한 수업에 효과적이다.
- 사실이나 개념, 배경이 되는 정보 등과 같이 단순한 정보나 단편적 지식을 빠르게 제시할 수 있다.
- 언어만으로 어떤 사건이나 현상을 실감나게 표현할 수 있고, 직접 말로 제시하기 때문에 학습자의 흥미를 유발시킴과 아울러 동기를 촉진하는 데에도 효과적이다.
- 학생, 교재, 시간, 교육 자료 등에 따라 융통성 있게 적용할 수 있다.
- 수업 시간, 학습량 등을 교사가 자유로이 조절할 수 있으므로 경제적이다.
- 교사가 원하는 것을 강조하여 가르치기 쉽다.
- 교과서의 내용을 교사가 지닌 능력의 범위 내에서 보충, 첨가, 삭제하는 데 편리하다.
- 교사와 학생이 서로에 의해 강화를 받을 수 있다.
- 학생들이 강의를 들으면서 필기를 하는 동안 수업에 대해 안정감을 가진다.
- 쓰면서 듣고, 생각하며 요점을 가려낼 수 있는 힘을 기를 수 있고, 상대방의 말을 명확하게 파악하며, 비판적으로 받아들일 수 있는 능력과 장시간 예의 바르게 듣는 태도를 기를 수 있다.

- 강의 내용을 쉽게 영화, VTR, CD 등으로 제작할 수 있으며 원거리에 있는 학생들을 위한 방송이 가능하다.

▷ **단점**

- 사전에 충분한 수업 계획이 없으면 교과서의 상투적인 설명에 그치며, 강의 자체가 무미건조하기 쉽다.
- 교사의 능력, 특히 지시에만 의존하게 되므로 교사의 지식이 절대적으로 영향을 주게 된다.
- 학생의 개성이나 능력을 무시하고 일방적으로 주입시키는 결과를 가져올 수 있으며, 학습 과정에 자기주도 학습의 기회와 태도가 주어지기 어렵다.
- 학습 자체가 받아쓰기에 치중하다 보면 이해가 곤란할 뿐만 아니라 비판적으로 받아들일 수 없고, 특히 학습 부진아에게 많은 부담을 주기 쉽다.
- 30분 이상 지속되는 강의에 학생의 주의 집중이 흐트러지고 쉽고, 학생이 강의에 임하는 태도가 수동적이 되기 쉬우며, 전체 내용을 자신의 지식으로 받아들이기 어렵다.
- 교사 중심으로 수업이 전개되기 때문에 문제 해결력이나 창의력과 같은 고등 정신 과정을 연마할 기회가 거의 없다.
- 학생의 능동적인 활동의 기회가 제한되어 수동적인 학습이 될 수 있다.
- 교과서에 의거한 강의가 이루어질 때, 학생은 자신들이 언제나 교과서를 읽을 수 있다는 생각에서 강의시간을 소홀히 할 수 있다.
- 학습 여부와 정도를 점검하기 어렵다.

강의의 과정은 18~19세기에 헤르바르트 (Herbart)와 그의 제자들에 의하여 예비－제시－비교－종합－응용과 같은 5단계로 체계화되었다 (윤광보 외, 2008). 이 5단계는 오늘 가장 보편적으로 활용되고 있는 강의의 과정으로 정착되었다. 현대에 가장 보편적으로 이용되고 있는 도입－전개－정리의 3단계 과정도 헤르바르트의 5단계에 기초를 두고 있다 (Chiappetta & Koballa, 2002).

(1) 도입 (introduction)

도입 단계에서는 먼저 교사와 학생이 따뜻하고 부드러운 관계에서 만날 수 있도록 함으로써 학생을 동기화할 필요가 있다. 그리고 학생의 주의를 집중시키기 위해서 새로운 시청각 매체를 통해서 학습 내용을 소개하거나 앞으로 배울 내용과 관련된 정보도 어느 정도 제공할 수 있어야 한다. 이를 위해서 학생이 맡게 될 역할을 소개함으로써 호기심을 자극하거나 학습 목표를 제시하여 학생의 목표나 관심사와 적절히 연결함으로써 흥미를 유발할 수 있다. 또한 도입 질문을 활용하여 앞으로 제시될 내용이 무엇인지, 중요한 내용이 무엇인지, 무엇을 배워야 하는지, 그리고 어디에 주의를 기울여야 하는지 등을 학생에게 알려줄 수도 있다.

(2) 전개 (body)

학생이 학습할 내용을 구체적으로 설명해나가는 단계이다. 이 단계에서는 주요 핵심 부분을 중점적으로 가르치고 나머지 관련 내용은 학생 스스로 보충하도록 안내한다. 강의 도중에 강의한 내용을 적절하게 요약해 주는 것은 학생이 강의 내용을 쫓아 올 수 있도록 도와준다. 주기적인 요약 (periodical summarization)은 학생이 자신의 이해를 점검하고 잘못 이해한 것이 있을 때 수정할 기회를 준다. 그리고 이어지는 강의에서 앞으로 배울 것을 준비할 기회를 제공한다. 또한 학생이 보다 적극적으로 교사에게 질문을 하고 교사가 학생의 이해를 점검할 기회도 제공한다.

(3) 정리 (conclusion)

정리 단계에서는 중요한 점을 다시 강조하고, 이후의 강의나 활동에 관련된 질문을 한다. 그리고 학생들과의 간단한 질문과 대답을 통해 꼭 알아야 할 것 또는 궁금한 것에 대해 정리할 수도 있다.

강의를 하는 강사는 무대 위의 연기자와도 같다. 기본적으로 가르치는 행위는 예술성이 풍부한 활동이며, 이러한 성격을 가장 많이 띤 교수 방법이 바로 강의이다. 연극의 질이 연기자의 연기력에 달려 있듯이 강의도 강사의 능력에 따라 똑같은 내용이 전혀 다른 결과를 초래하는 것을 흔히 볼 수 있다. 좋은 강의가 되기 위해서는 다음의 유의점을 고려할 필요가 있다 (윤광보 외, 2008).

- 성의 있는 화법과 열정적인 태도로 임한다.
- 분명한 목소리로 내용을 논리적으로 설명한다.
- 진실하고 확신 있는 내용으로 강의하되 자기말로 정돈된 회화체를 사용한다.
- 강의는 강의자와 학생의 수업 분위기가 한마음으로 조성됐을 때 효과적이므로 학생

의 마음을 사로잡을 수 있어야 한다.

- 추상적이고 관념적인 용어의 나열이 아니라 구체적인 예를 들어가며 설명한다.
- 지나치게 추상적인 개념이나 복잡한 관계를 설명할 때에는 시청각 자료를 활용해야 한다.
- 강의의 내용을 사전에 충분히 이해하고 적절한 예를 모색해 둔다.
- 강의 도중 학생의 이해 정도, 주의 정도, 흥미, 분위기 등 반응을 체크하면서 진행한다.
- 강의에는 언어와 문자만이 아니라 문답법, 토론 등을 병행할 수 있으며, 특히 시청각 자료를 적절히 활용하는 것이 효과적이다.
- 학생이 수동적인 자세로 있지 않도록 문제점을 제시하고 생각해야 할 소재를 제시하면서 강의를 이끈다.
- 질문할 수 있는 기회를 주고 요점을 추려주면서 학생의 이해정도를 살펴야 한다.

▍토론 (discussion)

토론은 집단 상호작용의 한 형태이다. 수업 방법으로서 토론은 강의와 뚜렷이 대비되며 앞에서 다룬 협동 학습과 밀접하게 관련된다. 이것은 현대의 인식론적 관점, 방법론적 관점, 심리학적 관점에도 부합된다. 특히 다른 학생의 의견을 존중하고 협력하는 태도를 기를 수 있고, 스스로 사고하는 능력과 의사 표현력을 길러줌으로써 민주적인 태도와 가치관 육성에 효과적인 방법이다. 그러나 많은 양의 지식을 빠르고 정확하게 전달해야 하는 학교 교육의 현실을 만족시키기 어렵고 충분한 사전 준비가 없으면 의미 있게 진행하기도 어려워서 학교 과학 수업에 많이 이용되고 있지는 않다.

과학교육에서 토론은 가치와 집단 이익이 내포된 사회적 문제에 관련된 내용을 학습하거나, 탐구 학급과 같이 아이디어를 분석하고 통합하며 의사소통을 통해 합일된 의견을 도출하는 과정이 필요한 교수·학습 상황에 적절하다. 이 절에서는 토론의 의미, 특성, 장점과 단점, 종류, 효과적인 토론의 방법 등에 대해서 알아본다.

토론의 의미와 특성

일반적인 의미로 토론 (discussion)이란 어떤 사물이나 사건에 대해 각자의 의견을 제시하고 검토하며 협의하는 일 (이희승, 1994), 또는 서로 이야기를 주고받는 사람들 사이의 상호작용을 말한다 (Dillon, 1994). 과학 수업 방법으로서 토론은 협동학습의 한 형태로도 볼 수 있으며, 수업 활동을 일정한 조직과 형식에 의해 고정시키지 않고 토론 집단을 구성해서 과학과 관련된 다양한 주제에 관하여 학생이 능동적으로 언어적 상호작용을 전개하게 하여 학습 과제를 풀어가는 수업 형태이다. 특히 주어진 주제나 쟁점, 문제 등에 대해서 여러 사람의 의견을 상호 교환하는 방법으로 많이 적용된다. 학생은 토론에서 자신의 가치를 명료화하고 일상생활과 관련된 문제에 대해 합리적으로 의사 결정을 할 수 있는 기회를 가질 수 있다 (김찬종 외, 2007). 과학 수업에서 토론은 탐구 문제를 결정할 때, 실험을 설계할 때, 실험 결과를 해석할 때, 탐구 결론을 도출할 때, 검토 및 요약할 때와 같은 탐구 상황이나, 찬반이 엇갈리는 문제나 사회적 쟁점에 대해 논의할 때 등 수업 전반에 걸쳐 폭넓게 이용될 수 있다 (Collette & Chiappetta, 1989).

토론은 특정 내용에 대해 보다 심도 있고 분석적이며 비판적으로 사고하는 능력을 발달시킬 뿐만 아니라 학생의 사회적 상호작용 기능을 발달시킬 수 있다 (Eggen & Kauchak, 2001). 또한 토론은 과학적 연구나 탐구의 과정에서는 문제를 인식하고 해결하며, 자신의 의견을 발표하며, 다른 사람의 생각을 확인하고, 자신의 견해를 명료화하는 등의 기능을 발달시킬 수 있다 (Stanford & Stanford, 1969). 과학에서 토론이 중요한 이유는, 실제로 과학 탐구가 이루어지는 상황에서는 한명의 과학자가 가지는 한계를 극복하기 위하여 서로가 역할 분담을 하고 합리적인 조직과 운영, 의사 결정의 과정을 거치기 때문이다. 따라서 토론은 과학 활동에 필요한 사회적 기능을 발달시키기 위해서는 필수적이라 할 수 있다 (김여상 외, 2006). 또한, 토론은 과학자들이 적용하는 탐구 방법과 그 과정을 경험하게 하며, 학생의 탐구 의욕을 자극하는 등의 기능을 한다 (Falk, 1980).

그러나 토론은 과학적 사실, 개념, 일반화, 원리, 이론 등의 지식을 짧은 시간에 가르치는 것을 목적으로 하는 수업에는 적절하지 않다. 과학적 사실에 대한 토론은 단순한 정보 교환 수준을 넘어서기 어렵다. 뿐만 아니라 과학 개념이나 이론 등도 의미가 지나치게 명확하고 개념의 관계나 양상도 분명해서 심도 있는 토론으로 이어지기 어렵다. 따라서 과학 지식 학습에서 토론의 주제로 적합한 것은 통합적 지식 체계와 가치관이 관련된 것이 적절하다 (Kim & Kellough, 1991).

효과적인 토론의 조건과 장·단점

연구자마다 다소 차이가 있지만 토론의 적정 인원은 10~24명이다. 토론하는 학생의 수가 너무 작으면 제한된 정보로 인해 의미 있는 결론을 이끌어내기 어렵고, 너무 많은 경우 상호 작용이 충분히 일어나기 어렵다. 그리고 토론이 효과적으로 이루어지기 위해서는 교사와 학생이 알고 있어야 할 몇 가지 기본 조건이 있다 (Wofford, 1946).

첫째, 토론의 주제는 학생이 쉽게 흥미를 가질 수 있어야 한다. 학생이 무관심한 주제는 토론의 동기를 유발할 수 없으며 의무적이고 의미 없는 대화로 그치기 쉽다. 둘째, 의견을 발표한 학생에 대해서 다른 학생은 긍정적이고 건전한 반응을 보여야 한다. 지나치게 부정적이거나 무시하는 태도는 발표 의욕을 떨어뜨리고 적극적인 상호 작용을 방해하는 요소로 작용한다. 셋째, 토론 진행에 필요한 것 이외에 형식에 구애됨이 없이 자유로운 분위기에서 이루어져야 한다. 불필요한 형식과 무거운 권위적인 분위기는 학생의 창의적인 사고와 활발한 의사소통을 가로막는다. 넷째, 토론 학습이 진행되는 절차가 명료해야 한다. 지나치게 토론의 범위가 확장되면 제한된 시간에 도달해야 하는 결론에서 점점 멀어질 수 있다. 다섯째, 토론 주제에 대하여 사전 기초 조사가 충분해야 한다. 토론은 학생의 사전 지식을 바탕으로 이루어진다. 준비되지 않은 토론은 제한된 정보로 인해 의미 있는 결론을 이끌어내기 어렵다. 여섯째, 학생은 토론할 주제가 무엇인지 명확하게 이해를 한 뒤에 토론에 참여해야 한다. 일곱째, 발표하는 학생은 자기가 생각하고 있는 것이 무엇인지 다른 학생이 잘 이해할 수 있도록 논리적으로 설명해야 한다. 여덟째, 다른 학생의 주장을 적극적으로 듣고 상호간에 존중하고 협력적인 태도를 가져야 한다.

수업에서 토론이 성공하기 위해서는 위에 제시한 기본 조건 이외에도 토론이 가지고 있는 장점과 단점을 충분히 이해하는 것이 중요하다. 다음은 문헌들에 제시된 토론의 장점과 단점을 정리한 것이다 (김찬종 외, 2007; 윤광보 외 2008; 조승제, 2007; 진위교 외, 1998).

▷ **장점**
- 원리에 입각하여 비판적으로 사고하고 추리하는 능력이 길러진다.
- 문제 해결력을 기르기에 적당하며, 정서적으로도 긍정적인 영향을 준다.
- 간결하며, 논리적이고, 정확하며, 수사적인 표현을 써서 강력하게 구두로 표현하는 능력을 길러 준다.
- 집단 구성원의 비판적 탐색을 통해 자신이 가지고 있는 선입견과 편견을 수정할 수 있다.
- 타인에 대한 이해와 존중의 태도를 배울 수 있으며, 집단적 사고를 가능하게 해주는

협력과 참여의 태도도 익힐 수 있다.

- 집단 속에서 자신의 기여와 책임감을 느끼게 함으로써 구성원으로서의 역할과 소속 감, 연대의식 등을 갖게 한다.
- 토론을 통한 상호작용은 문제에 대한 관심과 흥미를 고취시켜 학생의 자발적인 학습 활동을 유발할 수 있다.
- 능동적인 참여와 자발적인 역할을 증대하여 학생 중심의 자율적인 수업을 활성화 할 수 있다.
- 수업의 단조로움을 피할 수 있고 학생의 학습 활동을 고무시킨다.
- 토론에서 드러나는 학생의 생각은 교사에게 피드백을 제공할 수 있다.

▷ **단점**

- 정보 전달의 효율성이 매우 낮다.
- 발표 내용보다 발표자에 관심이 쏠리기 쉽고 감정에 흐르기 쉽다.
- 소수의 의견이 무시되거나 경시되기 쉽다.
- 준비와 계획 단계에서뿐만 아니라 진행 과정에서도 많은 시간이 소요된다.
- 적절한 시간 분배가 어렵고 주의 집중과 통제에 시간이 많이 소요된다.
- 예측하지 못한 상황이 발생하여 초점을 잃은 채 토론을 위한 토론으로 끝날 가능성 이 높다.
- 소수에 의해 주도되고 다수는 방관하거나 무관심해질 수 있다.
- 주제를 충분히 파악하지 못하면 의미 있는 결론을 도출할 수 없다.
- 학습 참여 정도가 학생의 능력과 분위기에 의해 결정될 수 있다.
- 인간관계 지도, 토론 지도, 학급 통제를 위해서 교사의 능숙한 기술이 요구된다.
- 집단의 크기에 따라 토론의 효과가 달라진다.

토론의 유형

토론의 유형은 매우 다양하다. 여러 학자들 (김여상 외, 2006; 김찬종 외, 2007; 조승제, 2007; Brilhart & Galanes, 1998; Chiappetta & Koballa, 2002; Dillon, 1994; Kauchak & Eggen, 1989; Pavitt & Curtis, 1994)의 견해를 종합해볼 때, 집단의 크기에 따라 '전체 학급 토론'과 '소집단 토론'으로 구분할 수 있고, 운영 방식에 따라서는 '배심 토론', '공개 토론', '원탁식 토론', '단상 토론', '대담 토론', '세미나', '버즈 토론', '브레인스토밍' 등으로 구분할 수 있다. 그리고 탐구 학습 상황에 따라서 '탐구 계획에 관한 토론', '실험 결과에 관한 토론', '검토 및 요약에 관한 토론' 등으로 구분할 수 있다. 이 밖에도 그 대상에 따라 '내용 중심 토론'과 '정의적 토론'으로, 누가 주도하느냐에 따라 '교사 주도 토론'과 '학생 주도 토론'으로, 그 과정에 따라 '정보적 토론', '문제적 토론', '변증적 토론' 등으로 범주화 할 수도 있다. 이 절에서는 과학 수업에서 활용할 수 있는 토론의 유형을 몇 가지로 범주 화하여 제시한다.

(1) 집단의 크기에 따른 토론의 유형

▷ 전체 학급 토론

학급 학생 모두가 하나의 토론 집단으로 참여하는 토론이다. 주로 교사가 토론 집단 의 리더가 되어 토론 주제를 제기한다. 학생들의 토론 참여를 촉진하고 토론의 전체 방향과 목적을 안내하는 것도 교사의 역할이다. 토론 목적에 따라 학생들의 다양한 의견을 수렴하여 토론의 결론을 내린다. 이 토론은 주로 학생 스스로 토론을 이끌어 갈 수 있는 능력이나 경험이 부족한 경우에 소집단 토론보다 적절하다고 할 수 있다. 물론 교사를 대신하여 전체 학급 토론을 이끌어갈 유능한 학생이 있다면 그 학생이 교사의 역할을 대신할 수도 있다. 따라서 전체 학급 토론이 교사 주도의 토론이라고 단정할 수는 없다.

▷ 소집단 토론

학생들이 스스로 토론을 이끌어갈 수 있는 경우에는 소집단 토론이 적용될 수 있다. 학생들을 여러 개의 소집단으로 나누고, 각 소집단별로 주제에 따라 토론을 진행하여 결론에 도달하면, 전체 학급에서 소집단별 결론을 발표할 수 있는 기회를 준다. 소집 단별 토론이 진행될 때 교사는 순회하며 각 소집단의 토론 상황을 점검하고 토론이 주제를 벗어나거나 특정한 문제에 제한될 경우 적절하게 조언하여 토론의 방향을 조 정해준다.

(2) 운영의 방식에 따른 토론의 유형

▷ 배심 토론 (panel)

집단 구성원이 많아서 모든 학생에게 발언의 기회를 주는 것이 어려울 때 사용한다.

특정 주제에 대해 서로 다른 견해를 가진 학생들의 대표자인 배심원 4~6명이 다수의 학생들 앞에서 토론을 진행한다. 사회자는 문제를 소개하고 대립된 의견을 설명하며 토의를 시작한다. 배심원들이 각자의 견해를 충분히 발표하고 배심원들 사이에 토론이 진행되고, 이후 일반 청중의 발언과 질의의 기회가 주어진다. 사회자는 이러한 과정을 거쳐 결론에 도달할 수 있도록 토론을 이끌어간다. 배심 토론에서 청중의 수를 제한할 필요는 없다.

▷ 공개 토론 (forum)

특정한 주장을 가진 1~3명의 연설자가 10~20분간 공개적인 연설을 한 후, 이 내용을 중심으로 연설자와 청중 사이에 질의·응답의 과정이 이어진다. 이 과정에서 청중이 토론에 직접 참여한다. 사회자는 연설자의 연설 시간을 조절하고 청중의 발언도 적당히 통제해야 한다. 공개 토론은 연설 내용이 일반 청중과 관계가 깊을수록 효과적이다.

▷ 원탁 토론 (round table)

원탁 토론은 전형적인 소집단 토론이다. 사회자와 서기를 포함한 10명 내외의 소규모 인원이 서로 바라볼 수 있는 원탁에 둘러 앉아 자유롭게 의견을 교환한다. 이 토론에서 사회자는 토론의 규칙을 잘 이해하고 있어야 하며, 자유롭고 편안한 분위기를 유지하고, 토론이 의미 있는 결론에 도달할 수 있도록 안내해야 한다.

▷ 단상 토론 (symposium)

토론 주제에 대해 전문적인 지식을 가진 2~5명의 인사가 사회자의 안내에 따라 서로 다른 의견을 발표한 후, 이를 중심으로 사회자가 발표자와 발표자, 발표자와 청중 사이에 의견을 주고받는 토론을 진행한다. 토론에 참가한 전문가와 사회자, 그리고 청중이 모두 토론 주제에 관해 전문적인 지식을 가지고 있어야 한다. 발표자는 주제에 대해 사전에 조사하여 발표 준비를 해야 하며, 사회자나 청중도 그 주제에 대해 사전에 연구하는 것이 좋다. 이 형식은 득정한 주세를 나양한 측면에서 깊이 있게 논의할 수 있는 토론 방식이다. 발표자 간의 의견을 조정하여 결론에 도달하는 것보다는 주어진 주제를 여러 측면에서 고찰하는 것이 토론의 목적이다. 단상 토론은 각종 학술회의에서 많이 실시된다.

▷ **대담 토론 (colloquy)**

청중 대표가 토론 주제에 대해 전문가를 초청하거나 현장으로 직접 찾아가서 면접하는 방식으로 토론을 진행한다. 주로 3~4명의 전문가와 3~4명의 청중 대표가 토론에 참여한다. 주로 전문가와 청중 대표 사이에 토론이 이루어지나 경우에 따라서는 청중이 직접 토론 과정에 참여하기도 한다. 대담 토론은 전문가와 일반 대중의 정보 교환, 이론과 실천을 연결할 수 있는 새로운 아이디어 창안, 타 전공 분야 전문가의 정보 제공, 현장 의견 수렴 등의 목적으로 활용할 수 있다.

▷ **세미나 (seminar)**

토론 주제에 권위 있는 전문가나 연구자들로 토론이 구성된다. 주제 발표자가 공식적인 발표를 한 후 참가자들이 사전에 준비한 의견을 개진하고 질의하는 방식으로 토론이 진행된다. 세미나는 전문가 집단에게 전문 분야에 대한 연수 기회를 제공하며, 현안 문제 해결 방안 마련, 새로운 정책의 결정, 그리고 특정 분야의 이론과 기술 개발에 관한 최신 정보를 공유하는 기회가 된다.

▷ **버즈 토론 (buzz)**

버즈란 벌들이 윙윙거리는 (buzz) 것과 같이 3~6명으로 구성된 소집단 학생들이 서로 의견을 교환하는 방법이다. 이 토론은 소집단 학생 상호 간의 친근감을 유도할 수 있고, 자유로운 발언 기회를 줌으로써 적극적으로 토론에 참여할 수 있도록 하는 것이 특징이다. 특정한 강연회나 영화 감상 후, 한 주제의 학습이 끝난 후 등에 새로운 문제를 발견하거나 학습 내용을 정리할 때 이용할 수 있다. 또한 일반적인 토론을 준비하기 위한 예비 토론으로도 사용할 수 있다.

▷ **브레인스토밍 (brainstorming)**

6~8명 정도로 구성한 소집단에서 서로 자유롭게 아이디어를 제출하여 최선책을 찾아가는 방식의 토론이다. 이 토론에서 가장 중요한 것은 처음에 제출한 아이디어에 대해서 평가를 유보한 상태로 받아들이는 것이다. 이와 같이 수용적인 분위기는 새로운 아이디어 창출의 원동력이 된다.

(3) 탐구 학습 상황에 따른 토론의 유형

▷ **탐구 계획에 관한 토론**

학생들이 일상적인 문제나 자연 현상에서 구체적인 질문을 끌어내고, 그 해결 방법과 과정을 스스로 계획하여 탐구할 수 있다. 이와 같은 탐구 상황에서 교사의 개입이 최소한으로 억제된 상태에서 학생들이 토론을 통해서 문제를 해결할 수 있다. 탐구 계획에 관한 토론은 탐구 문제를 인식하여 탐구 계획을 수립하고, 이를 수행하는 과정에서 학생들이 서로 다른 의견을 조율하고 수렴할 때 나타나는 토론을 말한다. 이 토론에서 교사는 문제 해결에 직접적으로 개입하기보다는 학생들의 생각으로 알 수 없는 지식을 간접적으로 제공하거나 그들의 토론 활동을 보조하는 역할을 수행해야 한다.

▷ **실험 결과에 관한 토론**

과학 실험의 과정과 실험 결과 얻은 자료에 대해 토론하는 것은 학생들이 일반적인 토론 학습을 통해 얻을 수 있는 것 이외에 과학적 방법의 본성과 그것이 적용되는 과정에 대해 학습할 수 있는 기회를 제공한다. 이 토론은 실험 과정과 실험 결과에 대해 의견을 수렴하는 과정에서 나타난다. 학생들이 실험 과정과 실험 결과로 얻은 자료에 관해서 판단 기준을 세워 의견을 수렴하고, 쟁점이 되는 문제 해결을 위해 적극적으로 사고하며, 예상과 일치하지 않는 결과에 대해서는 대안적 원인을 생각하기도 하고, 의도하지 않은 결과에 직면했을 때는 새로운 실험을 설계하는 과정에서 서로의 의견을 모아갈 때도 나타나는 토론이다.

▷ **검토 및 요약에 관한 토론**

과학 수업을 마무리하는 단계에서는 학습한 내용을 검토하거나 요약하기 위해서 토론을 적용할 수 있다. 이 때 학생들이 다룰 수 있는 정보의 양을 비교적 한정되어 있어서 교사의 도움 없이 학생들만으로 학습 내용을 요약하고 검토하는 것이 쉽지 않다는 점을 유의해야 한다. 따라서 교사는 필요한 정보를 제공해주고 경우에 따라서는 전체적인 토론 계획과 과정을 학생들이 충분히 이해할 수 있도록 안내해주어야 한다.

▌실험

현대 자연 과학의 두드러진 특징은 실험 중심의 연구 방법에 있다 (Gott & Duggan, 1995). 과학 실험은 자연 현상에 대한 임시적인 설명인 가설을 설정하고, 변인이나 조건을 통제하며, 그 결과를 근거로 가설을 검증하는 것을 말한다 (Hammerman, 2006). 즉, 과학 실험은 자연 현상을 관찰하고 그 결과 생성된 의문을 확인하여 진술하고, 이 의문에 대한 잠정적인 답인 가설을 설정하며, 그 가설을 검증하는 데 필요한 변인들을 확인하여 통제·조절할 계획을 세우고, 계획에 따라 실험을 수행하여 자료를 수집·분석·해석하고, 결론을 도출하는 탐구 절차이다.

이와 같이 자연 현상의 원인을 규명하는 것을 목적으로 수행되는 실험에서 핵심적인 것은 결과에 영향을 미치는 변인들을 조작하거나 통제하는 활동이다. 그러나 경우에 따라서는 실험이 이보다 훨씬 더 포괄적이고 느슨한 의미로 정의되기도 한다. 특히, 생명 과학과 지구 과학 분야에서는 단순히 어떤 아이디어를 확인하거나 소극적으로 관찰하는 행위를 실험 활동에 포함시키기도 한다. 변인을 조작하지 않은 상태에서 분류학자, 생태학자, 암석학자, 지질학자, 천문학자 등이 수행하는 관찰이나 간단한 측정 활동을 과학 실험에 포함시키는 경우도 많다 (김찬종 외, 2007).

초·중등학교에서 실시하는 과학 실험은 일반적으로 통제된 실험 또는 실험실 작업을 의미한다. 우리나라의 경우 제7차 과학과 교육과정 이후에 실험을 탐구 활동의 한 영역으로 분류하였으며, 같은 탐구 활동인 관찰, 측정, 분류, 조사, 견학, 과제 연구와는 서로 다른 활동으로 구분하였다. 특히 조사 활동이 주로 야외에서 이루어지고 자연 현상의 인과관계나 상관관계를 파악하는 활동임에 비교해서 실험 활동은 주로 실험실에서 이루어지고 인과 관계를 규명하는 활동이라고 말하고 있다. 그러나 영국과 호주에서는 학교의 실험 활동을 실기 작업 (practical work)과 같은 의미로 사용하고 있는데, 이 실기 작업의 범주는 야외 조사도 포함한다. 즉, 영국이나 호주의 경우에 우리나라에 비교해서 더 포괄적인 의미로 실험이라는 용어를 사용하고 있다고 할 수 있다 (한국과학교육학회, 2005).

과학교육에서 실험 수업은 인지적 측면, 탐구 기능적 측면, 정의적 측면에서 의미 있는 발달을 촉진한다. 먼저 인지적 측면에서 실험은 과학 개념, 원리와 법칙 및 이론을 지각적으로 경험하게 함으로써 과학에 대한 학생의 이해 및 과학적 사고력을 향상시킨다. 학생은 실험을 통해 눈으로 볼 수 없는 개념, 원리나 법칙을 예시적으로 경험하거나 증명하거나 확증할 수 있다. 그리고 정의적 측면에서 실험은 학생의 내적 동기와 호기심을 불러일으키고, 학습하는 내용을 오래 기억하도록 돕는다. 일반적으로 실험 학습은 학생이 자연현상에 대해 지적인 호기심에서 유발된 의문에서 출발하도록 계획된다. 실험의 과정은 이렇게 생성된 의문을 해결하는 과정이며 이 과정에서 학생은 지적인 성취감을 경험하게 된다. 또한 이를 통해 습득한 지식은 매우 의미 있게 학생의 인지구조에 정착되어 장기기억 영역에 저장된다. 마지막으로 탐구 기능적 측면에서 실험은 탐구 과정 기능과 수공 기능을 발달시킨다. 즉, 실험 도구를 조작하는 기술, 실험에 필요한 기구나 재료를 보관하거나 유지하는 기술, 고장이 난 도구를 수리하는 기술, 필요에 따라 새로운 도구를 만들어 내거나 기존의 도구를 변형하는 기술 등뿐만 아니라 탐구 과정 기능에 해당하는 관찰, 측정, 예상, 추리와 같은 전이 가능한 기능을 발달시킨다.

한편, 과학교육에서 실험 수업의 필요성은 과학의 본성이라는 측면에서도 생각할 수 있다. 실험을 통한 과학 학습은 과학의 본성적 측면에서 다음과 같은 필요성을 갖고 있다(김찬종 외, 2007; Tamir, 1976).

- 과학은 학생들이 쉽게 이해하기 어려운 추상적이고 복잡한 내용들이 많아서 실험을 통해 구체적인 대상을 다루면서 배우는 것이 효과적이다.
- 과학적 방법과 과학의 정신은 실제 과학을 수행하는 경험을 제공하는 실험을 통해서 학습하는 것이 바람직하다.
- 과학의 과정은 일상생활에 일반화 할 수 있는 유용한 기술들을 포함하고 있으며 실험은 이러한 기술을 학생들이 직접 배울 수 있는 기회를 제공한다.
- 과학 활동은 일반적으로 지적 호기심에서 출발하며 실험은 학생들이 이러한 과학의 지적 호기심을 체험함으로써 학습 동기를 유발하고 과학에 대한 올바른 태도를 함양시키는 데 유용하다.
- 과학 지식은 1차적 자료인 관찰 자료를 바탕으로 구성되며 잠정적이고 불완전한 속성이 있는 학문임을 실험을 통해 학습할 수 있다.
- 실험실의 경험은 학생이 자신들이 살아가고 있는 세계를 과학적으로 조사하고 이에 대한 정보를 얻고 이용하는 탐구 방법을 개발하거나 응용할 수 있는 기회를 제공한다.
- 실험을 통해 과학적 활동이 분명하고 논리적으로 진행되는 지적 활동이지만 경우에 따라서 불확실하고 애매한 단편적인 지식을 구성하는 활동임을 인식하게 된다.
- 과학적 방법과 그 과정이 다른 학문분야에 못지않게 창의적이고 도전적인 활동이라는 것을 실험을 통해 알게 된다.

표 6.18 헤론의 실험 수업 유형

수준	문제	방법	해답
0	제시	제시	제시
1	제시	제시	개방
2	제시	개방	개방
3	개방	개방	개방

표 6.19 수트먼 외(Sutman et al., 2008)의 실험 수업 유형

수준	실험실 전 경험		실험실 경험	실험실 후 경험	
	문제 제시	계획	수행	결론	적용 및 제언
0	T	T	T	T	T
1	T	T	T	T	S
2	T	T	T	S	S
3	T	T	S	S	S
4	T	S	S	S	S
5	S	S	S	S	S

* T: 교사, S: 학생

과학 수업에서 실험은 실험의 과정에서 학생이 수행하기를 기대하는 활동의 개방성에 따라 다양하게 적용될 수 있다. 실험 문제로부터 문제의 해결 방법과 결과까지 모든 과정을 교사가 제시할 수도 있고, 실험의 모든 과정을 개방하여 학생이 스스로 수행하게 할 수도 있다.

헤론(Herron, 1971)은 <표 6.18>과 같이 문제, 방법, 해답을 제시하는 방법에 따라 실험 수업을 수준 0에서 수준 3까지로 구분하였다.

수준 0은 실험의 모든 과정이 제시되는 유형이다. 수준 1의 실험은 문제와 방법은 제시 수준 0은 실험의 모든 과정이 제시되는 유형이다. 수준 1의 실험은 문제와 방법은 제시하지만 해답은 제시하지 않는다. 수준 2의 실험은 문제만을 제시한다. 수준 3의 실험은 학생 스스로 문제를 설정하여 실험 방법을 설계하고 수행한 그 결과까지 해석하여 실험 문제의 해답을 찾아가는 유형이다.

수트먼 외(Sutman et al., 2008)은 세 단계의 실험 국면에서 실험 수행의 주체가 누구인가에 따라 실험 수업의 유형을 <표 6.19>와 같이 여섯 가지로 분류하였다.

수준 0에서 교사는 학생의 실험실 전 경험, 실험실 경험, 실험실 후 경험의 모든 내용을 제공한다. 즉, 교사가 실험실 전 경험인 실험 문제니 주제 또는 논쟁 주제들을 제시하고, 실험하거나 조사할 때 적용할 절차의 계획을 제시한다. 그리고 학생에게 실험을 수행할 수 있는 기회를 주지 않고 실험 결과로 얻어질 자료와 증거도 제시한다. 뿐만 아니라 문제에 대한 답이나 결론도 교사가 제시하고 실험 결과를 응용할 새로운 상황 또한 제시한다. 이와 같이 수준 0의 실험 활동에서 학생들이 의미 있는 학습의 기회를 가질 수 없다.

반면에 수준 5의 경우 실험실 전 경험 국면, 실험실 경험 국면, 실험실 후 경험 국면의 모든 활동을 학생이 스스로 수행해야 하는 진정한 의미의 실험 수업이라고 할 수 있다. 그러나 자율적인 실험 활동의 경험이 충분하지 않은 학생이나 탐구 기능이 발달하지 않은 어린 학생에게 적용하기 어려운 유형이다.

▎야외조사

과학교육은 주로 교실, 실험실, 그리고 야외라는 세 가지 유형의 학습 환경 속에서 이루어진다. 야외조사 (field study)는 수업 환경을 생생한 정보와 자료가 널려 있는 자연이나 현장으로 옮겨놓은 과학 수업의 한 유형이다

야외조사는 학교 교실에서 경험할 수 없는 살아 있는 학습 경험을 학생에게 제공하며, 과학 지식의 학습과 과학 탐구 기능의 습득에도 유용하다 (Chiappetta & Koballa, 2010). 특히 야외조사는 학생에게 과학적 연구 및 탐구에 관한 실제적인 경험을 제공할 수 있는 장점이 있다. 학생은 자연 현장을 직접적으로 탐구함으로써 교실 수업으로 알지 못했던 다양한 종류의 자연 현상을 경험하게 된다. 즉, 일상생활에서 직접 접할 수 없는 암석, 토양, 대기, 물, 생물체에서 비롯되는 현상, 활동 등의 존재를 알게 되며, 이것이 과학과 어떠한 관계를 갖게 되는지 인식할 수 있는 기회를 갖게 된다.

교실이나 실험실로 옮겨진 인공적인 탐구 자료나 환경은 과학에 대한 잘못된 인식을 갖게 하거나 과학 탐구 기능이나 과학 지식 학습에도 부정적인 영향을 줄 수 있다. 반면에 야외조사는 시각, 청각, 촉각, 후각, 미각 등 다양한 감각 기관의 활용을 촉진하기 때문에 학생들에게 즐겁고 기억에 오래 남는 학습 경험이 될 수 있다 (Jensen, 1998). 야외조사는 과학에 대한 또는 과학적 태도와 흥미 함양에도 효과적이다. 또한 야외조사는 새로운 과학 지식을 획득하게 하거나 과학적 탐구 기능을 습득하게 하는 효과적인 수단이기도 하다.

직접적으로 오감을 통해 관찰하고 탐구하는 경험은 실제적인 탐구 기능의 향상을 이끌어 내고, 이러한 탐구 과정을 통해서 획득한 과학 지식은 잘 잊히지 않고 학생들의 인지구조에 오랫동안 파지된다 (Simpson & Anderson, 1981).

야외조사는 교사와 학생 사이에 일어나는 상호작용의 유형에 따라 크게 전통적 접근법, 개방적 접근법, 탐구적 접근법으로 구분할 수 있다 (장완호 외, 1995). 교사는 야외 조사 장소의 특성, 조사 과제의 속성, 학생들의 특성에 따라 적절한 유형을 선택하거나 조합하여 사용해야 한다.

먼저 전통적 접근법은 교사가 야외에서 학습할 내용을 잘 구조화하여 학생에게 제시해 주는 방법이다. 야외조사 이전에 조사 대상, 주제, 방법, 주의점 등을 교사가 준비하여 학생에게 안내하고 학생은 교사가 제시한 방법에 따라 조사를 수행한다. 이러한 접근법은 저학년 학생이나 경험이 많지 않은 학생에게 적절하다. 그리고 야외조사 주제가 학생이 능동적으로 수행하기 어렵거나 위험한 요소를 내포하고 있는 경우에도 사용할 수 있다.

두 번째 유형은 개방적 접근법이다. 이 방법에서 교사는 학생과 같은 입장에서 조사대상을 탐구한다. 교사가 교육자의 입장이 아닌 학생과 같이 조사자의 입장에서 적극적으로 학습 과정에 참여하는 것은 학생의 동기를 자극하고 관심을 불러일으킬 수 있는 매우 효과적인 방법이 된다. 조사결과가 결정되어 있지 않은 상황에서 미지의 자연 현상을 학생과 함께 탐구하는 것은 학생뿐만 아니라 교사에게도 흥미로운 경험을 제공할 것이다.

세 번째 유형인 탐구적 접근법에서 교사는 학생의 탐구 학습을 도와주는 조력자의 역할을 감당한다. 교사는 학생과 적절한 상호작용을 하면서 학생이 어려워하는 점이나 미처 파악하지 못한 점에 대해 적절히 안내하는 방식으로 학생들의 야외조사 활동을 지도한다.

야외조사는 교실에서 다룰 수 없는 많은 것을 직접 학습할 수 있는 기회를 제공하지만 주의 깊게 계획하고 실행해야 의미 있는 효과를 얻을 수 있다. 야외조사는 일반적으로 '교육과정 검토', '사전 답사', '행정 절차 실행', '준비 수업', '야외조사 실행', '후속 활동' 등의 과정을 통해서 준비하고 시행한다 (한국과학교육학회, 2005).

▷ **교육과정 검토**

교육과정에서 야외조사에 적절한 내용을 선정하는 과정이다. 교육 내용은 교육 환경에 따라 학습 효과가 달라지는 경우가 많다. 학생들이 교실에서 가장 잘 학습할 수 있는 내용은 교실에서 학습하게 하고 야외에서 가장 잘 학습할 수 있는 것은 야외에서 학습하게 해야 한다. 많은 비용과 시간이 요구되는 야외조사 이전에 과학과 교육과정의 목표와 내용을 충분히 분석하고 검토하여 적절한 내용을 선정하는 것은 매우 중요한 과정이다.

▷ **사전 답사**

야외조사로 학습할 내용이 결정되면 과학교사는 야외조사가 가능한 장소의 목록을 작성해야 한다. 학교에서 시작하여 운동장, 거리, 학교가 위치한 시군 지역, 광역권 순으로 확장하며 야외조사에 적절한 공공기관, 소규모 사업체, 박물관, 소규모 발전소, 대형 공장 등에 관한 목록을 작성해야 한다. 그리고 목록에 포함된 장소 중 투입과 산출 측면에서 가장 적절한 장소를 야외조사 후보 장소들을 두세 곳 결정한다. 교사는 후보 장소들을 직접 답사하여 최적의 장소를 선정하고 야외조사에 필요한 정보들을 충분히 수집한다.

▷ **행정 절차 실행**

교내외에서 실행되는 야외조사는 대부분 행정적 허가가 필요한 경우가 많다. 교사는 이러한 행정 절차를 실행함으로써 불필요한 갈등을 사전에 제거해야 한다. 특히, 차량으로 이동해야 하는 장소에서 야외조사를 실시하는 경우에는 관련된 학교와 지역사회의 규정을 충분히 파악해야 한다. 일반적으로 학교마다 교외 야외조사에 관련된 규정이 마련되어 있다. 이 규정은 야외조사의 목적, 위치, 출발 시간과 귀교 시간, 학생 명단 등을 서면으로 제출하여 학교장의 허가와 학부모의 동의를 얻도록 명문화하고 있다.

▷ **준비 수업**

야외조사의 효과를 극대화시키는 방안 중에 하나는 야외조사 준비 수업을 실행하는 것이다. 이 수업을 통해 학생들이 야외조사의 목적, 현장에서 관찰하고 학습하게 될 것이 무엇인지 충분히 이해시키는 것이 필요하다. 뿐만 아니라 학생들이 적절한 학습 태도를 갖추고 야외실습에 임하는 것은 성공적인 야외실습을 위해 중요한 요소 중에 하나이다. 따라서 교사는 야외조사 활동의 주의점 등을 학생들이 인식할 수 있도록 교육한다.

▷ **야외조사 실행**

야외조사에서 시간은 결정적인 요인이다. 조사 시작 시간과 중간의 과정과 종료 시간이 계획과 일치될 수 있도록 주의해야 한다. 현장에 도착하는 즉시 학생들을 집합시켜 오리엔테이션을 실시한다. 학생들에게 야외실습에서 그들의 역할이 무엇인가를 명확히 이해시켜야 하며 안전에 유의하도록 주지시켜야 한다. 조사 실행 과정에서도 교사는 학생들의 활동을 관찰하고 진행 상황을 계속적으로 점검해야 한다.

▶ **후속 활동**

야외조사는 그 야외조사의 목표가 달성되었는가를 확인하는 후속 활동으로 종결된다. 학생들에게 그들이 야외에서 조사하여 기록한 것과 교실로 가져온 것을 계속 공부할 수 있는 시간을 제공해 주어야 한다. 표본 검토, 결과 토론, 보고서 및 요약문 작성 등은 유의미학습에 도움이 되는 후속 활동이다.

역할놀이

극화놀이, 가상놀이, 상징놀이 등의 용어로 불리기도 하는 역할놀이 (role playing)는 가상의 상황에서 역할 행동을 해 봄으로써 현실 상황에 필요한 적절한 역할 행동에 대한 이해를 확립하는 기능을 한다. 과학 수업에서 역할놀이는 과학과 관련되어 있으면서 사람들의 이해관계가 충돌하는 가상의 사회적 문제 상황 속으로 학생들을 안내한다. 학생들은 문제 상황에서 서로 대립되는 인물들의 행동을 예측하여 그 인물의 역할을 수행한 후 활동 결과를 평가한다. 이 과정에서 학생들은 상대방의 입장을 이해할 수 있는 기회를 갖게 되고 문제 해결책에 스스로 도달하는 경험을 할 수 있다 (Shaftel & Shaftel, 1982).

과학 수업에서 역할놀이는 다음과 같은 기능을 한다 (Callahan et al., 2002; Davis, 1993; Ebenezer & Haggerty, 1999; Joyce et al., 2004; Shaftel & Shaftel, 1982; Solomon, 1993).

• 감정이입을 통해 다른 사람의 입장에서 문제를 이해하고 생각하게 되면서 자기중심적인 사고에서 탈피할 수 있게 된다. 특히 다른 사람이 자기와 다른 견해를 가질 수도 있다는 것을 이해할 수 있게 된다.
• 자신의 행동은 물론 다른 사람의 행동에 미치는, 또는 다른 사람에게서 받는 영향을 이해하게 되고, 다른 사람, 생물체, 무생물체, 사물 등이 무엇인지 느껴보는 경험을 한다.
• 과학 학습 내용을 실생활과 관련시켜 이해하게 되고, 일상생활에서 발생할 수 있는

다양한 갈등 상황에 대해 스스로 해결방안을 모색하는 경험을 함으로써 현실에서 문제 상황에 직면했을 때 자발적으로 그 문제를 해결할 수 있는 능력을 증진시킨다.

- 개인이 해결하기 어려운 문제를 사회적 집단의 도움으로 서로 상호 협동 하는 가운데 해결될 수 있다는 것을 인식하게 되고, 문제의 해결에 필요한 민주적 절차를 학습하게 된다.

- 주어진 역할과 토론 과정에 적절한 언어를 구사하기 위해 노력하고 서로의 의견을 조정하고 타협하는 과정을 통해 언어 능력이 향상될 뿐만 아니라 올바른 도덕적 관념이 발달될 수 있다.

- 협동학습 분위기가 자연스럽게 조성되기 때문에 학습을 고무시키고 동기를 유발함으로써 학생위주의 학습지도를 유도하는 데 효과적이다. 특히 역할을 나누어 학습하는 과정을 통해서 학생들은 경쟁심보다는 협동심을 기르게 된다.

- 일반적으로, 강의보다 역할놀이를 통해 획득한 지식이 더 오랫동안 파지되고, 강의보다 역할놀이에서 더 많은 탐구기능과 그 기술이 습득될 수도 있다.

- 그러나 오락적 연기로 취급되기 쉬운 단점도 갖고 있다.

과학 수업에서 역할놀이는 과학 및 기술에 의해 야기된 문제로서 집단 이익과 가치가 대립되는 사회적 문제나 윤리적, 도덕적 문제의 해결에 효과적이다. 특히 개인이나 집단이 선택해야 하고, 의사결정이 필요하고, 동기가 상충되는 등의 상황이 필요하다. 그런 상황은 개인과 개인 사이의 갈등, 집단 사이의 관계, 도덕적 갈등, 개인적 딜레마, 과거 또는 현재의 사회적 문제 등의 형태로 나타난다.

일반적으로 역할놀이는 사회적 문제 상황에서 학생들에게 특정 역할을 부여한 다음, 각자 주어진 역할을 수행하게 하는 절차에 따라 실시된다. 역할놀이 수업을 6단계로 전개하면 다음과 같다.

❶ 상황 및 문제 선정

역할놀이 상황은 신문, 방송, 인터넷 등에서 최근 사회적 관심이 되고 있는 기사에서 얻을 수 있다. 혹은 학교나 교실에서 일어나는 학생 상호간 문제나 학생과 교사 사이의 문제도 역할놀이의 상황이 될 수 있다. 뿐만 아니라 학생들이 접하는 문학 작품이나 역사적 상황 등도 가능하다.

❷ 준비

학생들이 문제 상황을 충분히 이해해야 한다. 문제가 되는 상황 이해를 위해서 사진,

기사, 이야기, 당사자들의 대화 등에 대한 정보를 수집하고, 경우에 따라서는 관련 인물들의 감정을 이해하기 위해서 추가적인 자료를 수집하거나 토론을 통해서 아이디어를 모을 수도 있다. 이렇게 문제 상황이 파악되면 학생들은 구체적으로 역할놀이 장면을 설정해야 한다. 문제 상황에 관련된 인물들을 분석하여 실연자의 수와 역할을 설정해야 한다.

❸ 실연자 선정

준비 단계에서 설정된 장면에 따라 실연할 학생들을 선정한다.

❹ 청중 준비

교사는 실연을 담당하지 않은 나머지 학생들이 주의 깊게 역할놀이를 관람할 수 있도록 교육해야 한다. 청중 학생들은 보고들은 것의 의미를 이해하고 해석할 수 있어야 하며 자신이 설정한 준거에 따라 평가할 수 있어야 한다.

❺ 실연

학생들은 마치 실제 상황의 인물처럼 역할을 수행해야 한다. 인물의 생각뿐만 아니라 감정도 표현될 수 있도록 진지하게 실연에 참여해야 한다.

❻ 토론과 평가

역할놀이의 실연이 끝나면, 실연자와 청중이 모두 참여하여 문제 상황과 역할놀이 내용에 대해서 토론하고 학습 과정에서 얻은 통찰력을 공유한다.

▎ 발문

발문은 교수·학습 과정에서 교사가 학생의 생각이나 후속 행동을 유도하기 위해서 의도적으로 하는 질문을 의미하며, 질문은 실제로 모르거나 의문이 생겨 그 의문을 해결하기 위해서 묻는 것을 의미한다. 발문은 의미 있는 수업을 이끌어 가는 중요한 수업 전략 중의 하나이다. 교사의 적절한 발문은 학생의 호기심 자극, 학습 동기 유발, 사고 작용의 자극, 개념 변화 및 새로운 개념의 형성 등에 긍정적인 영향을 미친다.

과학 수업에서의 발문은 여러 가지 목적을 가지고 이루어진다. 발문은 교사가 교수·학습 과정을 이끌어 나가는 과정에서 학생의 호기심과 사고를 자극하여 학습에 적극적으로 참여시키고, 학습 과정에 적절한 피드백 수단으로 활용되어 문제 해결을 안내하는 수단으로 사용될 수 있으며, 학습 결과를 확인하는 수단이나 학습 결손을 예방하는 점검 수단, 수업의 방향을 수정하는 경우에도 사용될 수 있다(최병순 외, 2009). 다음은 수업 전략으로 활용될 때 발문의 기능을 정리한 것이다(권낙원, 1994; 김여상 외, 2006; 김찬종 외, 2007).

- 학생의 사전 지식과 사고 수준 확인
- 학생의 장·단점 진단
- 흥미와 동기 유발

- 학습 활동 자극 및 촉진
- 학습 주제와 내용에 주의 집중
- 탐구할 문제에 대한 학생의 생각이나 기타 정보 수집
- 문제 해결에 어려움을 겪고 있는 학생에게 힌트 제공
- 원인과 결과의 관계 인식 유도
- 개념 발달 촉진
- 특정 유형의 사고와 인지 활동을 자극
- 토론과 협동적 집단 활동 안내
- 의사소통 촉진
- 사회적 행동 통제
- 학습 내용의 정리와 요약
- 수업 이해도 점검
- 학습 결과 평가

과학 교수·학습 전략으로서 발문의 종류는 블룸(B. Bloom)의 행동 목표 분류 준거, 목적과 용도, 형식 또는 답의 수 등에 따라 다양하다. 먼저, 블룸의 행동 목표 분류 준거나 수업의 목표에 따라 기억, 이해, 응용, 분석, 평가, 창의의 여섯 가지로 구분할 수 있다 (Anderson & Krathwohl, 2001; Abruscato, 2000). 이 중 기억, 이해 수준에 관한 질문은 저차원적 질문에 해당하고, 응용, 분석, 평가, 창의에 관한 질문은 고차원적 질문에 해당한다.

- **기억** : 기억하고 있는 구체적이고 단편적인 지식을 말하게 함
- **이해** : 주어진 자료의 의미나 기억하고 있는 정보를 자신의 말로 표현하게 함
- **응용** : 학습한 지식을 새로운 상황에 적용하게 함
- **분석** : 학습한 내용을 작은 요소로 나누어 그 차이, 양상 들을 말하게 함
- **평가** : 가치 판단을 요구하는 상황에서 선택하게 하고 그 이유를 말하게 함
- **창의** : 새로운 개념이나 방법 등을 창안하여 말하게 함

그리고 발문을 목적과 용도에 따라 명료화 발문, 단서 발문, 집중 발문, 검색 발문 등으로 구분할 수 있다 (Bybee et al., 2008; Callahan et al., 2002).

- **명료화 발문** : 학생의 생각, 느낌, 사고 과정을 더 잘 이해하기 위해서 하는 발문
- **단서 발문** : 학생이 주어진 문제를 해결할 수 있도록 도와주는 단서를 제공하는 발문

- **집중 발문** : 특정한 문제에 학생이 주의 집중할 수 있도록 던지는 평가적 발문
- **검색 발문** : 학생의 생각이나 반응을 확장시키기 위해 하는 질문

또한, 형식 또는 답의 수에 따라 수렴적 발문과 발산적 발문으로 구분할 수 있다 (Bybee et al., 2008; Chiappetta & Koballa, 2010).

- **수렴적 발문** : 학생이 기억하고 있는 혹은 주어진 자료, 정보, 지식 등을 비교, 분석, 종합하여 대답하게 하는 발문이다. 보통 학생에게 한두 개의 제한된 내용의 답을 요구한다.
- **발산적 발문** : 정해진 한두 개로 답할 수 없는 발문으로 끝이 열려 있는 개방적 발문이다. 발문에 대한 답보다 그 답이 나오기까지의 과정이 더 중요한 경우가 많다. 교수·학습 상황에서 학생의 창의적 사고를 자극할 수 있는 전략 중에 하나로 쓰인다. 예를 들어 학습한 지식을 새로운 상황에 다양하게 응용하게 하거나 전혀 새로운 용도나 방법을 생각하게 하는 발문 등이 확산적 발문에 속한다.

교사의 발문은 수업 과정에서 매우 중요한 전략이다. 즉, 발문의 질은 수업의 질을 결정하는 중요한 요소 중 하나이다. 따라서 교사는 발문하는 방법을 숙지하고 있어야 하며, 수업 전에 발문 시점과 내용을 미리 계획해야 한다. 먼저, 효과적인 발문의 전략은 다음과 같다 (교육부, 1998; 김여상 외, 2006; 최병순 외, 2009).

- 교수·학습 상황에 적절한 발문을 균형 있게 이용한다. 단순한 지식이나 기억의 재생을 요구하는 질문, 비교나 분석, 종합 등의 고차적 능력을 요구하는 질문, 과학 지식이나 개념, 원리 등을 새로운 상황에 적용하는 질문 등을 고르게 이용한다.
- 문제 상황을 해결할 때 처음부터 정답을 요구하면 학생의 사고가 제한될 수 있다. 따라서 처음에는 확산적 발문을 활용하여 다양한 답이 나올 수 있도록 유도하고, 결론에 가까워질수록 수렴적 발문을 활용하여 문제를 해결할 수 있도록 안내하는 것이 바람직하다.
- 학생의 사고 방향이 고착될 경우에는 확산적 발문으로 제한된 생각에서 탈피할 수 있도록 유도한다.
- 발문의 내용이 정확하게 학생에게 전달될 수 있도록 한다. 이를 위해서 발문은 간단하게, 구체적으로, 그리고 직접적으로 한다. 한 번에 하나의 발문을 하고 발문에 대한 답이 나오면 추가로 발문을 하여 발문을 이어간다.

- 모든 학생이 생각할 기회를 주기 위해서 발문을 먼저 한 후, 어느 정도 시간이 지나면 대답할 학생을 지명한다.
- 응답자를 지명하는데, 성취도가 높은 학생과 낮은 학생, 희망자와 비희망자에게 동등한 기회를 주고 친절하게 피드백을 준다.
- 학생의 자신감 고취를 위해서 발문의 유형과 수준에 따라 응답 학생을 지명한다. 단순한 암송이나 고찰, 연습을 요구하는 발문은 성취 수준이 낮은 학생에게, 높은 수준의 사고가 요구되는 발문은 성취 수준이 높은 학생에게 응답하게 함으로써 학생 모두가 성공을 경험하게 해서 자신감을 가지게 한다.
- 발문을 한 후에는 가급적 3초 이상의 대기 시간(waiting time)을 가진다. 기다리는 시간은 대답을 위해 학생에게 생각하고, 새롭게 구성하고, 정리할 수 기회를 부여한다. 기다리는 시간이 길수록 성취도가 낮은 학생이 응답할 가능성이 높아지고, 전체적으로는 학생 반응의 양이나 질이 증가한다.

발문의 효과는 학생의 대답에 교사가 어떻게 피드백하는가에 따라 크게 달라진다. 특히, 학생의 사고는 학생의 대답을 검토해서 분명하게 자신의 생각을 표현하게 안내하고, 대답에 대한 증거를 요구하거나 발전적 아이디어를 요구하는 등의 피드백에 의해서 발전할 수 있다. 그렇다면, 학생들의 답변에 어떻게 피드백할 것인가? 김재춘 외(2005)가 제시한 피드백 전략을 요약하면 다음과 같다.

첫째, 시선, 표정, 몸짓 등을 통해서 학생 답변에 관심이 있다는 것을 보여준다. 학생이 대답할 때 교사는 학생에게 시선을 집중해야 한다. 또한 학생의 의견이 정말 흥미롭다는 것을 나타낼 수 있는 편한 미소를 짓고, 몸 전체를 학생 쪽으로 향하게 함으로써 학생의 대답을 격려해 주어야 한다.

둘째, 주의 깊게 경청하고, 대답 후 내용을 정리·요약해준다. 바람직한 경청의 태도를 모든 학생들이 본보기로 배울 수 있도록 교사가 학생의 대답에 집중하는 모습을 보여주어야 한다. 학생의 말 중간중간에 긍정하는 짧은 반응을 보여 말에 장단을 맞출 수도 있다. 학생의 대답이 끝난 후, 교사는 학생의 대답을 정리·요약할 필요가 있다. 이것은 교사가 학생의 이야기를 열심히 들었음을 확인시켜 주며, 교실 전체가 학생의 대답을 제대로 이해할 수 있도록 하기 위해서도 필요하다.

셋째, 학생의 대답이 끝난 후 1~2초간 기다리는 시간을 가진다. 이것은 학생의 대답이 끝난 듯하지만, 간혹 다시 이어지는 경우도 있기 때문에 필요하다. 이 시간은 학생의 대답이 끝나기도 전에 중단되는 것을 예방해 주며, 다른 학생에게는 학생의 대답에 대해서 생각할 수 있는 기회를 제공해 준다.

넷째, 학생의 답변에 대해 동료 학생들이 질문하고 토론하도록 권장한다. 이것은 학생의 답변 자체가 또 하나의 질문으로 간주되어 다른 학생들의 사고를 자극하고 교실 내에 활력을 불어넣어 준다.

다섯째, 학생이 적절한 대답을 했을 경우 칭찬해 준다. 이 때 칭찬을 직설적으로 하여 칭찬받는 학생과 칭찬받지 못하는 학생 모두 불편해지는 경우가 종종 있다. 교사는 은근히 칭찬하는 기법도 알고 있어야 한다. 은근히 칭찬하는 방법으로는 학생의 대답을 들으면서 고개를 끄덕거리는 것, 표정과 목소리에 반가움과 흐뭇함을 실어주는 것, 학생의 대답을 요약하여 말하거나 칠판에 써보는 방법 등이 있을 수 있다.

여섯째, 학생이 적절한 답을 하지 못하였을 경우 유연하게 대응하면서 격려한다. 잘못된 답이라 하여 학생의 반응을 멸시, 냉소하게 되면 학생은 자신감을 잃기 쉽다. 교사는 학생이 다시 한 번 생각해 볼 수 있도록 필요한 정보와 기회를 제공하여 답을 맞힐 수 있도록 적절한 도움을 주어야 한다. 혹시 학생이 교사의 발문을 제대로 파악하지 못하여 엉뚱한 대답을 하였을 경우, 그 원인을 교사 자신이나 주변 환경으로 돌려줌으로써 학생이 무안해 하지 않도록 유연성을 발휘할 필요가 있다.

일곱 번째, 학생이 질문의 내용과 동떨어진 대답을 할 때에도 너무 성급히 중단시키지 않는다. 교사는 끝까지 경청하고 학생의 대답 내용이 학생의 경험이나 지금 배우고 있는 내용과 어떤 관련이 있는지를 질문해 볼 수 있어야 한다.

여덟 번째, 학생이 대답을 하다가 계속 잇지 못할 경우 생각을 이끌어낼 수 있도록 부드러운 질문을 한다.

아홉 번째, 학생의 대답 기술보다는 학생의 아이디어에 반응한다. 이것은 학생의 사고를 확장시켜 주거나 학생이 자신의 사고 과정을 더욱 의식할 수 있도록 도와준다.

열 번째, 모든 학생이 골고루 대답에 참여할 수 있도록 배려해야 한다. 학생들에게 공평하게 대답의 기회를 주고 있는지를 확인하기 위하여 한 학생에게 출석부를 주고, 교사의 질문에 반응하는 학생이 누구인지를 기록하도록 하는 것도 좋은 방법이 될 수 있다.

학생들이 교사의 발문에 침묵으로 반응하는 데 익숙해져 있다면, 발문의 효과를 기대하기 어렵다. 따라서 교사는 학생들이 적극적으로 사고하고 표현할 수 있도록 대답을 유도할 필요가 있다. 김재춘 외(2005)가 제시한 학생들의 답변을 유도할 수 있는 전략은 다음과 같다.

첫째, 답할 사람이 나타나지 않을 경우에는 개별 학생을 지명하거나 소집단을 지명하는 방법이 있다. 개별 학생을 지명할 때에는 반드시 발문을 제시한 뒤에 해야 한다. 이것은 학생이 누구나 자신이 언제든지 불릴 수 있다는 것을 알게 함으로써 학생들의 책무성과 주의집중 및 각성상태 모두를 높이는 효과가 있다. 또 다른 방법인 소집단을 지명하는 방법은 실수로 인한 비난을 한 개인에게 모두 부담시키지 않기 때문에 개별적 경쟁과 부담을 감소시키고 상호 협력을 증진시키는 효과가 있다.

둘째, 대답할 때까지 기다린다. 발문을 한 후 대답이 나올 때까지 무작정 기다린다. 이 기술은 교사와 학생의 '눈' 싸움이자 '기' 싸움이라 할 수 있다. 교사가 학생들이 만들어 내는 무거운 침묵을 극복해 낼 자신만 있다면, 교사의 승리로 이어질 수 있다. 결국 대답을 지원하는 학생은 나타나게 마련이다.

셋째, 대답이 나올 수 있도록 내용을 수정하여 다시 발문한다. 발문이 기대하는 대답의 범위와 수준이 너무 광범위하거나 적합하지 않을 때, 학생의 사고를 좌절시키지 않고 적절히 자극할 수 있는 발문이 필요하다. 지나치게 어렵거나 광범위한 내용은 보다 쉽고 구체적인 질문으로 분리하여 다시 발문한다.

넷째, 학생들끼리 서로 의논할 수 있는 기회를 준다. 학생들에게 옆의 학생과 의논할 수 있는 약간의 시간을 주게 되면, 학생들은 다른 학생과 의논하면서 대답하는 데 자신감을 가질 수 있게 된다. 지명을 받게 되더라고 함께 의논하였던 내용을 답변하기 때문에 부담감을 덜어주는 효과가 있다.

다섯째, 자주 나오는 오답을 미리 제시한다. 학생들이 자주 실수하는 오답을 미리 제시한다. 이것은 학생들이 생각할 수 있는 범위를 좁혀주거나 정반대의 관점에서 생각해 볼 수 있도록 한다.

▌ 시범실험

과학의 추상적인 개념을 경험적 수준에서 효과적으로 이해할 수 있는 가장 좋은 방법은 학생들이 직접 관찰이나 실험을 통해서 학습하는 것이다. 직접적인 관찰이나 실험 과정을 거치면서 자기 주도적인 학습 태도를 가지게 되고 관찰, 측정, 분류, 추리, 가설설정, 변인통제 등의 탐구 능력을 습득할 수 있으며, 여러 가지 관찰 도구나 측정 도구를 사용할 수 있는 기술과 새로운 과학 개념을 획득할 수 있다.

그러나 학생이 직접 수행하는 실험은 많은 비용과 시간이 들며, 실험상의 안전이 문제가 되는 경우가 많고, 준비하고 실행하는 교사에게 많은 부담을 주는 것이 사실이다. 그리고 체계적으로 계획되고 실행되지 못한 실험은 그 효과를 제대로 거두지 못할 가능성도 크다. 이러한 제한점을 가진 실험에 대한 대안으로 시범실험이 과학교육 현장에 비교적 활발하게 적용되고 있다. 그리고 근래에는 도구를 사용하여 교사가 학생들에게 직접 보여주던 전통적인 시범실험을 넘어서서, 컴퓨터나 동영상을 이용한 시범 등으로 그 범위가 넓어지고 있다.

시범실험과 실험은 몇 가지 면에서 차이가 있다. 먼저, 실험은 아직 알려지지 않은 것을 발견하거나 증명하기 위해서 시행한다. 그러나 시범실험은 이미 알려진 과학 개념의 예를 보이거나 설명하기 위해서 혹은 장치나 물건의 장동 원리 등을 보여주기 위해서 실시한다. 그리고 실험은 관찰이나 측정을 통해 얻은 자료를 분석하여 결론을 얻는 활동이 복잡하고 중요하다. 반면에 시범실험은 관찰이나 측정으로부터 얻은 자료에서 비교적 쉽게 결론을 얻을 수 있다. 뿐만 아니라 실험은 비교적 많은 시간과 비용, 그리고 복잡하고 정밀한 장치가 필요하다. 그러나 시범실험은 개념이나 법칙을 이해하는 데 도움을 주는 것이 목적이기 때문에 짧은 시간과 적은 비용, 간단한 장치를 사용하여 결과를 쉽게 확인할 수 있도록 실시한다.

시범실험은 시각적, 언어적 쇼가 아니라 관찰, 측정이 가능한 과학 주제의 교수·학습에 효과적인 방법이며 기본적으로 실험과 관찰의 원리를 적용하기 때문에 관찰, 입증, 실험 등의 대안으로 활용할 수 있다 (Bybee et al., 2008; Callahan et al., 2002). 일반적으로 학생은 시범실험을 통해 수업에 보다 능동적으로 참여할 수 있기 때문에 강의식 수업이나 설명식 수업보다 시범실험 수업을 더 선호한다. 시범실험에서는 주로 교사가 실험도구를 직접 다루며, 적절한 절차에 따라 학생들이 지켜보고 있는 가운데 직접 실험을 실행한다. 교사는 그 과정을 거치면서 그가 하고 있는 일들의 의미를 하나하나 설명하며, 왜 그러한 과정이 필요한지, 앞으로 어떤 일이 일어날 것인지, 지금 일어나고 있는 현상은 무엇인지, 시험실험을 통해서 도달하는 결론이 무엇인지 등에 대해서 학생들에게 말해준다. 때때로 시범 실험은 대표 학생에 의해 진행될 수도 있다. 이 과정에서 학생들은 실제 실험을 간접적으로 경험한다. 시범실험은 우리나라 과학 수업 환경에 매우 효과적으로 활용될 수 있는 수업 전략 중 하나이다. 이 소절에서는 시범 실험의 의미, 특징 및 장단점, 적용 방법 등에 관하여 기술한다.

시범실험의 기능과 장단점

시범실험은 현상을 가시적으로 제시함으로써 학생으로 하여금 다양한 의문을 유발시키고 그 의문에 대한 답을 찾아가는 사고활동을 촉진하는 기능이 있다. 예를 들어, 시범실험 전에 학생에게 나타날 현상과 이유를 미리 예상하게 하고, 시범실험 결과와 비교해 보게 하여 인지적 갈등을 유발시킬 수 있다. 이러한 상황에서 학생이 현재 가지고 있는 지식으로 설명할 수 없는 현상을 관찰한 경우 학생의 인지구조는 능동적으로 그 현상을 설명하기 위한 지식을 탐색한다. 그리고 스스로 의문을 해결하지 못한 경우에 다양한 형태의 질문이 유발될 수 있다. 질문은 학생으로 하여금 사고의 폭을 확장시키고 계속 탐구하도록 격려할 수 있다.

시범실험을 통해서 다양한 현상을 관찰하게 하고, 관찰 사실들을 바탕으로 귀납적 방법을 통해서 새로운 규칙성을 발견하게 할 수 있다. 예를 들어, 물의 온도를 변화시키면서 물에 녹는 소금의 양을 관찰하는 시범실험을 실시했다면, 학생은 물의 온도가 높아질수록 녹는 소금의 양이 증가한다는 규칙성을 발견할 수 있을 것이다. 시범실험은 직접적인 실험과 마찬가지로 추상적인 과학 개념과 원리를 쉽게 볼 수 있게 해준다. 그러므로 교사의 언어적 설명으로 학습한 개념이나 원리를 현상적으로 경험할 수 있는 기회를 제공할 목적으로 시험실험을 활용할 수 있다. 이와 같이 경험적으로 이해한 과학 지식은 기억 과정에 도움을 주어 장기간의 파지에도 긍정적인 영향을 준다. 이러한 기능을 하는 시범실험은 단원을 도입할 때나 정리할 때 유용하게 사용할 수 있다. 신기한 시범실험으로 학생의 주의 집중, 학습 의욕 고취, 흥미 등을 유도할 수 있으며, 주요 개념과 이론을 예시하고, 탐구와 문제 해결 과정을 시작할 수 있다. 그리고 차시 수업이나 단원을 마무리하는 과정에서 긍정적이면서도 강한 인상을 심어주기 위해서 시범실험을 활용할 수 있다.

시범실험은 위에 제시한 기능적 특성은 물론 몇 가지의 장단점도 내재하고 있다. 이것은 직접 실험에 대하여 여러 가지의 상대적인 장점과 단점도 포함한다. 시범 실험의 장점과 단점에 대한 연구자들의 견해(김영민 외, 2005; 김찬종 외, 2007; 진위교 외, 1998; 최병순 외, 2009; Collette & Chiappetta, 1989; Simpson & Anderson, 1981; Trowbridge & Bybee, 1990)를 종합하여 정리하면 다음과 같다.

▷ 시범실험의 장점
• 추상적인 과학 개념이나 학습 내용과 관련 있는 사건이나 현상을 시연하여 과학 개

념을 구체적으로 설명하여 경험적으로 이해시킬 수 있다.

- 교사가 의도한 사고를 하도록 안내할 수 있다. 구체적으로 준비한 자료와 조심스럽게 계획한 질문들을 사용하여 학습의 내적, 외적 조건과 과정을 배열함으로써 학생들의 사고를 안내할 수 있다. 이러한 시범실험은 학습이 일어나기 위해 필요한 환경을 만드는 데 있어서 강의나 실험보다 더 효과적이다.

- 학생들의 흥미와 주의, 학습 동기를 유발할 수 있다. 학습이 일어나기 위해서는 주의 집중이 필요한데, 재미있는 시범실험 학생을 교사가 의도한 활동에 참여하게 하고, 그 현상이 발생하는 원인을 생각하게 하여 수업을 위한 흥미와 주의를 갖추게 한다.

- 수업의 융통성과 통제성을 높일 수 있다. 필요한 단계에서 시범을 멈추고 추가적인 설명을 한다든지, 반복해서 보여주는 등, 교사의 의도에 따라 수업을 융통성 있게 통제할 수 있다. 일반 실험 수업에서는 교사가 실험과정을 통제하기가 어려워서 학생들이 알아야 할 부분을 모른 채 그냥 지나치게 되는 경우도 많다.

- 수업을 준비하는 비용과 시간을 줄일 수 있다. 일반 실험과 비교해서 시범실험에서는 학습의 모든 학생들이 값비싼 도구나 시약을 가질 필요가 없기 때문에, 실험을 수행하는 데 비용이 저렴하다. 그리고 실험 장치를 구입하여 설치하고 실험 후 정리하는 시간을 절약할 수 있다.

- 학생들이 직접 실험에 비해 안전하게 실험에 참여하게 할 수 있다. 어떤 실험은 감전 사고, 독극물에 의한 사고, 화재 등과 같이 과학수업에서 발생하는 사고로 인해서 장비의 파손이나 학생들이 부상을 입는 가능성이 높을 수 있다. 그러나 시범실험은 교사가 실험을 실행하기 때문에 학생들은 안전하게 학습을 할 수 있게 된다.

- 수업시간을 절약할 수 있다. 실험을 하는 과정에서 학생들이 장비를 배치하고, 연결하고, 조작하는 데는 많은 시간이 필요하다. 그러나 시범실험의 경우에는 교사가 진행해 나가므로 시간이 단축된다.

▷ 시범실험의 단점

- 시범실험에 사용하는 자료나 도구가 학생에게 친숙하지 못하거나 이해하지 못하면 시범 내용을 제대로 이해하기가 어렵다.

- 시범실험이 너무 빠르게 진행되거나 일방적일 경우 학생은 시범실험이 실행되는 과정이나 일어난 현상을 제대로 이해하지 못하거나, 경우에 따라 학생들이 궁금해 하거나 자세히 보고 싶은 부분을 그냥 지나쳐 갈 수도 있다.

- 시범실험은 학생들이 능동적으로 참여할 수 있는 기회가 적다. 보여주는 현상이 학생의 흥미를 유지시키기 어려운 경우에 추가적인 수업 전략이 필요하다. 또한 직접 실험을 설계하고 수행하는 등의 기회가 감소되어 과정적 지식을 소홀히 할 우려가 있다.
- 시범실험에 관한 토론에 적극적인 학생이 적을 경우에 대부분의 학생들이 시범실험에 자신이 관련되어 있다고 생각하지 않기 때문에 일부 학생이 소외되고 활발한 토론이 이루어지기 어려울 수 있다.
- 모든 학생들이 시범실험을 다 잘 볼 수 있도록 하기가 어렵다. 시범실험에서 교사가 가장 유의해야 할 사항은 학생들이 자신이 하고 있는 시범을 관찰할 수 있도록 환경을 조성하는 것이다. 학급의 규모가 큰 경우에 여러 명의 학생들이 모두 필요한 부분을 잘 볼 수 있도록 하기가 쉽지 않다.

시범실험의 유형

시범실험을 목적과 학생들이 참여하는 정도에 따라 분류할 수 있다. 먼저, 목적에 따라 시범실험을 문제 인식을 위한 시범실험, 학습 동기 유발을 위한 시범실험, 인지 갈등 유발을 위한 시범실험, 특정 사례나 사건에 대한 예증을 위한 시범실험으로 구분할 수 있다 (최병순 외, 2009).

▷ 문제 인식을 위한 시범실험

효과적인 탐구 활동은 명확한 문제 인식에서 시작된다. 문제 상황이 실제 자연이나 주변 환경을 통해서 주어진다면 이상적이다. 그러나 과학 수업에서 교실이나 실험실에서 이루어지는 탐구 활동에서는 이러한 실제 상황의 제시가 쉽지 않다. 시범실험은 실제 상황을 대신하여 문제 상황을 제시하기 위한 대안적 방법으로 이용될 수 있다.

▷ 학습 동기 유발을 위한 시범실험

과학 지식은 추상적 개념으로 구성되어 있어서 학생들이 쉽게 이해하기 어렵고 흥미를 유발하기도 어렵다. 그러나 시범실험으로 재미있는 현상을 제시하고 적절한 질의 응답과 설명을 수행함으로써 수업에 대한 학생들의 흥미와 관심을 불러일으킬 수 있고, 학생들을 수업에 능동적으로 참여시킬 수 있다.

▷ **인지 갈등 유발을 위한 시범실험**

학생이 가지고 있는 잘못된 개념을 교정하거나 효과적으로 문제를 인식시키기 위해서 인지 갈등을 유발하는 것은 효과적이다. 시범실험으로 학생이 가지고 있던 개념으로 설명할 수 없는 현상을 제시함으로써 인지 갈등을 유발할 수 있다.

▷ **특정 사례나 사건에 대한 예증을 위한 시범실험**

과학의 추상적인 개념을 언어적 기술만으로 설명하면 이해하기 어려울 수 있다. 특히 구체적 조작 수준에 머물러 있는 학생들에게 과학 개념들을 가시적인 형식으로 보여주는 것은 개념 이해를 위해서 매우 중요하다. 시범실험은 과학 개념을 관찰 가능한 형식으로 제시하면서 개념을 설명할 수 있는 효과적인 전략이다.

시범실험을 학생들이 참여하는 정도에 따라서 아래와 같이 구분할 수도 있다 (김영민 외, 2005; Trowbridge et al., 2000).

- **교사 시범실험 :** 교사가 준비하고 진행하는 경우로 조직적이고 세련되게 진행할 수 있다.
- **교사－학생 시범실험 :** 교사와 학생들이 함께 진행하는 것으로, 어느 쪽이 주도적이냐에 따라서 구분이 가능하다. 학생들은 교사보다 동료들이 하는 활동에 더 관심을 가진다.
- **학생단체 시범실험 :** 학생들을 몇 개의 모둠으로 나누어, 한 모둠원 모두가 나와서 시범을 보이는 방식이다.
- **개별학생 시범실험 :** 한 학생이 대표로 시범을 보이는 방식으로, 상급학생이나 잘하는 학생이 학급학생에게 시범을 보이게 할 수 있다.
- **초청인사 시범실험 :** 다른 교사나 전문가가 초빙되어 시범을 보이는 방식이다.

시범실험의 적용 방법

효과적으로 시범실험을 활용하기 위해서는 다음과 같은 조건을 충족시켜야만 가능하다. 아래의 조건들은 시범 실험 자료를 개발하는 준거로도 활용할 수 있다 (김영민 외, 2005; 김찬종 외, 2007; Trowbridge et al., 2000).

- 교사는 시범실험을 통해 달성하고자 하는 목표를 명확하게 인식하고 있어야 한다. 그리고 그 목표를 학생들에게 명확하게 진술해주고 학생들이 목표를 인식했는지 다시 확인해야 한다.

- 시범실험은 교실 안에 있는 모든 학생들이 쉽게 볼 수 있어야 한다. 모든 학생들이 직접 눈으로 쉽게 볼 수 있도록 장치의 크기와 위치가 정해져야 한다. 시범실험의 특성상 눈으로 직접 보는 것이 어렵다면 영상 기기를 효과적으로 활용하여 보완해야 한다.
- 시범실험 도구는 가능한 한 간단하고 학생에게 친숙해야 한다. 복잡하거나 친숙하지 않은 도구는 시범 실험의 의도를 흐리게 할 가능성이 높다. 특히, 일상생활기구나 가재도구를 사용할 경우 학생들은 과학과 생활 사이에 밀접한 관계가 있음을 더욱 쉽게 이해할 수 있다.
- 시범실험은 눈앞에서 현상이 일어나는 것이 좋다. 상황에 따라서 모형이나 사진을 이용할 수도 있으나 가능하면 실물을 이용하여 실제로 현상이 일어나게 해야 한다.
- 적절한 시간이 배당되어야 한다. 시간이 촉박하여 관찰해야 할 현상의 일부만을 관찰하거나 일부 학생들만이 관찰에 참여한다면 시범실험의 효과를 기대하기 어렵다. 학생들의 이해를 높이기 위해서 언제든지 학생들이 원하면 시범을 멈추고 다시 보여줄 수 있고, 보충 설명할 수 있는 시간이 확보되어야 한다.
- 학생들의 흥미를 유발하고 유지하기 위해서는 교사의 적절한 질문이나 주의를 환기시키는 활동이 필요할 것이다.
- 시범실험 결과를 관찰하거나 관련된 내용에 대해서 토론할 때 소수의 적극적인 학생들이 기회를 독점하지 않도록 유의해야 한다.

이상의 유의사항들이 잘 반영되기 위해서는 시범실험이 체계적으로 적용되어야 한다. 다음은 시범실험을 준비하고 수행하는 일반적인 절차를 요약한 것이다 (김영민 외, 2005; Collette & Chiappetta, 1989).

❶ 사전 준비

교사는 시범실험으로 구체적으로 준비하기 전에 교수·학습의 내용을 확인하고, 그 내용이 시범실험으로 적절한지 판단해야 한다. 시범실험의 장단점을 고려해 보면서, 이 주제를 학생들에게 도입하는 데 시범이 가장 좋은 수업전략인지를 생각해 보아야 한다. 그리고 주제 자체가 시범하기에 좋은 것인지도 따져 보아야 한다. 즉, 그 활동에 놀라움이나 긴장이 있는지, 적절한 속도로 진행되는지, 흥미를 끌 수 있겠는지, 시간이 너무 오래 걸리지는 않겠는지 등을 검토해 보아야 한다.

❷ 장치 준비

시범실험에 필요한 기구나 재료들은 수업시간 이전에 준비되어야 한다. 그리고 사전에 실험 장치들이 잘 작동되는지도 확인해야 한다.

❸ 잘 보이게 하는 방법 고안

모든 학생들이 잘 볼 수 있도록 장치의 크기와 위치를 결정해야 한다. 필요에 따라서는 영상 장비 등의 보조 장치를 설치해야 한다.

❹ 학생들의 주의 집중 방법 고안

교실 환경이나 학생들을 고려하여 주의를 집중시키기 위한 방법을 미리 고려해야 한다. 예를 들어, 상자에 부품들을 담아 와서 하나씩 탁자 위에 제시하는 방법도 있고, 별도의 탁자 위에 시범장치들을 다 연결해 둔 상태에서 가리개로 덮어 두었다가 제시하는 방법도 있고, 처음부터 작동이 되도록 해 두는 방법도 있다.

❺ 다양한 시범실험 방법 고안

시범절차를 약간 바꾸면 다양성이 증가하고 그에 따라 학생들에게 주는 효과가 다르다. 다양성을 높이는 방법을 고안해야 한다. 예를 들어, 토의 중에 나온 문제를 해결하기 위해 시범을 진행하기, 교사의 지도하에 학생들이 시범을 진행하기, 다른 교사 또는 전문가가 와서 시범을 진행하기, 실외나 복도에서 시범실험 진행하기 등과 같은 방법을 고려할 수 있다.

❻ 사전 연습

충분히 연습하지 않은 시범실험은 혼동과 어려움에 부닥치기 쉽다. 시범을 보여주는 동안에 교사가 범하는 사소한 실수가 학생들의 주의와 흥미를 잃게 만든다. 대부분의 시범실험은 만일의 경우를 대비해서 예비 장치를 확보해 두는 것이 좋다.

❼ 시범실험 목표 제시

시범실험을 통해서 달성할 학습 목표를 아는 것은 학생의 참여와 목표 도달에 영향을 주는 중요한 요소이다. 시범실험의 목표를 학생들이 모두 볼 수 있는 곳에 분명하게 제시해야 한다.

❽ 재료와 절차 설명

시범실험에 사용되고 있는 장치가 무엇인지, 그것들이 어떻게 작동하는지, 어떠한 절차를 통해서 시범실험이 진행될 것인지를 학생들이 미리 아는 것이 중요하다. 효과를 극대화하기 위해서 예기치 않은 방법으로 현상을 제시할 때도 있지만 이러한 경우를 제외하고는 전체적인 과정을 학생들이 이해하고 있는 것이 좋다. 물론 나타날 현상을 미리 설명하는 것은 바람직하지 않다.

❾ 시범실험 진행

시범이 진행되는 동안에 잠깐 주의를 놓쳤거나, 시야가 가렸거나, 웃음소리로 인해 듣지 못하여 주요한 부분을 그냥 지나칠 수 있다. 따라서 교사는 중간중간에 질문을 통해서 학생들이 보아야 할 것을 보았는지 확인해 보아야 한다. "방금 본 것을 얘기해 보아라" 또는 "내가 무엇을 했지?" 등의 질문을 할 수 있다. 이러한 질문에 대해 모든 학생들이 이해하는지를 확인한 다음에 다음 단계로 넘어가는 것이 좋다. 필요하다면 단계별 요약을 흑판에 기록해 둘 수도 있다.

❿ 시범실험의 목적을 달성하기

시범실험을 시작하기 전에 제시하였던 목표를 시범실험이 마무리되는 시점에 한 번 더 확인할 필요가 있다. 시범실험에서 보여주었던 개념이나 원리나 법칙이 무엇인지, 그리고 그것들이 적용되는 일상생활의 실례가 어떤 것이 있는지를 질문할 수 있다.

개념도 활용

개념도의 의미와 작성 방법

개념도란 개념과 개념들 사이의 관계를 수직적, 수평적, 위계적으로 나타낸 도식이다. 특히 학습자가 작성한 개념도는 학습자가 가지고 있는 개념 또는 새로 획득한 개념들과 그들 사이의 관계를 위계적으로 연결하여 구성한 도식적 모형이다 (Novak, 1977). 구성주의 심리학을 바탕으로 개념 학습을 강조한 노박 (Novak, 1977)은 오수벨 (Ausubel)의 유의미 학습 (meaningful learning)을 과학교육에 적용하기 위하여 코넬대학의 동료들과 개념도를 고안하였다.

　개념도는 과학 지식 체계를 구성하는 개념들의 조직적인 관계뿐만 아니라 개념의 분화된 정도와 개념과의 관계 등을 보여준다. 개념도를 작성할 때 먼저 해야 할 일은 주어진 주제에 포함된 개념, 원리, 법칙, 규칙, 명칭 등을 파악하고 이를 추출하고 선정하는 것이다. 그런 다음, 일반적이고 포괄적인 상위 개념과 특수하고 좁은 하위 개념을 분류하고 개념들 간의 위계와 관련성을 파악하여 배열한다. 개념도는 같은 주제일 경우에도 작성자의 인지 구조나 성향, 작성 목적 등에 따라 다른 형태로 나타날 수 있다. 다음은 개념도 작성의 일반적인 과정이다 (Trowbridge & Wandersee, 1998).

❶ 생각하고 있는 주제에 해당하는 개념을 선정한다. 개념도의 사용 목적이나 작성자에 따라 다양한 수의 개념이 선정될 수 있다. 사물(object)을 나타내는 단어와 사건(event)을 나타내는 개념을 구분할 수 있어야 한다.

❷ 각각의 개념을 카드에 따로 적어 이들 카드를 넓은 종이 위에 올려놓는다.

❸ 가장 포괄적이고 상위인 개념이 적힌 카드를 종이의 맨 위에 놓는다. 이 개념이 개념도의 주제에 해당한다.

❹ 상위 개념 카드 아래에 다른 개념이 적힌 카드들을 위계에 따라 배치한다. 개념도의 위쪽에 일반적인 것을 배치하고 아래로 내려갈수록 구체적인 개념을 순서에 따라 배치한다.

❺ 개념들을 배치한 이후 관련된 개념 사이에 선을 긋고 이들 개념 사이의 관계를 나타내는 연결어를 적는다. 이 때 연결어를 주의 깊게 선택해야 한다. 두 개념을 연결하는 단어는 꼭 한 개가 아니라 여러 개가 될 수 있으며, 그 때마다 각각의 의미가 조금씩 다르다. 예를 들면 '물'과 '수증기'의 개념에 '~은, ~로 변한다.' '~은, ~보다 무겁다.' 등으로 연결시킬 수 있다. 또 다른 개념들을 '물과 '수증기'의 개념에 덧붙여 연결한다면 의미를 더 뚜렷하게 나타낼 수 있다.

❻ 개념도에서 서로 다른 영역에 속하는 두 개념을 교차 연결 (cross link)하기 원한다면, 점선 또는 실선을 사용하여 연결선을 긋고 그 위에 연결어를 적는다. 그러나 동위 개념 사이를 교차 연결할 경우는 직선으로 표시하고 일방적인 관계는 화살표로 나타낸다.

❼ 개념의 사례를 제시할 때에는 사례를 점선으로 둥글게 그려 나타낸다.

❽ 개념과 사례를 연결한 선에는 "예"라는 연결어를 기록한다.

❾ 1차 완성한 개념도에서 개념들의 종적, 횡적, 위계적 관계가 타당한지 차분히 살펴보고 수정한다.

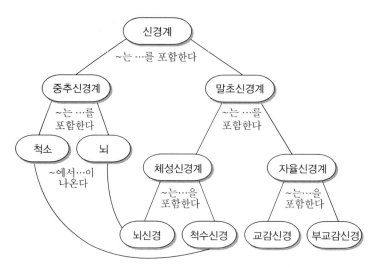

그림 6.2   신경계에 관한 개념도 예시 (한국교육과정평가원, 2010)

개념도의 평가

노박과 고윈 (Novak & Gowin, 1984)은 개념의 위계적 관계, 점진적 분화의 원리에 따른 개념들의 분화·발달, 통합적 화합의 원리에 따른 수평적 연결과 같은 평가 관점에서 개념도의 채점 기준을과 채점 방법을 다음과 같이 제시하였다.

▷ **채점 기준**

● **관계 (relationship) :** 개념과 개념의 관계가 타당하게 연결되었는가? 직선과 연결어에 의해 표시된 두 개념 사이의 의미 관계가 타당하면, 타당한 명제에 각각 1점씩 준다.

● **위계 (hierarchy) :** 개념들의 위계적 배열이 타당한가? 위에 있는 개념들이 더 포괄적이고 일반적인 경우 각각 5점씩 준다.

● **교차 연결 (cross links) :** 개념 위계의 한부분과 다른 부분 사이를 연결하는 교차 연결이 의미 있고 타당한가? 의미 있고 타당한 교차 연결에 각각 10점씩 주고, 타당하지 않은 경우에는 각각 2점씩 준다.

● **예 (examples) :** 개념의 특수한 사건이나 사물의 예에 대해 각각 1점씩 준다. 이것들은 개념이 아니기 때문에 점선의 원으로 나타낸다.

▷ **채점 방법**

교사가 작성한 표준 개념도에 학생이 작성한 개념도를 비교함으로써 개념도 점수를

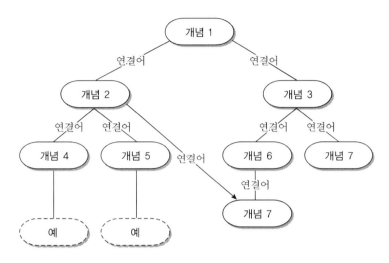

그림 6.3 개념도 채점 예시

산출한다. 학생들의 작성한 개념도를 채점하기 전에 교사가 표준 개념도를 작성하고 채점하여 그 개념도의 총점을 산출한다. 그리고 학생들이 작성한 개념도의 총점을 산출한다. 학생의 개념도 점수는 표준 개념도의 총점에 대한 학생 개념도의 총점 백분율로 계산한다. 이를 식으로 나타내면 다음과 같다.

$$학생\ 개념도\ 점수 = \frac{학생이\ 작성한\ 개념도의\ 총점}{교사가\ 작성한\ 표준\ 개념도의\ 총점} \times 100$$

▷ **채점 예시**

이와 같은 채점 기준에 따라 채점하는 방법과 과정을 예시하면 다음과 같다.

- **관계** : 개념과 개념의 관계가 타당하게 연결되었는가?

  1점×7개 = 7점

- **위계** : 개념들의 위계적 배열이 타당한가?

  5점×3개 = 15점

- **교차 연결** : 교차 연결이 의미 있고 타당한가?

  10점×1개 = 10점

- **예** : 개념의 특수한 사건이나 사물의 예가 타당한가?

  1점×2개 = 2점

- **총점** : 7점 + 15점 + 10점 + 2점 = 34점

개념도의 활용

개념도는 과학교육에서 매우 다양한 용도로 활용되고 있다 (김영민 외, 2005; 김찬종 외, 2007; Novak & Gowin, 1984)

첫째, 개념도는 학생이 가지고 있는 선개념을 확인할 수 있는 도구로 활용된다. 개념도는 작성자의 인지 구조를 구성하는 개념들의 종적인 관계뿐만 아니라 횡적인 관계를 보여주기 때문에 수업 전에 학생이 작성한 개념도에는 학생이 가지고 있는 개념뿐만 아니라 그 개념들의 관계도 나타난다. 즉, 개념도에는 중요한 개념의 생략, 불필요한 개념의 삽입, 개념의 위계, 명제로 표현한 개념들의 연결 등이 표현되어 있고, 이를 살피면 학습을 통해 수정하거나 새로 학습해야 하는 개념이 무엇인지 확인할 수 있다.

둘째, 개념도는 교육과정 조직과 수업 계획에 활용될 수 있다. 개념도는 과학 개념을 위계적 관계로 표현한다. 따라서 개념도의 상위 단계에 위치한 포괄적이고 통합적인 개념들의 관계는 교육과정을 조직할 때 개념들의 논리적 관계를 설정해주고, 하위 단계의 개념들은 과학 수업을 계획할 때 구체적인 학습 과제를 선택하거나 나열하는 준거, 그리고 학습 활동과 수업 자료를 구성하는 기본 틀로 이용될 수 있다.

셋째, 개념도는 과학 수업의 한 전략으로 이용될 수 있다. 학생에게 학습할 개념과 명제를 개념도로 제시함으로써 학생이 이미 파지하고 있는 개념과 학습해야 하는 새로운 개념 사이의 관계를 분명하고 효과적으로 보여줄 수 있다. 또한 학생 스스로 개념도를 작성하는 경험을 하게 함으로써 자신의 기존 개념과 새로 학습하는 개념을 연결하는 과정에서 이들 사이의 관계와 새로운 의미를 학습할 수 있게 된다.

넷째, 개념도는 과학 학습의 효율을 높이기 위한 방법으로 활용될 수 있다. 예를 들어 학생은 배울 내용을 개념도로 작성해봄으로써 자신의 개념과 학습할 개념 사이의 관계를 의미 있게 파악할 수 있다. 또한 수업으로 배운 내용을 복습할 때 학습 내용의 이해를 확인하고 기억을 장기화하기 위한 방법으로 활용할 수도 있다.

다섯째, 개념도 작성은 학생들의 창의성 신장에도 도움을 줄 수 있다. 이전에 알지 못했던 개념 사이의 명제적 관계를 활동적으로 조직하는 경험은 개념과 개념 사이의 새로운 관계를 스스로 창안하는 사고력을 발달시킨다. 즉, 학생은 개념도를 조직하면서 새로운 관계나 새로운 의미를 만드는 과정은 창의성을 촉진시키는 데 도움이 될 수 있다.

여섯째, 개념도 작성은 인지적 발달뿐만 아니라 사회성 발달을 위한 전략으로도 활용될 수 있다. 동료 학생 혹은 교사와 공동으로 개념도를 작성하는 활동은 사회적 상호작용을 제공한다. 개념도를 작성하는 것은 교재에 기록된 개념들의 모호함과 모순들을 발견하고 토론하게 되고, 개념들 간의 최선의 관계를 도식으로 표현하기 위해 논리적 타당성을 공동으로 협의하여 도출하게 하며, 필요한 역할을 분담할 때 서로가 동의하게 하고, 최선의 산출물을 만들어내기 위해서 아이디어를 제안, 교환, 수용하게 하는 등의 다양한 사회적 경험을 학생들에게 제공한다.

일곱째, 개념도는 평가 도구로 쓰일 수 있다. 학습 후 학생이 작성한 개념도는 학습한 결과를 도식적으로 보여주기 때문에 학습의 결과를 평가하는 척도로 이용할 수 있다. 특히, 학습을 인지 구조의 변화나 개념의 변화로 정의한다면 개념도는 인지 구조상의 개념 변화를 정량적으로 측정하는 가장 효과적인 평가 도구가 될 수 있다.

▎V도와 그 활용

고윈 (Gowin)의 인식론과 오수벨 (Ausubel)의 유의미학습 이론에 기반을 두고 있는 V도 (Vee Diagram)는 인식론 적 V (epistemological V) 또는 V 발견법 (V heuristic)이라고도 하는데, 이것은 교사나 학생이 과학 실험 활동의 목적과 과학의 본성을 분명하게 인식하는 것을 돕기 위해서 노박 (Novak)과 고윈 (Gowin)에 의해 처음으로 제안된 도구이다 (Novak & Gowin, 1984).

이들은 대부분의 학교 과학 실험이 교과서에 주어진 실험 절차에 따라 요리책처럼 수행되고 있다는 점을 주목하고, 이와 같은 맹목적인 실험은 탐구능력 및 관련 지식에 대한 이해를 높이는 데 별 도움이 되지 못한다고 생각하였다. 그래서 과학 실험의 본성과 목적을 분명하게 학습하기 위한 방법을 고안하던 중 다음과 같은 5가지 질문 절차를 바탕으로 V도를 개발하였다. 5가지 질문절차는 다음과 같다.

- 무엇을 발견하려고 하는지 즉, 연구 문제가 무엇인가?
- 탐구를 이해하는 데 필요한 여러 가지 주요 과학 개념은 무엇인가?
- 자료를 수집하거나 해석하는 데 사용되는 탐구 방법은 무엇인가?
- 연구 문제에 대한 답으로서 연구자가 주장하는 지식은 무엇인가?
- 탐구에서 연구자가 발견한 답과 탐구의 가치에 대한 주장은 무엇인가?

V도는 [그림 6.4]에서 보듯이 V자 모양의 양 날개 중 왼쪽 영역은 개념적 측면, 오른쪽

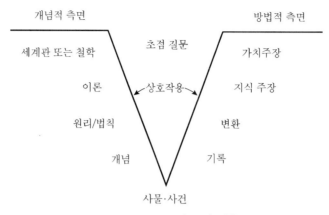

그림 6.4 V도의 구성 내용

영역은 방법적 측면을 나타낸다. 가운데 초점 질문이 있고 아래 꼭짓점에 사물·사건이 위치한다. 왼쪽 영역에는 지식이 생성될 때 관련 되는 개념, 개념 체계, 원리, 이론, 철학, 세계관의 요소를 배치하고, 오른쪽 영역에는 지식이 생성될 때 필요한 기록, 자료 변환, 해석, 지식 주장 및 가치 주장의 요소를 배치한다. 이 두 영역은 탐구가 진행될 때 긴밀하게 상호작용하며, 과학적 탐구를 통한 과학 지식의 구조 및 구성 요소의 발달과 그에 대응되는 심리적 변화과정을 잘 보여준다.

사물이나 사건에 대한 초점 질문이 제기되면 그 질문에 답하기 위해서 탐구가 시작된다. 사물은 관찰 대상, 실험 기구 및 재료 등을 뜻하며, 사물들을 잘 조직화하면 사건이 일어난다. 초점 질문은 실험이나 연구의 궁극적인 목표이며, 이것은 새로운 지식 구성을 위한 실험의 방향을 결정짓는다.

초점 질문 제기 이후 탐구는 사건이나 사물을 기록하는 단계로 넘어간다. 기록이란 사건이나 사물에 대해 관찰하고 그 결과를 사실 그대로 기술하는 것을 의미한다. 기록을 위해서는 주로 문자, 숫자, 사진, 영상, 음성, 기호 등이 사용될 수 있다. 이때 어떤 것을 관찰하고 어떤 면을 기록하는가에 개념이 관련된다. 개념이란 사건이나 사물에 대한 정신적 영상으로 같은 용어로 표현되었다고 해도 학생들의 머릿속에는 다른 모습이 상상된다면 학생들이 가지고 있는 개념은 서로 다르다고 할 수 있다. V도 작성 시 실험에 포함된 중요한 개념들을 추출하여 이 개념들을 명확히 이해시키는 것이 중요하다.

사건이나 사물에 대해서 적절하게 기록하여 타당한 사실을 얻고 그런 사실이나 자료를 변환시킨다. 변환은 기록한 자료를 해석하기 쉬운 형태로 바꾸는 것을 의미한다. 이것은 초점 질문에 대한 답을 얻기 위해 기록한 사실을 다른 형태로 재조직하는 것을 말하며 일반적으로 표나 그래프, 그림 등을 사용한다. 이 과정에서 이미 알고 있는 개념이나 원리가 이용될 수 있다.

지식 주장은 탐구의 산출물이며 초점 질문에 대한 대답이다. 지식 주장에는 학생이 이미 알고 있는 개념이나 원리, 법칙, 이론 등의 지식이 적용될 수 있다. 그러나 새로운 지식을 구성하는 경우에는 그런 개념이나 원리가 발전하거나 새로운 형태로 바뀌기도 한다. 이미 일고 있는 지식과 새로 관찰한 사실로부터 얻어진 지식 주장 간에 역동적인 상호작용이 일어난다.

때때로 지식 주장에서 더 나아가 가치를 주장할 수 있다. 가치 주장과 지식 주장은 서로 독립적이지 않다. 그들은 상호관계에 놓여 있지만 서로 다른 점이 있다. 가치 주장은 개인이 가지고 있는 철학, 세계관 등에 의해 영향을 받게 된다. '어떤 것이 더 좋은가?', '왜 좋은가', '우리는 그것을 선택해야 하는가?' '그것이 옳은가?' 등에 대한 대답은 가치 질문에 대한 대답이다. 과학 실험에서 가치 주장은 학생이 지식 주장에 충분히 익숙해질 때까지 미루는 것이 좋다.

V도는 학생들이 과학 지식을 탐구를 통해서 학습하는 과정과 개인적으로 자연을 탐구하는 방법 및 그 절차를 부분적으로나마 잘 보여줄 수 있다. 이것은 V도가 과학 지식과 실험 기능의 평가 도구로 이용될 수 있음을 의미한다. 그러나 각 단계별 또는 항목별로 부여된 점수가 인위적이어서 통계학적으로 타당도가 낮다는 제한점을 가지고 있다. <표 6.20>은 V도를 채점하는 기준의 한 예이다 (최병순 외, 2009).

▌비유와 그 활용

비유는 과학 수업에서 중요한 전략으로 자주 사용된다. 흔히 보이지 않는 과학 현상들이나 추상적 과학 개념을 이해시키기 위해 유사한 구체적 현상 또는 친숙하고 쉬운 개념을 이용하여 비유적으로 설명한다.

과학에서 비유를 사용할 때에는 문학에서 사용하는 것과는 다르다. 문학에서의 비유는 정확성과 사실성을 최상의 기준으로 보지 않지만 과학에서는 그와 반대로 정확성과 사실성에 바탕을 두어야 한다. 비유물과 목표물 모두 사실적이어야 하고 정확해야 한다. 또한 문학에서의 비유는 논리에 근거한 설명이 아니라 감정에 근거한 설득이 목적이지만 과학에서의 비유는 논리적이어야 한다. 그리고 문학에서의 비유는 이질적인 대상들 사이에서

표 6.20 V도 평가 방법 예시

평가 내용	점수	평가 기준
초점 질문	0	초점 질문이 없다.
	1	초점 질문을 제시하지만 사건과 사물 또는 V도의 이론적 측면에 집중하지 않는다.
	2	초점 질문이 개념을 포함하지만 사건 또는 사물을 제시하지 않거나 실험과 관계가 없는 사건 또는 사물을 제시한다.
	3	초점 질문이 학습에서 사용되는 개념을 포함하며, 주요 사건과 그에 수반되는 사물을 제시한다.
사물·사건	0	사물과 사건을 나타내지 않는다.
	1	사물 또는 사건을 제시하지만 초점 질문과 일치하지 않는다.
	2	사물이 수반되는 사건을 제시하며, 초점 질문과 일치한다.
	3	위와 같으며, 기록할 내용을 제시한다.
이론, 법칙, 개념	0	전혀 제시하지 않는다.
	1	법칙과 이론이 없이 개념만 제시하거나, 제시된 법칙이 방법론적 측면의 지식 주장이다.
	2	개념들과 두 개의 법칙 또는 개념들과 그와 관련된 이론을 제시한다.
	3	개념들과 두 개의 법칙 또는 개념들과 한 개의 법칙과 관련 이론을 제시한다.
	4	개념들, 두 개의 법칙, 이론을 제시한다.
기록/변환	0	기록이나 자료 변환이 없다.
	1	기록은 있으나 초점 질문이나 주된 사건과 일치하지 않는다.
	2	기록이나 자료 변환 중 어느 하나만을 수행한다.
	3	주된 사건과 일치되는 기록은 있으나, 초점 질문에 일치되는 자료 변환이 없다.
	4	사건과 초점 질문에 일치된 기록과 자료 변형이 있다.
지식 주장	0	지시 주장이 없다.
	1	지식 주장이 이론적 측면과 관계없다.
	2	지식 주장이 자료의 일반화와 일치하지 않는다.
	3	지식 주장이 초점 질문과 자료 및 변형된 자료와 일치한다.
	4	지식 주장이 위와 같으며, 새로운 초점 질문을 제시한다.

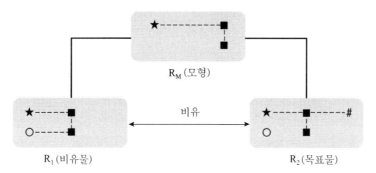

그림 6.5 비유물, 목표물, 모형의 관계

이루어질 때 더욱 능률적이라고 하지만 과학에서의 비유는 비유물이 구체적이면 이질적 대상이든 동질적 대상이든 상관이 없다. 문학에서 비유를 사용하는 목적은 주로 그 의미를 강조하거나 표현 방식을 바꾸기 위해서 사용한다. 그러나 과학에서 비유를 사용하는 이유는 추상적이거나 어려운 과학 개념을 쉽게 이해할 수 있도록 돕기 위해서 사용한다.

과학에서의 비유는 설명하고자 하는 영역과 설명을 위해 비교하고자 하는 영역 사이의 유사성에 근거하여 이끌어진다. 즉, 어떤 과학 개념을 비유를 통해 설명하고자 한다면 비교를 위한 대상물이 있어야 한다. 여기서 설명하고자 하는 개념은 설명되거나 학습되는 영역이고, 비교를 위해 가져오는 영역은 기저나 근원에 해당된다. 일반적으로는 친숙한 영역에서 친숙하지 않은 영역으로 생각이 전이된다. 이 경우에는 친숙한 영역을 비유물 (analogue, analog), 친숙하지 않은 영역을 목표물 (target)이라고 부른다. 비유물은 기저 (base), 근원 (source)이라는 용어를 사용하기도 한다. 비유물과 목표물은 둘 다 각각의 속성을 가진다. 비유물과 목표물이 공통의 또는 유사한 속성을 공유한다면, 이 둘 사이에서 비유가 이끌어질 수 있다.

듀잇 (Duit, 1991)은 비유물과 목표물의 관계를 [그림 6.5]와 같이 나타내었다. 그림에서 모든 상자는 표상을 의미한다. 상자 안의 별, 네모, 동그라미 등은 속성을 나타내며, 점선으로 연결한 것은 관계 또는 구조를 나타낸다. 그림에서 보는 바와 같이 비유물과 목표물은 완전히 일치할 수는 없다. 그러므로 비유물을 가지고 목표물을 설명할 수 있는 모형 (R_M)을 설정하고 비유물과 목표물 중에서 설명 요소들을 일대일 대응관계를 만들어 비유 추론적으로 설명하게 된다. 그림에 표시되어 있는 것처럼 R_1과 R_2의 구조들의 일부에 유사성들이 있으며, R_M은 이러한 구조적 관계의 유사성을 나타낸다. R_M은 구조적으로 유사한 관계와 속성을 나타내며, 이것을 모형이라고 한다.

비유의 원리

(1) 구조 대응의 원리

이 원리는 젠트너 (Gentner, 1983)가 비유의 의미를 설명하기 위하여 제안한 구조－대응 이론 (Gentner's structure-mapping theory)에 나타나 있다. 이 이론의 기본적 아이디어는 비유란 비유물 영역 (analogue or base domain)으로부터 목표물 영역 (target domain)으로 지식을 매핑하는 것을 의미한다. 즉, 비유란 비유물과 목표물이 함께 가지고 있는 관계적 시스템을 비유물 영역으로부터 목표물 영역으로 전이하는 것을 말한다. 이 이론은 친숙한 비유물 영역의 지식이 덜 친숙한 목표 (target) 영역을 설명하기 위해 사용되는 상황을 다룬다. 그는 원자의 속성을 이해하기 위하여 태양계의 친숙한 속성을 사용하는 상황을 상정하였다. 구조－대응 이론은 비유의 질이 비유물 영역에서 목표 영역으로 대응될 수 있는 관계의 수에 의존하고, 영역 속성의 중복된 수나 유사성과는 관계없다고 가정한다. 예를 들어, 태양계와 원자 사이에는 속성을 거의 공유하지 않는다. 그러나 '거리', '인력', '공전', '더 무겁다'를 포함한 여러 가지 관계들이 두 영역 사이에 대응된다.

(2) 체계성의 원리

목표물 영역에서 어떤 관계가 비유물 영역의 관계와 대응되는가를 결정할 때, 다른 관계들과 체계적으로 상호작용하는 관계들은 분리된 관계들보다 더 중요하다는 원리이다. 비유를 이해하는 데 있어서 중심이 되는 것은 연결된 지식들의 체계를 전달하는 것이다. 그러므로 비유에서 비유물과 목표물은 각기 체계성을 갖출 필요가 있으며, 비유물 영역과 목표물 영역 사이의 공통성 중에서 높은 수준으로 서로 관련된 구조를 찾아야 하고, 체계에 속하는 속성은 고립된 속성보다는 비유에 포함되기가 더 쉽다.

(3) 구속성의 원리

이 원리는 다섯 가지의 내면적 규칙을 포함한다. 처음 세 개의 규칙은 직접적으로 구조－대응 이론에 기초한 것으로 내적인 구속성을 기술하고 있고, 나머지 두 규칙은 외적인 구속성을 기술한다.

첫째, 대상물들은 일관성 있게 일대일 대응 관계를 가져야 한다는 것이다. 즉, 한 영역에 주어진 목표물이 비유 영역의 대상물과 일대이 이상의 대응을 가지는 요소는 없어야 한다는 것이다. 일대이 이상의 대응을 가지는 것은 대응의 명확성을 감소시킨다.

둘째, 관계는 유지되는 반면에 가능한 한 속성들은 버려져야 한다는 것이다. 비유의 초점은 비유물과 목표물의 표면적인 속성들에 있는 것이 아니라, 관계들 사이의 대응 체계에 있다. 예를 들면 원자를 태양계에 유비할 때, 한 물체로서 닮은 점에 관심이 있는 것이 아니라 관계의 체계가 같다는 점에 관심을 두어야 한다.

셋째, 체계성의 원리를 통해 가장 높은 수준의 공통의 관계망을 선택해야 한다. 그 망 안에 포함되지 않는 낮은 차원의 관계들은 버려진다. 그러므로 러더퍼드의 원자와 태양계 비유에서는 태양과 행성 사이의 낮은 차원의 관계에 속하는 "~보다 뜨거운"이라는 속성은 비유의 요소가 되지 못한다. 왜냐하면 이 속성이 비유물 영역에서는 하나의 체계적 관계 구조 안에 있지만 목표물 영역과 공유되는 관계가 아니기 때문이다.

넷째, 영역 사이 관계들은 비유를 강화시키지 못하고, 단지 공통성들만이 대응을 증진시킨다는 것이다. 두 영역 사이의 낮은 수준의 관계들은 깨끗한 대응 관계를 유지하는 데 부적절하다. 예를 들면, 태양계와 원자의 비유에서, 태양계가 원자들로 구성되어 있다고 하는 것이 그 비유를 더 좋은 비유로 만들어주지는 않는다는 것이다.

다섯째, 혼합 비유(mixed analogies)는 피해야 한다는 것이다. 두세 가지의 비유물 영역으로부터 고립된 관계들을 선택하여 목표물 영역의 관계망을 형성하는 비유는 좋은 것으로 생각되지 않는다. 대응되는 관계망은 전적으로 한 가지의 비유물 영역 안에 포함되도록 하는 것이 좋다. 그러나 혼합 비유(mixed analogies)와 다중 비유(multiple analogies)는 구분될 필요가 있다. 다중 비유의 경우에는 몇 가지의 평행한 수준의 근거 비유물들이 목표물 영역에 관련되는 같은 점을 부각시키기 위해 사용되기도 한다. 여기서는 두세 가지의 비유물들이 같은 설명에 포함되어 있지만, 각각의 대응구조는 독립적으로 존재한다. 또 다른 경우로는 목표물 영역이 몇 개의 부 영역으로 나누어질 수 있고, 각각이 서로 다른 근거 영역 비유물로 비유되는 경우이다. 그 밖에 다중 비유가 허용되는 경우는 비유들이 대안적인 경우로, 각각의 목표 영역의 다른 측면을 설명하는 경우이다. 예를 들면 'I = constant'를 설명하기 위해 전류를 흐르는 물로 비유하기도 하고, 전자들의 이동을 설명하기 위해 움직이는 입자들의 집단으로 비유하기도 하는 것이다. 또한, 비유는 한 영역 안에서의 인과 관계가 존재하는 것을 추론하는 데에는 사용되지만, 비유물 영역과 목표물 영역 사이의 인과 관계를 추론하는 데는 사용될 수 없다.

과학에서 비유의 역할

과학에서 비유는 대개 개념을 쉽게 설명하는 설명의 도구 또는 이론을 정교화하거나 발달을 위한 발견의 도구로 사용된다. 또한 많은 과학자들은 비유 또는 유비를 과학의 경계를 확장시키는 수단으로 받아들이고 있다.[1] 한 이론이 개발되고 일반화되고 확장될 때, 혹은 가설을 설명하고자 할 때, 그리고 탐구할 방향이 확실하지 않을 때 비유적 표현이 많이 사용된다. 이를 좀 더 구체적으로 설명하면 다음과 같다.

첫째, 비유는 어렵거나 복잡하거나 새로운 개념이나 이론을 쉽게 설명하는 데 도움을 준다. 바이저 (Beiser, 1991)는 콤프턴 효과라고 하는 어려운 물리 개념을 당구공이 충돌하는 현상으로 비유하여 설명하였다. 그는 X-선이 전자와 충돌하는 것이 당구공을 쳐서 다른 당구공을 맞추는 것과 비슷하다고 설명했다. 두 당고공의 충돌과 마찬가지로 입사된 X-선 광자는 전자와 부딪치면서 에너지를 잃고 광자에게 충돌된 전자는 에너지를 얻어 운동한다.

둘째, 비유는 새롭게 구성된 이론들을 자세히 규명하는 데 도움을 준다 (Nagel, 1979). 새롭게 구성된 이론들을 충분히 이해한다는 것은 매우 어려운 일이다. 그렇기 때문에 과학자들은 이러한 이론들을 자세히 이해시키기 위해 비유를 많이 사용한다.

셋째, 비유는 이론을 정교화하거나 확장하기 위한 핵심 의문들을 이끌어낸다. 어떤 새로운 이론이 소개될 때에 그 이론의 적용과 정교화라는 문제들이 남게 된다. 이 때 비유는 문제 해결을 위한 핵심적인 의문을 이끌어내는 데 기여할 수 있다. 예를 들면, 카르노는 열과 물 사이의 강력한 유비를 제시하였으며, 그것은 그의 주장을 명확하게 했고 새로운 의문을 생성할 수 있게 했다. 카르노는 물의 주어진 낙하에 의해 생산된 능률은 높이 차에 비례한다는 관계에 주목하여 "주어진 낙하 칼로리에 의해 생산된 동력은 낙하가 일어나는 온도에 관계없이 일정하게 유지되는가?"라는 새로운 의문을 생성하였다.

넷째, 비유는 구체적인 문제 해결에 이론을 적용하게 한다. 네겔 (Nagel, 1979)은 비유는 이론적 요소들과 관찰 가능한 변인들 사이의 대응점들을 인식하게 함으로써 이론을 구

---

1. 비유는 일반적으로 친숙하거나 알기 쉬운 비유물을 이용하여 추상적이거나 어려운 목표물을 설명하기 위해 사용되고, 유비는 과학사에서 주로 쓰이는 것으로 기존의 개념이나 구조를 활용하여 새로운 과학 개념을 창안하거나 정교화하기 위해 사용된다. 그러므로 유비는 발견적 비유로 설명되기도 한다 (김영민, 2012).

체적인 문제 해결에 적용하게 한다고 주장했다.

다섯째, 비유는 포괄적인 설명 체계를 얻는 데 기여한다. 네겔(Nagel, 1979)은 비유는 이론들 사이에 연관을 제공함으로써 포괄적인 설명체계를 얻는 데 기여할 수 있다고 주장했다. 예를 들면 중력의 법칙과 전기력의 법칙이 상호 간에 유비로 사용되어 포괄적인 설명체계를 세울 수 있었다.

과학교육에서 이용하는 비유 유형

듀잇(Duit, 1991)은 비유 유형을 글/말 비유(verbal analogy), 그림 비유(pictorial analogy), 역할놀이 비유(personal analogy)로 구분하였다. 글/말 비유는 문자로 나타내지거나 말로 표현된 비유를 말한다. 이런 형태의 비유는 가끔 문장 속에 짤막하게 삽입되어 나타내지고, 학생들은 비유물의 표현으로부터 목표물에 대한 유사점이나 결론을 얻는다. 그림 비유는 비유물의 특성을 그림으로 그려서 비교한다. 이 방법은 비유물에 대한 학생들의 친숙도가 크지 않아서 시각화가 크지 않을 가능성이 있는 비유물에 대해 시각화를 높이는 데 효과적이다. 대부분의 그림 비유는 약간의 글로 된 설명을 필요로 하기 때문에 '그림-글/말 비유'라고 하기도 한다. 역할놀이 비유는 추상적인 과학 개념을 이해하기 위해 학생들이 실제적으로 그 목적물이 되어 보는 것이다. 예를 들면, 학생들이 도선 속을 움직이는 전자나 전기 분해 때 용액 속에 있는 전자들의 움직임을 스스로 전자가 되어 교실에서 움직이면서 표현해보게 하는 것이다.

틸과 트레거스트(Thiele & Treagust, 1995)는 지금까지의 비유 분류와는 다르게 좀 더 세분화시켜서 비유의 유형을 분류하였다(<표 6.21>). 이들은 비유 구분의 관점을 넓혀서 단순히 표현 방식에 따라서만 분류하지 않고, 비유물과 목표물에 대해 설명을 어느 정도 덧붙였는가에 따라서 단순비유(simple analogy), 부연비유(enriched analogy), 확장비유(extended analogy)로 구분하였고, 비유물에 대한 설명을 제시했는가 하지 않았는가에 따라 비유물 설명 제시와 비유물 설명 미 제시로 분류하였으며, 비유의 한계를 언급했는지에 따라서도 분류하였다.

권혁순 외(2003)는 틸과 트레거스트의 분류틀에 비유물과 목표물의 공유 속성, 추상도, 체계성의 준거 등을 추가하고 수정하여 <표 6.22>와 같이 제시하였다.

표 6.21   틸과 트레거스트(Thiele & Treagust, 1995)의 비유 분류 기준틀

구분	비유 유형	설명
비유물과 목표물 간의 공유된 속성	구조적 비유	외양이나 구조가 유사
	기능적 비유	기능이나 행동적 성질이 유사
	구조/기능적 비유	두 속성을 공유
표현방식	글 또는 말	글 또는 말로만 제시
	그림	그림과 함께 글 제시
비유물과 목표물의 추상도	구체적/구체적	둘 다 구체적 수준
	구체적/추상적	둘 다 추상적 수준
	구체적/추상적	비유물은 구체적 수준이고, 목표물은 추상적 수준
대응 정도	단순 비유	목표물과 비유물은 비슷하다고 언급
	부연 비유	부연 설명이나 언급이 약간 나타남
	확장 비유	여러 가지 속성을 가진 다양한 비유물을 사용

표 6.22   권혁순 외(2003)의 비유 분류틀

구분	비유 유형	설명
비유물과 목표물 간의 공유된 속성	구조적 비유	외양이나 구조가 유사
	기능적 비유	기능이나 행동적 성질이 유사
	구조/기능적 비유	두 속성을 공유
표현방식	글 비유	글만으로 설명
	그림 비유	그림만으로 설명
	글/그림 비유	글과 그림을 함께 사용
비유물과 목표물의 추상도	구체적/구체적	둘 다 구체적 수준
	구체적/추상적	둘 다 추상적 수준
	구체적/추상적	비유물은 구체적 수준이고, 목표물은 추상적 수준
대응 정도	단순 비유	목표물과 비유물은 비슷하다고 언급
	부연 비유	부연 설명이나 언급이 약간 나타남
	확장 비유	여러 가지 속성을 가진 다양한 비유물을 사용
상황의 작위성	일상적 비유	주변의 일상적 사물이나 상황을 이용
	작위적 비유	비유물을 목표물에 맞게 의도적으로 구성
체계성	고체계	인과 관계 대응 구조 포함
	저체계	인과 관계 대응 구조 포함되지 않음

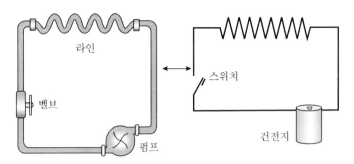

그림 6.6 건전지의 역할을 펌프에 비유하여 설명하는 예

과학 학습에서 비유의 역할

과학 교수 학습에서의 비유는 주로 추상적인 개념을 설명적하기 위해서 사용하지만 때로는 발견을 위한 도구로 사용하기 한다. 좀 더 구체적으로 과학 교수 학습에서의 비유의 역할을 살펴보자.

첫째, 비유는 친숙한 것을 이용하여 친숙하지 않은 것을 이해하도록 도와준다. 물을 퍼올릴 때 쓰는 펌프는 우리 생활에 흔히 볼 수 있는 친숙한 것이다. 그리고 그 역할에 대해 대부분 익숙하게 알고 있다. 그러나 건전지는 흔히 볼 수 있는 물건이기는 하지만 그 역할을 이해하기는 힘들다. 그 역할이 눈에 보이지 않기 때문이다. 이러한 경우에 전지의 역할을 펌프가 물을 퍼 올리는 일에 비유한다면 전지가 회로에서 하는 역할을 이해하는 데 도움을 줄 수 있을 것이다.

둘째, 비유는 새로운 개념 구조의 생성을 돕는다. 새로운 개념은 비유에 의해 비유물 영역으로부터 목표물 영역으로 구조를 전이시킴으로써 생성될 수 있다. 학생들에게 학교에서 배우는 과학 개념들은 거의 모두 생소한 것들이기 때문에 과학자 사회에 새롭게 소개되는 새로운 이론이나 마찬가지로 생소하다. 이러한 상황에서 학생의 개념 구조 생성에 비유가 활용될 수 있다. 특히, 학습 과정에서 비유가 중요한 것은 비유의 '놀라움'이나 '변칙'적인 측면이다.

셋째, 비유는 개념의 재구조화를 돕는다. 새로운 것을 이미 알고 있는 지식에 능동적으로 접목시키는 구성주의적 학습의 과정과 친숙하지 않은 것을 친숙한 것으로 비교하여 설명하는 비유는 그 성격에 있어 대단히 유사하다. 건전지와 전구가 도선으로 연결된 회로에서 많은 학생들이 전류에 대한 오개념을 가지고 있다. 예를 들어, '건전지는 전류를 공급한다.', '전류는 전구에서 소모된다.', '전구를 지나기 전의 전류는 전구를 지난 후의 전류보다 세다.' 등이 대표적인 오개념이다. 이 중에서 '건전지는 전류를 공급한다.'라는 개념을 바꾸어 주기 위해서 [그림 6.6]과 같이 건전지를 물을 퍼 올리는 펌프로 비유한다고 하자. 이때 전류는 펌프가 퍼 올리는 물에 비유할 수 있다. 그리고 이 설명에서 펌프는 스스로 물을 만들어 공급하는 것이 아니라 물을 이동시키는 역할만 한다는 것이 포함된다. 그리고 이 역할과 마찬가지로 건전지는 전류를 만들어 공급하는 것이 아니라 전류가 회로에서 이동할 수 있도록 하는 역할을 한다는 것을 설명한다. 이러한 비유적 설명을 통해 학생들이 '건전지는 전류를 공급한다.'는 개념을 재구조화하여 '건전지는 회로에 전류를 흐르게 하는 펌프역할을 한다.'는 개념으로 변화된다.

넷째, 비유는 개념을 가시화할 수 있다. 개념의 가시화란 비유가 새로운 정보를 상상하기 쉽고 좀 더 구체적인 것으로 만들어 줄 수 있다는 것이다. 먹이가 사슬처럼 얽혀 있는 것을 먹이 사슬로 표현한 것은 은유적 가시화라고 볼 수 있으며, 우주가 말안장처럼 생겼다고 표현한 것은 직유적 가시화라고 볼 수 있다.

다섯째, 비유는 발견의 도구로 사용될 수 있다. 과학교육에서는 비유를 주로 개념 설명을 위한 도구로 사용하지만 학생들이 새로운 개념을 발견하는 도구로 사용하게 할 수도 있다. 예를 들면 카르노가 수력기계를 열기관 이론을 설명하기 위해 사용한 비유를 학생들을 지도하는 과정에서 사용한다면 이것은 열기관에 대한 이해시키기 위해 비유를 사용한 것이 되지만, 열효율로 연결하는 비유 과정을 중심으로 수업을 전개한다면 비유 추론이 어떻게 과학적 발견에 적용되는지를 지도할 수 있다.

과학 수업에서 비유 활용 방법

비유를 과학 수업에 활용하는 방법을 제안하는 몇몇 모형과 전략을 다음과 같이 소개한다.

(1) 자이툰(Zeitoun)의 비유 수업 모형(GMAT)

자이툰(Zeitoun, 1984)은 비유를 수업에 활용하는 방법을 제안하기 위해서 비유 수업의 일반 모형(General Model of Analogy Teaching)이라는 수업 모형을 개발했다. 이모형은 [그림 6.7]과 같이 9단계로 구성되어 있다.

• **단계 1** : 비유 추론 능력, 시각적 이미지를 다루는 능력, 인지적 복합성을 요하는 일들과 관련된 학생 특성을 측정하는 단계이며, 이 단계는 선택적이다.

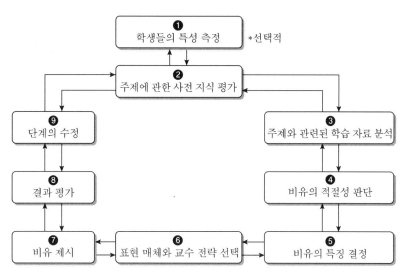

그림 6.7 자이툰(Zeitoun, 1984)의 GMAT 단계

- **단계 2** : 비유의 유용성을 결정하기 위해 주제와 관련된, 학생들이 가지고 있는 선수
  지식을 측정하는 단계이다. 선수 지식의 측정을 위해 수업 중 토론, 임상적 면담, 또
  는 설문지들을 사용할 수 있다. 구성주의적 관점에서 볼 때 이 단계는 학습과정에 대
  한 모든 계획에서 필수적인 과정이다. 학습해야 할 것에 대해 학습자가 이미 알고 있
  는 것이 무엇인가를 점검하는 과정이다.
- **단계 3** : 주제에 관련된 학습 자료를 분석하여 그것들이 이미 비유를 포함하고 있는지
  또는 새로운 비유가 고안되어야 하는지를 검토하는 단계이다. 만약 학습 자료에 비유
  가 존재하지 않는다면 교사들은 적절한 비유를 찾거나 새로운 비유를 고안해야 한다.
- **단계 4** : 비유의 적절성을 판단하는 단계이다. 즉, 비유물이 친근한 것인가, 또는 목표
  영역에 상응하는 많은 속성들을 가진 것인가를 판단해야 한다.
- **단계 5** : 학생들의 특성과 관련지어 비유의 특성을 결정한다. 이것은 교사가 비유의
  구체성 수준과 물리적인 모형을 사용할 필요성 여부를 결정하는 데 도움을 준다.
- **단계 6** : 교수 전략과 발표 매체를 선택하는 단계이다. 학생 스스로 개발, 안내된 수업,
  그리고 설명적 수업 중에서 선택한다. 발표 매체와 관련된 부가적인 선택도 이루어진
  다. 교사의 강의, 음향기기, TV, 슬라이드 발표, 시연, 게임, 조작 모형, 그림과 도표
  등에서 적절한 발표 매체를 선정한다.
- **단계 7** : 비유가 제시되는 단계이다. 비유의 제시는 몇 가지 단계를 가진다. 목표 개념

소개, 비유물 소개, 목표물과 비유물의 연결, 가장 중요한 것부터 먼저 시작하여 비유적 속성들을 제시하기, 무관한 속성들을 제시하기, 무관한 속성들에 관하여 토론하기 등이 그것이다.

- **단계 8** : 결과를 평가하는 단계이다. 주제에 관한 속성들에 대하여 학생들이 가지고 있는 지식을 결정하고, 그들이 비유 사용을 통하여 갖게 될지 모르는 오인을 확인하면서 결과를 평가한다.
- **단계 9** : 단계를 수정하는 단계이다. 부가적인 토론, 대안적 비유, 또는 다른 전략이 필요한지를 결정하기 위하여 모든 단계의 결과를 평가한 후에 필요하다면 모든 단계들을 수정한다.

(2) TWA (Teaching With Analogy) 모형

조지아 대학의 과학교육 그룹은 과학 교과서에 제공된 비유의 가치에 흥미를 가지고 실태를 분석하며, 과학 수업에서 비유를 가치 있게 사용하고, 통찰력을 가지도록 하기 위한 모형을 개발하였다. 이 TWA 모형은 다음과 같은 여섯 단계를 가진다 (Glynn et al., 1989).

- **단계 1 (목표 개념 도입)** : 학습할 목표 개념을 학생들에게 소개하는 단계로, 가르치고자 하는 내용에 대하여 정확하게 그 의미를 설명해 준다.
- **단계 2 (비유물 소개)** : 비유물이 학생들에게 친숙해지도록 한다. 이전에 직접, 간접으로 경험했던 다양한 소재를 가지고 학생들끼리 이야기를 나누고 질문도 할 수 있도록 한다.
- **단계 3 (비유 상황 인식)** : 비유를 구체적으로 설명하는 단계로 비유 상황을 설명하고 특징을 제시한다.
- **단계 4 (유사성 대응)** : 비유물과 목표개념을 연결시키는 단계로 둘 사이의 유사성을 대응시킨다. 비유물과 목표 개념 사이의 유사한 특징들을 찾아 투영시킨다.
- **단계 5 (목표 개념 이해)** : 목표 개념에 대한 결론을 이끌어 내는 단계로 목표 개념의 핵심을 설명하고 학생들에게 발표를 하도록 하여 잘 이해했는지 점검한다.
- **단계 6 (비유 한계 지적)** : 비유물과 목표 개념과의 차이점을 지적한다. 즉, 비유가 맞지 않는 점이나 확대 해석되는 곳을 지적하여 학생들이 가지게 될지 모르는 오개념에 주의하도록 한다.

(3) FAR (Focus – Action – Reflection Guide) 전략

교사들이 비유 수업에서 비유를 사용하는 것을 돕기 위하여 트레거스트 (Treagust, 1993)는 자신의 연구 결과에 근거하여 '비유를 사용한 과학 교수 학습을 위한 지침'이라는 것을 만들었다. 이 모형은 준비 (focus), 행동 (action), 반성 (reflection)의 세 단계로 되어 있으며 머리글자를 따서 FAR 지도 전략이라고 한다. FAR 지도 전략의 목적은 교사들이 교실 수업이나 교과서에서 비유를 사용할 때 발생할 수 있는 장점을 최대화하고 제한점을 최소화하도록 돕는 것이다. 이 전략은 여러 시간 동안 교사와 학생을 관찰하고 면담한 결과 만들어진 것으로 숙련된 교사들이 과학 교수에서 비유를 사용하는 방식을 가능한 한 반영하도록 고안되었다.

준비 단계는 학생들이 이미 가지고 있는 지식이 무엇이고 비유가 왜 사용되어야 하는지에 대해 확인하는 단계이다. 실행 단계는 비유에서 사용하고자 하는 경험이나 사물에 대해 학생들이 이해하고 있는지 그리고 가르치고자 하는 과학 개념과 비유물이 유사성은 무엇이고 비 유사성은 무엇인지를 확인하는 단계이다. 반성 단계는 비유의 유용성에 대해 되짚어 보고, "이 설명을 다시 할 필요가 있는가? 다음 번에는 이 비유를 더 낫게 사용하는 방법이 있는가?"를 생각해 보는 단계이다.

표 6.23 FAR 전략

단계	대상 항목	점검 내용
준비	개념	이 개념은 어려운가, 진숙하지 않은가, 추상적인가?
	학생	학생들은 이 개념에 대해 어떤 생각을 가지고 있는가?
	비유물	이 비유물은 학생들에게 친숙한 것인가?
실행	유사한 점	비유물과 과학 개념의 특성들을 논의한다.
	유사하지 않은 점	비유물이 과학 개념과 유사하지 않은 점을 논의한다.
반성	결론	비유가 명확하고 유용했는가? 계획한 목표들을 성취했는가?
	개선점	결과적으로, 다음번에 이 비유를 사용하고자 할 때 변경해야 할 점들이 있는가?

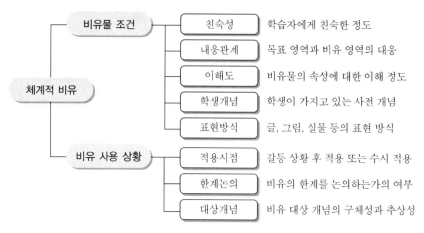

그림 6.8   체계적 비유 모형

과학 학습에서 비유물의 조건

김영민 (1991)은 구성주의 이론에 기초하여 비유물 조건과 비유 사용 상황을 고려한 비유를 체계적 비유로 정의하고 [그림 6.8]과 같이 정리하였다.

이 모형은 과학 수업에서 비유를 사용하려고 할 때 필요한 조건들을 제시하고 있다. 먼저, 비유물의 조건을 보면 다음과 같다. 첫째, 비유물은 목표 모형보다 학생들에게 친숙해야 한다는 것이다. 비유를 사용하는 중요한 목적 중의 하나는 친숙한 것을 친숙하지 않은 것에 관련지음으로써 학습에 도움을 주고자 하는 것이기 때문이다. 물 회로 모형을 가지고 전기 회로에서의 현상을 비유하는 경우에 물 회로는 어느 정도 친숙하다고 볼 수 있다. 그러나 체계적으로 비유하기 위해 물 회로 모형을 작위적으로 만들어 비유하는 경우에는 이 비유물 자체의 친숙성이 떨어지게 될 수 있다. 둘째, 비유물 모형과 목표물 모형이 일대일 대응 관계를 가질 수 있어야 하고, 대응 관계가 명확해야 한다는 것이다. 셋째, 비유물의 구조와 속성이 목표물에 비해 학생들이 이해하기에 쉬워야 한다는 것이다. 비유물의 속성과 구조 자체가 학생들이 이해하기 어려운 것이라면 학생들로서는 목표 모형을 학습하기 이전에 비유물에 대한 학습이 선행되어야 하기 때문이다. 비유물에 대해 이해하고 있다는 것은 비유물 자체에 대한 오개념을 가지고 있지 않아야 한다는 것도 포함된다. 물 회로에서 파이프를 흐르는 물이 점점 느려진다고 생각하는 학생은 전기 회로에서 전류가 소모된다고 생각하는 오개념을 유발할 수 있다. 넷째, 비유물은 학생의 사전 개념이 고려되어 그것을 변화시킬 수 있어야 한다는 것이다. 다섯째, 비유물은 그림이나 모형으로 나타내질 수 있어야 하고 실제 학습에서도 그림 비유 또는 모형 비유가 이루어져야 한다는 것이다. 언어로 표현된 비유는 그 자체를 학생들이 상상하는 데 어려움이 있다.

비유 사용의 상황으로는, 첫째, 갈등 상황의 도달 후에 비유가 적용되어야 한다. 둘째, 비유의 한계에 대해 학생들과의 논의를 거쳐야 한다. 셋째, 목표 개념이 추상적인 경우에 사용되어야 한다. 구체적인 개념에 다른 비유를 사용하는 것은 비유 사용의 목적에 비추어 볼 때 별 의미가 없다.

▍과학사 활용

과학사란 과학을 역사적 관점에서 바라보고 과학의 형성 및 변천, 전개 과정을 이해하려는 학문 분야이다. 과학사의 목표는 과학 개념, 법칙, 이론 등과 같은 과학 지식과 과학의 방법 등이 역사적으로 어떻게 형성되어 변화하고 발전되어 왔는지를 연구하는 것이다. 과학사는 시대에 따라 과학 지식과 방법이 사회나 문화의 영향을 받으며 어떻게 변화되어 왔는지 보여준다. 따라서 과학교육에서 과학사를 활용하는 것은 학생의 개념 발달, 탐구 능력 신장, 과학의 본성에 대한 이해, 과학에 대한 흥미와 태도 변화 등 다양한 측면에서 이점이 있다. 과학사를 과학교육에 도입해야 하는 이유에 대해 여러 학자들의 견해를 정리하면 다음과 같다.

- 학생들은 과학사 학습을 통해서 과학과 관련된 사회·역사적 가치가 시대에 따라 달라졌다는 것을 이해할 수 있고, 과거의 가치관과 현재의 가치관을 비교할 수 있는 기회를 갖는다 (Shortland & Warwick, 1989).
- 과학사 속에 포함된 다양한 과학 지식 발견 사례와 발달 과정에 대한 이해를 통해서 과학의 본성에 대해서 학습할 수 있다 (Matthews, 1994; Solomon et al., 1992; Winchester, 1989).
- 과학은 인간이 끊임없이 탐구하고 연구하며 이루어낸 산물이기 때문에 과학적 사실과 법칙들이 성립해 온 과정에 대해 과학사적으로 고찰하는 것은 학생들이 과학의 인문학적 측면을 새롭게 느끼게 함으로써 과학 및 과학 학습에 대한 흥미와 관심을 유발한다 (Matthews, 1994; Winchester, 1989).
- 과학이 사회와의 상호작용 속에서 발달해온 것을 알게 하는 것은 과학에서 파생된 문제점 등에 대한 가치를 판단할 수 있는 능력을 길러준다 (Hendrick, 1992).

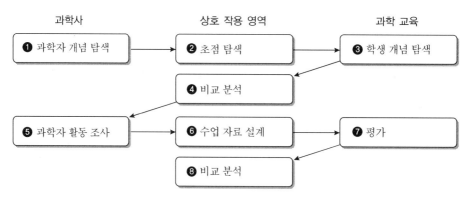

그림 6.9 SHINE 모형(Seroglou & Koumaras, 2003)

- 과학사는 학생들의 오개념을 찾아내고 수정하는 데 이용될 수 있다. 많은 경우에 학생의 오개념들은 과학사에서 그 개념이 발달하는 과정에서 나타났던 것이므로 이에 대한 지식으로부터 학생의 오개념을 미리 예상할 수 있고, 교정하는 전략으로 활용할 수 있다(Sequeiria와 Leite, 1991).

- 과학사의 사례들은 과학자들이 과학적 발견이나 개념을 형성할 때 겪었던 다양한 경험들과 방법론적이고 논리적인 과정을 담고 있다. 이 사례들은 학생들에게 좀 더 생생하게 과학적 사실을 배울 수 있게 도와준다(Matthews, 1994; Winchester, 1989).

- 과학사는 과학철학에서 제기하고 있는 전통적 과학 방법론의 한계에 대해 역사적이고 실증적인 근거를 제공함으로써 올바른 과학적 방법론을 학생들이 학습할 수 있도록 도와준다(Matthews, 1994).

- 과학사적 접근은 학생 개인의 사고 발달 과정과 과학적 지식의 발전 과정을 연결시켜준다. 역사적 접근은 학생들이 자신의 지식 체계를 과학적 지식의 발달이라는 역사 위에 위치시킬 수 있는 기회를 제공한다(Matthews, 1994).

- 과학사에서의 중요한 사례들은 모든 학생들이 알아야 하는 과학 소양 중의 하나이다. 과학혁명, 다윈주의, 페니실린의 발견 등과 같은 과학사의 중요한 사례들은 모든 학생들이 잘 알고 있어야 히는 것들이다(Matthews, 1994).

- 과학사는 과학 교과서와 과학 수업에서 흔히 나타날 수 있는 과학의 독단주의를 경계하게 한다(Matthews, 1994).

- 과학사는 과학 내의 다양한 학문 분야들을 통합적으로 이해하는 데 도움을 줄뿐만 아니라 다른 교과와의 연관성도 높여준다. 과학사는 지식의 통합적이고 상호의존적인

본성을 보여준다. 과학사는 과학의 발달 과정에서 벌어진 다양한 역사적 사건에 대한 바른 통찰력을 제공해주며, 전체적인 학문체계 내에서 과학의 위치를 이해하는 데 도움을 준다 (Matthews, 1994).

이와 같이 과학교육에서 과학사 활용 교육의 당위성과 필요성이 부각되면서 과학사를 어떻게 수업에 활용할 것인가에 대해 연구가 시작되어 수업 모형으로 제시되었다. 그중 SHINE (Science, History, Interaction, and Education) 모형은 과학사 활용 과학 수업을 개발할 때 내용 선정 및 수업 자료 설계에 유용한 모형이다 ([그림 6.9]).

- **단계 1** : 과학사에서 과학자들의 개념에 대해 조사를 수행한다. 초기 과학 개념과 현재 개념의 차이점에 초점을 둔다.
- **단계 2** : 과학사로부터 나오는 자료에서 학생 개념 탐색에 필요한 초점을 찾는다.
- **단계 3** : 과학과 과학의 본성에 대한 학생들의 생각을 조사한다.
- **단계 4** : 단계 1에서 3부터 얻은 자료를 비교 분석하여 과학사로 의미 있는 초점이 나타나는지 분석한다.
- **단계 5** : 과학적 개념의 발달을 가져왔고 현재 과학 개념으로 이끌었던 과학자의 활동에 대해 조사한다.
- **단계 6** : 단계 5로부터 얻은 자료를 바탕으로 과학사 수업 자료를 설계한다.
- **단계 7** : 학습의 효율을 높이기 위해 설계된 활동을 평가한다.
- **단계 8** : 단계 5와 단계 7로부터 얻은 자료와 결과를 바탕으로 과학의 본성 이해 증진에 기여하는 활동인지 답을 얻는다.

한편, 멍크와 오스본 (Monk & Osborn, 1997)은 학습 전에 학생들의 선개념을 이끌어내어 명확하게 하고 자연스럽게 과학사를 도입함으로써 과학의 본성을 암시적으로 제시할 수 있도록 고안한 과학사 활용 수업 모형을 제안하였다. 이모형은 '현상 제시', '아이디어 도출', '역사적 학습', '검증 방법 고안', '과학 아이디어와 실험 테스트', '검토와 평가' 단계로 구성되어 있다.

'현상 제시' 단계에서는 시범 실험을 보여주거나 특정한 자연 현상을 제시하여 학생들의 주의를 집중시키고, 과거에 과학자들이 실제로 했던 질문을 제시한다. '아이디어 도출' 단계에서는 연상법, 개념도, 그림 그리기 등 적절한 방법을 활용하여 학생들의 아이디어와 개념을 도출한다. 이때 동일한 증거에 대해서 다양한 해석이 가능할 수 있다는 것을 학생들이 인식할 수 있는 기회를 주어 과학 지식이 단순히 발견되는 것이 아니라 과학자들의 창의적인 상상력에 의해 구성된다는 것을 알게 한다. '역사적 학습' 교사가 멀티미디어 자료를 포함하여 다양한 방법으로 시대적 배경 정보, 연대표, 경쟁적 아이디어들의 사례 등의 풍부한 자료를 제시한다. '검증 방법 고안' 단계에서는 앞 단계에서 제시한 다양한 해석과 관점들 중 어떤 것이 옳은지 선택하게 하고 학생 스스로 그것을 검증할 수 있는 방법을 설계하고 발표하게 한다. '과학 아이디어와 실험 테스트' 단계에서 교사는 현대의 관점을 짧고 정확하게 설명한다. 그리고 적절한 관찰 가능한 자료들을 제시하여 학생들이 과학적 견해를 선택하게 한다. '검토와 평가' 단계에서는 학습 전체 토론이나 소집단 토론을 통해서 학생들이 스스로 증거에 대해 검토하게 하고, 과학적 개념과 자신의 견해를 비교하게 한다.

7장

과학교육에서의 평가

오늘날 학교 과학교육에서 평가는 점점 더 중요시되고 있다. 평가 방법, 내용, 시기 등은 학교 과학교육의 내용과 방법에 영향을 주고 있을 만큼 평가의 비중은 크다. 따라서, 과학 교수 학습 개선을 위해서 평가의 내용과 방법이 개선되어야 할 것이다. 과학교육에서 평가는 일반적으로 학생들의 학습의 과정과 결과에 대한 평가와 과학과 교육과정을 비롯한 과학교육에서 활용되는 프로그램 평가 등의 두 가지 측면에서 논의할 수 있다. 과학 학습 평가와 과학교육 프로그램 평가는 학생의 과학 학습을 효과적으로 증진시키는 데 중요한 역할을 하게 된다. 이 장에서는 과학 학습 평가와 과학교육 프로그램 평가에 대해 소개하고자 한다.

학생들의 과학 학습에 있어서 평가는 과학교육의 방향과 특성을 좌우하는 중요한 기능을 담당한다. 과학 교수 학습이 일어나는 일련의 과정마다 평가가 활용될 수 있기 때문에 과학 교수 학습과 평가를 분리해서 생각할 수 없다. 과학 교수 학습의 요소마다 평가를 활용함으로써 평가가 가지는 본연의 가치를 최대화할 때 성공적인 과학교육이 가능해진다.

과학 학습 평가는 검사 (test)를 통해 학생들의 성취 경향을 파악하는 '심리학적 측정 (psychological measurement)'에 대한 관심으로부터 시작하여 학습을 향상시키기 위해 '교육적 평가 (educational assessment)'에 대한 관심으로 확장되어 왔다 (Bell, 2008). 교사가 학생의 학습을 평가하는 목적은 학생에게 나타나는 변화의 본질과 정도를 판단하기 위해서이다. 평가 결과에 근거한 교사의 판단은 교육 내용과 방법을 변화시켜 교육의 질 향상에 유용하게 활용될 수 있다. 따라서 평가는 교육에서 교수 학습의 마지막 정리 과정이 아니라 교수 학습 과정에서 끊임없이 피드백을 주고받는 과정이다.

▌과학 학습 평가의 이해

일반적으로 평가 (assessment), 총평 또는 사정 (evaluation), 측정 (measurement)을 통칭하여 평가라고 부르는 경우가 많지만, 엄밀하게 말하면 평가는 총평 (사정), 측정 등의 용

표 7.1 평가와 총평

평가 (assessment)	총평 (evaluation)
-학생들에게 변화가 있었는가? : 이러한 변화들은 무엇이었는가? : 이러한 변화는 얼마만큼인가? -학급 간, 학년 간 성적 차이가 있었는가? : 그 차이는 얼마만큼인가?	-학생 행동은 바람직한 방향으로 변화했는가? : 학습 경험은 적절했는가? : 학습 경험을 통해 학생들의 행동이 바람직하게 되었는가? -어떠한 교수 학습 방법이 가장 효과적이었는가? 또, 어떠한 교수 학습 내용이 가장 효과적이었는가?

어와 구분되어야 한다. 평가 (assessment)는 진전된 정도를 알아보기 위해 그리고 필요한 경우에 교육적 판단을 내리기 위해 정보를 수집하는 과정으로, 총평 (evaluation)은 학습자가 미리 정해놓은 준거에 도달했는지 여부를 결정하기 위해 사용되는 과정으로 정의된다 (Overton, 2009). 그리고 측정은 학습자의 성취 수준 또는 특성을 수량화하는 것으로, 그 값은 원 점수, 퍼센타일 순위, 유도 점수 (derived scores), 표준 점수 (standard scores) 등으로 표현된다. 측정에는 직접측정과 간접측정이 있으며, 인간의 내재된 특성이나 잠재적인 특성은 직접 측정하는 것이 불가능하기 때문에 간접측정을 하게 된다. 스트롱 (Stronge, 1997)도 평가는 학생들이 수행한 것에 대한 형성적 측면을, 총평은 총체적 측면을 기술하기 위해 사용되므로 총평이 더 포괄적이라고 보았다. 평가와 총평의 차이는 <표 7.1>과 같이 구분된다 (Brady, 1992). 학생을 평가할 때 고려해야 할 준거는 <표 7.2>와 같다.

표 7.2 학습 평가의 준거 (Brady, 1992)

준거	내용
계속성 (continuity)	평가는 교수 학습 과정에서 계속적이고 통합적이어야 한다. 교사는 수업이 이루어지기 전 학생의 능력과 준비 정도를 진단하고, 수업이 이루어지는 과정에서도 평가는 계속되어야 한다. 이러한 평가 결과는 교사의 교육 목적과 방법을 개선하고 학생들에게 피드백해 주는 데 활용된다.
범위 (scope)	평가 절차는 목표만큼 다양해야 한다. 목표에 진술된 내용은 가능한 한 어떤 방법으로든 평가되어야 한다. 측정하기 어려운 목표인 태도, 심미성, 고등 사고 과정 등을 평가하기 위한 평가 방법도 다양하게 개발되고 사용되어야 한다.
일치성 (compatibility)	평가는 진술된 목표와 일관성을 가져야 한다. 교육 목표와 평가가 일치하지 않으면 평가의 진정한 기능이 상실된다.
타당성	학습 평가에서 문항은 실제로 측정한 것과 그것이 측정하고자 하는 것이 밀접

(validity)	하게 관련되어야 한다. 목표 진술이 명확해야 높은 타당성을 보이는 학습 평가가 가능해진다.
객관성 (objectivity)	평가에 사용되는 정보가 객관적으로 수집될 때 더 큰 가치가 있다. 과학 학습에서 인지적 측면의 평가는 객관적이고 정의적 측면의 평가는 주관적일 수 있지만 둘 다 객관성을 확보하기 위해 노력해야 한다.
진단적 가치 (diagnostic value)	효과적 평가는 학생의 수행 정도뿐만 아니라, 그런 결과가 있기까지의 다양한 과정도 밝혀주어야 한다. 평가 과정에서 축적된 정보를 통해 교육의 방법과 내용에 대한 발전적 방향이 제시될 수 있다.
참여 (participation)	학습은 능동적 과정이므로 학생들은 교수 학습 방법 및 평가 방법 선정에 능동적으로 참여해야 한다. 교수 학습 과정과 평가는 일련의 과정이므로 교수 학습 방법 및 평가 방법 결정에 학생들의 참여는 중요하다. 다만, 교사가 평가 방법과 절차에 대해 책임을 져야 한다.

▌과학 학습 평가의 유형

과학 학습 평가의 유형은 구분하는 기준에 따라 다음과 같이 다양하다.

상대평가와 절대평가

상대평가와 절대평가는 어떤 '기준'에 비추어 해석하는가에 따라 구분된다. 상대평가는 규준지향평가라고도 불리는데, 평가 결과에 대한 해석 기준을 집단 내 상대적 위치에서 구하는 방법이다. 일반적으로 상대적 위치를 결정짓는 기준은 '평균'이 된다. 상대적 위치를 평가할 때의 전제는 평가 점수가 정상분포곡선을 이루고 있다는 것이다. 집단의 평균값을 기준으로 개인의 점수를 평가하기 때문에 집단 전체의 평균과 표준편차가 개인의 평가 결과 해석에 큰 의미를 가진다.

과학 학습에서 상대평가는 엄밀한 개인차의 변별이 가능하고 경쟁을 통해 학생들의 외적 동기 유발을 꾀하는 데 유리하다는 장점을 갖는다. 반면, 인간의 발전성에 대한 신념이나 교육의 힘에 대한 신념을 약화시키고, 집단과의 비교를 통해서만 점수의 의미를 갖게 되어 참다운 평가가 불가능하며, 경쟁의식을 조장하여 학생들의 외적 동기만 유발하는 부작용도 생길 수 있다 (박도순, 홍후조, 2000).

표 7.3 상대평가와 절대평가 비교

구분	상대평가	절대평가
점수의 의미	· 집단 내 점수만 의미	· 수업 목표의 도달 정도를 나타낸 점수 자체로서 중요한 의미
강조되는 평가 측면	· 개인차를 확실하게 구분해 주는 변별도, 신뢰도, 곤란도 등 강조	· 타당도 강조 즉, 수업 목표를 얼마나 충실하게 평가하느냐가 중요
성취감, 성공감	· 일정 비율로 우수 학생과 열등 학생이 구분되어 성취감이나 성공감을 갖지 못하는 학생이 생기게 됨	· 학생들에게 보다 많은 성취감 또는 성공감을 갖게 해 줌
학습 효과	· 학습이 이루어졌는지 여부와 관계없이 강화가 이루어짐	· 진정한 의미의 학습 효과를 비교
학습 동기	· 지나친 경쟁심으로 학생들의 학습 동기 감소 가능성 커짐	· 학생들의 내재적 학습 동기 유발로 긍정적 자아 개념 형성 가능
활용 상황	· 학생 선발이나 분류 시 필요	· 교육 자체의 개선을 목적으로 할 때 활용

절대평가는 준거지향평가라고도 불리는데 평가 결과에 대한 해석 기준이 교수 학습 활동에서 의도했던 교육 목표 또는 수업 목표의 도달 여부에 있다. 상대평가가 교수 학습 과정을 개선하거나 촉진시키는 데 거의 기여하지 못하는 데 비해, 절대평가는 교육의 과정에서 달성하고자 했던 목표의 달성 여부를 평가함으로써 교수 학습의 연장선상에 있는 평가의 장점을 갖는다. 상대평가와 절대평가를 비교하면 <표 7.3>과 같다.

진단평가, 형성평가, 총괄평가

진단평가, 형성평가, 총괄평가 등은 평가를 시행하는 시기와 평가 목적에 따라 구분된다. 진단평가는 학생이 소유하고 있는 특성을 체계적으로 관찰, 측정하여 진단하는 평가로서 사전 학습 정도, 적성, 흥미, 동기, 지능 등을 분석할 수 있다. 교수(teaching)의 입장에서 진단평가는 특히 중요하다. 이는 진단평가를 통해 분석된 학습자의 특성에 따라 적절한 교수법을 선택하여 적용해야 하기 때문이다(성태제, 2010). 또한 과학 학습에서 진단평가는 학생들의 선개념을 진단하는 역할을 할 수 있다. 과학 학습이 이루어지기 전 진단평가의 형식으로 학생들이 가지고 있는 선개념을 파악하고 이를 지도에 반영함으로써 학생들의 선개념이 과학적 개념으로 변화하는 데 효과적인 교수 학습 방향을 설정할 수 있다.

   형성평가는 교수 학습의 과정에서 학생에게 피드백을 주고 교육의 과정과 수업 방법을 개선하기 위한 평가다. 형성평가의 기능은 학생들의 학습 속도를 조절하고, 학생의 학습에 대한 강화 역할을 하며, 학습에 문제가 생길 경우 도움을 주며, 학습 지도 방법 개선에 크게 기여한다. 따라서 과학 학습 평가 중에서 형성평가는 학생들의 교수 학습과 가장 밀접한 관련을 가지며 실질적으로 학습이 일어나는 과정 중에 교육적 효과를 알아보는 평가 방법이다. 형성평가는 특정 시행 시기가 정해지지 않기 때문에 교사의 필요에 의해 언제든지 실시할 수 있다.

   총괄평가는 일정한 기간 동안의 교육이 종결된 후 학생들의 과학 성취도를 종합적으로 평가하여 과학 수업의 효율성에 대한 판단을 내리는 것이다. 따라서 총괄평가는 학생들의 성적을 산출하는 중요한 기능을 하는 평가이다. 그러므로 교육의 목표가 잘 반영된 평가 문항을 구성하는 일 즉, 타당도 높은 평가 문항의 구성이 중요하다. 이 밖에도 총괄평가는 집단 간 학습 결과 비교에 대한 정보를 제공해 준다. 또한 교수법의 유형이나 학습 자료의 종류 등과 연관하여 비교, 분석할 수 있다.

   벨 (Bell, 2008)은 형성평가를 '계획된 형성평가 (planned formative assessment)'와 '상호 작용하는 형성평가 (interactive formative assessment)' 등의 두 가지 형태로 다시 구분했다. 먼저 계획된 형성평가는 교사들이 주체가 되어 평가 정보를 이끌어 내고, 해석하고, 또 실제로 시행하는 평가이다. 이 평가의 주요 목적은 과학 학습에서의 향상에 대해 전체

표 7.4 진단평가, 형성평가, 총괄평가 비교

영역	진단평가	형성평가	총괄평가
기능	· 학습 전 학습자의 선개념 파악 · 교수 방법 준비	· 학습 향상 정도에 대한 피드백 · 교수 방법 개선	· 학습자 성취도 파악을 통한 자격 부여 · 교육 목표 달성 확인
시간	· 학습 단위 시작 직전	· 교수 학습 과정 중	· 학습 단위 종료 시
강조점	· 인지적, 정의적, 심동적	· 인지적, 심동적	· 인지적
문항 형태	· 표준화 진단 검사 · 교사가 제작한 평가 도구	· 학습 목적과 내용에 부합하는 평가 도구	· 다양한 형태의 평가 도구
문항 정답률	· 비교적 쉬운 문항 (평균 정답률 : 65%)	· 미리 계획하기 어려움	· 평균 정답률을 35~70%로 설계. 최고 및 최저 난이도 문항 포함
채점	· 상대평가, 절대평가 모두 활용	· 절대평가	· 대부분 상대평가 지향. 절대 평가도 활용

수업으로부터 정보를 얻는 것이다. 교사 스스로 조사하거나 브레인스토밍 등과 같은 활동을 직접 수행하기 위한 계획을 세운다. 이 평가를 통해 교사는 교실에서의 상호작용에 대한 전반적인 정보를 얻게 된다. 이와 같이 계획된 형성평가는 교사들의 수업에 대한 피드백을 얻기 위해 주로 사용된다. 계획된 형성평가 결과가 교사들의 수업에 효과적으로 반영되기 위해서는 사실 교육과정 운영에서의 융통성이 요구된다. 즉, 학생들의 평가 결과를 과학 학습 지도에 반영하여 더 발전된 수업을 하기 위함이다.

계획된 형성평가와는 달리 '상호작용하는 형성평가'는 교사와 학생 사이에서 발생하는 상호작용을 평가하는 것으로, 구체적인 평가 활동이 미리 계획되지 않는다는 점이 계획된 형성평가와의 차이다. '상호작용하는 형성평가'는 학습 과정에서 진행되는 평가로 학습이 일어나는 상황이 매우 다양하고 예측 불가능하기 때문에 구체적 평가를 사전에 계획할 수 없다. 즉, 상호작용 형성평가는 철저하게 학생들의 학습 과정에서 이루어지는 평가이기 때문에 그 결과에 따라 과학 학습 내용이 조정되거나 또는 과학 학습 시간이 지연될 수도 있다. 상호작용하는 형성평가에서 교사는 학생들의 학습 활동을 예의주시하고 빠르게 판단할 수 있어야 한다. 이때 교사에게 필요한 것은 통찰력이나 본능이기보다는 교사의 지혜이다 (Jaworski, 1994).

구술평가, 지필평가, 보고서/과제물/포트폴리오, 관찰평가, 면담, 설문

이들은 평가를 시행하는 방법에 따라 구분된다.

구술평가는 평가자가 학습자와 직접 얼굴을 마주하면서 구두로 묻고 답하는 형식의 평가 방법이다. 평가자가 학습자에게 묻는 질문에는 폐쇄적 질문과 개방적 질문이 있다. 폐쇄적 질문은 제한된 답이 있는 어떠한 사실이나 개념, 법칙을 묻는 형식이고, 개방적 질문은 어떤 구체적 사실보다는 학습자의 견해를 묻는 형태로서 답이 제한되어 있지 않아서 끝이 열린 질문이라고도 한다. 폐쇄적 질문을 통해서는 회상이나 재인 등의 단순한 정신기능의 평가가 가능하며, 개방적 질문을 통해서는 분석력, 종합력, 적용력 등의 고차원적인 인지 능력을 평가하는 데 사용할 수 있다. 이러한 구술평가는 동시에 많은 학습자를 평가할 수 없으며, 상당한 수준의 질문 기술이 요구된다 (김익균 외, 2002).

지필평가는 가장 많이 활용하는 평가 방법으로 학습자에게 일련의 문제나 질문을 제시하고 종이와 펜을 이용하여 응답하게 하는 평가를 말한다. 학습자의 성취 정도나 태도를 알아보기 위해 다양한 종류의 문항 유형들을 활용할 수 있는데, 선택형, 조합형, 연결형,

단답형, 논술형, 진위형, 빈칸 채우기형, 질문지법 등이 여기에 포함된다.

보고서/과제물/포트폴리오 평가는 실험이나 관찰 후에 학습자가 작성한 보고서를 검토하여 평가하거나 학습자에게 과제로 제시된 것을 학습자가 수행했을 때 그 결과를 평가하거나 학습자의 누적된 산출물(포트폴리오)이 제시되었을 때 이들을 평가하는 것을 말한다. 이들 평가는 지필평가를 통해 알기 어려운 학생들의 능력을 종합적으로 평가하는 데 도움을 준다.

관찰평가는 학습자의 성취 수준 또는 과학 학습 태도를 관찰에 의해 평가하는 방법을 말한다. 체크리스트를 만들어 평가하면 좀 더 효과적으로 학습자의 성취 수준이나 학습 태도를 평가할 수 있다. 학습자의 탐구 능력을 평가하고자 할 경우에는 탐구 능력 요소를 구분한 체크리스트를 만들며, 과학적 태도 또는 과학에 대한 태도를 평가하고자 할 경우에는 이들에 대한 항목을 구분한 체크리스트를 만들어 평가하면 될 것이다.

면담평가는 학습자의 지식과 이해 수준뿐만 아니라 태도 또는 견해를 평가할 수도 있다. 학습자의 지식과 이해 수준에 대한 평가는 앞에서 제시한 구술평가를 통해 주로 이루어지며, 면담을 통해서는 대체로 학습자의 학습 태도 또는 견해 등을 평가하게 된다. 면담을 학생들이 자연스럽게 답변하고 설명할 수 있는 분위기를 형성하는 것이 중요하다.

▌ 주관식 평가와 객관식 평가

엄밀히 말하면 주관식 평가와 객관식 평가는 평가 유형이라기보다는 문항의 형태이지만 우리 교육 현장에서 빈번하게 사용되는 용어 중 하나이다. 객관식 문항을 활용한 평가를 객관식 평가로, 주관식 문항을 활용한 평가를 주관식 평가로 이해하면 될 것이다. 객관식 문항과 주관식 문항을 구분하는 기준은 문항 채점 과정에서 채점자의 주관성이 개입되는지 여부에 달려 있다. 객관식 평가 문항에는 대표적으로 선다형 문항이 있지만, 진위형 문항, 배합형 문항 등도 모두 객관식 문항에 포함된다. 준객관식 문항에는 단답형과 완결형(괄호 넣기) 문항도 있다. 이 중 가장 대표적인 것이 선다형인데, 문항 개발 측면에서 가장 많은 시간과 노력 및 기술이 필요하다.

주관식 평가와 객관식 평가의 특징을 비교하면 <표 7.5>와 같다. 주관식 평가와 객관식 평가는 각각의 특징에 따라 상호 보완적으로 활용되는 것이 바람직할 것이다. 평가 목적, 평가 상황, 평가 대상자의 특성, 평가 시기, 평가 환경 등에 따라 적절히 선택하여 학

표 7.5 주관식 평과와 객관식 평가 비교 (박도순 외, 2011)

구분	주관식 평가	객관식 평가
반응의 자유도	넓음	좁음
반응의 특징	문항이 요구하는 관련 지식뿐만 아니라 구상력, 표현력 등이 내포됨	문항이 요구하는 관련 지식만 내포됨
반응의 강조점	종합적, 전체적 이해가 요구됨	정확한 지식이 요구됨
문항 표집의 포괄성	충분히 할 수 없음	충분히 할 수 있음
채점의 객관도	비교적 낮음 (주관성 개입 여지)	비교적 높음 (객관성 높음)
추측 요인의 작용 정도	비교적 적음	비교적 많음
출제 소요 시간	적음	많음
채점 소요 시간	많음	적음

습자의 성취 능력을 파악할 수 있다. 이것이 객관식 평가나 주관식 평가 중 어느 것이 절대적으로 더 낫다고 단정 지을 수 없는 이유이다. 예를 들어, 고등 인지 능력 평가에서는 주관식 평가가 낫다는 주장은 근거가 없다. 중요한 것은 어떠한 평가 문항이든 평가의 기능과 내용에 부합하도록 개발하는 데 있다. 고등 인지 능력을 평가할 때에도 그것이 반드시 주관식 또는 객관식일 필요는 없다. 치밀하게 계획된 문항이라면 그것이 주관식이든 객관식이든 고등 인지 능력을 평가할 수 있기 때문이다. 마찬가지로, 주관식 평가를 통해 학생들의 바람직한 학습 습관과 태도 형성을 독려하게 된다는 주장도 근거가 미약하다. 객관식 평가에서는 추측에 의해 답하는 경향이 있고, 주관식 평가에서는 문장력에 의해 좋은 평가 결과를 받게 되는 경향이 있다 (박도순, 홍후조, 2001).

▌수행평가

수행평가는 전통적인 평가 방법으로는 측정하기 어려운 문제를 해결하기 위한 대안으로 1990년대에 대두되었다. 전통적인 평가 방법이 가지는 한계는 구조적 (structured)이고, 비조건적 (unconditional)이고, 지식 의존적 (knowledge-lean) 과제에 답해야 하는 문제 문항에 있다. 현실에서의 문제 해결 상황은 대부분 비구조적이고 다양한 기능을 필요로 한다 (Gitomer, 1993). 수행평가가 대두된 배경을 크게 3가지로 정리할 수 있다 (남명호 외,

표 7.6 수행평가와 전통적 평가 비교 (남명호 외, 2000)

구분	수행평가	전통적 평가
특성	· 평가 과제와 교수 내용의 적용과 통합 · 학생 참여에 의한 평가 기능 · 종합적 관점이 분석적 관점보다 강함 · 점수 부여에 대한 교사의 판단 요구, 채점 기준표 사용 · 다단계 평가, 관찰 필요 : 시간과 노력 소요 · 상황과 현실 맥락 기준으로 수행 요구	· 점수화된 평가 · 정답에 근거한 점수 사용 · 제작과 채점이 용이한 검사 · 선택형 문항 : 진위형, 배합형, 선다형 · 수동적 지식 표현 · 표준화된 검사 : 집단 간 비교 가능, 검사 도구 타당성/신뢰성 양호함
활용 목적	· 학습 결과와 과정에 대한 평가 · 교수 과정과 교수 목적에 대한 평가 · 교사와 학생 간 협조 체제	· 학습 결과에 대한 평가
평가 방법	· 포트폴리오, 관찰, 면접, 토론, 발표, 연구 보고서, 논술, 구술, 실험 실습	· 지필식 선다형 문항에 대한 반응 · 비연속점수 검사

2000).

첫째, 선택형 평가에 대한 대안(alternative) 평가가 필요했다. 학습을 작은 단위로 나누어 단순한 지식이나 기능으로부터 복잡한 것들로 향상시킬 수 있다는 행동주의 이론에 근거하여 선택형 평가가 채택되어 왔다. 그러나 학생들의 지식이나 기능의 수준을 넘어 그들의 인지 과정도 이해해야 한다는 구성주의 이론이 과학 교수 학습에 크게 자리 잡게 됨에 따라 학생들의 학습 과정이 포함되는 지식, 문제 해결력, 고등 정신 능력을 측정하기에는 전통적 평가 방법만으로는 역부족임이 밝혀졌다. 평가는 학생들의 학습 과정이 포함되는 지식, 문제 해결력, 고등 정신 능력을 측정해야 하기 때문이다. 둘째, 실제 생활에서 사용할 수 있는 능력을 평가하는 참평가(authentic assessment)가 필요했다. 실제 생활에 적용할 수 있는 문제해결력, 확산적 사고, 협동 학습 등의 능력을 평가하기 위해서는 전통적 평가가 부적합하기 때문이다. 셋째, 학습 결과보다는 학습 과정의 평가(process assessment)가 필요했다. 학생들의 답이 정답인지 오답인지도 중요하지만, 학생들의 어떤 문제 해결 방법을 사용했고 어떤 사고 과정을 거쳤는지를 평가하는 것도 중요하기 때문이다. 또한, 인지적 성취뿐만 아니라 학생의 노력과 성장 정도도 수행평가로 평가할 만한 가치가 있다고 판단하였다. 수행평가와 전통적 평가의 특성을 비교하면 <표 7.6>과 같다.

표 7.7   수행평가의 장단점 (성태제, 2010)

구분	수행평가
장점	· 인지적, 정의적, 심동적 능력을 모두 평가할 수 있는 총체적 접근이다. · 다양한 사고 능력을 함양시킨다. · 과제의 성격상 협동 학습을 유도하므로 전인 교육을 도모한다. · 결과뿐만 아니라 문제 해결 과정도 분석할 수 있다. · 학습 동기와 흥미를 유발한다. · 행정적 기능이 강조되지 않을 때 수행평가가 실시되므로 검사 불안이 적은 편이다.
단점	· 평가 도구 개발에 어려움이 있다. · 채점 기준 즉, 점수 부여 기준 설정이 어렵다. · 채점자 내 신뢰도와 채점자 간 신뢰도 확보가 어렵다. · 시간이 많이 소요된다. · 비용이 많이 든다. · 점수 결과 활용이 어렵다.

수행평가 방법이 전통적 평가 방법을 넘어선 새로운 시도임에는 분명하지만 한계도 있다. <표 7.7>에 정리된 수행평가의 장단점을 통해 평가 목적에 맞도록 수행평가를 적절하게 활용할 필요가 있다. 종합해 보면, 수행평가의 취지와 방향은 교육적으로 바람직하지만 실제적으로 시행할 때의 객관성 확보와 현실적 어려움을 극복해야 하는 과제를 안고 있다.

과학에서의 정의적 특성 평가

과학교육에서 학습 태도나 동기와 같은 정의적 특성에 대한 평가에 대한 연구는 인지적 특성에 대한 평가에 비교하면 훨씬 적다. 정의적 특성 평가에 대한 관심이 적은 것은 과학교육 분야 뿐만 아니라 우리나라 교육의 다른 분야에서도 마찬가지다. 성태제 (2010)는 정의적 평가에 대한 관심이 부족한 이유로 교육 제도 및 정의적 행동 특성에 대한 인식 부족과, 교육 평가의 관점에서 정의적 행동 득성에 내한 측정의 어려움을 들었다.

인간의 특성은 생각하는 (thinking) 것과 관련된 인지적 특성, 느끼는 (feeling) 것과 관련되는 정의적 특성 등으로 구분될 수 있다. 과학교육은 전통적으로 정의적 측면보다도 인지적 측면을 더 강조하는 경향이 있다. 이는 과학이 갖는 학문적 특성과도 연결된다. 즉, 과학은 자연 세계에 대한 지식을 축적하는 학문으로 과학교육에서는 과학자들이 발견한 자연 세계에 대한 이해가 바탕이 된다. 그러나 과학자들도 자연 세계를 이해하기 위해서는 자연에 대한 호기심이 있어야 하고 이를 충족하기 위해서는 학문을 향한 의지, 자부심, 개방성, 비판적 태도, 실패에 두려워하지 않는 마음, 연구 활동에서의 정직성과 다른 사람과의 협동성 등이 필요하다.

이와 같은 과학의 정의적 특성은 과학교육에서 중요한 요소로 고려되지만, 다른 과목과 마찬가지로 평가 측면에서 활발하게 연구되거나 시행되지 못했다. 따라서 정의적 특성 평가 방법도 다양하게 개발되지 못했다. 성태제(2010)는 정의적 행동 특성을 평가할 때 고려해야 할 사항으로 네 가지를 들었다. 첫째, 정의적 행동 특성은 내재적 행동이나 비가시적 심리 기제가 작용할 가능성이 크다. 즉, 어떤 정의적 행동 특성을 측정할 때 그 특성과 관련된 잠재적 특성이나 다른 특성이 영향을 줄 수 있다. 예를 들면, 과학교육에서 프로젝트 평가를 할 때 타인에 대한 배려를 잘 하는 학생이라면 협동성도 큰 것으로 나타날 것이다. 둘째, 어떤 정의적 행동 특성을 소유한 학생이 무엇을 할 것인가, 하지 않을 것인가를 고려하여야 한다. 과학적 호기심을 가진 학생이라면 주어진 상황에서 어떤 문제의식을 가지고 어떻게 해결해 나갈 것인가를 고려해야 한다. 셋째, 개인평가를 할 것인가 또는 집단평가를 할 것인가를 고려하여야 한다. 넷째, 반응의 경향성으로서 중립화와 허위 반응을 고려하여야 한다. 중립화는 어떤 태도나 가치관을 물을 때 자신의 의사를 표현함으로써 미칠 수 있는 영향을 고려하여 질문에 중립적 반응을 취하는 것을 말한다. 예를 들면, '당신은 지구온난화가 지구 전체적인 심각한 환경 문제라고 생각하는가, 아니면 정치적 편향성이 반영된 문제라고 생각하는가?'라는 질문에서 이것도 저것도 아닌 중립적 입장을 취하는 것이다. 허위 반응은 피평가자가 평가의 목적을 인지하고 실제와는 다르게 평가에 반응하는 것을 말한다. 과학 실험 태도 평가에서 실제로 그 실험에 대한 호기심이 적음에도 불구하고 평가를 의식해 적극적으로 실험에 임하는 것 등이 그 예이다.

학교에서 과학의 정의적 특성을 평가하는 방법으로 많이 사용되는 것으로는 관찰법, 질문법, 평정법, 의미분석법 등이 있다. 관찰법은 평가자가 정의적 행동 특성을 직접 관찰하여 평가하는 것으로 인간의 외현적 행동이나 생리적 반응으로부터 정의적 특성 파악이 가능하다는 것을 전제로 한다. 관찰법의 가장 큰 장점은 질문지법이나 평정법에서 측정할 수 없는 행동 변화에 관한 자료를 얻을 수 있고, 허위 반응과 중립화 경향을 방지할 수 있다. 관찰 평가를 위한 자료 기록 시 주의할 점은 기록된 자료의 활용을 염두에 두고 기록해야 한다는 점, 기록을 수량화할 수 있도록 고려해야 하는 점, 관찰 즉시 기록해야 하는 점 등이 있다. 기록 방법은 관찰 사실을 그대로 기록하는 일화기록법과 체크리스트 기록법, 비디오나 오디오 기기를 사용하는 방법 등이 있다.

　관찰법의 문제점은 환경 특성을 고려하지 않고 인간 특성에 의해서만 정의적 특성을 추리하는 것이 불가능하다는 점이다. 대부분 단일 관찰(single observation)을 통해 특정 상황과 특정 시간에 이루어진 관찰 정보는 항상성을 유지하지 못하기 때문에, 다중 관찰(multiple observation)을 통해 다양한 시간과 조건에서 이루어져야 한다. 관찰법은 또한 평가하고자 하는 정의적 특성이 아닌 관련 특성 일부분 또는 무관한 부분을 측정하는 경우도 많다는 문제도 있다. 이를 방지하기 위해서는 훈련된 관찰자가 평가하려는 정의적 특성 관련 행동을 볼 때만 평가하는 것이 중요하다. 마지막으로 관찰의 결과를 잘못 해석하는 점도 관찰법의 문제다. 즉, 동일한 관찰에 기초하였지만 해석이 다른 경우도 많다. 이 문제는 관찰자의 훈련, 관찰자 간의 협의 등으로 어느 정도 보완할 수 있다 (박도순, 홍후조, 2000).

　질문지법은 구체적으로 질문을 던져 응답하는 평가 방법이다. 자유 반응형, 선택형, 유목 분류형, 등위형 등이 있다 (성태제, 2010). 자유 반응형의 예로는 '과학은 인류 문명 발전에 어떠한 점을 기여했는지 설명하시오'라는 질문에 과학의 긍정적 또는 부정적 역할에 대해 진술하는 질문 형태다. 선택형은 주어진 문항에 대한 여러 개의 선택지를 제시하여 고르는 질문 형태이며, 유목 분류형은 질문에 대해 분류된 항목으로 응답하는 질문 형태이다. 예컨대, 과학자로서의 자질을 묻는 문항에서 개방성, 합리성, 윤리성, 협동성 등으로 유목화하여 답하는 경우다. 등위형은 제시된 선택 답안 중 중요한 순서에 의해 나열하는 질문 형태다. 질문지법의 가장 큰 장점은 사용의 편리성에 있지만, 응답의 진위 여부 확인이 어렵기 때문에 결과 해석에서 제한이 있다.

　평정법은 정의적 특성 평가에서 가장 많이 활용된다. 평정법에 사용되는 척도를 리커트(Likert) 척도라고 하며, 일반적으로 중립 응답을 기준으로 긍정적, 부정적 측면의 단계가 있어 전체적으로 홀수 단계 척도로 구성되는 경우가 많다. 3, 5, 7, 9단계의 구분은 질문지에 응답할 피험자가 각 단계를 구분할 수 있는 능력 여부에 달려 있다. 따라서, 나이가 어릴수록 3, 5단계로, 전문가 집단이나 특성 구분이 세부직으로 가능할 경우 7, 9단계로 할 수 있다. 평정법의 장점은 평가 문항 개발과 분석이 쉽다는 점이 있지만, 응답 중립화와 개인마다 다른 기준에 의해 상대적으로 판단한다는 단점이 있어 해석에 주의해야 한다 (성태제, 2010). 다음은 평정법의 예이다.

나는 미술관보다 과학관 방문을 더 즐긴다	절대 그렇지 않다	그렇지 않다	그저 그렇다	그렇다	매우 그렇다

의미분석법은 개념의 의미를 양극단의 뜻을 갖는 대비되는 형용사 군으로 만들어서 의미를 측정하는 방법으로 태도, 지각, 가치관을 평가할 때 주로 많이 쓰인다. 다음은 의미분석법의 예이다.

과학 실험			
싫다	✓		좋다
지겹다		✓	즐겁다
유용하다		✓	아무 소용이 없다
귀찮다	✓		하고 싶다

과학 학습 평가 문항 개발

학교 교수 학습이 일어나는 상황에서 평가가 차지하는 비중이 점점 커지면서 과학 교사들에게 요구되는 능력 중 평가 문항 개발이 매우 중요한 영역이 되었다. 특히, 객관적 평가 결과의 중요성과 그 활용 범위에 대한 학생, 학부모, 사회적 요구에 따라 양질의 평가 문항 개발에 대한 교사의 책임감이 증가하고 있다. 이 절에서는 과학 학습 평가 문항 개발의 절차와 활용에 대해 설명하기로 한다.

▌평가 문항 개발 과정

과학 학습 평가 문항 개발은 [그림 7.1]과 같이 다섯 단계로 이루어질 수 있다 (박도순, 2000).

첫째 단계는 학습 목표 분석이다. 피에 (Phye, 1997)는 1950년대 행동주의 이론을 반영한 블룸 (Bloom) 학습 목표를 구성 요소인 내용 요소와 행동 요소 차원에서 분석하는 것에 대해 비판적인 주장을 했다. 과학교육에서는 지식 요소와 과정 요소 등으로 이원분류

그림 7.1 과학 학습 평가 문항 개발 절차

표 7.8 과학 학습 평가를 위한 이원분류표 예시

행동		탐구											태도	
		기초 탐구					통합 탐구						과학적 태도	과학에 대한 태도
내용		관찰	분류	측정	예상	추리	문제 인식	가설 설정	변인 통제	자료 해석	결론 도출	일반화		
지구계 와 지권의 변화	기억													
	이해													
	적용													
	분석													
	종합													
	평가													
광합성	기억													
	이해													
	적용													
	분석													
	종합													
	평가													

표를 만들 수 있다 (<표 7.8>). 지식 요소는 교육과정에 제시된 내용 분석을 통해, 과정 요소는 평가하고자 하는 기초 탐구와 통합 탐구 등의 특성을 통해 명시된다.

둘째 단계는 성취기준 개발이다. 성취기준은 교육과정에서 제시한 학습 내용과 수행 과제를 분명하게 하기 위해 학생들이 성취해야 할 능력이나 특성의 형태로 진술한 것을 말한다. 교육과정 개편 이후에 국가 수준에서 성취기준을 개발하여 과학 학습 내용과 평가의 방향을 구체화하기도 한다. 국가 수준의 성취기준은 학생 입장에서 무엇을 공부하고 성취해야 하는지, 교사 입장에서 무엇을 가르치고 평가해야 하는지에 대한 실질적 지침을 제공하기 위해 교과 교육과정을 재구성한 것이다 (홍미영 외 2012; 이미경 외 2013). <표 7.9>는 국가 수준에서 2009 과학과 중학교 교육과정을 구체화한 성취기준 개발의 예시이다.

셋째 단계는 평가 대상 결정이다. 우리 교육 현실에서는 실질적으로 이 단계를 가장 먼저 고려하지만 원칙적으로 볼 때 평가의 내용 선정 이후 평가의 목표에 따라 평가 대상

표 7.9 국가 수준에서 개발한 성취기준 예시(이미경 외, 2013)

교육과정 내용	성취기준
지구계의 구성 요소인 수권은 담수와 해수, 빙하, 지하수로 이루어짐을 알고, 물이 소중한 자원임을 이해한다.	지구계의 구성 요소인 수권은 담수와 해수, 빙하, 지하수로 이루어짐을 설명할 수 있다.
	물이 소중한 자원임을 설명할 수 있다.
	물을 아껴 쓰고 물의 오염을 줄일 수 있는 방법을 설명하고 실천할 수 있다.
기단과 전선, 고기압과 저기압에서 나타나는 기상 현상을 알고 이를 날씨의 변화와 관련지으며, 기상 현상이 우리 생활에 미치는 영향을 이해한다.	우리나라에 영향을 주는 기단과 전선의 종류, 특징을 설명할 수 있다.
	고기압과 저기압에서 나타나는 기상 현상을 알고 이를 날씨의 변화와 관련지을 수 있다.
	기상 현상이 우리 생활에 미치는 영향을 예를 들어 설명할 수 있다.

선정이 결정된다. 예를 들어, 형성평가보다는 총괄평가에서 상위 목표가 더 많이 포함될 수 있다.

넷째 단계는 평가 상황 선정이다. 실제로 목표 진술이 잘 완료되었다면 이 단계도 완료된 셈이다. 평가 목표가 구체적 행동 목표로 진술되었다면 문항의 상황이 이미 목표 진술 속에 포함되었을 것이기 때문이다. 문항 상황은 다음과 같은 특징을 갖는다.

- 적절성 (relevance)이 있다.
- 복잡한 사고 과정을 요구하는 복잡도 (complexity)를 가진다.
- 지나치게 단편적 지식 평가에 그치지 않기 위해 적당히 추상도 (abstractness)를 가진다.
- 새롭되 지나치게 생소하지 않은 적당한 참신도 (novelty)를 제공한다.
- 지나치게 구조화되어 창의력 평가가 어렵게 되는 수준까지 가지 않도록 적당히 구조화 (structure)한다.
- 학생의 흥미와 자아 개념 형성에 도움을 주는 동기 유발 (motivation)이 가능하다.
- 적당하게 실생활과 연계된 실제성 (reality)를 가진다.
- 평가 목표를 대표할 수 있는 대표성 (representativeness)을 가진다.

다섯째 단계는 평가 문항 유형의 결정이다. 이때 고려해야 할 기준은 첫째, 측정하고자 하는 평가 목표와 부합해야 한다. 평가 목표를 제대로 반영한 문항이야말로 평가의 기능에 가장 충실한 신뢰로운 문항이 된다. 둘째, 평가자의 특성과 능력 수준에 부합해야 한다. 평가자의 지적 발달과 능력 수준을 고려해 학생들의 입장에서 문항의 수준을 선정해야 한다. 셋째, 평가의 목적과 활용도와 부합해야 한다. 예를 들어, 넓은 출제 범위에 걸쳐 많은 문항을 출제해야 하고 채점의 객관성이 매우 중요하므로 총괄평가에는 선택형 문항이 적합하다. 넷째, 평가 문항 제작과 실시 여건에 부합해야 한다. 출제 여건과 시간, 채점 여건과 시간, 문항 개발자와 채점자의 능력 등에 따라 문항 유형이 달라질 수 있다.

평가 문항 유형

문항 유형은 선택형 문항 (selection type item)과 서답형 문항 (supply-type item) 등으로 구분된다. 선택형 문항을 객관식으로, 서답형 문항을 주관식으로 불리기도 한다. 많은 교육 평가학자들이 평가 문항 유형을 구분했는데, 메렌스와 레만 (Mehrens & Lehmann, 1975)의 분류가 가장 합리적인 것으로 채택된다. 선택형 문항에는 진위형, 선다형, 연결형 등이 있고, 서답형 문항에는 논술형, 단답형, 괄호형, 완성형 등이 있다 (성태제, 2010).

진위형

진위형 문항의 장점은 무엇보다도 문항 개발이 쉽다는 점이다. 또, 채점의 객관성이 높고, 정해진 시간 내에 다수의 문항으로 많은 내용을 측정할 수 있다는 장점이 있다. 반면, 진위형 문항의 단점은 추측에 의해 문항의 답을 맞힐 수 있다는 것이다. 추측에 의해 정답을 맞힐 확률이 높아 신뢰도와 변별도가 낮아질 수 있다. 추측에 의해서 정답을 맞출 확률이 크다는 것은 학습 동기 감소로도 연결된다. 이 밖에도 진위형 문항은 단순 정신 능력만을 측정할 가능성이 높고, 부정행위도 용이하다. 따라서 진위형 문항의 개발 원리는 이러한 단점을 최소화하는 방향으로 다음과 같이 정리된다 (성태제, 2010).

- 질문에는 중요한 내용을 포함한다. 중요하지 않은 내용으로 인해 문항의 답을 알고 있음에도 불구하고 답을 맞히지 못했을 때, 측정 오차가 커지고 신뢰도도 감소하게 된다. 수정 전 문항은 단위에 주의를 기울이지 않은 학생들이 답을 알지만 실수할 가능성이 높은 경우이다.

수정 전	수정 후
물은 0°F에서 언다.	물은 0℃에서 언다.

- 복합적 학습 내용을 측정하기 위해 기초적 자료에 근거한 문항을 개발한다.
- 일반화되지 않은 주장이나 이론의 옳고 그름을 묻지 않는다. 일부 학자나 학파의 이론에 대해 옳고 그름을 묻는 것은 학문적 논쟁의 대상이다. 예를 들어 "핵 발전소는 더 많이 만들어야 한다."는 문항은 핵 발전을 찬성하는 사람과 반대하는 사람의 입장이 다를 것이므로 논쟁 가능성이 있는 문항이며, 바람직하지 않은 문항이다.
- 하나의 질문에 하나의 내용만 포함한다. 하나의 질문에 많은 내용을 포함시킬 경우, 문항에 포함된 내용을 모두 알아야 정답이 된다. 그러나 내용의 일부분을 아는 경우와 전혀 모를 경우, 두 경우 모두 0점이므로 피험자의 능력을 정확하게 구분할 수 없다. 따라서 하나의 문항에 많은 내용을 포함시키기보다는 문항을 여러 개로 구분하는 것이 바람직하다.

수정 전	수정 후
㉠ 화강암은 화성암의 일종이고, 편마암도 화성암의 일종이다.	㉠ 편마암은 화성암의 일종이다. ㉡ 화강암은 화성암의 일종이다.

- 부정문을 사용하지 않는다. 특히, 이중 부정은 더욱 바람직하지 않다. 학생들의 실수를 유발할 가능성이 있는 부정문 사용은 제한하는 것이 좋다. 불가피하게 부정문을 사용할 때는 밑줄을 그어 학생들이 실수하지 않도록 해 준다.

수정 전	수정 후
순수한 물의 끓는점이 소금물의 끓는점보다 높지 않은 것은 아니다.	순수한 물의 끓는점이 소금물의 끓는점보다 높다.

- 교과서에 제시된 것과 똑같은 문장으로 질문하지 않는다. 생각하여 응답하게 하는 문항이 좋은 문항이다. 교과서나 참고서 내용을 그대로 진술하여 질문하는 것은 학생들이 깊게 생각하지 않고도 정답을 맞히게 될 가능성이 있다.
- 가능한 한 간단명료한 단문으로 질문한다. 문항이 학생들의 독해 문제를 측정하기 위한 목적이 아니라면 평가하고자 하는 영역에 대한 지식과 관련하여 간단하고 명확하게 질문한다.
- 답의 단서가 되는 부사어를 사용하지 않는다. '절대', '항상', '모두', '전혀', '오직' 등의 부사어는 틀린 답에 대한 단서가 될 수 있고, '흔히', '간혹' 등의 부사어는 옳은 답에

대한 단서가 될 수 있다.

- ○가 정답인 문항과 ×가 정답인 문항의 비율을 비슷하게 한다. 예를 들어 10문항 중 9문항의 답을 알고 있으며 한 문항의 답을 알지 못할 때, 피험자가 응답을 한 9문항 중 6문항의 응답이 ○이고, 답을 모르는 나머지 문항들을 ×로 응답하여 문항의 답을 맞힐 확률이 높아진다. 이와 같이 가능한 추측에 의해 문항의 답을 맞힐 수 있는 기회를 최소화할 수 있도록 문항을 개발하는 것이 바람직하다.
- 정답의 유형이 고정되지 않고 무선적이 되게 한다. ○와 ×가 어떤 규칙성을 가지지 않도록 문항을 배열한다.

선다형

선다형 문항은 매우 쉬운 문항부터 어려운 문항까지 개발할 수 있어 학업 성취도 검사에 가장 많이 사용된다. 선다형 문항이 단순 암기 학습을 유도하고 고등 정신 기능 평가가 어렵다는 주장도 있으나, 선택지에 따라 창의적이고 복합적 사고를 묻는 평가 문항 개발도 가능하다. 대표적으로 대학수학능력시험의 경우 우수한 선다형 문항으로 고등 정신 기능의 평가도 가능함을 보여준다.

선다형 문항의 개발 원리는 다음과 같다(성태제, 2010).

- 문항은 중요한 학습 내용을 포함한다. 지엽적이고 중요하지 않은 내용을 평가하는 것은 평가의 기본 원칙에 어긋나는 것으로 피해야 한다.
- 문항마다 질문의 내용이 하나의 사실을 묻도록 단순하고 명료하게 구조화한다.
- 중요한 용어나 혼동하기 쉬운 용어에 대한 이해 여부를 묻는 문항을 개발할 때는, 용어를 질문하고, 선택지에 용어의 정의나 개념을 나열한다. 용어의 정의나 개념을 문

수정 전	수정 후
마그마가 지표 또는 지하의 얕은 곳에까지 올라와 고결된 암석은? ① 화성암　② 화산암　③ 사암 ④ 편암　⑤ 변성암	화산암에 대한 설명으로 옳은 것은? ① 마그마가 지표 또는 지하의 얕은 곳에까지 올라와 고결된 암석 ② 뜨거운 마그마가 식어서 만들어진 암석 ③ 운반 작용으로 만들어진 쇄설성 퇴적암 ④ 변성 작용으로 만들어진 암석 ⑤ 마그마가 지하 심부에서 굳어져 만들어진 암석

항에서 설명하고 이에 해당하는 용어를 선택지에서 찾게 하는 질문 형태는 용어를 구분하는 능력을 측정할 뿐 용어에 대한 정확한 이해 정도의 측정은 어렵다.

- 문항이나 선택지의 서술은 간단하고 명확한 단어로 서술한다. 복잡한 문장 서술은 과학 내용 평가가 아닌 언어 능력 평가가 될 수도 있다.

수정 전	수정 후
지구를 구성하고 있는 계(system)는 몇 개로 구분되는지 맞는 답을 고르시오. ① 3개의 계 ② 4개의 계 ③ 5개의 계 ④ 6개의 계 ⑤ 7개의 계	지구를 구성하고 있는 계(system)의 수는? ① 3 ② 4 ③ 5 ④ 6 ⑤ 7

- 문항의 질문 형태를 가능한 한 긍정문으로 한다. 오답을 찾는 것보다는 정답을 찾는 것이 더 교육적이다. 또, 질문이 부정문일 경우 성취 능력과 무관하게 주의집중을 못한 결과로 정답을 선택하는 데 실패하는 경우도 생길 수 있다. 따라서 불가피하게 부정문의 질문으로 묻는 경우 밑줄을 긋거나 진하게 표시하여 실수로 인해 문항의 신뢰도가 낮아지는 것을 방지해야 한다.
- 문항 질문 내용 중 답을 암시하는 내용을 포함하지 않는다.

수정 전	수정 후
황갈색의 탁한 물로서 비교적 물 오염에 내성이 강한 물고기나 거머리 등이 살 수 있는 물은? ① 1급수 ② 2급수 ③ 3급수 ④ 4급수 ⑤ 5급수	거머리나 물벌레가 살 수 있는 물의 급수는? ① 1 ② 2 ③ 3 ④ 4 ⑤ 5

- 그럴듯하고 매력적인 오답 선택지를 만든다. 선다형 문항 개발에서 가장 어렵고 많은 경험이 필요한 부분이다. 매력적인 오답 선택지를 통해 학생들의 고등 정신 능력도 측정 가능해진다. 다음의 수정 전 문항에서 선택지 ①의 화분 크기는 이 실험과 전혀 상관없는 선택지로 매력적인 오답의 기능을 할 수 없다.

철수는 생태계의 물질 순환 과정에서 분해자가 물질을 분해하는 과정이 필요하다는 사실을 배운 후 다음과 같이 실험했다.

▷ **실험** 가. 한 가지 풀로 썩힌 기간을 다르게 한 세 종류의 퇴비를 만들었다.

나. 크기가 같은 화분에 같은 성분의 토양을 넣었다.
다. 각 화분에 생장 정도가 같은 콩 모종을 심었다.
라. 모든 화분을 온도가 일정하게 유지되는 같은 온실에 두었다.
마. 모든 화분에 매일 같은 양의 빛과 물을 충분하게 공급했다.
바. 30일 후 각 화분에서 자란 콩의 키를 측정했다.

수정 전	수정 후
이 실험으로 검증하고자 하는 가설로 적당한 것은?	이 실험과 가장 관련성이 높은 가설은?
① 화분 크기에 따라 콩의 생장 속도가 다를 것이다.	① 퇴비 200g을 사용하면 콩이 더 크게 자랄 것이다.
② 퇴비 200g을 사용하면 콩이 더 크게 자랄 것이다.	② 오래 썩힌 퇴비일수록 물을 많이 필요로 할 것이다.
③ 오래 썩힌 퇴비일수록 물을 많이 필요로 할 것이다.	③ 퇴비는 여러 종류의 식물을 섞어서 만드는 것이 좋을 것이다.
④ 퇴비는 여러 종류의 식물을 섞어서 만드는 것이 좋을 것이다.	④ 오래 썩힌 퇴비일수록 물을 많이 필요로 할 것이다.
⑤ 오래 썩힌 퇴비일수록 콩의 생장에 필요한 양분이 많을 것이다.	⑤ 퇴비의 양이 많을수록 물질의 분해가 더 빨리 이루어질 것이다.

- 선택지들 중 정답이 두 개 이상일 경우 최선의 답을 선택하도록 강조한다. 가능하면 가장 옳은 답을 찾게 하는 것이 가장 정확한 능력을 파악할 수 있는 문항이다. 두 개의 정답을 선택하는 문항에서 두 개 중 하나만 옳은 것을 선택한 경우와 둘 다 틀린 것을 선택한 경우 모두 오답이 되어 피험자가 가진 정확한 능력 파악이 어려워진다.
- 학생들이 옳은 답을 선택하거나 틀린 답을 제거하여 답을 찾을 수 있는 단서를 제공하지 않는다. 선택지 중 특이한 형태로 서술된 선택지 또는 다른 선택지보다 구체적이고 상세한 선택지 등은 정답이거나 틀린 답이 될 것이라는 암시가 될 수 있으므로 피한다.
- 선택지만을 분석하여 문항의 답을 맞히게 해서는 안 된다. 논리적 분석에 능한 학생들은 질문 내용이나 지시문을 읽지 않고 답을 맞힐 수도 있기 때문이다.
- 가능한 한 선택지를 짧게 만든다. 질문이 짧고 선택지들이 긴 문항은 학생들이 응답하기에 많은 시간과 집중력이 필요하다. 따라서 질문이 구체적이고 길더라도 선택지는 짧게 제시하는 것이 바람직하다.

- 선택지들이 수나 연도로 서술될 때, 일반적으로 작은 수부터 큰 수로 배열한다. 또한, 선택지들이 간단한 하나의 단어로 표기될 때 가, 나, 다 순 또는 a, b, c 순으로 나열한다.

연결형

배합형이라고도 하는 연결형 문항은 문제 군과 선택지 군을 배열하여 문제 군의 질문에 대한 정답을 선택지 군에서 찾아 연결하는 문항 형태로 선다형 문항의 일종이다. 연결형 문항은 두 가지 내용의 연관성에 대한 기초 지식을 평가하는 데 적합하다. 연결형 문항의 개발 원리는 다음과 같다 (성태제, 2010).

- 문제 군과 선택지 군에 각각 동질성을 유지한다. 예를 들어, 암석의 종류와 조암 광물을 연결하는 문항에서, 문제 군의 문항들이 모두 퇴적암인데 한 문항만 변성암이었다면 조암광물을 쉽게 찾을 수 있다.
- 선택지 군의 선택지 수는 문제 군의 문제 수보다 많게 한다. 이 수가 동일할 경우, 한 문제의 답을 모르더라도 남은 하나의 선택지가 자연적으로 정답이 될 수도 있기 때문이다. 대개 선택지 군이 문제 군보다 1.5배 많은 수가 바람직하다.
- 문제 군의 문제들은 왼쪽에, 선택지 군의 선택지들은 오른쪽에 배열하고 번호를 각기 달리한다.
- 문제 군의 문제들과 선택지 군의 선택지들을 배열할 때 각각 문자 순이나 연대 순으로 한다.

단답형

단답형 문항은 간단한 단어, 구, 절, 수나 기호로 응답하는 문항 형태로 용어의 정의나 의미를 물을 때에 자주 사용된다. 선다형 문항에 비해 개발이 비교적 쉽고 추측에 의해 정답을 맞힐 수 있는 요인이 없어지며, 채점도 논술형보다는 객관적이다. 그러나 단답형 문항으로 평가가 이루어질 때 단순 지식, 개념, 사실들을 측정할 가능성이 높다. 개발 원리는 다음과 같다 (성태제, 2010).

- 가능한 한 간단한 형태의 응답이 되도록 질문한다.

- 직접 화법으로 질문한다.
- 교과서에 있는 구, 절의 형태와 동일한 문장으로 질문하지 않는다. 교과서 문장을 그대로 출제한다면 학생들이 교과서의 내용을 이해하기보다는 암기하려는 경향이 생긴다. 교과서의 내용을 새로운 문장으로 구성하여 질문할 때, 학생들의 분석, 종합, 문제 해결력 등을 평가할 수 있다.
- 채점하기 전에 정답이 될 수 있는 답들을 준비한다. 가능한 한 하나의 정답으로 질문해야 하나, 동의어가 여러 개일 경우 정답의 예시를 제시하는 것이 좋다.
- 계산 문제의 경우 정답이 되기 위하여 계산의 정확성 정도나 계산 절차의 수준을 명시한다. 예를 들어, 소수 둘째자리에서 반올림하여 계산하라는 식의 명시가 필요하다.
- 정답이 수로 표기될 때 단위를 표기한다. 이는 학생들의 혼란을 막기 위해서일 뿐만 아니라 정답이 여러 개가 되는 번거로움을 피하기 위해서다.

괄호형

질문을 위한 문장에 공란 또는 괄호를 두어 질문하는 형태의 문항이다. 이는 선다형 문항보다도 높은 타당도와 신뢰도를 갖는데, 선택지를 통한 문항의 추측 요인을 배제할 수 있기 때문이다. 문항 개발 및 채점의 객관성 유지도 쉬운 편이다. 그러나 단순 지식, 개념, 사실 등만을 평가할 가능성이 높다는 문제점도 보인다. 개발 원리는 다음과 같다 (성태제, 2010).

- 지엽적 내용이 아닌 중요한 내용을 공란으로 한다.
- 공란은 가능한 한 질문의 후미에 둔다. 이는 학생들이 문장을 읽고 자연스럽게 답할 수 있기 때문이다.
- 교과서 문장을 그대로 사용하지 않는다. 이는 학생들의 암기력이 아닌, 분석력, 종합력, 이해력, 응용력 등을 평가하는 것이 바람직하기 때문이다.
- 질문의 여백 뒤의 조사가 정답을 암시하지 않게 한다. 예를 들어, 은/는, 을/를, 이/가 등을 모두 써 주는 것이 바람직하다.
- 채점의 정확성과 체계성을 위해 여백 하나를 채점 단위로 한다.

논술형

논술형 문항은 주어진 질문에 제한 없이 여러 개의 문장으로 응답하는 문항 형태이다. 논술형 문항은 학생들의 분석력, 비판력, 조직력, 종합력, 문제해결력, 창의력 등을 평가할 수 있지만, 채점자의 주관성 문제가 대두되는 경우가 많다. 논술형 문항은 제한적 논술형 문항과 확장된 논술형 문항이 있다. 제한적 논술형 문항은 논술의 범위를 지시문에서 축소시키거나 글자 수를 제한하는 문항으로 채점의 주관성 문제를 줄이는 문항이다. 그러나 학생들이 제한된 범위 내에서 사고하게 되므로 고등 정신 능력을 온전하게 평가할 수 없다. 확장된 논술형 문항은 글자 수, 시간 제한, 서술 범위 등에서 어떠한 제약도 없으므로 학생들의 인지 구조 평가도 가능하다. 개발 원리는 다음과 같다(성태제, 2010).

- 복잡한 학습 내용의 인지 여부는 물론 분석, 종합 등의 고등 정신 능력도 측정할 수 있도록 한다. 다음은 OECD에서 주관하는 국제비교평가연구인 PISA 2000에 출제되었던 문항이다. 이 문항은 결론 도출 기능을 평가하는 문항으로 우리나라의 만 15세 학생들의 정답율이 42.1%이다(송미영 외, 2013).

> ▷ **세멜웨이즈의 일기 1**

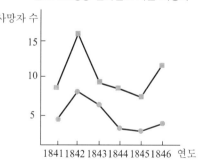

산모 100명당 산욕열로 죽은 사망자

"1846년 7월. 다음 주가 되면 나는 비엔나 종합 병원 산부인과 제1병동의 '책임 의사'가 된다. 나는 이 병동에서의 환자 사망률을 알고는 너무나 놀랐다. 이번 달에도 208명의 산모 중 최소한 36명이 산욕열로 생명을 잃었다고 한다. 아기를 낳는 것이 중증의 폐렴만큼이나 위험한 셈이다." 세멜웨이즈 박사(1818~1865)의 일기에서 발췌한 위의 내용을 보면 많은 여성들이 출산 후 산욕열이라는 무서운 전염병으로 인해 죽었음을 보여주고 있다. 세멜웨이즈 박사는 제1병동과 제2병동에서 산욕열로 죽은 사망자 수에 대한 자료를 수집하였다(그림 참조). 세멜웨이즈 박사가 살았던 당시는 산욕열의 원인을 전혀 알지 못했던 시기이다. 그의 일기를 다시 살펴보자.

"1846년 12월. 출산 당시에는 아무런 문제가 없던 산모들이 왜 출산 이후에 산욕열로 죽는 걸까? 지난 수 세기에 걸쳐 알려진 바에 의하면 눈에 보이지 않는 전염병으로 산모들이 죽어 간다고 한다. 그 원인은 아마도 대기의 변화나 우주로부터의 영향 또는 지진과 같은 지구 자체의 움직임일 수도 있다."

오늘날 우주로부터의 영향이나 지진을 산욕열의 원인으로 생각하는 사람들은 많지 않다. 우리는 산욕열이 위생 상태와 관계있다는 것을 알고 있다. 그러나 세멜웨이즈 박사가 살던 시대에는 과학자들마저도 우주로부터의 영향이나 지진이 산욕열의 원인이라는 생각을 가지고 있었다. 빈면, 세멜웨이즈 박사는 자신이 수집한 자료(그림 참조)를 근거로 우주로부터의 영향이나 지진이 산욕열의 원인이 아니라고 주장하였다.

▷ **문제**

여러분이 세멜웨이즈 박사라고 가정하고, (세멜웨이즈 박사가 수집한 자료를 근거로) 지진이 산욕열의 원인이 아니라고 주장하게 된 이유를 쓰시오.

- 논술 문항의 지시문을 '비교, 분석하라', '이유를 설명하라', '견해를 논하라' 등으로 한다. 그저 '서술하라'는 형태의 문항은 암기 내용을 서술하라는 것에 불과하게 되기 때문이다. 다음의 수정 전 문항에서처럼 그저 '설명하시오'라고 할 경우 이해력만 평가할 수 있지만 '비교, 분석하시오'라고 할 경우 분석력과 종합력도 평가할 수 있다.

수정 전	수정 후
엘리뇨와 라니냐 현상에 대해 설명하시오	엘리뇨와 라니냐 현상을 비교, 분석하시오

- 논쟁을 다루는 논술형 문항은 어느 한편의 견해를 지지하는 입장에서 논술을 제시하지 말고 학생의 견해를 밝히고 그 견해를 논리적으로 전개할 수 있게 유도한다. 어느 한편의 견해를 지지하는 입장에서 논술하는 것은 문항에서 제시한 의견과 반대 의견을 가진 학생들의 논리적 사고를 제한하여 고등 정신 능력 평가에 한계가 생긴다.
- 제한된 논술 문항인 경우 응답 길이를 제한한다. 응답을 제한하지 않을 경우 채점의 신뢰도가 낮아지기 때문이다.
- 논술문의 제한된 내용이나 지시문 등의 어휘 수준은 학생의 어휘 수준에 적절한 것을 선택한다. 그렇지 않을 경우, 독해력을 묻는 문항이 될 수 있기 때문이다.
- 여러 논술형 문항 중 선택하여 응답하는 것을 지양한다. 여러 문항 중 선택하여 응답

하게 되면 학생들의 평가 조건이 달라지기 때문이다. 또한, 여러 개의 문항이 비슷한 수준의 문항 난이도가 되기도 어렵다.

- 질문의 내용이 광범위한 소수의 문항보다는 협소하더라도 다수의 문항으로 질문한다. 적은 수의 문항으로 많은 내용을 평가하기에는 제한점이 많기 때문이다.

- 문항을 배열할 때, 쉬운 문항에서 어려운 문항으로 배열한다. 학생들의 검사 불안도가 높아져서 알고 있는 문항의 답변도 못하게 되는 경우를 방지하기 위해서다.

- 각 문항에 응답할 수 있도록 적절한 응답 시간을 제공한다. 학생들이 문항을 이해하고 종합적이고 분석적인 응답을 하기 위한 충분한 시간을 주는 것이 바람직하다.

- 문항 점수를 제시한다. 학생들이 다수의 논술형 문항을 풀어나갈 때 응답 전략을 세울 수 있도록 하기 위함이다.

- 기준을 마련한다. 논술형 평가에서 가장 중요한 부분이 채점의 신뢰성이다. 채점자 간 불일치를 최소화하기 위해서는 채점 기준이 명확해야 한다. 채점 기준에는 모범 답안뿐만 아니라 가능한 답안을 열거하여 채점에서의 주관성 문제를 최소화해야 한다. 채점 기준을 제시하는 방식은 사례 나열 방식, 감점 조건 제시 방식, 요소별 배점 방식 등이 있다(박도순, 2000).

'사례 나열 방식'은 부분 점수를 받을 수 있는 가능한 모든 답안 예를 구체적으로 제시하고, 각각에 대한 득점을 명시하는 형태다. 주로 단답형과 완성형 채점 기준 작성에 이용할 수 있다. 다음 문항은 국제비교연구에 출제되었던 중학교 과학 문항으로, 사례 나열 방식으로 채점 기준이다(김수진 외, 2013).

▷ **평가 문항**

영희는 빛의 세기와 이산화 탄소 농도가 광합성 속도에 미치는 영향을 조사하고 있다. 영희는 2개의 동일한 식물에 빛의 세기를 다르게 하여 광합성 속도를 측정하였다. 두 식물을 밀폐된 용기에 놓았는데, 한 용기의 이산화 탄소 농도는 처음에 0.40%이었고, 다른 한 용기의 이산화 탄소 농도는 처음에 0.03%이었다. 영희는 실험 결과를 다음과 같이 나타내었다. 이산화 탄소의 농도를 증가시키는 것이 광합성 속도에 영향을 미치는가?(하나만 고르시오.)

☐ 예   ☐ 아니요

그 이유를 설명하시오.

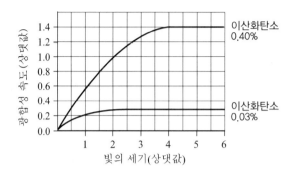

▷ 채점 기준

채점 코드		응답 유형
정답	10	"예"라고 답하고 이산화 탄소가 광합성에 요구된다는 설명을 적은 경우. 그래프에 대한 상세한 언급은 포함해도 되고 안 해도 됨. · 예시: 이산화 탄소는 광합성에 사용된다. 이산화 탄소의 농도가 높아질수록 광합성 속도도 빨라진다. 광합성이 일어나기 위해서는 이산화 탄소가 필요하다. 식물은 광합성을 하기 위해 태양 빛과 이산화 탄소를 사용하고, 더 많은 이산화 탄소가 있으면 광합성뿐만 아니라 성장률에 영향을 줄 것이다. 빛의 세기가 3일 때, 0.40%일 경우 광합성 속도는 1.2이고 0.03%일 경우 광합성 속도는 0.3이다. 이것은 광합성이 일어나기 위해서는 이산화 탄소가 필요하기 때문이다.
	11	"예"라고 하고 단지 그래프와 관련된 설명을 한 경우(명시적이든, 암묵적이든) · 예시: 이산화 탄소 농도가 0.03%인 경우가 0.4%일 때보다 광합성 속도가 낮다. 빛의 세기가 3인 경우, 광합성 속도는 이산화 탄소가 0.40%일 때 1.2, 0.03%일 때는 0.3이다. 광합성 속도는 이산화 탄소 농도가 높아지면 증가한다. 식물은 더 빠르게 광합성을 한다.
오답	79	기타 오답
무응답	99	빈칸

'감점 조건 제시 방식'은 감점을 당하는 답안을 구체적으로 명시하고 이에 대한 감점치를 명시하는 형태다. 주로 단답형과 완성형 채점 기준 작성에 이용할 수 있다.

'요소별 배점 방식'은 정답 또는 모범 답안을 구성하고 있는 채점 요소 각각에 대해 배점을 명시하는 방식이다. 단답형, 완성형뿐만 아니라 논술형 채점 기준에 이용할 수 있다. 다음 문항은 국제비교연구에 출제되었던 중학교 과학 문항으로, 요소별 배열 방식으로 채점 기준이다 (김수진 외, 2013).

▷ 평가 문항

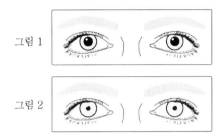

그림 1

그림 2

그림 1과 2는 환경 조건의 변화에 대해 눈이 반응한 모습을 나타낸 것이다. 그림 1과 2에서 환경 조건은 무엇인가? 그리고 환경 조건은 그림 1과 2의 눈에서 어떻게 다른가?

▷ 채점 기준

채점 코드		응답 유형
정답	20	'빛'이라고 쓰고, 어떤 그림이 빛이 적은/많은 곳에 해당되는지를 명시한 경우 그림 1=어두운 빛, 빛이 적음, 어두움, 또는 이와 유사한 표현 그림 2=밝은 빛, 빛이 많음 또는 이와 유사한 표현 ・예시: 그림 1에서는 빛이 적다. 　　　　빛이 더 많이 들어오도록 동공이 커진다. 　　　　그림 1에서는 어둡고, 그림 2에서는 밝다.
	29	그 밖의 정답
부분 정답	10	'빛'이라고 썼으나, 어떤 그림이 빛이 적은/많은 곳에 해당되는지를 명시하지 않은 경우 ・예시: 빛의 정도이다. 　　　　그림 1에서 동공이 더 크다. 　　　　그림 2에서는 동공이 더 작다. 　　　　한쪽이 다른 쪽보다 더 밝다.
	19	그 밖의 부분 정답
오답	70	'빛'이라고 썼으나, 그림 1과 2의 조건을 거꾸로 답한 경우 ・예시: 그림 1은 밝은 빛에 있고, 그림 2에서는 어두운 빛에 있다.
	79	기타 오답
무응답	99	빈칸

채점의 오류

- **집중화 경향의 오류**(error of central tendency)

  채점이 중간 점수로 지나치게 모이는 경향으로 훈련이 부족한 채점자가 잘 저지르는 오류다. 주로 극단적 판단을 꺼리는 인간 심리와 피평가자에 대한 이해 부족이 원인이다. 중간 점수의 범위를 넓게 잡음으로써 해결될 수 있다.

- **인상의 오류**(error of halo effect)

  피평가자의 다른 특성에 의해 영향을 받는 오류다. 실제보다 더 좋게 평가하는 경우를 관대의 오류(error of leniency)라고 하고, 보다 나쁘게 평가하는 경우를 엄격의 오류(error of severity)라고 한다. 모든 피평가자를 한 번에 한 가지 특성만 평가하게 하거나 강제 선택법을 사용하여 이러한 오류를 제거할 수 있다.

- **논리적 오류**(logical error)

  전혀 다른 두 가지 행동 특성을 비슷한 것으로 착각하여 평가하는 오류다. '수학을 잘하니까 과학도 잘한다', '책을 많이 읽으므로 생물을 잘한다'는 식의 논리적 인과 관계가 명확하지 않은 판단으로 평가할 경우 생긴다. 객관적 자료와 관찰을 통하거나 특성의 의미론적 변별을 정확히 함으로써 이러한 오류를 제거할 수 있다.

- **표준의 오류**(error of standard)

  평가자가 표준을 어느 정도로 하느냐에 따라 생기는 오류다. 예를 들어, 7점 척도에 어떤 평가자는 3점을 표준으로 할 수도 있고, 또 다른 평가자는 4점을 표준으로 할 수도 있다. 척도에 대한 개념을 서로 확립하고 평가 항목에 대한 오차를 줄임으로써 이러한 오류를 제거할 수 있다.

- **대비의 오류**(contrast error)

  평가자가 가진 것을 피평가자도 가지고 있다면 실제 이하로 평가하고, 평가자에게 없는 것을 가진 피평가자를 실제 이상으로 평가하는 오류다. 이는 정신분석학에서 말하는 반동형성 또는 투사 현상과 비슷하다.

- **근접의 오류**(approximate error)

  시간적, 공간적으로 가깝게 평가하는 특성 사이에 상관이 높아지는 오류다. 비슷한 성질을 띤 평가를 시간, 공간적으로 멀리 떨어지게 하는 것이 좋다.

평가 문항 분석

평가 문항은 다양한 방법으로 분석할 수 있다. 평가 문항 분석을 통해 교사는 가르치는 과정에 대한 피드백을 받을 수 있고 학생은 배우는 과정에 대한 피드백을 받을 수 있다. 평가 문항은 문항 난이도(곤란도), 문항 변별도, 문항 추측도, 문항 교정 난이도, 오선택지 매력도 등의 차원에서 분석될 수 있다(성태제, 2010).

문항 난이도 (item difficulty)

문항 난이도는 문항의 쉽고 어려운 정도를 나타내는 지수로 총 피험자 중 정답을 맞힌 피험자의 비율이다. 원칙적으로 문항 난이도 지수가 높으면 쉬운 문항이고 낮으면 어려운 문항이다. 그러나, 통상적으로 난이도가 '상' 또는 '높다'라는 것이 어려운 문항을 의미하기 때문에 주의해야 한다. 문항 난이도를 계산하는 방법은 다음과 같다.

$$P = R/N \quad (N: \text{총 피험자 수, } R: \text{문항의 답을 맞힌 피험자 수})$$

문항을 보다 세부적으로 평가하기 위해 문항 난이도를 분류하면 <표 7.10>과 같다(성태제, 2010). 문항 변별도(item discrimination)

문항 변별도는 능력이 높은 피험자와 능력이 낮은 피험자를 변별하는 지수다. 즉, 능력이 높은 피험자가 틀리고 능력이 낮은 피험자가 맞힌 문항은 변별력이 낮아 문항으로서의 기능을 제대로 하지 못하는 문항이 된다. 마찬가지로 능력이 높은 피험자도 낮은 피험자도 모두 답을 맞히거나 모두 답을 맞히지 못하는 문항은 변별력이 없는 문항이 된다. 이와 같이 문항의 변별도는 문항 점수와 피험자 총점의 상관 관계에 영향을 받는다.

표 7.10 문항 난이도에 따른 5단계 문항 평가(성태제, 2010)

문항 난이도	문항 평가
0 ~ .20 미만	매우 어려운 문항
.20 이상 ~ .40 미만	어려운 문항
.40 이상 ~ .60 미만	중간 난이도 문항
.60 이상 ~ .80 미만	쉬운 문항
.80 이상 ~ 1.00 미만	매우 쉬운 문항

표 7.11 Ebel의 문항 변별도 평가 기준

문항 난이도	문항 평가
.10 미만	변별력이 없는 문항
.10 이상 ~ .20 미만	변별력이 매우 낮은 문항
.20 이상 ~ .30 미만	변별력이 낮은 문항
.30 이상 ~ .40 미만	변별력이 있는 문항
.40 이상	변별력이 높은 문항

$$r = \frac{N\Sigma XY - \Sigma X \Sigma Y}{\sqrt{N\Sigma X^2 - (\Sigma X)^2}\ \sqrt{N\Sigma Y^2 - (\Sigma Y)^2}}$$

(N: 총 피험자 수, X: 각 피험자의 문항 점수, Y: 각 피험자의 총점)

이와 같은 공식에 따라 구한 문항 변별도에 대한 절대적 기준은 없지만 Ebel (1965)은 <표 7.11>과 같이 기준을 설정했다 (성태제, 2010, 재인용).

문항 변별도가 .20 미만인 문항은 반드시 수정해야 하며, 문항 변별도가 음수로 나타날 경우 제거해야 한다. 문항 변별도가 높으면 검사 도구의 신뢰도도 높아진다. 문항 변별도는 피험자 집단을 상위 능력 집단과 하위 능력 집단으로 구분하여 상위 능력 집단의 정답 비율과 하위 능력 집단의 정답 비율의 차이로 추정하는 방법으로도 추정 가능하다 (Johnson, 1951). 검사 총점의 분포를 특정 기준에 의해 두 개 또는 세 개 집단으로 나누고 상위 능력 집단에서의 문항 정답 비율과 하위 능력 집단에서의 문항 정답 비율에 차이가 있다면 변별력이 있는 문항이 된다. 예를 들어, 1,000명이 실시한 20점 만점의 검사에서 12점을 준거로 상위 능력 집단과 하위 능력 집단으로 구분했을 때 집단별 문항 정답 여부는 [그림 7.2]와 같다.

이 때 준거 점수에 따라 문항 변별도가 달라지게 되어 준거 점수가 아닌 총 피험자 수

	상위 집단	하위 집단	
정답	300	180	480
오답	100	420	520
	400	600	1,000

U−L = 300/400 (상위 집단 정답 비율) − 180/600 (하위 집단 정답 비율) = .45

그림 7.2 상 하위 능력 집단의 정답 비율에 의한 문항 변별도

에 근거하여 피험자 수가 같도록 집단을 구분하거나, 또는 상위 27%와 하위 27%를 규정한 후 문항 변별도를 추정하기도 한다 (Kelly, 1939).

문항 교정 난이도

문항 난이도에는 추측하여 정답을 맞힌 피험자 비율도 포함되어 있다. 문항 난이도에서 이 비율을 제거한 난이도를 문항 교정 난이도라고 한다 (성태제, 2010).

$$P_C = P = P_{GR}$$

(P: 문항 난이도, P_{GR}: 문항 추측도, P_C: 문항 교정 난이도)

오선택지 매력도

선택지 중 오답 선택지를 선택한 피험자들은 정답을 맞히지 못한 피험자들이 되며 확률적으로 균등하게 오답을 선택하게 된다. 따라서, 문항의 답을 맞히지 못한 피험자들이 오답의 보기를 선택할 확률은 다음과 같다.

$$P_0 = 1 - P / Q - 1$$

(P_0: 선택지 선택 확률, P: 문항 난이도, Q: 선택지 보기의 수)

오답 선택지 매력도는 각 오답 선택지를 선택한 비율로 결정된다. 오답 선택지에 대한 응답 비율이 오답 선택지 매력도보다 높으면 매력적 선택지, 그 미만이면 매력적이지 않은 선택지로 평가한다. 예를 들어 1,000명의 피험자가 사지 선다형 문항의 각 선택지에 응답한 결과와 이에 대한 오답 선택지 매력의 추정이 <표 7.12>와 같다고 하자.

<표 7.12>에서 .4의 비율로 정답을 맞혔고 .6의 비율이 오답을 선택했다. 따라서 오답지 3개에 고르게 오답을 선택한다는 가정에서 보면 각 오답 선택지에 대한 비율은 .2로 추측된다. 그러나 (가) 선택지를 선택한 피험자 비율은 .1로 나와 매력적이지 않은 오답 선택지이고, 이 선택지의 매력도를 높이면 문항이 어려워질 것이다. 마찬가지로 (다) 선택지를 선택한 피험자 비율은 .3으로 나와 매력적인 오답 선택지인데, 이 선택지의 매력도를 낮추면 문항이 쉬워질 것이다.

표 7.12 오답 선택지 매력도 추정(성태제, 2010)

답지＼내용	응답자	응답비율	비고
(가)	100	.1	매력적이지 않은 오답지
(나)	400	.4	정답
(다)	300	.3	매력적 오답지
(라)	200	.2	매력적 오답지

타당도 (validity)

측정하려고 하는 능력이나 특성을 평가 문항이 얼마나 충실하게 재고 있는가의 정도를 타당도라고 한다. 즉, 무엇을 재느냐와 관련된 개념이다. 타당도는 다양하게 분류되고 있지만, 과학교육 평가에서 빈번하게 활용되는 내용 타당도와 구인 타당도를 중심으로 소개하겠다. 내용 타당도(content validity)는 논리적 사고로 분석하고 판단하는 주관적 특성을 갖는다. 과학 교수 학습 과정에서 설정했던 교육 목표에 대한 성취 여부를 묻는 평가에서 문항의 타당성 검증을 위해서 내용 타당도를 가장 많이 사용한다. 내용 타당도가 높은 평가 문항 개발을 위해서 내용 요소와 행동 요소로 나누는 이원분류표를 작성하는 것이 중요하다. 내용 타당도는 평가 문항 관련 내용 전문가의 전문 지식에 의해 검증된다. 따라서 내용 타당도를 통해 정량적 정보가 아니더라도 평가 목적에 부합하는지 여부를 검증할 수 있다(성태제, 2010).

구인 타당도(construct validity)는 조작적 정의가 어려운 인간의 심리적 특성이나 성질을 심리적 구인으로 분석하여 조작적으로 정의한 후, 평가 점수가 조작적 정의에서 규명한 심리적 구인(construct)들을 제대로 측정하였는지 검증하는 방법이다. 구인이란 심리적 특성이나 행동 양상을 설명하기 위해 존재를 가정하는 심리적 요인이다. 예를 들면 과학적 태도 평가에서 객관성, 합리성, 개방성, 보편성 등이 구인이라 할 수 있다. 정성적 방법에 따라 검증하는 내용 타당도와는 달리 구인 타당도는 통계를 활용해 정량적으로 검증한다. 상관계수법, 실험 설계법, 요인 분석 등을 들 수 있는데, 이 중 요인 분석을 가장 많이 사용한다. 요인 분석은 복잡하고 정의하기 어려운 변수들 간의 상호 관계를 분석하여 상관이 높은 변수들을 모아 요인으로 규명하고 그 요인의 의미를 부여하는 통계 방법을 말한다. 요인 분석을 하려면 최소한 300명 이상의 응답 자료가 필요하다(성태제, 2010).

신뢰도 (reliability)

신뢰도는 동일한 평가 도구를 반복 실시했을 때 측정의 일치성 정도를 의미한다. 즉, 신뢰도는 측정하려고 하는 것을 얼마나 안정적으로 일관성 있게 측정하였는가의 문제이며, 얼마나 오차 없이 측정했는가의 정도를 의미한다. 따라서 평가를 실시할 때마다 결과에 있어서 오차가 크다면 신뢰도는 낮다고 볼 수 있다. 타당도가 '무엇'을 측정하고 있는가의 문제라면, 신뢰는 '어떻게' 측정하고 있는가의 문제다. 평가 도구에서 타당도는 평가 도구나 문항이 갖춰야 할 결정적으로 중요한 조건이다. 그러나 신뢰도가 확보되지 않는다면 타당도는 당연히 낮아진다. 그러나 평가 도구의 타당도가 낮더라도 신뢰도는 높을 수 있다 (성태제, 2010).

신뢰도를 검증하는 방법으로 재검사신뢰도 (test-retest reliability), 동형검사신뢰도 (equivalent-form reliabiity), 반분신뢰도 (split-half reliability), 문항 내적 신뢰도 등이 있다 (박도순 외, 2011).

재검사신뢰도는 한 개의 평가도구를 같은 집단에게 두 번 실시해서 그 전후 결과에서 얻은 점수로 상관계수를 얻는 방법이다. 이 방법은 전후 검사의 실시 간격, 문항의 오차 변량, 전후 검사 실시 조건의 차이 등을 완벽하게 조정할 수 없기 때문에 한계가 있다.

동형검사신뢰도는 미리 두 개의 동형 검사를 개발하고 그것을 동일한 학생들에게 실시해서 이들 검사에서 얻은 점수 간 상관계수를 얻는 방법이다. 동형검사는 내용은 다르지만 동일하다고 추정할 수 있는 문항 즉, 내용이 같고 난이도나 변별도도 유사한 문항으로 구성되어야 한다. 이 방법은 완전하게 동질적인 두 검사 문항을 제작하기 어렵다는 한계를 갖는다.

반분신뢰도는 한 개의 평가도구를 한 집단에게 실시한 후 이를 두 부분의 점수로 분할하고 이 분할된 두 부분을 각각의 독립 검사로 간주하여 그 사이에 존재하는 상관계수를 측정하는 방법이다. 두 부분으로 분할하는 방법에는 전후를 꼭 반이 되게 나누는 방법, 홀수와 짝수로 나누는 방법, 난수표로 나누는 방법 등이 있다. 이 방법으로 신뢰도를 측정하려면 검사를 두 부분으로 나눌 때 각 부분이 동형이 되도록 주의해야 한다 (박도순 외, 2011).

과학교육에서 가장 손쉽게 활용되는 신뢰도 추정 방법은 크론바흐 알파 (Cronbach α) 계수를 통한 문항 내적 신뢰도다. 이 방법에서는 검사 속 개별 문항들을 모두 독립된 한 개의 검사 단위로 간주하고, 그 합치성, 동질성, 일치성을 종합한다. Cronbach α가 신뢰도 추정에서 가장 빈번하게 활용되는 이유는 모든 문항에서 신뢰도 추정이 가능하기 때문이다. 신뢰도를 높이기 위해서는 문항 수가 많고, 난이도가 중간 수준으로 적절하며, 변별도가 높고, 평가 내용 범위가 좁고 구체적이며, 검사 시간도 충분해야 한다.

과학교육에서 논술형 학업 성취도 문항과 관찰이나 면접평가에서 채점의 신뢰도는 평가 결과의 객관성 확보에 있어서 매우 중요하다. 특히, 수행평가의 확대와 관련하여 채점자 내 신뢰도와 채점자 간 신뢰도의 중요성은 더욱 커졌다. 채점이 이루어지기 전 채점자 교육과 초벌 채점을 통한 채점의 객관성 확보가 필요하다.

▷ 채점자 내 신뢰도 (intra-rater reliability)

한 채점자가 모든 평가 대상에 대해 지속적으로 일관성 있게 측정하였는지를 나타내는 신뢰도이다. 채점하는 사람이 일관되게 채점하지 않는다면 채점할 때마다 채점 기준이 변한다는 것을 의미한다.

▷ 채점자 간 신뢰도 (inter-rater reliability)

이것은 채점 결과가 채점자들 간에 얼마나 유사한가를 의미하는 것으로 채점자들의 채점 결과에 대한 유사한 정도를 나타내는 신뢰도이다. 채점 대상의 행위 등이 유목이나 범주로 분류될 때에는 채점자 간 일치도 통계(agreement statistics)와 Cohen의 카파(Kappa) 계수 등이 많이 활용된다. 그리고 채점 결과가 연속적 점수로 부여될 때 채점자 간 상관계수법이 활용된다.

과학 학습 평가에서의 사회 문화적 접근

최근 교육 전반에 걸쳐 사회 문화적 접근에 대한 관심이 높아지고 있고 과학교육도 예외가 아니다. 과학교육에서 사회 문화적 접근이 필요함을 보여주는 지표는 바로 사회적, 문화적 소외 계층들의 과학 성취도가 매우 낮다는 통계 자료들이다. 국제 비교 평가 결과에 따르면, 우리나라는 사회 경제적 배경이 학생들의 과학 성취도에 미치는 영향이 매우 큰 국가들 중의 하나로 드러났다 (손원숙, 2008). 저소득, 다문화, 탈북 학생들과 같은 소외 계층 학생들의 과학 성취도가 일반 학생들에 비해 유의미하게 낮고, 학년이 올라갈수록 그 격차가 더욱 심화된다는 것이다 (신동희 외, 2011).

미국은 이미 오래전부터 사회 문화적 배경에 따른 과학 성취도의 격차에 대한 관심을 나타냈다. 저소득, 유색 인종, 이민으로 발생한 언어적 문제가 있는 학생 등과 같이 과학교육에서 비주류(minority)라고 할 수 있는 학생들의 낮은 과학 성취도에 대한 연구를 지속적으로 진행하였다 (Muller et al., 2001; O'Sullivan et al., 2003; Rodriguez, 1998). 그 연구 결과들에 따르면, 사회 경제적 배경에 따른 과학 학습 평가 결과에 차이가 있음이 나타났다. 예를 들면, 컴퓨터에 익숙한 학생들과 그렇지 않은 학생들에게 컴퓨터를 활용한 과학 평가를 처음 실시했을 때 그 결과는 큰 차이가 났으며 (Madaus, 1994), 동일한 과학 시험지를 통해 영어에 익숙하지 않은 새로운 이민자 학생과 영어에 익숙한 학생들을 평가한 것은 과학 평가라기보다는 영어 능력 평가에 더 가깝다 (Lacelle-Peterson & Rivera, 1994). 그러나 그 차이에도 불구하고 이들의 입장에서의 과학 학습 평가에 대한 논의는 극히 제한적으로 진행되고 있다.

과학 학습 평가에서 사회 문화적 접근을 대표하는 말은 '문화적으로 타당하고 평등한 (valid and equitable)' 평가에 대한 담론이다 (Lee & Luykx, 2006). 국내외 학교 과학교육에서 지향하는 교육 내용은 당연히 주류 사회의 경험을 근거로 한 것이기 때문에 비주류, 소외된 사회 배경 학생들의 경험과 차이가 날 수밖에 없다. 게다가 학교 과학교육을 책임지는 교사 역시 대부분 주류 사회 출신이기 때문에 이들 비주류 학생들의 상황을 고려한 평가 거의 이루어지지 못하고 있다. 학생들은 그 집단이 갖는 특유의 의사소통 방법, 가치관, 세계관, 신념, 경험, 학습 방법 등을 공유하는 경우가 많다. 이는 학교에서 이루어지는 과학 학습 과정의 배경이 되는 요소들이다. 개인적으로 익숙한 문화적 배경과 학교 과학교육이 이루어지는 상황에서의 문화적 배경의 차이가 클 경우 그렇지 않은 학생들의 경우와 비교할 때 평등하고 공정한 교육적 상황을 제공했다고 보기 어렵다. 따라서 문화적으로 타당하고 평등한 평가를 추구하기 위해 무엇보다도 평가 내용이 비주류 학생들의 사회 문화적 상황을 반영해야 한다.

교육에서 평가의 기능이 단순히 학생들의 성취 수준을 측정하는 차원을 넘어서 학생들의 과학 학습 과정과 결과를 통해 과학적 능력을 종합적으로 판단하는 차원으로 가고 있다. 이렇게 판단의 차원으로 인식되면서 아이스너 (Eisner, 1985)는 교사가 '통달자 (connoisseurship)'가 되어야 한다고 주장한다. 즉, 교실에서의 평가는 정치적, 역사적, 사회적, 문화적 상황이 내재된 교사와 학생의 관습 (practice)이라는 것이다 (Broadfoot, 2002). 이 관습이 보통 주류 학생들의 문화에 뿌리를 박고 있음을 상기할 때, 교육 평가에서의 사회 문화적 접근에 대한 과학교사로서의 고민은 큰 가치를 갖는다.

공평하지 않은 과학 학습 평가 결과가 반복적으로 보고될 때, 학생들의 과학 성취 수준은 사회 문화적 배경에 따라 고착화되기도 한다. 즉, 저소득층 학생들의 과학 성취도가 일반 학생들보다 낮다는 결과가 계속 보고되면 저소득층 학생들은 스스로 '과학을 못하는 집단'이라는 정형화된 인식을 갖게 된다는 것이다. 과학교사 또한 저소득층 학생들을 과학을 못하는 집단으로 인식하고, 그 집단에 대한 기대치가 낮아지게 된다. 그리고 이것은 다시 저소득층 학생들의 과학 학습에 대한 동기를 저하시키는 것의 악순환으로 나타난다 (Rodriguez, 1998). 평등한 평가 (equitable assessment)는 무조건적인 획일적 평등을 추구하는 것이라기보다 학생들의 학습 상황과 배경을 고려한 상대적 평등을 추구하는 것이라 할 수 있다.

과학 학습 평가는 동일한 학습 기회와 경험을 가진 학생들을 대상으로 동일한 평가 기준을 적용할 때 공평하다. 사회, 문화, 경제적 배경이 우월한 학생과 결핍된 학생이 경험하는 과학이 동일할 수 없기 때문에 동일한 평가 기준을 설정하는 것 자체가 모순이다 (Lee & Luykx, 2006). 경제적으로 부족하여 사회 문화적 혜택과 경험이 부족한 학생들과 그렇지 않은 학생들을 획일적 방법으로 평가하는 것이 과연 평가 정의 (justice)에 적합한가 여부에 대한 고민이 필요하다.

과학교육의 과정 및 프로그램 평가

교육에서 평가란 용어는 대체로 세 가지 측면 즉, 교육 평가, 수업 평가, 그리고 교육의 과정 평가에서 사용된다. 이 세 가지는 각각 서로 관련을 맺으며 상호 보완적이지만, 가장 포괄적이며 폭넓은 개념으로 사용되는 것이 교육 평가다. 교육 평가란 학교와 같은 교육 기관에서 이루어지는 다양한 수준의 모든 평가를 총칭하거나 대표하는 표현이다. 이와 달리 수업 평가는 세 가지 중 가장 협의의 평가로 학생들의 성취를 평가하거나 교사의 수업 행위를 평가하는 데 주로 사용되며 교수 방법의 효율성을 평가하는 데도 사용된다. 교육의 과정 평가란 교육 평가보다는 협의의 개념이지만 수업 평가 개념보다는 더 넓게 사용되는 평가 개념이다 (박도순, 1989).

과학교육의 과정 평가의 의미

과학교육의 과정 평가는 과학교육의 과정에서 이루어지는 활동과 그 결과의 가치를 체계적으로 조사하는 활동을 의미한다. 평가가 평가 주체, 평가 대상, 평가 목적, 평가 기준, 평가 방법 등의 기본 요소로 이루어지는 것과 마찬가지로 교육의 과정 평가도 교육의 과정 평가의 목적, 평가의 주체, 평가 대상, 평가 기준, 평가 방법 등을 기준으로 한다 (Ornstein & Hunkins, 2007).

과학교육의 과정 평가는 두 가지 질문에 대한 해답을 얻고자 하는 시도이다. 첫째는 교육과정 개발, 조직, 계획된 프로그램, 교육 활동이 기대하고 있는 결과가 실제적인 교육의 결과로 나타나는지, 둘째는 교육의 과정 기능을 최적으로 개선할 수 있는 방법은 무엇인지에 답하고자 하는 것이다. 과학교육의 과정 평가는 교육 프로그램이 끝난 후에 학생의 성취 정도를 판단하는 일만이 아니라, 교육 프로그램의 계획에서 시작하여 그 전개와 운영 및 결과에 이르기까지 교육의 전 과정과 관련된다고 할 수 있다. 즉, 교육의 과정 평가란 교육 목표 설정에서 교육 내용 선정과 조직, 교수와 학습의 과정 및 학습 결과의 평가 모두를 포함하는 포괄적 개념이다. 따라서 과학교육의 과정 평가는 과학과 교육과정의 개선에 필요한 의사 결정을 위해 교육의 과정에 직간접으로 관련되는 모든 요인에 대한 정보를 수집하는 활동을 의미한다.

과학교육의 과정 평가의 목적

교육의 과정을 평가하는 이유는 교육과정이나 교육과정의 운영이 교육의 성패에 결정적 영향을 줄 만큼 중요하기 때문이다. 평가를 통해 교육이 이루어지는 과정이나 교육과정의 운영을 보다 바람직한 방향으로 개선할 수 있다. 교육의 과정 평가는 교육과정이나 운영의 질을 개선하기 위한 구체적인 정보 수집을 가능하게 한다. 그리고 이러한 결과는 궁극적으로 과학교육의 질 향상으로 이어진다. 과학과 교육과정의 새로운 개발을 위해, 또는 현재 운영 중인 과학과 교육과정을 개선하기 위한 근거로서 과학교육의 과정 평가는 중요한 의미를 갖는다.

진영은(2003)은 교육의 과정 평가의 목적을 다음과 같이 세 가지로 정리했다. 첫째, 교육의 과정 평가는 교육의 목표 달성 정도를 확인하기 위함이다. 이를 위해 교육의 과정 평가는 교육과정 목표 확인, 목표 달성 측정을 위한 지표 설정, 지표에 대한 자료 수집, 자료 분석 등의 과정으로 이루어진다.

둘째, 교육의 과정 평가는 전문적 지식과 기술을 바탕으로 교육과정의 가치를 체계적으로 조사하고 판단하기 위함이다. 이를 위해 교육의 과정에서 평가 대상과 질문을 결정하고, 평가 준거와 기준을 설정하며, 준거 관련 자료를 수집하고, 기준에 비추어 수집된 준거 자료의 가치를 판단하는 과정으로 이루어진다.

셋째, 교육의 과정 평가는 교육과정과 관련한 유용한 정보를 의사 결정자에게 제공하여 합리적 의사 결정을 돕기 위함이다. 이를 위해 평가 정보가 필요한 의사 결정 영역을 확인하고, 대안을 평가하는 준거를 선택하며, 자료를 수집·분석·조직하고, 평가 정보를 보고하는 과정으로 이루어진다.

　과학교육의 과정 평가 목적도 위의 세 가지가 모두 해당되는데, 상황에 따라 목적이 달라질 수 있다. 예컨대, 과학과 교육과정의 질 관리 차원에서 이루어지는 국가 수준의 과학 성취도 검사는 교육 목표의 달성 정도를 확인하는 데 중점을 둔다. 또, 국정, 검정, 인정 과정을 거친 과학 교과서를 학교에서 채택할 때는 교과서들 간 교육적 가치를 체계적으로 조사하는 것을 중요시한다. 과학과 교육과정을 전체적으로 평가하기 위해서는 위의 세 가지 목적을 충족하는 적절한 평가 방법들이 모두 활용되어야 한다.

▎과학교육 프로그램 평가 모델

　과학교육 프로그램은 학교 안과 밖에서 이루어지는 모든 과학교육 내용을 포함한다. 과학관, 식물원, 박물관 등 학교 밖에서 이루어지는 다양한 과학교육 프로그램이 있다. 또한 학교 과학교육의 내용과 방법에 대한 큰 틀을 제공해 주는 국가 교육과정도 광범위하게 과학교육 프로그램에 포함된다. 또한, 과학교사 개인 차원에서도 교육 프로그램을 개발하여 학생들에게 적용할 수 있다. 이와 같이 국가 수준의 과학교육 과정으로부터 교사가 개인적으로 개발하는 과학교육 프로그램에 이르기까지 과학교육에서의 모든 프로그램이 교육적 효과로 이어지기 위해서는 객관적 평가 내용과 방법이 필요하다. 즉, 다양한 과학교육 프로그램에 대한 수준 관리를 위해 어떤 측면에서 프로그램의 질을 평가할지에 대한 기준은 중요하다.

　스터플빔 (Stufflebeam, 2001)은 교육 프로그램 평가 모델을 유용성 (utility), 실행 가능성 (feasibility), 타당성 (propriety), 정확성 (accuracy) 등의 기준에 따라 향상-책무성 중심 접근 (improvement or accountability-oriented approach), 사회적 아젠다-지원 중심 접근 (social agenda or advocacy-oriented approach), 방법 중심 접근 (method-oriented approach) 등으로 구분했다 (<표 7.13>).

▎학교에서 이루어지는 과학교육의 과정 평가 절차

　학교에서 자율적으로 실시할 수 있는 과학교육의 과정 평가는 다음과 같다 (배호순,

2001).

- 평가 목적 설정
- 평가 영역 확정
- 평가 영역별 준거 설정
- 평가 자료 및 자료 출처 결정
- 자료 수집 및 처리
- 평가적 판단
- 평가 결과 보고
- 평가 결과 활용

위의 절차 중 '자료의 출처 결정', '자료 수집 및 처리'는 과학교육 과정 평가의 핵심이다. 자료의 출처는 첫째, 학교 교육 활동에 직접 참여한 인사들을 들 수 있다. 즉, 과학교육의 과정의 기획하고 설계하는 과정에 참여한 교사들, 실제로 운영하는 데 참여한 교사들, 그리고 학생이 가장 중요한 출처가 된다. 둘째, 과학교육 과정의 효과와 영향 파악을 위한 대상으로 학생과 더불어 학부모, 지역 사회, 동문, 교육 산업 관계자까지도 출처가 확대될 수 있다. 또한, 학생의 과학 학습 성과로서 과학 학습 결과를 나타내는 성취도 점수와 학생들의 향상 정도를 나타내는 다른 근거들 역시 중요한 자료 출처가 된다. 셋째, 과학교육의 과정과 관련된 서류 및 근거 자료들도 중요한 자료 출처가 될 수 있다. 예를들어, 수업 지도안, 연구 수업 계획서, 교육 평가 계획 등이다.

자료 수집에도 다양한 방법이 활용된다. 첫째, 기록물 내용 분석법이다. 이는 과학교육 과정의 계획과 관련되거나 또는 실천 및 운영과 관련된 공식 서류나 문서를 객관적 평가 근거 자료로 활용이 가능할 때 사용하는 평가 방법이다. 둘째, 설문 조사 등의 질문지법이 있다. 과학교육 과정의 평가를 위한 항목이나 준거 중에서 개인의 의견, 태도 변화에 관한 근거를 중시하여 평가할 필요가 있을 때, 교사, 학생, 학부모, 졸업생 등을 대상으로 질문지를 실시하는 방법이다. 이때 주의해야 할 점은 평가 목적이나 내용에 맞는 질문의 내용과 대상 선정이다. 셋째, 면담을 통한 방법이다. 기록물 내용 분석이 어려운 상황, 또는 과정 평가를 위한 항목이나 준거 중 심층 확인이 필요한 경우에는 학생, 학부모, 교사를 대상으로 면담을 실시하게 된다. 넷째, 관찰에 의한 방법이다. 2~3명 이상의 관찰자가 각자 관찰하여 평가한 것을 합산해야만 근거 자료의 객관성과 신뢰성이 확보된다. 다섯째, 자기 보고(self-report) 방법이다. 과학교사가 자신의 수업에 대해 스스로 평가하여 보고

표 7.13 프로그램 평가 모델의 과학교육 사례

평가 모델		설명	과학교육에서의 사례
향상－책무성 중심 접근	결정 (decision)/ 책무성 (accountability)	프로그램을 향상시키고 그 장점과 가치를 판단하는 데 도움을 주기 위한 정보 제공	과학교육 프로그램의 장단점 파악
	소비자 중심 (consumer-oriented)	평가 대상을 다양한 측면에서 결론 내려 소비자들이 상황에 따라 무엇을 사용할지에 대한 정보 제공	특정 기준에 따라 기존의 고등학교 과학교육 프로그램을 평가
	승인 중심 (accreditation-focused)	기관, 기관 프로그램, 인사가 요구 사항에 부합되는지 결정	중학교 과학 프로그램이 받아들여질 것인지를 확인
사회적 아젠다－지원 중심 접근	활용 중심 (utilization-focused)	특정 집단과 함께 평가 연구에 대해 선택하는 과정	중요하다고 판단되는 2개 과학교육 프로그램을 비교 평가 보고서 제출
	의뢰인 중심 (client-centered)/ 반응적 (responsive)	평가자가 정책결정자나 의뢰인의 요구를 받아들이기 위한 지속적인 상호작용	필요에 따라 새로운 과학 프로그램을 개발할 때 교육청과 함께 작업
	토의를 통한 민주적 (deliberative democratic)	민주적 원칙에 따라 결론 도출	교육청 내 모든 과학교사들이 평가 질문, 자료 해석을 위해 논쟁하고 투표
	구성주의적	선거권 유무와 상관없이 모든 참가자 배려	서로 다른 과학교사 집단에게 새로운 평가 절차에 대해 다른 측면으로 설명
방법 중심 접근	사례 연구	상세하고 통합적인 평가	학교측에 심화된 화학 수업에 대해 상세하게 설명
	결과/가치가 추가된 평가	정책이나 프로그램 변화에 따라 발생한 변화 파악	오랜 기간의 학교 수준 학생 과학 평가를 보고 새로운 과학 프로그램을 사용해 얼마나 변화가 있는지 조사

하도록 하며, 학생들에게는 자신의 과학 학습에 대해 스스로 평가하여 보고하도록 하는 방법이다. 여섯째, 체크리스트 활용이다. 사전에 작성한 체크리스트를 중심으로 한 평정 결과를 과학교육의 과정 평가의 근거로 삼는 경우이다. 이때 평가 목적과 준거를 어떤 방법으로 점검하고 평정할 것인가에 대한 사전 계획 수립이 치밀해야 한다.

이상의 자료 처리 방법은 양적 처리 방법과 질적 처리 방법으로 나눌 수 있다. 양적 처리 방법은 평가 대상인 과정의 내용 자체 또는 운영 및 결과에 대한 자료를 수집하고 측

정하기 위해 도구를 활용하고 그 결과를 객관화, 수량화하여 분석 처리하는 방법이다. 질적 처리 방법은 평가 대상인 과정의 내용 자체 또는 운영 및 효과 등을 평가자가 직접 관찰하고 기술하며 판단하는 데 중점을 두는 방법이다. 이 두 가지 처리 방법 모두 평가 준거에 따라 타당하고 신뢰로운 근거 자료를 수집하는 것이 중요하다.

과학교육 프로그램의 평가 방법

과학교육 프로그램의 평가는 과학교육 연구와 비슷한 양상을 보인다. 즉, 교육 과정이나 교육 프로그램의 효과를 평가하기 위해 학생들의 성취도와 태도 검사, 교사들의 인식 조사, 과학교육 관계자들을 대상으로 한 설문 조사 등 양적 평가 방법이 전통적으로 활용되어 왔다. 그리고 내적 외적 타당도, 객관성, 표집의 문제 등 양적 평가가 갖는 한계를 보완하기 위해 학생이나 교사 면담, 수업 관찰 등의 질적인 평가도 함께 이루어지고 있다. 최근에는 새로운 프로그램을 가르치는 사람이 곧 프로그램을 평가하는 사람이 되는 실행 연구 (action research)도 활발하게 활용되고 있다. 즉, 교사가 새로운 프로그램을 연구하는 사람이자 그 프로그램을 평가하는 전문가로서의 역할을 하면서 프로그램 평가의 실질적인 의미가 확장되고 있다.

최근 이루어지는 과학 프로그램의 평가는 이상에서 논의한 양적, 질적, 실행 연구적 방법이 함께 활용되고 있다. <표 7.14>는 로렌즈 (Lawrenz, 2007)가 정리한 과학 프로그램 평가의 방법과 내용으로 양적, 질적, 실행 연구적 방법을 모두 활용한 내용으로 구성되었다.

국내에서 과학교육의 과정을 비롯한 과학교육 프로그램을 종합적이고 객관적으로 평가한 사례는 많지 않다. 정경열과 최유현 (2011)은 과학관에서 이루어지는 과학기술 교육프로그램들을 평가하는 기준을 마련했다 (<표 7.15>). 이 기준에서는 상황 (context), 투입 (input), 과정 (process), 산출물 (product) 등의 측면에서 다양한 과학기술 교육 프로그램의 질을 관리할 수 있는 근거를 보여주고 있다.

표 7.14 평가 방법에 따른 과학교육 영역(Lawrenz, 2007)

과학교육 영역	평가 방법	방법에 따른 질문
학교 기관의 문화를 강조하는 과학교육 프로그램	사례 연구	• 학교의 특성은 어떻게 서술할 수 있는가?
	학교 관계자들 대상의 의견 조사	• 학교 내 사람들은 그 문화에 대해 어떻게 생각하고 또 어떻게 변화해 왔다고 생각하는가? • 그 학교와 상호작용하는 사람들은 그 문화에 대해 어떻게 생각하고 또 어떻게 변화해 왔다고 생각하는가?
	외부 전문가나 참여 관찰자들의 사전 사후 관찰	• 관찰자들은 프로그램 전후로 그 학교 문화를 어떻게 특징짓는가?
	프로그램 진행 기간 동안 정책, 과정, 공공 진술에 대한 분석	• 프로그램이 진행되는 동안 정책, 과정, 공공의 이미지에서 무엇이 변화하였는가?
참여 교사들에 대한 교사 개발 워크숍	교과 내용 지식, 태도, 교수 철학에 대한 사전 사후 검사	• 교사들의 내용 지식, 태도, 교수 철학에서 어떠한 즉각적 변화가 일어났는가?
	현상학적 연구	• 교사들은 워크숍의 생생한 경험을 어떻게 인식하는가?
	외부 전문가나 참여 관찰자의 워크숍 관찰	• 워크숍의 질에 대한 관찰자의 의견은 무엇인가?
과학 교실 환경에 대한 새로운 교육과정	민족지학	• 교실 문화는 어떠하고 또 어떻게 변하고 있는가?
	학생들의 교실 환경 인식에 대한 사전 사후 검사	• 교육과정을 활용하기 전과 후에 학생들은 교실 환경을 어떻게 인식하는가?
	전문가의 수업 관찰	• 관찰자는 교실 환경의 특성에 대해 어떤 의견을 가지는가?
	담론 분석	• 교실에서는 어떠한 언어적 상호작용 유형이 일어나고 있고 이는 교실 환경을 어떻게 반영하는가?
과학 교수에 기반한 기준이 학생에 미치는 영향	현상학적 연구	• 선정된 학생들은 생생한 경험을 어떻게 보는가?
	학생 지식과 태도 평가	• 학생 성취도와 태도를 예측하는 변인은 무엇이고, 교실과 학교가 이것에 얼마나 기여하는가?
	학생 점수 분석	• 새로운 과학 지도가 실시된 이래로 지역별 학생 성취도와 태도에 대한 종단 연구에서 어떤 변화가 일어나는가?

표 7.15 CIPP 기반 과학관 과학기술교육프로그램 평가 내용과 방법 (정경열, 최유현, 2011)

구분	대영역	하위영역	평가 내용	평가 방법
Context 상황 평가	C1 요구 분석	C11	학습자의 요구를 분석하여 프로그램에 반영하였는가?	설문조사, 진단검사, 면담, 공청회, 전문가 자문
		C12	사회적 요구를 분석하여 프로그램에 반영하였는가?	
		C13	의사결정자의 요구를 분석하여 프로그램에 반영하였는가?	
	C2 교육 목표	C21	교육 목표는 제시하였는가?	설문조사, 면담, 체제 분석
		C22	교육 목표는 명확하게 진술하였는가?	
		C23	교육 목표는 차별화가 되어 있는가?	
		C24	교육 목표의 성취 가능성은 있는가?	
	C3 조직 역량	C31	프로그램의 표준 교재는 준비되었는가?	체제 분석, 현장 조사, 초점집단 면담, 전문가 자문
		C32	프로그램에 적합한 강사진 확보와 편성을 하였는가?	
		C33	대외 기관과의 협력 체제는 구축되어 있는가?	
		C34	프로그램에 필요한 시설은 충족되어 있는가?	
		C35	프로그램의 예산은 확보되어 있는가?	
		C36	역량 있는 담당자가 배치되었는가?	
Input 투입 평가	I1 프로그램 기획과 설계	I11	학생 모집 및 선발 방법을 적합하였는가?	초점집단 면담, 문헌 연구, 예비 조사, 현장 조사
		I12	가용 예산의 확보 계획은 수립되었는가?	
		I13	강사의 확보 계획은 수립되었는가?	
		I14	프로그램의 교육장 배치 계획은 수립되었는가?	
		I15	프로그램의 교재 및 교구 확보 계획은 수립되었는가?	
		I16	프로그램의 설계 체제는 적절한가?	
	I2 교육 내용	I21	교육 프로그램과 연관된 내용으로 구성되었는가?	초점집단 면담, 문헌 연구, 예비 조사
		I22	교육 내용은 단원 및 주제와 연계되어 있는가?	
		I23	교육 내용은 교육 목표와 일치하는가?	
		I24	교육 내용의 위계성은 있는가?	
	I3 강사 역량	I31	강사의 자격과 경력은 검증하였는가?	초점집단 면담, 문헌 연구, 예비 조사, 면담
		I32	교육 수요자에 의한 모니터링을 실시하였는가?	
		I33	강사 대상의 연수나 교육은 실시하였는가?	
		I34	강사의 만족도는 미리 검증하였는가?	
Process 과정	P1 운영	P11	학생 선발 및 수강 규모는 적절한가?	모니터링, 면담,

구분	대영역	하위 영역	평가 내용	평가 방법
평가	방법	P12	프로그램 강의 일정은 적절한가?	간담회, 조사 연구
	P2 교수 학습 활동	P13	강사의 수업 준비와 태도는 적절한가?	모니터링, 면담, 조사 연구, 관찰
		P21	학생의 참여율을 높이려는 노력은 하고 있는가?	
		P22	적합한 교육 매체를 선정하여 활용하고 있는가?	
		P23	적합한 교수 학습 방법을 적용하고 있는가?	
		P24	평가 방법과 시기는 적절한가?	
	P3 지원 환경	P31	운영자의 모니터링은 실시되고 있는가?	모니터링, 면담, 조사 연구, 전문가 자문
		P32	전문가 위원회가 개최되었는가?	
		P33	자원 환경 계획에 따라 실천하고 있는가?	
		P34	강사의 전문성은 제고되었는가?	
		P35	교육 시설은 원활하게 지원되었는가?	
Product 산출 평가	PD1 만족도	PD11	프로그램에 대한 학생들의 만족도는 확인하였는가?	현장 조사, 면담, 간담회, 조사 연구, 전문가 평가
		PD12	프로그램에 대한 학부모들의 만족도는 확인하였는가?	
		PD13	프로그램에 대한 강사들의 만족도는 확인하였는가?	
		PD14	교육 시설의 만족도는 확인하였는가?	
		PD15	전문가에 의한 평가는 실시하였는가?	
	PD2 성취도	PD21	학생들의 과학 기술적 지식은 향상되었는가?	현장 조사, 조사 연구, 전문가 평가, 사후 평가 (학생)
		PD22	학생들의 과학 기술적 기능은 향상되었는가?	
		PD23	학생들의 과학 기술적 태도는 향상되었는가?	
		PD24	기관의 교육 목표는 달성하였는가?	
	PD3 효과성	PD31	프로그램의 효과를 분석하였는가?	현장 조사, 조사 연구, 전문가 평가
		PD32	예산의 효과성을 분석하였는가?	
		PD33	학생의 이수율은 목표치를 달성하였는가?	
		PD34	학생의 재등록율은 목표치를 달성하였는가?	
	PD4 지속 가능성	PD41	정규 교과과정과 연계되어 있는가?	현업 적용도 조사, 간담회, 전문가 평가
		PD42	다른 학습에 영향을 미치는 학습 전이가 촉진되었는가?	
		PD43	프로그램을 계속 진행 시 예산 지원은 가능한가?	

과학교육에서의 대규모 표준화된 평가 연구

대규모 표준화된 평가 연구는 국가 수준 또는 지역 수준에서 학교나 학생의 교육 성과를 파악하기 위해 공동의 작업을 통해 평가 목표를 설정하고 평가틀과 평가 문항을 개발하여 체계적인 표집 과정을 거쳐 실시하는 평가를 말한다. 예를 들면, 1998년부터 국내에서 해마다 시행되고 있는 국가 수준의 학업 성취도 평가(National Assessment of Education Achievement, NAEA), TIMSS(Trends in International Mathematics and Science Study), PISA(Programme for International Student Assessment) 등 국가 간 학업 성취도 비교 연구 등이다. 이들 대규모 표준화된 연구는 학생 개인의 성취 결과도 중요하지만, 각 학교, 지역, 국가 등의 수준에서의 성취 경향을 파악하여 교육의 현황을 이해하고 교육 방향을 정하는 데 더 큰 목적을 갖는다.

▌ 대규모 표준화된 평가의 배경

과학 평가에서 대규모 표준화된 연구는 과학교육의 발전에 긍정적 영향과 부정적 영향을 동시에 준다. 첫째, 대규모 과학 평가는 학교 과학 수업의 양이 늘어나고 정책적인 방향을 설정하는 데 기여함과 동시에 학생들이 어떻게 학습하느냐 하는 점에 있어서는 일부 과학교육 연구에서 논의되는 것과는 모순되는 학습 지도로 이어질 수 있다. 둘째, 대규모 과학 평가에서는 불가피하게 선다형 문항과 단답형 문항을 주로 활용하게 되는데 이러한 문항 유형은 학생들의 다양한 과학적 능력, 특히 과학 탐구 과정을 평가하는 데 한계가 많다는 점이다. 셋째, 대규모 과학 평가에서 기회 균등의 문제가 야기될 수 있다. 예컨대, 장애 학생, 평가 문항의 번역 과정에서 언어와 문화 차이에 따른 문제 등에 대한 고려가 적다는 쟁점이 발생한다. 넷째, 교육과정을 충실하게 따르지 않는 평가 결과는 과학교사들에게 의미 있는 교육의 방향을 제공해 주지 못한다는 점이다 (Britton & Schneider, 2007).

대규모 표준화된 평가의 허와 실

대규모 표준화 평가는 과학교육에 기회를 제공하지만 위험으로 작용할 수 있다. 무엇보다도 대규모 표준화 평가 과목에 과학이 포함됨으로써 학교에서 과학에 대한 관심을 높이는 데 기여한다. 이는 특히 모든 과목 교육이 이루어지는 초등 교실에 더 긍정적으로 영향을 준다. 우리나라는 대규모 평가에서 과학 과목이 제외된 경우는 거의 없다. 따라서 대규모 평가에 과학 과목이 포함된 경우와 되지 않았을 경우를 비교해 학교 과학교육의 현장에서 어떤 변화가 생겼는지를 파악하기 어렵다. 미국의 경우, 2007년 'No child left behind'라는 보고서가 발행되면서 비로소 과학 평가가 활성화되어 그 이전과는 달리 학교 교육에서 과학에 대한 관심이 높아졌다. 그 결과, 읽기, 수학과 같이 과학도 주별 대규모 학력 평가의 과목에 포함되면서 과학이 대중적 관심을 받게 되었고 학교 교육의 중심에 자리 잡게 되었다 (Britton & Schneider, 2007).

미국에서는 대규모 과학 평가의 결과를 학교별 또는 지역별 책무성 (accountability)과 연계시켜 차등 지원을 하게 됨에 따라 학교 과학교육에 변화가 생기기 시작했다. 무엇보다도 교사나 교장들은 무엇을 평가하는지에 관심을 가지게 되었고 평가하는 내용에 맞춰 교육하기 시작했다. 또한, 교사들은 학생들에게 평가 문항 유형을 연습시키기 시작했다. 과학 수업 시간에 선다형 문제 풀이 연습을 시키는 교사가 많아지게 되었다. 그 결과 처음 몇 년 간은 학생들의 점수 향상으로 이어져 긍정적인 결과라고 여겨졌다. 그러나 대규모 과학 평가를 학교나 교사의 책무성과 연결 짓게 되면서 이러한 긍정적 측면과 달리 의도하지 않게 부정적인 영향도 나타나기 시작했다. 과학교사들은 교육과정보다는 평가에 자주 출제되는 문항 내용과 유형에 관심을 갖게 되었고 평가 문항에 제외되는 내용이나 과목을 가르치지 않게 되었다. 즉, 복잡한 사고 기능이나 문제 해결력 향상을 위한 과학교육에서 점점 멀어지는 경향이 나타났다 (Britton & Schneider, 2007).

문항 유형의 다양성 측면

대규모 평가에서는 선다형과 단답형 문항을 주로 활용한다. 이는 제한된 시간 내에 가능한 한 많은 과학 내용을 평가해야 하고, 또 채점의 객관성과 경제성을 고려해야 하기 때문이다. 그러나 선다형과 단답형 문항은 복잡한 사고 기능, 의사소통, 문제 해결 기능 등 학생들의 성공을 위해 더욱 요구되는 영역을 평가하는 데 한계가 있다 (Herman, 1997). 최근 PISA 등 일부 국제 비교 평가에서 수행형 문항을 활용하고자 하는 시도가 있지만 (Baxter & Glaser, 1997; Doran et al., 1994; Solano-Flores & Shavelson, 1997), 대규모 과학 평가는 아직도 대부분 선다형과 단답형 문항으로 구성한다. 이것은 수행형 문항이 갖고 있는 객관성, 채점, 경제성, 시행 등의 문제가 여전히 해결되지 않은 상태이기 때문이다.

모든 학생을 위한 평가

모든 학생을 위한 평가는 대규모 과학 평가에서 학생들에게 나타날 수 있는 기회 균등의 문제와 관련된다. 대규모 표준화된 평가에서 남녀의 성별 격차가 더욱 크게 드러나고 (Lee & Burkam, 1996; Walding et al., 1994), 장애 학생이나 언어적 한계를 가진 학생들을 고려하지 못하고 있다 (Koretz & Hamilton, 1999; Abedi et al., 2001). 특히 국제 비교 평가의 문항은 영어로 이루어지고, 서양 문화 기반의 내용을 담고 있다. 따라서 비영어권, 또는 비서양 문화권 참여국 학생들의 평가를 위해 문항을 번역하는 과정에서 영어식의 표현과 문화를 고려하지 못한 표현에서 불이익이 발생할 수 있다. 이것은 학생에 대한 기회 균등과 공평성의 문제와 관련된다.

국내 학업 성취도 평가에서의 과학

국가 수준의 학업성취도 평가 (National Assessment of Education Achievement, NAEA) 는 1998년부터 한국교육과정평가원의 주관 하에 실시한 평가로써, 국가 차원에서 학교 교육의 질을 체계적으로 관리하고 학교 교육의 책무성 강조를 목적으로 한다. 이 평가는 국가 교육과정에 기반하여 매년 실시되며, 초등학교 6학년, 중학교 3학년, 고등학교 1학년 (2012년부터 2학년) 학생을 대상으로 한다. 1998년부터 2007년까지는 표집 평가 형태로 시행되다가, 2008년부터 2012년까지 전수 평가로 시행된 바 있다. 2013년부터 초등학교에 한해 전수 평가가 폐지되었다 (김수진 외, 2013).

NAEA가 학교 차원에서의 교육 책무성을 점검하고 국가 수준에서 학교 교육의 질을 체계적으로 관리하여 국가 경쟁력을 강화하려는 목적을 가지기 때문에, 국가 교육과정에 근거한 평가 문항을 개발한다. NAEA는 국가 교육과정에서 정한 교육의 목표와 내용을 제대로 학습했는가를 파악하기 위해 선다형, 서답형 문항을 모두 활용한다. 평가 대상 과목은 국어, 영어, 사회, 수학, 과학 등이다. 학업 성취도 외에 학업 성취에 영향을 주는 교육 맥락의 변인 파악을 위해 학교장, 학생 대상의 설문 조사도 실시한다. NAEA에서 학생 성취 결과는 학성 성취도 점수에 따라 '우수학력, 보통학력, 기초학력, 기초 학력 미달' 등의 4개 수준으로 구분된다. NAEA 점수는 2010년부터 평균 200점, 표준편차 25의 척도 점수를 사용하고 있다. NAEA는 개별 학교와 학생의 현재 학력 수준을 정확하게 파악할 수 있는 학업 성취에 대한 현황 정보와 함께 2011년부터는 중학교와 고등학교에 한해 학교의 노력에 의한 향상 정보(국가 수준 학업 성취도 평가 결과 향상도)도 산출, 공시하고 있다. NAEA의 과학 과목 평가틀은 국가 교육과정을 근거로 하여 내용 영역과 행동 영역으로 구분된다. 내용 영역은 운동과 에너지, 물질, 생명, 지구 등의 4개 영역으로 구분되고, 행동 영역은 지식과 탐구 등이 있다. 문항 유형의 구성은 초등학교의 경우, 총 32개 문항으로 서술형 4개 문항과 선다형 28개 문항으로 구성된다. 중학교의 경우, 총 40개 문항으로 서술형 8개 문항과 선다형 32개 문항으로 이루어진다. NAEA는 1998년 시작된 이래로 해마다 발전적으로 변화를 추구하면서 우리나라 국가 교육 정책의 방향 제시에 크게 기여해 오고 있다 (김수진 외, 2013).

▎국제 학업 성취도 평가에서의 과학

국제 학업 성취도 평가에 참여함으로써 우리나라 교육의 현황을 국제 수준에서 비교하여 우리 교육의 장단점을 파악하고, 이를 통해 교육 개선에 필요한 다양한 자료를 산출하게 된다. 우리나라는 국제교육성취도평가협회 (International Association for the Evaluation of Educational Achievement, IEA) 주관의 수학 과학 성취도 변화 추이 국제 비교 연구 (Trends in International Mathematics and Science Study, TIMSS)와 OECD 주관의 국제 학업 성취도 평가 (Programme for International Student Assessment, PISA) 등과 같

표 7.16 TIMSS 개요 (송미영 외, 2012)

목적	· 참여국 학생들의 수학과 과학 성취도 수준 및 성취도 변화 추이 파악 · 성취도에 영향을 주는 배경 변인과 성취도의 관계 분석을 근거로 연구 참여국의 교육 정책 수립의 기초 자료로 활용
영역	· 수학, 과학, 배경 변인(학교, 교사, 학생 설문조사)
대상	· 4학년, 8학년 (우리나라의 경우, 4학년은 TIMSS 1995와 TIMSS 2011에만 참여함) · 4학년과 8학년 각 150개 학교에서 5,000~6,000명 표집, 총 300여 개 학교에서 1만 명이 넘는 학생 참여(TIMSS 2011)
주기	· 4년 주기로 평가 실시
점수	· 척도 점수(평균 : 500점, 표준 편차 : 100) · 4단계 성취 수준 : 수월 수준(625점), 우수 수준(550점), 보통 수준(475점), 기초 수준(400점)
참여국 수	· TIMSS 1995 : 40개국, TIMSS 1999 : 38개국, TIMSS 2003: 46개국 · TIMSS 2007 : 50개국, TIMSS 2011 : 60여 개국

은 국제 학업성취도 평가에 꾸준히 참여해 오고 있다. TIMSS는 4년마다, PISA는 3년마다 시행되고 있으며 우리나라는 이 두 개의 평가에서 모두 최상위 성적을 보여 왔다 (김수진 외, 2013).

TIMSS의 평가 영역은 수학, 과학, 배경 변인 등이고, PISA의 평가 영역은 읽기, 수학, 과학, 배경 변인 등이다. 국제 학업 성취도 평가에서 수학과 과학 과목이 국가 간 학업 성취 수준을 측정하는 기준 과목으로 많이 사용되는 것은 수학과 과학 과목이 국가 간 문화적 차이의 영향을 가장 적게 받는 과목이기 때문이다.

TIMSS

TIMSS의 평가 목적, 영역, 대상, 주기, 성취도 결과 보고 체계 등은 <표 7.16>과 같다. 우리 나라는 TIMSS 1995부터 꾸준히 참여해 왔는데, TIMSS에 참여하는 국가는 점차 늘어나는 추세이다.

가장 최근에 실시된 TIMSS 2011 평가틀을 살펴보면 <표 7.17>와 같다. 대규모 평가 연구에서 평가틀은 문항 개발의 시작이 되기 때문에 참여국 전문가들의 심도 있는 논의를 거쳐 개발된다. TIMSS 2011 평가틀에 준해 개발된 평가 문항은 [그림 7.3] (서답형 문항)과 [그림 7.4](선다형 문항)에 소개되어 있다. 서답형 문항의 경우, 객관적인 채점을 위해

표 7.17 TIMSS 2011 과학 평가틀 (조지민 외, 2011)

학년	내용 영역	인지 영역
4	· 생명과학: 생물체의 특성과 생명 활동, 생활사, 생식과 유전, 환경과의 상호작용, 생태계, 건강 · 물상과학: 물질의 분류와 특성, 에너지의 근원과 영향, 힘과 운동 · 지구과학: 지구의 구조와 물리적 특징, 지구의 자원, 지구의 변화, 순환과 역사, 태양계에서의 지구	· 알기: 회상/인식하기, 정의하기, 기술하기, 예를 이용하여 설명하기, 과학적 도구의 사용법 설명하기 · 적용하기: 비교/대조/분류하기, 모델 사용하기, 관련짓기, 정보 해석 하기, 해답 찾기, 설명하기 · 추론하기: 문제 분석하기, 통합/종합하기, 가설설정/예상하기, 설계하기, 결론 도출하기, 일반화하기, 평가하기, 정당화하기
8	· 생물: 생물체의 특성, 분류, 생명 활동, 세포와 그 기능, 생활사, 생식과 유전, 다양성, 적응과 자연 선택, 생태계, 건강 · 화학: 물질의 분류와 조성, 물질의 성질, 화학 변화 · 물리: 물질의 물리적 상태와 변화, 에너지 전환, 열, 온도, 빛과 소리, 전기와 자기, 힘과 운동 · 지구과학: 지구의 구조와 물리적 특징, 지구의 변화, 순환과 역사, 지구의 자원, 활용, 보존, 태양계와 우주 안의 지구	

정교한 채점 기준을 개발했음을 알 수 있다.

거쳐 개발된다. TIMSS 2011 평가틀에 준해 개발된 평가 문항은 [그림 7.3] (서답형 문항)과 [그림 7.4] (선다형 문항)에 소개되어 있다. 서답형 문항의 경우, 객관적인 채점을 위해 정교한 채점 기준을 개발했음을 알 수 있다.

▷ S032650Z

선옥이는 지구에서 가장 높은 산 중의 하나를 등산하려고 준비하고 있다. 선옥이는 산의 고도가 높아짐에 따라 대기의 조건이 변한다는 것을 알고 있다. 다음 표에서 산에 올라감에 따라 변하게 될 대기 조건 두 가지를 쓰시오. 그리고 선옥이가 이 두 가지 조건을 갖춘 높은 고도에서 살아남으려면 무엇을 준비해 가야 할지 쓰시오.

	대기 조건의 변화	준비해 가야 할 것
1		
2		

▷ 문항 정보

문항 유형	내용 영역(하위 요소)	인지 영역	문항 내용
서답형	지구과학(지구의 구조와 물리적 특징)	적용하기	높은 고도에서의 변화

▷ 채점 기준

채점 코드		응답 유형
정답	10	기온이 감소할 것(또는 이와 유사한)이라는 설명 (예시) 기온이 더 차가워질 것이다. [더 많은 옷]
	11	산소(공기)가 적거나 또는 대기압이 낮아질 것이라는 설명 (예시) 공기가 점차 희박해질 것이다. [산소마스크] 대기압이 감소한다. [공기탱크가 가져간다] 숨쉬기가 어려울 것이다. [공기탱크가 필요하다] *유의점: 고도가 높아짐에 따라 대기압이 증가할 것이라고 응답한 경우, 비록 산소 탱크라는 장비가 옳더라도 오답(코드 71)으로 채점함.
	12	강수(눈, 비)나 구름의 양이 증가한다고 설명 (예시) 빙판이 될 것이다. [얼음 위에 신을 수 있는 신발을 가져간다] 비가 더 자주 내린다. [비옷이 필요하다]
	19	기타 정답 (예시) 태양 광선이 강해진다. [선크림, 선글라스] 돌풍 [바람막이용 자켓]
오답	70	필요한 장비의 유형은 언급했지만, 대기의 조건이 어떻게 변하는지에 대해서는 설명하지 않음. (예시) 산의 중턱에서부터 꼭대기까지 대기의 상태가 변할 것이다. [탱크를 가져간다]
	71	산소 장비에 대한 언급과 함께 또는 언급이 없이 대기압의 증가할 것이라고 진술한 경우
	79	기타 오답(줄을 그어 지운 답, 지운 답, 방황한 흔적, 읽기 어려운 경우, 문제에서 요구하지 않은 답안 포함)
무응답	99	빈칸

그림 7.3 TIMSS 공개 문항 : 8학년 과학(서답형) (김수진 외, 2013)

▷ S032238

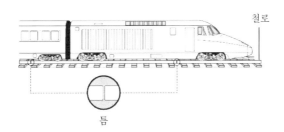

다음 중 위의 그림과 같이 철로에 틈새를 띄워 놓은 이유로 가장 알맞은 것은?

① 더운 날 철로가 늘어날 수 있도록 하기 위해서
② 추운 날 철로가 늘어날 수 있도록 하기 위해서
③ 철로 틈새의 공기가 철로를 식힐 수 있도록 하기 위해서
④ 기차에 의한 진동을 견딜 수 있도록 하기 위해서

▷ 문항 정보

문항 유형	내용 영역(하위 요소)	인지 영역	문항 내용
선다형	물리(에너지 전화, 열, 온도)	적용하기	철로 사이의 틈새

그림 7.4 TIMSS 공개 문항 : 8학년 과학 (선다형) (김수진 외, 2013)

1995년부터 참여한 TIMSS에서 우리나라 학생들이 보여준 성취도 결과는 전 세계 최고 수준을 이어오고 있다. 4학년의 경우 1995년과 2011년 두 차례에 걸쳐 참여했고 모두 참여국 전체 1위를 차지했다.[1] 중학교 2학년의 경우 4위(1995) → 5위(1999) → 3위(2003) → 4위(2007) → 3위(2011) 등으로 상위권에 포함되어 4학년보다는 다소 순위가 떨어지는 것으로 나타났다. TIMSS 2011의 국가별 과학 순위는 <표 7.18>과 같다.

표 7.18 TIMSS 2011 과학 상위 10개국 순위

4학년			8학년		
순위	국가명	과학 평균 점수	순위	국가명	과학 평균 점수
1	대한민국	587	1	싱가포르	590
2	싱가포르	583	2	대만	564
3	핀란드	570	3	대한민국	560
4	일본	559	4	일본	558
5	러시아연방	552	5	핀란드	552
6	대만	552	5	슬로베니아	543
7	미국	544	7	러시아연방	542
8	체코	536	8	홍콩	535
9	홍콩	535	9	영국	533
9	헝가리	534	10	미국	525

---

1. 4학년 수학의 경우 TIMSS 1995와 TIMSS 2011에서 모두 싱가포르에 이어 2위를 차지했다. 8학년 수학의 경우, 3위(1995)→2위(1999)→2위(2003)→2위(2007)→1위(2011) 등으로 과학보다 높은 순위를 나타냈다.

표 7.19 PISA 개요 (송미영 외, 2012)

목적	· 참여국 학생들이 지식을 상황과 목적에 맞게 활용할 수 있는 기본적 소양 수준과 변화 추이 파악 · 소양 성취에 영향을 주는 배경 변인과 소양의 관계 분석을 근거로 연구 참여국의 교육 정책 수립의 기초 자료로 활용함.
영역	· 읽기, 수학, 과학, 배경 변면인(학교, 학생, 학부모 설문 조사) · 학부모 설문은 국가 선택 사항이며 우리나라는 이에 참여함.
대상	· 만 15세 학생(OECD 가입국의 의무 교육 종료 시점) · 중학교 15개교, 고등학교 142개교에서 총 5,000여 명 표집(PISA2009)
주기	· 3년 주기로 평가 실시
점수	· 척도 점수(평균: 500점, 표준편차: 100) · 성취 수준(읽기: 7단계(1a, 1b, 2~6 수준), 수학 및 과학: 6단계(1~6 수준)
참여국 수	· PISA2000: 41개국, PISA2003: 40개국, PISA2006: 57개국, · PISA2012: 65개국

TIMSS 2011에서 드러난 우리나라 학생들의 과학 성취도에 있어서 가장 두드러진 점은 우리나라 초등 및 중학생들의 과학 성취도가 세계 최상위권이라는 점이다. 이와 동시에 초등학생보다 중학생들의 성취 수준 비율이 다소 뒤떨어지는 현상도 드러났다. 동시에 과학에서의 성별 차이도 계속되고 있는 것으로 나타났다. 무엇보다도 가장 심각한 문제는 과학 성취도 결과와는 대조적으로 과학 학습에 대한 자신감, 흥미, 가치 인식 등과 같은 과학 학습에 대한 태도가 참여국 중 낮은 편에 속하고 있다는 점이다. 이러한 현상은 TIMSS 1999 이래로 지속되는 현상으로 과학 학습에 대한 근본적이고도 획기적인 변화의 필요성을 시사한다.

PISA

PISA는 1997년 OECD 회원국들 위주로 기획되었다. 참여국들의 '학교 교육과정'을 근거로 학생들의 수학과 과학 학업 성취도를 평가하는 TIMSS와는 달리 PISA는 참여국들의 국민공통기본 교육과정의 마지막 시기인 만 15세 학생들의 과학, 읽기, 수학 영역의 '소양(literacy)'을 평가한다는 점이다. PISA의 목적, 대상, 주기, 점수 체계 등은 <표 7.19>와 같다.

PISA 과학 평가틀은 과학적 소양을 평가하는 것에 초점이 맞추어져 있다. PISA 2009

에서 정의한 과학적 소양은 다음과 같다.

> 과학적 소양은 과학과 관련된 다양한 문제 상황을 인식하고 해결 방안을 모색하는 것, 새
> 로운 지식을 습득하고 과학 현상을 설명하는 것, 증거에 기초하여 결론을 도출하기 위해
> 필요한 과학 지식의 이해와 적용, 지식과 탐구의 한 형태로서 과학의 특징을 이해하는 능
> 력, 과학과 기술이 어떻게 우리의 물질적, 지적, 문화적 환경을 형성하는 데 관계하고 있는
> 가에 대한 인식, 사려 깊은 시민으로서 적극적으로 과학과 관련된 논쟁에 참여하고 과학에
> 관한 아이디어를 생산하는 자세 등을 의미한다.
>
> —김경희 외, 2010, p. 161

PISA 2009 과학적 소양 평가틀은 [그림 7.5]과 같이 상황과 맥락, 능력, 지식 등의 세 가지 차원으로 나타내는 것이 특징이다. 각 차원에 대한 구체적 설명은 <표 7.20>과 같다. PISA 2009 평가틀은 TIMSS 2011 평가틀에 비해 복잡한 측면을 초함하고 있는데, 이는 교육과정이 아닌 소양을 평가하는 평가 목적에 따라 다양한 사항을 고려하여 개발되었음을 알 수 있다. 과학적 소양 평가틀에서 과학 지식 측면은 과학 내용 지식과 과학에 대한 지식을 모두 고려했는데 실생활과의 관련성을 강조한다.

이러한 평가틀을 기준으로 개발된 평가 문항을 소개하면 [그림 7.6]과 같다. PISA 문항의 특징은 본문을 통해 맥락을 제시하고, 이 맥락에서 다양한 과학적 소양을 평가한다. 다음의 문항에서도 오존이라는 주제 하에 문항 세 개가 들어 있어 오존과 관련된 과학적 지식과 과정, 실생활과의 연계 등에 대해 평가한다. 다음 오존 문항의 채점 기준을 살펴보면 만점, 부분점수, 영점 등의 코드 체계에 따라 다양한 답안의 가능성을 모두 고려하였음이 드러난다. 이러한 채점 기준 개발 시 우선 문항 개발자가 예상되는 채점 기준을 작성한 후, 예비 검사를 통해 학생들의 답변을 분석하여 이를 정교화하는 과정을 거쳤다.

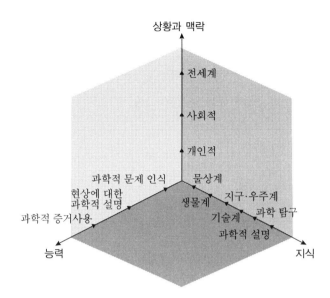

그림 7.5 PISA 2009 과학적 소양 평가틀(김경희 외, 2010)

표 7.20 PISA 과학 평가틀(김경희 외, 2010)

차원		하위 요소		
상황과 맥락		개인(사진, 가족, 동료 집단)	사회(지역 사회)	전 세계
	건강	건강 유지, 사고, 영양	질병, 통제, 사회적 전염, 식품 선택, 지역 사회의 건강	전염병, 전염성 질병의 전파
	천연 자원	물질과 에너지의 개인 소비	인구 유지, 삶의 질, 안전, 식품 생산 및 유통, 에너지 공급	재생 용품과 비재생 용품, 자연계, 인구 성장, 종의 지속 가능한 이용
	환경	환경 친화적 행동, 물질의 사용 및 처리	인구 분산, 폐기물 처리, 환경 영향, 지역 기후	생물 다양성, 생태적 지속 가능성, 오염 규제, 토양의 생성과 손실
	위험	자연과 인간이 초래하는 것, 주택에 대한 결정	급격한 변화(지진, 혹독한 기후), 느린 변화(해안 침식, 퇴적), 위험 평가	기후 변화, 현대 전쟁의 영향
	과학과 기술의 새로운 분야	자현 현상에 대한 과학적 설명에 대한 흥미, 과학에 기초한 취미와 여가, 개인적 기능	새로운 물질·장치·과정, 유전자 변형, 무기 기술, 수송	멸종, 공간 탐구, 우주의 기원 및 구조
과학 능력	과학적 문제 인식	과학적 조사가 가능한 문제 인식/과학 정보 검색을 위한 핵심어 파악/과학적 조사의 핵심적 특징 인식		

차원	하위 요소		
	현상에 대한 과학적 설명	과학 지식을 주어진 상황에 적용/현상을 과학적으로 기술, 해석, 변화 예측/적절한 묘사, 설명, 예측 파악	
	과학적 증거 사용	과학적 증거의 해석 및 결론 도출, 결론에 대한 의사소통/결론에 대한 가정, 증거, 추론 인식/과학과 기술의 발달이 가지는 사회적 의미에 대한 성찰	
과학 지식	과학 내용 지식		과학에 대한 지식
	물상계	· 물질의 구조: 입자 모델, 화학 결합 · 물질의 속성: 상태 변화, 열과 전기 전도율 · 물질의 화학적 변화: 반응, 에너지 전환, 산성과 염기성 · 힘과 운동: 속도, 마찰 · 에너지와 전환: 에너지 보존, 에너지 흩어지기, 화학 반응 · 에너지와 물질의 상호 작용: 빛과 전파, 음파와 지진파	과학 탐구 / · 기원: 호기심, 과학적 문제 · 목적: 과학적 문제와 탐구를 안내하는 형행 개념, 모델, 이론에 대해 답하는 데 도움이 되는 증거를 산출하기 위해 · 실험: 서로 다른 문제는 서로 다른 과학적 조사와 설계를 시사 · 자료 유형: 양적 데이터(측정), 질적 데이터(관찰) · 결과의 특징: 경험적이고 임시적이며, 검증 가능하고 반증 가능하며, 자기 수정 가능
	생물계	· 세포: 구조와 기능, DNA, 식물과 동물 · 인간: 건강, 영양, 하부 조직(소화, 순환, 호흡, 배설 및 각 상호 관계 질병, 생식) · 인구: 종, 진화, 종 다양성, 유전 변이 · 생태계: 먹이사슬, 물질과 에너지 흐름 · 생물권: 생태계, 지속성	
	지구우주계	· 지구계의 구조: 암석권, 대기권, 지권 · 지구계의 에너지: 자원, 지구 기후 · 지구계의 변화: 판구조론, 지구화학적 주기, 생성하거나 파괴하는 힘 · 지구의 역사: 화석, 기원과 진화 · 우주 속의 지구: 중력, 태양계	과학적 설명 / · 유형: 가설, 이론, 모델, 법칙 · 형성: 현존하는 지식과 새로운 증거의 역할, 창의성과 상상력, 논리 · 규칙: 논리적 일관성, 증거에 기반, 과거와 현재의 지식에 근거 · 결과: 새로운 지식, 방법, 기술 개발(새로운 문제와 조사를 이끎)
	기술계	과학에 기초한 기술의 역할: 문제 해결, 인간 요구를 만족시키도록 도움, 조사를 설계하고 시행 과학과 기술의 관계: 기술은 과학의 진보에 공헌함 · 개념: 낙관주의, 무역, 비용, 위험, 이익 · 중요한 원칙: 준거, 제한점, 혁신, 발명, 문제 해결	

▷ 오존

오존층에 관한 다음 기사를 읽고 물음에 답하시오

대기권은 공기의 바다라고 할 수 있으며, 지구상의 생명체를 유지시키는 데 필요한 소중한 자연 자원이다. 그러나, 국가 또는 개인의 이익을 앞세운 사람들로 인해 인류 공동의 자원인 대기권이 오염되고 있다. 그 대표적 사례로 지구 생명체의 보호막 역할을 하고 있는 오존층이 현저하게 파괴되고 있는 사실을 들 수 있다.

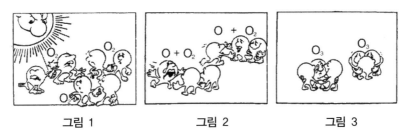

그림 1   그림 2   그림 3

산소 분자는 산소 원자 두 개로 이루어진 반면에, 오존 분자는 산소 원자 세 개로 이루어져 있다. 오존 분자는 극히 소량으로 존재한다. 공기 분자 백만개당 오존 분자는 10개가 넘지 않는다. 그러나, 거의 10억 년 동안 대기권의 오존층은 지구상의 생명체를 보호하는 데 매우 중요한 역할을 해 오고 있다. 오존은 존재하는 위치에 따라 생명체를 보호할 수도 있고 생명체에 해를 끼칠 수도 있다. 대류권(지표면으로부터 약 10킬로미터 이내)에 존재하는 오존은 '나쁜' 오존으로서, 폐 조직과 식물에 해를 끼칠 수 있다.
그러나, 오존의 약 90%는 성층권(지표면으로부터 약 10킬로미터에서 40킬로미터 사이)에 존재하는 '좋은' 오존으로서, 태양 광선 중 생물체에 유해한 자외선(UV-B)을 흡수하는 고마운 역할을 한다. 이런 유익한 오존층이 없다면, 인간은 태양의 자외선에 과다하게 노출되어 특정 질병에 걸릴 가능성이 더욱 높아질 것이다. 지난 수십 년 동안 이러한 오존층이 파괴되어 왔다. 1974년에 오존층 파괴의 원인이 염화불화탄소(CFCs)일 수도 있다는 가설이 제기되었다. 1987년까지만 해도 CFCs가 오존층 파괴의 주범이라는 과학적 근거가 충분하지 못한 상황이었다. 그러나, 그해 1987년 9월 몬트리올 국제 협약에서는 CFCs의 사용을 엄격히 제한하는 것에 전 세계가 동의했다.
본문에서는 대기 중에서 오존이 형성되는 과정에 대하여 언급하지 않았다. 실제로 날마다 어느 정도의 오존이 생성되기도 하고 분해되기도 한다. 여러분의 삼촌이 이 만화의 의미를 파악하려고 애쓰고 있다고 가정해 보자. 그러나 삼촌은 학교에서 과학을 배우지 않았기 때문에 이 만화를 이해하지 못한다. 삼촌은 '실제로 공기 중에는 이런 꼬마들이 없는데 이들은 도대체 무엇을 나타내며, 이상한 기호 O_2, O_3는 무엇일까? 또 이 만화가 어떤 과정을 나타내는 것인가?' 등을 궁금하게 여기고 "얘야, 이리 와서 이 만화 좀 설명해 보렴." 하고 말하였다. 삼촌이 다음과 같은 사항을 알고 있다고 가정하자.

· O는 산소를 나타낸다.
· 원자와 분자가 무엇인지 알고 있다.

문제 1. 본문의 6행과 7행에서와 같이, 원자와 분자라는 용어를 사용하여 삼촌에게 이 만화가 나타내는 의미를 설명하시오.

_____

_____

_____

_____

문제 2. 오존은 천둥 번개가 칠 때에도 생성된다. 천둥 번개가 친 후, 특유의 냄새가 나는 것은 바로 이 오존 때문이다. 위에서 저자는 오존을 '나쁜' 오존과 '좋은' 오존으로 구분하고 있다. 본문에 따르면 천둥 번개가 칠 때 생성된 오존은 '나쁜' 오존인가, '좋은' 오존인가? 답과 설명이 모두 옳은 것을 고르시오.

	답	설명
A	나쁜 오존	날씨가 좋지 않을 때 생성되었기 때문에
B	나쁜 오존	대류권에서 생성되었기 때문에
C	좋은 오존	성층권에서 생성되었기 때문에
D	좋은 오존	냄새가 좋기 때문에

문제 3. 위에서 "이런 유익한 오존층이 없다면 인간은 태양의 자외선에 과다하게 노출되어, 특정 질병에 걸릴 가능성이 더욱 높아질 것이다."라고 설명하고 있다. 이러한 특정 질병 중 한 가지를 쓰시오.

_____

_____

_____

_____

▷ **채점 기준**

	만점
코드 31	다음의 세 가지 측면을 모두 포함한 응답 1. (각각 두 개의 산소 원자로 구성되어 있는) 하나 또는 여러 개의 산소 분자들이 산소 원자로 분리된다(그림 1). −분리되는 과정이 올바른 용어로 표현되어야 한다. 즉, 산소 원자를 지칭할 때는 산소 원자, 산소 원자들, O(화학 기호)로 표현해야 하고, 산소 분자를 지칭할 때는 산소 분자, 산소 분자들, O_2(화학 기호)로 표현해야 한다. −산소 원자나 산소 분자를 '입자들 또는 작은 부분들'이라고 부정확하게 표현한 경우에는 첫 번째 측면에 대해서 점수를 주지 않는다. 2. (산소 분자들이) 분리되는 것은 햇빛의 영향으로 일어난다(그림 1). −산소 분자(들)가 분리되는 과정을 태양의 영향과 연관지어 응답해야 한다. −만약 태양의 영향을 산소 원자가 산소 분자들로부터 오존 분자가 형성되는 과정(그림 2와 3)과 연관된 것으로 응답한 경우에는 두 번째 측면에 대해서 점수를 주지 않아야 한다. (주의: 첫 번째 측면과 두 번째 측면은 대개 하나의 문장으로 표현될 수 있다.)

코드 31	3. 산소 원자들은 다른 산소 분자들과 결합하여 오존 분자들을 형성한다(그림 2와 3). 　－산소 원자(O)와 산소 분자(O_2)가 결합한다는 표현이 포함된 경우에만 점수(1점)를 　주어야 한다. 만약 (세 개의 독립된) 산소 원자(O_3)들이 결합하여 오존 분자를 형성 　한다고 표현한 경우에는 세 번째 측면에 대해서 점수를 주지 않아야 한다. 　－만약 오존 분자를 '오존 분자' 또는 '오존 분자들'이라고 표현하지 않고 '산소 원자들 　의 집합(덩어리)' 등으로 표현한 경우에는 세 번째 측면에 대한 옳은 답으로 간주할 　수 있다.
부분 점수	
코드 21	첫 번째와 두 번째 측면만 맞는 경우
코드 22	첫 번째와 세 번째 측면만 맞는 경우
코드 23	두 번째와 세 번째 측면만 맞는 경우
코드 11	첫 번째 측면만 맞는 경우
코드 12	두 번째 측면만 맞는 경우
코드 13	세 번째 측면만 맞는 경우
영점	
코드 01	세 가지 측면에 대해 모두 틀린 경우
코드 99	무응답

그림 7.6 TIMSS 공개 문항 : 8학년 과학 (선다형) (김수진 외, 2013)

TIMSS와 마찬가지로 PISA에서도 우리나라 만 15세 학생들의 과학 성취도 결과는 전세계 최고 수준을 이어오고 있다. PISA 2000에서 1위 → 4위(2003) → 7위(2006) → 4위(2009) → 5위(2012) 등으로 상위권에 포함되어 있어 과학적 소양을 평가하는 PISA에서도 우리나라 학생들의 성취 수준이 최고 수준임이 나타났다. 한편, 수학적 소양 평가 결과와 비교하면 과학적 소양 평가 결과는 다소 낮은 편이다. PISA 2012의 국가별 과학 순위는 <표 7.21>과 같다.

PISA 2012에서 드러난 우리나라 학생들의 과학적 소양 성취도에 있어서 가장 두드러진 점은 역시 우리나라 학생들의 세계 최고 수준의 과학 성취도 결과다. 우리나라 학생 전체의 평균 점수를 고려할 때, 우리나라는 상위 학생들의 점수가 다른 상위권 국가들에 비해 매우 낮은 반면에, 하위 학생들의 점수는 다른 상위권 국가들에 비해 다소 높은 성취를 나타냈다. 또한 상위권 학생 (상위 5%의 학생들)과 하위권 학생 (하위 5% 학생들)간의 성취도 차이도 큰 것으로 나타났다. 주목할 만한 변화는 PISA 2000에서 참여국 중 성별 차이가 가장 큰 국가여서 과학 교육계에 성별에 따른 차이 연구로 이어지기도 했는데 (신동희, 노국향, 2002 ; 신동희, 김동영, 2003), 이러한 현상은 점차 사라져 PISA 2006 이후 유의미한 성 차이는 드러나지 않고 있다.

표 7.21 PISA 2012 과학 상위 10개국 순위

OECD 가입국 순위			전체 참여국 순위		
순위*	국가명	과학 평균 점수	순위	국가명	과학 평균 점수
1~3	일본	547	1	상하이—중국	580
1~3	핀란드	545	2~3	홍콩—중국	555
2~4	에스토니아	541	2~4	싱가포르	551
2~4	대한민국	538	3~6	일본	547
5~9	폴란드	526	4~6	핀란드	545
5~8	캐나다	525	5~7	에스토니아	541
5~10	독일	524	5~8	대한민국	538
5~11	네덜란드	522	7~15	베트남	526
6~11	아일랜드	522	8~16	폴란드	526
7~11	호주	521	8~14	캐나다	525

* PISA의 국가순위는 각 국가별로 평균 점수에 해당하는 등수를 제공하는 대신, 95% 신뢰 수준에서 그 국가가 위치할 수 있는 최고 등수와 최하 등수를 추정함.

8장

과학교육 환경과 지원

과학을 가르치고 배우기 위해서는 환경적 요소들이 필요하다. 또한 효과적인 과학교육이 이루어지기 위해서는 과학 교수 학습과 시설 등을 지원하는 지원 체제가 잘 되어 있어야 한다. 과학교육환경과 지원에 속하는 것으로서는 과학교육 시설, 과학교육 교재, 과학교사, 과학교육 행정과 재정 등이 있다. 이 단원에서는 과학교육 시설, 과학교육 교재, 과학교사 교육 등을 중심으로 살펴보고자 한다.

학교 과학교육 시설과 환경

우리나라의 학교시설사업촉진법(2013년 시행)에 따르면 학교시설이란 '가. 교사대지·체육장 및 실습지, 나. 교사·체육관·기숙사 및 급식시설, 다. 그 밖에 학습 지원을 주된 목적으로 하는 시설로서 대통령령으로 정하는 시설'로 규정하고 있다. 즉, 학교시설은 학교 교육을 위해 제공되는 거의 모든 시설이라고 볼 수 있으며, 유치원, 초등학교, 중등학교에 따라 달라질 수 있다.

1997년에 폐지된 학교시설·설비 기준령(한국교육개발원, 1989)은 학교시설들을 학교단계와 학교 규모에 따라 의무적으로 설치해야 할 '필수 시설'과 설치를 권장하고 있는 '권장 시설'로 나누어 규정하고 있다. 예를 들면, 교사 대지(입지 조건과 면적), 체육장(입지조건과 면적), 보통 교실, 특별 교실(과학실, 음악실, 기술실 등), 시청각 교실, 도서실, 상담실(초등학교 제외), 관리실(교장실, 교무실, 숙직실 등), 보건 위생에 관한 실(양호실, 화장실, 휴게실, 탈의실, 샤워실 등) 등은 필수 시설로 규정하고 있고, 강당, 체육관, 수영장, 기숙사, 급식 시설, 교원 사택, 온실, 어학실습실, 생활지도관, 학습 자료실 등은 권장 시설로 규정하여 학교의 필요에 따라 설치하도록 하고 있었다. 그러나 지금의 학교시설 환경은 시대에 따라, 그리고 교육과정의 변화에 따라 달라지기 때문에 기준령으로 제시하기가 어렵다.

이와 관련된 한 연구(조진일 외, 2011)에서는 영역별 공간의 종류를 <표 8.1>과 같이 제시하고 있다.

이 학교시설에는 과학교육 시설이 포함되고, 과학교육 시설은 교실, 실험실, 컴퓨터실,

표 8.1 학교의 운영 영역별 공간

영역		공간의 종류
교수 학습 공간		일반교실, 종합교실, 열린교실, (과목별-국어/영어/수학/사회) 교과교실 등
		특별교실: 과학실, 어학실, 음악실, 미술실, 기술실, 가사실 등
		다목적 교실(대규모교실, 중규모교실, 소규모교실), 보건교육실 등
지원 공간	학습지원	유희실, 도서실, 컴퓨터실, 정보검색(자료)실, 미디어센터, 시청각실, 멀티 미디어실, 예절실, 무용실, 국악실, 실내체육관(강당), 수영장, 드라마실, 악기연주실, 작품전시실, 목공실 등
	교원지원	교사연구실, 교재연구실, 교과협의회실, 교사휴게실(남/여), 체력단련실, 탁아방, 교사탈의/샤워실, 교구보관실, 교재제작/자료실 등
	학생지원	홈베이스(락커룸), 학생휴게실, 자치회실, 동아리실, 학생탈의/샤워실, 수 면실 등
	기타지원	식당(급식실), 주방(조리실), 도우미실, Wee클래스, 수업분석실, 참관실, 돌 봄교실 등
관리/ 행정 공간		교장실, 행정실, 회의실, 교무실(교무지원센터), 전산(성적처리)실, 생활지도실, (진로)상 담실, 보건실, 방송실(스튜디오), 인쇄실, 관리실(숙직실), 문서고, 자료실, 학부모실, 학 교보안관실, 창고, 탕비실 등
공용 공간		현관, 홀 복도, 오픈스페이스, 화장실, 세면실, 양치실, 승강기, 계단실, 전기실, 기계실, 지하주차장 등
옥외 공간		체육장(운동장), 소운동장, 옥외놀이터, 자연관찰학습원, 생태학습장(생태연못), 옥외휴게 공간(중정, 파골), 텃밭, 사육장, 스케이트장 등

야외 학습장 등을 들 수 있다. 과학교육 교재는 과학 교과서, 과학 보조 학습 자료, 과학 멀티미디어 자료 등이 포함된다. 그리고 새롭고도 광범위한 과학 학습 프로그램은 정규 과학시간 외에도 자유 탐구, 과학 동아리 활동, 창의 체험 활동 등 여러 가지가 있다.

학교 과학교육 시설에는 어떤 것들이 있는지, 그리고 각각의 시설이 갖추어야 할 환경 적 요소에는 어떤 것들이 있는지에 대해 알아보자. 또한 각각의 시설에서는 어떤 유형의 과학교육이 이루어질 수 있는지에 대해 알아보자.

오늘날 과학교육의 세계적인 동향(Butin et al., 2009)을 보면 앞에 서술한 국내외 과학 과 교육과정 변천에서 살펴본 바와 같이, 과학 통합(Science integration), 프로젝트 기반 학습(Project-Based Learning, PBL), 기술 통합(Technology integration)과 STEM의 경향 을 보이고 있다. 이러한 과학교육의 동향에 맞게 과학교육 시설과 설비를 갖출 필요가 있 다. 즉, 과학교육은 과학 통합에 의해 생명과학과 물상과학 사이의 전통적인 경계들이 허

물어지고 있으며, 과학 분야들이 수학과 역사와 같은 다른 학문 분야들과 점점 폭넓게 통합되어가고 있다. 또한 PBL은 여러 가지 이유에서 성공적이라 할 수 있다. 이것은 학생들로 하여금 자신들이 학습하는 정보를 파지하도록 돕고 학습 동기를 유발하고, 그들 자신의 관심 분야를 탐색하고, 학교를 넘어 실세계와의 연결을 만들어준다. PBL은 문제 해결, 비판적 사고, 의사소통, 협동, 그리고 창의성과 같은 본질적인 기능들을 발달시켜준다. PBL의 대부분은 실험실 수업으로 진행한다. 그리고 현대 과학교육은 STEM과 같이 기술과 공학적 접근도 요구하고 있다. 학생들은 과학 학습을 위해 인터넷을 탐색하고, 궤도 운동하는 인공위성 사진을 저장기기에 내려 받고, 세계에 있는 전문가들과 화상 또는 이메일로 대화를 할 수 있다. 이러한 시대적·과학기술사회적 요구를 만족하기 위해 과학교육 시설은 ❶ 다양한 과학교육 과정들을 조절하기 위한 '다용도 실험실 (universal labs)' 고안하기, ❷ 과학 시설물들을 중앙 집중적인 공간에 두기, ❸ 장기적이고 다학문적인 학생 프로젝트를 위한 기회 제공하기, ❹ 과학 시설과 설비를 개인적으로 또는 소집단적으로 활용할 수 있는 프로젝트 센터, 또는 협의회실 (conference room)과 같은 다양한 공간을 확보하기, ❺ 보다 긴 기간 동안 문제 해결 실습에 능동적으로 참여할 수 있도록 학급 학생들을 위한 적절한 작업 공간을 제공하기 등과 같은 고려가 필요하다. 이와 관련된 몇 가지 항목을 구분하여 구체적으로 살펴보면 다음과 같다 (Motz et al., 2007).

(1) 과학과 교육과정에 적절한 설계 (Science Curriculum – Driven Design)

과학 시설과 설비는 교육과정이 제시하는 계획과 디자인 과정을 고려하여 구축되어야 한다. 천연가스 공급이 꼭 필요한지, 누가, 얼마나 자주 환기장치를 사용할 것인지, 한 시간 이상 지속되는 학생 프로젝트는 얼마나 자주 일어날 것인지 등등에 대한 대답뿐만 아니라 다른 질문들에 대한 대답들을 고려하여 학교의 과학 시설과 설비에 대한 설계 그림을 그려야 한다.

중학교 교육과정은 여러 개의 소집단들이 교사와 시설 설비를 공유할 수 있는 시스템 (teaming model)을 강조한다. 과학 장비들을 함께 두면 공유하기 쉽고, 또한 시설 설비를 공유하게 되면 비용도 적게 든다. 고등학교 과학 프로그램들과 비교해 볼 때, 중학교 과학 프로그램들은 전통적으로 덜 복잡한 실험들을 수행하고, 수학, 컴퓨터, 건강, 예술 등과 같은 폭넓고 다양한 활동들로 구성된다.

(2) 과학실험실 시설

기본적으로 과학 교실과 실험실은 과학 시범을 위한 교육공학 기자재를 비치해야 히며 컴퓨터도 사용할 수 있어야 한다. 과학 교실과 실험실에는 싱크대가 있는 시범테이블, 전기, 가스, 수도, 멀티미디어 기자재 사용을 위한 콘센트, 빔 프로젝터와 스크린, 칠판과 게시판 등이 설비되어 있어야 훨씬 효과적인 과학 수업을 할 수 있다.

중고등학생의 경우에는 토의도 하고 직접 실험도 수행할 수 있는 공간과 설비가 필요하다. 이 공간에서는 토의로 시작하여 직접 실험으로, 그리고 다시 토의를 하는 활동들이 일어날 수 있다. 이러한 활동을 위하여 실험실과 교실이 잘 조합되도록 배치할 필요가 있다.

과학실험실에는 식물을 기르고 실험 결과를 관찰하고, 작도를 하기 위한 자연광 및 인공광 설비가 되어 있어야 한다. 장애아들을 위해서 최소한 한 개 작업대는 낮은 높이에, 그리고 허리를 돌리지 않고도 사용할 수 있는 수도 시설 및 장비들을 갖추고 있어야 한다. 작업대는 다른 학생들과 동떨어져 있지 않도록 배치해야 한다 (Butin et al., 2009).

최근에 크게 부각되고 있는 통합 또는 융합과학, 프로젝트 기반 학습, 공학과의 통합을 고려한다면 중학교뿐만 아니라 고등학교의 경우도 다학문적 (multidisciplinary) 환경을 구성할 필요가 있다. 그러나 고등학교 과학 프로그램들은 중학교 프로그램들보다 영역 특수적이어서 물리, 화학, 생물학, 지구과학으로 세분화되는 경향이 있다. 각 영역은 각각의 특수한 물리적 설비를 요구하지만 교수 공간을 융통성 있게 계획하면 같은 공간을 두 영역 이상이 공유할 수 있다. 즉, 과학적이며 총체적인 문제해결을 위하여 여러 방법의 실험이 가능하도록 실험실을 한 분야 이상의 과학실험을 할 수 있도록 설계하고 설비하는 것이다. 이것은 과학실을 한 개만 갖추라는 것이 아니라 학생들의 학습 활동에 따라 적절한 실험실을 여러 개 갖출 필요가 있다는 것이다. 예를 들면 물상과학 (physical science)과 공학을 함께 실험해 볼 수 있는 실험실, 생명과학과 생명공학을 함께 실험해 볼 수 있는 실험실 등에 대해 고려해야 한다는 것이다.

과학실험실은 학생들이 언제든지 사용가능하고, 모든 학생을 수용할 수 있도록 수적으로 충분해야 한다. 또한 실험실은 참여하는 모든 학생이 실험을 수행하고 실험기구를 보관할 수 있을 정도로 충분히 커야 한다. 실험실에서의 경험은 과학에 대한 긍정적 태도를 증가시킨다고 밝혀져 있다. 또한 조작기술, 과학의 관점, 흥미, 가치관을 개발시키는 데 있어 실험실 교육이 효과적이라는 증거가 있다. 이러한 연구나 구체적 기구의 사용에 대한 심리학적 연구를 바탕으로 하여 생각해 본다면, 여러 가지 이유에서 과학수업의 실험활동을 최소화하는 것은 바람직하지 않다.

실험실의 천장은 발생하는 냄새, 열, 연기들을 확산시키기에 충분할 정도로 높아야 하고, 적당한 조명장치와 냉난방 장치가 되어야 한다. 또한 광도와 온도 조절 시설 및 실내 환기장치와 환기 시설이 설비되어 있어야 한다. 환기 장치가 안 되어 있을 경우는 창문이 필요하다. 유독가스가 발생되는 실험을 할 경우 반드시 가스 배출 장치(fume hood)가 설비되어야 한다.

실험준비실은 실험실과 가까이 있어야 하고, 각 실험실에는 시범실험대가 있어야 하며, 모든 실험대의 윗면은 산과 반응하지 않고 열에 강한 재질로 되어 있어야 한다. 자료나 기구를 보관하는 보관장은 안전을 위하여 잠글 수 있어야 하며 과학수업에 필요한 장비와 소모품에 적합하여야 한다. 실험기구를 수리하거나 조립할 수 있는 시설이 있으면 더욱 좋을 것이다.

각 실험실은 이용이 편리하도록 설비된 전기, 가스, 수도가 있어야 한다. 시범 테이블에도 전기, 가스, 냉수, 온수, 그리고 큰 싱크대가 설비되어야 한다. 안전을 위해 모든 전기 콘센트는 뚜껑이 있어야 하며 접지되어 있어야 한다.

폐기물을 버릴 시설이 있어야 하며, 이를 이용하는 방법을 알아야 한다. 화학 실험용 물품은 2년분 이상 보관해서는 안 된다. 1년분의 폐기물을 보관할 수 있는 시설을 반드시 준비해야 한다. 교사는 폐기물 처리에 관한 책자를 가지고 있어야 한다. 깨진 유리 기구를 버리는 통이 따로 마련되어야 한다. 인화성이 있거나 유독한 물질의 처리에 대해서는 정기적인 점검을 받아야 한다.

(3) 과학실험실 안전

과학교사가 과학수업에서 크게 유의해야 하는 부분은 안전이다. 화학물질들, 분젠 버너, 자르는 도구들은 잠재적인 위험성을 가지고 있다. 그러므로 과학실험실에는 손을 쓰지 않고 눈을 씻는 기구, 화재 방지 담요, 소화기, 그리고 응급의료 키트 등을 준비해 두어야 한다.

고등학교 화학실험실 또는 고급 생물실험실인 경우 환기 장치와 안전 샤워를 설치하도록 하고, 모든 실험실의 문 앞과 준비실의 쉽게 접근할 수 있는 곳에, 잘 보이도록 표시된 마스터 스위치를 설치해 두어서 유사시 시설물들의 전기 공급을 차단할 수 있게 하여야 한다. 위급한 상황에서 재빨리 도움을 요청할 수 있도록 실험실과 준비실에 비상전화기를 비치해 두어야 한다.

과학 교실과 실험실에는 소화기를 비치하여야 하며, 소화기는 실험실에서 발생할 화재의 종류에 적합한 것이어야 한다. 화학실험실에는 중조와 CO_2 소화기가 준비되어 있어야 한다. 그리고 교사는 소화기 사용법을 익히고 있어야 한다. 실험실은 눈을 씻을 수 있는 수도가 설치되어야 하며 모든 학생이 사용할 수 있을 만큼의 보호안경이 준비되어야 한다. 화학실험실과 모든 준비실에는 비상 샤워수도 장치가 있어야 한다. 보호안경은 위생적으로 보관되어야 한다. 교사는 안전장치에 대해 잘 알고 있어야 한다.

실험실에는 비상구가 있어야 한다. 비상구는 바로 복도로 통하거나 옥외로 통해 있어야 한다. 이 비상구의 문은 안에서 바깥으로 항상 나갈 수 있도록 해야 한다. 매년 실험실 안전 점검을 받아야 한다. 과학 부장교사가 먼저 점검을 하고 나서 방학을 이용하여 소방서에서 다시 점검하는 것이 좋다.

(4) 물리적인 융통성 (Physical Flexibility)

학교 과학 시설 설비를 계획할 때에는 항상 공간 배정의 융통성을 생각해야 한다. 작업대는 이동 가능하고, 편의시설들과 수납장은 교실 또는 실험실 주위에 위치시켜서 다양한 활동들을 의지에 따라 수용할 수 있도록 하고, 시범실험대 등은 바퀴를 달아 필요한 곳으로 이동시킬 수 있도록 한다.

(5) 학교 밖 학습

과학을 탐구하고 이해하는 것은 학생들이 학교 밖에서 학습할 때 크게 증진될 수 있다. 자연 현상 탐구, 정원, 기상센터, 냇물이 있는 습지, 학교 밖 온실 방문 등은 그 예들이 될 수 있다. 학교 밖 활동들은 학생들로 하여금 일상생활과 관련된 직접 체험으로서의 과학을 경험할 수 있는 기회를 제공한다.

(6) 교육공학기기

컴퓨터, 프린터, 화이트보드, 그리고 다른 기구들을 무선으로 연결해 쓸 수 있는 환경을 구축하는 것이 바람직하다. 천장에 부착하거나 이동 가능한 카트에 얹어 사용할 수 있는 비디오 프로젝션 시스템을 구축하도록 한다.

(7) 호기심과 창의성 기르기

과학에서는 논리적 사고나 사실적 지식만큼이나 창의성과 호기심이 중요하다. 이러한 특성을 증진시킬 수 있도록 과학 시설 설비 디자인을 고려해야 한다. 배관과 전기시스템을 잘 해 놓으면 이러한 특성을 구현하는 데 도움이 된다. 예를 들면, 천장의 채광창과 유리창들은 날씨 패턴과 태양의 움직임을 관찰할 수 있어 자연 현상에 대한 호기심을 유발할 수 있다. 온도와 에너지 사용량과 같은 환경 데이터를 제공하는 정보판은 훌륭한 수업 도구 역할을 하고 지적 자극을 일으키는 환경을 제공할 수 있다.

(8) 학생 프로젝트 수행 공간

자유 탐구 또는 창의적 체험 활동, R&E (Research & Education) 활동 시간에는 프로젝트 기반 학습이 강조된다. 프로젝트는 학생들이 개별적 또는 집단적으로 수행하며 며칠 또는 몇 주 동안 지속될 수 있다는 점을 감안해야 한다. 따라서 학생들이 장기적, 심층적으로 프로젝트를 수행할 수 있는 적절하고 융통성 있는 공간이 필요하다. 예를 들면, 학생들은 프로젝트를 계획하고 결과를 논의하기 위한 공간(소집단 회의실)이 필요하다. 이 공간에는 테이블, 의자, 마커 보드, 게시판, 전기 콘센트가 설비되어야 한다. 또한 선반, 캐비닛, 물과 전기 공급, 그리고 학생을 관찰하면서 준비할 수 있는 유리창 등이 필요하다.

(9) 컴퓨터실 및 도서관 시설과 환경

개인 컴퓨터와 인터넷의 사용이 활성화되면서, 개별적인 학습 활동에 대한 경향 및 관심이 점차 커지고 있다. 과학 학습의 수월성을 보장하기 위하여, 집단 학습과정과는 별도로, 효율적인 개별학습 활동을 또한 중시해야 할 것이다. 그러기 위해서는 도서관이 충분히 확보되어야 한다. 도서관은 언제나 쉽게 이용할 수 있어야 하며, 많은 수의 학생이 이용하기에 충분한 공간이어야 한다. 학교의 전문 도서관은 학생들의 학습을 위한 서적, 잡지, 자료뿐만 아니라, 교사와 과학교사를 위한 교수 및 특수 자료에 대한 서비스도 제공해야 한다. 또한 교육용 컴퓨터, 과학에 관한 소프트웨어, 과학 데이터 뱅크 등을 이용할 수 있도록 설비되어야 한다.

(10) 야외 학습장 시설과 환경

조경 및 녹지 시설은 오염된 공기를 정화시켜 주고 학교의 환경 미화를 조성해 주며 또한 학교 내에서 생활하는 학생 및 교직원의 정서적 안정을 도모한다는 데에서 경시할 수 없는 분야이다. 학교의 조경을 위해서는 화단이나 연못, 온실, 수목원, 울타리 등으로 아름답게 조성할 수 있다. 특히 연못이나 온실, 수목원은 과학 교과의 교재원으로 잘 활용할 수 있다. 화단의 경우는 그 모양을 원형, 마름모 등의 다양한 모양으로 하면 주변 건물과의 조화를 이루도록 할 수 있어서 좋다. 운동장 주변에는 일정한 수목 지대를 형성하여 학교 건물과 조화 분위기를 조성하고 학교 건물 주변에도 정원을 조성하여 교사와 운동장 사이의 일정한 간격을 확보한다. 학교 건물과 운동장 사이에 조성되는 녹지대는 외부로부터의 소음 방지 효과와 일조량 중에서 반사량을 줄일 수 있는 효과 등이 기대됨으로 쾌적한 학습 환경 조성에 기여할 수 있다.

자연관찰원은 야외학습장의 하나로 활용될 수 있다. 자연관찰원은 학교의 놀고 있는 땅이나 공간을 활용하여 설치할 수 있다. 시설 내용물 배치는 일조시간을 고려하고, 분산 또는 집합시켜야 할 내용물을 고려하고, 학생들이 관찰하는 데 필요한 통로의 넓이와 위치를 고려하고, 또한 과학 교과서의 내용 분석을 통해 사계절에 따른 파종 및 재배 계획 등을 고려하여 수립되어야 한다.

비형식 과학교육과 환경

▌ 비형식 과학교육의 정의와 특성[1]

비형식 과학교육은 일반적으로 학교 교육 밖에서 일어나는 과학교육을 말한다. 즉, 이것은 유치원에서 초등학교, 중·고등학교, 대학에 이르기까지 특정한 교육과정에 따라 형식적인 교육이 실시되는 정규 교육 기관 밖에서 일어나는 과학교육을 의미한다. 그러나 이 용어는 우리가 일상에서 접하게 되는 다양한 상황에서 일어나는 실제 세계에 대한 학습으로 정의되기도 한다. 이러한 관점으로 본다면, 비형식 과학교육이란 학교 밖이든 안이든, 공간적·시간적 맥락을 포괄적으로 망라한 학습이라고도 볼 수 있다.

사실상 한 두 문장으로 비형식 과학교육을 예외 없이 정의하는 것은 어렵다. 과학교사가 박물관이나 동물원에 학생들을 인솔해 갔을 때, 학생들이 자유롭고 제약 없이 자신이 원하는 순서에 따라 전시물이나 동물들을 관찰할 수 있다. 그러나 경우에 따라서는 교사가 활동지를 미리 배부하고 그 내용에 따라 관람하게 안내할 수도 있다. 즉, 교사가 의도한 교육과정에 따라 형식적이며 구조화된 수업이 박물관이나 동물원에서 진행될 수도 있다. 이처럼 비형식 과학교육과 형식 과학교육 사이의 구분이 애매모호할 때가 많다. 그럼

---

1. 비형식 교육은 영어의 non-formal learning을 의미하고, 영어의 informal learning은 무형식교육으로 번역된다. 여기서는 비형식교육과 무형식 교육을 통틀어 비형식 교육으로 포괄하여 설명하고자 한다.

에도 불구하고 오늘날 비형식 교육이라 하면 학교 교육과 매우 차별화된 것으로 보는 것이 일반적이며, 나름의 고유한 영역과 구별되는 특성이 있다는 것도 받아들여지고 있다 (김찬종 외, 2010).

비형식 과학교육의 특징 중 하나는 편재성 (ubiquitous)이다. 과학관, 동물원, 식물원, 박물관, 수족관, 가정, 운동장, 공원, 심지어 길거리와 같이 우리 삶의 모든 공간과 시간에서 비형식적인 과학학습이 일어날 수 있다. 또는 지역사회의 프로그램, 학교 캠프, 축제, 클럽 활동, 가족 여행 등 다양한 형태로 일어난다. 이처럼 비형식 과학교육은 장소나 시간, 형식에 제한받지 않고 우리가 생활하는 모든 영역에서 일어날 수 있다.

그리고 비형식 과학교육은 일반적으로 학습계열이나 교육과정이 정해져 있지 않다. 학교의 형식 교육은 국가, 지방 정부 등 공인된 기관이 제시한 기준에 따라 일어난다. 형식 교육에서 학생은 교사나 교과서, 시험 범위 등이 규정한 교육 내용과 순서에 따라 학습한다. 그러나 비형식 교육은 일상의 경험들을 강조한다. 별다른 선행 조건이나 배경 지식을 요구하지도 않는다. 따라서 어떤 배경을 가진 사람이든 쉽게 학습에 참여할 수 있다. 과학 및 기술 관련 학문 분야의 개념을 다른 학문의 개념과 융합적으로 학습할 수 있고, 다양한 관련 주제와 탐구 과정, 사고의 범위를 넓힐 수도 있다.

또한 비형식 과학교육은 자발적인 내적 보상을 통해 동기를 부여한다. 식물원이나 과학관에서 혹은 인터넷이나 TV에서 특정한 내용을 배우라고 강요하지 않는다. 평가를 통해서 즉시적인 외적 보상을 제공하지 않지만 스스로 학습하는 과정에서 경이로움, 놀라움, 즐거움 등을 느끼며 학습한다. 학습의 진행 속도도 학습자 스스로 결정한다. 과학 학습이 자발적이고 자기 주도적이며 내재적인 흥미와 호기심, 탐구심, 사회적 상호작용 등에 의해 동기가 부여된다.

비형식 과학교육의 또 다른 특징은 사회·문화적 맥락이 매우 중요하게 영향을 준다는 점이다. 많은 경우 비형식 교육은 타인의 행동을 관찰하는 것을 통해 이루어진다. 과학관에서 관람객들은 다른 사람이 전시물을 조작하는 방법을 관찰하며 조작 방법을 배우고 전시 내용도 학습히는 것이 일반적이다. 또한 아동과 성인이 서로 전시물에 머무르는 시간에 영향을 주게 된다. 아들은 아버지의 손에 이끌려 태양계의 생성 과정을 설명하는 코너에 머물며 학습하고, 때로는 아들이 아버지와 자전거 페달 밟기 놀이를 하며 발전기의 원리를 학습한다. 이러한 학습 경험은 종종 가족이나 또래 집단에서 일어나는 심도 있는 사회적 경험을 제공하기도 한다.

웰링턴 (Wellington, 1991)은 비형식 교육 상황에서 일어나는 학습의 특성을 형식적 학

표 8.2 비형식 학습과 형식 학습의 특성(Wellington, 1991)

비형식 학습	형식 학습
· 자발적	· 의무적
· 비구조화된 비연속적인 학습	· 구조적이고 연속적인 학습
· 정한 과정이 없고 결과를 평가하지 않음	· 정규적인 과정이 있고 결과를 평가
· 개방적	· 수렴적
· 학습자 중심으로 학습자가 주도	· 교사 중심으로 교사가 주도
· 정규적인 것에서 벗어나 있음	· 교실이나 기관 등 정규적인 것 내에 있음
· 계획적이지 않음	· 계획적임
· 의도하지 않은 성과가 많음	· 의도한 성과를 기대함
· 사회적 측면이 중요함	· 사회적 측면이 덜 중요함
· 널리 통용되는 것이 아님	· 널리 통용되는 것임
· 지시나 법률에 의한 것이 아님	· 지시나 법률에 따르는 것임

습과 비교하여 <표 8.2>와 같이 제시하였다.

사실 오늘날과 같이 교육이라는 개념을 학교에서 일어나는 활동으로 제한하여 생각하게 된 것은 인류 역사 전체를 놓고 볼 때 그리 오래된 일이 아니다. 따라서 비형식 과학교육에 대한 논의야말로 인위적이지 않은 상태에서 가장 자연스럽게 일어나는 과학학습에 대한 논의로 무게중심을 옮겨놓는 것이라고 할 수 있다.

비형식 과학교육 환경의 종류

비형식 과학교육은 매우 다양한 상황에서 다양한 형식으로 나타난다. 이것은 박물관, 수족관, 동물원의 전시와 시범, 텔레비전, 라디오 등과 같은 언론 매체, 그리고 지역사회 기반 프로그램, 책, 잡지, 취미, 신문 등에 의한 학습(Crane et al., 1994)으로 구분할 수 있고, 박물관 학습, 방과 후 활동, 가족 학습 프로그램 등(Schauble & Glaser, 1996)으로 구분할 수도 있다.

여기에서 박물관은 과학관이나 동물원, 식물원, 수족관과 같이 전시물을 기준으로 구분할 수 있고, 주제에 따라서 어린이 박물관, 산업기술관, 기업체 홍보관, 댐 전시관, 등대 박물관, 김치 박물관, 석탄 박물관, 공룡 박물관, 자연사 박물관 등과 같이 분류할 수도 있다.

또한 지역사회 기반 비형식 과학학습 기회에는 과학 캠프, 문화센터, 동호회, 과학전람회, 과학 탐구대회, 과학 올림피아드 등이 있다.

한편 벨 외(Bell et al., 2009)는 비형식 학습 환경을 일상적인 가족 학습 환경, 설계된 환경, 그리고 방과 후와 성인 프로그램으로 분류하였으며, 김찬종 외(2010)는 일상적 가족 학습 환경, 지역사회 기반 비형식 학습 환경, 설계된 비형식 학습 환경으로 구분하였다. 이들 중 몇 가지에 대해 설명하면 다음과 같다.

첫 번째, 일상적 가족 학습 환경에서 일어나는 과학학습은 가족 공동체 내에서 대부분 평생 동안 상당한 기간에 걸쳐서 일어난다. 예를 들면 부모나 형제와의 놀이, 대화, 토의, 취미 활동, 대중매체 시청, 다양한 전자 제품의 사용 등을 통해서 과학학습이 일어난다. 이처럼 일상적인 환경 속에서 자연스럽게 일어나는 비형식 학습의 주제나 상호작용 방식은 학습자가 선택하고 조직하며 조정한다(Bell et al., 2009). 따라서 학습 내용이나 방식은 학습자가 속한 가족의 문화나 맥락에 따라서 달라진다. 하늘의 별에 관심이 많은 아이는 별과 관련된 내용을 인터넷으로 찾아보고 부모를 설득하여 가까운 천문대를 찾아 별 관측 프로그램에 참여할 것이고, 새를 좋아하는 아이는 철새 탐조를 위해 필드스코프를 구입하여 철새 도래지를 찾아갈 것이다.

두 번째, 지역사회 기반 비형식 학습 환경의 대표적인 예로는 방학 프로그램, 클럽 활동, 과학센터 프로그램, 노인 대학 프로그램 등과 같은 방과 후 활동이나 성인 학습 프로그램이다. 이러한 프로그램을 운영하거나 지원하는 지역사회 기관은 자신들의 이익이나 관심을 구현할 수 있도록 조직되고 설계된 교육과정을 개발하여 프로그램에 반영하는 경우가 많다. 또한 프로그램의 학습 목표는 지식이나 기능인 경우가 대부분이지만 태도나 가치 그리고 과학을 이용한 문제 해결력 향상에 두기도 한다.

이 학습 환경이 제공하는 프로그램은 참여자의 자발성에 기반을 두고 있기 때문에 프로그램이 살아남기 위해서는 매력적이고 흥미로워야 한다. 그리고 참여자의 학습 결과를 평가하지 않으며 일반적으로 이수 또는 자격 증명서를 발급하지 않는다. 또한 과학에 대한 관심과 자연을 이해하려는 태도를 가진 사람들의 수를 늘리는 것에 목적을 두기 때문에 흥미와 재미를 불러일으키도록 설계된다.

세 번째, 설계된 비형식 학습 환경은 학습을 고려하여 의도적으로 계획하고 설계하며 개발된 비형식 학습 환경을 말한다. 여기에는 박물관, 과학관, 식물원, 동물원, 수족관, 도서관 탐방 학습 등이 해당된다. 특히 과학관 탐방은 대표적인 설계된 비형식 학습 환경이다. 과학관은 설립 주체에 따라 국립, 공립, 사설로 구분할 수 있다. 분야나 기능에 따라서는 종합과학관, 분야과학관, 주제과학관 등으로 구분할 수도 있다 (박승재 외, 2005). 전시 특성에 따라서는 백과사전식 과학관, 국가 정체성을 보여주는 과학관, 특별한 주제 특화 박물관, 소비재를 소재로 한 박물관 등이 있다.

이 학습 환경에서도 학습 내용은 대부분 학습자에 의해서 결정된다. 물론 전시물의 내용은 전시 주체가 설계하고 개발하여 제공하지만 그 전시 시설을 선택하거나 많은 전시물 중 특정한 전시물을 선택하는 것은 학습자이다. 이들은 자신의 흥미나 관심과 부합되는 전시 내용에 집중함으로써 스스로 학습 주제를 결정하며, 학습과 관련된 의미 구성이나 어느 정도까지 학습할 것인가 등을 결정한다.

이 환경에서도 다른 비형식 학습 환경과 같이 사회적 상호작용이 학습에 영향을 주는 중요한 변수이다. 학습을 위한 동기나 목적의식, 지향점, 경향성 등이 부족한 상황에서 함께 방문한 친구들과의 상호작용은 학습자의 관심을 오히려 분산시키게 되는 요인으로 작용할 수도 있다. 따라서 비형식 학습이 일어날 것을 기대하는 부모나 교사는 적절한 상호작용을 통해서 학습 주제를 안내하고 정보를 교환하며 의미가 구성될 수 있도록 도와야 한다.

▌ 비형식 과학교육의 내용과 학습

우리나라 학교 과학교육의 교육과정은 과학 개념의 통합적 이해, 과학적 탐구 능력 향상, 과학 지식과 기술의 형성과 발전 과정에 대한 이해, 자연 현상과 과학 학습에 대한 흥미와 호기심, 일상생활의 문제 해결력과 태도 함양, 과학·기술·사회의 상호작용 이해, 과학 지식과 탐구 방법을 활용한 합리적 의사 결정 능력 함양 등을 과학교육의 주요 목표로 규정하고 있다 (교육과학기술부, 2009). 또한 클로퍼 (Klopfer, 1971)는 '과학 지식과 이해', '탐구 과정 습득', '과학적 방법과 지식의 적용', '조작적 기능 숙달', '태도와 흥미 함양', '인식 제고' 등을 학교 과학교육의 목적으로 제시하였다. 한편, NRC (1996)는 공공의 과학과 관련된 담화와 토론에서 지성적으로 참여하고, 자연 현상에 대해 설명할 수 있으며, 이러한 설명을 다양한 방식으로 검증하고, 다른 사람과 자신의 생각을 의사소통할 수 있는 능력 등도 과학교육에서 가르쳐야 한다고 제안하였다.

그러나 비형식 과학교육의 목적과 내용은 학교의 형식교육을 통해서 가르치려는 것과 공통점도 있지만 차이점도 있다. 예를 들어 과학관의 관람객들은 재미있고 신기한 전시물

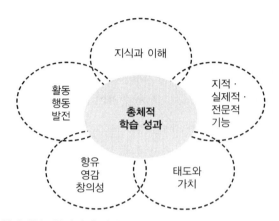

그림 8.1 비형식 학습 환경의 총체적 학습 성과 영역 (Hooper-Greenhill, 2007)

을 관람하면서 호기심과 미적·지적인 즐거움을 맛보게 된다. 이와 같이 방문을 통해서 전시물이나 관람 경험을 향유하는 것도 비형식 과학교육의 중요한 목적이 될 수 있다. 이러한 특성을 반영하여 영국의 비형식 과학교육을 연구하는 연구자들은 학습을 통해서 길러질 것으로 기대되는 성과를 집대성하여 총체적 학습 성과(GLO, Generic Learning Outcomes)를 개발하였다 (Hooper-Greenhill, 2007). 그리고 미국의 과학교육위원회 (BOSE, Board of Science Education)도 '흥미, 경험, 동기', '지식, 개념, 원리, 모형, 논증의 형성이나 이해, 활용', '탐구', '본성', '과학 언어, 도구 사용 과학 활동 참여', '정체성'으로 요약할 수 있는 여섯 가지의 비형식 과학학습 영역을 제시하였다 (Bell et al., 2009).

총체적 학습 성과는 다양한 비형식 교육기관의 학습 성과를 분류하는 데 활용될 수 있는 틀이고, BOSE는 과학관에 초점을 맞춘 목표 분류이다 (Bell et al., 2009; Hooper-Greenhill, 2007). 총체적 학습 성과를 조금 더 자세히 살펴보면 다음과 같다.

총체적 학습 성과는 [그림 8.1]과 같이 '지식과 이해', '지적·실제적·전문적 기능', '태도와 가치', '향유, 영감, 창의성', '활동, 행동, 발전'으로 구분되는 다섯 개의 큰 영역으로 구분된다 (Hooper-Greenhill, 2007). 이들 각각을 설명하면 다음과 같다.

- **첫째 :** 총체적 학습 성과의 '지식과 이해 영역'은 사실이나 정보를 받아들이고 이해하는 것을 말한다. 유의미한 지식 이해는 이미 알고 있는 것과 새로 학습하는 것이 유기적으로 연결할 때 잘 일어난다. 개인마다 이미 알고 있는 지식과 경험이 다양하기 때문에 지식과 이해는 개인마다 상당히 다른 특성을 나타낸다.

- **둘째 :** 지식이 무엇인가를 아는 것이라면 '지적·실제적·전문적 기능 영역'은 어떻게

하는지를 아는 것이다. 기능의 유형은 신체를 움직이는 조작적 기능과 기구를 다루는 조작 기능 그리고 지적인 기능과 관련이 있는 인지적 기능과 감성 기능, 사회성과 관련된 감성적 기능과 사회적 기능 등도 포함한다. 이 기능들은 모두 무엇인가를 실행해봄으로써 획득할 수 있다.

- **셋째** : '태도와 가치 영역'은 정보나 기능을 학습할 때 자연스럽게 일어나는 학습 영역 이다. 태도와 가치는 잘 드러나지 않지만 학생의 성장에 크게 영향을 주기도 한다. 어린 학생일수록 태도나 가치의 변화 가능성이 크다. 이 영역의 범위는 매우 넓어서 자기 자신, 다른 사람, 문화적 가치, 공감 등의 형태로 다양하다.

- **넷째** : '향유, 영감, 창의성 영역'은 관람객들이 비형식 과학교육을 여가로 즐길 때 얻어지는 내용이다. 참여자들이 아름답거나 신기하고 재미있는 시설물을 관람하며 지적인 호기심과 즐거움을 맛보게 되는 경우가 많은데 이 또한 비형식 과학교육의 중요한 성과이다. 이러한 즐거움은 관람객이 긍정적인 정체성을 형성할 수 있도록 자극하고, 내적인 동기를 유발하여 적극적으로 학습에 참여하게 하며, 때로는 창의적이고 혁신적인 사고를 유발한다.

- **다섯째** : 비형식 과학학습은 학습 참여자들의 지식, 기능, 태도의 변화뿐 아니라 새로운 활동이나 행동의 변화를 이끌어낸다. 활동이나 행동의 예로, 경험한 비형식 교육과 관련된 물품이나 책 혹은 작품 구입하기, 그 교육에 다시 참여하기, 다른 사람을 동반하기 등을 들 수 있다. 그리고 비형식 학습을 통해서 일어난 행동의 변화는 때때로 삶의 다른 영역에 영향을 주기도 한다. 예를 들어 스마트 기기를 활용하는 경험이 새로운 스마트폰 구입으로 이어져 삶의 변화를 유발할 수도 있다.

페허 (Feher, 1990)는 전시물이 설치된 박물관이나 과학관 같은 시설에서 관람자들이 어떻게 학습하는지를 분석하여 비형식 학습 상황에서 일어나는 학습의 과정을 네 단계로 구분하여 제시하였다. 첫 번째 단계는 '경험하기 (experiencing)'이다. 이 단계에서 관람자들은 이전에 알지 못했거나 알았더라도 충분하게 알지 못했던 현상을 일차적으로 경험하게 된다. 이러한 경험은 감정적인 심리적 속성에 의해 좌우되는 경우가 많다. 두 번째 단계는 '탐색하기 (exploring)'이다. 이 단계는 관람자들이 전시물을 스스로 작동해보면서 경험하기 이상의 새로운 정보나 특징을 발견하는 과정이다. 특히 전시물이 보여주는 현상에 주목하는 단계이다. 세 번째 단계는 '설명하기 (explaining)'이다. 이 단계는 현상 관찰을 넘어 내적으로 개념화하는 과정이다. 이 단계에서 관람자들은 인지적인 문제를 본격적 해결하고 다룬다. 네 번째이자 마지막 단계는 '확장하기 (expanding)'이다. 관람자들이 설명하기를 통해서 얻은 개념을 관련된 전시물들을 살펴보면서 사고하여 일반화하는 과정이다. 때로는 하나의 전시만으로는 일반화하거나 전체적인 개념 습득이 어려운 경우에 같은 주제를 다루고 있는 다수의 전시물을 탐색하여 자신의 인지구조를 확장하게 된다.

일반적으로 비형식 과학학습은 일상의 모든 영역에서 의도하지 않은 형태로 일어나는 특징이 있다. 가족이나 친구들과 이야기를 나누거나 텔레비전을 시청할 때, PC로 인터넷의 정보를 탐색할 때, 과학과 관련된 도서를 읽거나 신문 기사를 읽을 때 등과 같이 일상의 모든 경험이 학습의 범주에 포함될 수 있다. 이러한 다양한 상황에서 사람들은 역동적으로 상호작용하며 서로에게 과학적 지식, 탐구 기능, 태도, 행동 등의 학습에 영향을 미친다. 이러한 관점에서 비형식 과학교육에서의 학습은 개인적 의미를 구성하는 유기적, 역동적, 계속적, 전체론적 현상이며 동시에 사회·문화적 현상이라고 볼 수 있다 (김찬종 외, 2010). 특히 학습자의 내재적 욕구에 의해 동기가 유발되고 다양한 사회적·물리적 맥락 안에서 실생활의 경험으로부터 유도되는 것임을 알 수 있다.

한편, 비형식 학습기관의 프로그램을 학교 프로그램과 연계시키려는 노력도 점차 증가하고 있다. 특히 다양한 형태의 박물관이나 과학관 등은 학교의 형식 교육의 일부를 수용하여 학생들의 참여를 유도하기 위해서 자신의 시설과 프로그램을 적극적으로 홍보하고 다양한 형태의 학습 기회를 제공하고 있다. 이 기관들은 박물관과 학교, 동물원과 학교, 혹은 수족관과 학교를 연계하는 등의 형태로 기관 대 기관의 협동 교육을 시도하거나 진행하고 있다. 예를 들어, 미국 네브래스카주의 폴섬 어린이 동물원 (Folsom Children's Zoo)은 인근의 중등학교와 협동하여 '동물원에 간 학교 (school in the zoo)'라는 2년 과정의 프로그램을 제공하고 있다. 이것은 형식적인 고등학교 과학교육과 동물원의 비형식 과학교육을 연계하려는 시도이다 (김찬종 외, 2010).

과학교육 교재와 매체

학생의 흥미, 목적, 능력, 학습방법, 환경 등에 큰 차이가 있다는 것을 생각하고, 과학 자체가 복잡하다는 것을 고려한다면 많은 종류의 과학 학습 교재가 필요함은 당연하다. 과학 학습 교재는 인쇄 매체로 된 교재, 녹음·녹화된 교재, 디지털화된 교재, 실험 실습 교재 등 다양하다. 최근에는 스마트폰도 교수 학습에 사용되고 있다. 이에 대해 구체적으로 설명하면 다음과 같다.

과학 교과서와 지도서

우리나라의 교과서는 우리나라 교육과정을 준거로 하여 개발된다. 어떤 교육프로그램이 개발되기 위해서는 그 준거와 철학이 필요하다. 김정호 외(2013)는 좋은 교과서의 특성과 이러한 교과서의 편찬 및 개발 조건을 <표 8.3>과 같이 제시하였다.

우리나라의 현행 과학 교과서의 준거가 되는 2009 개정 과학과 교육과정은 앞에서 소개하였다. 우리나라 과학 교과서 개발 기준은 별도로 정해져 있지 않지만 검인정 제도가 있어서 이 검인정 기준이 거의 교과서 개발 기준으로 볼 수 있다. <표 8.4>에는 현재 우리나라에서 시행되고 있는 일반적인 교과서 심사 영역 및 심사 기준을 제시하였다(김정호 외, 2013).

표 8.3 좋은 교과서의 특성과 편찬·개발 조건

좋은 교과서의 질적 요소		좋은 교과서 편찬·개발 조건
다양성	내용 구성의 다양성 편집 체제의 다양성 교수 학습 방법의 다양성	· 제작자가 교육과정을 다양하게 해석할 수 있도록 심의 과정에서 교육과정 일치 여부를 유연하게 판단한다. · 이념이나 사관은 책 간은 다양하여도 어느 한 책 내에서는 편향적일 수 있으므로 심의회는 책 내 균형 여부를 반드시 확인하여야 한다.
창의성	새로운 교과서 모형 창의적 학습 과정 전개 교과서 중심 정답주의 탈피	· 학습자의 능동적 참여와 창의적 사고를 학습의 최대 목표로 설정하고 교과서 내용을 가치 판단의 절대 기준으로 삼지 않도록 한다. · 교육과정 내용 체제를 재구성하고, 정통적인 교과서 상을 해체하여 실험적인 교과서를 만들어도 심의 과정에 불리하지 않도록 한다.
완결성	충분한 내용 설명 다양한 평가자료 제시 자발적 학습과정 유도	· 교과서에 있는 내용만 이해하여도 시험을 보는 데 충분하게 활용할 수 있도록 다양한 평가 사례까지 제시하여 별도 문제집이나 사교육 수요를 대체하도록 한다. · 교과서 내용을 학생이 쉽게 이해할 수 있도록 설명하고, 스스로 학습할 수 있도록 그 과정을 체계적으로 제시한다.
정확성	오류 없는 사실과 개념 실증 가능한 이론 체계 분별과 논리에 맞는 문장	· 틀리고 일방적 주장만 하는 교과서는 국민의 지적 수준을 낮추게 되므로 개발과 심의 과정에서 오류만큼은 꼭 찾아내야 한다. · 교과서 암기식 학습문화에서 교과서는 글쓰기의 전형이 되므로 심의 과정에서 문장 분석까지 하여 좋은 글이 되도록 유도해야 한다.
균형성	내용 구성의 균형 이념과 가치의 균형	· 설명과 활동을 적절하게 조화시켜 다양한 학습방법을 고르게 경험할 수 있도록 한다. · 심의회는 이념·가치·사관이 특정한 쪽으로 편향되었는지 여부를 정밀하게 분석해야 한다.
경제성	학습 과정의 효율성 도서 가격의 경제성	· 여러 가지 과목을 동시에 공부해야 하는 학생이 제한된 시간의 학습으로 최대의 효과를 얻을 수 있도록 학습 과정을 최적화시킨다. · 교과서를 무상으로 공급하면 학교나 학부모는 부담되지 않지만, 그 예산은 모두 국민의 세금이므로 학교가 선정할 때 책 값을 비교하여 최소비용으로 하도록 한다.

표 8.4 교과서 심사 영역, 기준 및 배점(예시)

심사 영역	심사 기준
Ⅰ. 교육과정의 준수	1. 교육과정에 제시된 '목표'를 충실히 반영하는가?
	2. 교육과정의 '내용의 영역과 기준'을 충실히 반영하였는가?
Ⅱ. 내용의 선정 및 조직	3. 내용의 수준과 범위가 적합한가?
	4. 내용 요소 간의 위계와 체계성을 가지고 있는가?
	5. 단원의 전개, 구성 체제, 소재 및 제재가 타당하고 창의적인가?
	6. 학습자의 자기주도학습이 가능하도록 내용을 조직하여 제시하였는가?
Ⅲ. 내용의 정확성 및 공정성	7. 사실, 개념, 용어, 이론, 자료 등은 객관적이고 정확한가?
	8. 교과서 속의 평가 문항의 질문과 답에 오류는 없는가?
	9. 사진, 삽화, 통계, 도표 및 각종 사례 등은 타당하고 정확하며 신뢰성이 있으며 출처를 분명히 제시하고 있는가?
	10. 특정 국가, 민족, 이념, 인종, 성, 나이, 역사, 문화, 종교, 신분, 계층, 인물, 상품, 단체 등에 대해 편파적인 관점이나 차별적 요소를 담지 않도록 공정하게 기술하고 있는가?
	11. 한글, 한자, 로마자, 인명, 지명, 각종 용어, 통계, 도표, 지도, 계량 단위 등의 표기가 정확하며, 개발 상의 유의점에 제시된 기준을 충실히 따랐는가?

과학 교과서 평가의 준거

우리나라의 경우, 과학교과서는 초등학교의 경우에는 국정, 중등학교의 경우에는 검인정 제도에 의해 개발되고 보급된다. 위에 제시한 교과서 심사 영역 및 기준에 따라, 내용의 정확성 및 공정성을 중심으로 대체적인 평가의 준거를 제시하면 다음과 같다.

첫째 준거는 '내용이 정확하게 진술되어 있는가?'이다. 과학교과서는 무엇보다 내용상의 오류가 없어야 한다. 교과서 내용의 오류는 곧바로 학생들의 오개념 형성으로 이어질 수 있기 때문에, 내용이 정확하게 진술되어 있는가 하는 것은 매우 중요한 평가의 준거가 된다.

둘째 준거는 '현대적인 과학 용어로 진술되어 있는가?'이다. 과학 개념들에 대한 우리말 용어는 시대에 따라 다르게 진술된 것이 많다. 예를 들면, 현재는 전기장, 자기장이라고 쓰는 것이 과거에는 전장, 자장 또는 전계, 자계로 표현되기도 했고, 에너지는 에네르기로 표현되기도 했었다. 그런가 하면 2009 개정 교육과정에서는 '만유인력'이라는 용어가 없어지고 '중력'이라는 용어로 통일되었다. 이러한 용어들이 과학계에서 사용하고 있는 현대적인 과학 용어로 진술되어 있는지도 평가의 준거가 된다.

셋째 준거는 '과학과 교육과정을 충실하게 반영하고 있는가?'이다. 우리나라에서 과학 교과서는 기본적으로 과학과 교육과정을 근간으로 하여 개발된다. 그러므로 과학 교과서 내용은 과학과 교육과정에서 제시하고 있는 철학과 내용(예를 들면, 과학실험의 비중, 구성주의 철학 등)이 반영되어야 한다. 과학과 교육과정에서는 수준과 범위를 제시하고 있으므로 그 요구 사항을 벗어나기 어렵다.

넷째 준거는 '현대의 과학 교수 학습 이론을 반영하여 설명하고 있는가?'이다. 구성주의 학습 이론, STS 교육 이론 등과 같은 교수 학습 이론이 반영되어 설명되고 있는지도 평가의 준거가 될 수 있다. STS 교육 이론이 반영되었는지, 과학에서의 오개념 형성 원인 등을 고려하여 과학 내용이 서술되었는지가 평가의 준거가 될 수 있다.

다섯째 준거는 '현대적인 용어를 사용하여 이해하기 쉽게 서술하였는가?'이다. 일상생활에서 사용하고 있는 용어들은 시대에 따라 변한다. 과거에 쓰던 용어들을 사용하여 서술하면 읽거나 이해하기 어렵다. 그러므로 현대적인 용어들을 사용하여 과학 교과서를 서술하여야 한다. 그렇다고 해서 아직 국어사전에 제시되지도 않은, 젊은 층에서 유행하고 있는 용어들을 사용하는 것은 곤란하다.

여섯째 준거는 '교사와 학생이 교수 학습에 활용하기에 편리하게 구성되어 있는가?'이다. 교과서는 교사와 학생이 모두 사용하는 교수 학습 자료이다. 그러므로 과학교사가 수업을 준비하기에 편리해야 하고, 학생이 수업에서뿐만 아니라 가정에서 개별 학습하기에도 편리해야 한다. 지나치게 교사 중심으로 서술되어 있거나, 지나치게 학생 중심으로 서술되어 있는 것은 교수 학습에 적절하지 않다.

일곱째 준거는 '색상, 편집, 글자체 등이 읽기에 적절한가?'이다. 색상이나 편집 체제, 글자체 등은 교사나 학생으로 하여금 교과서에 친근하게 다가갈 수 있게 하는 중요한 요소이다. 글자의 크기가 지나치게 크면 읽기는 좋으나 수록할 수 있는 내용의 양에 문제가 있을 수 있고, 지나치게 작으면 가독성이 떨어지는 요인이 될 수 있다. 색상을 필요 이상으로 많이 쓰거나 편집이 매끄럽지 못한 것은 학습자로 하여금 과학 교과서를 친근하게 여기지 못하게 하는 요인이 될 수 있다. 이 밖에도 교과서에 주어지는 여백, 내용 정리 방법, 평가 문항의 제시 내용 및 형태 등이 평가의 준거로 활용될 수 있다.

과학 지도서 평가의 준거

과학 지도서 또한 검인정 제도에 의해 개발되고 보급되기 때문에, 교과서만큼 엄격하진 않지만 과학 지도서 평가의 준거 또한 교육부에서 시행하는 지도서 평가의 준거가 그 기본이 된다. 대체적인 평가의 준거를 교과서 심사 준거를 바탕으로 제시하면 다음과 같다.

첫째 준거는 '내용이 정확하게 진술되어 있는가?'이다. 과학 지도서 또한 무엇보다 내용상의 오류가 없어야 한다. 지도서의 내용의 오류는 교사로 하여금 잘못된 이해를 통해 학생들에게 잘못된 내용을 가르치게 할 수 있으므로, 내용이 정확하게 진술되어 있는가 하는 것은 매우 중요한 평가의 준거가 된다. 그리고 지도서에는 교과서에 서술되지 않은 좀 더 심화되어 있거나 수준 높은 내용들이 서술될 수 있으므로 내용의 정확성은 더욱 중요한 평가 요소가 되어야 한다.

둘째 준거는 '현대적인 과학 용어로 진술되어 있는가?'이다. 과학 교과서와 마찬가지로 지도서에 사용된 과학 용어들은 과학계에서 사용하고 있는 현대적인 과학 용어로 진술되어 있는지도 평가의 준거가 된다.

셋째 준거는 '현대의 과학 교수 학습 이론을 반영하여 설명하고 있는가?'이다. 현대 과학교육학에서 연구 제시되는 과학교육 목적과 목표 이론, 구성주의 학습 이론, STS 교육 이론, 협동학습 이론 등과 같은 현대적 교수 학습 이론이 반영되어 설명되고 있는지도 평가의 준거가 될 수 있다. STS 교육 이론이 반영되었는지, 과학에서의 오개념 형성 원인 등을 고려하여 과학 내용이 서술되었는지, 또, 학생들의 과학 오개념을 과학적 개념으로 변화시킬 수 있는 전략에 대한 서술이 있는지, 현대 과학 교수·학습 이론들에 대해 적절히 소개하고 있는지가 평가의 준거가 될 수 있다.

넷째 준거는 '현대적인 용어를 사용하여 이해하기 쉽게 서술하였는가?'이다. 교과서에서와 마찬가지로 용어들은 시대에 따라 변하므로 현대적인 과학 용어들을 사용하고, 일상 생활 용어도 사전에 있으면서 현대적인 용어들을 사용하여 지도서를 서술하여야 한다.

다섯째 준거는 '교사가 수업을 준비하기에 충분한 내용과 체제로 구성되어 있는가?'이다. 지도서는 과학교사가 수업을 준비하기에 내용적으로 충분해야 하고 지도안을 구성하는 데 편리해야 한다. 그러한 구성에 대한 평가가 이루어져야 한다. 정선된 평가 문항, 수업 계획과 지원, 심화 학습 자료, 멀티미디어 자료 등이 제공되어야 한다.

여섯째 준거는 '색상, 편집, 글자체 등이 읽기에 적절한가?'이다. 색상이나 편집 체제, 글자체 등은 교사로 하여금 지도서에 친근하게 다가갈 수 있게 하는 중요한 요소이다. 글자의 크기가 지나치게 작으면 가독성이 떨어지는 요인이 될 수 있다. 색상을 필요 이상으로 많이 쓰거나 편집이 복잡하거나 매끄럽지 못한 것은 교사로 하여금 지도서를 친근하게 여기지 못하게 하는 요인이 될 수 있다. 이 밖에도 지도서의 여백, 다양하고 충분한 참고 자료의 제시, 다양하고 충분한 평가 문항의 제시 등이 평가의 준거로 활용될 수 있다.

과학 교재 평가 준거에 대한 미국의 사례: 미국 캘리포니아 공립학교 과학교육 지침 (Science Framework for California Public Schools)

2003년부터 투입된 캘리포니아 공립학교 과학교육 지침 (Science Framework for California Public Schools)은 유치원부터 8학년까지의 과학 수업 자료를 평가하기 위한 준거를 제시한다. 이 준거는 과학 내용과 과학교육표준과의 연계, 프로그램 조직, 평가, 보편적 접근성 (Universal access), 수업 계획과 지원 등과 같은 5개 영역에 걸쳐 상세 기준을 제시하고 있다.[2]

(1) 과학 내용과 과학교육표준과의 연계 (Science Contents/Alignment with Standards)

과학 내용과 과학교육표준과의 연계는 과학 수업 자료가 캘리포니아 과학교육표준 (California Science Standards)을 가르치고 배우도록 지원하고 있는지에 대한 여부를 평가한다. 캘리포니아 과학교육 표준은 미국 국가과학교육 표준을 근거로 만들어진 것이다. 세부적으로는, 과학 내용의 정확성, 캘리포니아 지침에 따른 포괄적인 교수 가능성, 학습 내용의 순환적인 제시, 교사용 지도서의 충실성, 최소한 20~25%의 직접 활동 포함, 학년 수준에 적절한 조사와 실험 활동 포함, 직접 활동의 안전성과 적절성, 과학 용어 사용의 명확성, 확장적이면서 학년 수준에 적절한 읽기와 쓰기, 적절한 수학의 사용 및 연습, 과학 발달사 및 STS에 대한 적절한 예시, 환경과학과의 관련 등에 대한 내용들을 평가하도록 되어 있다.

(2) 프로그램 조직 (Program Organization)

프로그램 내용이 캘리포니아 과학교육 지침에서 제시하고 있는 안내에 부합하는 방식으로 조직되고 표현되었는지를 평가한다. 즉, 과학 프로그램의 계열과 조직이 각 학년에서 학생들이 배워야 하는 것들에 대한 구성을 제공하는지, 그리고 교사들로 하여금 효과적이

---

2. http://www.cbe.ca.gov/re/pn/fd/sci-frame-dwnld.asp

고 효율적으로 과학 내용을 전수할 수 있도록 구성되어 있는지를 평가한다. 세부적으로는, 효과적이고 효율적인 교수 학습을 불러일으키는 논리적 구성, 선수 학습의 소개 및 구성, 학습 목표와 목적의 명확한 진술, 누적적이고 나선적인 평가, 직접 활동을 위한 준비 사항, 단시간 수업과 장시간 수업 등에 대한 다양한 시간 조직, 각 단원에 대한 내용 요약, 수업 지원 자료, 내용 조직표, 부록, 찾아보기, 내용 요약, 평가 가이드 등을 포함한다.

(3) 평가 (Evaluation)

수업 자료들은 학생 성취도를 계속적으로 측정하기 위한 방략과 도구를 포함하고 있어야 하며, 그 방략과 도구는 캘리포니아 과학교육 지침에 제시된 안내를 따르고 있는지 세부적으로는, 교사가 학생의 준비도(기능과 지식)를 판단하기 위해 사용할 수 있는 방략과 도구들, 학생 개개인의 발달 진행을 다각적으로 측정할 수 있는 도구들, 실제 수업 방법에 대한 결정을 내리는 데 도움을 줄 수 있는 평가 자료 사용법, 학생의 이해도를 알아볼 수 있는 질문들, 모든 학습장(worksheets)에 포함된 질문들과 학생 자료(student resources)에 포함된 질문들에 대한 정답 등이다.

(4) 보편적 접근성 (Universal Access)

수업 자료들은 특별한 도움(special needs)을 필요로 하는 장애학생들을 효과적으로 가르칠 수 있는 자료와 전략들을 제공하는지 평가한다. 이 자료와 방략들은 특별한 도움을 필요로 하는 다양한 학생들을 대상으로 수업할 수 있도록, 주 정부와 연방 정부의 요구 조건을 만족해야 한다. 세부적으로는, 교육과정에 적응하기 위한 방략 제안, 학생들의 특별한 요구를 충족할 수 있는 수업, 과학 학습에서 그 학년의 평균 수준을 밑도는 학생들을 돕기 위한 방략들, 학습 속도가 빠른 학생들을 위한 심화 학습 제안과 심화 읽기 자료가 포함된 교사용 지도서와 학생용 자료들, 읽기, 쓰기, 듣기, 말하기 기능이 부진한 학생들의 요구를 충족시킬 수 있는 특별한 도움의 제공, 그리고 글자체, 도안, 페이지 구성과 같은 디자인 등이 있다.

(5) 수업 계획과 지원 (Instructional Planning and Support)

수업 자료는 교사가 수업을 계획할 때 따를 수 있는 명확한 안내도(road map)를 포함하고 있어야 한다. 세부적으로는, 학생용 자료에 제시된 과학 내용 및 제시 방법에 대한 설명을 포함하고 있는 교사용 지도서, 학생 활동에 필요한 시간 계획, 수업 진도가 포함된

강의 계획, 인쇄된 형태와 디지털 형태 등의 자료들, 강의의 핵심적 요소들에 대한 우선
순위, 교사가 수업에서 쉽게 활용할 수 있는 개념, 원리, 이론들 설명, 활동에 필요한 장비
와 자료들의 목록, 오류와 오개념을 교정하기 위한 방략들, 대안적 수업 방략 소개, 시청
각기자재, 멀티미디어, 정보공학 자료들의 적절한 사용을 위한 기술적 지원, 학부모와 장
학사들에게 과학 프로그램을 알리기 위한 방략, 교사들의 재교육을 위한 진보된 과학 개
념, 원리, 이론 등이 있다.

▌과학교육용 디지털 매체

　과학교육용 디지털 매체는 디지털 과학교과서, 읽기 자료 또는 시뮬레이션 프로그램,
스마트폰 학습자료 등 다양하다. 이들은 대부분 인터넷을 이용한 다양한 형태의 과학 학
습 자료로 제공된다 (Roerden, 1996). 그러나 이러한 인터넷 과학 학습 자료들이 항상 유
용한 것은 아니다. 인터넷 자료 중에는 내용 설명에 오류가 있거나 부적절한 내용들이 많
이 제시되어 있기 때문이다. 따라서 다음과 같은 관점에서 과학교육용 디지털 매체 자료
를 평가하고 선별해야 한다. 첫째, 내용의 오류가 없어야 한다. 학생들은 내용의 오류 여
부를 판단할 수 없기 때문에 교사가 분석하여 제시할 필요가 있다. 둘째, 시각적 디자인을
고려해야 한다. 학생들이 읽기 편해야 하고, 그림과 사진, 동영상 등이 의미 있고 보기 좋
게 포함되어 있어야 한다. 셋째, 내용 설명이 컴퓨터의 특성을 살려 이해하기 쉽게 되어
있어야 한다. 인쇄매체에서 구현하기 불가능한 애니메이션과 시뮬레이션은 컴퓨터 매체가
갖는 매우 큰 장점이다. 텍스트 중심의 설명은 읽기도 피곤하고 컴퓨터의 특성을 제대로
살리지 못한 것이므로 인쇄 자료를 이용하는 것보다 그 교육적 효과가 못할 수 있다. 컴퓨
터의 장점을 잘 살려 추상적인 내용들을 이해하기 쉽도록 구성하고 있는지를 평가할 필요
가 있다.

04
과학교사 교육

교사는 과학교육을 실행하는 데 있어서 가장 중요한 요소 중의 하나이다. 훌륭한 교사가 없이 학교의 건물, 실험실, 기구, 프로그램이 아무리 잘되어 있다 해도 과학교육이 추구하는 바람직한 교육은 이루어질 수 없다. 과학교사는 과학교육에 대한 전문성을 갖추고 있어야 한다. 즉, 과학교사는 창의적이며, 열의가 있고, 수용적이며, 과학, 학생, 수업에 대하여 잘 알고 있어야 한다.

과학교사의 자질과 전문성

과학교육은 복잡하고 변화가 큰 전문 분야이다. 따라서 과학교사는 과학, 과학교육, 과학과 기술의 사회성 등과 관련된 새로운 동향을 알고 있어야 한다. 과학교사는 최근의 과학 동향을 지속적으로 좇아 과학교사의 전문성 계발에 적극적이며 지속적인 노력을 기울여야 한다.

교사의 전문성 (teacher professionalism)에 대한 정의는 시대에 따라, 교직을 보는 관점에 따라, 교사의 역할에 따라, 환경적 맥락에 따라, 학자들에 따라 다소의 차이가 있다. 실제로 많은 교육학자들이 교사의 전문성에 대한 정의를 내리고, 그에 따라 어떤 요소들이 포함되어야 할지에 대해 논의해 왔다 (문용린, 2002; Grossman, 1990). 교사의 전문성을 '교육'이라는 핵심 업무를 중심으로 설명하면 다음과 같이 정리할 수 있다.

> 과학교사의 전문성은 학교라는 형식교육의 환경 속에서 학생의 지적 향상과 바람직한 인성 발달, 그리고 과학교육에서 추구하는 목표를 과학이라는 교과를 통하여 성취할 수 있노록 효율적으로 가르치는 데 필요한 전문적 능력이다.
>
> ─김아영, 2012

과학교사의 전문성은 다음과 같은 내용을 포함한다.

- 과학, 교양과목, 철학, 교수법을 이해하고 실행한다.
- 최신의 과학 동향 및 과학과 과학교수법을 지속적으로 학습한다.
- 건전한 교육환경의 조성을 위해 노력한다.
- 과학 수업방법을 개선하고, 과학의 높은 수준을 유지하기 위해 노력한다.
- 다음 세대의 과학교사를 위하여 과학교육의 질을 높이는 데 관심을 갖는다.

미국의 National Board for Professional Teaching Standards (NBPTS, 2006)은 중등학교에서 과학교사가 과학수업을 효율적으로 진행하기 위한 자격 표준을 학생의 생산적인 학습을 위해서 교사가 준비해야 할 내용, 학생의 학습을 위해서 제공해야 할 상황과 관련된 내용, 학생의 학습 진보를 위한 내용, 교사의 전문성 발달과 계속 학습의 네 가지로 구분하여 제시하였다 (<표 8.5>). 과학은 물리, 화학, 생물, 지구 및 우주 과학의 교과를 의미한다.

한편 21세기 교육이 학생의 역량 (competency) 중심으로 진행되면서, 그와 관련된 과학교사의 역량에 대한 관심이 고조되고 있다. 교사가 갖추어야 할 역량은 '교사의 효과적인 직무수행으로 구현되는 학습 가능한 능력 특성'으로 정의할 수 있다. 과학교사의 효과적인 직무 수행에 필요한 역량은 '이해', '분석과 조직', '관계 형성' 등의 세 영역으로 구분한다 (김정원 외, 2011). 첫째, 이해는 교사가 직무수행에 직접 또는 간접적으로 필요한 핵심 지식을 학습하여 실제로 다양한 역할을 수행하면서 이를 활용할 수 있는 역량이다. 둘째, 분석과 조직은 교사가 직무수행과 관련된 다양한 정보를 수집·분석하여 역할을 수행하는 데 있어서 성과를 정리하고 보다 발전시킬 수 있는 방향과 내용을 기획하고, 이것을 동료 및 학생들과 공유할 수 있는 역량이다. 셋째, 관계 형성은 교사의 역할 수행에서 학생, 동료, 학부모 등과 적극적으로 상호 소통하고, 교육의 목표를 함께 구현해 나가는 역량이다. 각 영역은 13개 역량 (학생 이해, 교과수업 및 평가 이해, 교육과정 이해, 학급운영 이해,

표 8.5 NBPTS (2006)에서 제시한 과학교사의 자격 표준

구분	자격 기준
학생의 생산적인 학습을 위한 준비	· **학생에 대한 이해**: 학생들이 어떻게 학습하는지 알기, 학생의 개인차 알기, 학생의 과학 이해도 판단하기. · **과학에 대한 이해**: 과학과 과학교육에 대해 폭넓은 그리고 현대적인 지식 알기. 과학의 한 영역에 대해 심화 지식 알기. · **과학 교수에 대한 이해**: 연구에 기초한 다양한 수업 전략의 도입, 학생의 능동적 탐구와 과학의 이해를 지원하기 위한 수업 자료를 적용하고 창안하기.
학생의 학습을 위한 적절한 상황 제공	· **학습자 참여**: 과학에 대한 학생의 흥미를 유발하고 능동적이고 계속적인 학습 증진시키기. 모든 학생들이 학습 목표에 유의미하고 표현 가능하도록 도달시키기. · **학습 환경 유지**: 안전하고, 지원적이며, 도전감을 주는 학습 환경을 조성하여 학생들이 성공적으로 과학 학습을 할 수 있도록 하기. · **다양성, 동등성, 공정성 증진**: 현대 과학기술사회에 있어서 과학이 중요하고 서로 연관되어 있음을 학습시키기.
학생의 학습 진보	· **과학 탐구 능력 신장**: 능동적인 탐구 활동을 통하여 탐구능력, 내용 지식과 과학적 소양을 함양시키기. · **연관성 찾기**: 역사적이고 기술과의 관련을 포함한 과학의 인문성을 조사할 기회를 부여하기. 과학과 다른 분야와의 연관성을 확보하도록 하기. · **결과 평가**: 여러 방법을 통하여 학습 목표를 달성하였는지, 또한 과학학습에서 유의미하고 뛰어난 발전을 얻는지 등을 공정하고 정확하게 평가하기.
전문성 발달과 계속 학습	· **교수와 학습에 대한 반성**: 학생들의 학습 경험의 질을 증진시키기 위한 학생들의 실행을 분석하고, 평가하기. · **동료 팀웍과 리더십의 발달**: 주변 사람들 및 지역 사회와 협력하는 능력, 동료들과 질 높은 팀웍을 이루는 능력 함양. · **가족과 공동체와의 연관**: 가족 및 주변 공동체와 긴밀히 협력하여 학생들의 이익을 증진시킴.

학교조직 및 행정체계 이해, 지역사회 이해, 공교육 체제 이해, 현대사회 이해, 정보 관리 및 연구, 기획 및 조직, 대인관계, 의사소통, 리더십)으로 구분된다 (<표 8.6>).

　현대 과학교육에서 요구하는 과학교사 전문성의 영역을 '교사의 역량'과 접목하여 제시하면 <표 8.7>과 같다.

표 8.6 교사의 역량(김정원 외, 2011)

영역	역량	정의
이해	학생	학생의 지적, 정의적, 신체적 발달단계의 특성, 그리고 학생 문화와 계층 등 학생 환경과 교육과의 관계 등에 대해 알고 이를 교육활동에 활용하는 능력
	과학수업 및 평가	가르쳐야 할 과학의 핵심 내용을 이해하여 적절한 교수방법을 적용한 수업계획을 수립하여 운영하고, 그에 적절한 방법으로 평가할 수 있는 능력
	교육과정	국가교육과정과 학교교육과정을 이해하여 수업 계획을 수립·운영하고, 동아리 및 방과후 교육프로그램의 종류와 내용을 이해하여, 그것을 필요로 하는 학생들과 연결하는 능력
	학급운영	학급 운영의 목적을 이해하여 방향을 설정하고, 그에 맞는 학급 운영 방법을 구안하여 활용하는 능력
	학교조직 및 행정체계	학교 조직의 운영 방향과 원리, 학교행정 및 예산 체계 등을 이해하여 업무 계획을 수립하고, 이를 추진하는 능력
	공교육 체제	우리나라 공교육 정책의 전반적인 내용과 관련 핵심 이슈를 이해하여 자신의 관점을 명료화하고, 이를 교육활동에 활용하는 능력
	지역사회	학교에서 활용 가능한 지역 사회 자원과 각종 프로그램의 현황을 파악하여, 이를 활용하는 능력
	현대사회	우리나라 사회 변화의 흐름 및 교육과 관련된 주요 세계적 이슈를 이해하여 수업 및 학생 진로 지원에 구체적으로 활용하는 능력
분석과 조직	정보관리 및 연구	과학교사로서의 주요 역할 수행에 필요한 정보를 수집·분석하여 학생 및 동료와 공유하고, 요구되는 역량에 대한 학습을 지속적으로 수행하는 능력
	기획	학생 및 동료의 요구를 분석하고, 그에 기초하여 비전과 계획을 수립하여 이를 타인과 공유할 수 있는 공적 문서로 작성할 수 있는 능력
관계 형성	대인관계	학생, 학부모, 동료교사 등과 친화적인 관계를 형성하여 핵심 역할에서 요구되는 각종 활동을 함께 만들어가는 능력
	의사소통	학생, 학부모, 동료교사 등 대상의 특징을 고려하여 자신이 의도하는 바를 설명하고, 타인의 의견을 경청하며, 필요한 경우 대상을 설득할 수 있는 능력
	리더십	주요 역할 수행과 관련하여 설정한 비전을 학생, 학부모, 동료교사와 공유하며 다양하게 제기되는 의견을 포용하고, 발생하는 갈등을 적절히 관리하는 가운데 업무를 효과적으로 추진하는 능력

표 8.7 '교사 역량' 기반 '과학교사 전문성' 영역(김정원 외, 2011)

전문성 영역	요소	세부 내용
과학교사의 학생 이해	학생 이해	· 발달단계별 학생 특징 이해 · 학생문화 이해 · 학생환경과 과학교육과의 관계 이해(계층, 인종, 문화, 성, 지역 등)
과학교사의 수업, 교육과정 및 지역사회 이해	교과수업의 이해	· 과학교과내용 이해 · 과학교수방법 이해 · 평가방법 이해
	교육과정 이해	· 국가 과학교육과정 이해 · 학교교육과정 이해 · 한국 공교육정책 이해
	지역사회 이해	· 지역사회 인적·물적 자원 이해 · 지역사회 프로그램 이해
과학교사의 학교경영과 행정 이해	학급운영 이해	· 학급운영 목적 이해 · 효과적인 학급운영 방법 이해
	학교조직 및 행정체계 이해	· 학교조직체계 이해 · 학교 행정 및 예산체계 이해
과학교사의 현대사회 이해	현대사회 이해	· 한국 사회 변화 흐름 이해 · 직업 구조 현황 이해 · 현대 사회의 세계적 주요 이슈 이해
과학교사의 연구	정보관리 및 연구 능력	· 정보 수집 및 분석 능력 · 정보 활용 능력 · 컴퓨터 및 기타 매체 활용 능력 · 논리적 글쓰기 능력 · 지속적 학습 및 연구 능력
	기획 능력	· 요구 분석 능력 · 비전 및 계획 수립 능력 · 공문서 작성 능력
과학교사의 인성	대인관계 능력	· 친화력 · 공동작업 능력
	의사소통 능력	· 대상의 특징을 고려한 설명 능력 · 타인의 의견 경청 능력 · 설득 능력
	리더십	· 비전 공유 능력 · 다양한 의견 포용력 · 갈등 관리 능력 · 업무 추진 능력

과학교사 양성

우리나라의 초등교원 양성의 대부분은 국립 교육대학교에서 이루어지고 있고, 일부 종합대학교의 초등교육과와 교원대학교에서 이루어지고 있다. 중등과학 교사 양성은 사범대학과 교원대학교에서 이루어지고 있고, 자연과학대학 졸업자가 교직을 이수했거나 교육대학원에서 교원양성 과정을 거친 경우에 과학교사 자격증이 주어진다.

교사 양성 기관의 교육과정은 일반 교양교육, 전공교육, 교직교육, 교육실습으로 이루진다. 일반 교양교육은 폭넓은 교양을 함양하는 데 중점을 둔다. 전공교육의 경우, 초등학교 교원의 양성에서는 일반적으로 초등학교 교육에 들어 있는 교과들과 관련된 모든 분야를 포함하고 있다. 중등학교 교원의 전공교육은 표시 과목의 전공 내용 지식과 과학 교수방법지식 (pedagogical content knowledge)을 위한 과목으로 구성된다. 교직 교육은 교육철학, 교육행정, 교육심리, 교육과정과 교육평가, 교육사회 등의 일반 교육학 과목들을 포함한다. 교육실습은 교원 양성 기관에서 배운 이론을 초등학교 또는 중등학교 현장에 적용하는 과정으로 4~8주에 걸쳐 이루어진다.

한편 미국은 전형적인 단선형 형태를 가지면서도 교육의 지방분권제도를 채택하고 있기 때문에 각 주마다 독자적인 교원양성제도를 갖고 있다. 그 공통점을 보면 교원을 양성하는 대학은 사범대학 (Teachers College), 일반대학 (Liberal Arts College), 종합대학교 (University) 등이 있다. 각 대학들은 전국교원양성기준심의회 (The National Council for Accreditation of Teacher Education, NCATE)와 각 주의 교원양성위원회 (State Committee for Teacher Education)의 인정을 통해서 교원양성기관으로 공인된다.

미국의 교원 양성 교육은 규정상 4년제 대학과정에서 이루어지며, 일반 교육(교양교육), 전공내용교육, 전문 교육(교과교육과 교육학), 그리고 교육실습으로 이루어진다. 교육실습은 대학의 주관 및 감독 하에, 졸업 직전 6개월~1년 동안 전부 또는 부분적으로 실습을 진행한다.

영국의 교원 양성 교육은 교육대학, 4년제 대학, 3년의 교육과정을 미친 후 1년간 학습하는 과정 (Postgraduate Certificate in Education, PGCE) 등이 있다. PGCE는 교사자격증을 취득하는 석사 과정으로 초등교원의 50%, 중등교원의 45% 정도가 이 과정을 거치고 있으며, 최근에는 교원양성 경로가 PGCE로 전환되는 추세이다. PGCE 등의 교사양성과정을 성공적으로 이수하게 되면, 교사자격을 취득할 수 있다.

영국의 학교에서 교사가 되기 위해서는 정규교사자격증 (Qualified Teacher Status, QTS)

을 의무적으로 소지해야 하고, 국가에서 그 기준을 정하고 있다. 교사자격증 종류는 3세에서 6세를 지도할 수 있는 유아 교사(Nursery Stage), 의무교육 1단계(5~7세, KS1)와 의무교육 2단계(7~12세, KS2)를 지도할 수 있는 저학년/고학년 초등교사, 의무교육 2~3단계(7~14세, KS2~3)를 지도할 수 있는 중간학년교사, 의무교육 3~4단계(11~18세, KS3~4)를 지도할 수 있는 중등학년 교사자격이 있다. 초등학교 교사의 경우, 필요한 PGCE 과정을 이수한 후에 중등 교사로 자격증의 전환이 가능하다(김영민 외, 2008).

과학교사 재교육 및 계속 교육

과학교사 재교육은 주로 교사 연수를 통해 이루어진다. 그리고 교사는 전문성 유지와 발달을 위해 계속 교육이 이루어져야 한다. 이에 대해 살펴보면 다음과 같다.

과학교사 연수

연수는 교사의 전공지식과 교수방법에 대한 이해를 심화시키고 교실수업에서 실천하는 교수행위의 질적 수준을 높이는 데 중요한 방법으로 간주되어 왔다. 따라서 교사 전문성 계발은 교육의 질을 높이는 데 필수적 요소이며, 효율적 연수는 교육의 질 제고의 출발점으로 인식되고 있다(Desimone et al., 2002; Smith & O'Day, 1991).

교사연수의 효율성을 평가하는 척도(Bracken et al., 2004)는 <표 8.8>과 같이 6개 변인을 포함한다. 첫째, '연수 구조'는 '연수 형태', '연수 기간', '협동적 참여'를 포함한다. 연수 형태(reform type)는 효과적으로 연수자들이 학습활동에 적극 참여하는 기회를 제공하는 것을 의미하고, 전형적 유형과 혁신적 유형으로 구분할 수 있다. 전형적 유형에는 워크숍 등을 포함할 수 있고, 혁신적 유형에는 스터디 그룹, 동료교사 코칭, 교사 네트워크, 멘토링, 위원회 또는 업무 분장, 인턴십, 개인 연구프로젝트 등을 포함한다. 집단적 참여(collective participation)는 동일 학교, 동일 학년, 동일 교과 교사들이 동일 집단으로 편성되어 참여하는 것을 의미한다. 둘째, 교육 내용은 교과 지식 관련 주제, 정보에 대한 설명을 포함한다. 연수의 교육 내용은 교과교육학, 교육학 지식으로서 학생들이 학습하는 과정, 학급경영, 학생의 특성 및 다양성 관련 주제를 포함한다. 셋째, 적극적 학습은 연수에 참여한 교사들이 토론, 실제 수업 계획 및 실천에 적극적으로 참여하는 학습활동을 포함

표 8.8 연수 효율성 평가 도구: PDQ (Professional Development Questionnaire)의 6항목 및 항목별 내용

항목	항목 내용
연수 구조 (structure)	· 연수형태 (reform type): 전형적 유형 대 혁신적 유형으로 구분; 전형적 유형에는 워크숍, 혁신적 유형에는 스터디 그룹, 동료교사 코칭, 교사 네트워크, 멘토링, 위원회 또는 업무 분장, 인턴십, 개인 연구프로젝트 등 포함. · 연수기간 (duration): 연수의 강의시간을 포함, 강의시간이 어느 정도의 기간에 걸쳐 제공되는 지의 기간도 포함. · 집단적 참여 (collective participation): 동일 학교, 동일 학년, 동일 교과 교사들의 집단으로 편성되어 참여.
교육 내용 (content)	· 교과지식 관련 주제, 정보에 대한 설명을 포함. · 교과교육학, 교육학지식으로서 학생들의 학습 과정, 학급경영, 학생 다양성 관련 주제를 포함.
적극적 학습 (active learning)	· 교사들이 토론, 실제 수업 계획 및 실천에 적극적으로 참여하는 활동을 포함.
연계성 (coherence)	· 연수는 교육의 총체적 목적, 국가차원 교육 기준, 평가 등을 반영하는 활동을 제공하여 연계성을 제시하고 이를 지속적으로 제공함.
성과 (outcome)	· 교사의 지식과 기능을 향상시키고, 수업방법을 변화. · 학생의 학습 성과.
지원 (support)	· 교사 리더십, 소속 기관의 행정적 및 물리적 지원을 포함하는 상황적 요인. · 교사의 연수 참여를 지원하고 연수 후 수업변화를 실천하는 데 요구되는 지원을 제공.

※ 자료원 : Bracken et al. (2004), pp. 10-11. 서혜애 외 (2005) p. 100 재인용

하는가에 대한 고려이다. 즉, 다른 교사의 수업을 관찰하거나 자신의 수업을 관찰하도록 하는 활동과 학생 과제물을 검토하고 수업지도안을 계획하는 활동 등을 포함하는 것이 바람직하다. 넷째, 연계성은 교육의 총체적 목적, 국가차원 교육 기준, 평가 등을 반영하는 활동을 제공하여 연계성을 제시하며, 이는 연수기간 전반에 걸쳐 지속적으로 제공한다. 다섯째, 성과는 연수에 참여하고 난 후, 교사가 지식과 기능을 향상시키고, 현실적으로 발생된 수업 방법의 변화를 의미한다. 수업의 변화를 시도한 교사로부터 교육을 받은 학생들은 학습 성과를 향상시키는 결과를 보인다. 여섯째, 지원은 참여하는 교사들 간의 리더십이 형성되도록 지원하는 방안이 포함된다. 또한 연수 참여 교사가 소속해 있는 기관에서의 행정적 및 물리적 지원을 포함한다. 더욱 중요한 것은 교사들이 연수에 참여하도록 지원하고, 연수 후 수업변화를 실천하는 데 필요한 지원을 제공해야 한다.

계속 교육

과학교사의 지속적인 전문성 발달을 위해서는 계속 교육이 이루어져야 한다. 과학교사는 서적, 학회지, 교육과정 자료 등을 통해 과학, 교육, 최근의 동향에 대한 지식을 확장할 수 있다. 그러나 보다 적극적으로 과학교사로서의 잠재 능력을 계발하기 위해서 다른 사람과 사고를 공유하고 협조하거나 연구에 참여해야 한다. 여기서 다른 사람이란 현재의 학교뿐만 아니라 다른 학교, 대학, 과학과 기술 전문직의 사람을 말한다. 과학교사가 다른 학교, 대학, 연구소, 산업기관 등을 방문하는 것은 과학과 과학교육의 최근 동향을 파악하는 데 도움을 줄 것이다. 다른 학교의 과학교사들 사이의 상호 방문, 지역, 도, 전국 과학회의 참석 등과 같이 스스로의 시간과 노력을 투자하여 적극적으로 자신의 전문적 발달을 기하려는 마음을 가져야 한다.

과학교육 연구

▌ 연구의 의의

연구 (research)란 '미지의 세계를 규명하기 위해서 자료를 수집하고 논리적으로 분석하는 과정'이다(한국과학교육학회, 2005). 그 가운데서도 과학적 연구는 자료의 수집과 분석, 그리고 결과의 해석에 있어서 객관적인 자료를 바탕으로 한 논리적 일관성이 있어야 한다. 이러한 과학적 연구는 새로운 지식을 형성하여 생활방식이 변하도록 도와주기도 하며, 새로운 시도를 가능하게 해주기도 한다. 그러나 과학적 연구는 현실을 단순화시킴으로 해서 나중에 현실에 적용하는 경우에 잘 들어맞지 않는 경우가 있고, 연구 자료의 해석 과정에서 연구자의 오류가 개입될 여지가 있다는 문제점이 있다.

과학교육학 연구는 독특한 면이 많다. 학문의 성격상 과학 내용을 다루므로 자연과학 분야의 연구라고 볼 수도 있으나, 연구의 대상이 자연물이나 자연 현상이 아니라, 학생이나 교사와 같은 사람들이므로 사회과학 연구라고 볼 수도 있다. 따라서 과학교육학 연구는 학제적 (interdisciplinary) 연구의 특성을 가지며, 연구방법론은 주로 사회과학 연구방법론을 따른다. 과학교육학 연구는 과학교육 현장을 바탕으로 하고, 현장의 개선을 궁극적 지향점으로 한다. 따라서 현장의 문제에서 연구문제를 도출해야 하며, 연구 결과가 현장에 적용되어 피드백되어야 한다.

연구의 종류

연구는 먼저 철학적 입장에 따라서, 실증주의나 행동주의적 견해를 따르는 양적 (quantitative) 연구와 구성주의나 현상학에 바탕을 둔 질적 (qualitative) 연구로 나눌 수 있다. 양적 연구는 연구자의 주관의 개입을 최소화하기 위해 수량화하고 통계 기법을 사용하여 객관화하며, 집단의 평균을 바탕으로 전체적 (nomothetic) 경향성을 알아내려고 한다. 그러나 질적 연구는 개별 사례를 기술하고 심층 분석을 하여 개별 특이적 (idiosyncratic) 현상을 이해하려고 하기에 연구자의 주관을 어느 정도 인정한다. 과거에는 이 두 연구 접근이 서로 상대를 인정하지 않았으나, 현재는 서로의 강점과 한계를 인정하고 공존하고 있는 상태이다. 양적 연구의 한계는 대상 집단의 평균값에서 멀리 떨어져 있는 경우에 대해서는 거의 설명력이 없다는 것이고, 질적 연구의 한계는 일반화하기가 어렵다는 것이다. 따라서 어떤 분야에서 연구의 초기에는 변인을 측정할 도구조차 개발되어 있지 않으므로, 질적 연구를 통해 변인을 만들고 (구성 변인), 측정할 도구가 준비되면 많은 표본에게 실시하여 전체적인 경향성을 알아내기 위해서는 양적 연구가 필요하게 된다. 질적 연구와 양적 연구를 여러 측면에서 비교한 결과 (채동현 외, 2003)를 <표 8.9>에 제시하였다. 질적 연구와 양적 연구가 이분법적으로 나누어지는 것은 아니며, 연속선상에서 어느 쪽을 더 많이 따르고 있느냐로 보아야 할 것이며, 때로는 양쪽을 모두 포함하는 절충식의 연구도 가능하다. 보통 질적 연구는 연구자의 통찰력과 전문성이 매우 중요하게 작용한다. 한편, 수행하는 활동의 종류에 따라 연구를 분류하면, 문헌 연구, 조사 연구, 관찰 연구, 실험 연구, 종합 연구로 나눌 수 있다 (김익균 외, 2002).

표 8.9 _ 질적 연구와 양적 연구의 비교 (채동현 외, 2003)

질적 연구	구분	양적 연구
귀납적 탐구	탐구 방식	연역적 탐구
사회적 현상 이해	목적	관계, 효과, 원인 규명
비이론적 기초	이론 기초	이론적 기초
총체적 탐구	탐구 범위	개별 변인 탐구
상황 의존적	상황 관련	상황 독립적
관찰자 겸 참여자	참여자 역할	방관자적 역할
이야기식 기술	분석 방법	통계적 분석

문헌 연구

기존에 존재하는 문서나 기록을 대상으로 연구하는 것으로, 내용분석, 사료분석 등이 이에 해당한다. 내용분석 (content analysis)은 말이나 문서에 있는 내용상의 특징을 도출해 내는 것으로, 단어, 인물, 주제 등의 빈도와 상호 관련 정도를 분석할 수 있으며, '무엇을 말하고 있는가?', '어떻게 말하고 있는가?'와 같은 범주로 분석도 가능하다. 사료분석은 주로 역사적 사료를 분석하여 의미를 추출해 내는 연구를 말한다.

조사 연구

조사 연구란 어떤 주제에 대해 많은 사람들의 의견을 들어 요약하거나, 어떤 변인의 수준별로 의견의 차이를 비교하는 것이다. 조사하는 시간 간격에 따라서 어떤 한 시점에서 다양한 대상을 표집한 조사 연구를 횡단적 조사 (cross-sectional survey)라고 하고, 표집한 집단을 대상으로 시간이 지나가면서 지속적으로 조사한 연구를 종단적 조사 (longitudinal survey)라고 한다.

조사 연구를 진행하는 순서는 다음과 같다.

- **문제의 정의** : 선행연구를 바탕으로 하여 조사할 내용을 질문으로 만든다.
- **자료 수집 형태 결정** : 직접조사법, 우편조사법, 전화조사법, 인터넷 조사법, 개인면접법 등에서 시간, 비용, 회수율 등을 참고하여 조사방법을 정한다.
- **대상 집단의 확인** : 어떤 집단을 어떻게 표집할 것인지 정한다.
- **도구의 준비** : 조사를 하기 위한 설문지나 면접대본 등을 준비한다. 예비조사에서는 개방형 질문을 사용하여 나온 반응을 유형화하여 본 조사에서 사용할 선택형 질문을 만든다.
- **조사의 실시 및 분석** : 조사 대상자를 만나 도구를 사용하여 응답을 이끌어 내고, 그것을 정리하여 최초에 설정한 연구문제에 대해 답을 한다.

관찰 연구

연구자가 연구대상자를 관찰하는 연구로, 연구자가 관찰 상황에 개입하는 참여 관찰과 관찰 상황에 연구자가 전혀 개입하지 않고 제3자로서 관찰만 하는 비참여 관찰로 나누어진다. 비참여 관찰에서는 대상자에게는 보이지 않는 일방경 (one-way mirror) 뒤에서 관찰하는 경우가 대표적이다. 관찰하는 방식에 따라, 대상자의 행동을 그대로 기술하는 행동묘사법, 평정척도 (rating scale)에 의해 대상자의 행동을 점검하는 평정척도법, 특징적인 사건만을 기록하는 일화기록법, 일정한 시간 간격을 두고 관찰하는 시간표집법, 일정한 사건 간격을 두고 관찰하는 사건표집법 등이 있다. 이러한 관찰에서는 관찰자의 주관이 작용할 수 있기에, 사전에 관찰자들이 비디오 분석을 통해 관찰하는 안목을 일치시킬 필요가 있으며, 연구보고서에 관찰자들 간의 신뢰도 정도를 보고하여야 한다.

실험 연구

원인과 결과가 되는 변인들을 밝혀내기 위해서, 독립 변인의 처치를 제공하여 그에 따라 종속변인에 차이가 있는지를 알아보는 연구이다. 이때 다른 변인(잔여 변인)들은 모두 제거하거나 동일하도록 통제하여야 한다. 변인 통제의 방법으로는 피험자를 통제집단이나 실험집단에 무선 배정 (random assignment), 변인의 수준 통제(모든 피험자를 한 수준에서 선발하기), 통제하지 못한 잔여 변인을 새로운 독립 변인으로 간주하여 분석, 대응 선발과 배정 (matched selection, 같은 수준의 피험자를 짝을 지어 선발하여, 각 집단에 배정), 피험자의 수행 상태를 검토하여 해석에 참고하기, 공변량분석 (ANCOVA) 등이 있다.

실험 연구를 실시하는 순서는 다음과 같다.

- **연구문제의 설정**
- **가설 설정** : 독립변인과 종속변인이 들어가고, 관찰이나 측정 가능한 형태로 진술
- **연구방법 계획(설계)** : 독립변인의 수준, 종속변인 측정방법, 잔여변인의 통제방법, 실험집단과 통제집단 준비, 연구기간, 분석방법 등을 결정
- **실험 실시** : 실험을 수행
- **결과 해석** : 실험 자료를 근거로 결과를 해석
- **결론 도출** : 실험 결과로부터 결론을 도출

통제집단 없이 실험집단만으로 하는 실험연구도 가능하다. 이를 단일집단 실험연구라고 한다.

메타 연구

여러 가지 선행 연구들의 결과를 종합하여 결론을 도출하는 연구로, 메타 분석 (meta analysis)이 주로 사용된다. 메타 분석에서는 해당하는 주제에 관한 각 연구의 결과(평균과 표준편차)를 모두 모아서 전체적인 효과를 통계적으로 분석한다. 효과의 크기는 아래와 같이 계산된다.

효과크기 (Effect Size) = (실험집단 평균−통제집단 평균)/통제집단 표준편차

식을 보면 효과크기는 통계적으로 z 값과 같은 의미를 가짐을 알 수 있다. 예를 들어, 어떤 처치가 1.0의 효과크기 (ES)를 갖는다면, 통제집단의 평균에 해당하는 학생이 그 처치를 받으면 1.0 표준편차만큼 올라간다는 의미이므로, 정규분포의 특성에 따라 상위 16%에 들어간다고 할 수 있다.

▌과학교육학의 연구 분야

과학교육학에서 연구를 수행하는 분야는 내용, 대상, 행동, 기능에 따라 각각 나눌 수 있다 (김익균 외, 2002). 각각에 대해 예를 들면 다음과 같다. 각 범주 내에서 어느 한 수준을 연구 분야로 잡을 수가 있는데, 예를 들면, '물리학 중에서 역학을 중학생에게 가르치는 방법 (수업)에 따라 학생들이 습득하는 탐구능력의 차이가 있는지'를 보는 식이다. 여기서 말하는 기능은 내용을 다루는 방법에 관한 것으로 주로 교육학에서의 학문분류를 따른다.

- **내용** : 물리학, 생물학, 지구과학, 화학 등
- **대상** : 유아, 초등학생, 중고등학생, 대학생, 일반인, 예비교사, 교사
- **기능** : 심리학, 사회학, 행정·재정학, 교육과정, 학습, 수업, 평가, 자료와 시설, 교사교육
- **행동** : 지식, 탐구능력, 기능, 흥미 및 태도, 정서, 가치관, STS 등

▌연구의 절차

연구 준비

연구를 시작하려면 거쳐야 하는 단계들이 있는데, 이 단계들을 충실하게 거치지 않은 상태로 연구가 시작되면 나중에 연구가 종료된 뒤에 수정하기가 거의 불가능하기 때문에 연구 준비 단계는 매우 중요하다. 연구를 준비한 정도를 보여주기 위해 연구계획서를 작성하게 되는데, 연구계획서에는 연구단계별로 중요한 내용들이 빠짐없이 진술되어야 한다.

(1) 문제의 진술

연구를 진행하기 위해서는 연구문제가 있어야 한다. 연구문제를 포착하는 것은 앞으로 진행될 연구의 방향을 정하는 것이므로 매우 중요하다. 연구 초보자들은 스스로 다음과 같은 질문을 하는 것이 연구문제를 선정하는 데 도움이 될 것이다 (Mauch & Birch, 1989).

- 이 주제에 대해 관심이나 흥미가 있는가?
- 이 주제에서 해결해야 할 문제가 있는가?
- 이 연구를 수행할 수 있을 정도의 능력이 있는가?
- 주어진 기간 내에 연구문제의 해결이 가능한가?
- 관련 주제에 관한 선행연구들이 있는가?

가장 중요한 것은 연구자 본인이 관심 있는 주제를 잡아야 하는 것이므로, 과학교육 현장을 보면서 문제가 있다고 생각되는 부분을 찾아내거나, 과학교육학 논문들을 읽으면서 관심이 가는 주제로 범위를 좁혀 가는 것이 좋다. 연구 초보자들은 대부분 연구문제를 지나치게 포괄적으로 설정하는 경향이 있다. 한 번의 연구로 현장의 문제를 모두 해결하려는 욕심을 버리고 선정된 문제를 해결하기 위해서 무엇을 먼저 해야 하는지를 계속 생각해 보면, 하나의 연구에서 해결할 수 있는 범위의 연구문제로 좁힐 수가 있다. 또 연구의 깊이를 더 하기 위해서는 표면적으로 나타나는 변인의 사용을 지양하고 하위의 심리적 변인들을 잡는 것이 좋다. 예를 들어 단순히 성에 따른 차이를 보기보다는 남성성과 여성성에 따른 차이를 보는 것이 좋다.

연구문제는 다음과 같은 준거에 따라 평가할 수 있다 (박승재, 조희형, 1998). 이러한 기준은 다른 사람의 연구문제를 평가하는 데 사용되지만, 연구자 스스로 자신의 연구문제를 평가하는 데 사용할 수도 있다.

- 관심을 가지고 있는 문제인가?
- 연구해 볼 가치가 있는 중요한 문제인가?
- 과학교육이나 과학교육학의 발전에 도움이 되는 것인가?
- 연구를 통해 해결이 가능한가?
- 선행연구와 중복되지는 않는 새로운 것인가?
- 정해진 기간이나 비용 내에서 마무리할 수 있는가?
- 연구자의 능력에 적합한가?
- 윤리적으로 문제는 없는가?

(2) 문헌 조사

연구문제가 정해지면, 관련 주제에 대해 어떤 선행연구들이 있는지를 조사해야 한다. 문헌 조사를 통해 연구자가 하려는 연구 주제와 동일한 주제를 다른 연구자가 수행한 연구내용을 검토하고, 그 연구가 해결하지 못한 내용이나 남겨둔 영역을 파악하는 등 다른 연구자들의 연구 결과를 바탕으로 후속된 연구를 진행해야 하므로 선행연구들의 상황을 잘 파악하는 것이 중요하다.

문헌조사는 주로 컴퓨터를 이용한 검색을 통하여 이루어지는데, 국내에서는 한국교육학술정보원의 학술정보서비스(www.riss.kr)를 이용하면 학술지 논문과 학위 논문을 모두 검색할 수 있어서 편리하다. 외국 데이터베이스로는 교육학 분야의 전문 데이터베이스인 ERIC (Educational Resource Information Center)이나 관련 분야의 데이터베이스를 검색하면 된다. 데이터베이스에서의 검색은 일단 관심 있는 주제어(key word)를 입력하여 검색된 논문의 제목을 살펴보고, 더 자세히 보고 싶은 논문의 초록을 읽어본 후, 더 궁금하면 논문 전체를 읽어보는 순서로 진행한다.

선행연구를 살펴보면서, 각 연구들의 내용을 간단히 기록해 두면 나중에 다시 찾아보거나 논문을 작성할 때 도움이 된다. 기록할 내용에는 저자, 날짜, 논문의 출처와 연구목적, 대상, 검사도구, 결론 등이 포함되는 것이 좋다.

이런 방식으로 선행연구를 조사해 나가다 보면, 어떤 분야에서는 일관된 결론이 나온 곳도 있지만, 서로 다른 주장이 공존하는 분야도 있음을 알게 된다. 후자와 같은 경우에, 무엇이 문제인지, 왜 서로 다른 결론이 나오는지를 알아보기 위하여 연구하고자 하는 주제를 세분화하고 독립변인과 종속변인을 정하게 된다.

(3) 대상 결정

정해진 연구를 누구에게 투입하고 적용할 것인지를 정해야 하는데, 보통은 초·중·고 학생들 가운데 어느 수준의 학생들을 대상으로 할 것인지를 정하면 된다. 선행연구의 분석결과를 기초로 하여 결론이 명확하지 않은 학생들이나, 연구가 되어 있지 않는 학생들을 대상으로 정하는 것이 바람직하다. 전국 수준의 일반화가 중요하게 고려되는 결론을 내기 원하는 경우, 각 시도 교육청별로 모집단에 비례하는 표본을 무선으로 표집(random sampling)하는 것이 좋다. 비교대상이 되는 한 집단이 30명이 넘도록 표집하면 정규분포를 가정으로 하는 양적 연구의 통계방법을 사용하는 것이 가능하다. 질적 연구에서는 연구문제에 따라 관심 있는 특정한 대상을 정하게 된다. 또한, 일반적으로 양적 연구에 비해 적은 수의 대상을 결정하게 된다.

(4) 가설 설정

연구문제를 구체화하여 잠정적인 결론을 검증 가능한 문장으로 진술해 놓은 것이 가설이다. 가설에는 독립변인과 종속변인이 표현되어야 하며, 피험자 집단이 나타나게 된다.

가설에는 영가설과 대립가설이 있다. 영가설(null hypothesis, 또는 비방향적 가설, nondirectional hypothesis)은 집단 간에 차이가 없을 것으로 진술하는 것이다. 대립가설(alternate hypothesis 또는 방향적 가설, directional hypothesis)은 영가설과 반대로 집단 간에 차이가 있을 것으로 진술하는 것이다. 연구의 초기단계 또는 선행연구에서 명확한 결론이 나지 않고 있을 때는 어느 쪽이 나은지를 모르니 차이가 없다는 영가설을 세운다. 그러나 영가설을 세우는 연구자의 의도는 영가설이 기각되고 대립가설이 채택되기를 바라고 연구자가 준비한 처치가 효과가 있다고 말하고 싶은 것은 당연하다. 가설검증의 논리는 영가설을 세웠다가 그것이 틀렸음을 증명하는 쪽으로 간다. 이는 사람이 할 수 있는 일은 어떤 주장이 참임을 증명하는 입증이 아니라, 거짓임을 보여주는 반증이라는 관점의 과학철학의 주장과 관련이 있다.

영가설의 예: 컴퓨터 수업을 한 집단과 그렇지 않은 집단 간에 과학적 태도에 차이가 없을 것이다.

<대립가설의 예>
① 컴퓨터 수업을 한 집단과 그렇지 않은 집단 간에 과학적 태도에 차이가 있을 것이다.
② 컴퓨터 수업을 한 집단이 그렇지 않은 집단보다 과학적 태도가 더 높을 것이다.
③ 컴퓨터 수업을 한 집단이 그렇지 않은 집단보다 과학적 태도가 더 낮을 것이다.

위의 예에서 영가설이 기각된 경우에 아래에 있는 대립가설 중에서 ①은 가능한데, ②와 ③ 중에서 어느 것을 택할 것인지는 추가적인 분석이 필요하다. 비교집단이 두 개라면 평균의 차이를 보고 방향을 짐작할 수 있으나 세 집단 이상이 되면 약간 더 복잡한 통계 방법인 개별비교법을 사용하여야 한다.

질적 연구에서는 연구를 진행해 나가면서 가설을 형성, 수정, 기각, 재해석하게 되므로, 연구계획 단계에서 가설 설정은 개략적이거나 연구자의 의도를 나타내는 경우가 많다.

(5) 연구 설계

연구자가 의도한 대로 독립변인에 대한 처치가 작용하여 그것이 종속변인에 반영되어야 결론이 타당하게 되고, 다른 대상을 가지고 연구해도 동일한 결론을 얻을 경우에 일반화가 가능하게 된다. 즉, 수행한 연구에서 내린 결론이 잘못된 것이 아니며, 연구의 결론을 다른 연구/상황에도 적용할 수 있도록 하기 위하여 연구 설계가 매우 중요하다.

연구자들이 많이 사용하는 연구 설계로 두 집단 사전사후 설계가 있다. 이는 실험집단과 비교집단을 만들어 실험집단에만 처치를 한다. 그리고 두 집단 모두에 대해 사전검사와 사후검사를 실시하여 그 처치의 효과를 알아내려는 의도로 설계된 것이다.

실험집단 : 사전검사　처치　사후검사
비교집단 : 사진검사　　　　사후검사

이와 같은 경우에, 무선표집과 무선배정이 제대로 되었다면 두 집단의 사전검사 점수는 같을 것으로 기대한다. 그러나 두 집단의 사후검사 점수는 처치 효과로 인해 차이가 있을 것으로 기대하게 된다. 따라서, 통계적으로 두 사전검사의 차이가 통계적으로 없는지 확인하고, 두 사후검사의 차이가 통계적으로 유의미한 것인지를 알아보게 된다.

질적 연구에서는 연구대상을 찾아 자료를 수집하고 분석하는 일이 지속적으로 반복되므로, 양적 연구에서와 같은 단계로 진행되지 않고, 이와는 다른 방법과 절차를 따르게 된다.

연구 실시

(1) 검사도구 확보

연구에 필요한 검사도구를 사용한 다른 선행연구를 조사하여 도구를 확보할 수 있을 것이다. 이미 개발된 도구가 있다면, 개발자나 사용자가 보고한 타당도와 신뢰도가 어느 정도인지, 본 연구의 대상에게 적용이 가능한 도구인지, 연구의 배경이론과 일치하는지 등을 살펴보아야 한다. 필요한 검사도구를 찾을 수 없다면 직접 제작해야 한다. 이 경우 먼저 선정한 변인의 하위 변인이 있는지 조사하고, 있다면 하위 변인별로 그 변인을 잘 측정할 수 있는 질문들을 만든다. 전문가의 타당도 검사를 거쳐 완성하거나 요인분석(factor analysis)과 같은 통계방법을 사용하여 완성한다.

면접법을 사용하는 연구라면, 구조화된 면접과 비구조화된 면접 중에서 어떤 방법을 사용할지 먼저 정하고, 그에 따라 준비한다. 구조화된 면접의 경우에는 대상자에게 물어볼 질문을 구체적으로 준비하여 그에 따라 면접을 진행한다. 비구조화된 면접의 경우에는 사전 준비한 각본이 없이 면접이 진행되는 흐름에 맡기게 된다. 이 둘을 절충한 방식도 있는데, 기본적인 질문은 미리 준비하지만, 자세한 부분은 대상자의 반응에 따라 달라지는 경우로, 이것을 반구조화된 면접법이라고 한다.

검사 도구를 제작할 때 참고해야 하는 것이 측정치의 복잡성 정도이다. 특히 양적 연구에서는 이 복잡성 정도에 따라 적용가능한 통계방법이 달라지게 되므로 주의해야 한다. 복잡성 정도에 따라 아래와 같이 네 수준으로 나눈다.

• 명명척도 (nominal scale)

대상 하나하나를 구분하기 위해 붙인 이름으로, 하나의 기준으로 만들어진 것이 아니다. 예를 들면 성, 전공 등이 명명척도에 해당한다. 명명척도에 해당하는 측정치는 연산이 불가능하다. 즉, 남자를 1, 여자를 2로 코딩했을 때, (1+1)이 2가 되지는 않는다.

• 서열척도 (ordinal scale)

하나의 기준으로 모든 대상을 나열하고 순서에 따라 숫자를 붙인 경우이다. 예를 들면,

학급석차, 인기도 등이 서열척도에 해당한다. 서열척도에 해당하는 측정치도 연산이 불가능하다. 즉, 학급석차 5위의 성적에서 4위의 성적을 빼면 한 등급차의 성적이 되지 않는다.

• 등간척도 (interval scale)

측정한 숫자 간의 간격이 일정한 경우로, 시험점수, 지능지수 등이 이에 해당한다. 보통 리커트 척도에서 얻게 되는 점수 (예 : 5점 척도에서 1, 2, 3, 4, 5)는 점수 간의 등간성이 확고하게 보장되지는 않지만, 등간척도로 간주해 주는 경우가 많다. 등간척도에서는 점수 간에 얼마나 큰지, 또는 작은지는 말할 수 있으나 절대 영점이 없기에 몇 배나 더 큰지를 말할 수는 없다. 등간척도에 해당하는 측정치는 연산이 가능하므로 평균값이나 표준편차 등의 계산이 가능하다.

• 비율척도 (ratio scale)

절대 영점을 가지고 있는 등간척도를 말하는데, 길이, 시간, 절대온도 등이 이에 해당한다. 비율척도에 해당하는 측정치도 모든 연산이 가능하다.

검사도구를 제작할 때 피험자가 어느 척도의 수준으로 반응하게 할 것이냐를 미리 정해야 한다. 명명척도에서 비율척도로 가면서 점차 많은 정보를 담고 있으므로, 거꾸로 많은 정보를 가진 척도에서 정보를 빼내어 정보가 적은 척도로 수정하는 것이 가능하다. 즉, 등간척도의 측정치를 서열척도로 환산하는 것이 가능하다. 예를 들어, 학생들의 시험점수를 통해서 그들의 석차를 계산할 수 있다. 그러나 그 역으로 가는 것은 불가능한데, 서열척도의 측정치를 가지고 등간척도의 측정치를 만들어 낼 수는 없다. 따라서, 가능하면 정보를 많이 가지고 있는 척도의 측정치를 확보하는 것이 좋다. 등간척도와 비율척도는 평균과 표준편차의 계산이 가능하므로 t 검증이나 변량분석 (ANOVA)과 같은 모수 통계방법 (parametric statistics)을 적용할 수 있으나, 명명척도와 서열척도의 측정치는 그러한 통계법을 적용할 수 없어 비모수 통계방법 (nonparametric statistics)을 사용하여야 한다.

(2) 자료 수집

연구 대상자들에게 검사 도구를 투입하여 그들의 반응을 수집한다. 설문지라면 대량으로 수집이 가능하나, 면접이라면 소요 시간이 상당히 많이 걸리므로 면접자들과의 시간계획을 잘 잡아야 한다. 자료 수집에서는 대상자들의 성의 있고 솔직한 반응을 얻어내기 위한 노력을 기울여야 한다.

질적 연구에서는 특히 연구자와 연구대상자, 또는 연구조력자와의 관계가 중요하므로 연구에 협조적인 분위기를 먼저 만들어야 한다. 관찰이나 면담을 할 때 나중의 추가적인 분석을 위해 문서자료나 시청각 자료를 남겨두는 것이 좋다.

(3) 자료 정리 및 분석

수집한 자료는 해석할 수 있도록 정리해야 한다. 질적 데이터는 원자료를 보면서 이론적 모형을 사용하여 분석한다. 양적 데이터는 컴퓨터에 입력하고 SPSS와 같은 통계 프로그램으로 분석을 한다. 통계 분석에는 먼저 평균, 표준편차, 빈도, 산포도 (scattergram)과 같은 기술 (descriptive) 통계를 실시한다. 그 다음에 표본으로 모집단의 상태를 유추하는 추론 (inferential) 통계를 하게 된다. 집단 간의 평균 차이를 알아보는 경우에 통계방법의 선택은 측정치의 수준, 변인의 수 등에 따라 달라지는데, <표 8.10>에 정리하였다. 이 외에도 사례수가 30 이하여서 정규분포를 가정하기가 어려운 경우에는 비모수 통계방법을 사용하여야 한다.

한편, 변인 간의 상관관계를 알아보는 경우에는 모수 통계방법으로는 적률상관계수(r)가 많이 사용되고, 비모수 통계방법으로는 카이자승 (χ^2)법이나 등위상관계수 (rho, tau), 파이 (phi)계수 등이 사용된다. 여러 개의 변인들이 한 개의 변인을 어느 정도 설명할 수 있는지를 알아보는 회귀분석 (regression analysis), 변인들 간의 인과적 관계의 정도를 알아보는 경로분석 (path analysis), 여러 개의 변인이나 문항들을 상관관계가 높은 것끼리 묶어 새로운 요인을 만들어 주는 요인분석 (factor analysis) 등도 모두 상관계수에 바탕을 둔

표 8.10   변인의 수에 따른 통계방법

독립변인의 수		종속변인의 수	모수 통계방법	비모수 통계방법
1개	(수준이 2개)	1개	t 검증	카이자승, Wilcoxon t, Mann-Whitney U
	(수준이 3개 이상)	1개	1원 ANOVA,* ANCOVA	Friedman, Kruskal-Wallis
2개 이상		1개	2원 이상 ANOVA	
1개 이상		2개 이상	MANOVA, MANCOVA	

* 수준이 3개 이상인 경우에, 여러 집단 중에서 어느 집단과 어느 집단 간에 유의미한 차이가 있는지를 알아보려면 별도로 개별비교를 해보아야 함 (예 : Scheffe test).

분석 방법이다.

질적 분석에서는 획득한 자료를 대본으로 만들고, 그것을 읽어 보면서 요약을 하고, 그 결과를 행렬표나 분류표, 과정표, 흐름표 등으로 정리하고, 인과사슬 등의 방법으로 분석하게 된다 (채동현 외, 2003). 이 과정에서 연구자들의 신뢰도를 높이기 위한 연습이 필요하며, 판단이 다른 경우에 의견을 일치하는 과정이 필요하다.

(4) 결과 해석

양적 연구의 경우에 통계 프로그램에서 통계적 유의미성 정도를 말해주므로 변인 간의 관계를 말하기가 쉽다. 통계적 유의수준(significance level)을 5%로 잡았다면, 통계 분석 결과 유의확률(p value)이 .05보다 작을 때에 유의미한 차이가 있다고 말할 수 있다. 상관계수가 유의미하다면, 두 변인 간에 상관관계가 있다는 의미이다. 상관계수의 경우에 사례 수가 많으면 계수값이 작아도 쉽게 통계적으로 유의미하게 나온다. 상관계수를 제곱한 값(R^2)을 설명계수라 하여 두 변인 간에 변량이 겹쳐진 정도를 말하고 이 설명계수가 큰 것이 교육적으로 의미가 있는 관계라고 말할 수 있다. 즉, 통계적 유의미성과 교육적 유의미성이 둘 다 있을 때 확실한 차이가 있는 것이라고 볼 수 있다.

앞서 말한 통계적 유의수준이란 오류가능성 정도를 말하는데, 유의수준 5%의 경우라면 그 주장이 오류일 가능성이 5% 이하라는 의미로, 보통 사회과학에서는 이 정도의 유의수준을 택하는 것이 관습이다. 한편, 질적 연구에서는 원자료에서 분석한 내용이 어떤 의미가 있는지를 해석해야 한다. 해석 과정에서 사용하는 주장들이 근거가 있어야 한다.

보통 두 변인 사이에 상관관계가 있다고 해서 바로 인과관계가 있는 것으로 해석하는 경우가 많은데, 이는 신중해야 할 일이다. 예를 들어 키와 몸무게가 상관이 있다고 해서 둘 사이에 인과관계가 있는 것은 아니기 때문이다. 제3의 공통 원인이 있는 경우 상호 간에 인과관계가 없어도 상관계수가 유의미하게 나온다. 어느 변인이 다른 변인에 선행하며, 실험 연구에서 효과를 보여야 인과관계가 있다고 확실하게 말할 수 있다. 상관계수가 선행연구들에 비해서 낮게 나오는 경우 데이터의 신포도를 살펴볼 필요가 있는데, 보통의 상관계수는 두 변인 간의 관계가 직선이라고 가정하고 계산한 것이기 때문에, 두 변인 간의 관계가 곡선이라면 상관계수가 낮게 나온다. 산포도가 곡선의 경향을 나타내면, 곡선의 경우를 가정한 상관계수를 계산하면 높게 나오게 된다.

예를 들어, 검사불안(test anxiety) 정도와 학업성취도는 U자를 거꾸로 한 것과 같은 곡선 관계가 있는데, 이 경우에 직선관계를 가정한 상관계수를 구하면 매우 낮게 나올 것이다.

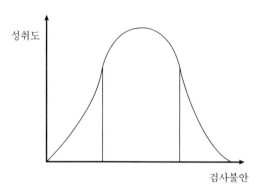

그림 8.2 검사불안과 학업성취도관계

이런 경우가 기술통계에서 산포도 분석이 필요한 이유가 된다. 또, [그림 8.2]와 같이 U자를 거꾸로 한 것과 같은 관계에서는 각 부분만 나누어 상관을 구하면 각각 다른 결과가 나온다. 즉, 왼쪽 부분에서는 상관계수가 양(+)의 값이 나오나, 가운데 평평한 부분에서는 상관계수가 0이 나올 것이고, 오른쪽 부분에서는 상관계수가 음(−)의 값이 나오게 된다. 이런 경우가 연구에 따라 각각 다른 결과가 나오는 한 예가 되므로, 논의 단계에서 면밀히 살펴볼 필요가 있다.

　질적 연구에서는 분석한 결과가 어떤 의미를 가지는지 연구문제에 따라 기술해 나간다. 이 때 필요하다면 연구 자료, 타 연구 결과 등이 근거자료로 사용될 수 있다. 그 결과 자료 내용을 전체적으로 포함하여 설명할 수 있는 개념, 범주, 모형 등을 만들어 낼 수 있게 된다.

(5) 논의 및 결론, 시사점 도출

　연구 결과가 나오면, 다른 연구 결과와 비교해 보고 일관된 경향성이 나타났으면 다음 단계로 넘어가지만, 다른 연구 결과와 다른 경향이 나타났으면 왜 그렇게 되었는지, 다른 선행 연구와는 어떤 차이가 있는지를 분석해 볼 필요가 있다. 본 연구에서 나타난 결과가 어떤 의미가 있는지, 왜 그렇게 되었는지를 관련 연구를 인용해 가면서 논의한다. 관련 연구가 없으면 연구자의 의견을 제시할 수도 있다. 논의 과정에서 본 연구가 시사하는 바(implication)를 기술하게 되는데, 과학교육 현장에 대한 시사점과 후속 연구자들에 대한 시사점으로 나누어 기술한다. 이상의 내용을 종합하여 결론을 도출한다.

연구 결과 확산

연구 결과를 다른 사람들에게 소개하고 교육 현장에 반영하기 위한 결과 확산 방법으로는 보고서, 연구 논문, 학회 발표 등이 있다.

(1) 보고서 작성

연구를 마치면 보고서 또는 논문을 작성하게 되는데, 연구의 필요성, 연구목적, 가설, 연구대상, 도구, 절차, 결과, 논의, 결론 및 제언, 참고문헌, 부록의 순으로 작성한다. 그러나 이것은 학위논문 또는 학술지 게재 논문 등의 목적에 따라 다소 차이가 있다. 학위논문에는 자세하게 기술하여 읽는 사람으로 하여금 논문만 읽어도 이해가 되도록 정리해야 하지만, 학술지 게재 논문은 분량이 제한되어 있어 선행연구를 인용하면서 간략하게 진술해 나간다.

다음은 좋은 연구보고서를 평가하는 기준의 예이다 (김익균 외, 2002).

- 연구문제가 과학교육 현장이나 과학교육학 분야에서 중요한 것인가?
- 연구제목의 진술이 포괄적이며 명료한가?
- 연구의 필요성이 선행연구와 관련하여 논리적으로 잘 부각되었는가?
- 연구제목, 연구의 필요성, 연구목적, 연구문제, 가설, 연구방법, 연구결과, 결론이 서로 일관성 있게 진술되어 있는가?
- 특수하게 규정된 변인의 경우에 용어의 정의가 있는가?
- 관련 선행연구들이 충분히 체계적으로 제시되어 있는가?
- 사용한 도구가 좋은 타당도와 신뢰도를 가지고 있는가?
- 연구의 설계가 가설을 검증하기에 충분한가?
- 피험자가 모집단을 대표할 수 있는가?
- 자료수집방법이 명확하게 기술되어 있는가?
- 분석결과들이 명확하게 제시되어 있는가?
- 논의가 충분히 되어 있는가?
- 참고문헌은 관련 분야의 최근 선행연구들이 포함되어 있는가?

(2) 연구 발표

작성한 보고서를 통해 연구결과를 다른 사람에게 알리고 공유하기 위해, 관련 학술지에 투고하여 게재하거나 또는 학회에서 발표한다. 학술지마다 심사위원들이 있어 일정한 수준이 되는 논문만 게재를 허락한다. 학술단체 학회를 할 때에는 구두 발표나 포스터 발표, 워크숍, 심포지엄 등을 통해 학회에 참가한 다른 사람들에게 연구결과를 소개할 수 있다.

[국내문헌]

강정구 (1996). 현대학습심리학. 서울: 문음사.

고한중, 탁경오, 문소현, 한재영, 노태희 (2003). 초등학교 자연 수업에 적용한 POE 학습에서 내·외향성에 따른 소집단 구성의 효과. 대한화학회지, 47(1), 72-78.

곽영직 (역) (2013). 유초중등 과학교육의 체계: 실천, 관통 개념 그리고 핵심 아이디어. 미래세대 과학교육 총서, 5. 서울: 한국과학창의재단. [원저: NRC (National Research Council, 2012). A framework for K-12 science education: practices, cosscutting concepts, and core ideas. Washington, DC: National Academy Press.]

교육과학기술부 (2009). 세계 각국의 교육과정 및 운영사례(Ⅱ): 일본. 교육과학기술부 교육과정자료 437. 부산광역시교육청·교육과학기술부.

교육과학기술부 (2010). 창의인재와 선진과학기술로 여는 미래 대한민국. 2011년 업무보고. 교육과학기술부.

교육과학기술부 (2011). 2009 개정 교육과정에 따른 과학과 교육과정. 교육과학기술부 고시 제 2011-361호 [별책 9]. 서울: 교육과학기술부.

교육부 (1992). 제6차 교육과정. 교육부 고시.

교육부 (1998). 제7차 교육과정. 교육부 고시.

교육부 (2015a). [2015 개정 교육과정] 질의·응답 자료. 교육부 교육과정정책과.

교육부 (2015b). 교육부 고시 제2015-74호 (별책 9). 교육부.

교육인적자원부 (2007). 고등학교 교육과정(Ⅰ). 서울: 대한교과서주식회사.

구자억, 김재춘, 박태준, 윤종혁, 정영근, 황규호 (1997). 동서양 주요 국가들의 교육. 서울: 문음사.

구자억, 정광희, 전효선, 정영순 (1999). 세계의 교육혁명. 한국교육개발원 교육개혁지역연구. 서울: 문음사.

국립국어연구원 (1999). 표준국어대사전. 서울: 두산동아.

권낙원 (1989). 기본 수업 모형의 개관: 기본 수업 모형의 이론과 실제(Ⅰ). 청원: 한국교원대학교 교육연구원.

권용주, 정진수, 신동훈, 이준기, 이일선, 변정호 (2011). (과학적 탐구력 향상을 위한) 과학지식의 생성과 평가. 서울: 학지사.

권재술 (1989). 과학개념의 한 인지적 모형. 물리교육, 7(1), 1-9.

권재술, 김범기, 강남화, 최병순, 김효남, 백성혜, 양일호, 권용주, 차희영, 우종옥, 정진우 (2013). 과학교육론. 파주: 교육과학사.

권재술, 김범기, 우종옥, 정완호, 정진우, 최병순 (1998). 과학교육론. 서울: 교육과학사.

권재술, 이경호, 김연수 (2003). 인지갈등과 개념변화의 필요조건과 충분조건. 한국과학교육학회지, 23(5),

574-591.

권혁순, 최은규, 노태희 (2004). 화학 교육에서 사용되는 비유에 대한 학생들의 이해도 및 비유 사용의 한계점. 한국과학교육학회지, 24(2), 287-297.

김경희, 시기자, 김미영, 옥현진, 임해미, 김선희, 정송, 정지영, 박희재 (2010). OECD 학업성취도 국제 비교 연구 (PISA 2009) 결과 보고서. 연구보고 RRE 2010-4-2. 서울: 한국교육과정평가원.

김기흥 (2009). 광우병 논쟁: 광우병의 실체를 밝히기 위한 과학자들의 끈질긴 투쟁의 역사. 서울: 해나무, 북하우스 퍼블리셔스.

김대현 (2011). 교육과정의 이해. 서울: 학지사.

김대현, 이영만 (1995). 열린 교육을 위한 학교 중심의 통합교육과정 개발. 서울: 양서원.

김범기, 김영민, 윤상학 (1994). 학생 과학탐구 시범대회의 평가. 제1회 학생과학탐구올림픽대회 평가연구보고서, 113-147.

김수진, 김경희, 송미영, 신진아, 임해미, 박지현, 동효관, 이인호, 옥현진 (2013). 국가 및 국제 학업성취도 자료 연계를 통한 우리나라 학생의 인지적·정의적 성취 특성 분석. 연구보고 RRE 2013-23. 서울: 한국교육과정평가원.

김순택, 김영채, 변창진, 이경섭, 이희도, 전윤식, 진위교 (1999). 현대수업원론. 서울: 교육과학사.

김아영 (2012). 교사전문성 핵심요인으로서의 교사효능감. 교육심리연구, 26(1), 63-84.

김여상, 김종헌, 김준태, 김칠영, 김현섭, 김희수, 박상태, 서지혜, 심규철, 육근철, 윤재국, 이원국, 이희복, 정기주, 최혁준 (2006). 과학교육론. 대전: 보성.

김영민 (1991). 중학생의 전류 개념 변화에 미치는 체계적 비유 수업의 영향. 박사학위논문. 서울대학교 대학원.

김영민 (1992). 영국 과학교육과정. ´92 국내외한국과학기술자학술회의 하계심포지엄 논문집, pp. 222-228. 한국과학기술단체총연합회.

김영민 (2012). 과학교육에서 비유와 은유 그리고 창의성. 서울: 북스힐.

김영민, 박종원, 박종석, 김영신, 이효녕 (2008). 과학교사 양성 내실화를 위한 새로운 교과교육학 과목의 설정 및 교수 내용 개발 연구. 서울: 교육과학기술부.

김영민, 최경희, 박윤배, 김익균, 손정우, 김지나 (2005). 물리교재연구 및 학습지도론. 서울: 교육과학사.

김영식 (2001). 과학혁명: 전통적 관점과 새로운 관점. 서울: 아르케.

김영식, 박성래, 송상용 (1992). 과학사. 서울: 전파과학사.

김영식, 임경순 (2007). 과학사신론 (제2판). 서울: 다산출판사.

김영채 (2013). 사고력 교육: 이론과 실제. 서울: 유원북스

김익균, 박윤배, 박종원, 송진웅, 최경희 (2002). 물리 교육학 총론 II. 서울: 북스힐.

김재춘 (2005). 교수학습 활동의 이론과 실제. 서울: 교육과학사.

김정원, 박소영, 김기수, 정미경 (2011). 교사 생애단계별 역량 강화 방안 연구. 연구보고 RR2011-06. 서울: 한국교육개발원

김정호, 김만곤, 이춘식, 김종숙, 이림 (2013). 인정도서 제도 개선 연구. 연구보고 2013-02. 서울: 한국교과서연구재단.

김지영, 한재은, 박종석 (2012). 2009 개정 교육과정 화학 II 교과서의 탐구 활동 분석. 한국과학교육학회지, 32(5), 928-937.

김찬종, 구자옥, 김경진, 김상달, 김종희, 김희수, 명전옥, 박영신, 박정웅, 신동희, 신명경, 오필석, 이기영, 이양락, 이은아, 이효녕, 정진우, 정철, 최승언 (2008). 지구과학 교재 연구 및 지도. 파주: 자유아카데미

김찬종, 신명경, 이선경 (2010). 비형식 과학학습의 이해. 서울: 북스힐.

김찬종, 채동현, 임채성 (2007). 과학교육학개론. 서울: 북스힐.

김한호 (1995). 과학수업모형의 이론적 분석과 현장 적용 연구. 박사학위논문. 한국교원대학교 대학원.

김환석 (2006). 과학사회학의 쟁점들. 서울: 문학과지성사.

남명호, 김성숙, 지은림 (2000). 수행평가: 이해와 적용. 서울: 문음사.

문교부 (1986). 교육과정. 문교부.

문부과학성 (2009). 고등학교 학습지도요령 해설서 과학과(평성 21년). 2009년 문부과학성 고시.

문용린 (2002). 교직 경쟁력의 의미와 방향. 한국교육개발원 교육정책포럼: 한국교육의 경쟁력. 2002-4, 1-26. 서울: 한국교육개발원.

박도순 (1989). 교육과정 평가. 교육평가의 이론과 실제, 교육평가연수자료 II, 237-303. 중앙교육평가원.

박도순 (2000). 문항작성방법론. 서울: 교육과학사.

박도순, 원효헌, 이원석 (2011). 교육평가. 서울: 문음사.

박도순, 홍후조 (2000). 교육과정과 교육평가. 서울: 문음사.

박성래 (1998). 한국사에도 과학이 있는가. 서울: 교보문고.

박승재, 박신의, 박현주, 신수현, 오원근, 유준희, 윤혜경, 이석희, 이효녕, 임종덕, 전태일 (2005). 과학관 육성을 위한 실태조사 및 수익모델 개발. 정책연구 2005-2. 서울: 한국과학재단.

박승재, 조희형 (1998). 과학교육연구. 서울: 교육과학사.

박영태 외 18인 (2011). 과학철학: 흐름과 쟁점, 그리고 확장. 파주: 창비.

박종석 (1998). 개화기 과학 교과서의 발간 실태와 내용 분석. 박사학위논문. 서울대학교 대학원.

박종원 (2011). 과학적 창의성의 이해와 지도. 새물리, 61(10), 947-961.

박종원, 최경희, 김영민 (2001). 물리 교육학 총론 I. 서울: 북스힐.

박현주, 김영민, 노석구, 정진수, 이은아, 유은정, 이동욱, 박종원, 백윤수 (2012). 과학교육 내용표준 개발. 한국과학교육학회지, 32(4), 729-750.

배호순 (2001). 교육과정 평가론. 서울: 교육과학사.

백윤수, 김영민, 노석구, 박현주, 정진수, 이은아, 유은정, 이동욱 (2011). 과학교육 내용표준 개발. 연구보고. 서울: 한국과학창의재단.

변영계 (2005). 교수·학습이론의 이해 (개정2판). 서울: 학지사.

서봉연, 울리히 한 (1980). 어린이의 성장발달과 아동도서. 서울: 배영사.

서울대학교 교육연구소 (편) (1994). 교육학용어사전. 서울: 하우.

서울대학교 교육연구소 (편) (1999). 교육학대백과사전. 서울: 하우.

서혜애, 박형희, VanTassel-Baska, J. (2005) 영재교육 교원 전문성 계발 연구. 수탁연구 CR 2005-38. 서울: 한국교육개발원.

성태제 (2010). 현대교육평가 (제3판). 서울: 학지사.

손원숙 (2008). PISA 교육 맥락 변인이 학업 성취도에 미치는 영향. 한국교육과정평가원 (편). 국제학업성취도 평가에 나타난 중고등학생의 학력 변화 (pp. 195-218). 연구자료 ORM 2008-33. 서울: 한국교육과정평가원.

송미영, 김경희, 김수진, 김인숙, 박도영, 최인봉 (2012). 대규모 평가에 기반한 교육성과 지표. 연구보고 CRE 2012-11. 서울: 한국교육과정평가원.

송미영, 임해미, 박혜영, 최혁준, 손수경 (2013). OECD 국제 학업 성취도 평가 문항 자료집: PISA 2000~PISA 2012 지필 평가. 연구자료 ORM 2013-64-1. 서울: 한국교육과정평가원.

송성수 (편저) (1999). 과학 기술은 사회적으로 어떻게 구성되는가. 서울: 새물결.

송성수 (2011). 과학기술과 사회의 접점을 찾아서: 과학기술학 탐구. 파주: 한울.

송성수 (2012). 한 권으로 보는 인물과학사: 코페르니쿠스에서 왓슨까지. 서울: 북스힐.

송진웅 (2000). 영국에서의 과학－기술－사회 교육의 태동과 발전 과정(Ⅱ): 20세기 후반을 중심으로. 한국과학교육학회지, 20(1), 52-76.

신동희, 고상숙, 김애화 (2011). 문화적, 사회 경제적, 인지적 측면에서의 다양성을 고려한 수학, 과학 교육 프로그램 개발, 적용 및 보급. 한국연구재단 중견연구자지원사업(핵심연구) 최종보고서. 서울: 교육과학기술부.

신동희, 김동영 (2003). 평가 방법에 따른 과학 성취도에서의 성 차이. 한국과학교육학회지, 23(3), 265-275.

신동희, 노국향 (2002). 우리나라 학생들의 과학적 소양 성취도. 한국과학교육학회지, 22(1), 76-92.

우종옥, 김범기, 한안진, 허명 (1998). 국가 수준의 과학탐구능력 평가체제 개발. 한국과학교육학회지, 18(4), 617-626.

윤광보, 김용욱, 최병옥 (2008). 교육방법과 교육공학의 이해. 파주: 양서원

윤병희, 박태준, 백순근, 정유성, 함수곤, 황규호, 김성림, 윤희정 (1996). 교육과정 국제비교연구. 1996년 교육부 위탁 연구과제 답신 보고. 서울: 교육과정개정연구위원회.

윤팔중 (1988). 전인교육을 위한 교육과정. 서울: 배영사.

이면우 (1997). 한국 근대 교육기(1876-1910)의 지구과학교육. 박사학위논문. 서울대학교 대학원.

이미경, 심재호, 김동영, 구자옥, 김현정, 최병순, 김재우, 민경님, 배영혜, 김연귀 (2013). 2009 개정 교육과정에 따른 초·중학교 과학과 핵심 성취기준 선정 연구. 연구보고 CRC 2013-9. 서울: 한국교육과정평가원.

이범홍, 김영민 (1983). 과학과 수업과정 모형 및 평가방법 개선연구. 연구보고 RR83-07. 서울: 한국교육개발원.

이상욱, 조은희 (편) (2011). 과학 윤리 특강: 과학자를 위한 윤리 가이드. 서울: 사이언스북스.

이상원 (2004). 실험하기의 철학적 이해. 서울: 서광사.

이상헌 (2012). 융합시대의 기술윤리. 서울: 생각의나무.

이용숙, 조영태, 황규호 (1994). 교육과정 개혁 국제비교 연구. 연구보고 RR94-01. 서울: 한국교육개발원.

이종승 (1993). 교육과정과 수업의 원리. 서울: 교육과학사.

이주섭 (2001). 상황맥락을 반영한 말하기, 듣기 교육의 내용 구성에 관한 연구. 박사학위논문. 한국교원대학교 대학원.

이혜정, 정진수, 박국태, 권용주 (2004). 초등학생들과 초등예비교사들이 관찰활동에서 생성한 과학적 의문의 유형. 한국과학교육학회지, 24(5), 1018-1027.

이홍우 (1997). 지식의 구조와 교과. 서울: 교육과학사.

임선하 (1993). 창의성에의 초대. 서울: 교보문고

임선하 (2001). 창의적 사고의 구조 - DESK 모형의 응용. 서울: 케이매트릭스

임성만, 양일호, 임재근 (2009). 영역 특수적인 입장에서의 과학적 창의성에 대한 정의, 구성요인에 대한 탐색. 한국과학교육학회지, 33(1), 31-43.

장대익 (2008). 쿤 & 포퍼: 과학에는 뭔가 특별한 것이 있다. 파주: 김영사.

전상운 (1976). 한국과학기술사. 서울: 정음사.

전성연, 송선희, 이옥주, 이용운, 김수동, 고영남, 허창범, 오만록, 이병석 (2007). 현대 교수학습의 이해. 서울: 학지사.

정경열, 최유현 (2011). CIPP에 기반한 과학관 과학기술 교육프로그램의 평가준거 개발. 한국기술교육학회지, 11(2), 85-103.

정미례 (2002). 비고츠키 관점에 기초한 영어작문 스캐폴딩 과정 분석. 박사학위논문. 경상대학교 대학원.

정병훈 (1993). 과학철학, 과학교육사, 과학교육사상: 과학교육 학습자료. 서울: 서울대학교 물리학습연구실.

정연태 (1984). 한국과학교육의 오늘과 내일, KBS 공개대학 시리즈. 서울: 한국방송사업단.

정완호, 권치순, 김재영, 임채성 (1996). 초등학교 자연과에서의 야외 수업 실태와 개선 방안 및 지도 방략. 초등과학교육, 15(1), 151-165.

조승제 (2007). 교과교육과 교수·학습 방법론. 파주: 양서원.

조인래 (편역) (1997). 쿤의 주제들: 비판과 대응. 서울: 이화여자대학교 출판부.

조지민, 김수진, 이상하, 김미영, 옥현진, 임해미, 박연복, 이민희, 한희진, 손수경 (2011). 2011년 국제 학업 성취도 평가 연구 (PISA/TIMSS): TIMSS 2011 본검사 시행보고서. 연구보고 RRE 2011-4-1. 서울: 한국교육과정평가원.

조진일, 류호섭, 이화룡, 최병관, 박성철, 최형주, 민부자, 이병호, 이승재 (2011). 학교시설기준 개정에 관한 연구. 정책연구과제 2011-공모-19. 서울: 교육과학기술부.

조희형 (1994). 과학-기술-사회와 과학교육. 서울: 교육과학사.

조희형, 김희경, 윤희숙, 이기영 (2011). 과학교육의 이론과 실제 (제4판). 파주: 교육과학사.

조희형, 박승재 (1995). 과학 학습지도: 계획과 방법. 서울: 교육과학사.

조희형, 박승재 (2001). 과학론과 과학교육 (제2판). 서울: 교육과학사.

조희형, 최경희 (2001). 과학교육 총론. 서울: 교육과학사

진영은 (2003). 교육과정: 이론과 실제. 서울: 학지사.

진위교, 장언효, 이종승, 김순택 (1998). 현대 수업의 원리. 서울: 정민사.

차경수 (1994). 21세기 한국교육연구의 과제와 전망. 서울대학교 사대논총, 48, 117-131.

채동현, 박현주, 이수영 (2003). 과학교육의 질적 접근. 서울: 북스힐.

최경희 (1996). STS(과학·기술·사회)교육의 이해와 적용. 서울: 교학사.

최경희, 송성수 (2002). 과학교육의 이슈 및 발전방향. 정책자료 2002-05. 서울: 과학기술정책연구원.

최경희, 송성수 (2011). 과학기술로 세상 바로 읽기. 서울: 북스힐.

최병순, 강석진, 강순민, 강순희, 공영태, 권혁순, 김재현, 김현경, 남정희, 노석구, 박금홍, 박종석, 박현주, 백성혜, 이범홍, 이상권, 최미화, 홍미영 (2009). 화학 교재 연구 및 지도 (제2판). 파주: 자유아카데미.

한국과학교육학회 (2005). 과학교육학 용어 해설. 서울: 교육과학사

한국교육개발원 (1989). 학교 교구·설비 기준 개정을 위한 기초연구. 수탁연구 CR89-1. 서울: 서울: 한국교육개발원.

한국교육과정평가원 (2010). 2011학년도 중등교사 신규임용후보자 선정경쟁시험(1차) 문제, 생물, 7번.

한상길, 김응래, 박선환, 박숙희, 정미경, 조금주 (2011). 교육학개론. 고양: 공동체

한안진 (1987). 현대탐구과학교육. 서울: 교육과학사.

한종하 (1988). 과학과 교육론. 서울: 갑을출판사.

한종하, 이범홍, 권치순, 최돈형, 채광표, 김주훈, 이양락 (1986). 제5차 초·중학교 자연과 및 과학과 교육과정 시안 연구 개발. 연구보고 RR86-32. 서울: 한국교육개발원.

허명 (1984). 과학 탐구평가표의 개발. 한국과학교육학회지, 4(2), 57-63.

홍미영, 박순경, 백경선, 변희현, 양윤정, 양정실, 이경언, 이미경, 한혜정 (2012). 2009 개정 교육과정에 따른 성취기준 및 성취수준 개발 연구(I) : 교육과정 분석 및 성취기준 개발. 연구보고 CRC 2012-1. 서울: 한국교육과정평가원.

홍성욱 (2004). 과학은 얼마나. 서울: 서울대학교출판부.

홍성욱 (편) (2010). 인간·사물·동맹: 행위자네크워크 이론과 테크노사이언스. 서울: 이음.

[국외문헌]

AAAS (American Association for the Advancement of Science, 1989). Project 2061: Science for all Americans. New York: Oxford University Press.

AAAS (American Association for the Advancement of Science, 1993). Benchmarks for science literacy. Retrieved from http://www.project2061.org/

AAAS (American Association for the Advancement of Science, 1999). Science for all Americans. New York: Oxford University Press.

AAAS (American Association for the Advancement of Science, 2001). About Project 2061. Author. Retrieved from http://www.project2061.org/about/default.htm

Abedi, J., Courtney, M., & Leon, S. (2001). Language accommodation for large-scale assessment in science. Los Angeles: University of California, National Center for Research on Evaluation, Standards, and Student Testing.

Abruscato, J. (2000). Teaching children science: A discovery approach (5th ed.). Boston: Allyn and Bacon.

Amabile, T. M. (1996). Creativity in context: Update to "The social psychology of creativity." Boulder, CO: Westview press.

Anderson, L. W., & Krathwohl, D. R. (Eds.). (2001). A taxonomy for learning, teaching, and assessing: A revision of Bloom's taxonomy of educational objectives (Complete ed.). New York: Addison Wesley Longmann.

Ausubel, D. P. (1963). The psychology of meaningful verbal learning. New York: Grune & Stratton, Inc.

Ausubel, D. P. (1977). The facilitation of meaningful verbal learning in the classroom. Educational Psychologist, 12(2), 162-178.

Ausubel, D. P. (1978). In defense of advance organizers: A reply to the critics. Review of Educational research, 251-257.

Ball, D. L. & Bass, H. (2000). Interweaving content an pedagogy in teaching and learning to teach: Knowing and using mathematics. In J. Boaler (Ed.), Multiple perspectives on the teaching and learning of mathematics (pp. 83-104). Westport, CT: Ablex.

Barrentine, C. D. (1986). Science education: Education in, or about science?. Science Education, 70(5), 497-499.

Baxter, G. & Glaser, R. (1997). An approach to analyzing the cognitive complexity of science performance assessments. CSE Technical Report 452. LA: CRESST/UCLA.

Beeth, M. E., & Hewson, P. W. (1999). Learning goals in an exemplary science teacher's practice: Cognitive and social factors in teaching for conceptual change. Science Education, 83(6), 738-760.

Beiser, A. (1991). Physics (5th ed.). MA: Reading, Addison-Wesley Publishing Company.

Bell, B. (2000). Formative assessment and science education: Modelling and theorising. In R. Miller, J. Leach, & J. Osborne (Eds.), Improving science education: The contribution of research (pp. 48-61). Buckingham, UK: Open University Press.

Bell, P., Lewenstein, B., Shouse, A. W., & Feder, M. A. (Eds.). (2009). Learning science in informal environments: People, places, and pursuits. Washinigton, D.C.: The National Academies Press.

Bellanca, J., & Forgaty, R. (1991). Blueprints for thinking in the cooperative classroom (2nd ed.). IRI/Skylight Publishing, Inc.

Berk, L. E., & Winsler, A. (1995). Scaffolding children's learning: Vygotsky and early childhood education. Washington, D.C.: The National Association for the Education of Young Children.

Black, M. (1962). Models and Metaphors: Studies in Language and Philosophy. Ithaca NY: Cornell University Press.

Bloom, B. S., Engelhart, M. D., Furst, E. J., Hill, W. H., & Krathwohl, D. R. (1956). Taxonomy of educational objectives: the classification of educational goals; Handbook I: Cognitive Domain. New York: Longmans, Green.

Bloor, D. (1976). Knowledge and Social Imagery. London: Routledge.

Blosser, P. E. (1993). Using Cooperative Learning in Science Education. The Science Outlook. Columbus, OH: ERIC/Clearinghouse on Science, Mathematics and Environmental Education. (ERIC Document Reproduction Service No. ED 351207)

Bracken, B., Little, C., McGowan, S., Tyler, K., Baker, L., Chandler, K., Quek, C., & Ginsberg. P. (2004). Professional development questionnaire: Preliminary examiner's manual. Williamsberg, VA: The Center for Gifted Education, The College of William and Mary.

Brady, L. (1992). Curriculum Development (4th ed.). New York: Prentice Hall.

Bransford, J. D., Franks, J. J., Vye, N. J., & Sherwood, R. D. (1989). New approaches to instruction: Because wisdom can't be told. In S. Vosniadou & A. Ortony (Eds.), Similarity and analogical reasoning (pp. 470-495). Cambridge, NY: Cambridge University Press.

Bransford, J. D., Sherwood, R. D., Vye, N. J., & Rieser, J. (1986). Teaching thinking and problem solving: Research foundations. American Psychologist, 41(10), 1078-1089.

Bredo, E. (1994). Reconstructing educational psychology: Situated cognition and Deweyian pragmatism. Educational Psychologist, 29(1), 23-25.

Bredo, E. (2000). Understanding Dewey's Ethics. Philosophy of Education Archive, 151-154.

Brilhart, J. K., & Galanes, G. J. (1998). Effective Group discussion (9th ed.). Boston: McGraw-Hill.

Bringuier, J. (1980). Conversations With Jean Piaget. (B.M. Gulati, trans.) Chicago: University of Chicago Press.

Britton, E. D., & Schneider, DS. A. (2007). Large-scale assessment in science education. In S. K. Abell & N. G. Lederman (Eds.), Handbook of research on science education (1007-1040). NY: Routledge.

Broadfoot, P. (2002). Editorial. Dynamic Versus Arbitrary Standards: Recognizing the human factor in assessment. Assessment in Education, 9(2), 157-159.

Brown, A. S. & Palincsar, A. S. (1989). Guided, cooperative learning and individual knowledge acquisition. In L. B. Resnick (Ed.), Knowing, learning, and instruction: Essays in honor of Robert Glaser (pp. 393-451). Hillsdale, NJ: Erlbaum.

Brown, J. S., & Duguid, P. (1994). Borderline issues: Social and material aspects of design. Human-Computer Interaction, 9(1), 1-36.

Brown, J. S., Collins, A., & Duguid, P. (1989). Situated cognition and the culture of learning. Educational Researcher, 18(1), 32-42.

Bruner, J. S. (1960). The Process of education. Cambridge, MA: Harvard University Press.

Bruner, J. S. (1961). The act of discover. Harvard Educational Review, 31, 21-32.

Bruner, J. S. (1972). The relevance of education. New York: Norton & Company.

Bruner, J. S. (1979). On Knowing: Essays for the Left Hand. (Harvard University Press: 1962, Rev. ed.).

Bruning, R. H., Schraw, G. J., & Ronning, R. R. (1999). Cognitive psychology and instruction (3rd ed.). Upper Saddle River, NJ: Merrill/Prentice Hall.

BSCS & IBM (1989). New Designs for Elementary Science and Health: A Cooperative Project between Biological Sciences Curriculum Study (BSCS) and International Business Machines (IBM). Dubuque, IA: Kendall/Hunt Publishing Company.

Biological Sciences Curriculum Study (BSCS) (1970). Biology Teacher's Handbook (2nd ed.), E. Klinckmann (Ed.). New York: John Wiley and Sons, Inc.

Bush, G. (2006). Learning about learning: from theories to trends. Teacher Librarian, 34(2), 14-19.

Butin, D. W., Biehle, J. T., Motz, L. L., & West, S. S. (2009). Science Facilities. National Clearinghouse for Educational Facilities. (www.ncef.org)

Bybee, R. W., Carlson-Powell, J., & Trowbridge, L. W. (2008). Teaching secondary school science: Strategies for developing scientific literacy. Pearson/Merrill/Prentice Hall.

Bybee, R. W., Taylor, J. A., Gardner, A., Van Scotter, P., Carlson Powell, J., Westbrook, A., & Landes, N. (2006). The BSCS 5E instructional model: Origins and effectiveness. Colorado Springs, CO: BSCS.

Bybee, R. W., & Sund, R. B. (1982). Piaget for educators. Columbus, Ohio: Merrill.

California Department of Education (1998). Science Content Standards for California Public Schools K-12. Retrieved from http://www.cde.ca.gov/ci

California Department of Education (1998). California Science Framework for K-12 Public Schools. Retrieved from http://www.cde.ca.gov

Callahan, J. F., Clark, L. H., & Kellough, R. D. (2002). Teaching in the middle and secondary schools (7th ed.). Upper Saddle River, NJ: Merrill Printice Hall.

Carin, A. A. (1997). Teaching Science through Discovery (8th ed.). Columbus, OH: Merill Publishing Co.

Carnap, R. (1966). An introduction to the philosophy of science. NY: Courier Dover Publications.

Carson, R. (1962). Silent spring. Boston: Houghton Mifflin.

Cavemi, J. P., Fabre, J. M., & Gonzalez, M. (Eds.) (1990). Cognitive biases: Their contribution for understanding human cognitive processes. Notrh-Holland: Elsevier Science Publishers B. V.

Chalmers, A. F. (1999). What Is This Thing Called Science? (3rd ed.). Queensland: University of Queensland Press.

Chapman, M. (1988). Constructive evolution: Origins and development of Piaget's thought. New York: Cambridge University Press.

Cheek, D. W. (1992). Thinking constructively about science, technology and society education. Albany: State University of New York Press.

Chiappetta, E. L. & Koballa, T. R. (2002). Science instruction in the middle and secondary schools. Upper Saddle River, New Jersey: Pearson Education.

Chiappetta, E. L. & Koballa, T. R. (2005). Science instruction in the middle and secondary schools (5th ed.). Upper Saddle River, NJ: Merrill/Prentice Hall.

Chiappetta, E. L. & Koballa, T. R. (2006). Science Instruction in the Middle and Secondary Schools (6th ed.). Upper Saddle River, NJ: Merrill/Prentice Hall.

Chiappetta, E. L. & Koballa, T. R. (2010). Science Instruction in the Middle and Secondary Schools: Developing Fundamental Knowledge and Skills. New York: Allyn &Bacon

Chinn, C. A., & Brewer, W. F. (1993). The role of anomalous data in knowledge acquisition: A theoretical framework and implications for science instruction. Review of educational research, 63(1), 1-49.

Cobb, P. (1994). Where is the mind? Constructivist and sociocultural perspectives on mathematical development. Educational Researcher, 23(7), 13-20.

Cobb, P. (1995). Continuing the conversation: A response to Smith. Educational Researcher, 24(6), 25-27.

Cobb, P. & Bowers, J. (1999). Cognitive and situated learning perspectives in theory and practice. Educational Researcher, 28(2), 4-15.

Cognition and Technology Group at Vanderbilt (1990). Anchored instruction and its relationship to situated cognition. Educational Researcher, 19(6), 2-10.

Cognition and Technology Group at Vanderbilt (1992). The jasper experiment: An exploration of issues in learning and instructional design. Educational Technology Research and Development, 40(1), 65-80.

Cognition and Technology Group at Vanderbilt (1993). Anchored instruction and situated cognition revisited. Educational Technology, 33(3), 52-70.

Cognition and Technology Group at Vanderbilt (1995). Using Anchored Instruction in In service Teacher Education. Retrieved from http://www.coe.uh.edu/insite/elec_pub/html1995/

Cole, P. G., & Chan, L. K. (1987). Teaching principles and practices. New York: Prentice Hall.

Cole. P. G. & Chan, L. K. (1987). Teaching principles and practice. New York: Prentice Hall.

Collette, A. T., & Chiappetta, E. L. (1989). Science instruction in the middle and secondary schools (2nd ed.). Columbus, OH: Merrill.

Collins, A. (1988). Cognitive apprenticeship and instructional technology: Technical report (Report No. 6899). Cambridge, MA: BBN Laboratories Incorporated. (ERIC Document Reproduction Service No. ED 331 465)

Collins, A., Brown, J. S., & Holum, A. (1991). Cognitive apprenticeship: Making thinking visible. American Educator, 6(11), 38-46.

Collins, A., Brown, J. S., & Newman, S. E. (1989). Cognitive apprenticeship: Teaching the crafts of reading, writing, and mathematics. In L. B. Resnick (Ed.), Knowing, learning, and instruction: Essays in honor of Robert Glaser (pp. 453-494). Hillsdale, NJ: Erlbaum.

Collins, H. M. (1985). Changing Order: Replications and Inductions in Scientific Practice. London and Beverly Hills: Sage.

Corey, S. M. (1971). Definition of instructional design. In M. D. Merrill (Ed.), Instructional design: Readings (pp. 5-17). Englewood Cliffs, NJ: Prentice-Hall.

Cosgrove, M., & Osborne, R. (1985). Lesson frameworks for changing children's ideas. In R. Osborne & P. Freyberg (Eds.), Learning in science: The implications of children's science (pp. 101‐111). Portsmouth, NH: Heinemann.

Crain, W. C. (1980). Theories of development concepts and applications. Englewood Cliffs, New Jersey:

Prentice-Hall.

Crane, V., Nicholson, T., Chen, M., & Bitgood, S. (1994). Informal science learning. What the research says about television, science museums and community-based projects. Dedham, MA: Research Communications Ltd., and Emphrata, PA: Science Press.

Cropley, A. J., & Urban, K. K. (2000). Programs and strategies for nurturing creativity. In K. A. Heller, F. J. Monks, R. Subotnik, & R. J. Sternberg (Eds.), International handbook of giftedness and talent, 2nd ed (pp. 481-494). Pergamon, New York.

Csikszentmihalyi, M. (1988). Motivation and creativity: Toward a synthesis of structural and energistic approaches to cognition. New Ideas in Psychology, 6(2), 159-176.

DeBoer, G. E. (1991). A History of Ideas in Science Education: Implications for Practice. New York: Teachers College Press, Columbia University.

DES (Department of Education and Science, 1989). Science in the National Curriculum. London: HMSO.

DES (Department of Education and Science, 1992). The National Curriculum. London: HMSO.

Desimone, L. M., Porter, A. C., Garet, M. S., Yoon, K. S., & Birman, B. F. (2002). Effects of professional development on teachers' instruction: Results from a three-year longitudinal study. Educational evaluation and policy analysis, 24(2), 81-112.

Deutsch, M. (1949). A theory of cooperation and competition. Human Relation, 2, 129-152.

DeVries, D. L., & Edwards, K. J. (1973). Learning games and student teams: Their effects on classroom process. American Educational Research Journal, 10(4), 307-318.

Dewey, J. (1910). How we think. Boston: D.C. Heath & Co.

Dewey, J., & Bentley, A. F. (1949). Knowing and the Known. Greenwood Press, Westport, CT.

Dillon, J. T. (1994). Using discussion in classrooms. Buckingham: Open University Press.

Dinnel, D., & Glover, J. A. (1985). Advance organizers: Encoding manipulations. Journal of Educational Psychology, 77(5), 514-521.

DiSessa, A. A. (1982). Unlearning Aristotelian Physics: A Study of Knowledge Based Learning. Cognitive science, 6(1), 37-75.

Doran, R. L., Lawrenz, F., & Helgeson, S. (1994). Research on assessment in science. In D. Gabel (Ed.), Handbook of research in science teaching and learning (pp. 388-442). NY: MacMillan.

Driver, R., & Oldham, V. (1986). A constructivist approach to curriculum development in science. Studies in Science Education, 13, 105-122.

Driver, R., Guesne, E., Tiberghien, A. (1985). Some features of children's ideas and their implications for teaching. In R. Driver, E. Guesne, & A. Tiberghien (Eds.),. Children's ideas in science. (pp. 193-201). Milton Keynes, UK: Open University Press.

Driver, R., Leach J., Miller R., & Scott P. (1996). Young People's Image of Science. Buckingham: Open University Press.

Duit, R. (1991). On the role of analogies and metaphors in learning science. Science Education, 75(6), 649-672.

Ebel, R. L. (1965). Measuring educational achievement (pp. 421-424). Englewood Cliffs, NJ: Prentice-hall.

Eggen, P. D., & Kauchak, D. P. (2001). Educational psychology: Windows on classrooms. New Jersey Prentice Hall, Inc.

Eggen, P. D., & Kauchak, D. P. (2006). Strategies and models for teachers. Boston: Pearson Education, Inc, 359, 24.

Eisner, E. W. (1985). The Educational imagination: On the design and education of school programs. New York: Macmillan.

Falk, D. F. (1980). Biology teaching methods. Malabar, FL: Robert E. Kreger Publishing Company.

Faw, H. W., & Waller, T. G. (1976). Mathemagenic behaviours and efficiency in learning from prose materials: Review, critique and recommendations. Review of Educational Research, 46, 691-720.

Feher, E. (1990). Interactive museum exhibits as tools for learning: explorations with light. International Journal of Science Education, 12(1), 35-49.

Feist, G. J. (1993). A structural model of scientific eminence. Psychological Science, 4(6), 366-371.

Feist, G. J. (1999). The influence of personality on artistic and scientific creativity. In R. J. Sternberg (Ed.), Handbook of creativity (pp. 273-296). Cambridge: Cambridge University Press.

Feyerabend, P. (1975). Against Method: Outline of an Anarchistic Theory of Knowledge. London: Verso.

Feyerabend, P. (1978). Science in a Free Society. London: New Left Books.

Foorman, B. R., Francis, D. J., Fletcher, J. M., Schatschneider, C., & Mehta, P. (1998). The role of instruction in learning to read: Preventing reading failure in at-risk children. Journal of Educational Psychology, 90(1), 37.

Fuller, S. (1988). Social Epistemology. Bloomington: University of Indiana Press.

Funtowicz, S. O. & Ravetz, J. R. (1992). Three types of risk assessment and the emergence of post-normal science. In S. Krimsky & D. Golding (Eds.), Social Theories of Risk. London: Praeger, 251-273.

Gagne, R. M. (1962). The acquisition of knowledge. Psychological review, 69(4), 355.

Galison, P. (1987). How Experiments End. Chicago: Chicago University Press.

Galison, P. (1997). Image and Logic: A Material Culture of Microphysics. Chicago: University of Chicago Press.

Gallimore, R., Dalton, S., & Tharp, R. G. (1986). Self-regulation and interactive teaching: The effects of teaching conditions on teachers' cognitive activity. The Elementary School Journal, 86(5), 613-631.

Geary, D. C. (1995). Reflections of evolution and culture in children's cognition: Implications for mathematical development and instruction. American Psychologist, 50(1), 24.

Gentner, D. (1983). Structure-Mapping: A Theoretical Framework for Analogy. Cognitive science, 7(2), 155-170.

Gergen, K. J. (1995). Social construction and the educational process. Constructivism in education, 7(2), 17-39.

Gilgen, A. R. (1982). American psychology since World War II: A profile of the discipline. Westport, CT: Greenwood Press.

Gitomer, D. H. (1993). Performance assessment and educational measurement. In R. E. Bennett & W. C. Ward (Eds.), Construction versus choice in cognitive measurement. Hillsdale, N. J.: Erlbaum.

Glynn, S. M., Britton, B. M., Semrud-Clickeman, M., & Muth, K. D. (1989). Analogical reasoning and problem solving in science textbooks. In J. A. Glover, R. R. Ronning, & C. R. Reynolds (Eds.), Handbook of creativity: Assessment, research, and theory (pp. 383-398). New York: Plaum.

Gogolin, L., & Swartz, F. (1992). A quantitative and qualitative inquiry into the attitudes toward science of nonscience college students. Journal of Research in Science Teaching, 29(5), 487-504.

Grandy, R., & Duschl, R. A. (2007). Reconsidering the character and role of inquiry in school science: Analysis of a conference. Science & Education, 16(2), 141-166.

Gredler, M. E. (2005). Learning and instruction: Theory into practice. Upper Saddle River, NJ: Pearson/Merrill Prentice Hall.

Greeno, J. G. (1989). A perspective on thinking. American Psychologist, 44(2), 134-141.

Grossman, P. L. (1990). The making of a teacher: Teacher knowledge and teacher education. NY: Teachers College Press.

Hackett, E. J., Amsterdamska, O., Lynch, M., & Wajcman, J. (Eds.) (2007). The Handbook of Science and Technology Studies (3rd ed.), Cambridge, MA: MIT Press.

Hacking, I. (1983). Representing and Intervening: Introductory Topics in the Philosophy of Natural Science. Cambridge: Cambridge University Press.

Hammerman, E. (2006). Eight Essentials of inquiry-based science, K-8. Thousand Oaks, CA: Corwin Press

Hanson, N. R. (1958). Patterns of Discovery: An Inquiry into the Conceptual Foundations of Science. Cambridge: Cambridge University Press.

Harlen, W., & Osborne, R. (1985). A model for learning and teaching applied to primary science. Journal of Curriculum Studies, 17(2), 133-146.

Harms, N. C. & Yager, R. E. (1982). What research says to the science teacher (Vol. 4). Washington, DC: National Science Teachers Association.

Hashweh, M. Z. (1986). Toward an explanation of conceptual change. European Journal of science education, 8(3), 229-249.

Hassard, J. (2005). The art of teaching science: Inquiry and innovation in middle school and high school. Oxford: Oxford University Press.

Hempel, C. G. (1966). Philosophy of Natural Science. Englewood Cliffs, NJ: Prentice-Hall.

Hendrick, R. M. (1992). The role of histioty in teaching science - A case study: The popularization of science in nineteenth century france. Science & Education, 1(2), 145-162.

Hennessy, S. (1993). Situated cognition and cognitive apprenticeship: Implications for classroom learning. Studies in Science Education, 22, 1-41.

Herman, J. L. (1997). Large-scale assessment in support of school reform: Lessons in the search for alternative measures. CSE Technical Report 446. LA: CRESST/UCLA.

Herron, M.D. (1971). The nature of scientific enquiry. School Review, 79(2), 171-212.

Hess, D. J. (1997). Science Studies. An Advanced Introduction. New York: New York University Press.

Hewson, P. W. (1981). A conceptual change approach to learning science. European Journal of Science Education, 3(4), 383-396.

Hewson, P. W. (1982). A Case Study of Conceptual Change in Special Relativity: The Influence of Prior Knowledge in Learning. European Journal of Science Education, 4(1), 61-78.

Hewson, P. W., & Hewson, M. G. A´B. (1988). An appropriate conception of teaching science: A view from studies of science learning. Science Education, 72(5), 597-614.

Hewson, P. W., & Hewson, M. G. A´B. (1989). Analysis and use of a task for identifying conceptions of teaching science. Journal of Education for Teaching, 15(3), 191-209.

Hewson, P. W., & Thorley, N. R. (1989). The conditions of conceptual change in the classroom. International Journal of Science Education, 11(5), 541-553.

Hewson, P. W., Beeth, M. E., & Thorley, N. R. (1994). Teaching for conceptual change. Manuscript submitted for inclusion. In K. G. Tobin & B. J. Fraser (Eds.), International Handbook of Science Education. London: Kluwer Academic.

HMSO (Her Majesty's Stationery Office, 1992). White Paper: Choice and Diversity (A new framework for schools). London: HMSO.

Holbrook, J., & Rannikmae, M. (2007). The nature of science education for enhancing scientific literacy. International Journal of Science Education, 29(11), 1347-1362.

Hooper, S. (1992). Cooperative learning and computer-based instruction. Educational Technology Research and Development, 40(3), 21-38.

Hooper-Greenhill, E. (2007). Museums and education: Purpose, pedagogy, performance. NY: Routledge.

Howard, R. W. (1987). Concepts and Schemata: An Introduction. London: Cassell Education.

Howe, K. & Berv, J. (2000). Constructing constructivism, epistemological and pedagogical. In D. Phillips (Ed.), Constructivism in Education. Chicago: University of Chicago Press.

Inhelder, B., Sinclair, H., & Bovet, M. (1974). Learning and the development of cognition (Trans S. Wedgwood). MA: Harvard University Press.

Isaksen, S. G., Dorval, K. B., & Treffinger, D. J. (2000). Creative approaches to problem solving: A framework for change (2nd ed.). Dubuque, IA: Kendall Hunt Pub Co.

Jacobs, G. M., Power, M. A., & Inn, L. W. (2002). The teacher's sourcebook for cooperative learning: Practical techniques, basic principles, and frequently asked questions. Thousand Oaks, CA:Corwin Press.

Jasanoff, S., Markle, G. E., Petersen J. C., & Pinch, T. J. (Eds.) (1995). Handbook of science and technology studies. London: Sage Publications.

Jaworski, B. (1994). Investigating mathematics teaching: A constructivist enquiry. London: The Falmer Press.

Jensen, E. (1998). Teaching with the brain in mind. Alexandria, VA: Association for Supervision and Curriculum Development (ASCD).

Johnson, A. P. (1951). Notes on a suggested index of item validity: The UL Index. Journal of Educational Psychology, 42(8), 499-504.

Johnson, D. W., & Johnson, F. P. (1997). Joining together: Group theories and group kills (6th ed.). Boston: Allyn & Bacon.

Johnson, D. W., & Johnson, R. T. (1975). Learning together and alone: Cooperation, competition and individualisation. Englewood Cliffs, NJ: Prentice Hall.

Johnson, D. W., & Johnson, R. T. (1994). Learning together and alone: Cooperative, competitive, and individualistic learning (5th ed.). Englewood Clffs, NJ; Prentice Hall, Inc.

Johnson, D. W., & Johnson, R. T. (1999). Making cooperative learning work. Theory into practice, 38(2), 67-73.

Johnson-Laird, P. N. (1983). Mental models: Towards a cognitive science of language, inference, and consciousness (No. 6). Cambridge: Harvard University Press.

Jørgensen, J. (1951). The development of logical empiricism. Chicago: University of Chicago Press.

Joyce, B., & Weil, M. (1996). Models of teaching. NY: Simon & Schuster Company.

Joyce, B., Weil, M., & Calhoun, E. (2004). Models of teaching. (7th ed.). Boston: Pearson Allyn and Bacon

Kagan, S. (1985). Dimensions of cooperative classroom structures. In R. Slavin, S. Sharan, S Kagan, R. Hertz-Lazarowitz, C. Webb & R. Schmuck (Eds.), Learning to cooperate, cooperating to learn (pp. 67-96). New York: Plenum.

Kaplan, A. (1964). The conduct of inquiry: Methodology for behavioral science. Francisco, CA: Chandler.

Karplus, R., & Butts, D. P. (1977). Science teaching and the development of reasoning. Journal of Research in Science Teaching, 14(2), 169-175.

Kauchak, D. P., & Eggen, P. D. (1989). Learning and teaching: Research-based methods. Boston: Allyn and Bacon.

Kauchak, D. P., & Eggen, P. D. (1980). Exploring science in the elementary schools. Rand McNally College Publishing Company.

Kim, E. C., & Kellough, P. D. (1991). A resource guide for secondary school teaching: Planning for competence (5th ed.). NY: MaCMillan Publishing, Co.

Kitchener, R. F. (1999). The conduct of inquiry: An introduction to logic and scientific method. New York: University Press of America.

Klahr, D., & Simon, H. A. (1999). Studies of scientific discovery: Complementary approaches and convergent findings. Psychological Bulletin, 125(5), 524-543.

Klopfer, L. E (1971). Evaluation of learning in science, in Bloom, B. S., Hastings, J. T., Madaus, G. F., Handbook of formative and summative evaluation of student learning, London: McGraw-Hill, Inc.

Klopfer, L. E. (1990). Learning scientific inquiry in the student laboratory. In E. Hegarty-Hazel (Ed.), The student laboratory and the science curriculum (pp. 95-118). London: Routledge.

Koretz, D. M., & Hamilton, L. (1999). Assessing students with disabilities in Kentucky: The effects of accommodations, format, and subject. CSE Technical Report 498. LA: CRESST/UCLA.

Kourany, J. A. (1987). Scientific knowledge: Basic issues in the philosophy of science. Belmont, CA: Wadsworth Publishing Company.

Krathwohl, D. R. (2002). A revision of Bloom's taxonomy: An overview. Theory into Practice, 41(4), 212-218.

Kuhn, T. S. (1957). The Copernican revolution: Planetary astronomy in the development of western thought (Vol. 16). Cambridge, MA: Harvard University Press.

Kuhn, T. S. (1970). The Structure of Scientific Revolutions (2nd ed.). Chicago: University of Chicago Press.

Kuhn, T. S. (1977). The essential tension. Selected studies in scientific tradition and change. Philosophy of Science, Chicago: University of Chicago Press.

LaCelle-Peterson, M. W., & Rivera, C. (1994). Is it real for all kids? A framework for equitable assessment policies for English language learners. Harvard Educational Review, 64(1), 55-76.

Lakatos, I. (1978). The methodology of scientific research programmes: Volume 1: Philosophical Papers

(Philosophical Papers Volume I), J. Worrall & G. Currie (Eds.). Cambridge: Cambridge University Press.

Lakatos, I. (1978). The methodology of scientific research programmes (Philosophical Papers, Vol. 1), J. Worrall & G. Currie (Eds.). Cambridge: Cambridge University Press.

Lakatos, I., & Musgrave, A. (Eds.) (1970). Criticism and the Growth of Knowledge. Cambridge: Cambridge University Press.

Larkin, J. H. (1989). What kind of knowledge transfers?. In L. B. Resnick (Ed.), Knowing, learning, and instruction: Essays in honor of Robert Glaser (pp. 283-305). Hillsdale, NJ: Erlbaum.

Latour, B. (1987). Science in action: How to follow scientists and engineers through society. Cambridge, MA: Harvard university press.

Latour, B. (1992). One more turn after the social turn: easing science studies into the non-modern world. Notre Dame: Univ. of Notre Dame Press.

Latour, B., & Woolgar, S. (1979). Laboratory life: The social construction of scientific facts. London and Beverly Hills: Sage.

Laudan, L. (1977). Progress and its problems: Towards a theory of scientific growth (Vol. 282). CA: University of California Press.

Laudan, L. (1984). Science and Values: The Aims of Science and Their Role in Scientific Debate. Berkeley, CA: University of California Press.

Lave, J., & Wenger, E. (1991). Situated learning: Legitimate peripheral participation. Cambridge, England: Cambridge university press.

Lawrenz, F. (2007). Review of science education program evaluation. In S. K. Able & N. G. Lederman (Eds.), Handbook of research in science education (pp. 943-963). NY: Routledge.

Lawson, A. E. (1995). Science teaching and the development of thinking. Belmont, CA: Wadsworth Publishing Co.

Lawson, A. E., Abraham, M. R., & Renner, J. W. (1989). A theory of instruction: Using the learning cycle to teach science concepts and thinking skills. Kansas State University, Manhattan, Ks: National Association for Research in Science Teaching.

Lazarowitz, R., & Hertz-Lazarowitz, R. (1998). Cooperative learning in the science curriculum. In B. J. Fraser & K. G Tobin (Eds.), International Handbook of Science Education (pp. 449-469). Dordrecht, Netherlands: Kluwer Academic publishers.

Lee, O., & Luykx, A. (2006). Science education and student diversity: Synthesis and research agenda. New York: Cambridge University Press.

Lee, V. E., & Burkam, D. T. (1996). Gender differences in middle grade science achievement: Subject domain, ability level, and course emphasis. Science Education, 80(6), 613-650.

Lindberg, D. C. (1992). The beginnings of western science: The European scientific tradition in philosophical, religious, and institutional context, 600 BC to AD 1450. Chicago: University of Chicago Press.

Lloyd, G. E. R. (1970). Early Greek Science: Thales to Aristotle. New York: W. W. Norton.

Losee, J. (1993). A historical introduction to the philosophy of science (3rd ed.). Oxford: Oxford University Press.

Lubart, T. I. (1994). Creativity. In Sternberg, J. R. (Ed.), Thinking and problem solving (pp. 289-332).

San Diego: Academic Press.

Madaus, G. F. (1994). A technological and historical consideration of equity issues associated with proposals to change the nation's testing policy. Harvard Educational Review, 64(1), 76-96.

Maes, B. (2010). Stop talking about "STEM" education! "TEAMS" is way cooler. Retrieved from http://bertmaes.wordpress.com/2010/10/21/teams/

Mager, R. F. (1984). Preparing instructional objectives. (2nd ed.). Belmont, CA: David S. Lake.

Martin, R., Sexton, C., Wagner, K., & Gerlovich, J. (1997). Teaching science for all children (2nd ed.). Boston, MA: Allyn and Bacon.

Matthews, M. R. (1994). Science teaching: The role of history and philosophy of science. New York & London: Routledge.

Matthews, M. R. (1997). Introductory comments on philosophy and constructivism in science education. Science & Education, 6(1-2), 5-14.

Mauch, J. E., & Birch, J. W. (1989) Guide to the successful thesis and dissertation, New York, Marcel Dekker, Inc.

Mayer, R. E. (1984). Aids to text comprehension. Educational Psychologist, 19(1), 30-42.

McCormack, A. J. (1992). Trends and issues in science curriculum. In P. B. Uhrmacher et al. (Eds.), Science Curriculum Resource Handbook: A Practical Guide for K-12 Science Curriculum. New York: Kraus International Publications.

McDermott, L. C. (1984). Research on conceptual understanding in mechanics. Physics Today, 37(7), 24-32.

McIntyre, M. (1984). Early Childhood and Science: A Collection of Articles Reprinted from Science and Children. Washington, DC: National Science Teachers Association.

McNeil, J. D. (1996). Curriculum: A comprehensive introduction. Boston: Little Brown.

Meador, K. S. (2003). Thinking creatively about science suggestions for primary teachers. Gifted child today, 26(1), 25-29.

Mechling, K. R., & Oliver, D. L. (1983). Science teaches basic skills. Washington, DC: National Science Teachers Association.

Mehrens, W. A., & Lehmann, I. J. (1975). Measurement and evaluation in education and psychology. New York: Holt, Rinehart and Winston.

Merton, R. K. (1973). The Sociology of Science: Theoretical and Empirical Investigations. Chicago: University of Chicago Press.

Michalko, M. (1998). Thinking like a genius: Eight strategies used by the supercreative, from Aristotle and Leonardo to Einstein and Edison. Futurist, 32(4), 21-25.

Monk, M., & Osborne, J. (1997). Placing the history and philosophy of science on the curriculum: A model for the development of pedagogy. Science education, 81(4), 405-424.

Moore, T. W. (1974). Educational theory: An introduction. London: Routlege and K. Paul Publisher.

Motz, L. L., Biehle, J. T., & West, S. S. (Eds.). (2007). NSTA guide to planning school science facilities (2nd ed.). VA: NSTA Press.

Muller, P. A., Stage, F. K., & Kinzie, J. (2001). Science achievement growth trajectories: Understanding factors related to gender and racial-ethnic differences in precollege science achievement. American Educational Research Journal, 38(4), 981-1012.

Müller, U. (1999). Structure and content of formal operational thought: An interpretation in context. Archives de psychologie, 67(260), 21-35.

Nagel, E. (1966). The Structure of Science: Problems in the Logic of Scientific Explanation. London and New York, Harcourt.

Nagel, E. (1979). The structure of Science. London: Routledge & Kegan Paul.

NBPTS (National Board for Professional Teaching Standards, 2006). Promoting Professional Development and Outreach. National Board for Professional Teaching Standards.

Newmann, F. M. (1991). Linking restnicturing to authentic student achievement. Phi Delta Kappan, 72(6), 458-463.

Newton-Smith, W. H. (1981). The rationality of science. Boston: Routledge & Kegan Paul.

Nott, M. & Wellington, J. (1993). Science teachers, the nature of science, and the National Science Curriculum. In J. Wellington (Ed.), Secondary Science: Contemporary Issues and Practical Approaches (pp. 32-43). London: Routledge.

Novak, J, D., (1977). A Theory of education. Ithaca: Cornell University Press.

Novak, J. D., & Gowin, D. B. (1984). New Strategies for instructional planning. In J. D. Novak & D. B. Gowin (Eds.), Learning how to learn (77-91). Cambridge : Cambridge University Press.

NRC (National Research Council, 1996). National science education standards. Washington, DC: National Academy Press.

NRC (National Research Council, 2000). Inquiry and the national science education Standards: A guide for teaching and learning. Washington, DC: National Academy Press.

NRC (National Research Council, 2012). A framework for K-12 science education: practices, cosscutting concepts, and core ideas. Washington, DC: National Academy Press.

NSTA (National Science Teachers Association, 1982). Science-Technology-Society: Science education for the 1980s. Washington, DC: National Science Teachers Association.

NSTA (National Science Teachers Association, 1991). NSTA position statement on science/ technology/society: A new effort for providing appropriate science for all. Washington DC: Author. Retrieved from http://www.nsta.org/positionstatement&psid=34

NSTA (National Science Teachers Association, 1993). Science/Technology/Society: A new effort for providing appropriate science for all. In R. E. Yager (Ed.), The science, technology, society movement. Washington, DC: Author.

NSTA (National Science Teachers Association, 2004). Science inquiry. Washington, DC: National Science Teachers Association.

O´Sullivan, C. Y., Lauko, M. A., Grigg, W. S., Qian, J., & Zhang, J. (2003). The nations's report card: Science 2000. Washington, DC: US Department of Education, Institute of Education Sciences.

OECD (Organization for Economic Cooperation and Development, 1998). Instrument Design: A Framework for Assessing Scientific Literacy. Report of Project Managers Meeting. Arnhem, Netherlands: Programme for International Student Assessment (PISA).

Ornstein, A. C., & Hunkins, F. P. (2007). Curriculum foundations, principles, and issues (4th ed.). New York: Pearson.

Orr, J. E. (1990). Sharing knowledge, celebrating identity: Community memory in a service culture. In D. S. Middleton & D. Edwards (Eds.), Collective remembering: Memory in society, (pp. 169-189).

Beverly Hills, CA: Sage.

Osborne, R., & Wittrock, M. (1985). The generative learning model and its implications for science education. Studies in Science Education, 12(1), 59-87.

Osborne, R., Freyberg, P. S., & Bell, B. (1985). Learning in science: The implications of children's science. Auckland: Heinemann.

Overton, T. (2009). Assessing Learners with Special Needs: An Applied Approach. NJ: Pearson Education Inc.

Padilla, M. J. (1990). The science process skills. Research Matters - to the Science Teacher, No. 9004. NARST.

Palincsar, A. S. (1998). Social constructivist perspectives on teaching and learning. Annual Review of Psychology, 49(1), 345-375.

Park, H. J. (1995). A study of the components of students' conceptual ecologies. Unpublished Dissertation. University of Wisconsin-Madison.

Park, H. J. (2007). Components of conceptual ecology. Research in Science Education, 37(2), 217-237.

Park, H. J. (2010). The interactions of Conceptions of teaching science and environmental factors to produce praxis in three novice teachers of science. Research in Science Education, 40(5), 717-741.

Parnes, S. J. (1967). Creative behavior guidebook. New York: Scribner.

Pavitt, C., & Curtis, E. (1994). Small group discussion: A theoretical approach (2nd ed.). Scottsdale, Arizona: Gorsuch Scarisbrick, Publishers.

Pavlov, I. P. (1927). Conditioned reflexes: an investigation of the physiological activity of the cerebral cortex. London: Oxford University Press.

Perkins, D. N. (1999). The many faces of constructivism. Educational leadership, 57(3), 6-11.

Phillips, D. C. (1997). How, why, what, when, and where: Perspectives on constructivism in psychology and education. Issues in Education, 3(2), 151-194.

Phillips, D. C. (Ed.). (2000). Constructivism in education: Opinions and second opinions on controversial issues. Chicago: University of Chicago Press.

Phye, G. D. (1997). Handbook of classroom assessment: Learning, adjustment, and achievement. London: Academic Press.

Piaget, J. (1928). Judgment and reasoning in the child. London: Routldege & Kegan Paul.

Piaget, J. (1967). Six psychological studies (A. Tenzer, Trans.) New York: Random House.

Piaget, J. (1970a). Piaget's theory. In P. Mussen (Ed.), Carmicheal's manual of child psychology (3rd ed.), (vol. 1, pp. 703-732). New York: Wiley.

Piaget, J. (1970b). Science of education and the psychology of the child. New York: Orion.

Piaget, J. (1977). Problems in equilibration. In M. Appel & S. Goldberg (Eds.), Topics in cognitive development: Vol. 1, Equilibration: Theory, research, and application (pp. 3-13). New York: Plenum.

Piaget, J. (1985). The equilibration of cognitive structures. Chicago: University of Chicago Press.

Piaget, J., & Bringuier, J. C. (1980). Conversations with Jean Piaget. Chicago: University of Chicago Press.

Piaget, J., & Inhelder, B. (1969). The psychology of the child (H. Weaver, Trans.). New York: Basic

Books.

Pinch, T. J. & Bijker, W. E. (1987). The social construction of facts and artefacts. In W. E. Bijker, T. P. Hughes, & T. J. Pinch (Eds.) The Social Construction of Technological Systems, Cambridge. MA: MIT Press, 17-50.

Pines, A. L., & West, L. H. (1986). Conceptual understanding and science learning: An interpretation of research within a sources of knowledge framework. Science Education, 70(5), 583-604.

Pintrich, P. R., Cross, D. R., Kozma, R. B., & McKeachie, W. J. (1986). Instructional psychology. Annual Review of Psychology, 37(1), 611-651.

Pintrich, P. R., Marx, R. W., & Boyle, R. A. (1993). Beyond cold conceptual change: The role of motivational beliefs and classroom contextual factors in the process of conceptual change. Review of Educational research, 63(2), 167-199.

Platz, J. (2007). How do you turn STEAM into STEAM? Add the Arts! Retrieved from: http://www.oaae.net/en/resources/educator/stem-to-steam

Popper, K. R. (1945). The Open Society and Its Enemies. London: Routledge.

Popper, K. R. (1959). The logic of scientific discovery. London: Hutchinson.

Popper, K. R. (1963). Conjecture and Refutations: The Growth of Scientific Knowledge. London: Routledge.

Posner, G. J., Strike, K. A., Hewson, P. W., & Gertzog, W. A. (1982). Accommodation of a scientific conception: Toward a theory of conceptual change. Science Education, 66(2), 211-227.

Posner, G. J., Strike, K. A., Hewson, P. W., & Gertzog, W. A. (1982). Accommodation of a scientific conception: Toward a theory of conceptual change. Science education, 66(2), 211-227.

QCA (Qualification and Curriculum Authority, 1999). National Curriculum Handbook for teachers in England. London: Department for Education and Employment.

Quine, W. V. (1951). Two dogmas of empiricism. The Philosophical Review, 60, 20-43. Reprinted in W. V. Quine (1953). From a Logical Point of View, Harvard: Harvard University Press.

Ratcliffe, M., & Grace, M. (2003). Science education for citizenship: teaching socio-scientific issues. Maidenhead, UK: McGraw-Hill International.

Reigeluth, C. M. (1983). Instructional-design theories and models (I): An overview and their current status. NJ: Lawrence Erlbaum Associates.

Resnik, D. B. (1998). The Ethics of Science: An Introduction. London: Routledge.

Reynolds, P. D. (1971). A primer in theory construction. Indianapolis: Macmillan Pub Co.

Richards, R. (2007). Everyday creativity. In M. A. Runco & S. R. Pritzker (Eds.), Encyclopedia of Creativity. London: Academic Press, 683-688.

Roberts, D. R., & Langer, J. A. (1991). Supporting the process of literary understanding: Analysis of a classroom discussion (No. Series 2.15). Albany, N.Y.: National research center on literature teaching and learning.

Rodriguez, A. J. (1998). Strategies for counterresistance: Toward sociotransformative constructivism and learning to teach science for diversity and for understanding. Journal of Research in Science Teaching, 35(6), 589-622.

Roerden, L. P. (1996). Net Lessons : Web Based Projects For Your Classroom. CA: O'Reilly & Associates, Inc.

Rogoff, B. (1984). Introduction: Thinking and learning in social context. In B. Rogoff & J. Lave (Eds.), Everyday cognition: Its development in social context (pp. 1-8). Cambridge, MA: Harvard University Press.

Rose, L. H., & Lin, H. T. (1984). A meta analysis of long term creativity training programs. The Journal of Creative Behavior, 18(1), 11-22.

Salomon, G., Globerson, T., & Guterman, E. (1989). The computer as a zone of proximal development: Internalizing reading-related metacognitions from a Reading Partner. Journal of educational psychology, 81(4), 620.

Schauble, L., & Glaser, R., (Eds.) (1996). Innovations in learning: New environments for education. Hillsdale, NJ: Lawrence Erlbaum Associates.

Scheffler, I. (1973). Reason and Teaching. New York: The Bobbs-Merrill Company, Inc.

Schetz, K. F., & Stremmel, A. J. (1994). Teacher-assisted computer implementation: A Vygotskian perspective. Early Education and Development, 5(1), 18-26.

Schiebinger, L. (1993). Why mammals are called mammals: Gender politics in eighteenth-century natural history. The Historical Review, 98(2), 382-411.

Schunk, D. H. (2004). Learning Theories: An Educational Perspective (4th ed.). Upper Saddle River, NJ: Pearson.

Schwab, J. (1964). Structure of the disciplines. In G. W. Ford & L. Pugno (Eds.). The structure of knowledge and the curriculum. Skokie, IL: Rand McNally.

Schwab, J. J. (1960). Enquiry: The science teacher and the educator. The Science Teacher, 27(10), 6-11.

Schwab, J. J. (1966). The teaching of science as inquiry. In Schwab, J. J. & Brandwein, P. F. (Eds.), The teaching of science. Cambridge: Harvard Universigy Press.

Scott, G., Leritz, L. E., & Mumford, M. D. (2004). Types of creativity training: Approaches and their effectiveness. The Journal of Creative Behavior, 38(3), 149-179.

Sequeira, M., & Leite, L. (1991). Alternative conceptions and history of science in physics teacher education. Science Education, 75(1), 45-56.

Seroglou, F., & Koumaras, P. (2003). A critical comparison of the approaches to the contribution of history of physics to the cognitive, metacognitive and emotional dimension of teaching and learning physics: A feasibility study regarding the cognitive dimension using the SHINE model. THEMES in Education, 4(1), 25-36.

Shaftel, F. R., & Shaftel, G. (1982). Role playing in the curriculum. Englewood Cliffs, NJ: Prentice-Hall.

Sharan, Y., & Sharan, S. (1990). Group investigation expands cooperative learning. Educational leadership, 47(4), 17-21.

Shuell, T. J. (1986). Cognitive conceptions of learning. Review of educational research, 56(4), 411-436.

Simonton, D. K. (2004). Creativity in science: Chance, logic, genius, and zeitgeist. Cambridge University Press. New York: Cambridge University Press.

Simpson, R. D. & Anderson, N. D. (1981). Science students and schools. A guide for the middle and secondary school teachers. New York: John Willey and Sons.

Simpson, T. L. (2002). Dare I oppose constructivist theory?. The Educational Forum, 66(4), 347-354.

Skinner, B. F. (1950). Are theories of learning necessary?. Psychological review, 57(4), 193.

Slavin, R. E. (1978). Student teams and achievement divisions. Journal of Research and Development in

Education, 12(1), 39-49.

Slavin, R. E. (1980). Effects of individual learning expectations on student achievement. Journal of Educational Psychology, 72(4), 520.

Slavin, R. E. (1983). When does cooperative learning increase student achievement?. Psychological bulletin, 94(3), 429-445.

Slavin, R. E. (1991). Synthesis of research on cooperative learning. Educational leadership, 48(5), 71-82.

Slavin, R. E. (1995). Cooperative learning: Theory, research, and practice (Vol. 2). Boston: Allyn and Bacon.

Slezak, P. (2000). A Critique of Radical Social Constructivism. In D. C. Philips (Ed.), Constructivism in Education: Opinions and Second Opinions on Controversial Issues, Ninety-Ninth Yearbook of the National Society for the Study of Education, Part I. Chicago: The University of Chicago Press, 91-126.

Smith, L. (1991). Age, ability, and intellectual development. In M. Chandler & M. Chapman (Eds.), Criteria for competence (pp. 69-91). Hillsdale, NJ: Ealbaum.

Smith, M., & O'Day, J. (1991). "Systematic school reform." In S. Fuhrman & B. Malen (Eds.), The politics of curriculum and testing: the 1990 yearbook of the politics of education association (pp. 233-267). Bristol, PA: Falmer Press.

Snow, C. P. (1960). The two cultures and the scientific revolution. Cambridge: University Press.

Solano-Flores, G., & Shavelson, R. J. (1997). Development of Performance Assessments in Science: Conceptual, Practical, and Logistical Issues. Educational Measurement: Issues and Practice, 16(3), 16-25.

Solomon, J. (1993) Teaching Science, Technology and Society. Buckingham: Open University Press.

Solomon, J., Duveen, J., Scot, L., & McCarthy, S. (1992). Teaching about the nature of science through history: Action research in the classroom. Journal of Research in Science Teaching, 29(4), 409-421.

Solomon, J., Duveen, J., Scott, L. & Hall, S. (1995). Science through Sc1 investigations: Teaching, learning and assessing as you go. The Association for Science Education.

Spiegel-Rösing, I., & Price, D. D. S. (1977). Science, Technology and Society: A Cross-Disciplinary Perspective. London: Sage.

Sternberg, R. J., & Lubart, T. I. (1996). Investing in creativity. American psychologist, 51(7), 677-688.

Stronge, J. H. (Ed.). (1997). Evaluating teaching: A guide to current thinking and best practice (pp. 21-38). Thousand Oaks, CA: Corwin Press.

Stufflebeam, D. L. (Vol. Ed.). (2001). Evaluation models. In New directions for evaluation (No. 89, Spring). San Francisco: Jossey-Bass.

Suchman, J. R. (1962). The elementary school training program in scientific inquiry. Report to the US Office of Education.

Suchman, J. R. (1966). Developing inquiry (Vol. 1). Chicago: Science Research Associates.

Sund, R. B. & Trowbridge, L. W. (1973). Teaching science by inquiry in the secondary school (2nd ed.), Columbus: Charles E. Merill Publishing Company.

Suppe, F. (Ed.). (1977). The structure of scientific theories. Urbana, IL: University of Illinois Press.

Sutman, F. X., Schmuckler, J. S., & Woodfield, J. D. (2008). The science quest: Using inquiry/discovery to enhance student learning, grade 7-12. San Francisco, CA: Jossey-Bass.

Taylor, P. (1993). Collaborating to reconstruct teaching: The influence of researcher beliefs. In K. Tobin (Ed.), The practice of constructivism in science education (pp. 267-297). Washington, DC: AAAS Press.

Tharp, R. G., & Gallimore, R. (1989). Rousing minds to life: Teaching, learning, and schooling in social context. New York: Cambridge University Press.

Tharp, R. G., Jordan, C., Speidel, G. E., Au, K. H., Klein, T. W., Calkins, R. P., Sloat, K. C. M.m & Gallimore, R. (1984). Product and process in applied developmental research: Education and the children of a minority. In M. E. Lamb & A. L. Brown & Hillsdale, Advances in developmental psychology. NJ: Lawrence Erlbaum Associates, Inc.

Thiele, R. B., Venville, G. J., & Treagust, D. F. (1995). A comparative analysis of analogies in secondary biology and chemistry textbooks used in Australian schools. Research in Science Education, 25(2), 221-230.

Thorley, N. R. (1990). The role of the conceptual change model in the interpretation of classroom interactions. Unpublished Dissertation. University of Wisconsin-Madison.

Thorndike, E. L. (1923). Educational Psychology, Vol. II: The Psychology of Learning. New York: Teachers College, Columbia University

Torrance, E. P. (1987). Teaching for creativity. In S. G. Isaksen (Ed.), Frontiers of creativity research. Buffalo, NY: Bearly Press, 190-215.

Toulmin, S. E. (1972). Human understanding (Vol. 1). Oxford: Clarendon Press.

Treagust, D. F. (1993). The evolution of an approach for using analogies in teaching and learning science. Research in Science Education, 23(1), 293-301.

Treffinger, D. J., Isaksen, S. G., & Firestein, R. L. (1982). Handbook of creative learning. NY: Center of Creative Learning.

Trowbridge, J. E. & Wandersee, J. H. (1998). Theory-Driven Graphic Organizers. In J. J. Mintzes, J. H. Wandersee, & J. D. Novak (ed), Teaching Science for Understanding (pp. 95-131). San Diego: Academic Press.

Trowbridge, L. W. & Bybee, R. W. (1990). Becoming a secondary school science teacher. Columbus: Merrill Pub. Co.

Trowbridge, L. W., Bybee, R. W., & Powell, J. C. (2000). Teaching secondary school science: Strategies for developing scientific literacy (7th ed.). Upper Saddle River, New Jersey : Merrill.

Tsagliotis, N. (1997). Aspects of conceptual change of 10-11 year old children in England and in Greece: The Concept of frictional force. Unpublished MPhil Thesis, Nottingham, Nottingham Trent University.

Tyler, R. W. (1949). Basic Principles of Curriculum and Instruction. Chicago: University of Chicago Press.

Tyson, L. M., Venville, G. J., Harrison, A. G., & Treagust, D. F. (1997). A multidimensional framework for interpreting conceptual change events in the classroom. Science Education, 81(4), 387 - 404.

U.S. Department of Education (2007). The Condition of Education 2007. NCES 2007-064.

Urban, K. K. (1997). Modelling creativity: The convergence of divergence or the art of balancing. In J. Chan, R. Li, & J. Spinks (Eds.), Maximizing potential: Lengthening and strengthening our stride (pp. 39-50). Hong Kong: The University of Hong Kong.

Verdi, M. P., & Kulhavy, R. W. (2002). Learning with maps and texts: An overview. Educational Psychology Review, 14(1), 27-46.

Vosniadou, S., & Brewer, W. F. (1992). Mental models of the earth: A study of conceptual change in childhood. Cognitive psychology, 24(4), 535-585.

Vygotsky, L. S. (1986). Thought and language. Cambridge, MA: The MIT Press.

Wadsworth, B. J.(1971). Piaget's Theory of Cognitive Developments: An Introduction for Students of Psychology and Education. New York, NY: David McKay Company, INC.

Waks, L. J. (1987). A technological literacy credo. Bulletin of Science, Technology & Society, 7(1/2), 357-366.

Walding, R., Fogliani, C., Over, R., & Bain, J. D. (1994). Gender differences in response to questions on the Australian National Chemistry Quiz. Journal of Research in Science Teaching, 31(8), 833-846.

Watson, D. L. & Tharp, R. G. (1988). Self-directed Behavior: Self-modification for Personal Adjustment (5th ed.). Monterey, California: Brooks/Cole.

Watson, J. R., Wood-Robinson, V. & Goldsworthy, A. (1997). Kinds of investigations. King's College, London, ASE-King's Science Investigations in Schools (AKSIS) Project.

Watson, S. (1992). The essential elements of cooperative learning. The American Biology Teacher, 54(2), 84-86.

Webster, A. (1991). Science, Technology and Society: New Directions. London: Macmillan Education Ltd.

Wellington, J. (1991). Newspaper science, school science: friends or enemies?. International Journal of Science Education, 13(4), 363-372.

West, L. H., & Pines, A. L. (1985). Cognitive structure and conceptual change. Academic Pr.

Winchester, I. (1989). Editorial-History, science, and science teaching. Interchange, 20(2), i-vi.

Windschitl, M., & Sahl, K. (2002). Tracing Teachers' Use of Technology in a Laptop Computer School: The Interplay of Teacher Beliefs, Social Dynamics, and Institutional Culture. American Educational Research Journal, 39(1), 165-205.

Winn, W. (1993). Instructional design and situated learning: Paradox or partnership?. Educational Technology, 33(3), 16-21.

Wood, D., Bruner, J. S., & Ross, G. (1976). The role of tutoring in problem solving. Journal of Child Psychology and Psychiatry, 17(2), 89-100.

Wood, T., Cobb, P., & Yackel, E. (1995). Reflections on Learning and Teaching Mathematics In Elementary School. In Steffe, L. P. & Gale, J. (Eds) Constructivism in Education (pp. 401 – 422). Erlbaum: New Jersey

Woolfolk, A. E., & Hoy, W. K. (1990). Prospective teachers' sense of efficacy and beliefs about control. Journal of Educational Psychology, 82(1), 81-91.

Yackel, E., & Cobb, P. (1996). Sociomathematical Norms, Argumentation, and Autonomy in Mathematics. Journal for Research in Mathematics Education, 27(4), 458-477.

Yager, R. E. (1989). A rationale for using personal relevance as a science curriculum focus in schools. School Science and Mathematics, 89(2), 144-156.

Yager, R. E. (1990). STS: Thinking Over the Years. An Overview of the Past Decade. Science Teacher,

57(3), 52-55.

Yager, R. E. (Ed.) (1996). Science/Technology/Society as Reform in Science Education. New York: State University of New York Press.

Yager, R. E., & Roy, R. (1993). STS: most pervasive and radical of reform approaches to science education. In Yager, R. E. What research says to the science teacher, volume 7: The science, technology, society movement. Washington, DC: NSTA, pp. 7-13

Yager, R. E., & Tamir, P. (1993). STS approach: Reasons, intentions, accomplishments, and outcomes. Science Education, 77(6), 637-658.

Young, M. F. (1993). Instructional design for situated learning. Educational Technology Research and Development, 41(1), 43-58.

Zeidler, D. L. (Ed.) (2003). The Role of Moral Reasoning on Socioscientific Issues and Discourse in Science Education. Dordrecht: Kluwer Academic Publishers.

Zeidler, D. L., Sadler, T. D., Simmons, M. L., & Howes, E. V. (2005). Beyond STS: A research-based framework for socioscientific issues education. Science Education, 89(3), 357-377.

Zeitoun, H. H. (1984). Teaching scientific analogies: A proposed model. Research in Science & Technological Education, 2(2), 107-125.

Ziman, J. M. (1980). Teaching and learning about science and society.

찾아보기

ㄱ

가네의 학습 이론 275

가설 49, 238

가설 설정 594

가설검증 학습 모형 355

가설연역법 57

가설연역주의 66

갈릴레오 갈릴레이 4

감각운동기 284

강의법 423

강제적 운동 9

개념 44

개념 교환 320

개념 재구성 320

개념도 458

개념변화 모형 389

개념변화 학습 이론 317

개념생태 322

개념적 지식 115

개념지위 322

개념학습 306

개별화 교수체제 112

객관식 평가 491

갤리슨 84

검사도구 596

검사불안 599

격치학 20

결과 중심 교육 112

경험중심 교육과정 107

계열성 121

공동체 역량 180

공약불가능성 77

공통과목 181

공통교육과정 170, 182

공학주의 교육과정 107

과정 253

과정기능 228

과제분담 모형 415

과제연구 250

과학 교재 평가 준거 574

과학 수업 모형 347

과학 시설과 설비 555

과학 지식 3

과학 탐구 225

과학 탐구 모형 232

과학 통합 554

과학 학습 평가 485

과학과 교육과정 105, 113

과학과 교육의 구체적 목표 114

과학과 교육의 내용 수준 119

과학과 교육의 일반적 목표 114

과학교사 양성 582

과학교사 연수 583

과학교사 재교육 583

과학교사 전문성   581
과학교육   5
과학교육 시설   553
과학교육의 목표   113
과학기술적 소양   180
과학기술학   87
과학사 활용   479
과학아카데미   13, 14
과학에 대한 태도   4
과학의 목적   36
과학의 본성   33
과학적 문제해결력   182
과학적 방법   3, 54
과학적 사고력   182
과학적 소양   126
과학적 참여와 평생학습능력   183
과학적 창의성   253
과학적 탐구   116
과학적 탐구능력   182
과학적 태도   4
과학지식   43
과학지식사회학   91
과학철학   63
과학탐구실험   180
과학혁명   12
과학혁명의 구조   72
과학-기술-사회   24
관찰 연구   589
관찰의 이론의존성   51
관찰평가   490
관통 개념   137
괄호형   508
교과중심 교육과정   107
교사의 전문성   577
교수   130
교수 배열   112
교수요목   107, 108

교수요목기   153
교역지대   84
교육 개혁운동   110
교육과정   105, 107
교육과정 재구성   222
교육목표 이원분류   117
구성 변인   588
구성주의   311
구성주의 학습 이론   311
구속성   303
구술평가   490
구인   269
구인 타당도   518
구체적 목표   113
구체적 조작기   286
국가 수준의 학업 성취도 평가   535
국가과학교육표준   127
국민공통기본교육과정   166
귀납주의   65
귀추법   58
근접발달영역   332
기계적 학습   305
기능   184
기술 통합   554
기초 교과   129

ㄴ

나선형 교육과정   294
내용요소   184
내용체계   183
내용 타당도   518
너필드 과학 프로그램   123
논리실증주의   63
논술형 문항   509
논증   184
누가적 학습 모형   276
뉴턴   12, 13

ㄷ

다중 비유   469
다학문적 환경   556
단답형 문항   507
단상 토론   432
단서 발문   446
단위제 학교   134
대담 토론   433
대안적 개념   313
데모크리토스   7
데카르트   12, 13
도달 목표   130
도식   280
독창성   254
동형검사신뢰도   519
동화   281
듀이   227
드라이버의 개념 변화 모형   390
등간척도   597

ㄹ

라우든   82
라이프니츠   13
라카토슈   78

ㅁ

맥닐   107
맥코믹   123
메이거   117
메이거의 목표 진술 방식   119
메타 연구   591
메타과학   255
메타인지적 지식   115
면담   490
명료화 발문   446
명명척도   596
명명학습   305

명제적 지식   121
명제학습   306
모둠탐구   419
모둠탐구 모형   419
모든 미국인을 위한 과학   25
모든 이를 위한 과학교육   126
모형의 개발   184
문과와 이과 통합형 교육과정   180
문제   253
문제인식   239
문제해결   231
문항 교정 난이도   517
문항 난이도   515
문항 내적 신뢰도   519
문헌 연구   589
문헌 조사   593
미국과학교사협회   25
미국과학교육표준   29
미국과학진흥협회   126
미국의 국립과학재단   125
미국의 국립연구위원회   28
미국의 제1차 과학교육 개혁운동   123
민감성   254

ㅂ

반분신뢰도   519
반증가능성   68
반증주의   68
발견학습   291, 305, 307
발견학습 모형   349
발견학습 이론   291
발달 상태   269
발달단계   283
발문   445
발산적 발문   447
발생학습 모형   385
방법으로서의 과학   3

배심 토론   431
버즈 토론   433
베살리우스   13
베이컨   13
변인   238
보고서/과제물/포트폴리오   490
뷔리당   11
브라우디   107
브래멜드   110
브레인스토밍   433
브루너   291
브루노   12
블룸의 교육목표 분류틀   114, 115
비고츠키   329
비유   259, 465
비유 수업 모형   474
비율척도   597
비형식 과학교육   561

ㅅ

사물교육   16
사물학습   16
사실   43
사실적 지식   115
사회 유의론   110
사회재건주의   109
사회재건주의 교육과정   107
사회적 구성주의   330
사회적 구성주의 학습 이론   329
사회적 맥락 속의 과학   110
산출물   253
산학   18
상관관계   599
상관적 포섭   304
상대평가   487
상호의존성   404
상황 정착적 교수   346

상황학습   342
상황학습 이론   341
생명복제   102
서답형 문항   502
서열척도   596
서치맨   228, 232
선개념   313
선다형 문항   504
선언적 지식   228
선택과목   181
선택중심교육과정   200
선택형 문항   502
선행조직자   307
설명계수   599
설명학습   299
설문   490
성취기준   114, 193
소집단 토론   431
수공기능   240
수렴적 발문   447
수업 모형   225, 347
수업 방법   348
수용학습   305
수직적 연계성   121
수학적 사고   184
수행평가   492
숙달학습   112
순환학습 모형   362
스와브   108, 232
스캐폴딩   336
스기너   111
스키너의 학습 이론   274
스푸트니크 쇼크   123
시범실험   450
시험가능성   5
신뢰도   519
실사성   303

실제성 345
실천으로서의 과학 4
실행어 117
실험 249
실험 연구 590
심동적 영역 114
심미적 감성역량 180

ㅇ

아낙시만드로스 7
아리스토텔레스 8
아마빌 254
아인슈타인 47
안내된 발견 230
알파벳 프로그램 123
앤더슨 115
야외조사 438
양적 연구 588
에꼴 폴리테크닉 14
엠페도클레스 7
역할놀이 441
연결형 문항 507
연구 설계 595
연구윤리 99
연구전통 82
연구프로그램 79
연금술 10
연역법 54
오개념 313
오선택지 매력도 517
오수벨 299
왕립학회 14
원자설 7
유의미학습 299
유의미학습 이론 299
유창성 254
융통성 254

융합형 과학 174
의사소통 능력 180
의사소통 역량 180
이론 47
이론적 가설 238
이학 20
인간주의 교육과정 107
인간중심 교육과정 107
인과관계 599
인문학적 소양 180
인지구조 280, 303
인지적 스캐폴딩 337
인지적 영역 114
인지적 편견 342
인지주의 심리학 279
일반선택 181
일반적 목표 113
일반화 239
일반화된 지식 184
일본 교육 개혁 133
일본의 중학교 '이과' 135
임페투스 이론 11

ㅈ

자기관리 역량 180
자기조절 312
자연스러운 운동 9
자이툰 474
작동 가설 312
잠재적 의미 301
재검사신뢰도 519
적응과 조직화 281
전략 348
전문교과 181
전산적 사고 112, 243
전조작기 285
절대평가 487

절차적 지식　115, 121, 228
점진적 분화　305
정교성　254
정상과학　75
정의적 스캐폴딩　337
정의적 영역　114
제1차 과학교육 혁명기　23
제1차 교육과정기　154
제2차 과학교육 혁명기　23
제2차 교육과정기　154
제3차 교육과정기　156
제4차 교육과정기　157
제5차 교육과정기　159
제6차 교육과정기　163
제7차 교육과정기　165
조사　250
조사 연구　589
조작　283
조작적 가설　238
조절　281
주관식 평가　491
주요단계　129
지구중심설(천동설)　9, 12
지식정보처리 역량　180
지필평가　490
진단평가　488
진로선택　181
질적 연구　588
집중 발문　447

ㅊ

창의성　225
창의성 관련 기능　254
창의적 문제해결 모형　257
창의적 사고 역량　180
채점의 오류　514
체제공학　112

총괄평가　488
총평　486
최종 행동　117
측정　485
칙센미하이　253

ㅋ

컴퓨팅 사고력　180
코페르니쿠스　12
쿤　72
크래쓰월　115
크론바흐 알파　519
클로퍼　115
클로퍼의 과학 행동 분류　115

ㅌ

타당도　518
타일러　117
탈(脫)정상과학　94
탈레스　7
탐구 과정 모형　232
탐구 훈련 모형　228, 232
태도로서의 과학　4
태양중심설(지동설)　12
토의　249
통계적 유의수준　599
통합과학　125, 180, 195
통합성　121
통합적 조정　305
트레핑거　257

ㅍ

파르메니데스　7
파생적 포섭　304
파이어아벤트　81
패러다임　72
페르마　13

평가   485

평가 문항   502

평가 방법   531

평형화   282

포섭   299, 304

포퍼   68

표준화된 평가   535

프로젝트 기반 학습   554

프린키피아   11, 12

프톨레마이오스   9

플라톤   8

피닉스   107

피아제의 인지발달 이론   279

피타고라스 학파   8

ㅎ

하비   13

하슈웨   321

하슈웨의 인지갈등   321

학교 밖 학습   558

학교 주 5일제   134

학교 주 6일제   134

학교 책무성   111

학교시설   553

학문주의 교육과정   107

학문중심 교육과정   107, 108

학생모둠성취분담   406

학습 이론   268

학습내용 성취기준   114

학습의 계열성   293

학습대세   304

핵심개념   184, 193

핵심교과   129

핵심역량   180

행동적 목표 진술   117

헤라클레이토스   7

현상적 가설   238

현상학적 의미   301

협동학습   402

협동학습 모형   401

협력학습   339

협력학습 모형   409

형성평가   488

형식적 조작기   287

혼합 비유   469

히포크라테스 학파   8

B

BSCS   123, 124, 228

C

CBA   124

CEPUP   25

CHEM Study   124

CPS 모형   260

CSE   125

E

ERIC   593

ESCP   124

ESS   123, 124

F

FAR 전략   477

G

GCE   125

GI 모형   420

I

IPS   124

ISCS   124

J

Jigsaw I 모형　415
Jigsaw II 모형　416
Jigsaw III 모형　417

K

K-12　137
Key Stage　129

L

Learning cycle　362
LT 모형　410

M

MBL　111

P

PBL　555
PISA　535
POE　381
POE 모형　381
Project 2061　126
PSSC　123, 124

R

R&E　559

S

SAPA　124, 228

SCIS　124
SCISP　125
SISCON　26
SS&C 프로젝트　25
SSI　104
STAD　406
STEAM　152
STEM　149
STS　24, 110, 125
STS 수업 모형　395

T

TIMSS　535
TWA 모형　476

V

V도　463

기타

2007 개정 과학과 교육과정　168
2009 개정 과학과 교육과정　119, 169
2009 개정 교육과정　114
2015 개정 과학과 교육과정　180
2015 개정 교육과정　180
4원소론　10
4학년군　114
5E 모형　377
7 자유과　107